**Allgemeines
Reisepraktisches**

① Nordägäis

② Südägäis

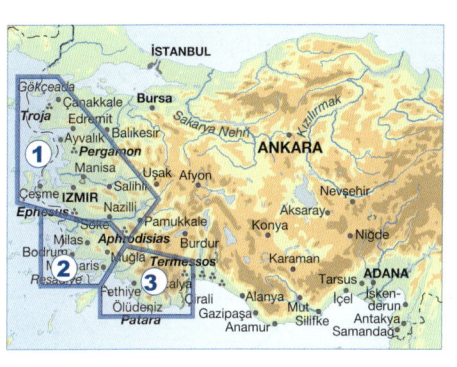

**③ Lykische
Küste**

**④ Türkische
Riviera**

⑤ Çukurova

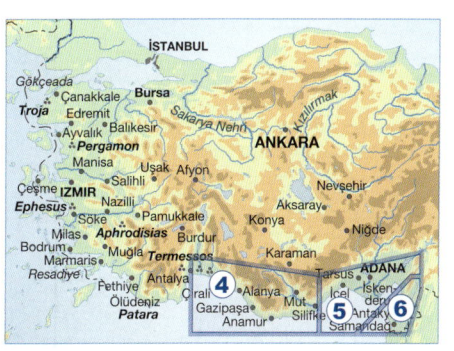

⑥ Hatay

UNTERWEGS MIT MICHAEL BUSSMANN
UND GABRIELE TRÖGER

Akdeniz, „Weißes Meer", nennen die Türken das Mittelmeer im Gegensatz zum Schwarzen Meer. Die Küste des Weißen Meeres ist Wiege und Friedhof verschiedenster Zivilisationen. Aber nicht nur das antike Erbe reicht für mehrere Urlaube, auch die 1001 Strände, die schroffen Berglandschaften, die verschwiegenen Dörfer inmitten der Oliven- oder Bananenhaine, die gemütlichen Fischerörtchen und le-

bensfrohen Städte versprechen in ihrer Gesamtheit eine Fülle an Eindrücken und Erlebnissen. Kein Wunder, dass die türkische Mittelmeerküste ihre treue Stammkundschaft hat – v. a. überzeugte Individualreisende. Auch wir kommen immer wieder. Schon über 100.000 Kilometer sind wir kreuz und quer durchs Land gefahren, haben in unzähligen Restaurants gegessen, in wir-wissen-nicht-wie-vielen Hotelbetten geschlafen

und Ruinen über Ruinen erkraxelt. Und jedes Mal stellen wir wieder fest: Diese Küste hat es in sich. Kosten Sie die Meze auf der nordägäischen Cunda-Halbinsel und fragen Sie sich danach, wo Sie schon besser gegessen haben. Relaxen Sie auf einer *Luma* in der Bucht von Çıralı und überlegen Sie, wo auf der Welt Sie schon ein grandioseres Panorama erblickt haben. Spazieren Sie durch das antike Ephesus – wie langweilig sind doch dagegen die meisten Ausgrabungsstätten anderswo im Mittelmeerraum ... Und knüpfen Sie Kontakte! Die herzerfrischende Neugierde der Türken ist weltweit wohl einmalig: „So ein altes Auto – was verdient man denn als Journalist in Deutschland?"

Text und Recherche: Michael Bussmann, Gabriele Tröger **Lektorat:** Dagmar Tränkle **Redaktion und Layout:** Jana Dillner **Karten:** Judit Ladik, Hans-Joachim Bode, Carlos Borell, Gàbor Sztrecska **Fotos:** alle Michael Bussmann, bis auf: Monika Müller (Darmstadt): S. 364; Kano Rafting: S. 407 **Covergestaltung:** Karl Serwotka **Covermotive:** oben: Marmaris © steffus/Fotolia.com; unten: Bucht von Kaputaş © benjamin cabassot/Fotolia.com

9. KOMPLETT ÜBERARBEITETE UND AKTUALISIERTE AUFLAGE 2012

TÜRKEI
MITTELMEERKÜSTE

MICHAEL BUSSMANN | GABRIELE TRÖGER

Zeichenerklärung für die Karten und Pläne

Symbol	Bedeutung	Symbol	Bedeutung	Symbol	Bedeutung
▬▬	Autobahn	✖	Windmühle	ℹ	Information
▬▬	Hauptverkehrsstraße		Schloss/Burg		Post
═══	Nebenstraße	ⵜⵜ	Kloster/Kirche	Ⓜ	Museum
▬•▬	Eisenbahn		Moschee	P	Parkplatz
– –	Fähre	✈	Flughafen/-platz	✚	Ärztliche Versorgung
	Grünanlage	★	Allg. Sehenswürdigkeit	EC	Wechselstube
▲	Berggipfel	••	Antike Sehenswürdigkeit	BUS	Bushaltestelle
⩫	Aussicht		Burg	TAXI	Taxistandplatz
	Wasserfall	Ⓜ Ⓗ Ⓢ Taksim	Haltestelle		Fahrradverleih
∩	Höhle				Autovermietung
Δ	Campingplatz	Ⓣ	Tankstelle		
	Strand		Leuchtturm		

Kartenverzeichnis

 Mit dem grünen Blatt haben unsere Autoren Betriebe hervorgehoben, die sich bemühen, regionalen und nachhaltig erzeugten Produkten den Vorzug zu geben.

Alles im Kasten

Was haben Sie entdeckt?

Trotz gründlicher Recherche kann es immer wieder passieren, dass uns etwas entgeht. Haben Sie mehr oder etwas anderes gesehen, ein tolles Restaurant, eine gemütliche Pension oder die Traumbucht entdeckt, dann lassen Sie es uns bitte wissen. Auch für Kritik und Verbesserungsvorschläge sind wir dankbar.

Schreiben Sie uns an: Michael Bussmann und Gabriele Tröger, Stichwort „Türkei Mittelmeerküste" | c/o Michael Müller Verlag GmbH | Gerberei 19, D – 91054 Erlangen | michael.bussmann@michael-mueller-verlag.de

Wohin an der türkischen Mittel

① Nordägäis → S. 88

Zerlappte Küstenlandschaften, vorgelagerte Inseln, weite Olivenhaine. Dazu Ausgrabungsorte von Weltrang wie Troja, Pergamon oder Ephesus. Im Hinterland die weißen Sinterterrassen von Pamukkale – das Phänomen einer verkalkten Natur. An der Küste türkischer Trubel, kaum internationaler Tourismus. Verschwiegene Orte gibt es aber auch, z. B. in der Abgeschiedenheit rund um Assos, im Kaz-Dağları-Gebirge oder in den pittoresken Bergdörfern Gökçeadas.

② Südägäis → S. 210

Bodrum, die Perle der Ägäis, zieht den Jetset an, der Hafen von Marmaris Segler aus aller Welt. Abseits der Ferienorte aber herrscht Ruhe und Beschaulichkeit: An die Strände am Golf von Gökova verirren sich zuweilen sogar Kühe. In der bizarren Berglandschaft des Latmos verstecken sich vergessene Klöster. Im Dilek-Nationalpark tummeln sich noch Wildpferde. Und über die weit ins Meer ragende Reşadiye-Halbinsel weht meist nur der Wind.

③ Lykische Küste → S. 288

Traumstrände wie Patara oder Ölüdeniz, alte Griechenorte wie Kaş oder Kalkan säumen diesen Küstenabschnitt, zweifelsohne der schönste der Türkei. Versunkene Städte, bis ins Frühjahr schneebedeckte Berge und duftende Kiefernwälder prägen ihn genauso. Der Fernwanderweg Likya Yolu verbindet die Orte, Buchten und Ruinenstätten, dazu eine kurvenreiche Küstenstraße, die immer wieder neue unvergesslichen Ausblicke gewährt.

meerküste?

④ Türkische Riviera → S. 374

Der touristische Hotspot. Es locken Antalya, Millionenmetropole mit pittoresker Altstadt, Belek, das Mekka der Golfer, der Köprülü-Cañon, die wilde Ader der Rafter, Side, mit einer Tempelruine vor türkisfarbenem Meer, oder Alanya, gekrönt von einer seldschukischen Festung. Davor weite feinsandige Strände und dahinter Clubhotels. Erst ab Gazipaşa wird es ruhiger. Es folgt das Raue Kilikien mit verträumten Orten und abgeschiedenen Buchten.

⑤ Çukurova → S. 464

Die fruchtbare Schwemmlandebene lassen die meisten Touristen links liegen – auf der Autobahn hat man sie auch ganz schnell passiert. Wer von ihr abfährt, kann Burgen besichtigen – die schönste ist Anavarza –, in Tarsus auf den Spuren des Apostels Paulus wandeln, im Karatepe-Nationalpark das Erbe der Hethiter bewundern oder in Mersin und Adana türkische Großstadtluft schnuppern.

⑥ Hatay → S. 488

Der Zipfel, der sich zwischen Mittelmeer und Syrien gen Süden schiebt, ist multikulturell geprägt. Hier trifft man auf arabische Alawiten und syrisch-orthodoxe Christen, auch ein rein armenisches Dorf ist hier zu finden. Hauptstadt der Provinz ist Antakya. Als die Stadt noch Antiocha hieß, wurde von hier ein Weltreich regiert. Die bergige Landschaft drum herum ist reizvoll, die Küste zum Baden jedoch weniger geeignet.

Türkei Mittelmeerküste: Die Vorschau

Relaxen im Liegestuhl

Rund 2500 km Küstenlinie trennen den Dardanellenort Çanakkale von Antakya an der syrischen Grenze. Wer die gesamte Küste bereist, erlebt die Türkei als Verkleidungskünstlerin. Aus zerlappten Küsten mit wohnzimmergroßen Buchten werden unendliche Sandstrände. Karibikflair – nicht ganz, aber fast – finden Sie an der Traumlagune Ölüdeniz, eine saharaähnliche Dünenlandschaft am kilometerlangen, unverbauten Strand von Patara, beschauliche Buchten auf der Reşadiye-Halbinsel. Der All-inclusive-Tourismus spielt sich v. a. östlich von Antalya ab, an der sog. Türkischen Riviera, wo sich feinsandige, kinderfreundliche Strände mit bester Infrastruktur dahinter erstrecken. Individualreisende zieht es vielmehr in die Regionen westlich von Antalya, v. a. an die Lykische Küste und an die Südägäis. Den dortigen Buchtenzauber kann man auch auf einer „Blauen Reise" erleben.

Ruinen über Ruinen

Mauerreste jeder Größe und aus allen Zeiten, darunter die imposantesten Ruinenstädte Kleinasiens, zeugen von der Bedeutung der türkischen Mittelmeerküste im Altertum. Wieder aufgerichtete Säulenstraßen, überwucherte Brunnenanlagen, verblasste Fresken und zersplitterte Mosaiken erzählen die Geschichte der antiken Landschaften Ionien, Karien, Lykien, Pamphylien, Kilikien und wie sie nicht noch alle heißen. Dabei ist es an sich egal, ob Sie Bestseller-Ausgrabungsstätten wie Ephesus oder Pergamon den Vorzug geben oder eher einsam, dafür spektakulär gelegene Ruinen mit weniger klangvollen Namen besuchen – auf irgendeine Art beeindrucken fast alle. Und da die türkischen und internationalen Grabungsteams überaus aktiv sind, kommen jedes Jahr spektakuläre Neuentdeckungen hinzu.

Grillspieß oder Haute Cuisine?

Kreativität zeichnet die türkische Küche aus, das gilt für die Zubereitung der Speisen genauso wie für die Wahl ihrer Namen. Was z. B. in Deutschland schlicht als „Bulette", „Frikadelle" oder „Fleischpflanzerl" auf den Teller kommt, wird in der Türkei verführerisch als „Frauenschenkel" serviert. Sie machen Urlaub in einem Land, in dem selbst der Snack am Straßenrand zum kulinarischen Highlight werden kann. Wer die Küste abfährt und sich auf die regionale Küche einlässt, wird immer wieder Neues entdecken. Und nur keine Berührungsängste: In einer einfachen Neonlichtlokanta schmeckt es oft besser als im künstlich aufgeputzten Touristenlokal.

Die Nacht zum Tag machen

Elektrobeats zum Meeresrauschen – kein Problem, für Kurzweil ist gesorgt. Zentren des türkischen Nightlifes an der Mittelmeerküste sind Bodrum, Çeşme, Kuşadası, Marmaris und Antalya. Dort können Sie in schicken Beachclubs und noblen Tanztempeln mit dem Jetset des Landes clubben gehen. Ordentlich aufbrezeln und an genügend Kleingeld denken! Allabendliche Sommerpartys und unterhaltsame Folkloreveranstaltungen mit gut gelauntem Touristenpublikum findet man v. a. an der Riviera in Side und Alanya. Die Clubs und Hotels organisieren glitzernd-rasselnden Bauchtanz und Ballermann auf Türkisch – allerdings ohne Sangria aus Eimern.

Pfunde schmelzen lassen

„No sports" war nicht nur die Devise Winston Churchills, sondern ist für die meisten Türken auch heute noch Lebensmotto. Doch keine Sorge – auch unter der Sonne der Mittelmeerküste kann man die Pfunde wie Schokolade dahinschmelzen lassen. Man muss den Liegestuhl nur zusammengeklappt lassen: Tauchen Sie zu versunkenen

Schiffen, fliegen Sie mit dem Gleitschirm auf das Türkis des Meeres zu, rasen Sie mit dem Kajak über tosende Flüsse oder entdecken Sie auf dem Mountainbike Unentdecktes. Auch zum Wandern ist die Region ideal. Durchstreifen Sie das ägäische Hinterland mit seinen bizarren Felsformationen und imposanten Schluchten, stiefeln Sie durch weite Olivenhaine oder das herbe Bergland des Taurus. Allein über 500 km misst der Fernwanderweg *Likya Yolu.*

Paulus auf den Fersen

Den Spuren des kleinasiatischen Christentums begegnet man allerorts – an der Küste genauso wie im Hinterland. Griechische Kirchen, heute oft zweckentfremdet, lassen sich v. a. an der Ägäisküste entdecken, in Ayvalık, Çeşme oder auf der Insel Bozcaada. In Demre, dem alten Myra, wirkte gar der Hl. Nikolaus. Glaubens-

touristen zieht es jedoch vorrangig in die Çukurova und das Hatay: In Tarsus soll der Apostel Paulus das Licht der Welt erblickt, in Antakya Petrus die erste christliche Gemeinde der Welt gegründet haben.

Großstadtluft schnuppern

Ab in die City! An der Mittelmeerküste liegen die neben İstanbul wohl liberalsten Städte des Landes – ideal zum Feiern, Shoppen und Staunen. Auch Kulturelles wird geboten. Die Millionenmetropole Antalya vor der Wahnsinnskulisse der Taurusberge ist viel mehr als einen Tagesausflug wert. Antalya lockt mit einem der besten archäologischen Museen des Landes, mit der „türkischen Copacabana" vor der Haustür und mit einem vielfältigen Nachtleben. Auch İzmir lohnt eine Stippvisite – dort fehlt zwar der Strand, dafür kann man im wuseligen Basarviertel bestens einkaufen, und das ohne die aufdring-

lichen Händler mancher Touristenorte. Von den Großstädten der Çukurova und des Hatay ist Antakya die schönste. Auch weniger Fromme (→ „Paulus auf den Fersen") können in der weltoffenen Provinzhauptstadt spannende Tage verbringen. Als Dreingabe wird Ihnen hier eine der besten Regionalküchen des Landes serviert – Meze bis zum Platzen.

Rotznasen willkommen

Die Türkei ist ein wahres Paradies für Reisende mit Kindern: Ob Ihr Nachwuchs im Restaurant Tellersegeln spielt oder längere Zeit im Bus seinen Weltschmerz hinausschreit: Niemand wird sich darüber aufregen, die Scherben werden lächelnd beseitigt, das Kind wird allseits getröstet und mit Bonbons versorgt. Egal ob Sie sich für eine einfache Pension oder ein Luxushotel entscheiden – überall sind Sie herzlich willkommen. Erstere weisen eine oft unglaubliche Herzlichkeit auf, es kommt durchaus vor, dass der Hausherr die Kleinen auch mal mit auf sein Boot zum Fischen nimmt. Letztere bieten oft sog. „Mini-Clubs" mit Animateuren, die ein buntes Kinderprogramm zusammenstellen. Für Abwechslung zum Sandburgenbau sorgen Kamelritte am Strand, Aquaparks mit Riesenrutschen, Burgbesichtigungen etc. Und wenn Ihr Kind nicht unbedingt auf Kebab oder Grillfisch steht – Pommes mit Ketchup oder Spaghetti mit nichts sind ruckzuck herbeigezaubert.

Und das Beste finde ich wo?

Im Reiseteil finden Sie am Anfang jedes Kapitels die Highlights der jeweiligen Region. So ist es nicht nötig, erst das ganze Buch zu lesen, um die schönsten Bademöglichkeiten, Landschaften oder Ausgrabungsstätten miteinander kombinieren zu können.

Begegnungen im Hinterland

Hintergründe & Infos

Sarsala-Bucht bei Dalaman

Land und Leute unter dem Halbmond – die Türkei in Fakten und Zahlen

Offizieller Name: Türkiye Cumhuriyeti (Republik Türkei).

Nationalflagge: Weißer Halbmond und Stern auf rotem Grund.

Geografie: Mit einer Fläche von 779.452 km^2 ist die Türkei gut zweimal so groß wie Deutschland. 3 % der Fläche befinden sich auf dem europäischen Kontinent, der Rest – allgemein als Anatolien bezeichnet – gehört zu Asien. Die Fläche İstanbuls beträgt ca. 5220 km^2 – die Stadt am Bosporus ist damit mehr als doppelt so groß wie das Saarland. Das Land, in 81 Provinzen untergliedert, erstreckt sich zwischen dem 26. und 45. Grad östlicher Länge und dem 36. und 42. Grad nördlicher Breite. Die Nachbarländer sind Griechenland, Bulgarien, Georgien, Armenien, Aserbaidschan, Iran, Irak und Syrien. Die Türkei ist überaus reich an Bodenschätzen, darunter große Kupfer-, Chrom- und Manganvorkommen. Der höchste Berg ist der Ararat (5165 m) ganz im Osten des Landes. Die Westküste der Türkei ist geprägt von Mittelgebirgszügen, Ausläufer des anatolischen Hochlandes, die zum Meer hin abfallen. Die bergige Landschaft ist von weiten Flusstälern mit Schwemmlandebenen durchsetzt. Diese Randzone ist geologisch mit den Ägäisinseln verbunden. Entlang der Südküste grenzt die Bergkette des Taurus (mit Höhen bis zu 3000 m) das anatolische Hochland von der Küste ab. Dieser Bergzug bildet zugleich eine Wetterscheide, die bis in den Spätherbst das Vordringen kalter Luft- und regenreicher Wolkenmassen vom anatolischen Hochland an die Küste verhindert.

Politisches System: Die Türkei ist eine parlamentarische Demokratie. Der Präsident, seit 2007 Abdullah Gül, wird für eine Amtszeit von fünf Jahren vom Volk gewählt. Die Nationalversammlung (Parlament) ist die Legislative und besteht aus 550 Sitzen. Die letzten Wahlen 2011 brachten der regierenden konservativen AKP eine Mehrheit von 326 Sitzen. Die beiden Oppositionsparteien sind die sozialdemokratische CHP (135 Abgeordnete) und die nationalistische MHP (53). Alle anderen Parteien scheiterten an der 10 %-Hürde. Ins Parlament zogen noch 36 unabhängige Kandidaten. Die Legislaturperiode beträgt vier Jahre. Ministerpräsident ist seit 2003 Recep Tayyip Erdoğan (AKP). Der Laizismus (Trennung von Religion und Staat) ist in der Verfassung verankert.

Nationalbewusstsein: Das Osmanische Reich war als ein Vielvölkerstaat ohne ethnisch-sprachliches Nationalbewusstsein konzipiert. Das Unternehmen Atatürks, den Türken das Selbstgefühl einer „Nation" zu geben, ist bis heute ein Leitmotiv der Innenpolitik des türkischen Staates. Unter anderem kommt das Nationalbewusstsein in den an allen Ecken und Enden gehissten Landesflaggen zum Ausdruck. Gleichzeitig ist der krude Nationalismus eine Geißel des Landes. Er schränkt Menschenrechte und Meinungsfreiheit ein und belastet das Zusammenleben mit den ethnischen und religiösen Minderheiten.

Wirtschaft: Die Türkei erlebt einen bereits jahrelang anhaltenden Wirtschaftsboom mit Wachstumsraten zwischen 5 und 10 %. Den Dämpfer durch die Weltwirtschaftskrise 2009 konterte man 2010 schon wieder mit einem Wirtschaftswachstum von über 8 %. Für 2012 lautet die OECD-Prognose 4,5 %, laut OECD belegt die Türkei den 17. Platz unter den größten Volkswirtschaften der Welt. Doch der Boom, so befürchten Experten, könnte mit einem bösen Knall enden, die türkische Wirtschaft gilt mehr und mehr als überhitzt. Das BIP pro Kopf liegt über dem, welches das EU-Mitglied Bulgarien aufweist. Den größten Anteil am BIP hat mit rund 60 % der Dienstleistungssektor. 30 % trägt die Industrie dazu bei. Fast 50 % der gewerblich-industriellen Arbeitskräfte verarbeiten agrarische Rohstoffe und schaffen über ein Drittel der türkischen Exportwerte, dabei allen voran die Textilindustrie. Weitere Hauptexportartikel sind Fertigwaren (darunter Pkws für den Vorderen Orient), industrielle Vorprodukte und Nahrungsmittel. Nahezu ein Drittel aller Erwerbstätigen findet in der Landwirtschaft ein Auskommen. Die Türkei ist eines der wenigen Länder der Welt, das sich selbst mit Lebensmitteln versorgen kann. Letztendlich trägt die Landwirtschaft aber nur 10 % zum BIP bei. Die Arbeitslosenquote wurde zuletzt mit 9,4 %, das durchschnittliche jährliche Pro-Kopf-Einkommen − je nach Quelle − mit 5000–12.000 Euro angegeben. Aufgrund der beträchtlichen Schattenwirtschaft sind solche Daten aber niemals exakt zu ermitteln. Zudem variiert das Pro-Kopf-Einkommen von Region zu Region extrem. Im Großraum İstanbul beträgt es in etwa das Doppelte des Durchschnittswertes, in den armen östlichen Provinzen dafür nur die Hälfte. Im zweiten Halbjahr 2011 mussten als monatlicher Bruttomindestlohn 837 YTL (ca. 335 €) gezahlt werden.

Tourismus: Über 31. Mio. ausländische Besucher wurden 2011 registriert. 2004 waren es noch 17,5 Mio. Der internationale Tou-

Ephesus, die berühmteste Ausgrabungsstätte der Türkei

rismus ist zugleich die wichtigste Devisenquelle des Landes, im Durchschnitt lässt ein Urlauber um die 485 € im Land. Die meisten Gäste kommen aus Deutschland (4,83 Mio., ca. 15 %), Russland (3,47 Mio., ca. 11 %) und England (2,58 Mio., 8 %). Durch wachsenden Wohlstand in der Türkei wird auch die Zahl der einheimischen Urlauber immer größer. Beliebte Ziele sind neben den Küstenorten auch Kur- und Heilbäder, Bergalmen und diverse Pilgerorte.

Militär: Die Streitkräfte zählen 515.000 Mann und gehören damit zu den größten der Welt. Militärdienstverweigerern droht Gefängnis. Der Anteil der Militärausgaben am Bruttosozialprodukt beträgt rund 5 % (in Deutschland ca. 1,5 %). Gründe dafür sind der Krieg gegen kurdische Rebellen im Osten des Landes und war lange Zeit das Kräftemessen mit Griechenland.

Bevölkerungsstruktur: 2011 hatte die Türkei rund 74 Mio. Einwohner (1960: 28 Mio.), das Durchschnittsalter beträgt 29 Jahre (in Deutschland 42 Jahre). Die Bevölkerungsdichte ist sehr unterschiedlich. Der Verwaltungsbezirk İstanbul steht mit knapp 1330 Einwohnern je km^2 deutlich an der Spitze. Es herrscht ein reger Zuzug aus den östlichen Landesteilen in die Städte des Westens, der Anteil an „Fremdgeborenen" liegt hier vielerorts bei 20–40 %. Die geringste Bevölkerungsdichte

haben die unterentwickelten Provinzen in Ostanatolien mit 16 Einwohnern pro km^2.

Bevölkerungsgruppen: 85,7 % Türken, 10,6 % Kurden, 1,6 % Araber, 2,1 % Griechen, Armenier, Lasen, Tscherkessen, Georgier und muslimische Bulgaren.

Gesundheit/Soziales: Auf 1000 Einwohner kommen 1,6 Ärzte (Deutschland 3,6). Die Lebenserwartung liegt für Frauen im Durchschnitt bei 75 Jahren, für Männer bei 70 Jahren. Da etwa die Hälfte der Arbeitnehmer einer informellen Beschäftigung nachgeht und nicht in die Sozialversicherungssysteme einzahlt, haben viele Türken keine Kranken- oder Arbeitslosenversicherung, nur rund 40 % der Türken über 65 Jahre beziehen Leistungen aus der Rentenversicherung. Für die Ärmsten der Armen gibt es die „Grüne Karte", die kostenfreien Zugang zu den staatlichen Krankenhäusern gewährt.

Bildung: Es existiert eine achtjährige Schulpflicht. Das Gymnasium dauert vier Jahre. Mehr als ein Drittel aller Schulabgänger beginnt ein Hochschulstudium. Es gibt 102 staatliche Universitäten und 62 staatlich anerkannte private Stiftungsuniversitäten. 2010 wurde zudem der Grundstein für eine deutsch-türkische Universität (DTU) in İstanbul gelegt. Die Analphabetenquote liegt bei ca. 8 %, davon sind ca. 85 % Frauen. Dabei zeigt sich ein starkes Ost-West-Gefälle: Im Westen sind vorwiegend ältere

Küstenlandschaft zwischen Turunç und İçmeler

Menschen betroffen, im Osten auch Kinder; Kinderarbeit ist dort noch gang und gäbe. Man schätzt, dass rund 600.000 schulpflichtige Mädchen keine Schule besuchen. Dennoch: Ein Drittel aller Studierenden sind Frauen (→ Frauen, S. 56).

Religion: 99 % der türkischen Bevölkerung bekennen sich zum Islam. Den verbleibenden Rest stellen Juden sowie armenische, syrisch- und griechisch-orthodoxe Christen.

UNESCO-Welterbe: Auf der UNESCO-Welterbeliste stehen im Reisegebiet die antike Stadt Xanthos mit dem Letoon-Heiligtum (Lykische Küste), die antike Stadt Hierapolis samt den Sinterterrassen von Pamukkale (im Tal des Großen Mäander) und die Ausgrabungsstätte Troja (Nordägäis). Weitere UNESCO-Welterbestätten der Türkei sind die Altstadt von Safranbolu (im Hinterland der Schwarzmeerküste), die historischen Viertel von İstanbul, die Felsendenkmäler von Kappadokien und der dortige Nationalpark Göreme, die Selimiye-Moschee von Edirne (Thrakien), die Große Moschee von Divriği und die Ruinen von Hattuşa (beide Zentralanatolien) sowie die Monumentalgrabstätte auf dem Nemrut Dağı (Südostanatolien).

Umweltschutz: Umweltprobleme, hervorgerufen durch die enorme Landflucht, herrschen insbesondere in den Ballungszentren, da die Stadtverwaltungen mit dem Ausbau der für die Entsorgung von Müll und Abwässern nötigen Infrastruktur nicht nachkommen. Müll wird oft noch auf dem freien Feld deponiert. Durch das rapide Wachstum vieler Städte befinden sich viele Müllhalden aber heute in den Städten. Durch Gasbildung in den Halden kam es schon zu Explosionen, ganze Häuserzeilen wurden dabei unter Müllbergen begraben. Nur ca. 10 % der Haushalte und Industriebetriebe sind an Kläranlagen angeschlossen, die Abwässer fließen weitestgehend unbehandelt in die Flüsse und Meere oder werden durch septische Gruben in den Untergrund geleitet. Anders die Situation in den internationalen Ferienzentren: Hier brachten vielerorts die Urlauber das nötige Geld für eine umweltfreundliche Abwasserentsorgung.

An der Luftverschmutzung haben der Verkehr (viele Autos fahren noch immer ohne Katalysator) und die vielen Kohlekraftwerke hohen Anteil. Da das Land unter Energiearmut leidet, ist bis 2020 der Bau

Päuschen bei Ayatekla

von drei Atomkraftwerken geplant. Wegen der Erdbebengefahr im Land und einer fehlenden Sicherheitskultur sind die geplanten Reaktoren jedoch äußerst umstritten. Auch die vielen Staudammvorhaben zur Energiegewinnung, die einmal 40 % des gesamten nationalen Energiebedarfs decken sollen, sind umweltpolitisch umstritten. Nur zögerlich bemüht sich die Regierung, fehlende Gesetze zur Angleichung des Umweltschutzniveaus an EU-Standards zu verabschieden, zumal sie Einbußen für die Industrie befürchtet. In der Praxis – wo man mit Schmiergeldzahlungen nahezu jedes Umweltschutzgesetz außer Kraft setzen kann – zeigen diese Bemühungen bislang ohnehin wenig Wirkung. Aufgrund mangelnder Öffentlichkeitsarbeit ist zudem das Umweltbewusstsein der Bürger nicht sehr ausgeprägt. Die Coladose oder Plastikflasche aus dem Auto zu werfen, ist leider gang und gäbe.

Kreuzfahrtshafen Kuşadası

Anreise

Das Gros aller Türkeibesucher reist bequem mit dem Flugzeug an. Daneben besteht aber auch die Möglichkeit, mit dem eigenen Fahrzeug, dem Bus oder der Bahn ans Ziel der Träume zu gelangen – entweder über den Balkan oder über Italien via Fährpassage nach Griechenland. Welche Dokumente Sie für die Einreise in die Türkei benötigen, erfahren Sie unter „Wissenswertes von A bis Z/Reisepapiere" auf S. 71.

Mit dem Flugzeug

In ungefähr drei Stunden sind Büroalltag und die nervenden Nachbarn vergessen. Abflugmöglichkeiten bestehen von allen größeren deutschen Städten, gleiches gilt für die Schweiz und Österreich. Im Sommer ist das Angebot selbstverständlich größer als im Winter, wenn die meisten Airlines nicht nur Flüge an die Mittelmeerküste streichen, sondern auch gleich Zielflughäfen aus dem Programm nehmen.

Informationen zu den **Flughäfen** an der Mittelmeerküste finden Sie im Reiseteil. Alles über **Inlandsflüge** im Kapitel „Unterwegs an der Mittelmeerküste" ab S. 30.

Aus dem deutschsprachigen Raum bestehen Nonstopflüge v. a. nach **İzmir** (ADB), **Antalya** (AYT), **Adana** (ADA), **Alanya-Gazipaşa** (GZP), **Bodrum/Milas** (BYV) und **Dalaman** (DLM). Für alle anderen Zielflughäfen (→ „Unterwegs an der Mittelmeerküste") muss man i. d. R. in İstanbul oder Ankara umsteigen.

🍃 Auf **www.atmosfair.de** erfahren Sie die CO_2-Effizienz Ihrer Fluggesellschaft und können einen Beitrag zum Klimaschutz leisten. Ein einfacher Flug von Berlin nach Antalya entspricht laut dem *atmosfair*-Emissionsrechner der Klimawirkung von rund 580 kg CO_2. ∎

Airlines im Internet

Air-Berlin: www.airberlin.com, Anadolu Jet: www.anadolujet.com, Atlasjet: www.atlasjet.com, Austrian Airlines: www.austrian.com, Borajet: www.bora jet.com.tr, Condor: www.condor.com, Easyjet: www.easyjet.com, Edelweiss Air: www.edelweissair.ch, Germania Airline: www.flygermania.de, Germanwings: www.germanwings.com, Lauda Air: www.laudaair.com, Niki: www.flyniki.com, Öger: www.flyoeger.com, Onur Air: www.onurair.com.tr, Pegasus: www.flypgs.com, Sky Airlines: www.germanskyairlines.com, Sun Express: www.sunexpress.com, Swiss: www.swiss.com, THY: www.turkish airlines.com, TUIfly: www.tuifly.com.

Nur-Flug-Angebote sind ideal für alle, die auf eigene Faust unterwegs sein wollen. Um nicht nur zu erfahren, was wann, wie und wo angeboten wird, sondern auch noch, was am preiswertesten ist, lohnt nicht nur ein Blick ins Internet, sondern auch ein Gang ins Reisebüro – denn nicht jedes Angebot, das Sie im Reisebüro finden, können Sie auch übers Internet buchen. Den umgekehrten Sachverhalt gibt es aber auch. Eine Überlegung wert ist stets ein Gabelflug (z. B. hin nach İzmir und zurück von Antakya). Die meisten Kombinationsmöglichkeiten bietet diesbezüglich die Turkish Airlines (Türk Hava Yolları, kurz THY); man kann aber auch einen One-Way-Flug hin und einen zurück bei verschiedenen Airlines buchen, nicht selten die billigere Alternative.

Preise Je nach Saison und Sondertarif müssen Sie bei den meisten Airlines mit Preisen zwischen 255 und 550 € für einen Hin- und Rückflug rechnen. Sie können natürlich auch viel mehr bezahlen (z. B. in der Business Class), aber auch viel weniger (z. B. mit Low-Cost-Airlines, die One-Way-Flüge nach Antalya oder İzmir zuweilen bereits ab 49 € anbieten). Last-Minute-Tickets bekommt man ab 60 € (one-way) inkl. aller Gebühren.

Pauschalangebote: Um im Dschungel der Saison- und Sonderarrangements die besonders günstigen zu erhaschen, sollte man sich ebenfalls möglichst vielseitig informieren – die Veranstalter haben für ein und dieselbe Leistung z. T. erheblich unterschiedliche Preise. Türkeispezialisten haben auch Wander-, Rad- und Studienreisen im Programm, zudem offerieren sie auch kleine, familiäre Hotels. Wenn Sie sich für ein Last-Minute-Pauschalarrangement entscheiden, lassen Sie sich am besten den Katalog mit dem regulären Angebot zeigen – einige findige Geschäftemacher bieten nämlich reguläre Reisen als „Last-Minute-Schnäppchen" an. Vorsicht zudem vor gewonnenen Reisen oder unglaublich günstigen „Specials"! Kein Veranstalter oder Hotelier hat etwas zu verschenken.

Transport von Gepäck und Sportgeräten: Die Freigepäckgrenze für Flüge in die Türkei liegt für gewöhnlich bei 20 kg für aufgegebenes Gepäck und bei 6–8 kg für Handgepäck, das i. d. R. die Maße von 20 x 40 x 50 cm (nicht bei allen Airlines gleich) nicht überschreiten darf. Wer jedoch Business anstatt Tourist Class fliegt, länger als 28 Tage vor Ort bleibt oder in Besitz einer Kundenkarte der Airline ist, darf meist 30 kg mitnehmen – erkundigen Sie sich diesbezüglich bei Ihrer Airline. Achtung aber bei Billigfliegern: So manche Billigflieger erlauben nur die kostenlose Mitnahme von Handgepäck. Für die Aufgabe von Gepäckstücken fallen oft schon Gebühren an, bei der Aufgabe von Sportgepäck werden die Billigflieger zuweilen ihrem Namen alles andere als gerecht. Die Gebühren und Freigewichtsgrenzen für Sportgeräte unterscheiden sich von Airline zu Airline z. T. erheblich. Bei der einen gehen Golf- oder Tauchausrüstung bis 15 kg umsonst mit, andere verlangen dafür Gebühren zwischen 30 und 150 €. Rechtzeitige Anmeldung und sachgerechte Verpackung sind obligatorisch.

Mit dem eigenen Fahrzeug

Überlegenswert ist diese Variante nur für Langzeiturlauber oder all jene, die die Anreise als Teil der Reise betrachten und Zwischenstopps in Venedig, Budapest oder wo auch immer einlegen wollen. Wer sich aber nur zwei Wochen erholen und dennoch im Reiseland mobil sein will, ist mit einem Mietwagen vor Ort besser bedient. Es stehen prinzipiell zwei Routen zur Auswahl: Die eine führt über den Balkan, die bequemere zweite über Italien mit Fährpassage nach Griechenland (s. u.).

Balkanroute: Von der Schweiz und aus dem Süden Deutschlands führt der Weg i. d. R. durch Österreich, Slowenien und Kroatien nach Serbien, aus dem Norden und Osten Deutschlands über Tschechien, die Slowakei und Ungarn nach Serbien. In Belgrad treffen alle Anfahrtsrouten zusammen. Von dort geht es dann über Niš nach Kalotina (Grenze zu Bulgarien) und von dort über Sofia und Plovdiv nach Edirne in den thrakischen Teil der Türkei. Die Europastraße 87 führt von dort ins Reisegebiet nach Çanakkale. Für diese Route gibt es keine fehlerfreien Karten: Entweder sind schon Autobahnen eingezeichnet, die noch gar nicht gebaut wurden, oder Sie fahren auf nagelneuen Umgehungs- oder Schnellstraßen, die nicht vermerkt sind. Auch auf Navigationsgeräte mit aktuellem Kartenmaterial ist nicht immer Verlass. Tatsache ist, dass die Strecke immer besser ausgebaut wird und weitestgehend gut zu fahren ist.

Eine Alternative auf der Balkanroute ist der **Optima-Express**, ein Autoreisezug von Villach (Österreich) nach Edirne (Türkei, europäischer Teil). Dauer laut Optimatours: 34 Std., laut Leserzuschriften bis zu 40 Std. Einfach ab 136 €/Pers., Auto ab 259 €, Motorrad ab 197 € (Stand 2012). Informationen in jedem türkischen Reisebüro oder direkt bei Optimatours, Karlsstr. 58, 80333 München, ☎ 089/548800111, www.optimatours.de.

Grundsätzlich gilt – und das insbesondere für Bulgarien und Serbien: Halten Sie jegliche, Ihnen auch noch so seltsam erscheinende Geschwindigkeitsbegrenzung ein! Übernachten Sie in Bulgarien und Serbien nicht auf einsamen Parkplätzen an der Autobahn. Stellen Sie sich entweder zu einem Konvoi türkischer Heimaturlauber oder suchen Sie entlang der Strecke ein Motel mit einem sicheren Parkplatz auf.

Uferpromenade von İskenderun

	Ancona	Brindisi	İzmir	Antalya
Frankfurt	1087 km	1660 km	2550 km	2959 km
Zürich	720 km	1286 km	2515 km	2928 km
Wien	952 km	1464 km	1875 km	2297 km

Die **Kilometerangaben** beziehen sich auf die schnellste und kürzeste Verbindung. Für die Strecken nach İzmir und Antalya wurde von Frankfurt und Zürich aus der Weg über Zagreb, Belgrad und Sofia gewählt, von Wien aus über Budapest, Belgrad und Sofia.

Alles Wichtige zu den Transitländern – Verkehrshinweise, Maut bzw. Vignettenpflicht, Währung und besondere Hinweise

Allgemein: In mehreren Transitländern besteht bei Eis und Schnee auf der Fahrbahn Winterreifenpflicht. Zudem müssen Sie für mehrere Länder Warnwesten für Fahrer und alle Insassen dabei haben, die im Falle einer Panne oder eines Unfalls zu tragen sind! Überprüfen Sie vor der Reise alle folgenden Angaben mit denen Ihres Automobilclubs auf Stimmigkeit!

Tschechien: Es muss ganzjährig mit Licht gefahren werden. Tempolimits für Pkw und Wohnmobile (bis 3,5 t) innerorts 50 km/h, außerorts 90 km/h, auf Schnellstraßen und Autobahnen 130 km/h. 7-Tage-Vignette für Fahrzeuge bis 3,5 t ca. 12 €. Währung: Tschechische Krone (1 € = 25,6 CZK, Stand: Jan. 2012).

Slowakei: Es muss ganzjährig mit Licht gefahren werden. Tempolimits für Pkw und Wohnmobile (bis 3,5 t) innerorts 50 km/h, außerorts und auf Schnellstraßen und Autobahnen innerorts (!) 90 km/h, ansonsten auf Schnellstraßen und Autobahnen 130 km/h. 10-Tage-Vignette für Fahrzeuge bis 3,5 t 10 €. Währung: Euro.

Österreich: Tempolimits für Pkw und Wohnmobile (bis 3,5 t) innerorts 50 km/h, außerorts 100 km/h, auf Autobahnen 130 km/h. 10-Tage-Vignette für Pkw und Wohnmobile bis 3,5 t 8 €, hinzu kommen je nach Strecke Mautgebühren für diverse Tunnel oder den Brenner. Währung: Euro.

Schweiz: Tempolimits für Pkw und Wohnmobile (bis 3,5 t) innerorts 50 km/h, außerorts 80 km/h, Schnellstraßen 100 km/h, Autobahnen 120 km/h. Vignette für 1 Jahr für Fahrzeuge bis 3,5 t ca. 33 €. Währung: Schweizer Franken (1 € = 1,21 sfr, Stand: Jan. 2012).

Italien: Auf Autobahnen muss auch tagsüber mit Licht gefahren werden. Tempolimits für Pkw und Wohnmobile (bis 3,5 t) innerorts 50 km/h, außerorts 90 km/h, Schnellstraßen 110 km/h, Autobahnen 130 km/h. Die Autobahngebühren sind strecken- und fahrzeugabhängig, mehr dazu auf www.autostra da.it. Währung: Euro.

Slowenien: Das Licht muss auch tagsüber eingeschaltet sein. Tempolimits für Pkw und Wohnmobile (bis 3,5 t) innerorts 50 km/h, außerorts 90 km/h, Schnellstraßen 100 km/h, Autobahnen 130 km/h. 7-Tage-Vignette für Fahrzeuge bis 3,5 t 15 €. Währung: Euro.

Kroatien: Von Okt. bis März muss tagsüber mit Abblendlicht gefahren werden. Tempolimits für Pkw und Wohnmobile innerorts 50 km/h, außerorts 90 km/h, Schnellstraßen 110 km/h, Autobahnen 130 km/h. Pkw-Maut Bregana – Lipovac ca.15 €, für Wohnmobile über 1,90 m Höhe und bis 3,5 t ca. 23 €. Währung: Kuna (1 € = 7,55 HRK, Stand: Jan. 2012).

Weitere Informationen zu den Transitländern auf www.auswaer tiges-amt.de, www.eda.admin.ch und www.bmaa.gv.at.

Ungarn: Tempolimits für Pkw und Wohnmobile (bis 3,5 t) innerorts 50 km/h, außerorts 90 km/h, Schnellstraßen 110 km/h, Autobahnen 130 km/h. 7-Tage-Vignette für Fahrzeuge bis 3,5 t ca. 10 €, für Motorräder die Hälfte. Achtung: besondere Zollvorschriften (→ Wissenswertes von A bis Z/Ein- und Ausreisebestimmungen). Währung: Forint (1 € = 309 HUF, Stand: Jan. 2012).

Serbien: Tempolimits für Pkw innerorts 50 km/h, außerorts 80 km/h, Schnellstraßen 100 km/h, Autobahnen 120 km/h (für Wohnmobile prinzipiell 50/80/80/80). Maut (abhängig von der Höhe des Fahrzeuges, gemessen an der Vorderachse, über 1,30 m der dreifache Preis) für Autos bis 1,30 m für die Strecke Horgos – Martica ca. 13 €, für die Strecke Lipovac – Martica 10 €. Währung: Dinar (1 € = 105 RSD, Stand: Jan. 2012). Achtung: Reisen Sie mit vollem Tank ein (jedoch leerem Reservekanister, ansonsten ist dieser zu verzollen)! An den Grenzen warten Sie oft mehrere Stunden, insbesondere in der Ferienzeit, wenn sich die Türken auf Heimaturlaub begeben.

Bulgarien: Von November bis März muss auch tagsüber mit Abblendlicht gefahren werden. Tempolimits für Pkw und Wohnmobile (bis 3,5 t) innerorts 50 km/h, außerorts 90 km/h, Autobahnen 130 km/h. 7-Tage-Vignette für Pkw oder Wohnmobil 5 €. Währung: Lew (1 € = 1,96 BGN, Stand: Jan. 2012). Auch an den Grenzen nach Bulgarien muss man mit extrem langen Wartezeiten rechnen.

Griechenland: Tempolimits für Pkw und Wohnmobile innerorts 50 km/h, außerorts 90–110 km/h, Autobahnen 120 km/h (kaum Tankstellen an der Autobahn). Maut Igoumenítsa – İpsala für Pkw 5,60 €, für Wohnmobile 14 €, soll jedoch angehoben werden. Währung: Euro.

Reisepapiere Für die Einreise in die Türkei und eine Verweildauer des Fahrzeuges im Land von max. 6 Monaten benötigen Sie **Führerschein, Kfz-Schein** und **grüne Versicherungskarte.** Diese muss für die gesamte Türkei einschließlich des asiatischen Teils gültig sein! Lassen Sie sich zudem von Ihrer Versicherung schriftlich bestätigen, dass Sie in der gesamten Türkei die gleiche Deckung haben wie zu Hause.

Obligatorisch ist für Fahrzeugbesitzer außerdem der **Reisepass:** Sie erhalten bei der Einreise in die Türkei einen Passvermerk, der dazu verpflichtet, das eingetragene Fahrzeug bei der Ausreise vorzuführen. Im Falle eines Totalschadens oder Diebstahls muss eine Löschung des Fahrzeugs im Reisepass beim zuständigen Zollamt, d. h. dort, wo der Schaden entstanden ist, veranlasst werden. Dabei ist der türkische Polizeibericht vorzulegen.

Weitere Hinweise Es ist ratsam, einen **Auslandsschutzbrief,** eine **Kurzvollkasko-,** eine **Verkehrsrechtsschutz-** sowie eine **Insassen-Unfallversicherung** abzuschließen, die ebenfalls für die gesamte Türkei gültig sind. Auch muss am Fahrzeug ein **Nationalitätskennzeichen** angebracht sein, unabhängig davon, ob Sie eine EU-Plakette haben.

Türkeitipps für **Motorradfahrer** und Erfahrungsberichte finden Sie auf www.bikerdream.de. Wer spezielle Fragen hat, kann sich an das Forum von www.freebikertr.eu wenden.

Mit der Fähre

Wer sich für die Italienroute mit Fährpassage nach Griechenland entscheidet, sollte für die Hauptferienzeit früh buchen, um noch an ein preiswertes Ticket zu kommen oder um noch einen Platz für „Camping on Bord" zu ergattern. Als Abfahrtshäfen in Italien stehen Venedig, Ancona, Brindisi und Bari zur Auswahl. Vom griechischen Zielhafen Igoumenítsa (Nordgriechenland) sind es noch rund 750 km beste Autobahn bis zur türkischen Grenze. Zig Fährgesellschaften machen sich Konkurrenz, die größten sind Anek Lines (www.anek.gr) und Minoan Lines (www.minoan.gr). Die Strecke Ancona – Igoumenítsa schaffen schnelle Fähren in rund 16 Std., langsame Fähren benötigen die gleiche Zeit für die Strecke Bari – Igoumenítsa. Eine Fährpassage von Venedig nach Igoumenítsa (das Gros der Fähren benötigt dafür rund 25 Std.) bekommt man in der NS für 2 Pers. inkl. Auto bis 6 m ab ca. 240 €, in der HS ab ca. 350 €, richtig teuer wird es mit Kabine. Preiswertere Verbindungen von den südlicheren Häfen Italiens (dort zuweilen für 2 Pers. inkl. Pkw ab 100 € in der NS).

Mit dem Bus

Die *Deutsche Touring GmbH/Eurolines* (www.touring.de) bietet ganzjährig Fahrten von verschiedenen deutschen Städten über Italien (weiter mit der Fähre) und

Griechenland nach İstanbul (Dauer 50–60 Std.). *Varan* (www.varan.com.tr) fährt von Berlin (Dauer 38 Std.) und von verschiedenen Städten Österreichs (ab Wien 28 Std.) über den Balkan nach İstanbul. Einen Linienbusverkehr von der Schweiz in die Türkei gibt es nicht. Je nach Abfahrtsort bewegen sich die Preise für ein Retourticket zwischen 150 und 260 €. Endstation ist in İstanbul der *Büyük İstanbul Otogarı* (Großer İstanbuler Busbahnhof), von wo regelmäßige Busverbindungen in alle größeren Städte an der Mittelmeerküste bestehen.

Mit der Bahn

Auch wenn der glorreiche Orient-Express der Vergangenheit angehört – mit der guten alten Eisenbahn kann man noch immer in die Türkei fahren. Dafür muss man jedoch tief in die Tasche greifen, sofern man ein Ticket für die gesamte Strecke im Heimatland bucht – kalkulieren Sie mit dem Doppelten des Bustickets. Infos unter www.bahn.de, www.sbb.ch und www.oebb.at. Billiger wird es, wenn Sie in jedem Land das Ticket einzeln kaufen. Von Wien bis nach İstanbul sind Sie ca. 35 Std. unterwegs, von Zürich ca. 56 Std. Von Deutschland führen die Verbindungen i. d. R. über München (von da noch ca. 43 Std.) und Salzburg nach Wien und von dort weiter über Budapest, Belgrad und Sofia (zuweilen auch über Bukarest) zum İstanbuler Bahnhof Sirkeci auf der europäischen Seite (in Zukunft, das kann aber noch Jahre dauern, soll der neue Bahnhof Yenikapı den alten Bahnhof Sirkeci ablösen). Auf der anderen Seite des Bosporus (Verbindung bislang Pendelfähren, Tunnel im Bau) starten vom Bahnhof Haydarpaşa die Züge nach West- und Zentralanatolien sowie an die Mittelmeerküste (→ „Unterwegs an der Mittelmeerküste/Mit der Bahn"). Bei Redaktionsschluss wurde jedoch angekündigt, dass der Zugverkehr von İstanbul gen Zentralanatolien bis Anfang 2014 wegen Gleisbauarbeiten eingestellt wird. Mit einem InterRail-Ticket können Sie nicht nur an-, sondern auch durch die Türkei reisen, sofern Züge fahren.

InterRail Ein InterRail Global-Pass (gilt für 30 Länder Europas, für alle Länder auf der Strecke in die Türkei und auch für die Türkei) kostet für 10 Tage (benutzbar innerhalb von 22 Tagen) 381 € für Erwachsene und 257 € für Jugendliche, für einen ganzen Monat (unbegrenztes Fahren an jedem Tag) 638 € bzw. 422 €.

Endstation Sirkeci – wohin der Orient-Express rollte

Der legendäre Orient-Express nahm seinen Dienst von Paris in Richtung İstanbul 1883 auf. Anfangs verlief die Route über Wien und Budapest nach Varna (Bulgarien) am Schwarzen Meer, von dort ging es per Schiff weiter. 1889 rollte der Zug erstmals im İstanbuler Bahnhof Sirkeci auf der Serailspitze ein. Berühmt wurde er durch diverse Filme und literarische Werke, insbesondere durch Agatha Christies *Mord im Orientexpress* und durch Graham Greenes *Stamboul Train*. Letzterem Werk sollte man aber nicht allzu großen Glauben schenken, Greene ging bereits in Köln das Geld aus, die restliche Strecke bis İstanbul entspringt seiner Fantasie. Die Fahrt durch die verschiedenen Königreiche des Balkans war in den ersten Jahren nicht ungefährlich. Mehrmals kam es zu Überfällen, denn der Luxuszug beförderte neben betuchten Passagieren auch wertvolle Waren: auf der Hinfahrt Schuhe, Parfüm, Wein und Stoffe, auf der Rückfahrt Leder, Gewürze und Baumwolle. Mitte des 20. Jh. war es mit dem Glanz und der Gloria des Zuges vorbei. 1977 setzte er sich zum letzten Mal in Bewegung.

Wandern im Latmosgerbirge

Unterwegs an der Mittelmeerküste

Mit dem Auto oder Motorrad

Ein eigenes Fahrzeug – egal, ob geliehen oder mitgebracht – macht das Reisen durch die Türkei unkompliziert. Vorsicht ist jedoch geboten. Denn so kämpferisch und stolz wie die Türken einst auf ihren Steppenpferden bis nach Wien jagten, so selbstbewusst geben sich ihre Ur-Ur-Ur-Enkel heute im Straßenverkehr. Dabei wird der Kampfschrei durch die Hupe ersetzt. Doch trotz der leicht chaotischen Verhältnisse auf türkischen Straßen – mit etwas Selbstvertrauen werden Sie die Sache meistern. Die Straßen sind gut ausgebaut, besser als in den osteuropäischen Ländern der EU. Türkeineulingen empfehlen wir jedoch nicht, mit der motorisierten Zimmersuche in einem Großstadtzentrum zu beginnen. Nehmen Sie besser ein Taxi vom Flughafen und lassen Sie sich die Wagenschlüssel einen Tag später aushändigen.

Mietfahrzeuge: Pkws werden in den Touristenzentren fast an jeder Ecke verliehen, das Angebot an Mopeds, Motorrädern und Fahrrädern ist dagegen bescheiden. Wer ein Fahrzeug mieten will, muss seinen Führerschein und Pass oder Personalausweis vorlegen. Manche Anbieter setzen voraus, dass der Fahrer mindestens 21 oder 23 Jahre und jünger als 70 Jahre alt ist und seit mindestens einem Jahr den Führerschein besitzt. Da die Treibstoffpreise rund 20–30 % über denen in Deutschland liegen, können sich die Mehrausgaben für ein moderneres und sparsameres (am besten Diesel schluckendes) Fahrzeug schnell amortisieren.

Preise für Mietfahrzeuge Die lokalen Verleiher sind i. d. R. erheblich billiger als die großen internationalen Ketten. Je nach Saison bezahlen Sie bei den Kleinanbietern 20–40 €/Tag. Den Preisvorteil erzielen die lokalen Verleiher durch einen älteren und

Angaben in km	Adana	Antalya	Çanakkale	Denizli	İstanbul	İzmir
Adana	•	553	1101	766	939	898
Antalya	553	•	727	238	724	469
Çanakkale	1101	727	•	503	325	316
Denizli	766	238	503	•	652	231
İstanbul	939	724	325	652	•	565
İzmir	898	469	316	231	565	•

Entfernungstabelle (Straßenkilometer)

meist weniger gepflegten Fuhrpark. Die Preise der renommierten Verleiher unterscheiden sich wenig, je nach Saison muss man mit 45–80 €/Tag für das günstigste Modell rechnen. Egal wo, i. d. R. sind alle Kilometer frei. Etwas preiswerter ist es, wenn man bereits von zu Hause aus wochenweise bucht, eventuell gleich in Verbindung mit dem Flugticket. Die Preise für **Motorräder** beginnen bei ca. 30 €/Tag und für **Motorroller** bei 20 €/Tag. Für Wohnmobile → Camping, S.41.

Ein empfehlenswerter Autoverleiher ist die **Agentur Say** mit Hauptsitz in Antalya (→ S. 382). 1a-Service (deutschsprachig und deutschsprachige Verträge), gepflegter Fuhrpark, sehr gute Versicherungsleistungen, Kindersitze, Übergabe des Fahrzeugs auch am Flughafen möglich oder kostenloser Flughafentransfer. Büro in der Altstadt von Antalya, Mescit Sok. 37, ☎ 0242/2430923 (24-Std.-Service unter ☎ 0532/2645054), www.say-autovermietung.de. Dazu Partneragenturen an der gesamten Südküste. Auch Einwegmieten sind möglich. Buchungsmöglichkeit auch in Deutschland: Info und Reservierung in Nürnberg, ☎/✆ 0911/686266.

Kleingedrucktes Achten sollte man auf den vertraglich festgelegten **Versicherungsschutz**, insbesondere auf den Eigenanteil im Schadensfall. Auch bei Vollkasko sind meist Unterbodenschäden und Reifenpannen nicht mitversichert. Die großen, international operierenden Verleiher untersagen i. d. R.

das Verlassen von asphaltierten Straßen, d. h. viele Buchten und Ausgrabungsstätten dürfen Sie theoretisch nicht ansteuern.

Verkehrsvorschriften Höchstgeschwindigkeit in Ortschaften 50 km/h, außerhalb 90 km/h (mit Anhänger oder mit dem Motorrad 70 km/h, Minibusse 80 km/h). Auf mehrspurigen Überlandstraßen jedoch, die durch einen Grünstreifen oder Ähnliches getrennt sind, dürfen Pkw 110 km/h fahren, Minibusse 90 km/h. Auf Autobahnen gelten für Pkw 120 km/h (mit Anhänger oder mit dem Motorrad 80 km/h, Minibusse 100 km/h). Die **Promillegrenze** für Fahrer von Pkws ohne Anhänger liegt bei 0,5, ansonsten herrscht absolutes Alkoholverbot (auch für Motorradfahrer). **Mobiltelefone** dürfen offiziell – auch wenn sich keiner daran hält – während der Fahrt nur mit einer Freisprechanlage benutzt werden.

Autobahnen Sind gebührenpflichtig, seit 2011 kann jedoch nicht mehr bar bezahlt werden. Für die Zahlung der Maut bedarf es nun einer sog. *KGS Kart*, einer kreditkartenähnlichen Karte, die man mit einem gewünschten Guthaben aufladen kann. Beim Auffahren auf die Autobahn hält man die Karte an einen Automaten, der sie abliest, beim Verlassen der Autobahn ebenfalls, dabei wird dann auch die fällige Autobahngebühr abgezogen – wenn man alles richtig macht, piepst es 3-mal und das verbleibende Guthaben auf der Karte wird angezeigt. Die Karte bekommt man an vielen Autobahnauffahrten (dummerweise nicht an allen!), an den Grenzübergängen und bei jeder Bankfiliale der *T.C. Ziraat Bankası* in der Türkei (nach dem KGS-Schalter fragen o. eine Nummer für KGS ziehen). Auch die Ziraat-Bank-Filialen in Deutschland (wo die nächste ist, erfahren Sie unter www.ziraatbank.de)

verkaufen KGS-Karten, hier jedoch nur Karten mit 50 TL Guthaben für überzogene 30 €. 100 km kosten etwa 1 €.

Tanken   Die Farbkennzeichnung der Kraftstoffe an den Zapfsäulen entspricht der daheim. Bleifrei heißt *kurşunsuz* (auch *Süper*, 95 Oktan), Super *Süper plus* (98 Oktan), Diesel entweder *dizel* oder *motorin*.

Das Tankstellennetz ist gut ausgebaut. Auch das LPG-Netz ist sehr gut, Sie benötigen in der Türkei den Dish-Anschluss. Nahe den Grenzen zum Iran und Irak wird an No-Name-Tankstellen und direkt von Lkws billiger, illegal importierter Diesel verkauft – er ist von minderer Qualität! Ansonsten liegen die Spritpreise in der Türkei rund 20–30 % über denen in Deutschland!

Besondere Hinweise

- Von **Nachtfahrten** sollte man absehen. Gefahr droht durch mangelhaft beleuchtete Lkw und Pkw, durch unvorhersehbare Schlaglöcher und nur mit Steinen abgesicherte Baustellen. Dazu kommen allzu sorglose Fußgänger.

- Stehen Sie an einer roten **Ampel** in der ersten Reihe, schauen Sie unbedingt nochmals nach rechts und links, wenn das Licht auf Grün springt. Nicht alle Verkehrsteilnehmer interessieren sich für das Farbenspiel.

- Drücken Sie auf die Hupe: vor dem Überholen (egal ob Fahrradfahrer oder Lkw – gehen Sie davon aus, dass der Vordermann nie in den Rückspiegel schaut), vor unübersichtlichen Kurven, wenn Kinder am Straßenrand spielen etc.! Mit der Hupe fordert man auch die Vorfahrt ein! Nur nicht schüchtern sein.

- Vorsicht vor **Rollsplitt** insbesondere auf Neubaustrecken. Tausende von Frontscheiben gehen dadurch jährlich zu Bruch. Halten Sie hier zu Lkw einen großen Abstand!

- Um die Raserei einzudämmen, werden häufig **Radarkontrollen** durchgeführt (Mindeststrafe für zu schnelles Fahren 55 €, man bekommt jedoch Rabatt, wenn man sofort zahlt), zudem gibt es an Ortseinfahrten und in Wohngebieten vielfach **Bodenwellen**. Für Ortsunkundige sind sie oft heimtückisch, denn i. d. R. macht weder ein Schild auf sie aufmerksam, noch sind sie farblich markiert.

- **Motorradfahrer** sollten nur mit **Schutzkleidung** fahren, im Fall eines Sturzes kann der Split auf den Straßen sehr gefährlich werden.

- **Verkehrshinweise und ihre Bedeutung:** Bozuk satıh – schlechte Wegstrecke; **Dikkat** – Achtung bzw. Vorsicht; **Dur** – Stop; **Düşük banket** – unbefestigte Straße; **Kaygan yol** – glatte Fahrbahn; **Otopark** – Parkplatz; **Park yapılmaz** – Parken verboten; **Şehir merkezi** – Stadtmitte; **Tamirat** – Straßenarbeiten; **Taşıt geçemez** – Durchfahrt verboten; **Yavaş** – langsam fahren; **Yasak** – verboten.

Unfall   Sollten Sie in einen Unfall verwickelt werden, muss die Polizei gerufen werden, denn für die Schadensklärung ist ein Polizeiprotokoll *(kaza raporu)* erforderlich. Unterschreiben Sie keine Protokolle, die Sie nicht lesen können, oder vermerken Sie auf dem Protokoll, dass Sie es nicht lesen konnten. Melden Sie größere Karosserieschäden, die Sie vor Ort nicht beheben lassen wollen, ebenfalls der Polizei – ohne Protokoll kann es bei der Ausreise sonst zu erheblichen Schwierigkeiten kommen.

Pannenhilfe   Keine Sorge, man lässt Sie nicht im Regen stehen, die Türken sind sehr hilfsbereit. Sollten Sie einen Abschleppwagen benötigen, teilen Sie dies Ihrer Versicherung (Notrufnummer steht auf dem Schutzbrief) oder – falls Sie Mitglied sind – dem ADAC (✆ 0212/2887190 in İstanbul) mit. Alles Weitere wird dann veranlasst.

Ersatzteile/Reparatur   Sind für die gängigen Modelle von Fiat, Renault, VW, Ford und Mercedes leicht zu haben, bei anderen Automarken sieht es etwas schlechter aus.

Falls Sie mit Ihrem Fahrzeug Probleme haben, fragen Sie nach dem **Oto Sanayi** (So geschl.), einer Ansammlung von Werkstätten, i. d. R. an den Ein- oder Ausfallstraßen der größeren Ortschaften. Handeln Sie stets den Preis im Voraus aus.

Mit dem Bus

Die Zahl der Busgesellschaften, die das im ganzen Land dichte Netz bedienen, ist nahezu unüberschaubar, die Preisunterschiede sind gering. Bei den meisten Gefährten handelt es sich um moderne Mercedes- oder Mitsubishibusse, die in der Türkei in Lizenz hergestellt werden. Zum Standard gehören Klimaanlage (Pulli mit in den Bus nehmen!), Video und getönte Scheiben. Bei renommierten Unternehmen wie z. B. *Metro* (www.metroturizm.com.tr), *Ulusoy* (www.ulusoy.com.tr), *Kamil Koç* (www.kamilkoc.com.tr) oder *Pamukkale* (www.pamukkaleturizm.com.tr) bekommen Sie für Ihr verstautes Gepäck einen Jeton, mit dem Sie es am Ende der Fahrt wieder einlösen können, im Ganzen eine recht zuverlässige Sache. Unterwegs betreut ein meist jugendlicher Steward oder eine Stewardess die Passagiere. Kostenlos verteilt werden Kekse und Getränke sowie eine türkische Kölnischwasser-Variante *(kolonya)* für verschwitzte und verklebte Handflächen. Rauchen ist in den Bussen verboten, im Abstand von ungefähr zwei Stunden wird jedoch eine Pinkelpause eingelegt. Die im Reiseteil angegebenen Fahrzeiten dienen nur der groben Orientierung und beziehen sich auf die Angaben der größeren Busunternehmen. Kleinere, oft lokale Busgesellschaften, die einer Bummelbahn gleich in unzähligen Orten unterwegs halten, brauchen oft länger. Weitere Informationen zum Reisen mit dem Bus finden Sie unter „Verbindungen" bei den jeweiligen Städten.

Achtung Abfahrt: Gestartet wird pünktlich bis 5 Min. zu früh!

Preise Durchschnittlich werden pro Kilometer 4–5 Cent gezahlt, bei Nobelfirmen etwas mehr. Eine Fahrt von İzmir nach Antalya kommt demnach auf 19–24 €. Mit der Buchung ist eine Platzreservierung verbunden, auf die Sie Einfluss nehmen können, indem Sie auf dem Plan den gewünschten Sitz bestimmen – die vorderen sind i. d. R. die besseren, jedoch auch meist dem Zigarettenrauch der Busfahrer (er ist der Einzige, der rauchen darf) ausgesetzt.

Busbahnhöfe Die türkischen Busbahnhöfe *(otogar, terminal* oder *garaj)* entsprechen in Funktion und Ausstattung unseren Zugbahnhöfen. Falls es keine offizielle Gepäckaufbewahrung gibt, können Sie Ihre Siebensachen i. d. R. am Schalter Ihrer

Busgesellschaft abstellen. Meist liegen die Busbahnhöfe einige Kilometer außerhalb des Zentrums, sind jedoch gewöhnlich mit öffentlichen Stadtbussen oder Dolmuşen erreichbar. Renommierte und vor Ort ansässige Busgesellschaften bieten zudem oft einen Zubringerservice vom und ins Zentrum. Kleinere Orte verfügen häufig nur über eine Ansammlung von schlichten Büros im Zentrum. In diesen Fällen gehen die Busse von dort ab oder halten kurz an der Umgehungsstraße.

Hinweis An größeren Busbahnhöfen arbeiten Schlepper für diverse Busgesellschaften und werden versuchen, Sie mit irgendwelchen Argumenten an den einen oder anderen Schalter zu führen. Gehen Sie nicht darauf ein! Vergleichen Sie in Ruhe Abfahrtszeiten und Preise! Im Reiseteil wird auf diverse Busverbindungen hingewiesen, aus Platzgründen sind jedoch nicht alle aufgeführt.

Mit dem Dolmuş (Sammeltaxi)

Das Sammeltaxi zählt im innerstädtischen Verkehr, aber auch im Überlandverkehr (bis ca. 100 km) zu den wichtigsten Transportmitteln. *Dolmuş* heißt auf Deutsch so viel wie „voll besetzt" – und nennt das wesentliche Kennzeichen der Sammeltaxis, denn ein Dolmuş fährt in aller Regel erst dann ab, wenn alle Plätze belegt sind. Als

Dolmuş verkehren Kleinbusse in der Größenordnung eines Ford Transit. Zu erkennen sind Dolmuşe an ihrem Schild auf dem Dach oder an einer Tafel hinter der Windschutzscheibe, die das Fahrtziel angibt. In Städten gibt es separate Dolmuş-Bahnhöfe für Verbindungen in die Region und Haltestellen auf bestimmten Routen. Auf dem Land, aber auch überall dort, wo es keine Haltestellen gibt, kann man ein Dolmuş auch per Handzeichen stoppen oder irgendwo unterwegs aussteigen.

Preise Die Preise liegen im Stadtverkehr etwas höher als bei den Bussen, auf längeren Strecken etwas darunter. Bezahlt wird während der Fahrt. Sofern die Tarife nicht aushängen, ist es ratsam, sich an den Beträgen der Mitreisenden zu orientieren, wenn man keinen Touristenzuschlag zahlen will. Längere Routen sind in Teilstücke gegliedert. Sie zahlen nur den Abschnitt, den Sie mitgefahren sind.

Mit der Bahn

Im Vergleich Bus/Straße versus Bahn/Schiene ist das zweite Pärchen erheblich langsamer, unpünktlicher und weniger gut ausgebaut, dafür auch billiger. Entlang der Küsten ist Bahnfahren so gut wie unmöglich. Für alle, für die der Weg das Ziel ist, gibt es aber kaum eine schönere Art, das Land kennenzulernen. Große Abschnitte des Schienennetzes schufen übrigens deutsche Ingenieure: Durch den Bau der Bagdadbahn in der ersten Hälfte des 20. Jh. wollte die Deutsche Bank Kapital aus den Ölvorkommen am Persischen Golf schlagen. Die Türken beschränkten sich danach jahrzehntelang lediglich darauf, das vorhandene Netz halbwegs am Leben zu erhalten. Erst vor wenigen Jahren wurde mit dem Bau von Hochgeschwindigkeitstrassen begonnen. Bahnfahren wird seitdem wieder deutlich populärer.

Trotz aller bisherigen Verbesserungen bietet die Türkische Eisenbahn *Türkiye Cumhuriyeti Devlet Demiryolları* (kurz *TCDD*) nach wie vor vorrangig lange Fahrten für wenig Geld: Von İstanbul nach Kars nahe der armenischen Grenze, also einmal fast durchs ganze Land (1928 km), sind Sie rund 38 Stunden unterwegs und bezahlen im komfortablen Schlafwagen (*yataklı*, nur zwei Betten im Abteil) um die 40 €.

Unterwegs im lykischen Hinterland

Reservierungen sind nicht nur ratsam, sondern in den meisten besseren Zügen ein Muss, insbesondere im Schlafwagen (am besten schon eine Woche vorher). Im Folgenden sind die wichtigsten Züge aufgelistet – falls sie denn auch fahren. Nicht selten sind weite Streckenabschnitte aufgrund von Gleisbauarbeiten monate-, selbst jahrelang gesperrt. Noch ein Hinweis: Auf den ausgehängten Fahrplänen sind manche Städte wie z. B. İstanbul nur mit den Namen ihrer Bahnhöfe aufgeführt. So steht Sirkeci für İstanbuls Bahnhof auf der europäischen Seite, Haydarpaşa für jenen im asiatischen Teil. Der englischsprachige Teil der Webseite der Türkischen Bahn www.tcdd.gov.tr (Preise, Verbindungen, Reservierungen) ist leider wenig hilfreich. Gute Infos zum Bahnfahren bietet jedoch die Seite www.turkeytravelplanner.com.

İstanbul – Adana İç Anadolu Mavi Treni, verkehrt tägl. zwischen İstanbul und Adana über Afyon, Konya und Karaman, Dauer ca. 18½ Std. **Achtung**: Wegen Gleisbauarbeiten wird dieser Zug für längere Zeit nur bis bzw. ab Arifiye (ca. 100 km östlich von İstanbul) fahren.

İzmir – İstanbul 6 Eylül Ekspresi und 17 Eylül Ekspresi, fahren jeweils tägl. (außer Di beim 6 Eylül Ekspresi) von İzmir (Basmane) über Manisa nach Bandırma (von dort weiter mit der Fähre nach İstanbul), Dauer ca. 6 Std.

İzmir – Adana Von İzmir gelangt man über Ankara nach Adana. Zwischen İzmir (Basmane) und Ankara verkehren tägl. die Nachtzüge İzmir Mavi Treni und Karesi Ekspresi (Dauer 13½–14½ Std.). Zwischen Ankara und Adana fährt tägl. der Nachtzug Çukurova Mavi Treni (Dauer ca. 11½ Std.).

Achtung: Wegen des Baus von Hochgeschwindigkeitsstrassen wird der Zugbetrieb auf manchen Strecken immer wieder für kürzere oder längere Zeit unterbrochen.

Mit dem Flugzeug

Die Drehkreuze im innertürkischen Flugverkehr sind İstanbul (europäische Seite IST, asiatische SAW) und Ankara (ESB), von wo aus sehr gute Verbindungen zu allen größeren Städten des Landes bestehen. Innertürkische Flüge, die nicht İstanbul oder Ankara als Ziel- oder Startflughafen bzw. Umsteigestation haben, gibt es auch. Von Jahr zu Jahr werden es mehr, insbesondere von und nach Antalya (AYT) und İzmir (ADB). Neben Turkish Airlines bieten Atlasjet, Anadolu Jet, Borajet, Pegasus und Onur Air Inlandsflüge an (→ Airlines im Internet, S. 24). Inlandsflüge sind recht günstig: Ein Flug von İzmir nach Antalya ist bereits ab ca. 40 € inkl. aller Gebühren zu bekommen. Weitere Flughäfen im Reisegebiet sind Adana (ADA), Alanya-Gazipaşa (GZP), Bodrum/Milas (BJV), Dalaman (DLM), Denizli (DNZ), Edremit (EDO), Gökçeada (GKD) und Hatay/Antakya (HTY).

Weitere Informationen (Transfer zu den Flughäfen, Adressen von Reisebüros vor Ort usw.) im Reiseteil unter den jeweiligen Städten.

Mit der Fähre

Die Fährverbindungen zu den vorgelagerten türkischen und griechischen Inseln sowie nach Nordzypern sind im Reiseteil aufgeführt. Keine Fährlinien gibt es entlang der Südküste sowie von İstanbul nach İzmir.

Mit dem Taxi

Ein *Taksi* findet man in den meisten Orten an jeder Ecke. In den Touristenzentren sind die Tarife oft in verschiedenen harten Währungen auf einer Tafel angeschrieben. Abseits davon nimmt man ein Taxi mit Taxameter und lässt sich den geschätzten Endtarif im Voraus sagen. In İzmir betrug der Einstiegstarif 2011 rund 1 €, pro Kilometer kamen 0,80 € hinzu.

Achtung: In Städten, wo es Nachttarife gibt (nicht einheitlich!), muss tagsüber auf dem Display *gündüz* erscheinen (*gündüz* = tagsüber; *gece* = Nacht).

Mit dem Fahrrad

Wer größere Touren plant, bringt am besten sein eigenes Bike mit und dazu einen Helm. Unglaublich, aber wahr: Er ist Pflicht, auch wenn davon nicht einmal die Polizei weiß! Vor Ort gibt es nicht allzu oft Räder zu leihen, und wenn doch, dann meist in Kaufhausqualität (für eine empfehlenswerte Ausnahme → Alanya/Radverleih). Empfehlenswert ist ein sog. *Dog Chaser*, der durch Hochfrequenztöne die Hunde der Hirten vom Leib hält. Wegen der bergigen Landschaft sollte man über eine gute Kondition verfügen. Bei Pannen helfen kombinierte Moped-Fahrradwerkstätten weiter (sofern keine exotischen Ersatzteile beigeschafft werden müssen).

Trampen ist aufgrund der niedrigen Preise für öffentliche Verkehrsmittel nicht verbreitet, aber grundsätzlich überall möglich. Allein reisende Frauen sollten davon absehen.

Unter Segel

Die türkische Südägäis und die lykische Küste zählen zu den beliebtesten Segelrevieren des Mittelmeeres. Boote mit und ohne Skipper lassen sich vor Ort und von Deutschland aus chartern. Zentren des Jachttourismus sind Finike, Göcek, Marmaris, Fethiye, Bodrum und Kuşadası, aber auch fast alle anderen größeren Urlaubsorte verfügen über eine Marina. Zudem lässt es sich in vielen abgeschiedenen Häfen und Buchten herrlich ankern. Wer mit dem eigenen Schiff unterwegs ist oder ein Boot ohne Skipper chartert, dem seien die Segelhandbücher „Türkische Küste – Vom Bosporus bis Antalya" und „Türkische Küste/Ostgriechische Inseln" empfohlen, beide im Delius Klasing Verlag erschienen. Die beste Zeit für einen Törn ist von Mai bis September.

Blau reisen

Einen wahren Boom erleben an der lykischen und südägäischen Küste die sog. „Blauen Reisen". Dabei handelt es sich um eine Art All-inclusive-Urlaub auf einer *Gulet,* einer schönen, aus Holz gezimmerten, dickbauchigen Jacht. So gut wie immer gesetzt ist einzig das Schatten spendende Sonnensegel, gefahren wird meist unter Maschine. Die Schiffe sind im Unterschied zu reinen Segeljachten nicht nur praktisch, sondern i. d. R. sehr komfortabel ausgestattet, denn bei der „Blauen Reise" steht nicht das sportlich ambitionierte Segeln im Vordergrund, vielmehr das Genießen der Küste vom Boot aus, das Baden in einsamen Buchten und die Geselligkeit an Bord. Letztere ist der Risikofaktor eines solchen Törns. Denn den engen Raum mit Spießern oder Kiffern zu teilen, kann je nach Einstellung Freude ins Gegenteil kehren. Daher empfiehlt es sich, eine solche Reise gleich als Gruppe zu buchen und am besten ein ganzes Schiff zu chartern.

Namensgebend für derartige Törns waren übrigens die Schiffsreisen eines illustren Philosophenzirkels um den Journalisten und Bohemien Cevat Şakir Kabaağaçlı. Nachdem er wegen seiner antimilitaristischen Gesinnung nach Bodrum verbannt worden war, publizierte dieser türkische Jean-Paul Sartre ab 1925 unter dem Pseudonym „Der Fischer von Halikarnas". Die jungen Intellektuellen, die sich um ihn sammelten, schipperten auf Schwammtaucherbooten die Ägäisküste entlang, ernährten sich in erster Linie von Fisch und Rakı und nannten ihre Seelenreinigungstrips *Mavi Yolculuk,* „Blaue Reise". Blaue Reisen werden heute über alle größeren Türkei-Reiseveranstalter angeboten.

Organisierte Ausflüge

Zu Luft, zu Land und zu Wasser werden in den touristischen Zentren unzählige Halbtages-, Tages- und Zweitagestouren zu den Sehenswürdigkeiten der näheren und weiteren Umgebung angeboten. Für alle, die die Planung und Durchführung eines Ausflugs nicht selbst in die Hand nehmen wollen, eine bequeme Art, mehr von der Türkei kennen zu lernen. Preislich rechnen sich solche Touren insbesondere für allein Reisende. Zu zweit kann man für das gleiche Geld schon oft einen Mietwagen nehmen. Der große Haken vieler Bustouren oder Bootsausflüge: Die Routen der meisten Veranstalter sind annähernd identisch, und so erleben viele Buchten oder Sehenswürdigkeiten für ein paar Stunden am Tag einen herdenartigen Ansturm. Was wo angeboten wird, erfahren Sie im Reiseteil unter den Stichworten „Organisierte Touren" und „Bootsausflüge".

Preise   Große Preisunterschiede gibt es zwischen den meisten Veranstaltern nicht. Sollte jedoch eine Tour erheblich preiswerter angeboten werden als beim Gros der Veranstalter, sind unter Garantie weitaus mehr Shoppingpausen mit Teppichknüpfvorführungen im Programm als sonst. Bei allem, was Sie kaufen, verdienen die Tourenanbieter mit.

Wandern

Im Frühjahr und Herbst gibt es kaum eine schönere Art, die türkische Mittelmeerküste zu entdecken. Im Sommer dagegen ist Wandern aufgrund der hohen Temperaturen fast unmöglich. Markierte Wanderwege gibt es – mit Ausnahme des *Lykian Way* und des *St Paul Trail* (→ Kasten) – nur wenige, dafür aber unzählige Pfade, die sich fast immer zu einem Rundweg kombinieren lassen. Etwas Erfahrung und ein guter Orientierungssinn sind bei allen Touren vonnöten, denn exakte topografische Karten sind nicht erhältlich. Bringt man aber guten Willen, Ausdauer und Kondition mit, dann wird man mit einer Fülle von Naturschönheiten belohnt, seien es kleine versteckte Fjorde, tiefe Schluchten mit tosenden Flüssen oder auch ausgedehnte Blumenteppiche, auf die man v. a. im Frühjahr stößt. Die schönsten Ecken zum Wandern bieten die lykische Küste, die Gegend rund um den Bafa-See und das Kazdağları-Gebirge am Golf von Edremit.

Gefahren am Wegesrand: Vor Hunden brauchen Sie unterwegs keine Angst zu haben, wirklich gemeine Köter am Wegesrand sind selten – wohl aber gibt es Hütehunde mit ausgeprägtem Beschützerinstinkt. In diesen Fällen tut ein *Dog Chaser* (→ Fahrrad) gute Dienste. Auch die meisten Schlangen sind harmlos und flüchten, wenn sich ein Mensch nähert, es gibt aber auch Vipern und die Taurische Bergotter, deren Biss gefährlich werden kann. Im Unglücksfall sollten Sie die Schlange, falls sie nicht identifizieren können, töten (leichter gesagt als getan) und zum Arzt mitnehmen. Skorpionstiche sind dagegen zwar schmerzhaft, aber i. d. R. nicht lebensgefährlich. Um Bienenkörbe sollte man stets einen großen Bogen machen. Schützen Sie sich ferner vor Zeckenbissen. Frauen sollten niemals alleine wandern.

Lykian Way und St Paul Trail – die Fernwanderwege der Türkei

Der 509 km lange Fernwanderweg *Lycian Way* (türk. *Likya Yolu*) führt von Fethiye (Ölüdeniz) entlang der Küste und durch das schroffe Taurusgebirge bis in die Nähe von Antalya. Die englische *Sunday Times* erklärte ihn zu einem der schönsten Wanderwege der Welt. Unterwegs passiert man etliche antike Stätten und herrliche Buchten. Rund fünf Wochen sollte man für die Tour als Ganze einplanen – und ein paar Monate Training davor. Damit aber nicht der komplette Jahresurlaub dafür in Anspruch genommen werden muss, können Sie auch einzelne Abschnitte des Weges gehen, z. B. von Kalkan nach Patara. Halten Sie für den Einstieg in den lykischen Wanderweg entlang der Küste einfach nach den gelben Wegweisern mit der Aufschrift „Likya Yolu" Ausschau. Der Wegverlauf ist durchgehend weiß-rot markiert, ein rotes Kreuz bedeutet „falscher Weg". Wer sich die gesamte Wandertour zum Ziel setzt, dem sei folgende Literatur empfohlen: *Kate Clow und Terry Richardson: Der lykische Pfad. Der erste Fernwanderweg der Türkei*, Upcountry 2005. Das gleiche Paar markierte auch den ebenfalls rund 500 km langen Fernwanderweg *St Paul Trail*. Er führt von Perge und Aspendos an der Türkischen Riviera auf zwei verschiedenen Routen nach Adada, einer kleineren antiken Stätte im Landesinneren, ca. 70 km hinter der Küste. Dort treffen sich beide Wege und verlaufen fortan gemeinsam über Eğirdir im westanatolischen Seengebiet zur Ruinenstätte Antiochia in Pisidien beim Landstädtchen Yalvaç. Die Trekkingtour ist ein landschaftlicher Traum, aber auch überaus anstrengend, da man nahezu auf Meereshöhe startet und den Taurus überwinden muss. Doch keine Sorge, der Apostel Paulus hat die Strecke auf seinen Missionsreisen schließlich auch geschafft. Am Stück dauert auch diese Tour rund fünf Wochen. Unterkünfte sind auf der Strecke rar, ein Zelt ist vonnöten. Beste Zeit ist das Frühjahr. Im Sommer ist es zu heiß, im Herbst sind viele Quellen versiegt und man muss zusätzlich literweise Wasser schleppen. Detaillierte Infos zur Route (in Englisch) liefert das von Kate Clow und Terry Richardson 2004 im Upcountry-Verlag erschienene Handbuch *St Paul Trail*. Über die beiden Fernwanderwege informiert auch die Internetseite www. trekkinginturkey.com.

Eines von vielen schönen Hotels entlang der Küste: Hotel Hadrian in Kaş

Übernachten

Das Angebot an Übernachtungsmöglichkeiten ist vielseitig. Von Clubanlagen, bei denen im Whirlpool die Caipirinha gereicht wird, bis zu Absteigen, deren Toiletten man ohne Badeschuhe in seinem Leben nie betreten würde, ist alles vorhanden.

Das Preis-Leistungs-Verhältnis variiert von Küstenregion zu Küstenregion, zuweilen auch von Ort zu Ort. Insgesamt ist es – sofern die Türkische Lira nicht wieder anzieht – akzeptabel bis gut und sehr gut in der Nebensaison. In der Hochsaison aber werden in Ferienorten, die bei der türkischen Oberschicht beliebt sind, überzogene Preise verlangt. Zur türkischen Ferienzeit im Juli und August (jedoch nicht während des Ramadan, → S. 63) ist v. a. an Wochenenden in Urlaubsorten, die auch Türken gerne aufsuchen, eine Reservierung empfehlenswert. Zu den von Türken bevorzugten Urlaubsgebieten gehören insbesondere die Nordägäis, verschiedene Orte an der Südägäis und die Mittelmeerküste östlich von Gazipaşa. Dort schließen viele Unterkünfte bereits kurz nach den Ferien und öffnen nicht vor Juni.

Preise und Hinweis: Die im Reiseteil angegebenen Übernachtungspreise beziehen sich auf die Hochsaison (= HS, Nebensaison = NS, Einzelzimmer = EZ, Doppelzimmer = DZ). Frühstück ist – wenn nicht anders angegeben – inbegriffen. Wenn nicht anders vermerkt, verfügen zudem alle Unterkünfte über Zimmer mit privaten Bädern. In Hotels der unteren Preisklasse und in vielen Pensionen müssen Sie sich darauf einstellen, dass es nicht immer heißes Wasser gibt oder die Armaturen nicht einwandfrei funktionieren. Handeln ist prinzipiell möglich, wird aber in kleinen Unterkünften gewöhnlich nicht gerne gesehen.

All-inclusive-Anlagen: Das Gros der All-inclusive-Anlagen befindet sich an der Südägäis, der lykischen Küste und der Türkischen Riviera. Meist liegen sie weit abseits der Städte, in Nachbarschaft zu weiteren Ressorthotels, die zusammen oft riesige künstliche Feriensiedlungen bilden. Die stilvollsten All-inclusive-Anlagen konzentrieren sich auf die Region westlich von Antalya bei Kemer, östlich von Antalya in und um Belek sowie bei Side. Die oft wie Hochsicherheitstrakte abgeriegelten Ferienanlagen, teils mit Kapazitäten von bis zu 2000 Betten, sind auf Individualreisende nicht eingestellt und daher vor Ort entweder gar nicht oder nur mit viel Aufwand zu buchen. Falls Sie kurzfristig in eine All-in-Anlage einchecken möchten, reservieren Sie ein Zimmer über eine Hotelreservierungsplattform im Internet, das ist billiger und unkomplizierter als an der Rezeption. Der Begriff „all inclusive" ist übrigens nicht eindeutig definiert, und so manches Hotel führt diese Bezeichnung, ohne sie eigentlich zu verdienen. Erkundigen Sie sich daher im Voraus, ob sämtliche gebotenen Aktivitäten im Preis inbegriffen sind. Auch das, was „inklusive" ist, bedeutet nicht immer das Gleiche: Wird der O-Saft frisch gepresst oder als Chemiebrause serviert? Die Geiz-ist-geil-Mentalität vieler Urlauber, die für wenig Geld viel wollen, lässt die Qualität mehr und mehr sinken.

Preise: Die Walk-in-rate liegt nicht selten weit über dem Doppelten des Preises, den man bezahlt, wenn man pauschal oder über Hotelreservierungsseiten wie www.booking.com oder www.hrs.de bucht. Je nach Ausstattung, Service, Umfang des Büfetts, Sportangebot und Anzahl der Animateure 75–300 €/Nacht und DZ.

Hotels: Wer seine Unterkunft nach der Anzahl der Sterne wählt, sollte bedenken, dass sich die Klassifizierung der Hotels durch das Ministerium für Fremdenverkehr an der Ausstattung der Unterkünfte (Minibar, Fernseher, Aufzug, Restaurant, Klimaanlage usw.) orientiert und Kriterien wie Lage, Architektur, Sauberkeit oder Freundlichkeit des Personals unberücksichtigt lässt. Hinzu kommt, dass die Kategorisierung bisweilen längst nicht mehr den aktuellen Verhältnissen entspricht. Viele türkische Hotels sind aufgrund ihrer billigen Bauweise und Ausstattung nämlich oft schneller abgewohnt und im Wert gemindert, als die Rückstufung bei der Kategorisierung erfolgt. Das gilt insbesondere für Drei-Sterne-Hotels. Boutique-Hotels (s. u.) werden nicht nach Sternen kategorisiert.

Die freundlichen Hotels der Küstenregion weichen im Landesinneren unpersönlichen Stadthotels, die – je nach Niveau – weniger von Touristen denn von Geschäftsleuten, Händlern, Lkw-Fahrern oder Bauern zum Wochenmarkt frequentiert werden.

Preise: Erhebliche regionale Unterschiede. Gehobenere Hotels nehmen in der HS pro DZ ab ca. 70 € aufwärts, EZ (oft winzig o. minderwertiger ausgestattet) kosten 30–50 % weniger. In den touristischen Zentren werden in der Vorsaison (bis einschl. Juni) und in der Nachsaison (ab September) die Preise gesenkt, z. T. um 50 %! Kleine, einfache Hotels bieten DZ mit Du/WC ab ca. 40 €. Ein Zimmer in Billigabsteigen ohne Du/WC bekommt man ab 10 €/Pers.

Boutiquehotels und -pensionen: Dabei handelt es sich um kleine stilvolle Unterkünfte, die nicht selten in alten, restaurierten Natursteinhäusern oder osmanischen Stadtvillen untergebracht sind. Teils besitzen sie eine gepflegte Poolanlage, teils nur ein lauschiges Gärtchen. Bei der Unterkunftsauswahl für dieses Buch wurde ein besonderes Augenmerk auf diese Kategorie gelegt. Aber Achtung: Nicht überall, wo „Butik" draufsteht, ist auch Boutique drin. Die große Nachfrage nach Boutiquehotels und -pensionen hat dazu geführt, dass sich mittlerweile auch sterile Stadthotels und einfache Familienpensionen mit dem Beinamen „Butik" schmücken. Einen Überblick über die schönsten Boutiquehotels und -pensionen finden Sie u. a. auch auf www.boutiquesmallhotels.com.

Preise: Die Preise hängen zum einen von der Ausstattung ab, zum anderen sind sie extrem saisonabhängig: DZ in der NS ab 40 €, in der HS ab 70 €, EZ 30–50 % weniger.

Pensionen: Im Vergleich zwischen einfacheren Hotels und kleinen Pensionen sind Letztere – v. a. für Frauen – meist die bessere Wahl, da sich ihre Betreiber i. d. R. mehr um das Wohl der Gäste kümmern. Auch gegenüber manch vornehmem Hotel macht die Freundlichkeit vieler Pensionsbesitzer den fehlenden, nicht selten überflüssigen Luxus wett. Sympathische Pensionen, die auch ein internationales Publikum anziehen, findet man v. a. entlang der lykischen Küste und der Südägäis. Nicht jedermanns Sache sind die sog. *Aile Pansiyonları* (Pensionen für Familien), die man vorrangig in den türkisch geprägten Ferienorten der Nordägäis und ganz im Osten der Mittelmeerküste findet. Oft handelt es sich dabei um recht konservativ geführte, einfache Unterkünfte mit Gemeinschaftsküche, wo man an ausländischen, Bier trinkenden Travellern nicht sonderlich interessiert ist. In den größeren Städten muss man auf Pensionen meist verzichten – hier ersetzen billige Stadthotels die familiären Budgetunterkünfte. Meist recht schön gelegene Zimmer, z. T. in Bungalows, vermieten zudem manche Campingplätze (s. u.).

Preise: Es gibt erhebliche örtliche Preisunterschiede. Ein DZ mit Du/WC bekommt man in der HS ab 30 €, in der NS ab 20 €. Singles erhalten i. d. R. ein DZ zum ermäßigten Preis.

Aparthotels: Zur Grundausstattung gehören Küchenzeile oder kleine Küche, Salon mit Couch und TV und – je nach Größe – ein oder mehrere Schlafräume. Aparthotels findet man nahezu in allen Ferienorten, wo die türkische Mittelschicht Urlaub macht.

Preise: Die Preise der Aparthotels variieren naturgemäß nach Größe, Ausstattung und Ort erheblich. Ein Apartment für 4 Pers. bekommt man in der HS ab ca. 250 €/Woche. Auch hier fallen die Preise in der NS.

Jugendherbergen: In der Türkei gibt es nur sehr wenige Jugendherbergen, nicht zuletzt deswegen, weil viele private Pensionen ordentliche und preiswerte Zimmer anbieten. Hostelähnliche Travellerherbergen, wo man für ein paar Euros in einem Bett im Schlafsaal übernachten kann, findet man an der Mittelmeerküste lediglich in Küstenstädten wie Kuşadası oder Çanakkale, wo sich Rucksackreisende aus aller Welt treffen.

Campingplätze: An der Mittelmeerküste wurden in den letzten Jahren viele Campingplätze aufgegeben, gewinnträchtigere Hotelanlagen nehmen heute deren Areale ein. Unter denen, die es aber noch gibt, befinden sich ein paar recht nette Anlagen. Die besseren Campingplätze besitzen warme Duschen, Stromanschlüsse und Restaurants, zuweilen auch Camperküchen. Manche Campingplätze vermieten auch **Bungalows**. Das können einfache Hütten ohne jeden Komfort sein, aber auch gepflegte Häuschen mit Du/WC.

Gecampt werden darf manchmal auch auf diversen, von der Forstverwaltung ausgewiesenen **Picknickplätzen**. Sie sind mit Abfallkörben, Toiletten und Tischen, häufig auch mit bescheidenen Grillmöglichkeiten ausgestattet. **Wildcampen** kann aufgrund von neugierigen Dörflern und Polizeikontrollen zu einem nervigen Unterfangen werden.

Preise Für 2 Pers. mit Wohnmobil oder Zelt je nach Ausstattung des Platzes 6–23 €.

Öffnungszeiten Die meisten Campingplätze haben nur von Mai–Okt. geöffnet, die einfacheren schließen oft schon mit dem Ende der türkischen Sommerferien Mitte Sept. Großer Andrang herrscht lediglich im Hochsommer.

Leihfahrzeuge Wer den Anfahrtsstress meiden will, aber im Reisegebiet gerne mit dem Camper unterwegs sein möchte, kann sich einen Campingbus oder ein Wohnmobil über **Casavan** mieten. Verleihstationen in İstanbul und Antalya. Billig ist das aber nicht: Bus 130 €/Tag, Wohnmobil 190 €/Tag für 2 Pers. Weitere Infos auf www.casavan.com.

Hundstage in Alaçatı ...

Essen & Trinken

„Der Imam ist in Ohnmacht gefallen", als er „Frauenschenkel" und den „Nabel der Dame" probieren sollte. „Dem Herrscher hat's gefallen", als man ihm den „Finger des Wesirs" servierte. Mit den Namen türkischer Gerichte lassen sich ganze Dramen inszenieren.

„Leben kommt aus dem Magen", heißt ein türkisches Sprichwort, das deutlich macht, welchen Stellenwert das Essen in der türkischen Kultur und Gesellschaft einnimmt. Dementsprechend besitzt die türkische Küche ein Niveau, das sich mit den besten Cuisines der Welt messen kann – zur Verwunderung jener, die bislang nur den *Döner Kebab* mit der Türkei in Verbindung bringen können. Grundlage der Gerichte ist i. d. R. frisches Gemüse, darunter Sorten, die in Mitteleuropa eher unbekannt oder vergessen sind, z. B. Kichererbsen *(nohut)*, Okraschoten *(bamya)* oder Portulak *(semizotu)*. Anders bei den Kräutern und Gewürzen: Verwendet werden keinesfalls geheimnisvolle orientalische Exoten, sondern in erster Linie die uns vertrauten Klassiker wie Pfeffer, Paprika oder Petersilie. Auch Knoblauch kommt zum Zuge, aber bei Weitem nicht in dem Maß, wie es sich mancher vorstellt.

Wo isst man?

In den großen Touristenzentren gibt es vom Chinarestaurant bis zum bayerischen Biergarten alle erdenklichen Lokalitäten. Bei den türkischen Speiselokalen unterscheidet man in der Hauptsache zwischen *Lokanta* und *Restoran*. Egal wo – überall herrscht Rauchverbot (zumindest offiziell), lediglich auf Terrassen darf geraucht werden.

Lokanta: Hier isst man, um satt zu werden, nicht um seine Verlobte auszuführen. Lokantas sind – machen Sie nicht gerade in Kemer, Side oder Alanya Urlaub – an jeder Ecke zu finden, sie sind einfach, gut und günstig: Ab 4 € is(s)t man dabei. Die Innenausstattung gibt sich mit gekachelten Wänden und kaltem Neonlicht äußerst spartanisch. Das vorgekochte Essen *(sulu yemek)* wird in Vitrinen warm gehalten, Sie können wählen zwischen Fleisch- und Gemüsegerichten, Suppen und Eintöpfen. Je besser die Lokanta besucht ist, desto frischer sind i. d. R. die Speisen. Lokanta-Varianten gibt es viele: Je nachdem, worauf sich eine Lokanta spezialisiert hat, heißt sie auch *kebapçı, köfteci* oder *pideci.* Beim *işkembeci* bekommt man Kuttelflecksuppe und andere Innereien. Die meisten Lokantas haben keine Alkohollizenz.

Restoran/Restaurant: Restaurants haben i. d. R. die gediegenere Innenausstattung, den besseren Service und so auch die höheren Preise. Nur die Küche unterscheidet sich nicht immer von jener der einfachen Lokantas, das gilt insbesondere für Mittelklasserestaurants. Eine volle Mahlzeit mit einem Getränk beginnt dort bei ca. 8 €. Nach oben sind keine Grenzen gesetzt: Wer sein Candlelight-Dinner in einem eleganten Lokal am Meer genießt, bezahlt schnell 25 € und mehr pro Person (ohne Wein). Auch Fischlokale gehören zu den gehobeneren Restaurants, für ein komplettes Menü sollte man mit 25 € aufwärts pro Person rechnen. Auf sog. Ocakbaşı-Restaurants trifft man v. a. in der Çukurova, wo die Küche extrem fleischlastig ist. *Ocakbaşı* heißt „am Herd" – treffender wäre jedoch „am Grill", denn Mittelpunkt dieser Lokale ist ein großer Holzkohlegrill, wo die Rostspezialitäten direkt vom Feuer serviert werden. Die meisten Restaurants besitzen eine Alkohollizenz, konservative Lokale schenken jedoch keinen Alkohol aus.

Tipping-Tipps: In einfachen Lokantas wird kein Trinkgeld erwartet, wohl aber in Restaurants. Ist der Service noch nicht in der Endsumme verrechnet, was in gehobeneren Restaurants und Touristenlokalen durchaus vorkommt, gibt man etwa 10 %. In Lokalen, die keine Speisekarten haben und in denen auch die Preise nicht aushängen, ist es ratsam, sich vor dem Bestellen nach den Preisen zu erkundigen – Schlitzohren unter den Kellnern gibt es einige.

Was isst man?

Frühstück: Zu einem traditionellen türkischen Frühstück *(kahvaltı)* werden Weißbrot, Marmelade, Ei (meist hartgekocht), Oliven, Gurken, Tomaten, Butter und Schafskäse gereicht. Letzteren genießen Türken zusammen mit Honig auf dem Brot. Dazu trinkt man Tee. Filterkaffee ist nicht üblich, wer will, kriegt Nescafé oder verwandte Surrogate. Türken essen als Brotaufstrich auch *pekmez* (eingedickter Traubensaft) mit *tahin* (Sesammus) zum Frühstück – sehr empfehlenswert! In den großen Hotels der Touristengebiete erwartet Sie am Morgen auch ein europäisches Frühstück – je nach Hotelkategorie als üppiges Büfett oder in der Magervariante mit Kaffee, Konfitüre, Schmelzkäse und Ei. In den Städten bietet sich außerhalb der Hotels auch eine *pastane,* eine Art Konditorei, zum Frühstücken an. Hier bekommt man neben leckeren Kuchen und Torten auch herzhafte Snacks.

Vorspeisen: Wählen Sie zwischen pikanten Joghurtcremes *(haydari),* würzigen Gemüsepürees *(ezme),* kaltem Gemüse in Olivenöl *(zeytinyağlı),* gefüllten Weinblättern *(yaprak dolması),* Melone mit Schafskäse *(peynirli karpuz)* und ähnlichen Köstlichkeiten. *Meze* nennen die Türken solche Vorspeisen, die in Vitrinen zur Auswahl stehen. In besseren Restaurants bereichern auch Fisch und Meeresfrüchte wie *tarama* (rosafarbene Rogenpaste mit Zitrone) oder Krabben *(karides)* die

Mezetabletts. Außerdem gibt es hier kalte Leckereien mit Fleisch wie z. B. Hühnchensalat *(tavuk salatası)*. Sie können auch auf den Hauptgang verzichten und nur Vorspeisen wählen; in vielen Restaurants ist das kein Problem. Dazu wird stets – wie zu allen Gerichten – frisches Weißbrot *(ekmek)* gereicht.

Suppen nehmen die Türken als Vorspeise außerhalb der eigenen vier Wände eher selten zu sich. Man isst sie als Frühstücksersatz, zwischendurch oder nach durchzechten Nächten. Viele Schnapsnasen schwören auf die Alka-Seltzer-Wirkung von Kuttelflecksuppe *(işkembe çorbası)* – nicht jedermanns Geschmack. Wer dennoch als Vorspeise eine warme Suppe vorzieht, sollte die herzhafte Linsensuppe *(merçimek çorbası)* probieren.

Hinweis: Die regionale Vielfalt ist enorm. Jede Provinz hat ihre eigenen Spezialitäten, auf die wir im Reiseteil hinweisen. Je weiter Sie nach Südosten fahren, desto schärfer und arabisch beeinflusster wird die Küche. Wundern Sie sich also nicht, wenn man Ihnen den Salat im Hatay mit scharfem Paprikapulver serviert.

Fleischgerichte: Am beliebtesten sind *kebap* und *köfte*. *Kebap* ist der Oberbegriff für Fleischgerichte jeglicher Couleur. Diese können gegrillt, geschmort, gebraten oder gebacken sein und stammen vom Lamm *(kuzu)*, manchmal auch Kalb *(dana)* oder Geflügel, dann insbesondere vom Huhn *(tavuk)*. Zu *döner kebap* braucht wohl nichts mehr gesagt zu werden. Beim *şiş kebap* handelt es sich um einen zarten, auf Holzkohleglut gerösteten Fleischspieß, zu dem als Beilage gewöhnlich Reis oder Bulgur (Weizengrütze) gegessen wird. Beim *patlıcan kebap* wird der Spieß mit Hackfleisch und Auberginen bestückt. *Bursa Kebap* (oft auch *İskender Kebap* genannt) verdient seinen Namen nur dann, wenn Dönerfleisch zusammen mit Joghurt und Tomatensoße auf geröstetem Fladenbrot angerichtet wird. Beim *tandır kebap* werden Hammelstückchen im geschlossenen Topf geschmort. Kosten Sie auch den *Adana Kebap*, einen scharf gewürzten Hackfleischspieß, der in der Çukurova am besten schmeckt. Unbedingt probieren sollte man das vielerorts angebotene *güveç*, zartes Schmorfleisch mit Gemüse im Tontopf. Oder *saç kavurma*: Geschnetzeltes Fleisch wird in einer flachen Blechpfanne (türk. *saç* = Blech) zusammen mit Tomaten, Peperoni und Zwiebeln im eigenen Fett gebraten.

Unter die Bezeichnung *köfte* fallen frikadellenähnliche Hackfleischgerichte aus Hammel, Lamm oder Rind (gebraten oder gegrillt). Die leckeren „Frauenschenkel" *(kadınbudu)*, die mit Reis und Zimt verfeinert und anschließend paniert werden, haben ihren Namen übrigens von der Form der Frikadelle.

Stichwort „Bio"

Die Türkei ist europaweit einer der größten Exporteure von Bioprodukten, daher richtet sich die Bio-Gesetzgebung nach EU-Standards, auch das staatliche Bio-Siegel wurde an das EU-Logo angelehnt. Im Land selbst sind Bioprodukte v. a. unter der jungen reichen Oberschicht hip. Was die meisten Restaurantbesitzer an der Küste aber als „Bio" (türk. *organik*) verkaufen, ist nichts anderes als Gemüse aus dem eigenen Garten!

Türken lieben zudem Innereien wie z. B. gebratene Leber *(ciğer)* oder Nieren *(böb-rek)*. Als Innereiensnack wird an vielen Straßenecken *kokoreç* angeboten: gegrillte Därme, die mit Zwiebel und Tomate ins Brot kommen (mancherorts auch *boklu sandviç*, „Sandwich mit Scheiße" genannt). Nebenbei haben Sie auch noch die Möglichkeit, eine Vielzahl anderer Kuriositäten zu probieren, z. B. gegrillte Schafshoden *(koç yumurtası)*, gedünstete Schafsköpfe *(kelle)* oder gekochte Hammelfüße *(paça)*.

Gemüsegerichte: Gemüse *(sebze)* ist weniger Beilage als vielmehr die Grundlage türkischer Gerichte. Die Auswahl an Schmortöpfen, Aufläufen und Eintöpfen ist riesig. Beliebt sind insbesondere die Dolma-Gerichte. Dabei handelt es sich um gefülltes Gemüse, z. B. mit Reis und Hackfleisch gefüllte Zucchini *(kabak dolması)* oder Paprikaschoten *(biber dolması)*. In der Regel wird dazu Joghurt gegessen. Ebenfalls schmackhaft sind diverse Eintöpfe wie *kıymalı ıspanak* (Spinat mit Hackfleisch). Ein Genuss sind aber auch Kichererbsen *(nohut)* oder Okraschoten *(bamya)* mit Lamm. Achtung: Vielfach schwimmt das Essen in Olivenöl – auf Mägen, die dergleichen nicht gewöhnt sind, kann dies die gleiche Wirkung wie eine gehörige Dosis Rizinusöl haben.

Fischgerichte: An Meeresfischen werden häufig Seebarsch *(levrek)* und Goldbrasse *(çupra o. çipura)* angeboten – beide Fischsorten sind relativ preiswert, da sie i. d. R. aus der Zucht kommen. Vor allem als Wildfang und oft nach Gewicht berechnet, stehen Steinbutt *(kalkan)*, Mittelmeermakrele *(kolyos)*, Brauner Zackenbarsch *(orfoz)*, Weißer Zackenbarsch *(lagos)*, Gabelmakrele *(kuzu balığı)*, Makrele *(uskumru)* und fangfrische Sardinen *(sardalya)* auf der Karte. Auch Thunfisch *(palamut* oder *orkinos)* kann in verschiedenen Zubereitungsarten genossen werden. In İstanbul und am Schwarzen Meer führt an *hamsi*, Schwarzmeersardinen, kein Weg vorbei. Sie werden mit Haut und Gräten verzehrt. Oktopus *(ahtapot)* und Calamari *(kalamar)* finden auch in leckeren Vorspeisensalaten Verwendung. Unter den Süßwasserfischen ist insbesondere die Forelle *(alabalık)* sehr beliebt, im Hinterland gibt es viele auf Forellen spezialisierte Restaurants.

Dicker Brocken: Bei Hassan in Üçağız

Die Türkei für Vegetarier

Ein müdes Lächeln ist alles, was der gewöhnliche Türke einem Vegetarier entgegenbringt: Denn wer freiwillig auf so leckere Dinge wie *şiş kebap, köfte* oder Kuttelflecksuppe verzichtet, muss krank sein – oder verrückt. Doch keine Sorge: Auch ohne Fleisch kann man in der Türkei Köstlichkeiten genießen. Das Gros der Vorspeisen ist rein vegetarisch, zudem warten schmackhafte Gemüseeintöpfe, sämige Suppen, Salate und gefüllte Teiggerichte auf ihre Entdeckung. Um keine bösen Überraschungen zu erleben, vergewissern Sie sich am besten mit „Etsiz mi?" („Ist das ohne Fleisch?", gesprochen: „Ätsis mi?") und bekräftigen Ihre Frage mit „Et yemiyorum" („Ich esse kein Fleisch", gesprochen: „Ät jämijorum").

Süßspeisen und Obst: Eine der beliebtesten Süßspeisen *(tatlı)* ist *baklava*, ein Gebäck aus mehreren Teigschichten, zwischen die Mandeln und Pistazien eingestreut sind. Die kleinen Rechtecke werden mit einem Sirup aus Zucker, Zitronensaft und Honig übergossen. Genauso süß und klebrig ist *helva*, eine Kalorienbombe aus Weizenmehl, Sesamöl, Honig und Zucker. Unserem Geschmack vertrauter sind Mandelpudding *(keşkül)* oder Milchreis *(sütlaç)*. Experimentierfreudige sollten einmal *aşure* probieren, eine gallertartige Süßspeise, die, in bester Qualität zubereitet, mehr als 40 Zutaten enthalten muss, darunter Rosenwasser, Nüsse, Zimt und sogar Bohnen. Der Legende nach wurde sie auf der Arche Noah kreiert – man schüttete alle Speisereste zusammen und kochte sie auf. Ähnlich seltsam liest sich die Zusammensetzung von *tavuk göğüsü*: Hier werden klein gehackte Hühnerbrust, Reismehl, Milch und Zucker verarbeitet. All das und noch viel mehr bietet der *muhallebici* an, eine Art Süßspeisenschnellimbiss.

Auch mit Obst *(meyve*, gründlich waschen!) schließt man gerne eine Mahlzeit ab. Je nach Jahreszeit werden Melonen, Feigen, Trauben, Pfirsiche, Kirschen, Erdbeeren, Granatäpfel oder Zitrusfrüchte serviert.

Snacks: Nahezu eine komplette Mahlzeit ersetzt *börek*, eine blätterteigähnliche Strudelspezialität, die mit Hackfleisch, Spinat oder Schafskäse gefüllt wird. Mit ähnlichen Zutaten belegt man die *pide*, ein knuspriges Teigschiffchen. Eine Kostprobe wert ist auch *lahmacun*, die türkische Pizza mit Hackfleisch und Kräutern. *Mantı* nennen sich die türkischen Ravioli. Man isst sie mit Knoblauchjoghurt, zerlassener Paprikabutter und Minze. Unübersehbar sind die *Simit*-Verkäufer: ihre Sesamkringel sind in der Früh am knusprigsten. Oft sieht man zudem Frauen *gözleme* zubereiten, eine Art Pfannkuchen, der auf verschiedene Arten süß oder herzhaft gefüllt wird. Und: Kosten Sie *kumpir*, wenn sich die Möglichkeit ergibt. Die gefüllten Riesenkartoffeln stopfen für etliche Stunden.

Was trinkt man?

Softdrinks: Ob Pepsi oder Coke, überall werden die auch bei uns bekannten Marken angeboten. Zum Essen wird oft Wasser *(su)* auf den Tisch gestellt. Kommt es aus der Leitung, sollten Sie darauf verzichten. Empfehlenswert sind frisch gepresste Fruchtsäfte *(meyve suyu)*. *Ayran* ist ein erfrischendes Mixgetränk aus Joghurt, Salz und kaltem Wasser, das ein wenig an Buttermilch erinnert. *Şalgam*, einen sauren, roten Steckrübensaft, gibt es auch in einer scharfen *(acılı)* Version. Er ist gewöhnungsbedürftig, hat aber viele Fans. Besonders gut passt er zu deftigen Kebabgerichten.

Heißgetränke: Das türkische Nationalgetränk ist der *çay*. Der gute schwarze Tee aus den Plantagen der Schwarzmeerküste wird zu jeder Gelegenheit getrunken. Ob beim Frühstück, bei Geschäftsbesprechungen, im Teppichladen oder beim Friseur – nirgends fehlen die kleinen bauchigen Gläser. Für Nachschub wird stets gesorgt. *Elma çayı* nennt sich der unter Touristen sehr beliebte Apfeltee. Ein populäres Wintergetränk ist *sahlep*. Aus den Knollen des Knabenkrauts gewinnt man einen Sud, der mit Milch aufgekocht wird und durch Zugabe von Zimt und Zucker zu einer dicken Kalorienbombe mutiert.

Türkischen Mokka *(Türk kahvesi)*, den man entweder süß *(şekerli)*, mittelsüß *(orta şekerli)* oder ohne Zucker *(sade)* bestellt, trinkt man für gewöhnlich nach einem üppigen Essen. Wer auf Krümel zwischen den Zähnen wenig Wert legt, bestellt *Neskafe*. In schickeren Cafés bekommen Sie auch Cappuccino, Espresso oder Latte Macchiato.

Alkohol: Der regierenden Partei ist Alkoholkonsum ein Dorn im Auge. Zum Glück gibt es noch ein paar trinkfreudige Verfassungsrichter, die dem Engagement der AKP Einhalt gebieten. Doch dort, wo die AKP die Bürgermeister stellt, sind vielerorts schon Alkoholverbote durchgesetzt worden. Nicht jedoch an der Küste, das würde die ausländischen Touristen vergraulen. Unter den liberalen Türken ist v. a. der *Rakı* beliebt, ein ca. 45%iger Anisschnaps, der geschmacklich dem griechischen Ouzo ähnelt. Die Türken trinken ihn mit Eis und Wasser verdünnt aus schmalen, hohen 0,2-Liter-Gläsern. Er erhält dann eine milchig-trübe Färbung und wird nicht zuletzt deswegen auch „Löwenmilch" genannt. Rakı gilt als Magenelixier und Heilmittelchen gegen alle möglichen Beschwerden – zum Wohl des Landes werden daher jährlich 70 Millionen Liter abgefüllt. Hochgeschätzt ist die Marke „Tekirdağ". Guter Rakı unterscheidet sich von minderwertigem dadurch, dass er am Glasrand einen Film zieht.

İzmir – Restaurant auf dem Asansör

Neben Rakı wird auch gerne ein Bier *(bira)* zum Essen getrunken, am weitesten verbreitet ist das *Efes*. Daneben bekommt man auch das dänische – aber in der Türkei gebraute – *Tuborg*, das etwas herber als *Efes* schmeckt.

Vielen unbekannt ist türkischer Wein *(şarap)*. Die besseren Sorten können sich jedoch durchaus sehen lassen. Dazu gehören insbesondere Weine der Kellereien „Doluca" und „Kavaklıdere". Türkische Weine sind aufgrund ihres geringen Säuregehaltes ausgesprochen magenfreundlich. Türken trinken Wein insbesondere zu feierlichen Anlässen – bei einem Supermarkt-Flaschenpreis von 4 € aufwärts (ab ca. 7 € aufwärts kauft man genießbare Weine) auch kein Wunder. Die Toskana der Türkei ist übrigens Kappadokien.

Simit-Verkäufer in Olympos

Wissenswertes von A bis Z

Adressen

Befindet Sich Ihr Hotel in der XY Cad. 1208 Sok. Atatürk Mah.? Nicht verzweifeln, türkische Adressen sind ein Kapitel für sich. Unter Cad. (= Cadde) verbirgt sich i. d. R. eine größere Straße (gelegentlich auch Bul. = Bulvarı genannt), von der kleinere Gassen (Sok. = Sokak) abgehen, die in vielen größeren Städten mangels Ideenreichtum der Stadtväter oft nur nummeriert sind. Das heißt, eine 5. Sokak gibt es mehrmals, nur die Zuordnung zur abgehenden Hauptstraße lässt auf ihre Lage schließen. Straßen und Gassen zusammen ergeben wiederum ein Mah. (Mahalle = Stadtviertel), die Untereinheit eines Stadtteils. Doch damit nicht genug: Suchen Sie eine Adresse mit der Bezeichnung XY Cad. 11 Sok. XY Apt. 22 D:5 K:2? Keine Sorge. Neben der Hausnummer (= 22) erhalten viele Apartmentblocks (= Apt.) zusätzliche Bezeichnungen. Ihre gesuchte Adresse befindet sich damit in Hausnr. 22 der 11 Sok., und zwar hinter der Wohnungstür 5 (D=Daire=Wohnung/Büro) im 2. Stock (K=Kat=Stockwerk).

Ärztliche Versorgung

Auch wenn zwischen Ihrem Land (Deutschland, Österreich oder Schweiz) und der Türkei ein Sozialversicherungsabkommen besteht, ist der Abschluss einer privaten **Auslandskrankenversicherung** dringend zu empfehlen. Zum einen haben Sie mit einer privaten Versicherung eine mehr oder weniger freie Arztwahl (die privaten Krankenhäuser sind oft besser ausgestattet als die staatlichen), zum anderen gewährleistet diese i. d. R. auch den Krankenrücktransport. Das vorgestreckte Geld für

Behandlung und Medikamente wird in der Heimat nach Vorlage einer Quittung mit Stempel, Datum und Unterschrift des türkischen Arztes bzw. Apothekers erstattet.

Für leichtere Fälle reicht es oft aus, wenn Sie eine der zahlreichen Apotheken aufsuchen und dem Apotheker irgendwie Ihr Leid verdeutlichen. Dieser beherrscht zwar häufig keine Fremdsprache, die Mittelchen gegen die gängigsten Touristenleiden hat er aber schon unzählige Male über den Ladentisch gereicht. Bei Durchfall hilft oft auch schon, einen kleinen Löffel Teeblätter oder gesalzenen schwarzen Tee herunterzuwürgen.

Deutschsprachige Ärzte oder das jeweils nächstgelegene Krankenhaus *(hastane)* sind im Reiseteil unter „Adressen" aufgeführt. Auch die Konsulate und Botschaften des Heimatlandes erteilen Auskünfte über deutschsprachige Ärzte.

Apotheken (eczane): In türkischen Apotheken gibt es kaum etwas, was es bei uns nicht gibt, vieles jedoch unter einem anderen Namen, zudem rezeptfrei und preiswerter. Arzneimittel, auf die Sie ständig angewiesen sind, sollten Sie trotzdem sicherheitshalber von zu Hause mitbringen. Im Schaufenster ist der nächstgelegene Notdienst *(nöbetçi)* vermerkt.

Schutzimpfungen sind nicht vorgeschrieben. Es wird jedoch geraten, die Standardimpfungen dem Impfkalender des Robert-Koch-Instituts (www.rki.de) entsprechend zu überprüfen und zu vervollständigen. Des Weiteren ist eine Impfung gegen Hepatitis A ratsam.

Mückenstiche: Moskitos gibt es mancherorts viele, mancherorts wenige, aber es genügt ja nachts nur ein einziges dieser Biester am Ohr, um verrückt zu werden … Gegen Moskitos und Zecken hilft z. B. *Nobite* (vor Ort nicht erhältlich) oder *Moustidose* (auch vor Ort erhältlich). Dem quälenden Juckreiz nach Insektenstichen rückt man am besten mit *Stilex* auf den Leib – das türkische Pendant zum *Fenistil*-Gel ist in jeder Apotheke zu bekommen. Die Malaria gehört übrigens im beschriebenen Reisegebiet der Vergangenheit an.

> Falls Sie während Ihres Aufenthaltes ein Schnupfen plagt: Öffentliches Naseputzen gilt in der Türkei als sehr unfein!

Ausgrabungsstätten und Museen

Ephesus, Pergamon oder Troja sind antike Stätten von Weltrang. Über das ganze Land verteilt, liegt aber eine Vielzahl weiterer Ausgrabungen, braune Schilder machen auf sie aufmerksam. Die bedeutendsten und sehenswertesten sind im Reiseteil beschrieben.

Die Eintrittspreise für antike Stätten, Museen oder sonstige kulturhistorische Highlights werden jährlich neu festgelegt, Preissprünge von 30–50 % (nach oben oder unten) sind dabei keine Seltenheit, auch kommt es vor, dass für den Besuch einer Ausgrabungsstätte oder eines Museums in dem einen Jahr Eintritt verlangt wird, im anderen nicht. Grundsätzlich gilt: Je berühmter die Stätte, desto teurer. Ermäßigungen für ausländische Studenten mit einer ISIC-Karte *(öğrenci indirimi)* gab es 2011 nur noch selten – das kann sich jedoch wieder ändern, fragen Sie stets nach. Bei so manchen Ausgrabungsstätten, die frei und kostenlos zugänglich sind, versuchen nicht selten selbst ernannte Aufseher, dem Touristen ein paar Lira abzuknöpfen. Lassen Sie sich nicht übers Ohr hauen – wer von offizieller Seite dazu befugt ist, kann Ihnen eine Eintrittskarte aushändigen. Türkische Staatsbürger haben die Möglichkeit, eine sog. *Müze Kart* zu erwerben, die für umgerechnet 11 € für ein Jahr Zutritt zu den meisten Museen des Landes gewährt (Infos unter www.muze kart.com). Eine *Müze Kart* für Ausländer ist in Planung. Für Öffnungszeiten → S. 70.

Ausgrabungsstätten – die wichtigsten Begriffe

Agora: Markt und Versammlungsplatz in der griechischen Antike; meist von einem Säulengang mit Geschäften umringt

Akropolis: Burgberg, auch Oberstadt

Andron: Männerhaus

Architrav: Auf Säulen ruhender Hauptbalken (meist aus Stein)

Basilika: Zentrale römische Halle, bei der die Seitenschiffe niedriger als das Hauptschiff liegen, erst später für Kirchen verwendet

Bouleuterion: Ratssaal des Senats in hellenistischer und römischer Zeit

Cavea: Zuschauerraum des antiken Theaters, in römischer Zeit meist halbkreisförmig, in griechischer meist darüber hinausgehend

Cella: Hauptraum eines Tempels, meist mit einer oder mehreren Kultstatuen

Gymnasion: Zentrum für athletisches Training, ursprünglich Teil einer Schule

Heroon: Kultbau zu Ehren eines Helden oder Würdenträgers

Kapitell: Oberster Abschluss einer Säule

Nekropole: Gräberfeld

Nymphäum: Brunnenanlage

Odeion: Theaterähnliches Gebäude für kleinere kulturelle Veranstaltungen

Orchestra: Spielfläche des Theaters

Pantheon: Tempel für alle Götter

Peristyl: Säulenhalle um einen Hof

Pronaos: Vorhalle eines Tempels

Propylon: Torbau

Stoa: Säulenhalle

Tambour: Zylinderförmiges Architektursegment (meist mit Fenstern), auf dem die Kuppel eines Bauwerks aufsitzt

Baden

Sonne, Strand und Meer locken jährlich Millionen Touristen an die türkische Mittelmeerküste. Nicht ohne Grund: Weite Sandstrände und idyllische Buchten mit einem türkisfarbenen Meer davor findet man zuhauf. Die Wasserqualität ist – mit Ausnahme der Buchten rund um die industriellen Großstädte wie İzmir oder Mersin – fast überall sehr gut, viele Strände besitzen die blaue Flagge (Infos unter www.blueflag.org). An nur wenigen Stränden gibt es bislang jedoch Rettungsschwimmer – eigentlich eine Schande für ein Land, das vom Badetourismus so profitiert.

Nacktbaden ist in der Türkei verboten. Oben ohne wird vor den Clubhotels der touristischen Zentren praktiziert, andernorts aber nur von schnauzbärtigen Spannern aus dem Hinterland gern gesehen.

Behinderte

Die vielerorts mangelhafte Infrastruktur für behinderte Urlauber wird durch die große Hilfsbereitschaft der Türken wettgemacht. Folgende Agenturen haben Türkeireisen für Behinderte im Programm:

Grabo-Tours-Reisen, Rennweiler Str. 5, D-66903 Ohmbach, ✆ 06368/7744, www.grabotours.de.

Quertour, Wickratherstr. 105, D-41236 Mönchengladbach, ✆ 02166/940021, www.quertour.de.

Reiseagentur für Behindertenreisen Carsten Müller, Straße 6/116, D-13059 Berlin, ✆ 030/9244035, www.behindertenreisen-cm.de.

mare nostrum, Oudenarderstraße 7, D-13347 Berlin, ✆ 030/45026454, www.mare-nostrum.de.

Durchschnittliche Wassertemperaturen in °C

Bucht von İzmir

Januar	Februar	März	April	Mai	Juni
15	13	14	15	18	21

Juli	August	September	Oktober	November	Dezember
23	23	22	20	17	16

Golf von Antalya

Januar	Februar	März	April	Mai	Juni
15	14	15	16	18	21

Juli	August	September	Oktober	November	Dezember
24	25	24	22	19	17

Diplomatische Vertretungen

Die Botschaften von Deutschland, Österreich und der Schweiz befinden sich in Ankara (s. u.). Im Reisegebiet unterhält Deutschland zusätzlich ein Generalkonsulat in İzmir, Honorarkonsulate in Adana und Bodrum, in Antalya ist Deutschland durch eine Außenstelle des Generalkonsulats İzmir präsent. Konsulate der Schweiz findet man in Antalya und Mersin. Österreich unterhält Honorarkonsulate in Antakya, Antalya, Bodrum, İzmir und Mersin. Die Adressen der Konsulate finden Sie im Reiseteil. Als Anlaufstellen stehen die Konsulate aber nur in extremen Notfällen zur Verfügung.

Türkische Botschaften Deutschland, Rungestr. 9, 10179 Berlin (noch 2012 Umzug in die Tiergartenstr. 19–21, 10785 Berlin), ✆ 030/275850, http://berlin.be.mfa.gov.tr.

Österreich, Prinz-Eugen-Str. 40, 1040 Wien, ✆ 01/5057338, www.viyana.be.mfa.gov.tr.

Schweiz, Lombachweg 33, 3006 Bern, ✆ 031/3597070, www.bern.be.mfa.gov.tr.

Botschaften in der Türkei Deutsche

Botschaft, Atatürk Bul. 114, 06690 Ankara, ✆ 0312/4555100, www.ankara.diplo.de.

Österreichische Botschaft, Atatürk Bul. 189, 06680 Ankara, ✆ 0312/4055190, www.aussenministerium.at/ankara.

Schweizer Botschaft, Atatürk Bul. 247, 06680 Ankara, ✆ 0312/4573100, www.eda. admin.ch/turkey.

Ein- und Ausfuhrbestimmungen

Zollfrei in die Türkei eingeführt werden dürfen neben Waren des persönlichen Bedarfs 200 g Tabak oder 400 Zigaretten (billiger in den Duty-free-Shops vor der Zollabfertigung auf türkischen Flughäfen), eine 1-l-Flasche oder zwei 0,75-l-Flaschen Spirituosen, max. zehn Zuchtfische sowie Geschenke im Wert bis 300 €.

Für die Ausfuhr antiker Gegenstände aus der Türkei benötigt man die schriftliche Genehmigung eines Museumsdirektors. Das gilt auch für alte Siegel, Orden, Teppiche usw. Bei Zuwiderhandlung drohen hohe Strafen. Die Mitnahme von Mineralien bedarf ebenfalls einer schriftlichen Bestätigung (zuständig dafür MTA in Ankara, ✆ 0312/2873430). Bei der Ausfuhr von Teppichen muss eine Quittung vorgelegt werden. Auf der Rückreise dürfen für den privaten Gebrauch gekaufte Waren (wie z. B. Kleidung) nach Deutschland und Österreich bis zu einem Wert von 430 € (300 € auf dem Landweg) zollfrei eingeführt werden, für Schweizer gilt die Obergrenze von 300 sfr. **Achtung**: Informieren Sie sich über die Zollbestimmungen der Transitländer, falls Sie den Landweg wählen! Nach Ungarn dürfen auf dem Landweg bei der Einreise aus einem Nicht-EU-Staat z. B. nur 40 Zigaretten pro Person eingeführt werden!

Einkaufen und Handeln

Vieles ist im westeuropäischen Vergleich preiswert, vieles aber auch von minderer Qualität. Lederwaren, Teppiche, Goldschmuck, Keramik, Tee, Gewürze, Onyxprodukte und alle Dinge, die einen Hauch von Orient erwecken, zählen zu den beliebtesten Souvenirs. Dazu T-Shirts, Jacken und Hosen mit dem Schriftzug bekannter Designer – Imitate, die zumindest ihren Zweck erfüllen. Aber Achtung vor den täuschend echt verpackten Parfüms. Laut Leserzuschriften sollen die Optiker hervorragende Arbeit zu günstigen Preisen leisten – wir haben es nicht überprüft.

Hinweise zum Teppichkauf

Die Türkei ist bekannt als ein Land, in dem man preiswert Teppiche kaufen kann. Das setzt aber voraus, dass man sich mit der Materie auskennt und genau weiß, was man will. Nur dann wird der Teppich zum Schnäppchen. Das Gros der Urlauber jedoch, das sich spontan zu einem Kauf hat überreden lassen, bringt i. d. R. einen überteuerten und dazu noch einen viel zu großen oder viel zu kleinen Teppich mit nach Hause, der zudem oft farblich nicht einmal in die Wohnung passt.

Um einen guten Preis aushandeln zu können, sollten Sie in der Lage sein, Qualität von Billigware zu unterscheiden. Vergessen Sie den Ratschlag, ein Produkt um ein Drittel herunterzuhandeln, um einen guten Preis zu erzielen. Das gelingt jedem beim zehnten Tee. Auch die Händler kennen diesen Ratschlag, und wer sagt Ihnen, dass diese nicht bei einem hundertfach höheren Preis anfangen?

Daher unser Tipp für alle, die keine Ahnung von Teppichen haben: Kaufen Sie, wenn überhaupt, ein billiges Stück als Souvenir, das notfalls in einer Kiste auf dem Dachboden die Motten ernährt, oder gehen Sie zu Hause in ein Fachgeschäft. Dort dürfen Sie den Teppich gegen ein Pfand mitnehmen und können ihn einmal in Ihren vier Wänden zur Probe auslegen.

Wer dennoch als Ahnungsloser sein Glück versuchen will, sollte wenigstens den Eindruck eines Teppichexperten erwecken. Dazu gehört der fachmännische Blick auf die Dicke der Knoten sowie die Frage nach der Anzahl der Knoten je Quadratzentimeter. Hantieren Sie mit dem Stück unter freiem Himmel etwas herum, teilen Sie gar den Flor mit den Fingern, um die Farbechtheit zu testen. Passen Sie auf, beim berüchtigten Gewebetest mit dem Feuerzeug kein Loch in den Teppich zu brennen, sonst sind Sie unten durch. Fragen Sie zudem, ob der Teppich fliegen kann. Wenn nicht, drücken Sie sofort den Preis um 50 %. Beherzigen Sie die Ratschläge, dann weiß der Händler, dass Sie zumindest gewisse Grundkenntnisse besitzen. Und noch etwas: Lassen Sie sich niemals aus Bequemlichkeit auf das Angebot des Händlers ein, dass er Ihnen den Teppich mit der Post nach Hause schickt!

Am besten kauft man in Boutiquen und Einkaufszentren, wo die Waren mit Preisen versehen sind und sich so auch Preisvergleiche durchführen lassen. In den Shoppingmalls der größeren Städte bekommt man Markenklamotten z. T. 30 % billiger als daheim. Auf Märkten, wo es keine Festpreise gibt, müssen Sie handeln. Um aber gut handeln zu können, sollten Sie den Wert und die Echtheit einer Ware einschätzen können. Türkische Händler sind leider, ohne es böse zu meinen, fast durch die Bank Schlitzohren. Lassen Sie sich also kein Kunstleder als Nappa und keinen Teppich *made in China* als original Hereketeppich (die kostbaren Naturseideteppiche aus der Marmararegion genießen weltweite Berühmtheit) verkaufen und glauben Sie nur einen Bruchteil von dem, was Ihnen erzählt wird. Falls Sie schon vor der Abreise wissen, dass Sie sich für Goldschmuck oder einen Teppich interessieren, so machen Sie sich am besten bereits zu Hause mit den Produkten und deren Preisen vertraut.

Unter **pazar** verstehen die Türken übrigens einen Wochenmarkt mit Gemüse-, Käse-, Kleider- und Schuhständen. Feste Einrichtungen wie der Große Basar von İstanbul oder Marktviertel mit richtigen Läden nennt man in der Türkei hingegen **çarşı**.

Mehrwertsteuerrückerstattung: Wer in Geschäften mit dem Tax-free-Symbol am Schaufenster Waren im Wert von umgerechnet ca. 75 € und mehr einkauft, kann sich bei der Ausreise in sog. „Cash Refund Offices" (u. a. an allen größeren Flughäfen und Grenzübergängen) die Mehrwertsteuer (uneinheitlich, auf Textilien z. B. 8 %) zurückerstatten lassen. Dafür bedarf es eines vollständig ausgefüllten Tax-free-Schecks vom Verkäufer.

Einladungen

Die Türken sind überaus gastfreundlich. Wer sich unter die Leute mischt, mit dem Bus reist oder einfache Restaurants besucht, wird häufig spontan angesprochen oder sogar zum Tee eingeladen. Einladungen nach Hause werden dagegen viel seltener ausgesprochen, da die Familie einen nahezu sakralen Wert hat. Sollten Sie trotzdem in den Genuss kommen, können Sie dies als Zeichen besonderer

Maisverkauf am Strand

Wertschätzung ansehen. Die folgenden Hinweise sollen Ihnen helfen, ein wenig auf die Sitten und Konventionen Ihrer Gastgeber einzugehen:

Gastgeschenke sind üblich. Nichts Aufwändiges, einfach eine Kleinigkeit, die Freude macht.

Am Wohnungseingang werden die Schuhe ausgezogen.

Zur herzlichen Begrüßung wird der traditionelle Doppelkuss ausgetauscht (Backe rechts, Backe links). Unter Männern ist er üblicher als zwischen den Geschlechtern. Wer sich nicht sicher ist: Die Hand zu geben, ist auf jeden Fall höflich.

In Gegenwart älterer Menschen gilt lautes Reden als rüpelhaft. Senioren werden sehr zuvorkommend behandelt. Erscheint in traditionellen Familien das Familienoberhaupt, ist es sogar üblich aufzustehen.

Etwas Angebotenes abzulehnen gilt als unhöflich. Die Gastgeber haben sich nämlich auf jeden Fall viel Mühe gemacht und eventuell Ausgaben weit über ihre Verhältnisse hinaus getätigt.

Hinweis: Kritisch begegnen sollten Sie grundlos übertriebener Freundlichkeit, Appellen an Ihre Hilfsbereitschaft (z. B. der Bitte um Mithilfe beim Schreiben eines Briefes an einen deutschen Freund) oder spontan ausgesprochenen Einladungen zum Essen. Das gilt insbesondere, wenn Sie alleine reisen und die Personen erst kurz kennen. Es gibt leider auch schwarze Schafe unter den vielen, vielen herzlichen Türken.

Elektrizität

Die Stromspannung beträgt 230 Volt. In der Regel benötigt man für mitgebrachte Geräte keine Adapter.

Feste und Feiertage

Von vielen Feiertagen bekommt man in den Touristenzentren an der Küste nur wenig mit.

1. Januar: Neujahr.

23. April: Unabhängigkeitstag – am 23.4.1920 versammelte sich das Parlament in Ankara zu seiner ersten Sitzung. Wird heute auch als „Tag der Kinder" gefeiert.

1. Mai: Frühlingsfest (inoffizieller Feiertag, Ersatz für den ehemaligen Tag der Arbeit).

19. Mai: Beginn des nationalen Befreiungskriegs (1919). Heute Tag der Jugend und des Sports.

Hinweis: Wer während des Opfer- oder Zuckerfestes in der Türkei ist, sollte Zimmer und Tickets frühzeitig buchen – das halbe Land ist dann zur Verwandtschaft unterwegs oder nutzt die Tage für einen Kurzurlaub.

30. August: Gedenktag anlässlich des Sieges über die Griechen im Jahr 1922.

15.8.2012, 4.8.2013 u. 23.7.2014: Nacht der Kraft (*Kadir Gecesi*), → S. 63.

19.–21.8.2012, 8.–10.8.2013 u. 28.–30.7.2014: Zuckerfest (*Şeker Bayramı*), → S. 63.

29. Oktober: Tag der Republik – am 29.10.1923 wurde die Türkische Republik ausgerufen. Aufmärsche begleiten das Fest.

10. November: Todestag Atatürks (1938) – quasi ein halbamtlicher Feiertag, aber nicht gesetzlich verankert. Ein Großteil der Bevölkerung gedenkt des Gründers der Türkischen Republik und bleibt der Arbeit fern.

25.–28.10.2012, 15.–18.10.2013, 4.–7.10.2014: Opferfest (*Kurban Bayramı*), → S. 63.

Abkük-Bucht am Golf von Gökova

Flora ...

Pinien- und Zypressenwälder sowie gestrüppartige Macchia, bestehend aus Oleander, Stechpalme, Kermeseiche, Buchsbaum, Myrte, Lavendel, Johannisbrotbaum usw., prägen die türkische **Mittelmeerküste**. In höheren Lagen ist die Kiefer die vorherrschende Baumart, vereinzelt finden sich dort auch Tannen, Schwarzföhren und die Libanonzeder.

Weite Olivenhaine charakterisieren zudem die türkische **Ägäisküste**, eine der wasserreichsten und fruchtbarsten Landschaften der Türkei. Die Schwemmlandebene des Großen Mäander überziehen Baumwollfelder. Angebaut werden zudem Melonen, Tabak, Pfirsiche, Zitrusfrüchte, Weintrauben, Feigen, Tomaten usw.

An der **Südküste** schirmt das bis zu 3000 m hohe Taurusgebirge die Meeresregionen vom zentralanatolischen Hochland ab. Während der Taurus in Kilikien bis ans Meer reicht, zieht er sich weiter westlich (bei Antalya) und weiter östlich (bei Adana) z. T. bis 100 km weit von der Küstenlinie zurück. Zu seinen Füßen erstrecken sich fruchtbare Schwemmlandebenen mit Bananenhainen, Zitruspflanzungen, Erdnussplantagen, Gewächshäusern für den Gemüseanbau und – u. a. in der Çukurova – riesige Baumwollfelder. Den Holzreichtum des Taurus schätzte man schon in der Antike, bis nach Ägypten exportierte man Stämme für den Bootsbau.

... und Fauna

Die Türkei war einst ein tierisches Einwanderungsland. Von allen Seiten (Europa, Afrika und Asien) kamen sie geflogen, gekrochen und gelaufen. Heute drängen unkontrollierte Jagd, der Bau von Straßen und die Erschließung immer neuen Ackerlands das Wild zurück. Dadurch dezimierten sich die Tierbestände in freier Natur in den letzten Jahrzehnten extrem. Die Löwen starben in der Türkei schon im

19. Jh. aus. In den Wäldern des lykischen und kilikischen Taurus und in der Ägäis tummeln sich jedoch noch Rehe und Hirsche, Füchse, Wildschweine, Dachse, Iltisse, Baum- und Steinmarder, die vom Aussterben bedrohten Stachelschweine sowie Nagetiere wie das mit dem Murmeltier verwandte putzige Ziesel. Braunbären kommen in Westanatolien nur in den abgeschiedensten Regionen vor (z. B. im Taurus oder im Beşparmak-Massiv). Wölfe und Schakale sind im Hinterland der Mittelmeerküste weitestgehend verschwunden, Leoparden wurden schon seit Ewigkeiten nicht mehr gesichtet.

Am Boden kriechen Eidechsen, Geckos und Schildkröten, Letztere gibt es zu Land und zu Wasser. Bei Wanderungen begegnet man gelegentlich auch Schlangen, von den 37 in der Türkei vorkommenden Arten gehören die meisten zu den Familien der Nattern, Vipern und Ottern, und sind größtenteils ungiftig (→ Wandern). Nicht selten sind ferner Chamäleons – allerdings fallen sie naturgemäß wenig auf.

In der Luft faszinieren Störche, die in der Türkei nicht gejagt werden dürfen und die man gelegentlich gar in Schwärmen sieht – v. a. an der Ägäis, aber auch bei Silifke im Osten der Mittelmeerküste. Zudem gibt es viele Raubvögel wie Adler, Falken und Bussarde. Für Ornithologen ist die türkische Mittelmeerküste ein wahres Paradies. Am Flussdelta des Großen Mäander sieht man Stelzenläufer, Pelikane, Brachschwalben, Spornkiebitzen und im Winter sogar Flamingos. Am Bafa-See sind Blässhühner, Löffler und Sichler zu beobachten. Am Strand von Patara und im Dalyan-Delta kann man sich auf Grau- und Purpurreiher, Eisvögel, Weißstörche, Cistensänger und Nachtschwalben freuen. In den Deltas der großen Taurusflüsse Göksu, Seyhan und Ceyhan flattern u. a. Rosa- und Graukopfpelikane, Eisvögel und Kraniche.

Zum Schluss noch ein Hinweis in Sachen „tierische Quälgeister": Moskitos, Flöhe und Kakerlaken sehen nicht nur die Wälder als ihre Heimat an!

Freiheit für Flipper!

An der türkischen Mittelmeerküste eröffnete bis 2010 ein Delfinarium nach dem nächsten. Viel Geld ließ sich damit verdienen, man sprach von bis zu 20.000 € Tagesumsatz. Die Tiere kamen häufig aus blutigen Treibjagden vor der japanischen Küste. Man schätzt, dass die Japaner rund 20.000 Delfine jährlich abschlachten. Die schönsten Exemplare lassen sie jedoch am Leben, denn der Verkauf der Meeressäuger (bis 150.000 € pro Exemplar) an Delfinarien macht die Treibjagd überhaupt erst lukrativ. In die Schlagzeilen der internationalen Medien kam das Thema durch den Dokumentarfilm *The Cove* (www.thecovemovie.com), daraufhin nahmen diverse Reiseveranstalter den Besuch von Delfinshows aus ihrem Programm. Zum Boykott von Delfinarien wollen auch wir aufrufen. Nicht nur aus dem Grund, damit die blutigen Treibjagden vor Japans Küsten enden, sondern auch, weil eine artgerechte Haltung von Delfinen in Gefangenschaft nicht möglich ist – und schon gar nicht in einem Land ohne jegliche Tierschutzkultur.

Frauen

Die Stellung der Frau in der modernen Türkei ist nicht mit der der Frauen in arabischen Ländern gleichzusetzen. Dies hängt zum einen mit Atatürks Reformen aus den Zwanzigerjahren des letzten Jahrhunderts zusammen, zum anderen mit dem 2005 in Kraft getretenen, neuen Strafgesetzbuch, mit dem Ankara Forderungen der EU erfüllt hat. Das Gesetzbuch stärkt die Rechte der Frauen enorm: Vergewaltigung in der Ehe ist nun Straftatbestand und sog. „Ehrenmördern", denen im Gerichtssaal vormals viel Milde zuteil wurde, drohen nun lebenslange Haftstrafen.

Zwischen den Rechten der Frauen und den von der männlichen Gesellschaft auferlegten Zwängen herrscht jedoch, je nachdem, wo man sich im Land aufhält, eine große Diskrepanz. Das Emanzipationsgefälle hat in der Türkei wesentlich mit der Ausbildung der Frauen zu tun. Während an der Mittelmeerküste und in den modernen Städten des Landes über 50 % der weiblichen Arbeitskräfte eine Ausbildung besitzen, die über das Grundschulniveau hinausgeht, sind es auf dem Lande gerade einmal 5 % – mehr als jede dritte Frau ist dort Analphabetin. Polygamie und verkaufte Bräute im minderjährigen Alter (obwohl das „Ehealter" gesetzlich auf 18 Jahre heraufgesetzt wurde) gehören in vielen unterentwickelten Regionen Zentral- und v. a. Südostanatoliens noch immer zum Alltag. Andererseits haben in der Türkei weit mehr Frauen als in vielen anderen europäischen Ländern auch Führungspositionen inne. Allein ein Drittel der Ärzte, ein Viertel der Anwälte und ein Fünftel der Richter sind Frauen.

Alleinreisende Frauen: Es ist grundsätzlich kein Problem, als Frau alleine die Türkei zu bereisen. Um Unannehmlichkeiten vorzubeugen gilt jedoch: Spricht man Sie an, bleiben Sie formell und höflich, aber vermeiden Sie Freundlichkeit und Augenkontakt. Beides wird gerne fehlinterpretiert. Dafür sind die türkische *Yellow Press* („Helga ist ganz scharf auf Türken") und die Erfolgsmeldungen der Strandgigolos aus den Ferienorten verantwortlich, die so manche Männer glauben lassen, westliche Frauen würden erotische Annäherungen erwarten. In touristischen Zentren oder westlich geprägten Großstädten, wo auch Türkinnen mit hohen Absätzen über die Gehwege flanieren, fällt die Anmache (wenn überhaupt) nicht anders aus als in Italien oder Spanien.

In konservativen Gegenden ist es ratsam, dezente Kleidung zu tragen und dazu einen Ehering (auch wenn er aus dem Automaten ist). Zu einer ehrbaren, unantastbaren Frau werden Sie auch, wenn Sie Fotos von Ihrem Mann und Kind mitbringen. Falls Sie beides nicht haben, tut's auch ein Bild mit dem Schwager und dessen Kindern. Über-nachten sollte man besser in kleinen Familienpensionen als in unpersönlichen Hotels. Setzen Sie sich bei Taxifahrten auf die Rücksitzbank und bei Busreisen stets neben eine Frau – Sie haben das Recht darauf! Wandernde Hände in überfüllten Bussen (passiert selten) kommentiert man lautstark – am besten mit dem Wörtchen „Ayıp!" (gesprochen etwa „Ajip"). Die wortwörtliche „Schande" für den Betroffenen wird groß und die Empörung der Umgebung offensichtlich sein.

Restaurants, Lokantas und Cafés stehen Frauen jederzeit offen. Männern vorbehalten sind die *kahvehaneler* (traditionelle Kaffee- bzw. Teehäuser) und die *birahaneler*, schmierige Bierkneipen. Manche Lokale verfügen über einen abgetrennten Familienbereich *(aile salonu)*, der Männergrüppchen versagt bleibt. In gehobenen Bars und Diskotheken brauchen Touristinnen ebenfalls keine Rüpeleien befürchten, dafür sorgen Türsteher und der Hinweis *„Damsız girilmez"* („Eintritt ohne weibliche Begleitung verboten"). Den nächtlichen Heimweg sollte man am besten in einem Taxi zurücklegen.

Geld und Geldwechsel

Gesetzliches Zahlungsmittel ist die Türkische Lira *(Türk Lirası,* kurz *TL;* in Finanzkreisen *Try).* Im Umlauf sind Banknoten im Wert von 5, 10, 20, 50, 100 und 200 TL, zudem Münzen zu 1 TL sowie zu 1, 5, 10, 25 und 50 *Kuruş (KR;* 100 KR = 1 TL). In den Ferienzentren der Riviera können Sie auch mit Euro bezahlen. Abseits davon bedarf es aber der Landeswährung, zudem wird der Euro von Museen und Ausgrabungsstätten nicht akzeptiert.

1 € entsprach im Mai 2012 umgerechnet 2,33 TL, 1 sfr entsprach 1,94 TL.

Devisenvorschriften: Bargeldbeträge im Gegenwert von über 5000 US-Dollar müssen bei der Ausreise deklariert werden.

Geldwechsel: Banken (i. d. R. Mo–Fr 9–12 u. 13.30–17 Uhr geöffnet) und Wechselstuben (haben vielfach auch Sa/So geöffnet) gibt es en masse. Die Kursunterschiede sind insgesamt gering.

Bankomaten sind weit verbreitet. Der Kurs beim Abheben mit der Maestro-Karte ist besser als beim Barumtausch. Jedoch fressen die dafür anfallenden Gebühren (Infos dazu bei Ihrer Bank) den Kursvorteil beim Ziehen niedriger Summen wieder auf. Da-

Wo Sonnenuntergänge am schönsten sind: die Bodrum-Halbinsel

her am besten in die Vollen gehen, je nach Bankomat sind max. 1000 TL pro Tag möglich, viele rücken jedoch nicht mehr als 600 oder 800 TL heraus.

Kreditkarten werden in allen besseren Restaurants, Hotels und Geschäften akzeptiert, aber nicht gerne gesehen. Bei ausgehandelten Preisnachlässen in Hotels z. B. muss oft bar gezahlt werden.

Bei Verlust der Kredit- oder Maestro-Karte wählen Deutsche die Servicenummer 0049-116116. Abhängig vom Ausstellungsland der Karte gelten zudem folgende Sperrnummern: Für **American Express:** ✆ 0049-69-97971000 (D/A), ✆ 0041-446-596333 (CH). **Diners Club:** ✆ 0049-180-5070704 (D), ✆ 0041-58-6661111 (CH), ✆ 0043-1-5013514 (A). **Visa:** ✆ 00800135350900 (Servicenr. in TR für D, A, CH). **Master:** ✆ 00800138870903 (Servicenr. in TR für D, A, CH). **Maestro-Karte:** ✆ 0049-1805021021 (D), ✆ 0043-1-2048800 (A), ✆ 0041-800800488 (Credit Suisse), ✆ 0041-888601 (UBS), 0041-442712230 (für alle weiteren Schweizer Maestro-Karten).

Reiseschecks: Nicht jede Bankfiliale ist dazu autorisiert, Schecks einzulösen. *American-Express-Cheques* können – sofern das Personal davon unterrichtet wurde – z. B. bei den Filialen der *Akbank* eingelöst werden (schlechter Kurs!).

Kein Geld mehr? Via *Western Union* kann man Geld innerhalb weniger Minuten in die Türkei transferieren. Eingezahlt werden kann in Deutschland z. B. bei den Postbanken und den Reisebanken, in Österreich z. B. bei den Raiffeisenbanken und in der Schweiz z. B. bei den Postämtern. Der Einzahler erhält eine Code-Nummer, die er dem Empfänger mitteilt. Dieser bekommt mit seinem Ausweis und der Codenummer das Geld ausbezahlt (u. a. bei Postämtern und der T.C. Ziraat Bankası). Nähere Infos unter www.westernunion.com.

Trinkgeld: In Restaurants (→ Tipping-Tipps, S. 43) gibt man i. d. R. 10 %, Masseuren, Zimmermädchen oder Friseuren rund einen Euro. Lediglich Taxifahrer gehen in der Türkei leer aus.

Ermäßigungen für Studenten → Ausgrabungsstätten, S. 49.

Preisschwankungen → Preise, S. 71.

Griechen und Türken – eine schwierige Nachbarschaft

Noch zu Anfang des 20. Jh. waren Griechen die größte nichtmuslimische Minderheit im Osmanischen Reich. In İstanbul stellten sie rund ein Viertel der Einwohner, und auch viele Orte der Mittelmeer- und Schwarzmeerküste sowie Zentralanatoliens waren fest in griechischer Hand. Über Jahrhunderte hinweg hatten sie friedlich mit den Türken zusammengelebt. Spannungen waren die Ausnahme. Doch mit der Zerschlagung des Osmanischen Reiches nach dem Ersten Weltkrieg und dem Versuch Griechenlands, sich Kleinasiens zu bemächtigen (→ Geschichte, S. 82f.), änderte sich die Situation. Es folgte der türkische Befreiungskrieg, an dessen Ende ein „Bevölkerungsaustausch" – eine Vertreibung bzw. ethnische Säuberung – stand: Ca. 1,4 Mio. Griechen mussten die Türkei verlassen, in entgegengesetzter Richtung waren rund 350.000 Türken unterwegs. Dabei sprachen viele Griechen, die die Türkei verließen, gar kein Griechisch, und viele Türken, die kamen, kein Türkisch.

Lediglich die Griechen İstanbuls, ohne welche die Wirtschaft der Stadt von heute auf morgen zusammengebrochen wäre, und die Bewohner der Ägäisinseln Tenedos (heute Bozcaada) und Imbros (heute Gökçeada) durften bleiben. Doch auch sie kehrten in den folgenden Jahrzehnten der Türkei den Rücken: Die neue Republik belegte Nichtmuslime mit diskriminierenden Steuern – wer nicht zahlen wollte oder konnte, wurde in Arbeitslager verbannt. Ab den Fünfzigerjahren des letzten Jahrhunderts verschärfte zudem der Zypernkonflikt das Verhältnis zwischen Griechen und Türken auf eine Weise, die ein friedfertiges Miteinander kaum mehr zuließ, zumal die Regierungen beider Länder kaum um Entspannung bemüht waren. So kam es in İstanbul in der Nacht vom 6. auf den 7. September 1955 zur antigriechischen Pogromnacht – um den Mob zu mobilisieren, hatte der türkische Geheimdienst einen Bombenanschlag auf das Geburtshaus von Atatürk in Thessaloniki verüben lassen und die Tat den Griechen in die Schuhe geschoben. Wieder war Abwanderung die Folge. 1964 folgte auf ein Massaker an türkischen Zyprern schließlich erneut eine große Ausweisung von *Rumlar,* wie die Türkeigriechen im Gegensatz zu den Griechenlandgriechen *(Yunanlar)* genannt werden.

Viele Jahre betrachteten die NATO-Partner mit Besorgnis das Verhalten der beiden „verfeindeten" Verbündeten, noch bis in die 1990er kam es immer wieder zu militärischen Provokationen in der Ägäis. Verbesserung der bilateralen Beziehungen bahnte sich erst in jüngerer Zeit an, als die beiden Nationen bei schweren Erdbeben und Waldbränden wechselseitig Hilfe leisteten. Mittlerweile ist Griechenland gar ein Befürworter des türkischen EU-Beitritts.

Haustiere

Tierschützer warnen ausdrücklich vor der qualvollen Gefangenschaft in Transportboxen bei der Anreise mit dem Flugzeug. Um an der Grenze keinen Ärger zu bekommen, benötigen Hunde und Katzen den EU-Heimtierausweis bzw. das schweizerische Pendant, in welchem vermerkt ist, dass Katzen mindestens 15 Tage vor der Einreise gegen Tollwut, Hunde zusätzlich noch gegen Parvovirose, Distemper, Hepatitis und Leptospirose geimpft sind. Für viele Hotels gilt: Reisende mit Hunden oder Katzen müssen draußen bleiben.

Information

Vor Ort finden Sie in allen größeren Urlaubszentren Touristeninformationen (**Turizm Danışması**). Die ausländischen Filialen des **türkischen Fremdenverkehrsamtes** (www.goturkey.com) halten zudem diverses Informationsmaterial bereit, das auf Wunsch gern verschickt wird.

Deutschland   Baseler Str. 37, D-60329 Frankfurt, ✆ 069/233081.

Tauentzienstr. 9–12, D-10789 Berlin, ✆ 030/2143752.

Österreich   Singerstr. 2/8, A-1010 Wien, ✆ 01/5122128.

Schweiz   Stockerstr. 55, CH-8001 Zürich, ✆ 044/2210810.

Internet

Sofern vorhanden bzw. mit Gewinn zu nutzen, sind die Internetadressen diverser Einrichtungen wie Hotels oder Fluggesellschaften im Buch angegeben. Die Internetseiten der Städte und Regionen im Reisegebiet sind, sofern vorhanden, unter der Rubrik „Information" aufgeführt. Aktuelle Informationen zu diesem Buch finden Sie im Internet auf den Seiten des Michael Müller Verlages unter der Adresse: **www.michael-mueller-verlag.de**.

Internetzugang: Das Gros aller Hotels und Pensionen bietet kostenlos WLAN, manche verfügen auch über einen oder mehrere Terminals mit Internetzugang. Zudem offerieren viele Bars und Cafés kostenlos WLAN. Die Zahl der Internet-Cafés nimmt stetig ab. Sie sind im Reiseteil nicht aufgeführt, da sich deren Adressen erfahrungsgemäß ständig ändern.

Islam

Der Islam (arab. = Unterwerfung, Hingabe), die jüngste der großen Weltreligionen, ist ebenso wie das Judentum und das Christentum eine streng monotheistische Religion, d. h. seine Anhänger glauben an den einen allmächtigen Gott. Nach islamischer Auffassung ist Allah Schöpfer und Bewahrer aller Dinge und allen Lebens. Er versorgt, führt und richtet die Menschen, wobei sich das Richten auf den Tag des Jüngsten Gerichts bezieht, an dem die „Geretteten" ins Paradies eingehen, während die „Verdammten" in die Hölle absteigen.

Religionsstifter war Mohammed (um 570–632), der als Waisenkind in ärmlichen Verhältnissen in Mekka aufwuchs. Sein religiöses und politisches Wirken begann um 610, nachdem ihm in einer Vision der Erzengel Gabriel erschienen war. In seiner Geburtsstadt stand man seinen öffentlichen Auftritten zunächst sehr skeptisch gegenüber. Erst in Medina, wohin er 622, dem Beginn der islamischen Zeitrechnung, abgewandert war, verschaffte sich Mohammed weltliche und geistliche Autorität und wurde als Gesetzgeber und Prophet allgemein akzeptiert. Einige der von ihm verbreiteten Botschaften hatten für die damalige Zeit geradezu revolutionäre Inhalte, z. B. die Verdammung der Sklaverei.

Die Rolle, die der islamische Glaube in der Türkei einnimmt, ist von Region zu Region, teils aber auch von Stadtviertel zu Stadtviertel verschieden. Mancherorts, wie in den unbeschwerten, westlich orientierten Küstenorten, scheint sie gar gegen Null zu tendieren. Doch schon ein paar Kilometer weiter im Landesinneren kann alles ganz anders aussehen, vom Osten des Landes ganz zu schweigen. Den laizistisch geprägten Regierungen der Vor-AKP-Zeit waren religiös-fundamentalistische Strömungen stets ein Dorn im Auge. So ernennt der Staat bis heute die Vorbeter (Imame) und schreibt vor, was gepredigt und in Korankursen gelehrt werden darf. Aus der strengen Kontrolle wurde jedoch mit der Machtübernahme der islamistischen AKP gegenseitiges Einverständnis. 2008 stand die AKP kurz vor dem Verbot wegen des Vorwurfs, die Türkei in einen islamischen Gottesstaat verwandeln zu wollen. Die

Isa-Bey-Moschee in Selçuk

Mehrheit der Verfassungsrichter stimmte zwar für das Verbot, doch die in diesem Fall vorgeschriebene Mehrheit von sieben der elf Stimmen wurde um eine verfehlt.

Koran und Sunna: Die beiden Schriften sind die grundlegenden Quellen der islamischen Glaubenslehre. Dabei wird der Koran, der aus 114 Suren (Kapiteln) besteht, als das authentische Wort Gottes verstanden, das Mohammed durch den Erzengel Gabriel übermittelt wurde. Daraus erklärt sich der Unfehlbarkeitsanspruch, der dem Koran zugeschrieben wird.

Grundlage der Sunna (arab. „Gewohnheit") hingegen bilden die Hadithe, die Überlieferungen der Aussagen und Taten Mohammeds. Die Sunna wird im Unterschied zum Koran nicht für unfehlbar gehalten.

Propheten: Da die Menschen moralisch schwach und fehlbar sind, schickt Gott ihnen Propheten, welche die göttliche Botschaft verbreiten, an der sich das Handeln der Menschen orientieren soll. Zu diesen Propheten zählen im Islam neben Abraham und Moses u. a. auch Jesus. Die christliche Auffassung, nach der es sich bei Jesus um den Sohn Gottes handelt, wird vom Islam nicht geteilt. Die Muslime glauben dagegen, dass sich das Prophetentum mit Mohammed vollendet hat und der Koran die letztgültige und vollkommenste Offenbarung Gottes ist.

Islamische Gruppierungen: Streitigkeiten um die Nachfolge des Propheten führten nach Mohammeds Tod zu einer Spaltung der Muslime in *Sunniten* und *Schiiten*. Über 70 % der Türken sind Sunniten. Sie sehen im Kalifen den rechtmäßigen Nachfolger Mohammeds und das Oberhaupt der muslimischen Welt. Für die Schiiten (ihr Name leitet sich vom arabischen Wort *Schia* für „Partei" ab) hingegen kann diesen Führungsanspruch nur ein Blutsverwandter des Propheten wahrnehmen. Da dieser aber keine überlebenden Söhne hinterlassen hatte, sehen die Schiiten in Ali, Vetter und Schwiegersohn Mohammeds, und seinen Nachkommen die legitimen Nachfolger.

Rund 25 % der Türken, darunter viele Kurden, sind *Aleviten,* die der *Schia* zugerechnet werden. Mit der Schia iranischer Prägung hat der Alevismus die Nachfolgeregel gemein, lehnt als libertäre Glaubensrichtung (z. B. Nichtakzeptanz der fünf Säulen des Islam; keine Moscheen, dafür Versammlungen, an denen auch Frauen teilnehmen) aber z. B. die *Scharia* ab. Dieses überlieferte, antiquierte islamische Rechtssystem beruht auf einer über 1000 Jahre alten, nahezu unveränderten Auslegungsvariante des Korans und der Sunna und beschreibt die Rechte und Pflichten des Einzelnen in der Gemeinschaft.

Die fünf Säulen des Islam: Die als die fünf Säulen des Islam bekannten Pflichten werden als zentrale Bestandteile im Leben eines jeden Moslem angesehen. Die erste Pflicht ist das Glaubensbekenntnis *(kelimei şahadet: „Ich bezeuge, dass es keinen Gott gibt außer Allah, und Mohammed ist sein Prophet ...");* die zweite sind die fünf täglichen Gebete *(namaz)* mit den vorgeschriebenen Waschungen; die dritte Pflicht beinhaltet die Almosengabe an Bedürftige *(zekat);* die vierte das Einhalten des Fastenmonats Ramadan *(oruç)* und die fünfte die Pilgerfahrt nach Mekka *(hac).* Bei einigen Geboten gibt es Spielraum. So braucht der Moslem seine Pilgerfahrt nur dann durchzuführen, wenn er gesund ist und es ihm (finanziell) möglich ist. Die Waschungen können notfalls ohne Wasser, d. h. als bloßes Ritual, ausgeführt werden, und schwangere Frauen können aus gegebenem Anlass die Fastenzeit verschieben.

Moschee: Moscheen (türk. *cami*) sind die islamischen Sakralbauten, in denen nicht nur gebetet wird, sondern auch Versammlungen und theologische Unterrichtsstunden abgehalten werden. Darüber hinaus dienen sie traditionell als Stätte der persönlichen Andacht und als temporäre Unterkunft für Pilger und Obdachlose. Für gewöhnlich betritt man eine Moschee über einen Vorhof *(avlu),* wo am Reinigungsbrunnen *(şadırvan)* die rituellen Waschungen vor dem Gebet vorgenommen werden. Zur Grundausstattung des mit Teppichen ausgelegten Gebetssaals gehört eine Gebetsnische *(mihrab),* die stets ins Richtung Mekka weist, eine Kanzel für die Freitagspredigt *(minbar)* und ein Stuhl oder eine Art Thron *(kürsü),* von dem der Vorbeter *(Imam)* Passagen aus dem Koran verliest. Männer und Frauen beten getrennt, stets jedoch Richtung Mekka. Indem man kniet und den Kopf zu Boden neigt, zeigt man Allah Demut und Respekt. Zum Gebet ruft fünfmal am Tag der Muezzin vom Minarett der Moschee. Die Minarette kamen übrigens erst im 8. Jh. auf, zuvor kletterten die Muezzins dazu aufs Dach. Heute ertönt der für Europäer so verheißungsvoll und orientalisch klingende Gebetsruf meist nur noch aus dem Lautsprecher.

Zu den großen Moscheenkomplexen *(külliye)* von einst, die oft auch karitative Zwecke erfüllten, gehörten meist eine Schule *(medrese),* ein Hospital *(darüşşifa),* eine Armenküche *(imaret),* ein Bad *(hamam)* und eine Karawanserei *(kervansaray)* für Reisende. In den Moscheengärten ruhen in ornamentalen Mausoleen *(türbe)* die Stifter der Külliyen und osmanische Nobilitäten. Heute dienen die einzelnen Gebäude meist anderen Zwecken.

Karten 63

Wissenswertes von A bis Z

Hinweis: Türkische Moscheen können von Nichtmuslimen jederzeit besucht werden – nur zur Gebetszeit werden Touristen oft abgewiesen. Beachten Sie die Kleidervorschriften: Herrenbeine und -arme dürfen nicht entblößt sein, der Rock der Dame sollte mindestens knielang sein, ihr Kopf (Kopftuch!) und die Oberarme bedeckt. Vor dem Betreten der Moschee zieht man die Schuhe aus. Betende sollten nicht fotografiert werden.

Religiöse Feiertage: Die genaue Terminierung wird Jahr für Jahr nach dem islamischen Mondkalender neu bestimmt (→ Feste und Feiertage). Nach islamischer Konvention beginnt ein Feiertag jedoch bereits mit dem Sonnenuntergang am Vortag, bei großen religiösen Feiertagen sind dann sogar ab Mittag des Vortages alle Läden, Büros usw. geschlossen.

Kadir Gecesi (Nacht der Kraft): In der 27. Nacht des Fastenmonats Ramadan wird die Offenbarung des Koran gefeiert. Mohammed soll in dieser Nacht durch den Erzengel Gabriel zum Boten Gottes ernannt worden sein. Nach dem Volksglauben gehen Wünsche und Gebete, die in dieser Nacht ausgesprochen werden, in Erfüllung.

Şeker Bayramı (Zuckerfest): Es bildet den Abschluss des Fastenmonats Ramadan.

Man besucht Verwandte, und die Kinder ziehen von Haus zu Haus und bitten um Süßigkeiten. Daher rührt auch der Name der dreitägigen Feierlichkeiten.

Kurban Bayramı (Opferfest): Das höchste Fest des Islam dauert vier Tage. Hintergrund des Opferfestes ist die (auch biblische) Geschichte von Abraham, der, um Gott seine Treue zu beweisen, seinen Sohn Isaak opfern will.

Der Ramazan

So nennen die Türken den islamischen Fastenmonat, der in den meisten anderen islamischen Ländern *Ramadan* heißt. 30 Tage lang darf der Gläubige zwischen Sonnenauf- und -untergang nicht essen, trinken, rauchen oder Geschlechtsverkehr haben. Mit dem Böllerschuss zum Sonnenuntergang wird jedoch alles ausgiebig nachgeholt. Vor Sonnenaufgang wiederum sorgen in den meisten Orten mächtig laute Ramadan-Trommler dafür, dass kein Gläubiger sein Frühstück versäumt. In konservativen Gegenden sind während der Fastenzeit tagsüber viele Lokale geschlossen, in erzkonservativen Gegenden alle. Dafür gibt es abendliche Ramadanmärkte mit Ständen, traditioneller Musik, Schattenspieltheater etc. – Christkindlesmarkt auf Türkisch. In den internationalen Ferienzentren an der Küste merkt man hingegen kaum einen Unterschied zu den restlichen Monaten. Dort aber, wo überwiegend Türken Urlaub machen, herrscht während des Ramadan Nebensaisonstimmung – viele Türken bleiben lieber daheim, als in den Ferien fasten zu müssen.

Ramadan-Daten: 20.7.–18.8.2012; 9.7.–7.8.2013; 28.6.–27.7.2014

Karten

Für die Mittelmeerküste ist das von den Touristeninformationen kostenlos verteilte Kartenmaterial ausreichend. Für diese Karten wie auch die meisten anderen Türkeikarten gilt jedoch: Keine stimmt hundertprozentig! Auch ist das Kartenmaterial sämtlicher Navigationsgeräte fehlerhaft. Überaus fehlerhaft und meist sehr undetailliert sind zudem sämtliche Stadtpläne. Auch auf die hier empfohlenen Karten ist nicht immer Verlass:

ADAC Länderkarte Türkei: Maßstab 1:800.000.

Adım Adım Türkiye Yol Atlası: Detaillierter geht es kaum. 336 Seiten umfassender Straßenatlas im Maßstab 1:400.000. Dazu Stadt-

pläne und viele Zusatzinfos zum Land (leider nur auf Türkisch). Mepmedya Yayınları, İstanbul 2010. Über www.mapfox.de für 39,90 € zu bestellen. Deutlich günstiger in der Türkei.

Kinder

→ Vorschau, S. 14. Die beste Windelmarke soll übrigens *Ultra Prima* sein, bei Babynahrung haben die Produkte von *Ülker* und *Milupa* einen guten Ruf – in Supermärkten und in Apotheken erhältlich. Wer mag, kann sich an der Türkischen Riviera übrigens auch ab 49 €/Woche einen Buggy leihen – Näheres unter www.silvias-buggyservice.de.

Kleidung

Abseits der touristischen Orte wird in der Türkei großer Wert auf ein korrektes, sauberes und gesittetes Erscheinungsbild gelegt. Fürs Kofferpacken orientieren Sie sich am besten an der Klimatabelle. Für einen Badeurlaub an der Küste reicht leichte Kleidung, möglichst aus Baumwolle, für Reisen im Frühjahr und Herbst sollte zudem ein Pulli dabei sein, für die windige Ägäisküste gar ein dicker. Für den Besuch von Moscheen → Wissenswertes von A bis Z/Islam.

Wer sich nicht rasiert, verliert

Buschig und prächtig oder eher spärlich und zierlich, immer jedoch gepflegt: Erst der Schnurrbart macht den Türken zum richtigen Mann – zumindest in der anatolischen Provinz und in konservativen Kreisen. Noch heute wachen in vielen Dörfern altgediente Schnurrbartträger darüber, dass keinem jungen Bengel vor dem „schnauzerwürdigen" Alter ein solches Exemplar wächst.

In vielen Orten der Südküste will man von solchen antiquierten Traditionen aber nichts mehr wissen. Die Jugend zeigt sich glatt rasiert oder im schicken Dreitagesbart. Die klassischen Schnauzerträger mit grauem Kaufhaus-Standard-Jackett haben dort den Status eines Dorftrottels aus Hinteranatolien. Als schmierige Anmacher, als *Röntgenci* („Glotzer mit Röntgenaugen"), sind sie unter jungen Frauen verpönt. In manchen trendigen Clubs sorgen gar Türsteher dafür, dass „Schnauzer" draußen bleiben. Auch viele Unternehmen, die ein modernes Image transportieren wollen, verbieten ihren Angestellten das Tragen eines Schnauzers, so die Busgesellschaft *Metro*, die vor wenigen Jahren ihre Angestellten vor die Wahl stellte: Schnurrbart ab oder Kündigung. 2011 machte die Atatürk-Universität im nordostanatolischen Erzurum diesbezüglich Schlagzeilen, da sie ihrem Sicherheitspersonal keinen Oberlippenbart mehr gönnen wollte. Draußen bleiben, zumindest aus öffentlichen Ämtern und Universitäten, müssen auch Vollbartträger. In der laizistischen Türkei wird der Vollbart als ein islamistisches Bekenntnis gewertet, ähnlich wie das Kopftuch bei Frauen.

	İzmir			Antalya		
	Ø Lufttemperatur (Min./Max. in °C)		Ø Niederschlag (in mm), Ø Tage mit Niederschlag >= 1 mm	Ø Lufttemperatur (Min./Max. in °C)		Ø Niederschlag (in mm), Ø Tage mit Niederschlag >= 1 mm
Jan.	5,6	12,2	132	9	6,0	14,9	238	10
Febr.	6,1	13,3	99	8	6,2	15,2	191	10
März	7,7	16,2	76	7	8,0	17,9	102	7
April	11,2	20,8	45	6	11,1	21,2	48	5
Mai	15,3	25,9	24	3	14,7	25,3	28	3
Juni	19,6	30,5	10	1	19,2	30,4	9	1
Juli	22,2	32,7	8	<1	22,2	33,8	5	1
Aug.	21,9	32,3	4	<1	22,0	33,6	2	<1
Sept.	18,5	28,9	15	2	19,0	30,9	13	1
Okt.	14,3	23,5	40	4	14,8	26,2	70	4
Nov.	10,6	18,4	87	7	10,6	20,9	150	6
Dez.	7,6	14,1	153	11	7,5	16,5	223	10
Jahr	13,4	22,4	692	60	13,4	23,9	1078	58

Klima

An der südlichen Mittelmeerküste folgen auf heiße, trockene Sommer milde, verregnete Winter. Im Hochsommer können die Temperaturen in der Çukurova auf bis zu 45 °C ansteigen und selbst die Nächte sind dann noch schweißtreibend. Etwas kühler und rauer ist das Klima an der Ägäisküste, obwohl es die Klimatabelle nicht so widerspiegelt. Insbesondere an der Nordägäis sind Kälteeinbrüche und Stürme im Frühjahr und Herbst keine Seltenheit.

Reisezeit: An der **Nordägäis** dauert die Badesaison von Juni bis September, an der **Südägäis** von Mai bis Oktober, außerhalb dieser Zeit sind auch viele Hotels geschlossen. Rund um Antalya und an der **Türkischen Riviera** kann man an manchen Tagen selbst noch im Dezember baden; in den dortigen internationalen Ferienorten findet man auch das ganze Jahr über geöffnete Hotels. Frühjahr und Herbst sind für Kultur- und Wanderreisen in der Küstenregion am besten geeignet, der Juli und der August sind einfach nur schweißtreibend.

Im Hinterland von Antalya

Kriminalität

Delikte wie Diebstahl oder Raub treten in der Türkei verhältnismäßig selten auf. Korruption nennt sich das Übel des Landes, aber die tut dem Touristen nicht weh.

In Großstädten müssen Urlauber jedoch wie überall auf der Welt damit rechnen, dass Betrüger und Trickdiebe die Reisekasse plündern wollen. Dennoch hat man wenig zu befürchten, wenn man sich an die üblichen Vorsichtsmaßnahmen hält. Dazu zählt v. a.: Achten Sie auf Ihre Wertsachen ganz besonders dort, wo Gedränge herrscht, und achten Sie beim Abheben mit der Bank- oder Kreditkarte darauf, dass niemand Ihren PIN-Code ausspäht. Falls Ihre Karte gestohlen werden sollte → Geld und Geldwechsel/Sperrnummern.

> **Achtung**: Wenn Sie gebeten werden, ein Päckchen nach Deutschland mitzunehmen, schauen Sie sich den Inhalt sorgfältig an.

Literatur

Ob davor, danach oder mittendrin – hier ein paar Empfehlungen für Ihre Urlaubslektüre:

Belletristik: *de Bernières, Louis: Traum aus Stein und Federn*. Fischer TB, Frankfurt 2006. Epischer Monumentalroman (670 S.) über das türkisch-griechische Zusammenleben in einer westanatolischen Kleinstadt vor dem Bevölkerungsaustausch.

Schulschluss

Kemal, Yaşar: Memed, mein Falke. Unionsverlag, Zürich 2005. In 40 Sprachen übersetzter Roman über den Kampf eines türkischen Robin Hood gegen Hass und Unterdrückung.

Werfel, Franz: Die vierzig Tage des Musa Dagh. Fischer Taschenbuchverlag, Frankfurt/Main 1990. In seinem 1000-seitigen Tatsachenroman (1933 erschienen) verarbeitet Werfel das Schicksal der Armenier unter den Jungtürken. Ein Muss für alle, die das Hatay besuchen wollen.

Levi, Mario: Istanbul war ein Märchen. Suhrkamp Verlag, Frankfurt/M. 2008. Geschichten von gelebten und ungelebten Träumen, von erfüllten und unerfüllten Hoffnungen aus jener Zeit, als İstanbul noch eine Stadt der unterschiedlichsten Kulturen war.

Mağden, Perihan: Zwei Mädchen. Suhrkamp, Frankfurt/M. 2008. Eine wilde Geschichte von rebellischen Mädchen in İstanbul. Verfilmt von Kutluğ Ataman.

Livaneli, Zülfü: Glückseligkeit. Rowohlt Verlag, Reinbek 2010. Die herzzerreißende Geschichte einer jungen Ostanatolierin, der ein Ehrenmord bevorsteht. Spannend bis zur letzten Seite.

Zu Land und Leuten: *Gottschlich, Jürgen: Türkei. Ein Land jenseits der Klischees*. Christoph Links Verlag, Berlin 2008. Wie funktionieren Politik, Familie, Kultur oder Schulerziehung in einem Land zwischen Moderne und Tradition, zwischen Wohlstand und Rückständigkeit? Hintergrundinfos zu alltäglichen und weniger alltäglichen Themen.

Alanyalı, Iris: Gebrauchsanweisung für die Türkei. Piper Verlag, 5. Auflage, München 2009. Humorige Einblicke in den türkischen Alltag.

Kelek, Necla: Bittersüße Heimat. Bericht aus dem Inneren der Türkei. Goldmann Verlag, München 2009. Woher kommt und wohin geht die Türkei – die Hauptfrage der Frauenrechtlerin Necla Kelek in ihrem Werk über die politische und gesellschaftliche Stellung der Türkei.

Hörbuch: *Greve Martin: Türkei hören.* Silberfuchs-Verlag, Tüschow 2008. In knapp 80 Min. bekommt man einen so unterhaltsamen wie fundierten Einstieg in die türkische Kulturgeschichte. Der Schwerpunkt liegt allerdings auf İstanbul.

Orhan Pamuk – erster Nobelpreisträger der Türkei

Die Ernennung Orhan Pamuks zum Träger des Literaturnobelpreises 2006 spaltete die Nation. „Unser Stolz" titelte die liberale Tageszeitung *Radikal*. Als einen Mann, „der sein Volk verkauft hat" und „keiner von uns" sei, bezeichnete ihn das Boulevardblatt *Sabah*. Zu oft hatte der Literat Missstände in der Türkei angeprangert und damit die Nationalisten im Land gegen sich aufgebracht. In einem Interview mit dem Zürcher *Tages-Anzeiger* bedauerte er z. B., dass sich kaum jemand in seinem Land traue, die Verbrechen an den Armeniern und Kurden anzusprechen. Die Folgen für ihn: Gewaltandrohungen und ein Verfahren wegen „Verunglimpfung des Türkentums", das später jedoch eingestellt wurde.

Orhan Pamuk, Jahrgang 1952, entstammt der kosmopolitischen, westlich geprägten Oberschicht der Bosporusmetropole. Drei Jahre lebte er in New York, sonst kehrte er İstanbul nie länger den Rücken. Seine Romane handeln größtenteils von Identitätskonflikten zwischen der westlichen und östlichen Welt. Die meisten haben İstanbul als Schauplatz, oft schneit es. *Das schwarze Buch* (Fischer Taschenbuch Verlag 2007) erzählt von der verzweifelten Suche eines Mannes nach seiner Frau in den dunklen Gassen der Stadt. *Rot ist mein Name* (Fischer Taschenbuch Verlag 2008) ist eine faszinierende Mischung aus historischem Kriminalroman, orientalischem Märchen und Liebesgeschichte. Viel beachtet wurde auch *Schnee* (Fischer Taschenbuch Verlag 2011), ein politisches Lehrstück vor der Kulisse der tristen ostanatolischen Stadt Kars. Pamuks Kindheitserinnerungen sind Schwerpunkt von *İstanbul – Erinnerungen an eine Stadt* (Fischer Taschenbuch Verlag 2010). „Ein großartiger und trauriger Liebesroman", so die *Süddeutsche Zeitung,* ist Orhan Pamuks umfangreichstes Werk *Museum der Unschuld* (Fischer Taschenbuch Verlag 2011).

Medien

Fremdsprachige Medien: Deutsche Zeitungen und Zeitschriften bekommt man überall, wo sich deutschsprachige Urlauber tummeln. Die *BILD* wird gar in Antalya gedruckt, die aktuelle Ausgabe der *SZ* oder der *FAZ* erhält man i. d. R. schon am Nachmittag des Erscheinungstages. Die englischsprachigen Tageszeitungen *Hürriyet Daily News & Economic Review* (www.hurriyetdailynews.com, zu *Hürriyet* gehörend, s. u.) und *Today's Zaman* (www.todayszaman.com, regierungsnah) bieten Aktuelles zu Politik, Wirtschaft, Sport und Kultur.

Der Weg ist das Ziel: Der türkische Film auf dem Vormarsch

Als seicht und drittklassig wurde das türkische Kino lange Zeit verspottet, bis Yılmaz Güneys *Yol – Der Weg* 1983 die Goldene Palme in Cannes erhielt. Der Film prangert soziale Ungerechtigkeit und Unterdrückung in der Türkei aufs Schärfste an. Erst 1999 durfte er in einer zensierten Fassung in den türkischen Kinos gezeigt werden. Güney, der seine Regieanweisungen auch schon mal aus dem Gefängnis gab, wurde mit seinem Werk zum liebsten Feind der Türken und mit ihm das türkische Kino mutiger. In den Neunzigerjahren folgten Produktionen wie *Hamam* von Ferzan Özpetek oder *Lola und Bilidikid* von Kutluğ Ataman – revolutionär setzten sich beide Filme mit dem Thema Homosexualität auseinander. Auch die *Reise zur Sonne* (*Güneşe Yolculuk*, 1999) von Yeşim Ustaoğlu, die Geschichte eines jungen Mannes, der die Provinz gegen das vermeintliche Glück in Istanbul eintauscht und an seinem kurdischen Aussehen scheitert, begeisterte Cineasten europaweit. In *Waiting for the Clouds* (*Bulutları beklerken*, 2005) beschäftigte sich die Regisseurin mit einem heiklen Thema: dem griechisch-türkischen „Bevölkerungsaustausch" in den 1920ern.

Große Erfolge feierte seit Jahren der Arthouse-Regisseur Nuri Bilge Ceylan: Für den melancholischen İstanbulstreifen *Uzak*, das mit Schuld und Sühne beladene Familiendrama *Three Monkeys* und den langsam-eindringlichen Krimi *Once upon a time in Anatolia* (*Bir zamanlar Anadolu'da*) räumte er in Cannes 2003, 2008 und 2011 ab. Mit Begeisterung nahm man im Ausland zudem *Hejar – Großer Mann, kleine Liebe* (*Büyük adam, küçük aşk*) von Handan İpekçi auf. Der Film wurde, obwohl von Ankara 2002 offiziell für den Oscar nominiert, zunächst im eigenen Land verboten – die paar Sätze Kurdisch darin stellten damals noch einen Tabubruch dar. Heute ist das anders: Vornehmlich kurdisch wird im Film *Min Dit* (2009) von Miraz Bezar gesprochen, einem bewegenden Drama über das Schicksal von Waisenkindern in der südostanatolischen Metropole Diyarbakır. Internationales Interesse erregte auch der deutschtürkische Regisseur Fatih Akın mit den Melodramen *Gegen die Wand* (Goldener Bär 2004) und *Auf der anderen Seite* (2007) sowie der Musikdokumentation *Crossing the Bridge* (2005), in der er in İstanbuler Clubs den neuen Bosporussounds nachspürte. Semih Kaplanoğlus Film *Bal – Honig*, der auf der Berlinale 2010 mit dem Goldenen Bären ausgezeichnet wurde, hat mit İstanbul hingegen nichts zu tun. Im Mittelpunkt steht das Leben eines kleinen Jungen im wildromantischen Kaçkar-Gebirge.

Türkische Medien: Die Medienlandschaft prägen eine Vielzahl staatlicher und privater Radio- und TV-Sender, dazu Tages- und Wochenzeitungen. Der größte Medienkonzern ist die Doğan-Gruppe. Zu ihr gehören u. a. das Massenblatt *Posta*, die national gesinnte, militärfreundliche Tageszeitung *Hürriyet* („Die Freiheit") und die liberale *Milliyet* („Die Nation") sowie die Privatsender *Kanal D* und *CNN Türk*. Die renommierteste Tageszeitung ist die gemäßigt links orientierte *Cumhuriyet* („Die Republik"). Zur meistzitierten Zeitung wurde innerhalb kurzer Zeit die erst 2007 gegründete *Taraf* („Meinung"), die auch vor Tabuthemen (wie z. B. Kritik am Militär) nicht zurückschreckt.

Pressefreiheit: Die Pressefreiheit ist zwar in der Verfassung verankert, doch in der türkischen Gesetzgebung finden sich Paragrafen, die sich nicht mit dem Recht auf freie Meinungsäußerung vertragen, so z. B. der Maulkorb-Paragraf 301 des Strafgesetzbuchs („Herabwürdigung der türkischen Nation"), der fast willkürlich gegen jede Kritik am Staat auslegbar ist. Auch Atatürk darf nicht beleidigt oder veräppelt werden (Paragraf 5816) – ein Grund, weswegen die Internetplattform *Youtube* in der Türkei immer wieder gesperrt wird. Ohnehin wird das Internet zensiert, rund 8000 Domains sind blockiert. Bei der letzten von den *Reportern ohne Grenzen* herausgegebenen Rangliste der Pressefreiheit landete die Türkei von 178 Ländern auf dem traurigen 138. Platz (gerade vor Äthiopien).

Musik und Bauchtanz

Seit *Crossing the Bridge* (s. o.) hält Europa immer mehr das Ohr zum Bosporus hin auf. Dort hat sich im letzten Jahrzehnt enorm viel getan – die neue Clubmusik hat sich vom sklavischen Nachahmen westlicher Vorbilder gelöst.

Volksmusik: Bei der traditionellen türkischen Volksmusik *(Halk müziği)*, die auch *Türkü* genannt wird, steht die *saz*, eine Laute mit meist drei Saiten, im Vordergrund. Alleinunterhalter oder kleine Combos besingen dabei Themen aus dem Leben des einfachen Volkes: Geburt, Tod, Liebe. Nach Jahrzehnten der Absenz ist auch kurdische Volksmusik wieder im Kommen. Volksmusik hört man vorrangig in gemütlich-orientalischen Kneipen, fragen Sie nach einer „Türkü-Bar".

Klassische Kunstmusik: Im Gegensatz zur Volksmusik wird die auch *Fasıl* genannte Kunstmusik in Restaurants oder *Meyhanes* präsentiert. Sie hat ihren Ursprung in der osmanischen Palastmusik, doch haben auch modernere Einflüsse Spuren hinterlassen. Meist begleiten Instrumente wie *kanun* (Zither), *darbuka* (Handtrommel), *tef* (Tamburin) oder *ud* (Laute) den Gesang. Eine der erfolgreichsten Interpretinnen dieser Musik ist **Bülent Ersoy** (geb. 1952). Die prallbusige, mit Nerzen und Glitterkleidung geschmückte Dame war bis 1979 ein Mann.

Popmusik: Türkpop vermischt traditionell-türkische Melodien mit modernen Einflüssen. Die Interpretenpalette reicht dabei von niveauvollen Songwriterinnen wie **Sezen Aksu** (die „Madonna vom Bosporus") über Hüftschwinger wie **Tarkan** (der „türkische Ricky Martin") bis hin zu Schnulziers wie **Mahsun Kırmızıgül** (jeder Vergleich wäre eine Beleidigung).

Arabeske Musik: Die arabeske Musik, die – wie der Name schon sagt – Einflüsse aus Arabien aufweist, hat die ausweglose Liebe zum Thema. Die singsangartigen, orientalisierenden Trauergesänge hört man für gewöhnlich im Fernsehkanal *TRTint* oder im Dolmuş. Als Idole gelten **İbrahim Tatlıses** und v. a. **Müslüm Gürses**, der aussieht wie „ein liebeskranker Dackel auf Entzug" (Wolfgang Koydl, Ex-*SZ*-Korrespondent in İstanbul). Seine Konzerte, bei denen das Publikum in kreischend-heulende Ekstase verfällt und sich dabei mit Rasierklingen Schnittwunden beibringt, sind berühmt-berüchtigt.

Bauchtanz: Der Bauchtanz gilt für viele Europäer als Inbegriff türkisch-orientalischer Sinneslust. Dabei hat diese Kunst in der Türkei bis heute etwas Anrüchiges, das man gerne anderen Kulturen in die Schuhe schiebt. So behaupten konservative Türken, die erotisierend-klimpernde Nabelschau stamme aus Ägypten, während die Araber davon überzeugt sind, die osmanischen Besatzer hätten den Tanz eingeschleppt. Zu sehen ist Bauchtanz heute in erster Linie als überteuertes Touristenspektakel.

Rock und Punk: Einprägsamen Gitarrensound liefern die Schrammlerin **Şebnem Ferah**, der Solist **Teoman** oder das Trio **Duman**. In die Grunge-Schublade kann man die Musik von **Mor ve Ötesi** einordnen, Psychedelisches hört man von **Baba Zula**. Die Punkrockband **Rashit** erinnert an die Ramones. Der Percussionist **Burhan Öçal** trommelte sich in den letzten Jahren in die internationale Worldmusicszene, und die Band **Orient Expressions** kombiniert anatolische Volkslieder mit Beats aus der Maschine. Für türkischen Ska steht schließlich **Athena**.

Elektronische Beats: Eine skurrile Mischung aus Ambient und traditioneller Sufi-Musik produziert der experimentierfreudige, in Montreal und in İstanbul lebende DJ **Arkın Allen**, der auch unter seinem Zweitnamen **Mercan Dede** bekannt ist. Hinter dem DJ-Pult bläst er nebenbei auch die *Ney*-Flöte oder lässt ein Roma-Kind singen. Gelegentlich tritt er zusammen mit der kurdischen Sängerin **Aynur** auf. Sie ist die erste Künstlerin, die je in einem türkischen Film ein kurdisches Volkslied gesungen hat. Auch mit dem Rapstar **Ceza** war Mercan Dede schon gemeinsam auf der Bühne zu sehen.

Was türkische Namen aussagen können

Stellen Sie sich vor, Ihr Metzger würde *Etyemez* („Er isst kein Fleisch“) heißen oder der Getränkehändler ums Eck *Suiçmez* („Er trinkt kein Wasser“). In der Türkei kann das vorkommen. Die Fülle lustig-blumiger Familiennamen geht auf ein Gesetz von 1934 zurück. Im Zuge von Atatürks Reformen mussten sich nämlich die bis dato nachnamenlosen Türken einen solchen zulegen. Teils konnten sie den Namen selbst wählen, teils wurde ihnen einer zugewiesen. Manche trafen zum damaligen Zeitpunkt vielleicht eine passende Wahl, bedachten aber nicht, dass der Name an ihre Söhne und Töchter weitervererbt würde. Und so kann der Klavierspieler an der Hotelbar auch *Parmaksız* („Ohne Finger“) heißen …

Heute bleibt leider nur noch die Wahl der Vornamen übrig, aber auch diese stehen den Nachnamen an Einfallsreichtum kaum nach: Der Freude über die Geburt des ersten Kindes wird z. B. gerne mit Namen wie *Devletgeldi* („Das Glück ist gekommen“) oder *Gündoğu* („Die Sonne ist aufgegangen“) Ausdruck verliehen. Wem die Familie irgendwann aber zu groß ist, hofft, mit Namen wie *Yeter* („Es reicht“) oder *Dursun* („Es soll aufhören“) den Kindersegen stoppen zu können – relativ egal, ob gerade ein Männlein oder ein Weiblein das Licht der Welt erblickt hat.

Notrufnummern → Telefonieren, S. 73.

Öffnungszeiten

Der islamische Ruhetag ist der Freitag, der gesetzliche Ruhetag in der Türkei seit Atatürks Reformen jedoch der Sonntag.

Banken: → Geld und Geldwechsel, S. 57.

Behörden: Mo–Fr 8.30–12 und 13–17.30 Uhr, Sa/So geschl.

Geschäfte: Für den Einzelhandel gibt es keine einheitlichen Öffnungszeiten, die meisten Geschäfte sind jedoch Mo–Sa von 9–19 Uhr geöffnet. Kleinere Lebensmittelläden haben oft bis spät in die Nacht offen.

In den großen Shoppingmalls und Touristenzentren ist jeder Tag ein Verkaufstag.

Post: Siehe unten.

Museen: In der Regel Mo geschl. Exakte Angaben im Reiseteil.

Restaurants: Generell tägl. ab 11 Uhr bis mind. 23 Uhr geöffnet. Kleine *Lokantas* schließen oft schon am frühen Abend.

Polizei

Die türkische Polizei ist überall präsent. So schlecht, wie sie bezahlt ist, so schlecht ist sie meist auch gelaunt. Gegenüber Touristen verhält sie sich jedoch i. d. R. nicht nur korrekt, sondern auch hilfsbereit und zuvorkommend. Falls Sie nach dem Weg fragen wollen, sprechen Sie ruhig eine Streife an. Ferner sorgt die **Jandarma**, eine militärische Einheit in grünen Uniformen, für Ordnung und Sicherheit. Notruf: 155.

Post

Postämter (*PTT* für „Posta, Telefon, Telegraf", i. d. R. Mo–Fr 8–12 und 13–17 Uhr; in größeren Städten und in manchen Touristenzentren auch Sa/So bis spät in die Nacht) sind in den Stadtplänen im Reiseteil verzeichnet. Bis eine Postkarte in der Heimat angekommen ist, vergeht ungefähr eine Woche. Briefe bis 20 g und Luftpostansichtskarten kosten nach Deutschland, Österreich und in die Schweiz einheitlich 0,80 €. Telefonieren → S. 73.

Preise

Im Vergleich zu Deutschland, Österreich und der Schweiz ist die Türkei immer noch ein günstiges Reiseland, auch wenn die Preise in den letzten Jahren kräftig angezogen haben und in den internationalen Ferienorten weit über dem Landesdurchschnitt liegen. Selbstverständlich korrelieren die Kosten einer Reise mit den Ansprüchen des Urlaubers, das breit gefächerte Angebot an touristischen Leistungen hält aber für fast jeden Geldbeutel etwas parat. Wer mit einem Minimum an Komfort zufrieden ist, benötigt pro Tag – Übernachtung inklusive – keine 40 €.

Preisschwankungen: Die im Buch angegebenen Preise entsprechen dem Stand der letzten Recherche. Diese können sich von den Preisen, die Sie vor Ort erfahren, erheblich unterscheiden. Das hängt zum einen mit extremen Wechselkursschwankungen zusammen (der Wechselkurs für einen Euro schwankte 2011 zwischen 2,04 und 2,59 TL), zum anderen auch damit, dass in der Türkei die Preise vielfach nicht linear zur Inflationsrate angepasst werden, sondern nach einer längeren stabilen Preisetappe um einen umso größeren Schritt.

Was kostet was? Cola vom Kiosk ca. 0,75 €, Bier im Restaurant ab ca. 2 €, Päckchen Zigaretten 2–3,50 €, 1 l Benzin bleifrei ca. 1,95 €, Mittagessen ohne Getränk ab 4 €, Flasche Wein im Laden ab 4 €, Döner ab 1 € (Huhn) bzw. 2 € (Lamm), Glas Tee ab 0,30 €, Doppelzimmer ab 20 € (NS) bzw. 30 € (HS).

Reisepapiere

Für Deutsche und Schweizer genügt bei der Einreise auf dem Luftweg der Personalausweis bzw. die Identitätskarte. Empfehlenswert ist dennoch die Mitnahme des Reisepasses, da manche Beamte (z. B. bei Verkehrskontrollen) darüber nicht informiert sind. Österreicher brauchen einen Reisepass und ein Visum, das man an der Grenze bzw. am Flughafen zum Preis von ca. 15 € erhält. Türkische Staatsangehörige dürfen mit einem von deutschen, österreichischen oder Schweizer Behörden ausgestellten Reisedokument nicht einreisen. Alle, die länger als drei Monate am Stück im Land verweilen möchten, benötigen in jedem Fall ein Visum. Führen Sie Ihren Ausweis stets bei sich!

Einreise mit Haustieren: → Haustiere, S. 60 – **Einreise mit dem Fahrzeug:** → S. 28.

Schwule und Lesben

Homosexualität ist in der Türkei verpönt, ein Outing führt zu gnadenloser Diskriminierung. Die türkische Familienministerin Selma Aliye Kavaf bezeichnete Homosexualität Anfang 2010 noch als „eine Krankheit, die behandelt werden müsse". Homosexualität wird auch als einer der ganz wenigen Gründe akzeptiert, sich vom Militärdienst befreien zu lassen. Einer Umfrage nach haben schon 37 % der türkischen Homosexuellen Gewalt erfahren, 89 % der Transsexuellen! Ausweichen können nen türkische Schwule und Lesben lediglich in die Anonymität der Millionenstadt İstanbul. Dort findet sich eine Vielfalt an Clubs und Kneipen, die europaweit ihresgleichen suchen kann.

Über die türkische Schwulen- und Lesbenszene informiert u. a. www.kaosgl.org, die Seite der gleichnamigen, schwullesbischen Organisation aus Ankara (z. T. auch in Deutsch). Eine an Lesben gerichtete Agentur, die u. a. Reisen nach Antalya anbietet, ist www.lila-reisen.de. Auch die schwullesbische İstanbuler Reiseagentur **Pride Travel** (www.turkey-gay-travel.com) offeriert Trips an die Riviera.

Sicherheit

In den letzten Jahren kam es immer wieder zu Bombenanschlägen in der Türkei, v. a. in Ankara und İstanbul, nicht verschont blieb auch die Mittelmeerküste. Dahinter steckten mal Terrorzellen, die Verbindungen zu Al-Qaida haben sollen, meist aber PKK-Terroristen bzw. deren Sympathisanten. Auch zukünftig sind Terroranschläge nicht auszuschließen. Im Südosten des Landes, im türkisch-irakischen Grenzgebiet und in der Provinz Tunceli kam es zuletzt ebenfalls immer wieder zu Kämpfen zwischen dem türkischen Militär und der PKK. Beachten Sie die Reise- und Sicherheitshinweise der Außenministerien (www.auswaertiges-amt.de, www.eda.admin.ch, www.bmaa.gv.at).

Sport

Golf: Spielt man in der Türkei nirgendwo besser als rund um Belek. Diverse Reiseveranstalter bieten in der NS (in Belek ist dies der Sommer) gute Packageangebote, bei denen man im Vergleich zu einer individuellen Buchung vor Ort viel Geld sparen kann. Golfplätze findet man zudem bei Bodrum. Bei Kundu und Sarıgerme sollen noch 2012 neue Plätze eröffnet werden. Für weitere Informationen → dort.

Kajak/Rafting: An der Türkischen Riviera haben diverse Tourenveranstalter das Paddelerlebnis im Programm. Entsprechende Möglichkeiten bieten der Köprü-Fluss zwischen Antalya und Side und der Alara-Fluss zwischen Side und Alanya. Für weitere Informationen → dort.

Paragliding: Zentren der Flieger sind der *Baba Dağı* (über 1900 m) über der Lagune von Ölüdeniz sowie der *Asaz Dağı* (ca. 1000 m) bei Kaş. Für weitere Informationen → dort.

Radfahren: → Unterwegs an der Mittelmeerküste/Weitere Verkehrsmittel, S. 36.

Reiten: In der Nähe großer Touristenzentren liegen oft Reiterhöfe, die Ausritte ins Hinterland anbieten; auch über Tourenveranstalter vor Ort buchbar.

Segeln: → Unterwegs an der Mittelmeerküste /Unter Segel, S. 36. Anbieter → Reiseteil.

Skifahren: Die Türkei besitzt mehrere Skigebiete, doch des Wintersports wegen reist kaum ein Ausländer an. Die Skiresorts sind über das ganze Land verteilt, im Reisegebiet befindet sich nur das kleine Skigebiet Saklıkent bei Antalya (2547 m, → Umgebung von Antalya).

Surfen: Cracks fahren an die Ägäis, z. B. auf die Çeşme-Halbinsel oder nach Bodrum. Für weitere Informationen → dort.

Tauchen: Nahezu an allen Küstenabschnitten des Mittelmeers darf getaucht werden. Das Auflesen und die Mitnahme historischer bzw. antiker Gegenstände und die Unterwasserjagd sind strengstens verboten! Tagesausfahrt mit 2 Bootstauchgängen 50–80 €, PADI-Anfängerkurs rund 300 €.

Sonstiger Wassersport: In den internationalen Touristenorten an der Küste werden diverse Fun-Sportarten auf dem Wasser angeboten, z. B. Jet- o. Wasserski (15 Min. ca. 25–35 €), Bananaboat (15 Min. ca. 10 €), Parasailing (Gleitschirmfliegen übers Wasser, 10 Min. ca. 35 €) usw.

Tennis: Viele größere Hotelanlagen verfügen über Tennisplätze, auf denen auch Nichtgäste gegen ein Entgelt spielen können.

Wandern: → Wandern, S. 37.

Telefonieren

Notrufnummern

Polizei: ☎ 155; Verkehrspolizei: ☎ 154; Ambulanz: ☎ 112; Feuerwehr: ☎ 110

Internationale Vorwahlnummern: nach Deutschland ☎ 0049, nach Österreich ☎ 0043, in die Schweiz ☎ 0041. Danach wählt man die Ortskennzahl ohne die Null am Anfang, dann die Rufnummer.

Wer in die Türkei telefonieren möchte,

Eines der besten türkischen Surfreviere: Alaçatı-Bucht bei Çeşme

wählt ☎ 0090 als Landesvorwahl und lässt die Null der Regionalvorwahlnummer weg.

Telefonkarten (telefon kartı) für öffentliche Kartentelefone gibt es in Postämtern, Geschäften und an Kiosken. Wer mit einer solchen ins Ausland telefonieren will, kauft am besten eine *Arakart* (100 Einheiten reichen z. B. für ein ca. 18-minütiges Gespräch nach Deutschland und kosten rund 3 €).

Mobiltelefon: Nahezu überall guter Empfang.

Prepaid SIM Card: Für Vieltelefonierer und Längerbleiber lohnt der Kauf einer *Prepaid SIM Card (hazır kart)* vor Ort (gibt es ab rund 10 € Gesprächsguthaben) und dazu eines türkischen Mobiltelefons (egal ob gebraucht oder neu, gibt es an jeder Ecke). Dadurch entfallen die Kosten, die sonst entstehen, falls man angerufen wird. Türkische SIM-Karten funktionieren in Mobiltelefonen, die aus dem Ausland mitgebracht werden, nur für kurze Zeit. Theoretisch kann man zwar sein mitgebrachtes Handy bei Turkcell-Extra-Filialen frei schalten lassen, in der Praxis sieht der Sachverhalt jedoch anders aus.

Wo Körper und Seele ein Bad nehmen – Erholung im Hamam

In den Hamams, so sagt man, sei die osmanische Vergangenheit noch lebendig. Wer eines der historischen Dampfbäder besucht, glaubt in eine andere Welt einzutauchen. Man spürt die Schwere der heißnassen Luft, atmet den Geruch von Seife, vernimmt das Geplätscher des Wassers und taucht ein in das geheimnisvolle Licht, das sich in den glänzend nackten Körpern spiegelt, die auf den marmornen Steinen liegen.

Ein Hamam ist in drei Bereiche gegliedert. Den *camekân,* den Eingangsbereich, schmückt meist ein ausladender Brunnen. Drum herum befinden sich die Rezeption und die Umkleidekabinen. *Soğukluk* heißt der Durchgang in den Schwitzbereich und Hauptteil des Hamams, den *hararet.* Die große, von unten erwärmte Marmorplattform in der Mitte nennt sich *göbek taşı,* Nabelstein. Auf ihn legt man sich zum Schwitzen und zur Massage. Davor werden Sie mit einem rauen Lappen kräftig abgerieben, *kese* heißt diese Prozedur. Bei den Frauen verrichten die Massage i. d. R. schwergewichtige Masseurinnen, bei den Männern drahtig-muskulöse Meister ihres Faches. Auch wenn Sie malträtiert werden wie ein Wiener Schnitzel vorm Panieren – hinterher fühlen Sie sich gut und entspannt.

Die meisten Hamams besitzen separate Abteilungen für Männer *(erkekler)* und Frauen *(kadınlar).* Bei kleineren Bädern baden die Geschlechter zu unterschiedlichen Zeiten oder an unterschiedlichen Tagen. In touristischen Zentren ist meist auch ein gemeinsames Bad möglich. Männer tragen ein Tuch um die Lenden, Frauen baden nackt. Handtücher braucht man nirgendwo mitzubringen.

Leider ist die Hamamkultur in der Türkei im Niedergang begriffen. Die Zeiten, als die Hamams noch „Badeanstalten" für die breite Gesellschaft waren, sind passé. Viele junge Türken haben noch nie einen Hamam besucht. Wer noch ins traditionelle Badehaus geht, gehört nicht selten zu den sozial Schwachen. Lediglich in konservativen Gegenden dienen die Hamams noch als Treffpunkt der sonst fast ausschließlich ans Haus gebundenen Frauen. Anderes gilt für die Hamams der Ferienorte: Bei Touristen stehen Hamambesuche hoch im Kurs. Dort kostet der Eintritt i. d. R. zwar das Drei- bis Fünffache, dafür ist auch Geld für Pflege und Restaurierung vorhanden.

Toiletten

Männer finden das stille Örtchen hinter Türen mit der Aufschrift *Bay*, **Frauen** achten auf *Bayan*. In Touristenzentren haben die Toiletten i. d. R. mitteleuropäischen Standard, abseits der Urlaubsorte ist das Stehklo noch weit verbreitet. Papier gibt es auf diesen stillen Örtchen nur selten; ein eigener kleiner Vorrat ist daher dringend angeraten. Steht in der Toilette ein kleiner Eimer, dann werfen Sie das Papier dort hinein und spülen es bitte nicht runter. Die zu dünnen Abwasserrohre verstopfen schnell, zudem verzögert das Toilettenpapier in den Sickergruben den Zersetzungsvorgang.

Hinweis: Wenn Sie das dringende Bedürfnis bei einer Stadtbesichtigung ereilt – Toiletten finden Sie immer bei einer Moschee.

Verständigung

In den Touristenzentren an der Küste kommt man mit Englisch oder Deutsch recht gut zurecht. Viele türkische Arbeiter haben im deutschsprachigen Ausland ihr Geld verdient, selbst in den entlegensten Ortschaften wohnt jemand, der im Notfall bei Verständigungsproblemen zu Hilfe gerufen werden kann.

Sprachschulen: Eine der renommiertesten des Landes ist TÖMER, das Sprachlehrinstitut der Universität Ankara mit Ablegern u. a. in İstanbul und İzmir, Infos unter www.tomer.ankara.edu.tr.

Wasserpfeife

Zu Beginn des 17. Jh. kam die Wasserpfeife *(nargile)* von Persien nach Kleinasien. Anfangs wurde sie von den Herrschenden jedoch nicht immer gern gesehen, Sultan Murat IV. (1623–1640) verhängte gar die Todesstrafe auf das Rauchvergnügen. Erst im späten 19. und frühen 20. Jh. wurde die Wasserpfeife zum Statussymbol der türkischen Highsociety und war vornehmlich bei Frauen beliebt. In republikanischer Zeit verlor sie wieder an Popularität, die Wasserpfeife galt in der Türkei Atatürks als Zeichen bäuerlicher Rückständigkeit. Ein Comeback erlebt sie seit einigen Jahren. Doch nur wenige Türken rauchen sie heute noch mit *tömbeki*, einem extrem starken Wasserpfeifentabak. Bevorzugt werden Apfelschalen, die durch ein Holzkohlestückchen am Glühen gehalten werden und die Luft mit jenem süßen Duft erfüllen, der so typisch für Nargile-Cafés ist.

Zeit

Gegenüber der Mitteleuropäischen Zeit (MEZ) besteht eine Stunde Unterschied; bei Ihrer Ankunft müssen Sie die Uhr eine Stunde vorstellen, egal ob im Sommer oder Winter (12 Uhr Frankfurt = 13 Uhr İzmir)! Da das gesamte Land mit einer Ost-West-Achse von 1570 km einer Zeitzone angehört, geht im Osten der Türkei die Sonne erheblich früher auf als im Westen, dort wird es aber auch viel früher dunkel.

Atatürk – Vater der Türken

Geschichte im Abriss

ab 150.000 v. Chr. Höhlenfunde wie z. B. aus der Karain-Höhle nahe Antalya bezeugen, dass nomadisierende Jäger und Sammler bereits im Paläolithikum die türkische Mittelmeerküste durchstreiften. Am Ende der Altsteinzeit werden die ersten Tempelanlagen (wie z. B. Göbekli Tepe in Südostanatolien) erschaffen.

8000–5500 v. Chr. Während des Neolithikums entstehen im Landesinneren erste stadtähnliche Siedlungen. Für den Bau von Behausungen wird Lehm verwendet, damit einhergehend entwickelt sich die Töpferei. Da die Siedlungsstätten z. T. mehr als 1000 Jahre ohne Unterbrechung bestehen, türmen sich im Laufe der Zeit sog. *Hüyüks* (auch: *Höyüks*) auf: Kulturschutthügel aus mehreren Siedlungsschichten, da auf alten, eingestürzten Behausungen immer wieder neue errichtet wurden. Der berühmteste – da als einer der ersten erforscht – Kulturschutthügel ist Çatalhüyük in der Konya-Ebene (Zentralanatolien). Hier fanden Archäologen u. a. Kleinplastiken wie schwerbrüstige Göttinnen als Symbole der Fruchtbarkeit. Zusammen mit dem noch älteren Çayönü (Südostanatolien) gehört Çatalhüyük zu den ältesten „Städten" der Welt. Mit der Sesshaftwerdung beginnen auch Ackerbau und Viehzucht.

5500–3200 v. Chr. Chalkolithikum (Kupfersteinzeit). Feiner gearbeitete Töpferwaren und einfache Werkzeuge aus Kupfer brachten z. B. die Ausgrabungen von Hacılar bei Burdur, rund 150 km nördlich von Antalya, zutage.

3200–2000 v. Chr. Frühe Bronzezeit. Die Spinnerei und Weberei breitet sich aus, zudem wird Schmuck aus Bronze gearbeitet. Gleichzeitig treten Händler aus Assur (am Tigris im heutigen Nordirak) mit den Kulturen Zentral- und Ostanatoliens in Kontakt und bringen die Schrift nach Anatolien. Spuren erster fester Siedlungen lassen sich nun auch an der Westküste, z. B. in Troja oder Alt-Smyrna (İzmir), nachweisen.

2000–1200 v. Chr. Mit dem Vordringen der Hethiter über den Kaukasus wird Zentralanatolien Teil des Althethitischen Reiches, aus dem später das Großhethitische Reich hervorgeht. Hattuşa (ca. 170 km östlich von Ankara) wird das Zentrum ihres Reiches, das sich über Kappadokien bis an die Südküste erstreckt. Die Hethiter hinterlassen u. a. Felsreliefs und viele Schriftzeugnisse (auf Tontafeln, auf Bronzeplatten und in Stein gemeißelt). Gleichzeitig dehnen die Mykener (frühe Griechen) ihr Herrschaftsgebiet über die Ägäis hinweg bis zum minoischen Kreta aus. Troja entwickelt sich infolgedessen zu einer mächtigen Handelsstadt.

um 1200 v. Chr. Die sog. Seevölker, über die nur wenig bekannt ist, fallen von Norden her über Thrakien nach Kleinasien ein. Darunter sind auch die Phryger, die einen wesentlichen Anteil an der Zerstörung Trojas haben sollen. Sie beenden auch die Vormachtstellung der Hethiter und Mykener.

1200–700 v. Chr. Nach dem Untergang Trojas ziehen griechische Stämme von der Westküste unter Führung der Seher Mopsos, Kalchas und Amphilochos durch Kleinasien nach Pamphylien und gründen dort Städte wie Perge und Sillyon. Ein Teil dieser Völkerwanderung erreicht auch Kilikien. So überliefern es antike Quellen, die in der Wissenschaft allerdings umstritten sind.

Tatsache ist, dass sich ab dem 11. Jh. v. Chr. vermehrt griechische Kolonisten (Äolier, Ionier und Dorer) an den Küsten Kleinasiens niederlassen. Sie treten in Konkurrenz zu den heimischen Stämmen der Leleger, Karer, Phryger, Lykier, Lydier u. a. Bereits im 9. Jh. sind aus vielen dieser griechischen Siedlungen ansehnliche Hafenstädte geworden. Zur politisch und kulturell bedeutendsten steigt Milet auf, von wo gar Kolonisten losziehen und den Grundstein für rund 80 Küstenstädte am Schwarzen Meer legen.

In West- und Zentralanatolien nehmen nun die Phryger eine führende Stellung ein. Im 8. Jh. gründen sie ein Großreich und machen Gordion (100 km südwestlich von Ankara) zu ihrer Hauptstadt. Die Hethiter hingegen weichen in den Süden Anatoliens aus, insbesondere nach Kilikien, dort entstehen späthethitische Kleinkönigreiche.

690–550 v. Chr. Im Westen Kleinasiens gründen die Lydier ein großes Reich mit Sardes (ca. 90 km östlich von İzmir) als Hauptstadt. Sie unterwerfen auch weite Teile der Südküste, nicht jedoch Kilikien, das aufgrund seiner rauen Gebirgslandschaften zu schwer zu erobern ist. In den griechischen Küstenstädten blühen Kunst, Kultur und Wissenschaft.

ab 545 v. Chr. Unter Kyros dem Großen dringen die Perser (Nachfolger der Meder) bis nach Westanatolien vor und zerstören das Lydierreich. Immer wieder kommt es zu Aufständen gegen die Perser, nicht jedoch unter den Pamphyliern, sie unterstützen die persischen Expansionsgelüste. Zur Verwaltung Kleinasiens setzen die Perser Satrapen (Provinzregenten) ein.

ab 479 v. Chr. Die Perser ziehen sich von der Ägäisküste zurück. Vorübergehend können sich Stadt- und Kleinstaaten bilden.

334/333 v. Chr. Alexander der Große erobert Kleinasien. Damit beginnt die sog. Hellenistische Zeit, die bis zur römischen Kaiserzeit andauert und gewaltige Kulturleistungen hervorbringt.

ab 323 v. Chr. Nach Alexanders Tod zerfällt das Makedonische Reich. Seine Heerführer teilen es unter sich auf. Zu den bedeutendsten dieser Diadochenreiche zählen das der Ptolemäer (in Ägypten), zu dem auch Lykien und weite Teile der

Südküste gehören, das der Attaliden (Pergamenisches Reich in Westanatolien, → Pergamon) und das der Seleukiden (das von Babylon ausgehend den größten Teil des Alexanderreiches umfasst). Letztere machen das heutige Antakya zu ihrer Hauptstadt. Zwischen dem Seleukidenreich und Pergamon kommt es ab dem 3. Jh. zu kriegerischen Auseinandersetzungen um die Städte Pamphyliens.

190 v. Chr. Die Attaliden schlagen mit Unterstützung Roms und Rhódos' die Seleukiden in der Schlacht von Magnesia, dem heutigen Manisa in Westanatolien. Damit geht fast das gesamte Seleukidenreich im mit Rom verbündeten Pergamenischen Reich auf. Lediglich Lykien, das noch kurz vor der Schlacht von Manisa von den Seleukiden erobert worden war, fällt für rund zwei Jahrzehnte an Rhódos.

ab 133 v. Chr. Mit dem Tod Attalos' III. fällt Pergamon testamentarisch an Rom und wird erste Hauptstadt der Provinz „Asia". Mehrere Städte der Südküste interessieren sich für die Gesetze Roms jedoch wenig und frönen der Piraterie.

67–63 v. Chr. Der römische Feldherr Pompeius setzt der pamphylischen Piraterie ein Ende und gründet die römischen Provinzen Cilicia und Syria.

42 v. Chr. Mit der Ermordung Caesars (44 v. Chr.) steigt Mark Anton zum Imperator über den Osten des Römischen Reiches auf.

ab 31 v. Chr. Mit dem Sieg Oktavians, des späteren Kaisers Augustus, über die Flotte Mark Antons in der Schlacht von Actium beginnt eine fast 250 Jahre währende Friedensepoche im Römischen Reich. Während der *Pax Romana* durchdringt die römische Kultur alle Städte Kleinasiens. Tempel, Prachtstraßen, Theater, Aquädukte usw. zeugen noch heute vom Glanz dieser Epoche.

45–60 n. Chr. Missionsreisen des Apostels Paulus, der u. a. in Tarsus und in Caesarea, dem heutigen Kayseri, Station macht. Die ersten Christengemeinden entstehen.

115–117 Das römische Imperium erreicht mit der Eingliederung Mesopotamiens seine größte Ausdehnung gen Osten.

um 290 In Patara wird ein Kind geboren, das später als der Hl. Nikolaus weltberühmt wird.

330 Konstantin der Große ernennt das ehemalige Byzantion (heute İstanbul) unter dem Namen *Nea Roma* (Neues Rom) zur neuen Hauptstadt des Römischen Reiches. Schon bald nach dem Tod des Kaisers setzt sich der Name Konstantinopel durch.

380 Das Christentum wird Staatsreligion, zehn Jahre später werden alle heidnischen Kulte verboten.

395 Endgültige Teilung des Imperiums in West- und Oströmisches Reich. Letzteres, später Byzantinisches Reich genannt, wird Kerngebiet des Christentums mit römischem Recht und griechischer Sprache.

527–565 Unter Kaiser Justinian I. erreicht das Oströmische Reich seine größte Ausdehnung und Blüte. Es erstreckt sich von Süditalien über die Balkanhalbinsel und ganz Kleinasien bis zum Rand des iranischen Hochlands. Jegliche Bautätigkeit konzentriert sich auf Konstantinopel. Die Küstenstädte spielen fortan eine untergeordnete Rolle.

622 Mit der *Hedschra,* Mohammeds Flucht nach Medina, beginnt das erste Jahr islamischer Zeitrechnung.

ab 636 Der Osten des Byzantinischen Reiches wird von den Arabern erobert. Angeleitet von syrischen Seeleuten wagen sich die Wüstensöhne aufs Meer und plündern mit ihren Flotten die byzantinischen Küstenstädte. Zum Schutz

Historische Landschaften

150 km

werden Festungen verstärkt oder neu errichtet – nicht selten muss dafür antikes Baumaterial herhalten.

726–843 Im Zuge des sog. Ikonoklasmus' („Bilderstreit") wird unter Leo III. (717–741) die bildliche Darstellung von Christus, den Aposteln und Heiligen als Sünde angesehen, und die Verehrung von Heiligenfiguren verboten. Alle Ikonen werden aus den Kirchen entfernt, unzählige Kunstwerke zerstört. Über 100 Jahre währt der Bilderstreit, der zu Spaltungen innerhalb der orthodoxen Kirche und zu einer Schwächung des Reiches durch innere Aufstände führt. Erst Mitte des 9. Jh. findet die kulturelle Stagnation ihr Ende, und die Kirchen werden neu ausgeschmückt.

1014 Eine der letzten großen erfolgreichen Schlachten des Byzantinischen Reiches führt Basil II. (976–1025) gegen die Bulgaren. 15.000 Bulgaren nimmt er gefangen, und fast alle lässt er blenden. Nur jeder Hundertste behält sein Augenlicht – um die geschlagene Armee zurück ins Zarenreich führen zu können. Damit ist der Gipfel der Macht des Reiches überschritten und ein siechender Zerfall setzt ein.

ab 1045 Das Byzantinische Reich wird im Osten von den Seldschuken, einem Turkmenenstamm aus der kirgisischen Steppe, bedroht. Aus Angst vor ihnen flüchten viele Armenier nach Kilikien und gründen dort einen von Byzanz unabhängigen Herrschaftsbereich: Kleinarmenien.

1054 Bruch zwischen der römisch-katholischen und der griechisch-orthodoxen Kirche.

ab 1071 Die Seldschuken schlagen die Truppen von Byzanz in der Schlacht von Manzikert und dringen nach Zentralanatolien vor. Da sie in ehemals römisches Terrain einfallen, nennt man sie auch *Rumseldschuken*, „Römische Seldschuken" im Gegensatz zu den iranischen Großseldschuken. Sie bringen den Islam mit, machen Konya zu ihrer Hauptstadt und versetzen den noch verbliebenen Rest des Byzantinischen Reiches in Angst und Schrecken.

ab 1096 Hilfe für Byzanz kommt aus dem Abendland, das in der Folgezeit Kreuzzüge unternimmt, um die verlorenen heiligen Stätten aus islamischer Herrschaft zu befreien. Beim dritten Kreuzzug ertrinkt der Stauferkaiser Friedrich I. Barbarossa 1190 im Göksu bei Silifke. Die Berichte und Aufzeichnungen der zurückkehrenden Kreuzfahrer haben Einfluss auf die die gotische Baukunst, die seldschukische Elemente übernimmt (man denke nur an Kirchenportale).

ab 1204 Der 4. Kreuzzug richtet sich gegen Konstantinopel selbst, und zwar mit der Absicht, den römisch-katholischen Glauben wiederzubeleben. Nach der Einnahme der Stadt etablieren die Ritter dort das Lateinische (katholische) Kaiserreich. Die griechischen Byzantiner ziehen sich nach Nikaia (İznik) zurück.

1226 Die Seldschuken erobern weite Teile der Küstenregion. Venezianer und Genueser erhalten in der Folgezeit die Erlaubnis, Handelsniederlassungen zu errichten.

ab 1243 Das Seldschukenreich zerfällt unter dem Ansturm der Mongolen. An seine Stelle treten in Anatolien mehrere kleine Fürstentümer turkmenischer Dynastien, sog. *Beyliks*. Der letzte Seldschukenherrscher Alaeddin III. wird 1307 von den Mongolen in Konya getötet.

Gleichzeitig entwickelt sich Ägypten unter der Dynastie der Mameluken (ab 1249) zu einem der mächtigsten Staaten des Vorderen Orients. Die Mameluken erobern Syrien, zerstören 1268 Antiochia, das heutige Antakya, und dringen nach Südostanatolien und entlang der türkischen Südküste bis an die westliche Grenze Kilikiens vor. Später verlieren die Mameluken ihr Reich an die Osmanen.

1261 Von Nikaia aus, wo die oströmischen Schattenkaiser und Patriarchen residieren, gelingt es unter Michael VIII. Paläologos, die Lateiner wieder aus Konstantinopel zu vertreiben. Das Byzantinische Reich wird wieder hergestellt, allerdings in nun bescheidenen Ausmaßen, es umfasst nur mehr Teile Thrakiens, Makedonien und den Peloponnes.

ab 1309 Der Johanniterorden begründet auf Rhódos einen Ritterstaat, und lässt in den folgenden Jahren diverse Festungen in der Ägäis errichten, u. a. auch in Bodrum.

1326 Osman (1281–1326), Heerführer und Emir eines turkmenischen Stammes, erobert die westanatolische Stadt Bursa, die daher gerne als die Wiege des Osmanischen Reiches bezeichnet wird. Da der Osten von mongolischen Reiterheeren beherrscht wird, orientieren sich Osmans Nachfolger nach Norden und Westen.

ab 1354 Die Osmanen betreten erstmals europäischen Boden. Unter Beyazıt I. (1389–1402), der die Bulgaren und die Ungarn unterwirft und ein Kreuzritterheer bis in die Steiermark verfolgt, umschließt das Osmanische Reich schon Byzanz.

1368 Die Osmanen machen Edirne zur Hauptstadt ihres Reiches.

1402–1405 Timur Lenk (1336–1405), auch Tamerlan genannt, gibt ein kurzes und blutiges Gastspiel in Anatolien. Dem Aufstieg des Osmanischen Reiches tut dies aber keinen Abbruch.

1453 Die Osmanen erobern Konstantinopel und löschen damit das Byzantinische Reich von der Landkarte, das an seinem Ende aus nichts anderem mehr als seiner Hauptstadt bestanden hatte. Von nun an ist Konstantiniya Hauptstadt des Osmanischen Reiches, dessen Machtbereich in der Folgezeit beständig wächst. Keine 20 Jahre später ist die türkische Südküste eingenommen.

1517 Selim I. (1512–1520) erobert Syrien und Ägypten. Damit kommt das Kalifat an den Bosporus.

1520–1566 Süleyman I., genannt der Prächtige, erobert Bagdad, Belgrad, Rhódos, Ungarn, Georgien, Aserbaidschan und Gebiete Nordafrikas. 1529 wird Wien erstmals belagert. Er führt das Osmanische Reich an den Zenit seiner Macht – 75 Min. braucht nun die Sonne, um über dem Imperium unterzugehen. 72 Sprachen kennt das Vielvölkerreich.

Das Sultanat der Frauen

Mit Süleyman dem Prächtigen (1520–1566) und seiner Hauptfrau Roxelane begann das sog. „Sultanat der Frauen", eine Umschreibung und Erklärung für den langsamen, über drei Jahrhunderte dauernden Niedergang des Osmanischen Reiches. Durch Intrigen und Anstiftung zum Mord brachte Roxelane ihren Sohn Selim II. (1566–1574) auf den Thron. Als „Selim der Säufer" ging er in die Geschichte ein. Noch bevor dieser beschwipst in der Badewanne ausrutschte und ertrank, verlor das Osmanische Reich seine Flotte. Fünf Söhne hatte Selim II., vier davon ließ seine Frau Nurbanu umbringen, damit ihr eigener Sprössling als Sultan Murat III. (1574–1595) den Thron besteigen konnte. Dieser zeigte sich, wie so viele Sultane, im Harem reger als in der Politik. Er brachte es auf über 100 Kinder, von denen allein seine Frau Safiye 19 ermorden ließ, damit ihr Sohn als Sultan Mehmet III. (1595–1603) den Thron ...

Die Geschichte der weiblichen Einflussnahme auf die Thronfolge könnte man ewig so weiterführen. Und die Tatsache, dass die angehenden Sultane verhätschelt und verwöhnt in der realitätsfernen Welt des Harems heranwuchsen, umschmeichelt von intriganten Höflingen, die nur ihre eigenen Interessen befriedigt sehen wollten, führte dazu, dass überwiegend unfähige Regenten nachkamen. Viele von ihnen waren nicht einmal stark genug, bis ans natürliche Ende ihres Lebens zu regieren. Schon vorher wurden sie erdrosselt, vergiftet oder wegen Geistesschwäche abgesetzt.

ab 1683 Die Niederlage bei der zweiten Belagerung Wiens bedeutet das Ende der Expansion und läutet den allmählichen Niedergang des Reiches ein. Peu à peu schrumpft es in den nächsten Jahrhunderten zusammen, zudem flammen immer wieder innenpolitische Unruhen auf.

ab 1808 Unter Mahmut II. (1808–1839) erfolgen die ersten Versuche, das Reich schrittweise zu reformieren. Mit einem Massaker löst er z. B. die reformunwilligen Janitscharen (militärische Eliteeinheit) auf, die gegen alle fortschrittlichen Strömungen gekämpft hatten. Er verbietet auch den Turban und führt dafür den Fez ein.

ab 1829 Die Grenzen im Osten des Osmanischen Reiches wackeln, die Russen besetzen erstmals Erzurum.

ab 1839 Mit Abdül Mecit (1839–1861) und Abdül Aziz (1861–76) folgen weitere Reformen. Beide setzen ihre Hoffnungen auf die Wirtschaftskraft der nichtmuslimischen Minderheiten im Land, die sie fortan, zumindest auf dem Papier, gleichwertig an der osmanischen Gesellschaft partizipieren lassen. Diese Reformperiode nennt man *Tanzimat,* Neuordnung. Trotzdem geht es mit dem Osmanischen Reich wirtschaftlich weiter bergab – man spricht schon bald vom „Kranken Mann am Bosporus". Einer der Gründe dafür ist der verpasste Anschluss an die industrielle Revolution. Man wird abhängig von Importen und Waren, die man zuvor lange Zeit selbst gewinnträchtig exportiert hatte.

1853–1856 Krimkrieg. Das Osmanische Reich gewinnt mit Unterstützung der Westmächte (Großbritannien, Frankreich und Sardinien) weite Teile der von russischen Truppen besetzten Gebiete, darunter auch die Donaufürstentümer, zurück.

1875 Frankreich und England streichen die nach vielen kostspieligen Kriegen so notwendigen Kredite. Die Folge ist der Staatsbankrott.

Auf der Akropolis von Priene

ab 1877 Das *Tanzimat* endet mit einer neuen osmanischen Verfassung und der Schaffung eines Parlaments. Nur ein paar Monate tagt es, dann wird es von Abdül Hamit II. (1876–1909), einem Despoten, wieder aufgelöst. Er setzt antichristliche Ressentiments systematisch gegen die Armenier ein, es kommt zu mehreren Pogromen. Während der Regierungszeit von Abdül Hamit II. erfolgen aber auch der Anschluss İstanbuls an das Eisenbahnnetz Europas und der Bau der Bagdad-Bahn.

1908 Mit der Jungtürkischen Revolution erzwingen Offiziere die Abdankung von Sultan Abdül Hamit II. zugunsten seines Bruders. Die tatsächliche Macht liegt nun in den Händen des Militärs.

1912/13 In den Balkankriegen verliert das Osmanische Reich den größten Teil der ihm noch verbliebenen europäischen Gebiete.

1914–1918 Im Ersten Weltkrieg schlagen sich die Türken auf die Seite der Deutschen. Letztere schauen zur Seite, als die jungtürkischen Nationalisten das Gros der armenischen Bevölkerung Anatoliens in die syrische Wüste schicken. Die Verfolgungen fordern geschätzte 1,5 Mio. Tote. Am Ende des verlorenen Krieges verteilen die Siegermächte die Beute: Griechische Truppen marschieren auf Ankara zu, Italien besetzt den Küstenstreifen um Antalya, Frankreich Kilikien, englische Truppen kontrollieren den Bosporus. Das Osmanische Reich besteht nur noch aus Inneranatolien.

1919/20 Der für das Osmanische Reich schikanöse Friedensvertrag von Sèvres wird zwar von İstanbul notgedrungen akzeptiert, nicht jedoch von den Nationalisten. In Ankara konstituiert sich die Große Nationalversammlung und setzt eine neue Regierung unter Mustafa Kemal (→ Kasten) ein. Dieser organisiert den militärischen Widerstand.

1921/22 Kemals Truppen schlagen die griechische Armee am Sakarya-Fluss, bald darauf am Dumlupınar-Pass. Die Italiener und Franzosen ziehen freiwillig ab.

1923 Mit dem Vertrag von Lausanne erkennen die Alliierten die Unabhängigkeit und Souveränität der neuen Türkei an. In Ankara als neuer Hauptstadt proklamiert die Nationalversammlung die Republik und wählt Mustafa Kemal zum Staatspräsidenten. Noch im gleichen Jahr schlägt Völkerbundskommissar Fridtjof Nansen einen Bevölkerungsaustausch zwischen Griechen und Türken vor. Ankara stimmt sofort zu. Damit endet die dreitausendjährige Geschichte des kleinasiatischen Griechentums.

Atatürk, Vater der Türken

Atatürks Konterfei grüßt in jedem Büro und Geschäft, schaut beim Essen im Restaurant zu, verabschiedet sich mit jeder Note beim Bezahlen – und legt den Einfallsreichtum der türkischen Bildhauer lahm, denn außer für Atatürk-Statuen werden nur selten öffentliche Aufträge vergeben. Kaum einem anderen Staatsmann wird posthum noch solch ein Personenkult zuteil. „Only one genious person grews up in every century, unfortunately in this century god gives this genious person to the Turks", musste selbst Winston Churchill zugeben.

Atatürk kam 1881 (genaues Datum unbekannt) im damals weltoffenen Saloniki (das heutige Thessaloniki) als Mustafa Kemal geheißener Sohn eines Zollbeamten und einer Bauersfrau zur Welt. Mit zwölf Jahren besuchte er die dortige Militärschule, mit 21 Jahren wechselte er auf die Militärakademie nach İstanbul. Nach seiner Ernennung zum Hauptmann im Generalstab (1905) schloss er sich den revolutionären „Jungtürken" an, einer nationalistischen, antifeudalistischen Gruppierung, die Sultan Abdül Hamit II. 1908 zum Abdanken zwang. Im Ersten Weltkrieg zeichnete sich Mustafa Kemal als entschlossener, mutiger Befehlshaber in den Dardanellen aus (→ Gallipoli). Nach dem verlorenen Krieg wurde er damit beauftragt, das Militär zu demobilisieren, aber genau das Gegenteil unternahm er: Mustafa Kemal organisierte den nationalen Befreiungskrieg und wurde 1923 zum ersten Präsidenten der Türkischen Republik gewählt. Er europäisierte den neuen Staat in einem gewaltigen Kraftakt und vertrat den Kurs einer strikten Trennung von Staat und Religion. Für den Staatsgründer war der Islam das größte Hindernis bei der Modernisierung des Landes („Der Politiker, der zum Regieren die Hilfe der Religion braucht, ist nichts anderes als ein Schwachkopf"). Für seine Verdienste verlieh ihm das Parlament 1934 den Namen Atatürk, „Vater der Türken".

So ruhmreich seine militärische und politische Laufbahn war, im privaten Leben sah es nicht so rosig aus. Das Glück der großen Liebe blieb ihm versagt. Nur kurz war er verheiratet, die Ehe ging in die Brüche – nicht zuletzt aufgrund seiner rastlosen Reisen durch das Land. Unglaublich, wie er dabei seine Siebensachen verlor: Die vielen liegen gebliebenen Hosenträger, Gamaschen oder Handtücher bilden heute den Fundus der unzähligen über das ganze Land verstreuten Atatürkmuseen. Um nicht kinderlos zu sein, adoptierte Atatürk mehrere bedürftige Mädchen, denen er zu einer Ausbildung verhalf. Seine berühmteste Tochter sollte Sabiha Gökçen werden, die erste türkische Pilotin, nach der auch İstanbuls zweiter Flughafen benannt ist. Halt im Leben fand Atatürk insbesondere beim Rakı, der aber seiner Leber nicht allzu gut bekam. Atatürk starb 1938 an Leberzirrhose in İstanbul: Sein letzter Wunsch waren frische Artischocken. Die Gebeine des „Vaters der Türken" ruhen heute im Atatürk-Mausoleum in Ankara.

1924 Eine neue Verfassung tritt in Kraft, die u. a. die Trennung von Staat und Religion vorsieht. Das islamische Recht wird vom Schweizer Zivilrecht, italienischen Strafrecht und deutschen Handelsrecht abgelöst. Zu jener Zeit hatte die Türkei in etwa so viele Einwohner wie heute İstanbul.

1925–1938 Bis zu Atatürks Tod werden zahlreiche Reformen durchgeführt, um die Türkei zu europäisieren: Bildungs- und Schriftreform (Übergang zum lateinischen Alphabet), Einführung von Familiennamen, Umstellung des Ruhetags von Freitag auf Sonntag usw. Großen Anteil an der Reformpolitik hatten deutsche Wissenschaftler, die vor den Nazis geflohen waren (→ Kasten).

1945 Die Türkei erklärt Deutschland den Krieg. Im selben Jahr wird sie Gründungsmitglied der UNO.

Exilland Türkei

Während der Nazidiktatur suchten viele Juden in der Türkei Zuflucht, darunter Hunderte von Wissenschaftlern, die in Deutschland mit Arbeitsverboten belegt worden waren. Atatürk, der das Land nach westlichen Maßstäben reformieren wollte, waren sie willkommen. Unter den emigrierten Professoren befanden sich u. a. der Jurist Ernst Hirsch, der das türkische Handelsgesetzbuch und Urheberrecht verfasste (später Rektor der Freien Universität Berlin), der Soziologe Gerhard Kessler, der die erste Gewerkschaft des Landes ins Leben rief, Hans Wildbrandt, der das türkische Genossenschaftswesen aufbaute, Eduard Zuckmayer, der die Musikakademie von Ankara begründete, Carl Ebert, auf den die erste türkische Schauspiel- und Opernschule zurückgeht und und und ... An den Universitäten des Landes lehrten der Politiker und Städteplaner Ernst Reuter (späterer Bürgermeister von Berlin), der Ökonom Wilhelm Röbke, der Islamkundler Karl Süßheim, der Bildhauer Rudolf Belling, der Komponist Paul Hindemith, der Architekt Clemens Holzmeister und viele, viele mehr. Die türkischen Behörden stempelten das aus dem Deutschen entlehnte Wort „Haymatloz" in ihre Pässe. Heute ist im Gespräch, in İstanbul im ehemaligen Wohnhaus des Architekten Bruno Taut ein kleines Forschungszentrum einzurichten, das sich der deutschen Emigration in die Türkei widmen soll. Taut, der 1936 an die İstanbuler Akademie der Bildenden Künste berufen wurde, hatte zuvor in Berlin jene modernen Wohnblöcke geschaffen, die seit 2008 auf der UNESCO-Welterbeliste verzeichnet sind. In İstanbul entwarf er u. a. Universitätsgebäude, in Ankara sogar den Katafalk für Atatürk.

1952 Die Türkei tritt der NATO bei.

ab 1960 Mehrere Male greift das Militär korrigierend in die Politik des Landes ein. 1960 putschen kemalistische Offiziere und lassen den Ministerpräsidenten Adnan Menderes hinrichten. 1971 wird das Kabinett zum Rücktritt gezwungen. 1980 übernimmt abermals das Militär die Macht und löst das Parlament auf. Bis heute sieht sich das Militär als Hüter des Laizismus (Trennung von Religion und Staat) und als Verwalter von Atatürks geistigem Erbe. Es steht in klarer Gegnerschaft zu islamischen Fundamentalisten und linksradikalen Gruppierungen.

1974 Nach Jahren des Terrors griechischer Zyprer gegen die türkischen Inselbewohner und ihrem brutalen Kampf für einen Anschluss an Griechenland besetzen türkische Truppen den Norden Zyperns. Neun Jahre später wird die Türkische Republik Nordzypern ausgerufen.

ab 1984 In den südöstlichen Provinzen des Landes beginnen türkische Kurden gewaltsam einen eigenen Staat zu fordern. 15 Jahre lang kommt es immer wieder zu heftigen Kämpfen zwischen PKK-Rebellen und der türkischen Armee. 25.000–30.000 Menschen verlieren dabei ihr Leben. Mit der Verhaftung des PKK-Chefs Abdullah Öcalan 1999 entspannt sich die Lage. Ein Waffenstillstand wird vereinbart, den lediglich ein paar Scharmützel stören. 2004 kündigt die PKK den Waffenstillstand wieder

Wo Chroniken fehlen,
berichten Mosaike

auf. Seitdem meldet sie sich mit Terroranschlägen zurück. Die Stützpunkte der PKK-Kämpfer befinden sich im Nordirak. Bislang führte die türkische Armee dort nur kurze militärische Operationen durch, ein längerfristiger Einmarsch ist nicht ausgeschlossen.

ab 1995 Die islamistisch-fundamentalistische Wohlfahrtspartei Refah Partisi (RP) gewinnt die vorgezogenen Wahlen. Die Partei wird 1998 als verfassungsfeindlich verboten. Viele Mandatsträger wechseln in die neu gegründete Tugendpartei Fazilet Partisi (FP), die ihrerseits 2001 verboten wird. Als Auffangbecken dienen diesmal die Glückspartei Saadet Partisi (SP) und die heute regierende „Partei für Gerechtigkeit und Entwicklung" AKP.

1999 Am 17. August trifft ein schweres Erdbeben den Nordwesten der Türkei, mehr als 20.000 Menschen sterben.

ab 2002 Aus der Parlamentswahl geht die AKP als klarer Sieger hervor. Parteiführer Recep Tayyip Erdoğan, der schon die Moscheen als „unsere Kasernen", die Minarette als „unsere Bajonette" und die Demokratie als „nur einen Zug" bezeichnet hatte, „auf den wir aufsteigen, bis wir am Ziel sind", wird ein Jahr später Regierungschef. Zu Anfang lenkt Erdoğan den Zug gen Europa. Unter seiner Führung wird gegen den wirtschafts- und rechtspolitischen Reformstau vorgegangen. Gesetze werden im Akkord verabschiedet, um die Kopenhagener Kriterien zu erfüllen, welche die EU-Beitrittsverhandlungen ermöglichen.

ab 2005 Die EU-Beitrittsverhandlungen werden aufgenommen. Bis heute ist erst eines von 35 Verhandlungskapiteln abgeschlossen, acht sind noch gar nicht eröffnet. Ob die Türken bis zum Abschluss der Verhandlungen überhaupt noch in die EU wollen, ist eine andere Frage. Die Ihr-seid-doch-gar-nicht-willkommen-Haltung vieler EU-Länder führte immerhin schon dazu, dass 2011 nur noch 30 % der Bevölkerung den EU-Beitritt befürworteten (2004: 70 %). Für den Zeitraum von 2007 bis 2013 bekommt Ankara 4,837 Mrd. Euro aus Brüssel überwiesen. Das Geld soll v. a. in den Aufbau EU-wichtiger Institutionen fließen.

2011 Die AKP gewinnt die Parlamentswahlen erneut, damit wird Erdoğans dritte Amtszeit eingeläutet. Vor dem „Volkstribun von Anatolien" *(Spiegel)*, dem „Wolf im Schafpelz" *(Cicero)*, der die Türkei wie kein anderer seit Atatürk bewegte und voranbrachte, haben viele westlich orientierte Türken – und, wie *Wikileaks* enthüllte, auch US-Diplomaten – Angst. Sie fürchten die zunehmende Islamisierung des Landes.

An den unteren Düden-Wasserfällen treffen sich die Angler

Türkei Mittelmeerküste

Nordägäis

Im Hinterland weite Olivenhaine und Kiefernwälder, in den Ebenen Tomaten- und Baumwollplantagen, die Küste gespickt mit Ferienanlagen, abseits davon griechisch geprägte Bilderbuchdörfer und einige der berühmtesten Ausgrabungsstätten der Türkei.

Die fruchtbare und landwirtschaftlich intensiv genutzte Region zwischen den Dardanellen und dem Tal des Großen Mäander ist ein uraltes Siedlungsgebiet. Davon zeugen die Ruinen der antiken Metropolen Troja, Pergamon und Ephesus, die alljährlich Millionen kulturbegeisterter Urlauber anlocken. Das Gebiet ist überaus buchtenreich, von weit vorspringenden Halbinseln und tiefen Meerbusen geprägt. Mit Çeşme besitzt die Nordägäis jedoch nur einen einzigen internationalen Ferienort, ansonsten machen hier vorrangig Türken Urlaub. Ihre riesigen uniformen Ferienhaussiedlungen verschandeln leider viele Buchten zwischen Çanakkale und İzmir. Doch keine Sorge – es gibt noch so manch idyllischen Badeort zu entdecken, und im Hinterland alte griechische Bergdörfer. Dort entstehen mehr und mehr kleine, stilvolle Unterkünfte – Toscana-Feeling trifft Orient-Flair. Im Hochsommer sind viele Orte an der Nordägäis übrigens schrecklich überlaufen. Im Herbst dagegen bekommen sie ihre Ursprünglichkeit schnell zurück. Von Oktober bis April haben viele Unterkünfte geschlossen.

Çanakkale
106.000 Einwohner

Die Provinzmetropole an der engsten Stelle der Dardanellen ist ein bedeutender Fährhafen zwischen Europa und Asien und zugleich ein guter Standort für Ausflüge zum 30 km entfernten Troja und auf die Halbinsel Gallipoli.

Nur 1244 m trennen Çanakkale von Thrakien, dem europäischen Teil der Türkei. Am Fährhafen, dem Herz der Stadt, spucken dickbauchige Schiffe im Stundentakt Blechlawinen aus und warten Autos, Busse und Lkws in langen Reihen aufs Einschiffen.

Nordägäis – die Highlights

Reif für die Insel: Die einzigen türkischen Ägäisinseln Bozcaada und Gök çeada haben sich unter ausländischen Urlaubern noch kaum herumgesprochen. Malerische Pflastergassen in idyllischen Bergdörfern zeugen von der Zeit, als die Eilande noch griechisch waren. Schöne Strände und gemütliche Unterkünfte erwarten Sie hier.

Troas: So nennt sich der Landstrich zwischen Troja und Assos mit seiner überaus buchtenreichen Küste. Viele holprige Sträßlein und Feldwege enden an einsamen Stränden.

Assos: Eine Empfehlung für alle, die neben antiken Trümmern auch westanatolisches Dorfleben kennenlernen wollen. Genießen Sie die superbe Aussicht vom Burgberg mit der Vorfreude auf ein leckeres Fischessen am Hafen.

Kaz Dağları: Die Kaz Dağları („Gänseberge"), ein waldreicher Höhenzug am Golf von Edremit, bieten herrliche Unterkünfte in alten, ursprünglich griechischen Bergdörfern. Tiefe Täler und Berge bis zu 1800 m laden zu ausgedehnten Streifzügen ein.

Pergamon: Hier erfahren Sie die Ursprünge des Pergaments und des Äskulapstabs, spazieren durch imposante Ruinen und bekommen mit Bergama noch ein reizendes, ursprüngliches Landstädtchen als Zugabe.

Ephesus: Ein heißer Tipp und ein unvergessliches Erlebnis. Ephesus war schon Weltstadt, als Athen noch tiefste Provinz und Rom nicht einmal gegründet war.

Aphrodisias: Stand in der Antike ganz im Zeichen des Aphroditekults. Und wer genau „hinfühlt", verspürt immer noch den Geist der Göttin der Liebe, der Schönheit und der Verführung.

Pamukkale: Das Wunder der weißen Terrassen. Ein Bad darin gehört zwar der Vergangenheit an, ihr Anblick aber ist noch immer etwas Besonderes.

Gökçeada
Aydıncık
Kabatepe
Alçıtepe
Eceabat
Kilitbahir
Çanakkale
Abide
Dardanos
Güzelyalı
Biga
Sarıköy
Okçular
Çan
Biga Çayı
Gönen
Gönen Çayı

Yeniköy
Tevfikiye
Troja
Papaz Plajı
Biga Yarımadası
210
555
Yenice
Gönen Barajı
989
Argiza

Bozcaada
Geyikli
İskelesi
Geyikli
Odunis kelesi
Ezine
Bayramiç
550
Baliya

Dalyan kelesi
Alexandria Troas
Kestanbol Kaplıcaları (Therm.-qu.)
672
Kaz-Dağları-Nationalpark
1767
Sütüven-Wasserfall
937
230
İvrindi

Tavaklıiskele
Ayvacık
Yeşil-yurt
Altınoluk
Pınarbaşı
Tahtlı kuşlar
Akçay
Edremit

Chrysa
Gülpınar
Babakale
Bektaş
Bademli
Assos
Adatepe
Küçükkuyu
Çamlıbel
Ören
İskele
Burhaniye
984

Sivrice
Behramkale
Kadırga-Bucht
Golf von Edremit

(Mólivos (Míthimna))
Pétra
Skalá Sikaminéas
Alibey Adası
Alibey
Ayvalık
550

Sígri
Lésbos
Kalloní
Şeytan Sofrası
Çamlık
Sarım-saklı
Altınova
Cytonium
Savaştepe

Agiássos
968
Mytilíni
Variá
Dikili
Bademli
Pergamon
Asklepieion
Akropolis
Apollonia
Soma
240
Kırkağaç

Vaterá
Melínda
Plomári
Ag. Isídoros
Denizköy
Çandarlı
Zeytindağ
Bergama
Kınık
Bakır
1111

GRIECHEN-LAND

Halbinsel Karaburun
Chíos
Volissós
Yeniliman
Karaburun
Kosava-Bucht
Hanedan-Strand
Yenifoça
Taşkule
Foça
250
Aliağa
Güzelhisar Barajı
1092
Saruhanlı
565

Néa Moní
Chíos
Küçük-bahçe
Mordoğan
Kaynarpınar
Çamaltı
Gediz-Delta
Gediz Nehri
250
Menemen
MANISA
Relief der Kybele

Mésta
Pyrgí
Çeşme
Çiftlik
Dalyan Boyalık
Sifne
İldıri
Erythrai
Balıklıova
Çeşmealtı
Karşıyaka
Alsancak
Ulucak
Sardes
Spil-Dağı-Nationalpark
Turgutlu
Bağyurdu

Ilıca
Alaçatı
Urla
Balçova
300
0-32
İZMİR
Kemalpaşa
Armutlu Ören
300

Prianta-Strand
Altınkum-Strand
Alaçatı Bucht
Sığacık
Teos
Akkum-Bucht
Seferihisar
Gaziemir
1040
Menderes
550
0-31
Bayındır

Ürkmez
Değirmendere
Gümüldür
Özdere
Ahmetbeyli
Notion
Kolophon
Klaros
Belevi
Metropolis
Torbalı
310
Tire
Kaplan

Ephesus
Pamucak
Şirince
Selçuk
0-31
Ortaklar
Merye mana

Baradan-Bucht
Dilek-/Dilekpınar-Bucht
Çamlık
Magnesia
Germencik
İncirliova

Sámos
Moní Zóodochou Pigís
Kuşadası

Sárdes und Ephesus via Kuru İrmak

Nordägäis und Hinterland

20 km

Sehenswürdigkeiten gibt es wenige, romantische alte Viertel ebenfalls, dafür sorgte ein Erdbeben im Jahre 1912. Man tut aber viel, um die junge und moderne Stadt zu verschönern, Straßen werden gepflastert, alte Konaks restauriert. Der Jachthafen nördlich der Fähranlegestelle gab Anlass zum Bau einer ausgedehnten Uferpromenade mit Cafés und Restaurants. Dort kann man auch das Originalpferd aus dem Film *Troja* (2004) mit Brad Pitt bewundern.

Zum Schlendern (nicht zum Fahren: chaotisches Einbahnstraßensystem) laden zudem die kleinen Gassen rund um den **Saat Kulesi Meydanı** ein, ein kleiner Platz südöstlich des Fährhafens. Er wird von einem **Uhrturm** aus dem frühen 20. Jh. beherrscht, dem Wahrzeichen der Stadt.

Çanakkale ist alles andere als ein Urlaubsort für mehrere Tage. Touristen gibt es dennoch viele. Es sind überwiegend Australier und Neuseeländer – Pilger auf den Spuren eines der traurigsten Kapitel ihrer Geschichte (→ Kasten, S. 96).

Geschichte

Die Gegend rund um Çanakkale war seit eh und je ein bedeutender Brückenkopf zwischen Europa und Asien, zudem strategisch wichtig, um den Schiffsverkehr zwischen der Ägäis und dem Marmarameer zu kontrollieren. Um seine Heere über die Meerenge schicken zu können, ließ der persische König Xerxes 480 v. Chr. gar zwei riesige, schwimmende Brücken bauen. Alexander der Große hatte rund 150 Jahre später solchen Respekt vor der Meerenge, dass er Wein aus goldenen Bechern ins Meer kippen ließ, um Poseidon gütig zu stimmen.

In den Gassen von Çanakkale

Lange Zeit war die Gegend Zankapfel verschiedener Königreiche, zudem stets bedroht von Piraten. Die Siedlung an der Meerenge wurde aber auch regelmäßig von all jenen geplündert, die mit ihren Schiffen in feindlicher Absicht gen Byzanz und später Konstantinopel segelten. Erst als im 15. Jh. unter den Osmanen mächtige Festungen gebaut wurden, wurde das Leben an den Dardanellen sicherer; die Stadt begann sich zu entwickeln. Den Namen Çanakkale („Topfburg") erhielt der Ort wahrscheinlich aufgrund seiner Keramikproduktion, die heute nur noch ein winziges Standbein der lokalen Wirtschaft ist. Im Ersten Weltkrieg waren die Dardanellen Schauplatz blutigster Auseinandersetzungen, als die Alliierten den Durchstoß durch die Meerenge zu erzwingen suchten (→ Kasten, S. 96).

Heute lebt die Stadt – 85 % der Bevölkerung stammen übrigens von einstigen Flüchtlingen aus Griechenland und vom Balkan ab – vom Fährgeschäft und einer florierenden Lebensmittelindustrie, die Produkte des bäuerlichen Hinterlandes verarbeitet. Auch die auffallend vielen Kasernen des Militärs zur Sicherung der Meerenge tragen zum Wohlstand bei. Sonntags scheint die Bedrohung geringer – das Straßenbild Çanakkales wird dann von unzähligen Marinesoldaten geprägt, die ihren freien Tag in der Stadt verbringen.

Über die Stadtgeschichte informiert das Stadtmuseum *(Kent Müzesi)* in der Altstadt (tägl. außer Mo 9–17 Uhr, Eintritt frei), aber leider nur auf Türkisch und alles andere als ausführlich.

Mythos Dardanellen

Die Meerenge zwischen dem europäischen und dem türkischen Teil der Türkei war von der Antike bis ins Mittelalter als *Hellespont* bekannt. Ihren heutigen Namen hat sie von Dardanos, einem Sohn des Zeus, der hier der Mythologie nach eine Stadt gegründet hatte. Die Türken nennen die Meerenge übrigens einfach *Çanakkale Boğazı*, „Schlund von Çanakkale".

Zahlreiche Legenden ranken sich um die angeblich Verderben bringende Meerenge. Wohl die bekannteste ist jene von Hero und Leander, die sich nur nächtens sehen konnten, da ihre Liebe geheim gehalten werden musste. So durchschwamm Leander von der asiatischen Seite stets in der Dunkelheit die Meerenge, um zu seiner Hero nach Europa zu gelangen. Zur Orientierung stellte sie ihm eine Kerze ans Fenster. In einer stürmischen Winternacht ging die Kerze aus, Leander ertrank und Hero stürzte sich aus dem Fenster. Das Thema des unglücklichen Paars wurde von Ovid und anderen Dichtern verewigt.

Von Leanders Tod bis 1807 galt das Durchschwimmen der Meerenge als unmöglich. Erst der englische Dichter Lord Byron, ein zu jener Zeit durch unorthodoxe Ansichten berühmt-berüchtigter Exzentriker, bewies das Gegenteil. Seitdem finden sich immer wieder Nachahmer.

Die Meerenge gehört übrigens zu den meistbefahrenen Wasserwegen der Welt. Bis zu 80.000 Schiffe passieren sie jährlich. Nach dem Vertrag von Montreux (1936) darf die Türkei nur fremden Kriegsschiffen die Durchfahrt verweigern.

Information/Verbindungen/Ausflüge

Telefonvorwahl 0286.

Information Tourist Information, je nach Schicht auch deutschsprachig. Im Sommer Mo–Fr 8.30–17.30 Uhr, Sa/So 9.30–12.30 u. 13.30–16.30 Uhr, im Winter verkürzt. Beim Fährhafen, İskele Meydanı 67, ✆/℡ 2171187, www.canakkalekulturturizm.gov.tr.

Verbindungen Bus: Busbahnhof weit außerhalb an der Straße nach Bursa. Regelmäßige Verbindungen u. a. nach Ayvalık (3½ Std.) und İzmir (5 Std.). Zweigstellen mehrerer Busgesellschaften (mit Servicezubringer) am Platz beim Fähranleger. Die regulären Stadtbusse zum Busbahnhof starten vor dem Hotel Artur am Cumhuriyet Bul.

Dolmuş: Die Minibusse nach Güzelyalı und Dardanos starten beim İskele Meydanı, die nach Troja südöstlich des Zentrums an der Atatürk Cad. (unter der Brücke über den Sarı Çay).

Schiffsverbindungen Rund um die Uhr nahezu stündl. Fähren nach Eceabat am gegenüberliegenden Dardanellenufer (Dauer ca. 30 Min.). 0,80 €/Pers., Auto 9,40 €. Fähren zur Festung Kilitbahir einige Kilometer südlich von Eceabat ebenfalls tagsüber nahezu stündl., ähnliche Preise.

Deniz Otobüsleri („Seebusse", keine Mitnahme von Autos) im Sommer bis zu 4-mal wöchentl. nach Gökçeada und Bozcaada. Dauer jeweils ca. 1 Std., egal wohin 4 €/Pers. Infos auf www.gdu.com.tr.

Organisierte Touren Bieten tägl. u. a. **Hassle Free Travel Agency** (im Anzac House Hostel, Cumhuriyet Meydanı 61, ✆ 2315969, www.anzachouse.com) und die **Yellow Rose Pension** (→ Übernachten). Ausflüge nach Troja (3 Std. mit Führung) ca. 30 €, Touren auf die Halbinsel Gallipoli (5–8 Std., mit und ohne Lunch, unterschiedliche Schwerpunkte) 30–40 €.

Adressen/Baden/Einkaufen/Sonstiges (→ Karte S. 94)

Ärztliche Versorgung Privates Kranken-haus **Anadolu Hastanesi** an der Troya Cad. im Südosten der Stadt. ☎ 2182424. Zentrumsnäher liegt das staatliche **Devlet Hastanesi**. ☎ 2171098.

Autoverleih Beispielsweise **Abide Rent a Car** am Cumhuriyet Meydanı/Ecke Tarla Sok. 1 (1. OG). Preiswertester Wagen ab 44 €/Tag. ☎ 2124344 o. 0530/4033034 (mobil).

Baden Vor Ort schlechte Karten.

Einkaufen Fr **Wochenmarkt** am südlichen Ufer des Sarı Çay (östlich der Atatürk Cad.).

An der Çarşı Cad., der gepflegten Fußgängerzone, liegt der **Aynalı Çarşı** 🔢 aus dem

19. Jh., in dem Çanakkale-Souvenirs, Wasserpfeifen, Stoffe etc. verkauft werden.

Türkisches Bad (Hamam) Yalı Hamamı, im Zentrum. Auch gemischtes Bad möglich. Eintritt mit *Kese* und Massage 14,30 €. Tägl. 7–24 Uhr. Çarşı Cad.

Veranstaltungen Viel Tanz, Musik und kulturelle Veranstaltungen jeder Art bringt das einwöchige **Çanakkale Truva Festivalı** Mitte August. Zum Platzen voll und zu meiden ist die Stadt rund um den historischen **Anzac Day** (→ Kasten, S. 96) am 25. April, wo Nepper und Schlepper sich schlagartig vermehren und Hotelpreise astronomisch steigen.

Nordägäis → Karte S. 90

Übernachten/Camping (→ Karte S. 94)

In Çanakkale findet man Unterkünfte für jeden Geldbeutel, das Gros ist jedoch lediglich zweckmäßig. Für die Tage um den *Anzac Day* (25. April) ist eine Reservierung unumgänglich. Wer näher an Troja übernachten will, findet auch im 15 km südlich gelegenen, wenig attraktiven Ferienresort Güzelyalı Unterkünfte jeder Kategorie.

Hotel des Etrangers 🔢, schon im 19. Jh. diente das schöne Stadthaus als Hotel, Heinrich Schliemann soll hier übernachtet haben. 2010 als Boutiquehotel wiedereröffnet, wird das Haus heute wieder unter dem alten Namen geführt. Nur 8 nette, ausreichend große Zimmer mit komfortabler, nostalgisch-niedlicher Ausstattung und Laminatböden. Manche Zimmer mit Balkon und Meeresblick, alle mit aufwendig gearbeiteten Holzdecken. EZ 90 €, DZ 110 €. Yalı Cad. 25–27, ☎ 2142424, ✆ 2144242, www.yabancilaroteli.com.

**** Hotel Akol 🔢, das der Sternezahl nach beste Haus der Stadt, ein Kasten aus den frühen 1990ern nordöstlich des Hafens. Kühler Marmor in der klimatisierten Empfangshalle, Pool, Disco, Restaurant und Roofbar (7. Stock). 137 Zimmer mit dicken Teppichböden, viele mit Meeresblick. DZ 100 €. Kordonboyu, ☎ 2179456, ✆ 2172897, www.hotelakol.com.tr.

Hotel Kervansaray 🔢, in seiner Preisklasse ein sehr guter Anlaufpunkt, von Lesern sehr gelobt. 19 ansprechend restaurierte Zimmer in einem Stadthaus aus dem Jahr 1903. Klimaanlage, Minibar, freundlicher Innenhof.

EZ 45 €, DZ 65 €. Fetvane Sok. 13, ☎ 2178192, ✆ 2172018, www.otelkervansaray.com.

*** Grand Anzac Hotel 🔢, ruhig gelegenes, 2011 eröffnetes Haus. Empfehlenswert. 37 angenehme, komfortabel und modern ausgestattete Zimmer mit Laminatböden und einem Tick Orientkitsch, das Gros besitzt französische Balkone. Alles blitzblank. EZ 40 €, DZ 60 €. Kemalyeri Sok. 11, ☎ 2160016, ✆ 2172018, www.grandanzachotel.com.

*** Otel Anafartalar 🔢, sechsstöckiges Hotel direkt am Hafen, von innen besser als die Fassade vermuten lässt. Zimmer dennoch nichts Besonderes, zur Seeseite jedoch mit tollem Blick auf die Meerenge. Restaurant auf dem Dach. EZ 31 €. DZ 51 €. İskele Meydanı, ☎ 2174455, ✆ 2174457, www.hotelanafartalar.com.

*** Hotel Helen 🔢, Haupthaus am Cumhuriyet Meydanı, nagelneue Dependance (nennt sich „Helen Park") mit modernen Zimmern ums Eck. Egal wo, alle Zimmer mit Klimaanlage, Heizung, Föhn etc. Sehr sauber und freundlich. EZ 37 €, DZ 49 € (identische Preise in beiden Häusern). Cumhuriyet Meydanı 57, ☎ 2121818, ✆ 2128686, www.helenhotel.com.

Çanakkale

120 m

Übernachten
1 Hotel Akol
2 Otel Anafartalar
5 Hotel des Etrangers
7 Hotel Helen
10 Hotel Kervansaray und Efes Hotel
12 Grand Anzac Hotel
14 Yellow Rose Pension

Essen & Trinken
3 Rıhtım Restaurant Çekiç
4 Köy Evi
6 Boğaziçi Lokantası
8 Yalova Restaurant
9 Babalık Peynir Helvası
13 Teelokale

Nachtleben
6 Hayal Kahvesi
11 Yalı Hanı

Einkaufen
15 Aynalı Çarşı

Efes Hotel 10, Billighotel einmal anders. Farbenfrohes Haus unter netter Leitung. Sehr ordentliche und saubere Zimmer mit Klimaanlage und Bad. Telefonische Reservierung empfehlenswert (nicht schriftlich, die Dame des Hauses sieht schlecht und hat deswegen Probleme mit dem Internet). EZ 16,50 €, DZ 29 €. Aralık Sok. 5, ✆ 2173256, ✉ 2121176, www.efeshotelcanakkale.com.

Yellow Rose Pension 14, 100 m vom Uhrturm entfernt. Treffpunkt junger Aussis und Kiwis. Bookexchange, Laundryservice, Infos über Gallipoli, Tischtennis usw. Ruhige Lage, nette Terrasse. Klitzekleine Zimmer mit und ohne Bad. DZ mit Bad 25 €, im Mehrbettzimmer 9 €/Pers. Aslan Abla Sok. 5, ✆ 2173343, www.yellowrose.4mg.com.

Camping → Eceabat, S. 97.

Essen & Trinken/Nachtleben

Gute Fischrestaurants südlich des İskele Meydanı. Eine süße Spezialität Çanakkales ist das mit Käse angereicherte *Peynirli Helva*. Nett sitzt man in den gemütlichen, schattigen Teelokalen **13** bei der Fähranlegestelle nach Kilitbahir und den Straßencafés südlich der Marina.

Yalova Restaurant 8, alteingesessenes Lokal (besteht seit 1940) in erster Reihe an der Uferpromenade. Leicht gediegen. Verglaste Terrasse, preislich in der Mittelklasse. Super Meze und guter Fisch. ✆ 2171045.

Rıhtım Restaurant Çekiç 3, trotz insgesamt wenig ansprechendem Ambiente (Schnellrestaurantflair) ein sehr beliebtes Fischlokal an der Uferfront südlich des İskele Meydanı. Zu empfehlen sind besonders die Shrimps, egal ob gebraten, gegrillt oder im Tontopf (um die 6,50 €). ✆ 2125367.

Boğaziçi Lokantası **6**, beim Uhrturm. Lokanta mit jeder Menge leckerer Schmorgerichte. Auch abends hat man noch eine große Auswahl – 24 Std. geöffnet. Saat Kulesi Meydanı 4 A.

Köy Evi 4, Minilokal im dörflichen Stil. Beim Zubereiten von *Gözleme* kann man zusehen, zudem gibt es *Mantı*, gefülltes Gemüse oder *Börek*. Freundlich und günstig. Yalı Cad. 11.

Süßes Babalık Peynir Helvası **9**, hier hat man die beste Möglichkeit, *Peynirli Helva*

(s. o.) zu kosten – und das seit 1912. Yalı Cad. 34.

Nachtleben Dem Bierdurst australischer Traveller werden etliche Pubs und Bars gerecht. Aber auch die Einheimischen gehen gern aus – schauen Sie sich z. B. in der Fetvane Sok. um. Ein Treffpunkt der lokalen Alternativszene ist dort z. B. die Open-Air-Kneipe Yalı Hanı **11**. Nicht weit davon entfernt, am Saat Kulesi Meydanı, bietet das Hayal Kahvesi **6**, ein Ableger des populären İstanbuler Musicpubs, oft Livemusik.

Sehenswertes

Çimenlik Kalesi ("Wiesenburg"): Die Festung mit ihren neun trutzigen, wehrhaften Türmen, die auch *Kale-i Sultaniye* (Sultansburg) genannt wird, ließ Mehmet der Eroberer 1454 errichten. Ihre über 10 m hohen Mauern haben eine Dicke von 5–7 m. Zusammen mit der gegenüberliegenden Festung *Kilitbahir* (→ S. 97) ermöglichte sie die Kontrolle des strategisch so wichtigen Tores vom Mittel- zum Marmarameer. Das Areal beherbergt heute ein *Marinemuseum (Deniz Müzesi)* des türkischen Militärs, das u. a. die hiesigen verlustreichen Kämpfe aus dem Ersten Weltkrieg nachzeichnet. In dem kleinen Park, der die Burg umgibt, steht zudem ein Nachbau eines in der Dardanellenschlacht kriegsentscheidenden Minenlegers *Nusrat* (→ Kasten, S. 96).
Tägl. (außer Mo u. Do) 9–12 u. 13–17 Uhr. Eintritt 1,60 €, erm. 0,40 €.

Archäologisches Museum: Die trojanischen Exponate beschränken sich auf zusammengeflickte Schüsseln und Krüge. Am sehenswertesten sind die Grabbeigaben – überwiegend Goldschmuck – des 1959 unversehrt entdeckten sog. *Dardanos-Tumulus* (11 km südlich von Çanakkale), dessen Name sich auf den mythischen, gleichnamigen Stadtgründer bezieht. Daneben sind gut erhaltene Funde aus Bozcaada, Assos und Gülpınar ausgestellt sowie die obligate Münz- und Amphorensammlung.
Adresse/Öffnungszeiten: 2 km südöstlich des Zentrums an der 100. Yıl Cad., von der Straße nach Troja ausgeschildert. Die Dolmuşe nach Güzelyalı passieren es. Tägl. (außer Mo) 9–17 Uhr. Eintritt 2 €.

Für Troja und die Troas südlich von Çanakkale → ab S. 101.

Halbinsel Gallipoli (Gelibolu Yarımadası)

Pinienwälder und Sonnenblumenfelder prägen die unverbaute, sanfthügelige Halbinsel, dazu riesige, bedrückende Friedhöfe und Gedenkstätten. Die schmale, 60 km lange Landzunge war Schauplatz einer der fürchterlichsten Schlachten des Ersten Weltkriegs (→ Kasten). Aus diesem Grund wurde sie zu einem Historischen Nationalpark erklärt. Aus Respekt vor den Gefallenen ist mancherorts Schwimmen und Sonnenbaden untersagt. Schöne Strände, wo man baden darf, finden sich dennoch – z. B. an der Südspitze der Halbinsel und an deren Westseite.

Nordägäis → Karte S. 90

Über die Halbinsel verstreuen sich diverse Museen und kleine Infozentren zum Stellungskrieg, die wichtigsten im Überblick: An der Abzweigung von Eceabat nach Kabatepe liegt das **Gelibolu Yarımadası Tarihi Milli Parkı Ana Tanıtım Merkezi**, das u. a. verdienten türkischen Offizieren die Ehre erweist (tägl. 7.30 Uhr bis spät am Abend, kein Eintritt). In Kabatepe im Westen der Halbinsel war zum Zeitpunkt der letzten Recherche ein neues **Informationszentrum** im Bau, ein Termin für dessen Eröffnung aber noch nicht bekannt gegeben. Die Museen und Ausstellungen in **Eceabat** und **Kilitbahir** (s. u.) präsentieren Exponate, die an die Schlacht erinnern.

Ganz im Süden der Halbinsel ragt das 42 m hohe, steinerne, tischähnliche **Çanakkale Şehitleri Abidesi** in den Himmel, das gigantischste Mahnmal Gallipolis. Es wurde zum Gedenken an alle Türken erbaut, die an der Schlacht teilnahmen.

Hinweis: Ohne eigenes Fahrzeug lassen sich die Gedenk-, Ex-Schlacht- und Mahnplätze der Halbinsel nur per geführter Tour von Çanakkale oder Eceabat aus erreichen.

„Gallipoli" und seine Folgen

Um das wilhelminische Deutschland schneller in die Knie zu zwingen, hielten hohe englische und französische Generäle im Kriegswinter 1914/15 eine zweite Angriffsfront von Südosten her für notwendig. Dafür bedurfte es des Zugangs zum Schwarzen Meer, den jedoch die mit den Deutschen verbündeten Osmanen kontrollierten. Mit einer Einnahme İstanbuls wären die Karten neu gemischt worden. Ein Plan, der scheiterte.

Der erste Versuch der Alliierten am 18. März 1915, die Dardanellen mit einer Schiffsattacke zu durchstoßen, wurde zum Desaster. Noch in der Nacht davor war es dem türkischen Minenleger *Nusrat* gelungen, eine unüberwindbare Barriere zu schaffen, auf die ein um das andere Schiff auflief. Was auf dem Seeweg nicht gelingen wollte, sollte eine Invasion erreichen, an der sich neben französischen und englischen Einheiten auch die sog. ANZACS (= Australia and New Zealand Army Corps) beteiligten. Am 25. April 1915 landeten die Truppen auf der Halbinsel Gallipoli, um von dort über Land nach İstanbul vorzustoßen. Dies war der Beginn eines grauenvollen neunmonatigen Stellungskrieges. Rund eine Million Soldaten waren beteiligt, zwischen 150.000 und 250.000 fielen. Als Held ging Mustafa Kemal, der türkische Divisionskommandant und spätere Staatsgründer, aus der Schlacht hervor. „Ich befehle Euch, nicht anzugreifen! Ich befehle Euch zu sterben!" hieß seine viel zitierte Parole, um Stellungen zu halten, bis Verstärkung nachrücken konnte.

Im Januar 1916 gaben die Alliierten ihr Vorhaben auf und zogen sich zurück. Erst 1918, als der Weltkrieg vorbei war, kehrten einige von ihnen auf das Schlachtfeld zurück, um ihre gefallenen Kameraden auf insgesamt 31 Friedhöfen vor Ort zu bestatten. Nur noch ein Bruchteil konnte identifiziert werden. Auch wenn heute keine Kriegsveteranen mehr leben, kommen dennoch alljährlich am 25. April, dem sog. *Anzac Day,* tausende Australier und Neuseeländer zum Gedenken an ihre gefallenen Groß- oder Urgroßväter auf die Halbinsel. Die Türken hingegen feiern am 18. März jeden Jahres ihre erfolgreiche Verteidigung der Dardanellen.

Eceabat und Kilitbahir

Eceabat, der Fährhafen gegenüber von Çanakkale, ist ein charakterloses 5500-Einwohner-Städtchen, aber als Ausgangspunkt für die Erkundung der Gallipoli-Halbinsel geeignet. Am Hafen befindet sich der **Eceabat Tarihe Saygı Parkı**, eine kleine, etwas verwahrloste Grünfläche mit einem Modell der Halbinsel samt Gedenkstätten und Frontlinien. Am südlichen Ortsausgang kann man sich das **Camburnu-Museum** ansehen, das Gallipoli-Relikte beherbergt: Waffen, Munition, Knöpfe und Gürtelschnallen, Briefe der Soldaten sowie einen von einer Kugel durchlöcherten Schädel (tägl. 8–12 u. 13–17 Uhr, Eintritt 1,20 €, erm. die Hälfte).

Rund 5 km südlich von Eceabat steht die osmanische Sperrfestung **Kilitbahir**, zu deren Füßen sich das gleichnamige, hübsche Dorf erstreckt. Das 1462 errichtete Bollwerk mit imposanten Rundtürmen ist das europäische Pendant zur Çimenlik Kalesi in Çanakkale (tägl. außer Mo 8–19.30 Uhr, im Winter bis 17 Uhr, Eintritt 1,20 €).

Wiederum südlich schließt die sog. **Namazgah-Schanze** *(Namazgah Tabyası)* an. Die dreieckige Festungsanlage wurde bis 1960 vom türkischen Militär genutzt und ist seit 2007 der Öffentlichkeit zugänglich. Im Inneren informiert eine Ausstellung über die geschichtliche Bedeutung der Dardanellen. Im sog. **Gelben Turm** *(Sarı Kule)* auf der anderen Straßenseite ist eine kleine Ausstellung mit den üblichen, meist ziemlich rostigen Gallipoli-Relikten eingerichtet: Pferdegeschirr, Kanonenkugeln, Bajonette etc. (Mo–Fr 8–17 Uhr, Sa/So bis 18 Uhr, Eintritt für beide Ausstellungen 0,80 €).

Verbindungen   Regelmäßige Dolmuşverbindungen zwischen Eceabat und Kilitbahir, von Eceabat zudem halbstündl. nach Kabatepe und Abide sowie mind. stündl. nach Gelibolu. Rund um die Uhr nahezu stündl. Fähren von Eceabat und Kilitbahir nach Çanakkale am gegenüber liegenden Dardanellenufer (Dauer ca. 30 Min.). 0,80 €/Pers., Auto 9,40 €.

Organisierte Touren   Über die Halbinsel inkl. Badestopps bietet die Agentur TJs, zur gleichnamigen Unterkunft gehörend (s. u.). Dauer 5 Std., 21 €/Pers.

Übernachten/Camping   *** Grand Hotel Eceabat**, am zentralen Platz bei der Fähranlegestelle und damit in bester Lage. Saniertes Mittelklassehaus. Großzügige, der Sternezahl entsprechend ausgestattete Zimmer mit neuem Mobiliar, viele mit Meeresblick, manche auch mit Balkon. Etwas steril, aber vollkommen okay. DZ 57 €, EZ die Hälfte. Cumhuriyet Meydanı, ✆ 0286/8142458, ✉ 8142460, www.eceabathotel.com.

TJs, Hotel und Hostel. Gut geführt, netter Service. Wurde im Winter 2011/12 neu gestaltet. Geplant waren Zimmer auf unterschiedlichem Niveau, vom Schlafsaal bis zum *Deluxe Room.* EZ ab 25 €, DZ ab 40 €, im Schlafsaal 10 €/Pers. Nahe der Fähranlegestelle in Eceabat (schräg gegenüber der Polizei), ✆ 0286/8143121, ✉ 8143122, www.anzacgallipolitours.com.

** **Hotel & Camping Kum**, ca. 20 km südwestlich von Eceabat bzw. 5 km südlich von Kabatepe, an der Westküste der Halbinsel. Weites Gelände, ruhig. 72 ordentliche Zimmer (Fliesenböden und Terrasse oder Balkon), auf zweistöckige Gebäude verteilt. Schattiges Campergelände (Zelte nicht erlaubt!) mit sauberen Sanitäranlagen in zweiter Reihe, Pool, Strand mit Bar. März–Okt. 2 Pers. mit Wohnmobil 13 €, DZ mit HP 82 €. Von der Straße Kabatepe – Abide ausgeschildert, ✆ 0286/8141455, www.hotelkum.com.

Essen & Trinken   Außergewöhnlich stilvoll für das Eck ist das Restaurant **Maydos** am südlichen Ortsende. Terrasse am Wasser, beliebt bei kleinen Reisegruppen. Grillgerichte 5–7 €, Fisch etwas teurer. ✆ 0286/8141454.

Für günstigen Fisch und Meeresfrüchte empfiehlt sich auch das einfachere **Liman Restaurant** an der Uferfront in Eceabat. Auch hier: Viele Reisegruppen garantieren Frische. Meze 1,60–2,40 €, Hg. 3,20–10,50 €. ✆ 0286/8142755.

Gelibolu – Eine Stadt im Zeichen des Fisches

Gelibolu

ca. 29.000 Einwohner

Im Norden der gleichnamigen Halbinsel liegt das Fischerstädtchen Gelibolu, das schon mehrmals in seiner Geschichte Schauplatz bedeutender historischer Ereignisse war: Unter anderem schlug hier 405 v. Chr. die spartanische Flotte Athen und trug den Sieg im Peloponnesischen Krieg davon. 1357 wurde die Stadt als erste in Europa von den Türken erobert. An die abwechslungsreiche Vergangenheit des Städtchens erinnert z. B. der zentral an der Hafenbucht gelegene byzantinische **Festungsturm**, der auch schon als Gefängnis diente. Heute ist darin ein kleines **Museum** untergebracht, das dem osmanischen Admiral und Geografen Piri Reis aus dem 15. Jh. die Reverenz erweist (tägl. außer Do 8.30–12 und 13–17 Uhr, Eintritt frei). Auf der Landzunge nordöstlich des Zentrums kann man nahe dem Leuchtturm – ein netter Spaziergang am Ufer entlang – zudem den **Azebeler Namazgahı** entdecken, einen offenen Gebetsplatz mit Marmor-Mihrab aus dem frühen 15. Jh. Interessanter ist für viele aber ein Besuch des **Fischmarkts** nahe dem urigen Hafen mit seinen kleinen, hervorragenden Restaurants. Gelibolu ist bekannt für Sardinen *(sardalya),* die es in bunten Konservendosen vor Ort eingelegt zu kaufen gibt. Ein Fest zu Ehren des kleinen Fischs wird alljährlich Ende Juli abgehalten. Unterkünfte sind vorhanden.

Information Ein Kiosk am Fährhafen verkauft Souvenirs und dient nebenbei als Touristeninformation. Unregelmäßig geöffnet.

Verbindungen Mind. stündl. **Dolmuşe** über Eceabat nach Kilitbahir. Halbstündl. bis stündl. rund um die Uhr **Fähren** von Gelibolu auf die asiatische Seite nach Lâpseki. 0,80 €/Pers., Auto 10,20 €.

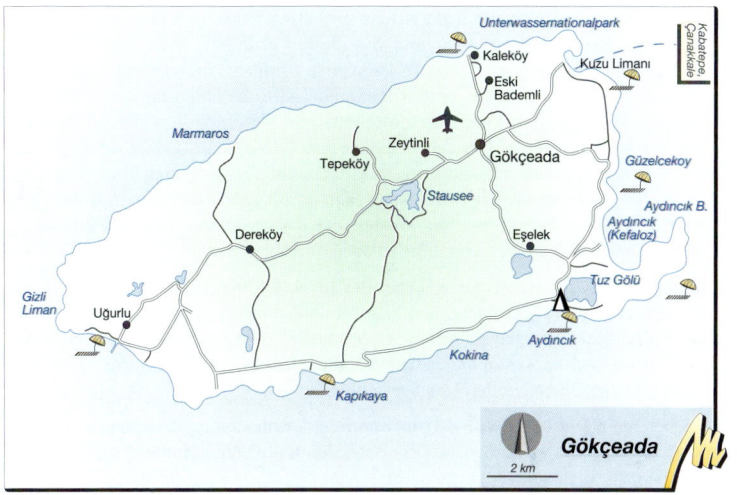

Nordägäis → Karte S. 90

Gökçeada   (Insel)

Abgeschiedene Buchten, alte griechische Dörfer und ein wildromantisches Binnenland – die größte Insel der Türkei bietet alles für geruhsame Urlaubstage.

Die ehemals griechische Insel *Imbros* wurde 1923 durch den Lausanner Vertrag der Türkei zugesprochen – unter der Bedingung, dass die griechischen Einwohner vom Bevölkerungsaustausch verschont blieben. Im Lauf der Jahrzehnte wanderten sie dennoch ab. Von den 7100 Insulanern nennen gerade noch rund 220 (ältere) Griechen das Eiland ihre Heimat. Die meisten Bewohner arbeiten in Dienstleistungsberufen, nebenbei hat – wie seit Jahrhunderten – die Olivenölgewinnung noch eine große Bedeutung. Der Tourismus spielt bislang noch eine untergeordnete Rolle, ohnehin dauert die Saison wetterbedingt nur drei Monate. Doch Gökçeada ist eine Insel im Wandel: Als Wochenendausflugsziel begüterter İstanbuler wird das Eiland immer beliebter. Großhotels und der neue Flughafen deuten die zukünftige Entwicklung an.

Am besten also besucht man die rund 20 km lange und 13 km breite Insel so bald wie möglich. Abseits des unattraktiven Hauptortes **Gökçeada** (auch **Merkez** = Zentrum genannt) in der Inselmitte erwartet den Besucher immer noch pastorale Beschaulichkeit. Die meisten Urlauber zieht es nach **Kaleköy**, dem einzigen Küstendorf und „touristischen Zentrum" im Nordosten der Insel. Immerhin gibt es hier mehrere Restaurants mit netten Terrassen, Unterkünfte sowie eine 300 m lange Uferstraße, die allabendlich für den Verkehr gesperrt und zur Flaniermeile wird. Zudem soll aus dem Fischerhafen, den ein Kirchlein schmückt, in absehbarer Zeit eine Marina werden.

Einen Ausflug wert sind die malerischen, an Felsen klebenden Bergdörfer, die die griechische Bevölkerung zum Schutz vor Piraten gründete, allen voran **Tepeköy** und **Zeytinli**. In den beiden Dörfern kann man übrigens auch länger bleiben: Ein paar charmante Unterkünfte, nette Cafés und viel Ruhe laden dazu ein. **Dereköy** erwacht erst langsam aus dem Dornröschenschlaf – immerhin wurden bereits 50 Häuser der einst größten Ortschaft Gökçeadas wieder zum Leben erweckt, und auch die ersten Unterkünfte sind bereits entstanden. Das gebirgige Binnenland mit seinen oleanderbestandenen Tälern kann man zu ausgedehnten Wandertouren und idyllischen Picknicks nutzen. Der Westen der karg-windigen Insel ist nur wenig besiedelt, dort zeigt sie sich von ihrer wildromantischen Seite.

Badestrände findet man v. a. im Süden der Insel. **Aydıncık**, der schönste, liegt im Südosten zwischen Meer und einem Salzsee, dessen schlammiges Wasser Rheumatikern Linderung verschaffen soll (Sonnenschirmverleih und Bars). Der Strand ist fest in der Hand von campenden bulgarischen Wind- und Kite-Surfern, vor Ort gibt es mehrere Brettverleiher und Surfschulen.

Das Fährschiff legt übrigens in **Kuzu Limanı** im Nordosten der Insel an. Außer einem Anlegesteg gibt es dort nicht viel, es sei denn, die Fähre läuft ein: Dann stehen auch ein paar Taxis und Dolmuşe parat.

(Information/Verbindungen

Telefonvorwahl 0286.

Information Tourist Information am zentralen Kreisverkehr in Merkez. In der Saison tägl. 10.30–20 Uhr. ☎ 8873005, www.gokceada.com.

Verbindungen Flugzeug, den kleinen Inselflughafen steuerte zuletzt nur *Borajet* von Istanbul aus an. Aktuelles dazu unter www.gokceada.dhmi.gov.tr.

Schiff, Autofähren von und nach Kabatepe

auf der Halbinsel Gallipoli (Dauer 70–80 Min.), im Sommer bis zu 4-mal tägl., im Winter eingeschränkt. 0,80 €/Pers., 2 Pers. mit Auto 11 €.

Nur im Sommer zudem 4-mal wöchentl. „Seebusse" (*Deniz Otobüsü*, keine Mitnahme von Autos, Dauer 60 Min.) von Çanakkale auf die Insel. 4,10 €/Pers.

Dolmuş, halbwegs regelmäßige Dolmuşverbindungen nur zwischen Hafen und Merkez sowie zwischen Kaleköy und Merkez.

(Adressen/Sonstiges

Ärztliche Versorgung Krankenhaus im Hauptort an der Straße nach Kaleköy. ☎ 8873003.

Auto- und Zweiradverleih Bieten Cemalettin Yılmaz (kein Büro, nur telefonisch zu erreichen unter ☎ 0543/972874, mobil, Autos ab 38 €, Räder ab 10 €) und **Imroz Rent a Car** (an der Atatürk Cad. 17, der Haupt-

straße in Merkez Richtung Tepeköy, ähnliche Preise, ☎ 8874363, www.imrozrentacar.com).

Einkaufen Lokaler Wein (Flasche ab rund 6 €)! Zudem kann man sich mit dem hiesigen Olivenöl (sehr gut!) eindecken.

Veranstaltungen Das feucht-fröhliche griechische Festival findet alljährlich am 15. August in Tepeköy statt.

(Übernachten/Camping/Essen & Trinken

Auf der Insel gibt es viele Unterkünfte – wer irgendwo ein leer stehendes Zimmer hat, vermietet es. Die schönsten befinden sich in den Bergdörfern und in Kaleköy direkt am Meer. Die dortigen Lokale an der Uferfront bieten auch hervorragende Meze und Fischgerichte.

In **Aydıncık** Çelik Pansiyon, einstöckiges Haus, um das sich zu allen Seiten Zimmer gruppieren. Alle mit privatem Bad und kleiner Terrasse. Sehr einfach, aber okay. DZ 32 €. ✆ 8981011.

Simpelste Campingmöglichkeiten bieten die Strandlokale Şen und Pusula hinter dem Strand von Aydıncık. Viel bulgarisches Surferpublikum. Preise Verhandlungssache.

In **Kaleköy** Kale Motel, 25 ordentliche Zimmer ohne besondere Note, z. T. mit Meeresblick und Balkon, abends laut. Gutes Restaurant. DZ 40 €. An der Uferpromenade. ✆ 8874404, www.kalemotel.com.

Kalimerhaba Motel, ein paar Schritte weiter. 9 anständige, saubere Zimmer. Ebenfalls ein gutes Restaurant mit Terrasse unter Weinreben. Englischsprachig. DZ 37 €. ✆ 8873648.

Yakamoz Pansiyon, in toller Lage hoch über Kaleköy, von der Restaurantterrasse herrlicher Blick aufs Meer. 20 schlichte, aber ordentliche Zimmer. DZ 41 €. Yukarı Kaleköy, ✆ 8872057, www.gokceadayakamoz.com.

In **Tepeköy** Hier ist das gemütliche Terrassenlokal Barba Yorgo am Rand des beschaulichen Dorfes zu empfehlen. Abendessen mit Fisch (gute Garnelen) oder Fleisch und hausgekeltertem Wein 13–19 €/Pers. Zudem Zimmervermietung. DZ 33 €. ✆ 8873592, www.barbayorgo.com.

In **Zeytinli** Zeytindali Hotel, liebevoll restauriertes Natursteinhaus. Alte Fliesen, schwere Holztüren, geschmackvolles Mobiliar und 16 Zimmer, alle individuell und komfortabel ausgestattet. Dazu Dorfidylle pur. Hübsches Restaurant. DZ 103 €. Zeytinli 168, ✆ 8873707, ✆ 8873676, www.zeytindalihotel.com.

Nordägäis → Karte S. 90

Troja (Truva, antike Stadt)

Troja, die prominenteste der türkischen Ausgrabungsstätten, verdankt ihre Bekanntheit ihrem Mythos, nicht aber den Zeugnissen aus 5000 Jahren Geschichte, die heute vor Ort zu sehen sind.

Grund für die weltweite Berühmtheit Trojas ist Homers Epos *Ilias*. Dem gewaltigen Werk mit 16.000 Versen entsprang der Mythos des Trojanischen Krieges, der seit der Antike Einfluss auf Dichtung und bildende Kunst genommen hat. Ob es jedoch jemals einen Kampf um Troja gab, und wenn ja in welcher Form, ist nicht nachgewiesen. Genauso wenig weiß man, ob der gewaltige Achilles, der mächtige Agamemnon, der listenreiche Odysseus, der vor Gram gebeugte Priamos oder die schöne Helena jemals reale Personen waren. Selbst die Existenz Homers ist umstritten. Mehr als umstritten sind auch neueste Theorien, nach denen Troja in Kilikien (→ Karatepe-Nationalpark) und gar nicht an der Nordägäis zu suchen ist ... Die Frage dann: Zu welcher antiken Stadt gehören die hiesigen Ruinen, wenn nicht zu Troja?

Einer, der die *Ilias* las und an der Existenz des Kriegsschauplatzes Troja nahe den Dardanellen keine Zweifel hatte, war der deutsche Kaufmann und Abenteurer Heinrich Schliemann (1822–1890). Er vermutete unter dem Ruinenhügel Hisarlık den sagenhaften „Schatz des Priamos". Zu jener Zeit war das Interesse der Weltöffentlichkeit an der Archäologie gering, die Feldforschung steckte gar noch in den Kinderschuhen. Schatzsucher Schliemann sorgte dafür, dass sich das änderte, auch wenn er an wissenschaftlichen Grabungstechniken nicht interessiert war. 1870 begann er den Hügel mit Sondierungsgräben so gründlich zu zerpflügen, dass ganze Generationen nachfolgender Ausgräber entnervt Schippchen und Hacke ins Feld warfen.

Schliemann fand, was er suchte, bzw. was er dafür hielt – mit der Datierung und Einordnung von Funden nahm man es damals noch nicht so genau. Den Schatz brachte er illegal nach Berlin, wo sich ihn die Russen am Ende des Zweiten Weltkrieges schnappten. Vor einigen Jahren zog Schliemanns Schatz als erfolgreiche

Wanderausstellung durch die großen Museen der Welt und nährte so weiter die Faszination am Mythos Troja. Traurig, aber wahr: Heute weht über dem Ruinengelände kein Hauch von Achilles mehr. Ein plumpes, 20 m hohes, für einen Fernsehfilm nachgebautes Holzpferd ist der einzige Blickfang. Vom ruhmreichen Troja Homers zeugen nur spärlichste Reste.

Und von allen anderen Trojas auch. Es gab nicht weniger als neun an der Zahl, alle übereinander, da auf den Trümmern der jeweils älteren Stadt immer wieder eine neue erbaut wurde. Archäologen versehen sie zur einfacheren Unterscheidung mit römischen Zahlen. **Troja I**, die unterste, eine von einer Wehrmauer umfasste Siedlung, datiert aus den Jahren 2920–2600 v. Chr. Darauf folgte **Troja II** (2600–2450 v. Chr.), mittlerweile ein Fürsten- oder Königssitz, der mehrmals durch Brände verwüstet wurde. In jener Siedlungsschicht entdeckte Schliemann seinen „Schatz des Priamos" – nur trennten Troja II noch über 1000 Jahre von dem angeblichen Troja des Priamos.

Denn zunächst kommen noch **Troja III–V** (2450–1700 v. Chr.), in deren Verlauf sich das Siedlungsgebiet auf 18.000 m² ausdehnte. Während **Troja VI** (1700–1250 v. Chr.) wurde daraus eine bedeutende Handelsstadt mit Palästen und hohen Befestigungsmauern, die jedoch ein Erdbeben zerstörte. Erst jetzt machte sich das glorreiche, sagenumwobene Troja breit, das mit Priamos und Homers Trojanischem Krieg enden sollte – **Troja VIIa** (1250–1150 v. Chr.), nachweislich immerhin durch einen Brand zerstört.

Was nach **Troja VIIb** (bis Anfang des 10. Jh. v. Chr.) passierte, weiß man nicht – es gibt Annahmen, dass die Stadt aufgegeben wurde. **Troja VIII** (700–85 v. Chr.) war vermutlich eine Neugründung der Äoler, die die Stadt nun *Illion* nannten. 547 v. Chr. verleibte sie der Perserkönig Kyros in sein Reich ein, danach Alexander der Große. Illion war berühmt für seinen Athenatempel, das Fundament existierte noch heute.

Zuletzt garnierten die Römer den Hügel mit Prunkbauten, **Troja IX** nennt sich ihr Überguss. Troja profitierte zu jener Zeit von dem Ruf, die Vaterstadt des Romgrün-

Nicht zuviel erwarten: Ruinen von Troja

ders Aeneas zu sein. Mäzenhaft wurde sie gefördert, 40.000 Menschen lebten vermutlich innerhalb der Stadtmauern. Der späten Blüte setzten die Goten 262 n. Chr. ein Ende. Zurück blieb ein gigantischer Schutthaufen, über den nur noch der Wind pfiff, bis Schliemann zu buddeln begann.

Und so steht in der brettflachen Küstenebene heute ein zerfledderter Grabungshügel aus neun Siedlungsschichten, in dem sich 5000 Jahre Geschichte verstecken, oder anders gesagt: aus dem all die Trojas lugen. Hier eine Mulde mit ein paar Quadern aus Troja VI, daneben eine kniehohe Mauer aus Troja II usw.

Hinweis: Die Überreste Trojas gleichen nicht im Ansatz denen von Ephesus oder Pergamon, wo man auch als Laie vieles erkennen kann. Je spärlicher die Reste, desto mehr Informationen bedarf es, um einen spannenden Rundgang zu erleben. Kaum ein Reiseführer kann diese aus Platzgründen liefern. Das Gelände ist hervorragend mit Schautafeln und Erläuterungen versehen. Wir möchten zudem ausdrücklich auf das Buch **Troja/Wilusa. Überblick und offizieller Rundgang** von Prof. Dr. Manfred O. Korfmann verweisen (2005, vor Ort erhältlich). Prof. Dr. Korfmann leitete zwischen 1988 und 2005 die Forschungsarbeiten, heute werden sie von Prof. Dr. Ernst Pernicka, beide von der Universität Tübingen, fortgeführt. Am Eingang zum Grabungsgelände wird über den aktuellen Stand der allsommerlich stattfindenden Grabungsarbeiten informiert. Vor Ort ist zudem ein großes Troja-Museum geplant (das schrieben wir schon in der letzten Auflage, aber angeblich sollen die Arbeiten 2012 nun tatsächlich beginnen). Es soll den Schatz des Priamos beherbergen, den die Türkei von Russland zurückfordert.

Anfahrt/Verbindungen   Troja liegt beim Dorf Tevfikiye, von der Nationalstraße 550 ausgeschildert. Regelmäßige **Dolmuş**verbindungen von Çanakkale nach Tefvikiye. **Taxi** (schneller und teurer) ca. 55 € retour.

Öffnungszeiten   Im Sommer tägl. 8.30–19 Uhr, im Winter 8–17 Uhr. Eintritt 6,10 €.

Organisierte Touren   → Çanakkale/Organisierte Touren.

Übernachten/Camping   Am besten übernachtet man in Çanakkale. Vor Ort nur wenige Möglichkeiten. Die folgenden beiden Unterkünfte liegen nahe dem Eingang zum Grabungsgelände:

Hisarlık Otel, ordentliche, einfache Zimmer mit ebensolchen Bädern, alle mit Dachveranda und Klimaanlage. Der Besitzer ist ein Troja-Guide. Angeschlossen ein Busgruppenrestaurant. EZ 28 €, DZ 40 €. Tevfikiye, ℘ 0286/2830026, www.thetroyguide.com.

Pension Troia, 4 schlichte, aber sehr saubere Zimmer mit Gemeinschaftsterrasse. Davor ein schattenloser Stellplatz für Wohnmobile (Chemietoilette vorhanden) und ein paar Quadratmeter Wiese zum Zelten. Alles gepflegt und ordentlich. DZ 40 €, 2 Pers. mit Wohnmobil 14,50 €. Tevfikiye, ℘ 0286/2830571, www.trojapension.com.

Die Troas

Troas nennt sich die fruchtbare, nur mit wenigen Kleinstädten und Dörfern durchsprenkelte Region zwischen Assos und Troja westlich der Fernstraße Çanakkale – İzmir. Das kaum frequentierte, enge Küstensträßlein führt vorbei an Tomatenplantagen und goldenen Weizenfeldern, Kiefernwälder säumen die Hügel, und Wiesen voller wilder Blumen machen einen Ausflug v. a. im Frühjahr erlebnisreich. Um die liebliche Landschaft zu genießen, ist ein eigenes Fahrzeug empfehlenswert, Dolmuşe fahren die Strecke nur äußerst selten ab.

Nordägäis → Karte S. 90

Zwar hat der unkontrollierte Ferienhausbau mittlerweile auch die Troas erreicht, doch steht er hier noch in keinem Vergleich zu manch anderen türkischen Ägäisabschnitten. Dafür sorgte der Kalte Krieg – bis 1992 waren weite Abschnitte der Troas militärisches Sperrgebiet. Immer wieder führen Stichstraßen, oft nur holprige Feldwege, zu versteckten Buchten – gehen Sie fröhlich schaukelnd auf Entdeckungsfahrt. Schöne, leicht erreichbare Sandstrände findet man bei Tavaklıiskele, bei Yeniköy sowie zwischen Dalyan und Oduniskelesi. Wer hier unterkommen will, muss i. d. R. auf einen einfachen Campingplatz ausweichen. Mancherorts werden auch schlichte Zimmer vermietet. Neben Badefreuden bietet die Gegend das alte Piratennest Babakale und selbstverständlich diverse antike Ruinen.

Alexandria Troas (antike Stadt): Die antike Stadt wurde um das Jahr 310 v. Chr. vom Diadochen Antigonos gegründet. Ursprünglich hieß sie auch *Antigoneia*, wurde jedoch später zu Ehren Alexanders des Großen umbenannt. Die Ruinen der einst bedeutenden Hafenmetropole, in der Apostel Paulus auf seiner zweiten Missionsreise predigte und die Kaiser Konstantin im 4. Jh. gar zu seiner Hauptstadt machen wollte, liegen in einem weitläufigen Areal zwischen Feldern, Gestrüpp und Steineichen verstreut.

Viel der einstigen Bausubstanz wurde in byzantinischer und osmanischer Zeit abgetragen, angeblich sollen Steine aus Alexandria Troas auch beim Bau der Blauen Moschee in İstanbul verwendet worden sein. Seit 1993 widmet sich die Universität Münster der Erforschung Alexandria Troas'. Bei den alljährlichen Grabungskampagnen werden immer wieder neue Gebäude entdeckt. Zu den wichtigsten Ruinen gehören Teile der *Stadtmauer,* Teile des *Theaters* und Reste der *Thermen,* die einst zu den größten Anatoliens zählten. Vor Ort finden Sie einen Orientierungsplan, zudem Hinweisschilder auch mit deutschen Legenden. Einen Extratrip sind die Ruinen nicht wert, eine atmosphärische Pause in der Einsamkeit aber allemal.

Apropos Thermen: Rund 3 km südlich von Alexandria Troas befindet sich das kleine, etwas schmuddelige *Thermalbad Kestanbol Kaplıcaları* mit über 70 °C warmem Wasser. Es soll Rheuma, Frauen- und Nierenkrankheiten lindern.

Anfahrt Die Ruinen von Alexandria Troas liegen nahe dem Dörfchen Dalyan neben der Küstenstraße (die hier allerdings keine Küstenstraße ist, sondern im Landesinneren verläuft).

Übernachten/Camping Agora, kleine, gepflegte, terrassenartige Anlage an einem schönen, ruhigen Strandabschnitt. 6 saube-re Zimmer (für 2–5 Pers.) in Holzhäuschen, zudem kann gecampt werden (allerdings nur sehr wenige Stellflächen). Restaurant, Sanitäranlagen okay. Ganzjährig. DZ mit HP 66 €, 2 Pers. mit Wohnmobil 8 €. In Tavaklıiskele, ☎ 0286/6470037, 🖷 6470036, www.agoracamping.com.

Gülpınar: Das unspektakuläre Örtchen liegt an der Stelle des antiken *Chrysa*, das bekannt für seinen Apollonkult war. Am unteren Ortsrand (ausgeschildert) sind Reste des ionischen *Apollon-Smintheus-Tempels* aus dem 2. Jh. v. Chr. zu sehen – für den Laien insgesamt aber wenig spannend (tägl. 8–19 Uhr, Eintritt 2 €). Von Gülpınar führt ein 9 km langes Stichsträßlein zum gemütlichen Fischerdorf *Babakale* – eine (von den stetig wachsenden Feriensiedlungen einmal abgesehen) insgesamt schöne Strecke mit guten, manchmal nur zu Fuß zu erreichenden Bademöglichkeiten.

Babakale: Das Dorf mit seinem kleinen Fischerhafen liegt fotogen über dem Meer, garniert von den frisch restaurierten Mauern einer alten Festung, die einst den westlichsten Punkt der kleinasiatischen Küste sicherte. Erst im 17. Jh. konnte das Osmanische Reich das Piratennest erobern. Rund um den staubigen Dorfplatz herrscht die Stille eines vergessenen Fleckchens Erde, die sich am angenehmsten im Teegarten überm Hafen genießen lässt. Leider fehlen gute Bademöglichkeiten unmittelbar vor Ort.

Verbindungen Bis zu 3-mal tägl. **Dolmuşe** von Gülpınar nach Ayvacık, regelmäßige Verbindungen zwischen Gülpınar und Babakale.

Übernachten Denizhan Otel, freundlich geführtes, 2011 eröffnetes, sehr sauberes 12-Zimmer-Haus. Schlichte, aber nette Zimmer mit Laminatböden und Klimaanlage, unbedingt eines mit Balkon wählen (schö-

ner Meeresblick). Dachterrassenlokal. DZ ab 41 €. Über dem Hafen von Babakale, ✆ 0286/7470102, www.denizhanbutikotel.com.

Günstiger, aber auch deutlich einfacher übernachtet man im **Motel Uran** ein paar Schritte weiter (DZ 33 €). Mit gutem Fischlokal. ✆ 0286/7470218.

Nordägäis → Karte S. 90

Bozcaada

(Insel)

Eine felsig-struppige Insel, ein Städtchen, beide beschaulich und charmant. Bozcaada ist wie geschaffen, um ein paar Tage die Seele baumeln zu lassen.

So etwas wie Hektik kennen die 2500 Einwohner auf ihrer nur 6 km langen Insel nicht, die das US-amerikanische Reisemagazin *Condé Nast Traveler* 2008 zum viertschönsten Eiland der Welt kürte (die Amis ...). Es geht geruhsam und überaus freundlich zu. Die Einwohner verwalten sich selbst, leben von dem, was das Meer und die Weinberge hergeben, und im Sommer ist der Tourismus ein willkommenes Zubrot. Das Gros der Einwohner stellen mehr und mehr Aussteiger aus den türkischen Großstädten, die viel gemeinsam haben: Geld, Bildung und Sinn für eine nachhaltige, bewusste Lebensweise. So wundert es nicht, dass Bozcaada seit 2011 der einzige plastiktütenfreie Ort der Türkei ist.

Ankunft auf Bozcaada

Auf der Insel leben auch noch rund 15 ältere Griechen, doch jedes Jahr werden es weniger. Wie die Insel Gökçeada wurde auch Bozcaada durch den Lausanner Vertrag 1923 der Türkei zugesprochen – unter der Bedingung, dass die griechischen Einwohner vom Bevölkerungsaustausch ausgenommen würden. Und noch immer ist das Erbe der Griechen unverkennbar. Im einzigen Ort Bozcaadas säumen schneeweiße Erkerhäuschen blumenprächtige Pflastergassen. Die Griechen lebten übrigens etwas landeinwärts rund um das kleine Kirchlein, die Türken näher am Hafen.

Ein Aufenthalt auf der Insel steht ganz im Zeichen der Erholung und des Strandurlaubs. Anzuschauen gibt es nicht viel: Die wuchtige **mittelalterliche Festung** am Hafen sieht aus, als wäre sie erst gestern errichtet worden. Auf dem Gelände kann man u. a. alte Werkstätten, Kasernen, das Lazarettgebäude und eine Moschee besichtigen (im Sommer tägl. 10–13 und 14–19 Uhr, Eintritt 1,20 €). Über die Inselgeschichte informiert das private **Tenedos-Museum** in einem schönen Altstadthaus. Der inselverliebte İstanbuler Hakan Gürüney sammelte so ziemlich alles, was irgendwie mit Bozcaada zusammenhängt: Gravuren aus dem 18. Jh., Werkzeug, vergilbte Postkarten sowie spannende Fotos, die vom einstigen friedlichen Zusammenleben der türkischen und griechischen Insulaner zeugen (Lale Sok. 7, vom Hafen zum Kirchturm hin orientieren; im Sommer tägl. 10–18 Uhr, Eintritt 2 €).

Verbindungen

Telefonvorwahl 0286.

Information Im Sommer ein kleiner Infokiosk am Hafen, www.bozcaadarehberi.com.

Verbindungen Fähren legen in Geyikli İskelesi ab, ca. 5 km westlich von Geyikli, mit „Bozcaada" ausgeschildert. Von Çanakkale/Busbahnhof fahren Busse nach Geyikli. Ab fahrt der Fähren im Sommer: Hinfahrt alle 2 Std. von 9 bis 24 Uhr, Rückfahrt ebenfalls alle 2 Std. von 7.30 bis 23 Uhr, die jeweils letzten Fähren verkehren nur Sa/So. Retour 2 €/Pers., Auto (Fahrer inkl.) 18,50 € (Stand 2011).

Deniz Otobüsleri („Seebusse", keine Mitnahme von Autos), im Sommer bis zu 4-mal wöchentl. nach Çanakkale. Dauer ca. 1 Std., einfach 4 €/Pers. Infos auf www.gdu.com.tr.

Adressen/Einkaufen/Sonstiges

Ärztliche Versorgung Krankenstation etwas zurückversetzt vom Hafen an der 20 Eylül Cad. ✆ 6978051.

Auto- und Zweiradverleih Beispielsweise **Akyüz Rent a Car**, über die Bar Polente in Nachbarschaft der Polizei. Autos ab 41 €, Scooter ab 21 €, Fahrräder ab 12,50 €. ✆ 0545/5419514, www.akyuzrentacar.com.

Baden Die schönsten Sandstrände findet man an der Südküste. Sie heißen **Habbele**, **Ayana** und **Ayazma**. Letzterer (oft voll) besitzt Bars und ist alle 30 Min. mit dem Dolmuş vom Hauptplatz (Abfahrt vor der Polizei) zu erreichen.

Einkaufen Wein! Die Insel zählt 5 Winzereien, *Amadeus* (seit 2011, unter österreichischer Leitung), *Corvus*, *Ataol*, *Talay* und *Çamlıbağ*. Die Verkaufsstellen sind nicht zu verfehlen. Der Wein ist schlicht und okay, Flaschenpreis 5–18,50 €.

Veranstaltungen Ehemalige griechische Inselbewohner und ihre Nachkommen treffen sich alljährlich in der letzten Juliwoche beim **Ayazma-Fest**. Das **Weinlesefest Bağ Bozumu Festivalı** steigt Anfang Sept.

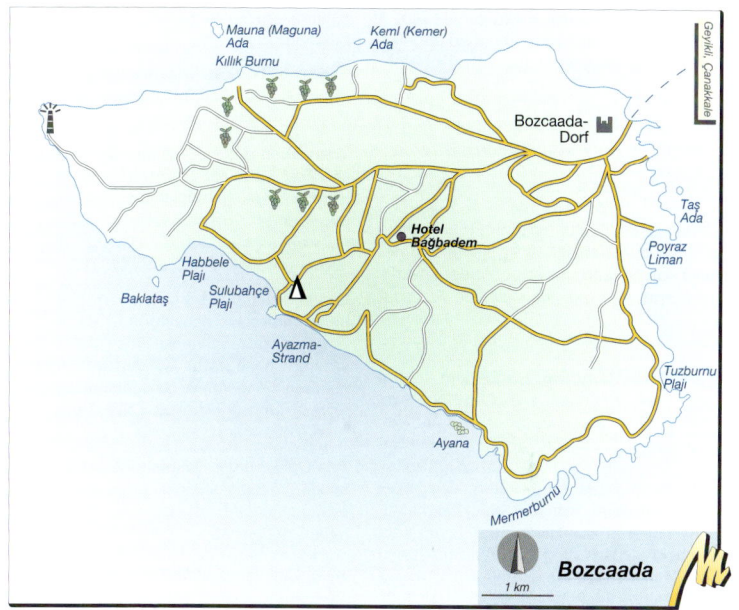

Mauna (Maguna)
Ada

Kemi (Kemer)
Ada

Killik Burnu

Bozcaada-
Dorf

Geyikli, Çanakkale

Taş
Ada

Hotel
Bağbadem

Poyraz
Liman

Habbele
Plajı

Baklataş

Sulubahçe
Plajı

Ayazma-
Strand

Tuzburnu
Plajı

Ayana

Mermerburnu

Bozcaada

1 km

Nordägäis → Karte S. 90

Übernachten/Essen & Trinken

Die meisten Unterkünfte befinden sich im Hauptort. Zimmeranbieter und Pensionsbesitzer machen schon bei Ankunft der Fähre auf sich aufmerksam. Das Angebot ist gut, dennoch kann es an Sommerwochenenden zu Engpässen kommen. Übernachten auf Bozcaada ist grundsätzlich nicht billig, angegeben sind wie immer die HS-Preise. Am günstigsten wohnt man in den sog. *ev pansiyonları*, schlichten, sauberen und freundlichen Pensionen mit Familienanschluss, Gemeinschaftsbad und -küche (ab 15 €/Pers.); man findet sie in den hinteren Reihen des Dorfes.

In Bozcaada-Dorf　Hotel Kaikias, stilvolles, kleines Hotel im Gassenwirrwarr 100 m nordwestlich der Festung. Große, in warmen Farben gestrichene Räume, dunkler Dielenboden, z. T. Himmelbetten mit Moskitonetz und netten Details. 20 Zimmer, alle mit Aircondition. Ab 52 €/Pers. Kale Arkası, ✆ 6970250, ✉ 6970450, www.kaikas.com.

Otel Ege, in der alten Dorfschule. 36 gepflegte Zimmer (durch die Komplettrestaurierung leider kleiner als Klassenzimmer), die schönsten unterm Dach – zwar mit leichter Schräge, aber dafür mit kleiner Terrasse. Netter Außenbereich. DZ 78 €. Kala Arkası (nahe dem Kaikias), ✆ 6978189, www.otelege.8m.com.

≫ Unser Tipp: Rengigül Konakevi, in einem romantisch-detailverliebt dekorierten, alten Stadthaus nordwestlich der Fähranlegestelle. Unter Leitung der freundlichen Özcan Germiyanoğlu, die lange Zeit in Hamburg gelebt hat. 8 einfache, aber liebevoll eingerichtete Zimmer, 5 davon teilen sich 2 Gemeinschaftsbäder, 3 mit privaten Bädern. Ein tolles Frühstück für alle wird am großen Tisch im herrlichen Gärtchen serviert, gelegentlich gemeinsame Kochabende. Jan.–März geschl. DZ 66–82 €. Emniyet Sok. 24 (kein Schild am Eingang, Erkennungszeichen sind trompetende Engel in einem gusseisernen Herzen), ✆ 6978171, www.rengigul.net. ≪

Mavibeyaz Konukevi, direkt am Hafen. 4 schlicht-nette Zimmer in mediterranen Blautönen, 2 davon mit Balkon zum Hafen. Obenauf eine Cafébar mit tollen Ausblicken, auf der dortigen Terrasse wird auch das Frühstück serviert. DZ 62 €. Kurtuluş Cad. 7, ✆ 6978000, www.mavibeyazbozcaada.com.

Yılmaz Pansiyon, eine der einfacheren Adressen im Zentrum, beim Kaikas Hotel etwas landeinwärts halten. Freundliches, sehr sauberes Haus. 10 schlichte Zimmer mit Fliesenböden, privaten Bädern und Klimaanlage, von manchen schöne Aussicht auf Kastell und Meer. DZ 50 €. Merdivenli Sok., ✆ 6978311, www.yilmazpansiyon.com.

Außerhalb/Camping **Bağbadem**, traumhaft ruhige Unterkunft zwischen Reben ca. 4 km abseits des Hauptortes, geführt von einer jungen Istanbuler Familie. Freundliche Atmosphäre. 8 moderne Zimmer im Annex des Haupthauses, drum herum ein großer Garten. Transfer von und zum Fährhafen. Sensationelles Frühstück. Von Lesern sehr gelobt. Auf dem Weg zum Ayazma-Strand ausgeschildert, zu diesem noch 1,5 km. DZ 74 €. Alabey Mah., ✆ 0532/6083444 (mobil), www.bagbadem.com.

Ada Camping, gepflegte, aber schattenlose Bungalowanlage (niedlich eingerichtete Hüttchen auf Rädern, ohne Bad), auf der auch gecampt werden kann (Zelt- und Womo-Plätze unter Strohplanen). Cafeteria, Küche, Grill, ordentliche Sanitäranlagen. 2 Pers. mit Wohnmobil 14 €, Bungalow für 2 Pers. 30 €. Etwas landeinwärts des Sulu-

bahçe-Strands, ✆ 6970442, www.camping bozcaada.com.

Essen & Trinken Der vor Ort gefangene Fisch gilt als einer der besten der Ägäis. Preise sorgfältig checken.

Yosun, von den Fischlokalen am Hafen unser Tipp. Süße Terrasse zum Meer hin. Für kältere Tage gemütlich-rustikale Taverne mit offenem Kamin im OG. Überschaubare Auswahl an guten Meze, leckerer Fisch, Inselwein zu fairen Preisen. ✆ 6978200.

Lodos Restaurant & Café, vom Fähranleger kommend in der Straße hinter der T.C. Ziraat Bankası. Schnuckeliges Lokal, von Insulanern hochgelobt. Zu den Spezialitäten gehören Fischsuppe, Reisgerichte und gefülltes Gemüse. Meze ab 2,50 €, Hg. 6–12 €. ✆ 6970545.

Ada Café, an der Hauptstraße nicht zu verfehlen. Alteingesessenes, geschmackvoll eingerichtetes Caférestaurant des hilfsbereiten, deutschsprachigen Melih Güney. In der Küche legt man Wert auf in der Türkei sonst kaum verwendete Kräuter und Gemüse wie Rosmarin, Fenchel oder Klatschmohn. Hg. 4,20–10 €.

Şükrü Usta, gleich gegenüber. Einfache Lokanta mit grundehrlicher, günstiger Hausmannskost – auf der durchgentrifizierten Insel fast ein Unikat.

Lisa's, nettes, kleines Café in 2. Reihe hinter dem Hafen, viel Kunst an den Wänden. Guter Kaffee und ebensolche Kuchen.

Assos/Behramkale

Assos, gekrönt von einer mächtigen Akropolis, wurde bereits in der Antike gerühmt. Ein Ort zwischen Ruinen und kristallklarem Wasser.

Assos, der Name einer längstens untergegangenen Stadt, steht noch immer für ein hübsches Dorf hoch über der Küste, das heute eigentlich Behramkale heißt. Es gehört zu den schönsten Standorten der nordägäischen Küste. Spektakulär ist die Aussicht vom Burgberg in luftiger Höhe über das hügelige Hinterland und über das tiefblaue Meer hinüber nach Lésbos. Von den verbliebenen Ruinen der antiken Stadt imponiert v. a. der noch heute gewaltige Stadtwall.

Assos steht aber auch für einen malerischen Hafen (İskele), durch ein 1,2 km langes, steiles Sträßlein mit Behramkale verbunden (gebührenpflichtiger Parkplatz ca. 500 m vor dem Hafen). Zahlreiche zu touristischen Zwecken umfunktionierte Natursteinhäuschen kleben dort wie Vogelnester an den Felsen. Im Sommer ist İskele eine bevorzugte Adresse türkischer Großstädter, denn hier macht Erholung Spaß:

Am Hafen von Assos

gepflegte Unterkünfte, gepflegtes Essen und türkisblaues Wasser vor der Haustür. Wem der Strand zu schmal ist, der kann zur Badebucht **Kadırga** 4 km weiter östlich ausweichen. Rund um Assos begeistern zudem noch ein paar im Abseits gelegene Unterkünfte.

Geschichte

Bereits in der Bronzezeit war die Gegend rund um Assos besiedelt. Die Stadtgründung erfolgte jedoch erst zwischen dem 7. und 9. Jh. v. Chr., aus Lésbos verdrängte Äolier zeichneten dafür verantwortlich. Im 4. Jh. v. Chr. wurde Assos zu einem geistigen Zentrum. Fürst Hermias, ein Schüler Platons, ermutigte Aristoteles zur Gründung einer philosophischen Schule – der große Denker blieb drei Jahre und heiratete Hermias' Adoptivtochter. Doch im gleichen Maße wie das neu gegründete Alexandria Troas (→ S. 104) zur Metropole aufstieg, rutschte Assos in dessen Schatten ab. Der Besuch des Apostels Paulus im Jahre 58 bei seiner großen Missionsreise sollte das letzte erwähnenswerte Kapitel der Stadtchronik werden. Im Römischen Reich (ab dem 2. Jh.) konnte sich Assos noch behaupten, im Byzantinischen nicht mehr: Es verkam zum Dorf – was es bis heute blieb.

Verbindungen/Baden/Sonstiges

Telefonvorwahl 0286.

Verbindungen Im Sommer stündl. **Dolmuşe** nach Ayvacık und Küçükkuyu (dort Umsteigemöglichkeit in die Busse zwischen Edremit und Çanakkale), Verbindungen zudem zwischen Dorf und Hafen.

Baden Assos verfügt nur über einen kleinen Kiesstrand am Hafen, auf Holzstegen gelangt man ins Wasser. Beliebter ist die schöne, weit geschwungene **Kadırga**-Bucht (s. o.). Den Sand-Kies-Strand säumen Hotels und Campingplätze. Unregelmäßige

Dolmuşverbindungen, jedoch auch zu Fuß von Assos-Hafen zu erreichen.

Einkaufen Viele Souvenirstände auf dem Weg zur Burg. U. a. wird *Macun* verkauft, ein klebriges Zuckergelee in verschiedenen Geschmackssorten. Es gilt als Glücks- und Energiebringer, zudem als Aphrodisiakum. Außerdem kann man Kräuter, Handarbeiten, Käse oder Olivenöl erstehen. Und: sehr viel Ramsch!

Übernachten/Essen & Trinken

Gehobenere Hotels und einige wenige Pensionen liegen unten am Hafen – Sa/So wird ein Zuschlag von rund 10 % verlangt, dann oft auch ausgebucht. Ruhiger wohnt man am Burgberg, meist in restaurierten Natursteinhäusern. Camper finden Stellplätze in der Bucht von Kadırga und an der Straße nach Küçükkuyu.

Am Hafen Kervansaray Hotel, komfortables Haus am Hafen. 42 unterschiedlich eingerichtete Zimmer, die schönsten im Annex direkt am Wasser. Innen- und Außenpool, Sauna etc. DZ mit HP 120 €. ✆ 7217093, ✆ 7217200, www.assoskervansaray.com.

Nazlıhan Hotel, eine herrliche Adresse. 37 sorgfältig dekorierte Zimmer, nicht die größten und nicht die hellsten, aber mit handbemalten Fliesen in den Bädern. Alle zudem mit Klimaanlage, Föhn, Minibar. Diverse Wassersportangebote und eigener Parkplatz. DZ mit HP 125 €. In 1. Reihe, ✆ 7217385, ✆ 7217387, www.assosedengroup.com.

Am Burgberg Biber Evi, Nobelpension in einem alten Natursteinhaus. Die 6 stilvollen Zimmer gruppieren sich um einen hübschen Innenhof. Sehr charmant. Freundlicher Service. DZ 123–140 €. Im Ort auf dem Weg zur Akropolis, ✆ 7217410, ✆ 7217242, www.biberevi.com.

≫ Unser Tipp: Assos Alarga, eine wunderschöne kleine Unterkunft mit nur 3 Zimmern, elegant, stilvoll und sehr komfortabel, Panoramafenster mit herrlichen Ausblicken. Tolle Poolanlage. Die hilfsbereite Wirtin spricht sehr gut Englisch. „Ein wunderbares Ambiente", schwärmen Leser. DZ 100–130 €. Im ruhigen Abseits, von der gen Osten führenden Ausfallstraße ausgeschildert, ✆ 7217260, ✆ 7217267, www.assosalarga.com. ≪

Dolunay Pansiyon, im Ort auf dem Weg zur Akropolis nicht zu verfehlen. Einfache, saubere Zimmer mit Laminatböden und Klimaanlage rund um eine nette Terrasse. Herzliche Bewirtung. DZ 41 €. Behramkale, ✆ 7217172.

Tekin Pension, 8 Zimmer mit Bad, 4 mit Klimaanlage, alle mit kleiner Terrasse oder Balkon davor. Sehr sauber. Ganzjährig. EZ 26 €, DZ 36 €. Am Ortseingang von Behramkale, ✆ 7217099.

Außerhalb/Östlich von Assos Troas Motel, ca. 5 km östlich von Assos. Herrliches Plätzchen abseits des Trubels. Einziges Motel in einer stillen Kiesbucht. 17 nette, aber schlichte, weiß getünchte Zimmer in einem alten Natursteinhaus direkt am Meer, ordentliche Bäder. Schönes Terrassenrestaurant, eigener schmaler Strandabschnitt. DZ mit HP 74 €. Von der Straße Assos – Küçükkuyu ausgeschildert, ab der Abzweigung noch ca. 700 m auf einem Schotterweg, ✆ 7640279, ✆ 7640281, www.troasmotelassos.com.

Kanara Otel, Ayhan Kılınç war 23 Jahre lang Restaurantbesitzer in Hannover, dann ging er mit seiner Frau samt Koch und Gehilfe zurück in die Türkei und erfüllte sich einen Traum. Auf seiner 10.000 m² großen, sattgrünen Anlage am Meer gibt es, über mehrere kleine Gebäude verteilt, 22 teils recht rustikale Zimmer unterschiedlicher Kategorien. Dazu: Biogarten fürs Restaurant, Pony für die Kinder, Hängematten unter Olivenbäumen etc. DZ mit HP ab 103 €. Ca. 14 km östlich von Assos an der Straße nach Küçükkuyu, ✆ 7640228, ✆ 7640028, www.hotelkanara.com.

Calidus Hotel, nahebei. 2011 eröffnete, grüne Anlage mit direktem Strandzugang, von Lesern entdeckt und hochgelobt. 30 freundliche, farbenfrohe Zimmer in 3 Natursteingebäuden. Guter Service, exzellente Küche. DZ mit HP 148 €. Sazlı Köyü, ca. 10,5 km östlich von Assos an der Straße nach Küçükkuyu, ✆ 7640218, ✆ 7640217, www.calidushotel.com.

Außerhalb/Westlich von Assos Sivrice Kabile Motel, ca. 16 km westlich von Assos. Simple, aber idyllische Unterkunft.

Zimmer (mit Klimaanlage und privaten Bädern) auf mehrere Gebäude verteilt, viele mit Miniterrasse. Vorm Haupthaus kuscheliges, überdachtes Terrassenrestaurant mit einem schmalen Kiesstrand vor der Nase, zudem gibt es einen Badesteg. Inkl. VP 37 €/Pers. In der Häuseransammlung Sivrice direkt am Meer (im Dörfchen Bektaş ca. 10 km westlich von Assos der Beschilderung zum Hotel Berceste folgen und dieses passieren; die geteerte Straße führt bis zum Meer, dort rechts halten, die letzten Meter sind unbefestigt), ℅ 7234515, www. sivricekabilemotel.com.

İmbat Motel, 22 km westlich von Assos, mitten im Nirgendwo. Erholung pur. Herrliche Lage am Wasser, traumhafter Uferbereich mit Holzstegen ins Meer, Liegestühle. Schöne Terrasse mit Blick auf Lésbos. 20 geräumige, gefliste Zimmer, schlicht eingerichtet, aber mit Klimaanlage und Terrasse bzw. Balkon (herrlicher Meeresblick!). Gute Küche. April–Sept. DZ mit VP 123 €. Ca. 800 m westlich des Dorfes Bademli ist die Abzweigung zum Motel ausgeschildert;

5 km von dort auf einer steilen Schotterpiste hinab zum Meer, ℅ 7370101, ✆ 7370102, www.imbatmotel.com.

Essen & Trinken Achtung – v. a. in der HS vermieten die meisten Hotels am Hafen nur mit HP! Dort gibt es auch einige romantische, aber recht teure Fischlokale. Rustikaler und billiger isst man in Behramkale. In den dortigen Lokalen bekommt man ländliche Hausmannskost wie *Mantı*, gefülltes Gemüse oder Böreks. Noch ein außerhalb gelegener Tipp:

Tunç Balık Evi/Liman Konukevi, das am Hafen von Sokakağzı (ca. 18 km westlich von Assos) gelegene, einer Pension angeschlossene Lokal wird als bestes Fischrestaurant weit und breit gehandelt. Grandiose Fischmeze (4–8 €). Keine Karte, aufgefahren wird das, was gerade frisch vorrätig ist. Herzlicher Service. Anfahrt: Zunächst der Anfahrt zum Sivrice Kabile Motel (s. o.) folgen, dieses passieren und dem Sträßlein entlang der Küste für weitere ca. 2 km gen Westen folgen. ℅ 7234267.

Nordägäis → Karte S. 90

Sehenswertes

Steigt man im Dorf Behramkale stets bergauf, erreicht man automatisch den Eingang zum Ausgrabungsgelände. Nahebei steht eine frühosmanische **Moschee**, die u. a. aus Steinquadern einer byzantinischen Basilika erbaut wurde (an der Oberschwelle des Eingangsportals ist z. B. ein Christusmonogramm zu erkennen). Etwas unterhalb dem höchsten Punkt der **Akropolis** (228 m) liegen die Ruinen des gegen 530 v. Chr. errichteten **Athenatempels**, des einstigen Haupttempels von Assos. Teile des reliefverzierten Architravs schlummern heute in Museen von İstanbul, Paris und Boston. Ein paar dorische Säulen (ursprünglich sechs auf der Breit- und zwölf auf der Längsseite) wurden wieder aufgerichtet. Sie sind ganz nett anzusehen. Grandios aber ist der Gesamtanblick der Tempelruine in dieser einmalig schönen Lage, den Burgberg dominierend und mit dem Meer im Hintergrund – ein herrlicher Ort für einen rotweingeschwängerten Sonnenuntergang.

Die antike Stadt Assos lag zu Füßen des Tempels, zur Seeseite hin. Wer bergab steigt, findet in dem Ruinenfeld die insgesamt spärlichen Reste einer **Agora**, eines **Gymnasions**, eines **Bouleuterions**, eines **Theaters** und von **Thermen**. Die dicken Mauern und Türme der hellenistischen **Befestigungsanlage** – ein einstmals ca. 3 km langer kreisförmiger Wall, der das 2,5 km² große Stadtareal umgab – haben die vielen Jahrhunderte am besten überstanden. Für die Grabungs- und Rekonstruktionsarbeiten in Assos ist die Universität von Çanakkale zuständig.

Öffnungszeiten: Im Sommer tägl. 8–19.30 Uhr, im Winter 8–16.30 Uhr. Eintritt 2 €. Neben dem Eingang auf der Akropolis gibt es noch einen zweiten an der Straße zum Hafen (nicht immer geöffnet). Ohne einen großen Höhenunterschied bewältigen zu müssen, besichtigt man von dort die Stadtgrabungen. Beim Theater (ebenfalls an der Straße zum Hafen) gibt es zudem noch einen Ausgang (kein Eingang!).

Hafen von Küçükkuyu

Der Golf von Edremit

Der Golf von Edremit, eine riesige Einbuchtung des Ägäischen Meeres, war in der Antike von Seeleuten wegen seiner wechselnden Winde gefürchtet. Der Wind hat sich gedreht: Heute ist der Golf von Edremit, der wegen seiner endlosen, silbrig-grün schimmernden Olivenhaine auch gerne als „Olivenriviera" bezeichnet wird, überaus beliebt, insbesondere bei türkischen Urlaubern. So sind direkt an der Küste gigantische Ferienkonglomerate entstanden, die am Charme der einst herrlichen Landschaft kratzen. Schöne Ecken findet man jedoch noch abseits der Küste in den Kaz Dağları, dem antiken Idagebirge(→ Kasten, S. 116), das die Region von der kühleren Marmaragegend abschirmt. Hier erwarten Sie neben einer intakten Natur und sauerstoffreicher Luft – nicht umsonst gibt es dort auch ein Bergsanatorium für Asthmakranke – alte griechische Dörfer mit hübschen Unterkünften.

Küçükkuyu

Herrlich ist das Hinterland von Küçükkuyu, in der Umgebung warten romantische, ehemals griechische Bergdörfchen, die im letzten Jahrzehnt für den Fremdenverkehr aufbereitet wurden. Küçükkuyu selbst, von Apartment- und Ferienhäusern umzingelt und dazu noch direkt an der teils sechsspurig ausgebauten Fernstraße Çanakkale – İzmir gelegen, wirkt wenig einladend. Dennoch, der Kern des 6600-Seelen-Ortes rund um den herausgeputzten Hafen ist ganz nett. Hier schaukeln mehr Fischtrawler als Ausflugsboote. Auf der rund 400 m langen Promenade dahinter flaniert die urlaubende türkische Mittelschicht zwischen behördlich angelegten Blumenrabatten, Restaurants und Teegärten. Freitags findet in zweiter Reihe der große Wochenmarkt statt.

Auch ein kleines Museum besitzt das Städtchen, ein Museum im Zeichen der Olive: Im **Adatepe Zeytinyağı Müzesi** (an der Fernstraße, tägl. 8.30–18.30 Uhr, Eintritt frei) kann man alte Gerätschaften zur Gewinnung des grünen Öls bestaunen und darüber hinaus auch einkaufen: Olivenöl natürlich und alles, was man darin einlegen bzw. daraus produzieren kann.

Badeplätze findet man entlang des schönen Küstensträßchens nach Assos, leider sind sie oft vermüllt. Der Hausstrand von Küçükkuyu ist recht felsig und ebenfalls wenig prickelnd.

Telefonvorwahl 0286.

Verbindungen Alle **Dolmuşe** und **Busse** halten an der Durchgangsstraße. Mehrmals tägl. Busverbindungen nach Çanakkale und İzmir. Ständig Dolmuşe die Küste entlang nach Edremit, mehrmals tägl. nach Assos.

Übernachten/Camping Vor Ort nur wenig ansprechende Unterkünfte. Stilvoll wohnt man in Adatepe und Yeşilyurt

(→ Umgebung). Camper finden einfache, aber nette Plätze am Küstensträßchen Richtung Assos. Entscheiden Sie sich für eine Anlage, auf der noch ein Plätzchen direkt am Wasser zu haben ist.

Essen & Trinken An der Uferpromenade geben sich gute Fischlokale und einfache Snackbars die Hand, alle mit netten Terrassen und Hafenblick. Fischpreise im Voraus erfragen!

Umgebung von Küçükkuyu

Adatepe: Das malerische Bergdorf an den Ausläufern der *Kaz Dağları* liegt ca. 5 km nördlich von Küçükkuyu. Als alternativ-komfortable Ferienadresse ist Adatepe v. a. bei Intellektuellen aus İstanbul populär. Viele der alten, griechischen Häuser sind heute schick restauriert. Die ehemalige Dorfschule dient Sommerseminaren zu philosophischen, literarischen und kunsthistorischen Themen. Und wer den Pfeilen zum *Hüseyin Meral Zeytinyağı ve Sanat Evi* folgt, gelangt zu einer Mischung aus Café, Olivenölprodukteverkauf und Galerie mit schräger Kunst.

Am Dorfeingang macht zudem ein Schild auf den *Zeus Altarı* (Zeusaltar) aufmerksam, ein 10-minütiger Fußweg führt von dort zu einem sarkophagähnlichen Relikt aus römischer Zeit. Wie der Wolkensammler von hier bis nach Troja geblickt und den Kämpfen zugesehen haben soll, ist mehr als fraglich. Einen herrlichen Blick über den Golf von Edremit hatte der Göttervater in jedem Falle.

Verbindungen/Anfahrt Ein Ziel für Selbstfahrer. Man folgt von der Durchgangsstraße in Küçükkuyu (zwischen Shell- und Petrol-Ofisi-Tankstelle) der unscheinbaren Beschilderung nach Adatepe landeinwärts.

Übernachten Adatepe Pansiyonları, hübscher kleiner Komplex aus mehreren alten

Natursteinhäusern. Darin gibt es 9 stilvoll eingerichtete Zimmer – schön das Zusammenspiel aus modernem Mobiliar und der alten Baustruktur. Tolle Holzböden und -decken. Ganzjährig, Zentralheizung. Es wird auch lecker gekocht. DZ 62 €. In der Dorfmitte, ✆ 0286/7526803, www.adatepe.net.

Yeşilyurt: Das Dörfchen ca. 3 km nordwestlich von Küçükkuyu ist mindestens so idyllisch wie Adatepe, dabei etwas größer und zum Bummeln besser geeignet. Auch Yeşilyurt, das sich rühmt, die sauerstoffreichste Luft der Welt zu haben, ist niveauvolles Rückzugsgebiet wohlhabender Großstädter. In den holprigen Pflastergassen gibt es ein paar stilvolle Cafés, Restaurants, gehobene Boutiquehotels, Lädchen mit Olivenölprodukten sowie jede Menge restaurierte Natursteinhäuser, von denen übrigens noch einige zu kaufen sind. Die einstige Dorfkirche ist heute eine Moschee.

Nordägäis → Karte S. 90

Bauwahn am Meer: „Türkischer Traum" oder Alptraum?

Viele Buchten der türkischen Nordägäisküste erinnern an ein Monopoly-Spielbrett im späten Stadium – völlig zugebaut. Extrem betroffen ist der Küstenabschnitt zwischen Küçükkuyu und Akçay, v. a. rund um die Retortensiedlung Altınoluk. Mitauslöser für den Bauwahn war die galoppierende Inflation der 1990er. In einer Zeit, in der die Lira von Woche zu Woche weniger wert war, galt die Immobilie als verfallssichere Kapitalanlage. Zudem war und ist ein Ferienhaus am Meer in der Türkei nicht nur eine Investition, sondern auch ein Statussymbol. Jeder, der es sich irgendwie leisten kann, versucht sich den Traum vom Zweitwohnsitz an der Küste zu verwirklichen. So entstanden tausende kolonieartige Feriendörfer. Als Bauherren traten meist Kooperativen auf, in die man solange einzahlte, bis das Kapital für den Erwerb eines Grundstückes und für den Baubeginn zusammen war. Leider ging mancher Kooperative auch mal das Geld aus, wie viele traurige Rohbauruinen beweisen. Der eindeutige Gewinner des Ferienhausbooms war die Bauindustrie – verloren hat die türkische Küstenlandschaft.

Anfahrt/Verbindungen   Ein Ziel für Selbstfahrer. Von Küçükkuyu der Straße nach Ayvacık folgen, dann ausgeschildert.

Übernachten   Öngen Country Hotel, wie ein Adlernest sitzt diese komfortable Anlage am oberen Ortsende Yesilyurts. Herrliche Terrasse. 30 sehr angenehme Zimmer mit Holzböden und -decken und romantisch-folkloristischen Anklängen, z. T. mit Balkon. Ganzjährig. Pool und eigener Strandabschnitt am Meer. DZ mit HP 123 €. Im Ort ausge- schildert (holprige Anfahrt), ✆ 0286/7522434, ✆ 7522436, www.ongencountry.com.

Kısık Konağı Otel, eine der „preiswerteren" Adressen vor Ort. Schönes altes Steinhaus, geführt von einem Architekten. Alles sehr gemütlich, Lounge mit offenem Kamin, hausgemachte Kräutertees, „Hot Cookies" am Nachmittag. Gute Küche mit Gemüse aus dem Ida-Gebirge. 9 stilvolle, modern-komfortable Zimmer, z. T. mit offenem Kamin. DZ 100 € mit HP. Auf dem Weg zum Öngen Hotel, ✆ 0286/7525675, www.kisikkonagi.com.

Akçay

Für Lido-di-Jesolo-Atmosphäre, wie ihn der 10.500-Einwohner-Ort bietet, braucht man nicht bis in die Türkei zu fahren. Auch die hiesigen Strände, ein Kies-Sand-Stein-Gemisch, sind wenig attraktiv. Da hilft auch nicht, dass das Meer davor eine kleine Überraschung bietet: sprudelnde Süßwasserquellen! Ein altes Sprichwort besagt gar, dass der, der beim Trinken von Akçay-Wasser ein schönes Mädchen erblickt, für immer von ihr verzaubert sein wird.

Insbesondere Familien aus dem versmogten İstanbul und İzmir machen Akçay allsommerlich zu einem Hotspot. Sie genießen die hiesige Luft, die durch die bewaldeten Berghänge im Hinterland extrem sauerstoffhaltig ist. Zur türkischen Ferienzeit sind das Strandbad und die lang gezogene Uferpromenade mit ihren schattigen Teegärten hoffnungslos überlaufen. Die wenigen ausländischen Touristen fallen kaum auf.

Information/Verbindungen/Ausflüge

Telefonvorwahl 0266.

Information Kleines Büro am Barbaros Mey- danı, dem zentralen Platz beim Bootsableger. Mit Fremdsprachen hapert's. Mo–Fr 8–12 u. 13–17 Uhr. ✆ 3841113, www.akcay.bel.tr.

Verbindungen Busbahnhof ca. 2 km außerhalb des Zentrums nahe der Fernstraße Çanakkale – İzmir. Büros der Busgesellschaften, oft mit Zubringerservice, im Zentrum bei der Moschee. Gute Verbindungen nach İzmir und Çanakkale.

Dolmuşe nach Edremit und Zeytinli (Sutüven-Wasserfall) fahren im Zentrum ab, **Minibusse** nach Altınoluk und Küçükkuyu direkt an der Fernstraße.

Im Sommer vom Steg am Hauptplatz mehrmals tägl. **Boots**verbindungen nach Ören. Es werden auch ganztägige Bootsfahrten in den Golf von Edremit offeriert, mit Lunch 14–16 €.

Organisierte Touren Mehrere Anbieter, z. B. **Demre Tour.** Sahnebonbon des Angebots ist eine Jeepsafari in die Kaz Dağları, bei der man auch in Berggebiete kommt, die auf eigene Faust nur schwer erreichbar sind. Zudem Ausflüge nach Lésbos, Bergama, Assos und Troja. Cumhuriyet Bul. (Straße vom Zentrum zur Fernstraße), ✆ 3848586, www.demretour.com.

Nordägäis → Karte S. 90

Ⓤ Übernachten/Essen & Trinken

Zahlreiche Unterkünfte, insbesondere Hotels der unteren Mittelklasse, Apartments sowie Pensionen über Pensionen. Leider hebt sich so gut wie nichts aus der Masse ab.

Yavuz Otel, ca. 250 m östlich des Hauptplatzes. Einstöckiges Haus direkt am Meer, nur wenige der 16 Zimmer (mit Kühlschrank, Klimaanlage, Terrasse und etwas jugendlichem Pep aufgemöbelt) blicken allerdings tatsächlich in dessen Richtung. Dazu ein recht trendiges Caférestaurant. DZ 50 €. Leman Akpınar Cad. 3, ✆/✆ 3843380, www.butikyavuzotel.com.

Sahra Motel, ca. 200 m östlich des Hauptplatzes, am Meer. 16 einfache Zimmer, 6 davon direkt am Strand. Sehr sauber, farbenfroh, mit Fliesenböden. EZ 24 €, DZ 40 €. Leman Akpınar Cad., ✆ 3847815, www.sahramotel.com.

Außerhalb Zeytinbağı Hotel, kleine stilvolle Anlage am Rand des Dörfchens Çamlıbel ca. 7 km nordwestlich von Akçay im Landesinneren. 8 Zimmer, z. T. in Häuschen (sehr charmant, tolle Kieselböden), andere im Haupthaus (mit kleiner Terrasse davor und Blick auf Olivenhaine). Sehr ruhig. Hervorragende Küche. DZ mit HP 119 €. Zwischen Akçay und Altınoluk ausgeschildert, ✆ 3873761, www.zeytinbagi.com.

Essen & Trinken Eine der besseren Adressen Akçays ist das **Dost Restaurant** östlich des Hauptplatzes nahe dem Sahra Motel. Schön am Meer gelegen, reichliche Vorspeisenauswahl, für das Gebotene zivile Preise (Hg. 4,50–9 €). Kleine Kuriositätensammlung. ✆ 3841229.

Edremit

Das 52.200-Einwohner-Städtchen inmitten einer fruchtbaren Schwemmlandebene ist das wirtschaftliche Zentrum des gleichnamigen Golfes. Außer Oliven werden hier v. a. Mais, Getreide und Feigen geerntet. Was sonst noch auf den Feldern gedeiht, erfährt man mittwochs auf dem großen Wochenmarkt im Zentrum. An allen anderen Tagen geht es im Städtchen recht geruhsam zu, wenn nicht gerade der Muezzin vom Minarett der **Kurşunlu Cami,** einer Seldschukenmoschee aus dem frühen 14. Jh., zum Gebet ruft. Sehenswertes gibt es sonst nur wenig. Wer will, kann am Rande des schönen Stadtparks noch das liebevoll eingerichtete **Ethnografische Museum** besichtigen: Trachten, ein paar Waffen aus dem Befreiungskrieg und natürlich Teppiche stellen die wesentlichen Exponate (tägl. außer Mo 9–12 und 13–17 Uhr, Eintritt 1,20 €). Meist sind Sie der einzige Besucher. Das Meer ist rund 10 km entfernt und das Gros der Urlauber kommt nur für einen kurzen Einkaufsbummel nach Edremit. Lediglich zum Olivenfestival im August sieht der Sachverhalt anders aus.

Nationalpark Kaz Dağları – Mythologie trifft Natur

Der über 21.000 ha große Nationalpark Kaz Dağları („Gänseberge") erstreckt sich im Norden des Golfes von Edremit. Seine höchste Erhebung ist der **Sarı-kız Tepesi** („Berg des Blonden Mädchens") mit 1767 m. Die Namen von Gebirge und Gipfel sind eng mit einer Legende verknüpft: Demnach fand ein armer Bauer nach der Rückkehr von einer Pilgerreise seine blond gelockte Tochter im Techtelmechtel mit der Dorfjugend vor. Um sie von dieser fernzuhalten, brachte er sie in die Berge, wo sie Zeit ihres Lebens Gänse hütete und übernatürliche Fähigkeiten entwickelte. Eine Statue von ihr kann man an der Uferpromenade von Akçay bewundern.

Als „Idagebirge" war der Höhenzug in der Antike bekannt, und auch die Mythologie kennt eine Geschichte dazu. Sie erzählt von der ersten Misswahl aller Zeiten, die hier ausgetragen wurde. Den Wettbewerb inszenierte Paris, der schöne Sohn des trojanischen Königs Priamos. Als Siegerin ging die Göttin der Liebe hervor: Aphrodite.

Erst seit ein paar Jahren versuchen geschäftstüchtige Reiseveranstalter in den Küstenorten des Golfes, Profit aus ihrem grünen, gebirgigen Hinterland zu schlagen. Tiefe Täler und Canyons laden zu ausgiebigen Wandertouren ein. Hinzu kommen idyllisch gelegene Picknickplätze wie **Pınarbaşı** (ca. 6 km nordöstlich von Akçay, zwischen Akçay und Altınoluk ausgeschildert) oder das romantische Forellenlokal am kleinen **Sutüven-Wasserfall** (auch: Hasanboğuldu; von der Küstenstraße zwischen Akçay und Edremit ausgeschildert). Um das Leben der Bergbevölkerung zu dokumentieren, hat man im Dorf Tahtakuşlar ein **Ethnografisches Museum** eingerichtet (*Etnoğrafya Galerisi*, ebenfalls ausgeschildert).

Sorgen bereiten den Bewohnern der Kaz Dağları seit einigen Jahren die Goldfunde im Gebirge, auf die angeblich bereits die Vergabe von Schürfrechten folgte. Gegner sehen in den Projekten das Ende des Nationalparks Kaz Dağları und der regionalen Olivenwirtschaft. Beim Goldabbau wird hochgiftiges Zyanid eingesetzt, das früher oder später ins Grundwasser eindringt.

Touren/Wandern: Die Besteigung des Sarı-Kız-Gipfels bzw. Touren dorthin sowie Wanderungen im Nationalpark können nur mit Führern der Parkverwaltung unternommen werden. Führer (27 € für 1½ Std.) bucht man über das **Visitor Centre** (*Kazdağları Tanıtım Merkezi*, ☏ 0532/4916733, mobil, Mo–Fr 8–17 Uhr) im Dörfchen Zeytinli, das von der Verbindungsstraße Edremit – Akçay ausgeschildert ist. Ein eigenes Fahrzeug, mit dem man die Guide mitnimmt, ist vonnöten. Alternativ bieten sich organisierte Touren an, die das Reisebüro Demre Tour in Akçay anbietet (→ S. 115).

Verbindungen Busbahnhof 5 Fußmin. westlich des Zentrums (Straße nach Burhaniye). Edremit ist Verkehrsknotenpunkt, Verbindungen in alle Richtungen. **Dolmuşe** nach Akçay (regelmäßig bis spät in die Nacht) und Zeytinli (Sutüven-Wasserfall) fahren nahe dem Busbahnhof ab, lassen Sie sich die Stelle zeigen.

Der kleine **Flughafen Balıkesir Körfez Havaalanı** (www.korfez.dhmi.gov.tr) südlich der Stadt wird im Sommer v. a. aus İstanbul und Ankara angeflogen. Der Ausbau zu einem internationalen Ferienflughafen ist jedoch bereits seit Längerem geplant.

Essen & Trinken Die traditionsreiche, günstige **Cumhuriyet Lokantası** in der İnönü Cad. 10 (die Straße geht vom Hauptplatz Cumhuriyet Meydanı ab) steht für beste Fleischberge. Jeder wird Ihnen den Weg weisen können. So geschl.

Ören

Die gepflegte, mit Sommerhäusern durchsetzte Ferienkolonie besitzt einen herrlich langen und breiten Sandstrand, der zu den schönsten der nördlichen Ägäis gehört. Gepflegte Blumenbeete, schattige Teegärten und ein parkähnlicher Küstenbereich lassen vergessen, dass man sich in einem künstlich angelegten Ferienresort befindet. Einen alten Ortskern sucht man vergebens, auch irgendeine Form von orientalischem Flair. Dafür bietet sich ein Ausflug ins 5 km entfernte Landstädtchen **Burhaniye** an, insbesondere zum Wochenmarkt am Montag. Der 39.000-Einwohner-Ort ist Umschlagplatz eines bäuerlichen, wohlhabenden Einzugsgebiets. Nicht erschrecken – die Küste südlich und nördlich von Ören ist nahezu komplett verbaut.

Nordägäis → Karte S. 90

Information/Verbindungen/Ausflüge/Einkaufen

Telefonvorwahl 0266.

Information Kleines Büro in Ören-Mitte. Mo–Fr 8–12 u. 13–17 Uhr. ℘ 4163500, ℘ 4165674.

Verbindungen Intercity-Busbahnhof in Burhaniye (Verbindungen z. B. nach İzmir oder Edremit). Von dort Dolmuşe nach Ören. In Ören starten die Dolmuşe nahe der Touristeninformation. **Fähren** tuckern von İskele (ca. 2 km südlich von Ören) im Sommer mehrmals tägl. nach Akçay.

Bootsausflüge In den Golf von Edremit ebenfalls von İskele, ca. 2 km südlich von Ören, mit Lunch 14–16 €.

Organisierte Touren Anbieter mit improvisierten Ständen am Hauptplatz. Preisbeispiele: Trekking in den Kaz Dağları 16 €, Çanakkale und Assos 18 €.

Einkaufen Olivenöl aus Burhaniye! Das Öl von **Katipoğlu** gehört zu den besten der Gegend. Die Katipoğlu-Verkaufsstelle liegt im Zentrum von Burhaniye, Atatürk Cad. 50, durchfragen.

Übernachten/Camping/Essen & Trinken

Das Gros der Urlauber wohnt in Apartmenthäusern. Einfache Pensionen, auf türkische Familien zugeschnitten, findet man in dritter und vierter Reihe rund um die Touristeninformation im „Zentrum". Wer ein Ferienhaus mieten will, achtet auf die Beschilderung „Kıralık yazlık".

Club Hotel Fiord, beim Hauptstrand. Kleiner Komplex mit 56 Zimmern, entweder mit Balkon und Meeresblick oder Terrasse und Gartenblick. Eigener Strandabschnitt mit Bar, Pool. Vorrangig junges türkisches Publikum. Im Sommer Animation und zweimal wöchentlich Livemusik. 48 €/Pers. inkl. HP. Ausgeschildert, ℘ 4165500, ℘ 4163879, www.hotelclubfiord.com.

Altın Camp/Park Motel, ein weites Gelände mit viel Schatten direkt am Meer. Tennis, Tischtennis, Restaurant (regionale hochwertige Produkte), Camperküche, Billardraum. Zufriedene Stammkundschaft (z. T. schon seit 25 Jahren). Das angeschlossene Park Motel bietet zudem 18 große, freundliche Zimmer mit Balkon oder Terrasse. Einziges Manko: Der einst so schöne Sandstrand davor war 2011, infolge des Abrisses

eines Schutzwalls und dadurch veränderter Strömung, verschwunden. Der alte Zustand soll aber durch künstliche Aufschüttung schon 2012 wieder hergestellt sein. Mai–Okt. Deutschsprachig. DZ mit HP 60 €, 2 Pers. mit Wohnmobil 23 € inkl. Strom. Von der Straße Burhaniye – Ören beschildert, ℘ 4163732, ℘ 4163737, www.altincamp.com.

Köşem Motel, nahe dem Hauptplatz. Einfache, aber ordentliche und saubere Zimmer mit Laminatböden und TV, alle mit Balkon bzw. Terrasse zur ruhigen Straße hin. DZ 37 €. Ören Meydanı, ℘ 4163230.

Essen & Trinken Selina Restaurant, in erster Reihe oberhalb des Strandes. Gepflegtes Restaurant mit ebensolcher Terrasse, wo die Tische auf einer fein rasierten Wiese aufgestellt sind. Meze, Gegrilltes, Fisch und Pide. Hg. 4–10 €. Kein Alkohol. ℘ 4164169.

Kirche neben Moschee: Blick über Ayvalık

Ayvalık

ca. 36.000 Einwohner

Das Schönste liegt nicht selten im Verborgenen: Im Gegensatz zu manch anderem Ägäisort zeigt Ayvalık seine Reize nicht an der Uferfront, sondern im chaotischen Gassenwirrwarr dahinter. Wie vor 100 Jahren klappern dort zuweilen noch Pferdefuhrwerke über das Pflaster.

Ayvalık liegt an einer zergliederten Küstenlandschaft, eingerahmt von duftenden Pinienwäldern. Das hört sich schön an, doch fährt man in das Städtchen, wirkt es auf den ersten Blick ein wenig enttäuschend. Hektisch und nüchtern präsentiert sich die İnönü Caddesi (im Norden auch Atatürk Caddesi genannt), die Hauptdurchgangsstraße. Ayvalıks Charme versteckt sich abseits davon, wo es sich ziel- und orientierungslos herrlich bummeln lässt. Glauben Sie dabei nur keinem Stadtplan. Kreuz und quer kriechen die engen krummen Pflastergässchen wie Regenwürmer durch das alte Zentrum den Hang hinauf. Farbenfrohe klassizistische Stadtpalais mit leprösen Fassaden und hohen Portalen wechseln mit niederen einfachen Wohnhäusern und Werkstätten ab – stumme Zeugen der griechischen Vergangenheit.

Neben seiner pittoresken Altstadt bietet Ayvalık 23 vorgelagerte Inseln mit paradiesischen Buchten. Nur unmittelbar vor Ort fehlt es an Bademöglichkeiten. Kein Wunder also, dass Ayvalık für viele Urlauber – von den in Massen einfallenden Tagesgästen aus Griechenland einmal abgesehen – lediglich abendliches Ausflugsziel ist. Die touristischen Zentren findet man südlich des Städtchens, z. B. im 4 km entfernten Dorf **Çamlık**, das durch seine Vielzahl an Pensionen und Hotels heute mit Ayvalık fast zusammengewachsen ist. Noch 3 km weiter wurde am langen Strand von **Sarımsaklı** gar ein riesiges gesichtsloses Hotelkonglomerat aus dem Boden gestampft. Keine Angst – die zerklüftete Küste um Ayvalık bietet zum Glück auch noch Badeplätzchen für ruhige Naturen.

Geschichte

Das heutige Ayvalık liegt im Siedlungsgebiet des antiken *Kydonia,* von dem spärliche Reste auf der nahen Insel Alibey ausgegraben wurden. Kydonia machte keine großen Schlagzeilen in der Geschichte, Ayvalık tat es ihm nach. In dem durch und durch griechisch geprägten Küstenort lebte man Jahrhunderte lang vom Fischfang und der Olivenölproduktion, zudem vom Handel mit der Insel Lésbos. Das brachte Wohlstand aber auch Piraten – die vorgelagerten Inselchen boten genügend Verstecke. Durch einen *Ferman* (Sultanserlass) verfügte Ayvalık als einzige osmanische Stadt im 18. Jh. über eine Kommunalverfassung mit weitgehender Autonomie. Bereits Anfang des 19. Jh. besaß Ayvalık eine Akademie, eine Druckerei und florierende Industriebetriebe wie Gerbereien oder Raffinerien. Doch dann kam das Schicksalsjahr 1821: Eine aufgebrachte Menge – durch den griechischen Freiheitskampf emotionalisiert – kaperte vor der Küste zwei türkische Schiffe und setzte sie in Brand. Zur Strafe wurden die Bewohner fast vollständig ins anatolische Hochland verbannt.

Nach dem Ersten Weltkrieg mussten die letzten griechischen Einwohner im Rahmen des Bevölkerungsaustausches ihre Heimatstadt verlassen. Viele von ihnen siedelten nach Lésbos über, Türken aus Kreta übernahmen ihre Häuser. Auch wandelten sie christliche Gotteshäuser in islamische Gebetsstätten um. Daran erinnern im Gassendschungel beispielsweise die **Çınarlı Cami** (ehem. **Agios-Yorgis-Kirche**) und die sehenswerte **Saatli Cami** (ehem. **Agios-Yanis-Kirche**), die „Uhrenmoschee". Lediglich die **Taxiyarchis-Kirche** aus dem 19. Jh. bekam nie ein Minarett aufgeklebt. 2011 wurde sie umfangreich restauriert, noch 2012 soll man die auf Fischhaut gemalten Bilder in ihrem Inneren wieder zu sehen bekommen.

Die ersten Jahrzehnte unter türkischer Regie waren von Armut geprägt, schleichend verfiel die alte griechische Bausubstanz. Heute wendet sich das Blatt langsam wieder. Ayvalık ist ein aufstrebender Küstenort, viele Ecken erstrahlen in neuem Glanz.

Nordägäis → Karte S. 90

Information/Verbindungen/Ausflüge

Telefonvorwahl 0266.

Information Tourist Information, in einem Kiosk beim Tansaş-Supermarkt. Die freundliche Nurhan Fidancıoğlu spricht fließend Deutsch. Mo–Sa 9–12 u. 13–17 Uhr. Hauptbüro (weniger hilfreich) stadtauswärts Richtung Çamlık auf der linken Seite. ✆/☎ 3122122, www.ayvalik.gov.tr.

Verbindungen Busbahnhof 1,5 km nördlich des Zentrums an der Durchgangsstraße. Alle 20 Min. über Burhaniye nach Edremit (1 Std.), stündl. nach İzmir (3 Std.) und Çanakkale (3½ Std.).

Achtung Anreise: Nicht alle Busse, die entlang der Küste unterwegs sind, steuern den Busbahnhof von Ayvalık an. Manche Gesellschaften lassen ihre Fahrgäste mehrere Kilometer landeinwärts an der Fernstraße İzmir – Çanakkale/Abzweigung Ayvalık aussteigen. Von dort gelangen Sie mit dem Dolmuş ins Zentrum.

Stadtbus/Dolmuştaxi/Dolmuş: Stadtbusse verbinden den Busbahnhof mit dem Zentrum und fahren bis nach Çamlık, zudem besteht eine Stadtbus- bzw. Dolmuştaxiverbindung vom Zentrum zur Alibey Adası (Abfahrt neben dem Kiosk der Touristeninformation). In die Minibusse nach Sarımsaklı (6–23 Uhr alle 20 Min.) und den Bus zur Şeytan Sofrası (für Zeiten → dort) kann man an der Bushaltestelle schräg gegenüber dem Kiosk zusteigen. Auch die Minibusse nach Bergama und Dikili (stündl.), die am Busbahnhof starten, fahren dort vorbei.

Schiffsverbindungen Boote zur Alibey Adası (ca. 30 Min.) starten tagsüber mind. jede volle Std. am Kai Cunda İskelesi nördlich des Fischmarktes.

Fähren nach Lésbos bieten **Jale Lines** ganzjährig tägl. (Stand 2011, Office beim

Fährhafen ca. 1,2 km nördlich des Zentrums, Atatürk Cad. 294 B, ℘ 3313170, www.jaletur.com) und **Cunda Lines** (2011 im Sommer tägl., im Winter 1- bis 3-mal wöchentl., Office 2 Türen weiter, ℘ 3316700, www.cundalines.com). Abfahrt in Ayvalık meist spät nachmittags, zurück kommt man erst am nächsten Tag. 20 €/Pers. (retour 30 €), Auto 50–100 € (retour 20 % mehr). Dauer je nach Schiff 90–120 Min. Reservierung einen Tag im Voraus.

Bootsausflüge Zu den Stränden der vorgelagerten Inseln, mit Mittagessen ca. 10 €/Pers.

Parken Von der Durchgangsstraße sind mehrere Parkplätze mit „Otopark" ausgeschildert. Dennoch: ein Horror, viel Spaß beim Suchen! Die engen Nebengassen sind nichts für Wohnmobile!

Adressen/Einkaufen

Ärztliche Versorgung Krankenhaus auf Höhe der Marina an der Straße nach Çamlık. ℘ 3121744.

Autoverleih Europcar, über das Reisebüro Vizz, Atatürk Bul. 186, ℘ 3123446, www.europcar.com.tr. Avis, über Sezek Travel, Hauptbüro Talatpaşa Cad. 61/B, Filiale neben dem Fährterminal, ℘ 3122456, www.avis.com.tr. Inkl. Versicherungen ab 40 €/Tag. Günstiger die zahlreichen lokalen Anbieter entlang der Durchgangsstraße.

Einkaufen Probieren Sie das hiesige Olivenöl, die lokalen Hersteller haben Läden an der Durchgangsstraße. Großer **Wochenmarkt** Do am Marktgelände südlich der Çınarlı Cami im Zentrum.

Waschsalon Reinigung (Kuru Temizleme) in der Barbaros Cad. 1 Sok. Abgerechnet wird pro Stück.

Zeitungen Internationale Presse bekommt man im White Knight Café, → Nachtleben.

Übernachten/Camping   (→ Karte S. 121)

Große sternengeschmückte Hotels gibt es in Ayvalık nicht, es überwiegen charmante kleine Hotels und Pensionen. Für weitere Unterkünfte in der Umgebung → Alibey Adası, S. 124.

Sızma Han 1, in einer alten, umgebauten Olivenölfabrik direkt am Wasser. Nur 10 stilvolle Zimmer, z. T. jedoch mit recht kleinen Fenstern. Dafür tolle Terrasse. DZ 74 €. Gümrük Cad. 2 Sok. 49, ℘ 3127700, ℘ 3125111, www.butiksizmahan.com.

Günebakan Taliani Hotel 12, hoch über Ayvalık, geführt von einer freundlichen pensionierten Lehrerin. Neubau mit 14 Zimmern und 2 Apartments, sehr unterschiedlicher Standard von einfach bis komfortabel, z. T. mit Balkon. Vom schönen Garten und der Dachterrasse herrlicher Blick auf die Stadt. Sehr gutes Frühstück, Abendessen auf Wunsch. DZ 41–90 €. Leicht anzusteuern: Vom Supermarkt Tansaş der Straße nach Bergama folgen, dann ausgeschildert. Ca. 20 Fußmin. ins Zentrum. 13 Nisan Cad. 163, ℘ 3128484, www.talianihotel.com.

Annette's House 11, die charmante Bleibe wird von der gastfreundlichen Annette Steinhoff aus Bielefeld geführt. In 2 mit Liebe restaurierten, zusammenhängenden Konaks gibt es 8 schlicht-hübsche, helle Zimmer mit weißen Dielenböden und weiß getünchten Wänden, von denen sich immer 2 ein blitzsauberes Bad teilen. Fast alle Zimmer mit Balkon, alle mit Ventilator. Idyllisches Gärtchen. Kein Frühstück, dafür Kühlschränke und Küche für die Gäste. DZ 60 €. Neşe Sok. 12 (etwas versteckt, genaue Wegbeschreibung auf der Webseite), ℘ 0542/6633193 (mobil), www.annetteshouse.com.

Chez Beliz, Pension der liebenswerten ehemaligen Schauspielerin Beliz İşlek und ihres freundlichen holländischen Mannes. 8 einfache Zimmer, 5 davon mit eigenem Bad. Hübsche Terrassen, tolles Frühstücksbüfett. Waschservice. Nur Juni–Sept. DZ 50 €. Mareşal Çakmak Cad. 26, ℘ 3124897, ℘ 3122250, www.chezbeliz.com.tr.

Kaptan Otel 4, älteres, kleines Hotel nahe der Post, von der Durchgangsstraße ausgeschildert. Etwas stillose Zimmer mit Laminatböden. Schöne Terrasse am Meer, die in der NS als Parkplatz missbraucht wird. DZ 40 €. Balıkhane Sok. 7, ℘ 3128834, ℘ 3121271, www.kaptanotelayvalik.com.

Übernachten

1 Sizma Han
2 Pansiyon Bonjour
4 Kaptan Otel
5 Kelebek Pansiyon
7 Pansiyon Taksiyarhis
11 Annette's House
12 Günebakan Taliani Hotel

Essen & Trinken

3 Deniz Kestanesi
6 Hüsnü Baba'nın Yeri
8 Günaydın Aile Lokantası
10 Paşa Çorba Salonu

Nachtleben

9 White Knight Café

Alibey Adası,
Busbahnhof,
Fährterminal

Körfez
Diving
Center

Europcar

Gümrük
Meydanı

Straßenlokantas

Taxiyarchis-
Kirche

Saatli
Cami

Talatpaşa C

Atatürk-
Statue

Cumhuriyet
Meydanı

Polizei

Boote
zur Alibey Adası

Dalkıran Cad

Alibey Camii C

Çınarlı Cami

Arapça
Kaymakam
İbrahimbey

13 Nisan C

Tauchboot
Körfez Diving

Minibusse
nach Bergama,
Sarımsaklı und
Şeytan Sofrası

Tansaş-
Supermarkt

Busse
zur Alibey Adası
zum Busbahnhof

Wochen-
markt

Pension Chez Beliz

Tourist Information, Şeytan
Sofrası, Migros-Supermarkt
und Krankenhaus

Ayvalık

60 m

Kelebek Pansiyon 🔲, von Lesern zigfach gelobt. 7 freundliche, saubere Zimmer mit Bad, z. T. mit Klimaanlage (sonst Ventilator) und Meeresblicken. Das reichhaltige Frühstück wird auf der Terrasse zur tollen Aussicht serviert. Der hilfsbereite türkische Besitzer ist in New York aufgewachsen. DZ ab 41 €. Maraşal Çakmak Cad. 108, ✆ 3123908, www.kelebek-pension.com.

Pansiyon Bonjour 🔲, etwas versteckt in einem alten, ehemals feudalen Stadthaus. Eingangsbereich mit Antiquitäten, dort zieht man die Schuhe aus. 12 stilvolle, leicht folkloristische Zimmer, tolle Adresse für atmosphärisches Wohnen, allerdings haben nur 2 Zimmer private Bäder. Sehr sauber und gepflegt. Schöner Innenhof. Nov.–März geschl. DZ 41 €. Çeşme Sok. 5 (ab der Post beschildert), ✆ 3128085, ✆ 3128086, www.bonjourpansiyon.com.

Pansiyon Taksiyarhis 🔲, schön restauriertes Haus, mit viel Liebe eingerichtet. 12 einfache, aber gemütliche Zimmer mit Klimaanlage, sehr saubere Gemeinschaftsbäder. Gärtchen, Terrasse mit Wahnsinnsblick, Laundry. 18,50 €/Pers., Frühstück extra. Maraşal Çakmak Cad. 71, ✆ 3121494, ✆ 3122661, www.taksiyarhispension.com.

Camping → Alibey Adası.

Essen & Trinken/Nachtleben

Ayvalık steht für besten Fisch – diverse Fischrestaurants nahe der Atatürk-Statue. Auch die vorzüglichen Fischlokale auf der Alibey Adası (→ Umgebung) sind zu empfehlen. Günstiger isst man in den Lokantas entlang der Durchgangsstraße und ihren Seitengassen. Ein populärer Snack ist der *Ayvalık Tost*, ein getoastetes Megasandwich, das man am besten *karışık* (gemischt) genießt.

Deniz Kestanesi 🔲, beste Adresse für einen schönen Meze-und-Fisch-Abend. Gepflegtes Terrassenlokal direkt am Meer. Riesige Auswahl an Vorspeisen (2,80–6,30 €), dazu köstlicher Fisch (Preise nach Gewicht, ab ca. 8 €). Sehr freundliches, unaufdringliches Personal. Karantina Sok. 9, ✆ 3123262.

Paşa Çorba Salonu 🔟, anders als der Name vermuten lässt: kein einfacher Suppenladen, sondern ein durchaus ansprechendes, nett eingerichtetes Lokal, das im Niveau zwischen Lokanta und Restaurant liegt. Neben guten Suppen leckere regionale Küche mit super Olivenöl. Preislich okay. Vural Pasajı Arkası, ✆ 3125018.

Hüsnü Baba'nın Yeri 🔲, ein absolut uriger, einfacher Souterrainladen, in dem ältere Herrschaften zu günstigen Preisen Meze, Fisch, Köfte, Bier und Rakı servieren. Tische auch draußen auf dem Gehweg. Tenekeciler Sok. 16.

Günaydın Aile Lokantası 🔲, einfache Lokanta mit einer Vielzahl an leckeren Topfgerichten. Preiswert und von Lesern hochgelobt. Eski PTT Sok./Ecke Belediye Sok. (bei den Fischlokalen am Hafen).

Nachtleben Mit Bodrum oder Kuşadası kann Ayvalıks Nightlife nicht mithalten, aber am Hafen ist es am Abend immer etwas geboten. Ein beliebter Treffpunkt dort ist das **White Knight Café** 🔲, nahe der Atatürk-Statue.

Baden/Tauchen

Baden Am besten unternimmt man einen Bootsausflug zu den Badebuchten der vorgelagerten Inseln. Strände findet man ferner auf der **Alibey Adası** (→ Umgebung) und in **Çamlık**. Der Knoblauchstrand von **Sarımsaklı** (türk. *sarımsak* = Knoblauch) ist rund 7 km lang und bis zu 100 m breit, im Siedlungsbereich allerdings mit Sonnenschirmen und Liegestühlen vollgepflastert und teilweise von den anliegenden Hotels reserviert.

Tauchen **Körfez Diving Center**, Office Atatürk Cad. 61/A, Tauchboot zwischen den Ausflugsschiffen, ✆ 3124996, www.korfezdiving.com. 2 Bootstauchgänge mit Equipment ca. 40 €. Meist mit deutschsprachigen Instrukteuren.

Umgebung von Ayvalık

Alibey Adası (Insel Alibey): Insel oder Halbinsel – der Status ist nicht ganz klar, da das auch „Cunda" genannte Eiland rund 8 km nordwestlich von Ayvalık über Brücke und Damm trockenen Fußes erreicht werden kann. Die früheren Bewohner, Griechen, nannten ihre Heimat „Insel des Duftes". Heute zieht v. a. der Duft der Fischbratereien des Hauptortes über die Insel, der mittlerweile wie die Insel selbst Alibey heißt. Allabendlich lädt die dortige Uferpromenade mit ihren vielen Fischlokalen zum Schlemmen ein. Die Mezevitrinen verfolgen einen noch im Traum und verführen zur Wiederkehr – ein Umstand, den die hiesigen Hoteliers schamlos ausnutzen!

Tagsüber wirkt der charmante Ort (im Winter 500 Einwohner, im Sommer über 20.000!) mit seinen alten griechischen Häusern wie ausgestorben. Mit Schlagseite legen am Vormittag die Ausflugsboote ab, erst am späten Nachmittag kommen sie von der Badetour zurück. Eine kleine Attraktion ist die im Verfall begriffene, nur noch als Skelett existierende *griechisch-orthodoxe Kirche*. Erste bauliche Maßnahmen zu ihrer Rettung wurden eingeleitet. Schöne Blicke über Alibey-Ort genießt man von den erhöht liegenden, restaurierten Windmühlen.

Der Reiz der Insel hat sich längst herumgesprochen. Alte Häuser werden herausgeputzt, neue gebaut, und jeden Sommer wird es ein wenig trubeliger. Auch von uniformen Ferienhaussiedlungen und selbst Betonklötzen ist Alibey Adası nicht verschont geblieben. Doch finden sich abseits des Hauptortes noch etliche ruhige Fleckchen und nette, von Pinienwäldern umrahmte Sandbuchten. Bei kleinen Wanderungen kann man zudem Ruinen alter Klöster entdecken. Tipp: Hinauf zu den Buchten im recht unberührten Norden der Insel! Dahin aber gelangt man nur zu Fuß oder mit einem Mietfahrzeug.

Alte Klosterinsel vor der Alibey Adası

Nordägäis → Karte S. 90

Verbindungen Regelmäßige Bus-, Taxidolmuş- und Bootsverbindungen nach Ayvalık (→ Verbindungen dort).

Bootsausflüge Gleiches Angebot wie in Ayvalık.

Übernachten Nur in der NS sind die Preise einigermaßen okay, in der HS werden die simpelsten Pensionszimmer für 50 € vermietet.

Ortunç Club, rund 4 km von Alibey-Dorf entfernt. Wunderschöner, überaus komfortabler kleiner Club abseits jeglichen Trubels, ein 5-Sterne-Domizil im Kleinen. Sehr gepflegt, der Rasen hat Golfplatzniveau. Eigener Strand. 40 schicke, stilvolle Zimmer in einer zweistöckigen Gebäudezeile, darin alles vom Feinsten. Ganzjährig. EZ ab 133 €, DZ ab 164 €. Ganz im Westen der Insel, ausgeschildert (nicht mit öffentlichen Verkehrsmitteln zu erreichen), ✆ 3271120, ✉ 3272082, www.ortuncclub.com.

Moshos Otel, ein altes, liebevoll restauriertes Stadthaus etwa 200 m hinter der Mole von Alibey. 7 überaus charmante Zimmer, teils mit herrlichen alten Möbeln bestückt. Netter Garten. Von Lesern hochgelobt. DZ 100 €. 15 Eylül Cad. 4, ✆ 3273018, www.moshosotel.com.

Altay Pansiyon, im Zentrum von Alibey, ein paar Reihen hinter dem Meer. 8 blitzblanke, hübsch restaurierte, aber recht kleine Zimmer mit Fliesenböden, Kühlschrank, Klimaanlage und Föhn. Etwas hellhörig. Kleiner Hinterhof zum Frühstücken. DZ 74 €. Ayvalık Cad. 18, ✆ 3271024, ✉ 3271200, www.altaypansiyon.com.

Atün Pansiyon, das alte, rot-weiße Steinhaus gehört zu den billigsten Unterkünften auf der Halbinsel und ist daher oft ausgebucht. 10 einfache, kleine Zimmer mit Bad, z. T. mit Hafenblick. DZ 44 €, kein Frühstück. In 2. Reihe in Alibey nahe der Bootsanlegestelle, ✆ 3271554, www.cundaatunpansiyon.com.

Camping Ada Camping, großer Platz zwischen Olivenbäumen. Schicke Sanitäranlagen, Camperküche, Grillstelle. Eigener Kiesstrand in einer kristallklaren Bucht. Terrassenrestaurant (Bier 4 €!). Zudem 15 schlicht eingerichtete Bungalows mit Du/WC und Terrasse, die für das Gebotene – wie alles auf der Insel – überteuert sind. Ganzjährig. 2 Pers. mit Wohnmobil und Strom 25 €, im campingplatzeigenen Wohnwagen 29 €/Pers., im Bungalow 40 €. Rund 4 km westlich des Inselhauptortes, ausgeschildert (nicht mit öffentlichen Verkehrsmitteln zu erreichen), ✆ 3271211, www.adacamping.com.

Essen & Trinken Um die 20 gute Fischlokale am Hafen von Alibey, wo man angeblich aus 118 verschiedenen Fischgerichten (!) wählen kann. Wie auch beim Übernachten gilt: alles andere als günstig!

Unglaublich gute, außergewöhnliche Meze und tollen Fisch serviert dort u. a. das **Cunda Giritli Restaurant** (✆ 3271722).

Ayna Restaurant, ein sehr hübsches Restaurant im Bistrostil in zweiter Reihe. Stilsicher und gemütlich eingerichtet, könnte auch in jede Großstadt passen. Serviert wird eine kleine Auswahl an eleganten, türkisch-internationalen Gerichten, darunter Extravagantes wie *Pilav* mit Garnelen oder leckere Pasta. Außerdem: Cheesecake! Für das Gebotene faire Preise, Hg. 6,50–12,30 €. Çarşı Cad. 22 (hinter dem Taşkahve), ✆ 3272725.

Café Taşkahve, schönes altes Kaffeehaus an der Uferpromenade. Hoher lichtdurchfluteter Saal und darin gesetztere Herren überm Tavla-Brett.

Şeytan Sofrası: Der Beelzebub bittet zu Tisch. Şeytan Sofrası ("Teufelstafel") nennt man eine tischförmige Gesteinsformation auf der Sarımsaklı-Halbinsel rund 10 km südwestlich von Ayvalık. Hier kann man den Teufel bestechen und eine Münze in einen Spalt am Tischrand werfen – jeder Wunsch geht so in Erfüllung, heißt es. Der Grund für die allabendlichen Massenversammlungen zum Sonnenuntergang ist jedoch weniger das Loch im Felsen als die traumhafte Aussicht über die zerklüftete Küstenlandschaft. Ein paar Lokale laden hier zum Sundowner der Extraklasse ein.

Anfahrt/Verbindungen: Auf dem Weg von Çamlık nach Sarımsaklı ausgeschildert. Am Abend (ca. 1 Std. vor Sonnenuntergang) fährt ein Bus (oft voll, retour 2 €) von Ayvalık zur Şeytan Sofrası und später zurück.

Dikili

In osmanischer Zeit war Dikili der Ausfuhrhafen von Bergama, heute machen hier in erster Linie kleinere Kreuzfahrtschiffe für den Landgang „Pergamon" fest. Ansonsten ist das 17.400-Einwohner-Städtchen fest in der Hand türkischer Urlauber. Dikili ist gepflegt, aber gesichtslos. Der wenig aufsehenerregende Stadtstrand, der sich vom Hafen gen Westen zieht, ist im Sommer gnadenlos überfüllt. Auf der breiten Uferpromenade reiht sich Café an Café und in den schattigen Straßen dahinter ersteht man Luftmatratzen und Sonnenschirme. Eine Prise Orient vermag nicht einmal der dienstägliche Obst- und Gemüsemarkt zu verschaffen.

Verbindungen Busbahnhof ca. 1 km abseits des Zentrums an der Straße nach Bergama. Gute Verbindungen nach Ayvalık, Richtung İzmir und nach Bergama, zudem **Dolmuşe** bzw. **Busse** nach Çandarlı und Bademli.

Im Sommer bestehen in manchen Jahren **Fährverbindungen** nach Lésbos.

Übernachten Von der einfachen Pension bis zum 4-Sterne-Hotel ist alles vorhanden, Unterkünfte mit Flair sind kaum darunter.

** **Perla Hotel**, in erster Reihe. Nicht umwerfend, aber okay, etwas in die Jahre gekommen, soll aber restauriert werden. Teils große Zimmer mit Klimaanlage, Balkon und Meeresblick. DZ mit HP ab 66 €. An der Straße nach Bademli, ☎ 0232/6714145, www.dikiliperladikelyaotel.com.

Stelldichein beim Teufel: Şeytan Sofrası

Pergamon: Heroon für Diadoros Pasparos

Pergamon/Bergama

Alltägliches versus Prunk, Provinznest versus Weltstadt, Gegenwart versus Antike – alles vereinigt in Bergama, dem einstigen Pergamon.

Rund 59.000 Einwohner zählt Bergama, eine Provinzstadt mit einem netten Marktviertel. Sie liegt inmitten der fruchtbaren Ebene des Bakır Çayı auf den Ruinen des römischen Pergamon und zu Füßen jenes Berges, von dessen Akropolis die Attaliden zuvor ein Weltreich regierten. Die meisten Besucher sind Tagestouristen. Es gibt aber auch eine Reihe an Unterkünften für all jene, die länger bleiben wollen. Wer sämtliche Sehenswürdigkeiten auf eigene Faust entdecken will, braucht mindestens einen Tag. Pergamon ist kein kleines kompaktes Ausgrabungsgelände, die Highlights liegen kilometerweit verstreut.

Geschichte

Funde bezeugen, dass die Umgebung Pergamons bereits seit der Bronzezeit besiedelt ist. Erste Befestigungen auf dem Burgberg, übrigens ein alter Vulkanschlot, entstanden vermutlich im 7.–6. Jh. v. Chr. Geschichte begann Pergamon jedoch erst nach dem Tod Alexanders des Großen zu schreiben. Dessen bedeutendster Feldherr Lysimachos hatte sich in Thrakien und Kleinasien einen eigenen Herrschaftsbereich geschaffen und aus vielen Eroberungszügen ein Vermögen von rund 90 Talenten angeeignet. 1 Talent entsprach einem 20 kg schweren Silberbarren – Lysimachos saß also auf einem Berg Silber von rund 1800 kg! Bevor Lysimachos in die Schlacht gegen den Syrerkönig Seleukos zog, ließ er den Schatz nach Pergamon bringen und dort von seinem Eunuchen Philetairos bewachen. Lysimachos kam nie aus der Schlacht zurück – er fiel 281 v. Chr.

Der reich gewordene Philetairos schwang sich zum Herrscher von Pergamon auf – die Geburtsstunde eines neuen Reiches. Seinem Adoptivsohn Eumenes gelang es, durch die siegreiche Schlacht gegen die Syrer bei Sardes 262 v. Chr. den Herrschaftsbereich weiter auszudehnen. Dessen Nachfolger, sein Neffe Attalos, triumphierte über die Kelten in der Schlacht bei den Kaikos-Quellen 230 v. Chr. Daraufhin nahm er den Königstitel an und wurde als Attalos I. erster Regent des pergamenischen Königshauses. Pergamons Ruhm verbreitete sich daraufhin im ganzen hellenistischen Kulturraum. Es folgte der Bau der berühmten Bibliothek, des Athenatempels und etlicher Denkmäler.

Attalos I. schloss zudem eine Allianz mit Rom. Seinem Sohn Eumenes II. gelang mithilfe des mächtigen Verbündeten 190 v. Chr. in der Schlacht von Manisa (→ S. 146) ein weiterer Sieg gegen die Syrer. Nach dem Motto „Divide et impera!" („Teile und herrsche!") überließen ihm die Römer den größten Teil der neu gewonnenen Gebiete. Während seiner Regierungszeit avancierte Pergamon zur Weltstadt. Die Akropolis wurde mit einer Stadtmauer versehen, das Gymnasion gebaut, die Theaterterrasse, die Untere Agora und der berühmte Zeusaltar. Intellektuelle und Künstler aus der ganzen antiken Welt zog es auf den Burgberg.

133 v. Chr. starb Attalos III., der letzte König von Pergamon. Er soll ein sonderbarer Mann gewesen sein, der seinen Palast aus Verfolgungswahn selten verließ und sich vorrangig dem Studium von Giftpflanzen widmete, die er an Verbrechern testete. Der schnell aufeinanderfolgende Tod seiner Mutter und seiner Frau brach ihm schließlich das Herz. In seinem Testament zeigte er jedoch wie seine Vorgänger politische Weitsicht: Um einer stabilen Politik willen vermachte er sein Reich den Römern.

So kam einer der menschenreichsten und wohlhabendsten Landstriche der damals bekannten Welt als *Provinz Asia* zu Rom, und aus dem Reich wurde ein Imperium. Die Stadt selbst profitierte davon und erlebte ihre größte Blüte. Vom Burgberg bis in die weite Ebene dehnte sie sich nun aus, die Einwohnerzahl stieg auf 150.000 an. Unter dem Arzt Galenos entwickelte sich das Asklepieion zu einer der berühmtesten Heilstätten der Antike. Zudem besaß Pergamon aufgrund seiner großen christlichen Gemeinde auch noch eine der sieben apokalyptischen Kirchen.

Orientierung: Wer von der Westküste nach Bergama fährt, gelangt über die İzmir Caddesi geradewegs ins Zentrum. Die Straße ist zugleich die Hauptachse des Städtchens, nahezu alle öffentlichen Einrichtungen liegen an ihr oder sind von ihr ausgeschildert. Sie ist mehrere Kilometer lang, das Zentrum beginnt auf Höhe des *Archäologischen Museums*. Etwas weiter nördlich ändert die İzmir Caddesi ihren Namen in Bankalar Caddesi. Sie endet in der geschäftigen Altstadt um die riesige Ruine der *Kızıl Avlu (Rote Halle)*. Hier schmiegen sich windschiefe Backsteinbauten und schöne alte Griechenhäuser eng aneinander, durch die verschlungenen Gassen passen oftmals nur noch Mopeds.

Die zwei größten Attraktionen Pergamons liegen außerhalb des Zentrums: das *Asklepieion* im Südwesten der Stadt (ca. 30 Gehmin. vom Archäologischen Museum, ausgeschildert) und die *Akropolis* in entgegengesetzter Richtung (mit der Seilbahn zu erreichen, → Kasten, S. 131). Mit dem Taxi zum Asklepieion ca. 5,50 €, eine 2- bis 3-stündige Tour zu beiden Sehenswürdigkeiten mit Wartezeiten ca. 27 €. Die Parkplätze an der Talstation der Seilbahn, auf der Akropolis und beim Asklepieion sind gebührenpflichtig (für Wohnmobile 5 €).

Nordägäis → Karte S. 90

Nach dem Goteneinfall 262 n. Chr. begann Pergamons Stern zu sinken. In byzantinischer Zeit verlor die Stadt so an Bedeutung, dass sich die Einwohnerzahl auf 8000 reduzierte. Das Stadtgebiet verlagerte sich wieder auf den Burghügel, wo man sich besser gegen einfallende Turkstämme schützen konnte. Erst als die Osmanen im 14. Jh. den Landstrich eroberten, verließen die Bewohner den Burgberg wieder. Am Fuß des Hügels legten sie, über den Ruinen der römischen Blütezeit, den Grundstein zum heutigen Bergama.

1873 entdeckte der deutsche Ingenieur Carl Humann nahe Bergama im Stroh eines Ochsenkarrens eine mit Reliefs verzierte Marmorplatte. Er kaufte sie dem Bauern für einen Pfennigbetrag ab und schickte sie an jenes Museum in Berlin, das heute als *Pergamon-Museum* bekannt ist. Fünf Jahre danach begannen unter Humanns Leitung die Ausgrabungen der antiken Weltstadt Pergamon. Die wertvollsten Fundstücke verschwanden schnell in Berlin, so der einzigartige Fries des Zeustempels. Humann ließ sich nahe dem einstigen Zeustempel bestatten. Heute leitet das Deutsche Archäologische Institut İstanbul die Ausgrabungen vor Ort.

Information/Verbindungen

Telefonvorwahl 0232.

Information An der Durchgangsstraße, ausgeschildert. Mo–Fr 8.30–12 u. 13–17.30 Uhr. Yeni Hükümet Konağı, B Blok Zemin Kat., ✆/✉ 6312851, www.bergama. bel.tr.

Verbindungen Bus: Busbahnhof *(Yeni Garaj)* an der Abzweigung nach Ayvalık/ İzmir ca. 8 km südwestlich des Zentrums. Servicezubringer der Busgesellschaften ins Zentrum, zudem Dolmuşe. Direktverbindungen u. a. nach Dikili, Ayvalık (1¾ Std.) und İzmir (2 Std.).

Adressen/Einkaufen/Sonstiges

Ärztliche Versorgung Krankenhaus an der Straße nach Kınık/Soma (ca. 1 km östlich des Zentrums). ✆ 6312894.

Einkaufen Teppiche aus Bergama zählen zu den besten der Türkei. Hochwertige Stücke werden aber fast ausschließlich in İstanbul oder Europa verkauft.

Mo bunter **Wochenmarkt** an der Straße nach Kınık/Soma ca. 1 km östlich des Zentrums (20 Fußmin.).

Festival Bergama Festival, Mitte/Ende

Juni. 7 Tage volles Programm mit türkischen Folkloregruppen und Schlagergrößen, dazu Paraden, archäologische Konferenzen etc.

Türkisches Bad (Hamam) Hacı Hekim Hamamı, schönes, altes (1513) und jüngst restauriertes Bad mit getrennten Abteilungen für Männer und Frauen. Laut Prospekt ist der Besuch „sehr Amiisant". Dazu heißt es: „In der fremde angeben ahnelt dem singen im HAMAM." Alles klar? Tägl. 6–23 Uhr. Eintritt mit *Kese* und Massage 17 €. Bankalar Cad. 42.

Übernachten

Hotel Hera **2**, 2011 eröffnetes, sehr charmantes, kleines Hotel. 8 Zimmer, z. T. in einem aufwendig und schön restaurierten Stadthaus. Netter Hof, schöne Terrasse. DZ 80 €. Tabak Köprü Cad. 21 (ausgeschildert), ✆ 6310634, www.hotelhera.com.

Mansion **4**, in einem alten Anwesen. 6 stilvoll restaurierte Zimmer (Bäder z. T. in Wandschränken), auf mehrere Gebäude verteilt. 2011 wurde ein Restaurantgarten angelegt. Zuvorkommender Service (der laut Leserinnenmeinung für alleinreisende Frauen belästigend werden kann). DZ 40–60 €. İmam Çıkmazı (von der Durchgangsstraße im Norden des Zentrums ausgeschildert, neben der Athena Pension), ✆ 6333420, ✉ 6313620, www.athenapension.com.

Akropolis Guesthouse **3**, ca. 5 Fußmin. vom Zentrum entfernt, von der Straße nach Pergamon ausgeschildert. Kleine, freundliche, begrünte Anlage im Farmhausstil, sehr ruhig und ideal zum Entspannen nach dem Sightseeing. 12 Zimmer mit Klimaanlage um einen Pool, die einen sehr klein und schlicht, die anderen recht groß, die schönsten in der oberen Etage mit Holzdecken und großen Balkonen. Kleines Restaurant für die Gäste. Netter englischsprachiger Service. DZ je nach Zimmer 35–49 €. Kayalık Sok. 3, ☎ 6312621, 📠 6315525, www.akropolisguesthouse.com.

>>> Unser Tipp: Odyssey Guest House 5, historisches Stadthaus in bester Lage. 9 schlichte, aber sehr hübsche und charmante Zimmer (Holzböden, ultrahohe Decken etc.), 6 davon mit klitzekleinen, nachträglich integrierten Bädern, 3 mit Bädern außerhalb. Ebenfalls freundlicher englischsprachiger Service. Reichhaltiges Frühstück, umfangreiche Bibliothek, kleine Dachterrasse mit Blick auf die Rote Halle. DZ mit Bad 33 €, ohne Bad 25 €. Abacıhan Sok. 13, ☎ 0505/6539189 (mobil), www.odysseyguesthouse.com. **<<<**

Gobi Pension **15**, nicht die attraktivste Lage an der Durchgangsstraße im Süden der Stadt (10 Gehmin. ins Zentrum, Restaurants in der Nachbarschaft), doch von Lesern immer wieder gelobt. 12 saubere Zimmer mit Steinböden und bunten Teppichen, mit und ohne Bad, mit und ohne Balkon. Nach vorne raus etwas laut, dafür ruhiger kleiner Garten fürs reichhaltige Frühstück. Hilfs-

bereiter englischsprachiger Inhaber. DZ mit Bad 31 €, ohne 27 €. İzmir Cad. 18, ☎ 6332518, www.gobipension.com.

Böblingen Pension **16**, nach der Partnerstadt von Bergama benannt, an der Abzweigung zum Asklepieion. Einfache, saubere Zimmer, größtenteils mit Stein- oder Dielenböden. Frühstücksterrasse. Die nette Wirtsfamilie spricht Deutsch, der Sohn Englisch. Waschmaschine. DZ mit Bad und Klimaanlage 29 €, ohne beides 24 €. Asklepion Cad. 2, ☎ 6332153, 📠 6315676, dincer_altin@hotmail.com.

Citi Hostel **10**, einfache, aber ordentliche Zimmer um einen kleinen Hof. Englischsprachig. DZ mit Bad 25 €, Bett im Schlafsaal 12 €. Bankalar Cad 10, ☎ 6335008.

Camping Bergama Caravan Camping **17**, 3 km außerhalb des Zentrums an der Straße nach İzmir. Rasengelände, das mit jedem Jahr etwas schattiger wird, Pool. Ordentliche Sanitäranlagen – Warmwasserduschen, sauberer Waschraum, Waschmaschine. Restaurant für Busgruppen (ohne solche nicht in Betrieb). Ganzjährig. 2 Pers. mit Wohnmobil 14,50 €. İzmir Yolu, ☎ 6333902, 📠 6331792, www.caravancamping.net.

Kurtuluş Otopark **6**, alles andere als idyllisch, aber eine Alternative für alle, die im Zentrum stehen wollen (nichts für Zelte). Auf dem kleinen Parkplatz samt Waschanlage gegenüber der Roten Halle gibt es auch akzeptable Sanitäranlagen samt Dusche. 2 Pers. mit Wohnmobil und Strom 8 €. ☎ 0538/4926599 (mobil).

(Essen & Trinken

Für die aufgeführten Lokantas gilt: Früh kommen, am Nachmittag ist die Auswahl schon gering und abends wird früh geschlossen.

Ticaret Odası Sosyal Tesisleri **1**, das der Handelskammer angehörige Lokal galt zuletzt als das beste der Stadt. Untergebracht in einem historischen Gebäude hoch über dem Zentrum, Terrasse mit herrlicher Aussicht. Kleine Karte (Meze und Grillgerichte), Hg. um die 4,50 €. Wegbeschreibung zu Fuß (kürzer als mit dem Auto): Man folgt vom Zentrum der Beschilderung nach Kozak und nimmt die zweite Brücke rechter Hand. Nach der Brücke nimmt man das bergauf führende Sträßlein links der dortigen Moschee. Das Restaurant ist von hier bereits zu sehen.

Büyükalan Mevkii, ☎ 6329641.

Altın Kepçe Lokantası **12**, neben dem Hamam. Nette Lokanta mit überaus leckeren Topfgerichten. Sehr gutes *Çığırtma*, eine lokale vegetarische Spezialität aus Auberginen, Tomaten und viel Olivenöl.

Dostlar Lokantası **11**, gegenüber dem Hamam in einer schmalen Seitengasse. Hier essen die Basarhändler zu sehr günstigen Preisen. Auch hier gibt's *Çığırtma*, dazu Pide und *Bergama Köfte*. Peynir Pazarı Karşısı.

Onur Lokantası **13**, sehr saubere Lokanta mit großer Auswahl. Literweise Olivenöl

wird hier tagtäglich verbraucht. Nahe der Post, Ahmet Kuduğ Çıkmazı 4/A.

Sarmaşık Lokantası 9, und noch eine freundliche, einfache Lokanta, dieses Mal im oberen Ortsbereich an der Bankalar Cad. Gute Auswahl an leckeren Topfgerichten, auch für Vegetarier. Günstig.

Arzu 7, hier serviert man die beste Pide der Stadt. Schräg gegenüber dem Sarmaşık.

Pala 8, winziger Laden und zugleich die älteste Köftebräterei Bergamas. Zu den Fleischbällchen isst man *Piyaz* (Salat aus weißen Bohnen). Ums Eck vom Sarmaşık (beim orangefarbenen Haus, das *Tuborg* verkauft, in die Seitengasse rechts rein).

Zıkkım Birahanesi 14, einer von mehreren Biergärten gegenüber dem Museum an der Hauptstraße. Schattige Terrasse, gut für das Feierabendbierchen, dazu gibt es auch kleine Gerichte.

Die Akropolis von Pergamon – Rundgang durch die Oberburg

Eine 6 km lange Straße windet sich in Serpentinen vom Zentrum Bergamas zur Akropolis. Dabei passiert man die Rote Halle (s. u.) und die Talstation der Seilbahn.

Vom Kassenhäuschen bei der Bergstation der Seilbahn führt ein Weg bergauf zum einstigen **Burgtor**, von dem nur noch spärliche Reste erhalten sind. Dabei passiert man das **Heroon** (linker Hand). Es war ein großer, um einen Säulenhof angelegter Kultbau zu Ehren der pergamenischen Könige. In römischer Zeit war das Innere des Gebäudes ganz mit weißem Marmor ausgekleidet, heute ist nicht mehr viel erhalten.

Hinter dem Burgtor lag linker Hand der **Heilige Bezirk der Athena**. Doch an den ältesten Tempel Pergamons, der der siegreichen Stadtgöttin geweiht war, erinnert nur noch das

Fundament. Das Bauwerk war flankiert von je sechs Säulen an den Schmal- und je zehn an den Längsseiten. Reliefs und Statuen verherrlichten den siegreichen Kampf gegen die Gallier.

> **Hinweis**: Der hier beschriebene Rundgang durch die Oberburg vorbei an den wichtigsten Ausgrabungen beginnt und endet dort. Er ist die Standardtour für alle, die mit dem eigenen Fahrzeug die Akropolis ansteuern. Wer die Seilbahn nimmt und gerne spazieren geht, kann durch die Unterstadt nach Bergama absteigen – lohnenswert. Am Ende der Tour durch die Unterstadt gibt es zwar einen Maschendrahtzaun, doch findet sich i. d. R. immer ein Loch zum Hindurchschlüpfen. Eine Besichtigung in entgegengesetzter Richtung ist zwar möglich, aber im Sommer überaus schweißtreibend. Denken Sie daran, viel Wasser mitzunehmen! Die Talstation der **Seilbahn** liegt ca. 10–15 Fußmin. nordöstlich des Zentrums (dem ausgeschilderten Weg zur Akropolis folgen). Im Sommer tägl. 8.30–19 Uhr, im Winter verkürzt. Retourticket 3,20 €, einfach die Hälfte.

Nordägäis → Karte S. 90

Steigt man hinter dem Burgtor weiter bergauf, reihen sich zur Rechten die niederen Mauerreste mehrerer **Königspaläste** aneinander. Es waren recht bescheidene Gebäude mit einem Innenhof, der von einer Säulenreihe (Peristyl) umgeben war.

Wieder linker Hand lag die berühmte **Bibliothek** von Pergamon. Sie soll einen Bestand von 200.000 Bänden gehabt haben. Zum Schutz vor Feuchtigkeit waren die Räume mit kostbaren Hölzern getäfelt. Der große Lesesaal war über 5 m hoch und mit einer fast genauso hohen Athena-Statue geschmückt.

Aus der Not geboren – das Pergament und das Buch

Als die Bibliothek von Pergamon die von Alexandria zu überflügeln drohte, verboten die ägyptischen Könige kurzerhand die Ausfuhr von Papyrus. Die Einwohner von Pergamon (Pergament!) besannen sich daraufhin auf die alte ionische Kunst, Schreibmaterial aus dünn geschabten Tierhäuten herzustellen. Da sich diese jedoch nicht wie das Papyrus rollen ließen, schnitt man sie zu Seiten und band sie in einem ledernen Deckel zu einem Buch.

Schräg über der Bibliothek erhebt sich das **Trajaneum** – einst ein Triumph römischer Baufertigkeit. Der Tempel, ganz aus weißem Marmor errichtet, entstand für den vergöttlichten Kaiser Trajan. Zu römischer Zeit prägte er das Bild des Burgberges. Teile der Säulenhallen wurden wieder aufgerichtet, besonders aber zieht eine wieder erstellte, korinthische Giebelecke den Blick auf sich. Der Platz um den Tempel wurde gen Südwesten hin künstlich auf gewaltigen Stützmauern und Gewölben geschaffen. Von dort blickt man hinab auf das Theater (s. u.).

Verlässt man das Trajaneum an seiner Nordostecke bei einem Torso über eine Treppe, und steigt von da weiter zu einem auffälligen Neubau auf, gelangt man zu einer vollständig erhaltenen Zisterne, von einem Eisengeländer umringt. Sie gehörte zu einem der Königspaläste. Heute dient sie als **Glücksbrunnen**, der Wünsche in Erfüllung gehen lässt, sofern Sie in der Lage sind, hintereinander drei Münzen so auf die darin „versenkte Säule" zu werfen, dass sie oben liegen bleiben. Der Wunsch muss zuvor festgelegt werden.

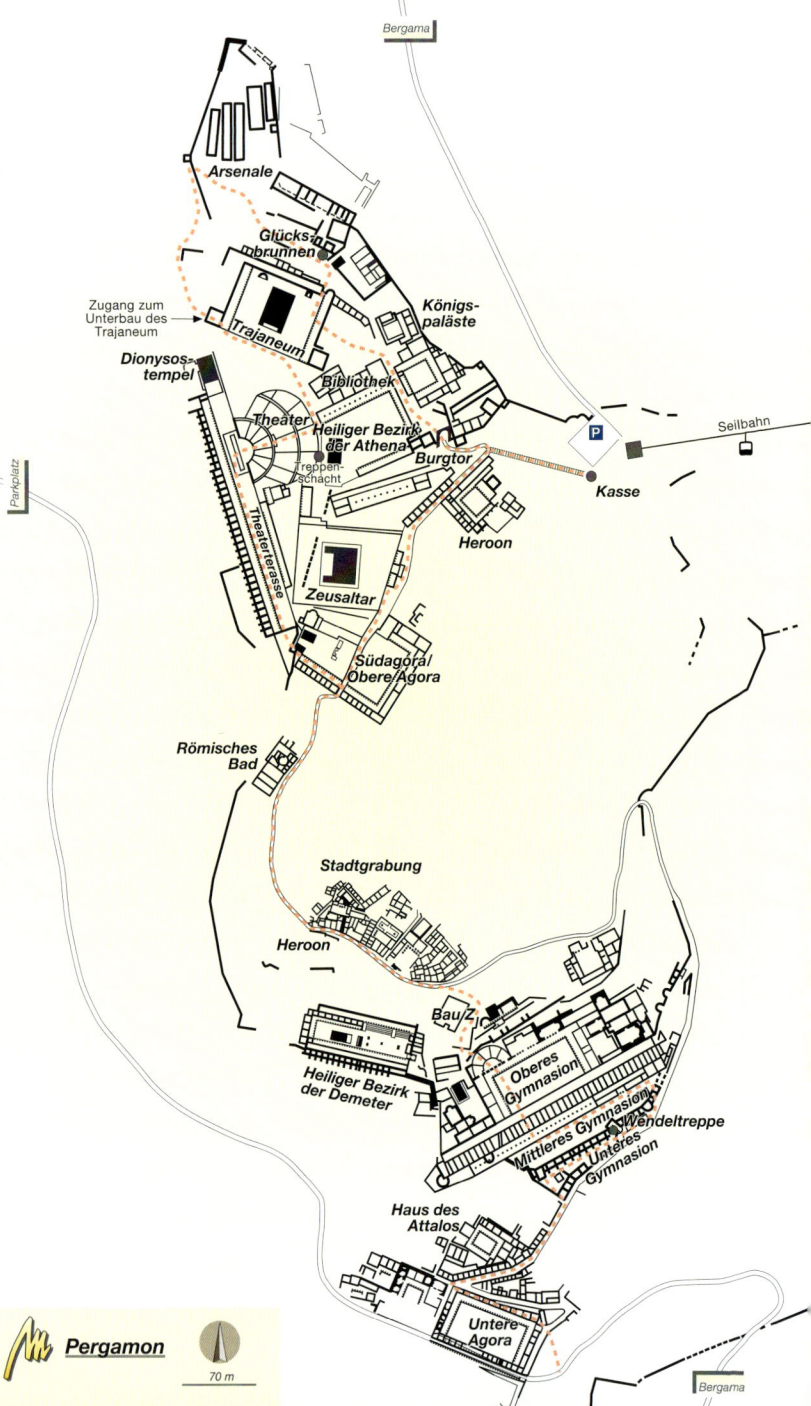

Bergama

Arsenale

Glücks-
brunnen

Zugang zum
Unterbau des
Trajaneum

Trajaneum

Königs-
paläste

Dionysos-
tempel

Bibliothek

Theater

Heiliger Bezirk
der Athena

Seilbahn

Treppen-
schacht

Burgtor

Kasse

Heroon

Theaterterasse

Zeusaltar

Parkplatz

Südagora/
Obere Agora

Römisches
Bad

Stadtgrabung

Heroon

Bau Z

Heiliger Bezirk
der Demeter

Oberes
Gymnasion

Wendeltreppe

Mittleres Gymnasion
Unteres
Gymnasion

Haus des
Attalos

Untere
Agora

Bergama

Pergamon

70 m

Ein Pfad führt von hier durch einen recht verwilderten Abschnitt der Akropolis zu einem Mauerdurchbruch und weiter hinaus auf einen schmalen Vorsprung am Nordende der Burg. Dort liegen die überaus spärlichen Reste der **Arsenale**, fünf längliche Baracken, in denen 900 steinerne und bleierne Kugeln gefunden wurden, die einst von katapultartigen Schleudern auf nahende Feinde abgeschossen wurden. Eindrucksvoll ist hier auch der Blick auf die **Nordwestmauer**, die noch heute aus 32 Quaderschichten besteht. Sie stammt aus hellenistischer Zeit, war früher viel höher und wurde von Zinnen abgeschlossen.

Aber auch der Fernblick ist imposant. Im Tal wird der Flusslauf des Kestel Çayı gestaut, um die Wasserversorgung Bergamas sicher zu stellen. Dort lassen sich auch Reste eines römischen **Aquädukts** (2. Jh. n. Chr.) ausmachen. Eine künstliche Trinkwasserversorgung hatte Pergamon aber schon rund 400 Jahre früher. Dabei wurde von dem 45 km nördlich gelegenen Berg Madra Dağı Wasser über eine dreisträngige, aus 240.000 Einzelteilen gefertigte Tonrohrleitung in eine Kammer auf den Bergrücken gegenüber der Burg geleitet. Von dort gelangte es in einer unterirdisch verlegten Druckleitung aus Blei mit bis zu 20 atü auf den Burgberg. So wurde ein Höhenunterschied von über 200 m nur durch Eigendruck, ohne eine einzige Pumpe überwunden. Von den Arsenalen verläuft außerhalb der Burgmauern gen Süden ein Pfad auf die Terrasse des Trajaneum. Im Südwesten führen Stufen hinab zu dessen imposantem Unterbau – spannend.

Nachdem man den Unterbau passiert hat, steht man oberhalb des **Theaters**, auf dessen Ränge man über einen Treppenschacht gelangt. Das Theater war das kulturelle und gesellschaftliche Zentrum Pergamons. Über der ersten Querreihe lag, ganz aus Marmor, die königliche Loge. Die Sitzreihen der restlichen 10.000 Plätze aus vulkanischem Andesit wurden in den Hang gebaut. Die Bühne bestand ganz aus Holz und wurde nur zu den Festspielen aufgebaut. Die restliche Zeit sollte die Theaterterrasse frei bleiben, damit der kleine **Dionysostempel** direkt daneben auch optisch zur Geltung kam. Einige lange Säulentrommeln und schöne Kapitele sind von ihm erhalten.

Die 250 m lange **Theaterterrasse** war – heute kaum mehr zu erahnen – Pergamons Einkaufszentrum und Flanierstraße. Die extreme Hanglage machte auf der Talseite die Errichtung einer bis zu 12 m hohen, dreistöckigen Stützmauer erforderlich, gekrönt von einer durchgehenden Säulenhalle. Auf beiden Seiten der Straße gab es Läden und fliegende Händler. Am Südende der Terrasse lag die **Obere Agora**, der mit Säulenhallen umgrenzte Marktplatz Pergamons. Viel erhalten blieb nicht.

Darüber markieren heute zwei prächtig gewachsene Pinien den Standort des riesigen **Zeusaltars** (34 x 34 m). Nur noch seine Fundamente sind vorhanden. Den Rest kann man als Nachbau mit den Originalfriesen im Berliner *Pergamon-Museum* bewundern. Ohne Zweifel wäre er hier schöner platziert – die Rückgabe wird gefordert. Steigt man nun weiter bergauf, gelangt man am Heroon vorbei wieder zur Bergstation der Seilbahn. Wer durch die Unterstadt nach Bergama absteigen möchte, geht einfach wieder ein paar Schritte zurück zur Oberen Agora.

Tägl. 8.30–18.30 Uhr, im Winter 8–17 Uhr. Eintritt 8 €.

Durch die Unterstadt nach Bergama

Von der Oberen Agora führt ein markierter Weg auf einer antiken Straße, deren Pflaster z. T. noch zu erkennen ist, an den Grundmauern eines **römischen Bades** (zugewuchert) vorbei zur sog. **Stadtgrabung**. Unter Leitung des deutschen Archäologen Wolfgang Radt versuchte man hier, Einblicke in die Lebensweise des einfachen Volkes

Nordägäis → Karte S. 90

zu erhalten. Man stieß u. a. auf eine kleine **Garküche** und einen **Verkaufsladen** für Wein und Öl. Neben schiefen, aus unbehauenen Steinen errichteten Wohnhäusern fand man auch Reste repräsentativer Bauten, die mit denen der Akropolis jedoch nicht konkurrieren können. Dazu gehört ein – am Schutzdach leicht zu erkennendes – **Heroon** für Diodoros Pasparos, einen Wohltäter der Stadt. Es bestand aus einem Kultsaal und einem Odeion mit gemeinsamer Vorhalle (beides durch ein Gitter einsehbar).

Etwas tiefer am Hang steht ein weiterer, sehr moderner Schutzbau, der sog. **Bau Z**. Auch darunter verbarg sich kein Wohnhaus, sondern ein öffentliches Gebäude, man vermutet das Prytaneion oder ein Gästehaus für ranghohe Besucher. Der Peristylbau mit eigener Badeanlage besitzt herausragende Mosaiken, deren Themen sich v. a. um den Weingott Dionysos ranken – absolut sehenswert. Man vermutet, dass sie um 100 n. Chr. entstanden.

Direkt unterhalb des Baus Z erstreckt sich linker Hand die obere Etage des Gymnasions, rechter Hand der **Heilige Bezirk der Demeter** (Hinweisschild „Demeter Kutsal Alanı"). Die 100 x 45 m große Terrassenanlage besteht aus Tempel, Altar, Säulenhallen, einem Opferschacht für den Hades und einer neunstufigen Tribüne. Bei nächtlichem Fackelschein feierten hier Priesterinnen Kultfeste zu Ehren der Göttin der Feldfrüchte, die zu Fruchtbarkeit und einem Leben nach dem Tode verhelfen sollten.

Der riesige Komplex des **Gymnasions**, die größte weltliche Anlage Pergamons, erstreckte sich über drei Terrassen. Der Gebäudekomplex der obersten Terrasse, der Jugendlichen über 16 Jahren vorbehalten war, war der schönste. Er besaß einen theaterförmigen Saal für Vorträge und Konzerte, einen Ehrensaal und eine Badeanlage. Die mittlere Terrasse gehörte den pubertierenden Epheben. Die unterste Terrasse schließlich war eine Art Spielplatz für Kinder.

Auf der Akropolis von Bergama

Über eine noch vollständig erhaltene, überdachte Wendeltreppe gelangt man hinab zum **Haus des Attalos**, das rechts erhöht des Weges liegt. Das Gelände macht einen etwas verwahrlosten Eindruck: Die schönen Mosaiken des Peristylbaus mit noch erhaltenen Fresken werden zwar von oben durch ein Schutzdach gesichert, von unten jedoch von der Natur zurückerobert.

Es folgt die **untere Agora**, von der aber nur spärliche Reste neben neuzeitlichen Häusern, den Lagerräumen des Grabungsteams, erhalten sind. Einst waren hier Inschrifttafeln aufgestellt, die u. a. über Gesetze des öffentlichen Lebens informierten (z. B. zum Wege- und Hausbau oder zur Pflege der Zisternen). Der Weg endet an der Straße von Bergama nach Pergamon vor einem Maschendrahtzaun, der durch ein Loch passiert werden kann. Von dort läuft man noch ca. 15 Minuten ins Zentrum.

Asklepieion

Am westlichen Stadtrand von Bergama liegt, inmitten einer weitläufigen Kasernenstadt (z. T. Fotografierverbot!), das Ruinenfeld des Asklepieions, eine der berühmtesten Heilstätten der Antike. Im 4. Jh. v. Chr. wurde sie gegründet, in römischer Zeit erlebte sie unter dem Arzt Galenos (129–199) ihre größte Blüte, selbst Kaiser suchten die Heilstätte auf.

Zum Asklepieion gelangte man früher über die *via tecta*, eine knapp 1 km lange Basarstraße, beidseitig von Arkaden und Geschäften gesäumt. Noch heute führt auf ihr der Weg vom Ticketschalter zum Asklepieion, nur zieren die einstige Prachtkolonnade lediglich Säulenstümpfe. An ihrem Ende ging es über Stufen durch ein Tor hinab zum Propylon; hier wurden die Patienten feierlich empfangen.

Asklepios und die antiken Behandlungsmethoden

Asklepios, Sohn von Apollon und Koronis, war in der Antike der Gott der Heilkunst. Seinen Tod bewirkte Zeus, der ihn mit einem Donnerkeil erschlug, weil er es gewagt hatte, Tote lebendig zu machen. Schlangen waren dem Asklepios heilig, und man sagte, er habe sich in ihnen verkörpert. Auf Asklepios geht der Äskulapstab zurück. Mit einer um einen Stab gewickelten Schlange symbolisiert er den ärztlichen Stand.

Das Asklepieion von Pergamon war in der Antike nicht das einzige seiner Art, es gab mehr als 200 solcher Stätten. Sie waren keine reinen Kultorte, sondern eine Art Kurbad mit Tempel, Wohn- und Krankenkomplex, Theater, Bibliothek u. v. m. Die Heilsuchenden verbrachten hier im Schnitt mehrere Monate. Behandelt wurden Leib und Seele gleichermaßen. Grundlage der Diagnose war oft die Inkubation (Schlaf im Tempel) bzw. die darauf folgende Traumdeutung durch Priester und Ärzte. Dementsprechend empfahlen sie dann Diäten, Bäder-, Honig- oder Kräuterkuren, körperliche Übungen, das Trinken von verdünntem Schierlingssaft, Kreidebrei o. Ä. Vieles über die Behandlungsmethoden weiß man aus den Aufzeichnungen von Galenos, dem nach Hippokrates wohl berühmtesten Arzt der Antike. Noch heute sind von Galenos, der u. a. auch Leibarzt Mark Aurels war, rund 180 Schriften erhalten. Der gute Arzt erreichte übrigens für die damalige Zeit das hohe Alter von 70 Jahren.

Nordägäis → Karte S. 90

Etwas weiter macht rechter Hand ein Schild auf die **Bibliothek** aufmerksam – ohne dieses würde man die spärlichen Reste glatt übersehen. Von der Bibliothek führt die über 120 m lange **Nordgalerie**, einst eine Säulenhalle von fast 10 m Höhe, zum Theater. Wieder aufgerichtete Säulen lassen die einstige Pracht des Komplexes erahnen. Aufführungen in dem noch gut erhaltenen, teils rekonstruierten **Theater**, das annähernd 4000 Zuschauer fasste, sollten für Zerstreuung sorgen und neue Lebensgeister wecken. Noch heute wird es gelegentlich für Veranstaltungen genutzt.

Von der Westgalerie steht nicht mehr viel, und an die einst doppelstöckige Südgalerie erinnert auf den ersten Blick so gut wie nichts mehr – dabei ist noch recht viel erhalten, nur steht die Säulenreihe tiefer. In der Ecke, wo sich beide trafen, gab es, mit viel Fantasie noch zu erkennen, nach Geschlechtern getrennte Toiletten mit Wasserspülung.

Etwa in der Mitte des von den Galerien umrahmten Platzes plätschert bei einer großen Platane Wasser aus einem Metallrohr. Das angeblich einst heilwirksame Wässerchen hilft, so Untersuchungen aus neuerer Zeit, heute keiner Seele mehr. In der Nähe führen Stufen hinab in einen 80 m langen unterirdischen Gang, in den durch Luken gespenstisches Licht einfällt. Er endet beim **Kurhaus**, gleichzeitig ein Tempel, in dem Wasserbehandlungen vorgenommen wurden. Treppen führen ins Obergeschoss, in jenen Trakt, wo die Patienten sich zum Träumen niederlegten. Gleich daneben stand einst der Haupttempel des Bezirks, der **Asklepios-Tempel** – ohne ein Hinweisschild würde man auch dessen spärliche Reste kaum mehr ausmachen.
Adresse/Öffnungszeiten: Von der İzmir Cad. im Süden des Zentrums ausgeschildert. Gleiche Öffnungszeiten wie die Akropolis. Eintritt 6,10 €.

Weitere Sehenswürdigkeiten in und um Bergama

Kızıl Avlu (Rote Halle): Der dachlose Monumentalbau (60 x 26 m, 19 m hoch) aus roten Ziegeln, unter Kaiser Hadrian im 2. Jh. errichtet, diente der Verehrung des ägyptischen Gottes Serapis. Er enthielt eine 12 m hohe Kolossalstatue Serapis' und war ursprünglich komplett mit farbigen Marmorplatten verkleidet. Teile der ursprünglich antiken Anlage wie Marmorfußboden, Wasserbassins und Podium für Kultstatuen sind noch erhalten. In byzantinischer Zeit wurde die Halle in eine dreischiffige Johannesbasilika umgebaut und mit einer Apsis versehen – daher wird sie auch als „rote Basilika" bezeichnet. Zwei turmartige Rundbauten flankieren sie, in einem davon befindet sich heute eine Moschee. Im anderen, der sich bereits im gebührenpflichtigen Teil befindet und in osmanischer Zeit als Maschinenraum einer Olivenölfabrik genutzt wurde, werden Fundstücke aufbewahrt. Im Hof fanden 2011 Grabungs- und Rekonstruktionsarbeiten statt, die eigentliche Halle war nur von außen einsehbar.
Adresse/Öffnungszeiten: An der Straße zur Akropolis, ausgeschildert. Im Sommer tägl. 8.30–18.30 Uhr, im Winter 8–16.30 Uhr. Eintritt 2 €.

Archäologisches Museum: Die Sammlung fällt im Vergleich zum Pergamon-Museum in Berlin ziemlich bescheiden aus, ist aber dennoch sehenswert. Und wer noch nie im Berliner Museum war, kann hier auch ein kleines, etwas plump ausgefallenes Modell des Zeusaltars besichtigen, dazu schöne Kleinfunde und Büsten. Auch gibt es eine ethnografische Abteilung mit Teppichen, Waffen und Kostümen. Zu den bedeutendsten Exponaten gehören eine Kolossalstatue Hadrians aus der Bibliothek des Asklepieions, ein prächtiges Bodenmosaik mit einem Medusenkopf aus hellenistischer Zeit und die 1,5 m große Statue einer Nymphe oder Aphrodites aus Allianoi, die bis zu ihrer Entdeckung im Jahr 2000 in 8 m Tiefe geschlummert hatte. Allianoi (18 km nordöstlich von Bergama) war eines der prächtigsten antiken Thermalbäder. Es erlebte seine Blü-

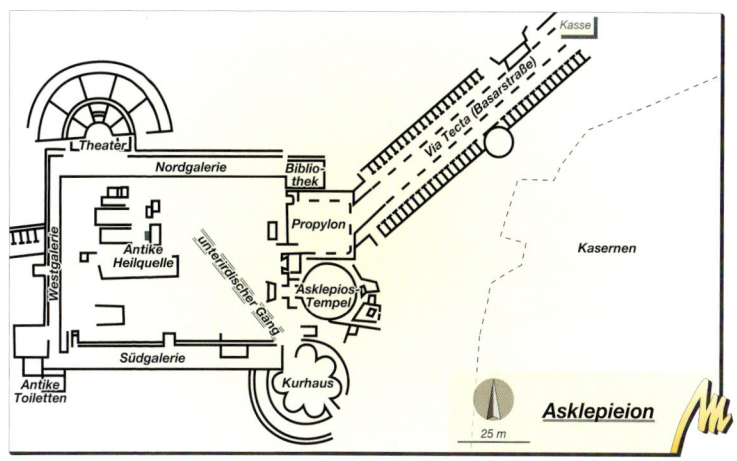

te im 2. Jh. n. Chr. Die Grabungen dort begannen erst 1998 – ein Wettlauf gegen die Zeit. 2011 ging die Grabungsstätte in den Fluten des Yortanlı-Stausees unter.

Adresse/Öffnungszeiten: İzmir Cad. Im Sommer tägl. 8.30–12 und 13–19 Uhr, im Winter verkürzt. Eintritt 2 €.

Bademli

Bademli, ca. 10 km südwestlich von Dikili, ist ein urtümliches, hübsches Dorf mit niedrigen, weiß gekalkten Häusern wie es an der Nordägäis nur noch wenige gibt. Den Badetourismus nimmt man mit, ansonsten leben die rund 2000 Einwohner traditionell von ihren Olivenhainen, die die Gegend prägen. Im gemütlichen Zentrum rund um die Dorfmoschee geht alles seinen gemächlichen Gang, die Teehäuser gehören Tavla spielenden Altherrenrunden. Hauptanziehungspunkt ist im Sommer der rund 1 km entfernte Strand, Schilder wie „Plajlar" oder „Sahile gider" weisen den Weg. Der von simplen Campingplätzen gesäumte Strand gehört zwar nicht zu den allerschönsten und auch nicht zu den saubersten der Ägäis, Badefreunde schwören jedoch auf die angenehmen Wassertemperaturen. Idyllischere Bademöglichkeiten findet man in der Umgebung, v. a. auf der Halbinsel südwestlich von Bademli.

Verbindungen Regelmäßig **Dolmuşe** und **Busse** nach Dikili.

Übernachten/Camping In Bademli selbst gibt es nur wenige einfache Unterkünfte.

Kalem Island Oliviera Resort, komfortable Anlage auf einer kleinen, Bademli vorgelagerten Insel, ca. 450 m vom Festland entfernt. Ruhe pur und Meeresblick satt! 30 modern eingerichtete, auf mehrere Gebäude verteilte Zimmer, Pool, schöne Terrassen, Strand. Tauchschule. Eigener Bootsservice. DZ mit HP ab 300 €. Kalem Ada, ✆ 0232/6778023, 🖷 6778025, www.olivierare sort.com.

Çam Camp, idyllischer, aber sehr einfacher Platz (Open-Air-Kaltwasserdusche) unter schattigen Pinien. Terrassenförmig angelegt, nette Restaurantkneipe. Betreiber Hilmi Filiz führte lange Zeit ein Restaurant in Berlin. 2 Pers. mit Wohnmobil 12,50 €. Von der Küstenstraße führt 1 km nördlich von Bademli ein holpriger Schotterweg zum Platz (ebenfalls 1 km, nichts für allzu große Fahrzeuge), ✆ 0232/6778301.

Essen & Trinken Knapp 1 km südlich von Bademli an der Straße nach Çandarlı liegt das idyllische Fischrestaurant **Sunar**. Schöne Terrasse direkt am Meer mit Blick auf eine vorgelagerte Halbinsel. Grillengezirpe zum Dinner. Mittlere Preisklasse. ✆ 0232/6778201.

Sommer in Çandarlı

> Zwischen Bademli und Çandarlı findet man mehrere schöne Buchten, z. T.
> mit einfachen Campingmöglichkeiten, stets mit Blick auf die griechische Insel
> Lésbos. Wie lange es diese Buchten noch geben wird, ist angesichts des hie-
> sigen alles zerstörenden Bauwahns fraglich.

Çandarlı

Das Zentrum Çandarlıs liegt auf einer schmalen Landzunge, beherrscht von einem fünftürmigen genuesischen Kastell aus der Zeit um 1300, das zuletzt aufwendig restauriert wurde. Zum behäbigen westanatolischen Alltag im Örtchen ge-
sellt sich im Sommer der Badetrubel. Dann ist der schmale, kiesige Ortsstrand
restlos überlaufen. Abends gehen parallel dazu die vorrangig türkischen Urlauber
aus den umliegenden Feriendörfern ihrer Lieblingsbeschäftigung nach, dem Pro-
menieren. Von der „Saklı Bahçe Bar", einer beliebten Kneipe an der Uferfront,
hat man das Völkchen gut im Blick. Die Zukunft des Ortes sieht anders aus: Bei
Çandarlı soll in den kommenden Jahren ein riesiger Hafen entstehen, der, so die
Pläne, zu den zehn größten Containerhäfen der Welt gehören und 15.000 Arbeitsplätze schaffen soll.

Verbindungen Regelmäßige **Bus**verbindungen nach İzmir, zudem **Dolmuşe** und
Busse nach Dikili und Bergama. Busbahnhof am Ortseingang (von Aliağa kommend)

nahe dem Oststrand.

Übernachten Verschiedene Unterkünfte
in der unteren und mittleren Preisklasse.

> **Zwischen Çandarlı und Foça:** Ca. 30 km südlich von Çandarlı verschmutzt das Industriestädtchen Aliağa mit Chemie- und Stahlwerken sowie einer Ölraffinerie Landschaft und Meer. Zum Baden lädt erst wieder der buchtenreiche Küstenabschnitt ab Yenifoça ein (→ Umgebung Foça).

Foça

ca. 27.100 Einwohner

Das griechisch geprägte Foça ist ein herausgeputztes und charmantes Städtchen. Das Leben spielt sich entlang seiner zwei natürlichen Häfen ab. Einst wurden hier stolze phokäische Schiffe für die lange Fahrt getakelt, heute dümpeln Fischerboote, Jachten und Ausflugsschiffe einträchtig nebeneinander.

Foça, etwa 70 km nordwestlich von İzmir, lebt vom Fischfang und noch mehr vom Geschäft mit der schönsten Jahreszeit. Überwiegend Türken wissen das halbwegs ruhige Fleckchen abseits des Trubels der international etablierten ägäischen Badeorte zu schätzen. Darunter sind viele Wochenendausflügler aus İzmir, die ein Ferienhäuschen auf den Hügeln der Umgebung besitzen. Ausländische Touristen sind rar.

Foça zieht sich entlang einer weiten Bucht, die durch eine schmale Landzunge in zwei kleinere unterteilt wird. Die nördliche nennt sich **Küçükdeniz** (Kleines Meer). Sie ist die malerischere von beiden: Ankerplatz kleiner Fischer- und Ausflugsboote und gesäumt von einer Uferpromenade, die vorbei an etlichen Restaurants zum Flanieren einlädt. In dem bunten Gassengewirr dahinter liegt Foças kleines Basarviertel. Die südliche und größere Bucht heißt **Büyükdeniz** (Großes Meer). Auch hier findet man Restaurants und Hotels, aber ohne den repräsentativen Charakter von Küçükdeniz.

Geschichte

Das heutige Foça, auch *Eskifoça* („Altes Foça") genannt, liegt an der Stelle des antiken Phokäa, das im 8. Jh. v. Chr. gegründet wurde. Auf Anraten des Orakels von Delphi begannen die Phokäer im ausgehenden 7. Jh. v. Chr. mit ihren Schiffen das Mittelmeer zu erkunden und neue Siedlungen zu gründen. Eine davon wurde *Massilia*, heute bekannt unter dem Namen Marseille. Als Phokäa 540 v. Chr. nach erbittertem Widerstand der Bevölkerung persisch wurde, verließ das Gros der Bewohner die Stadt. In hellenistischer Zeit unterstand Phokäa erst den syrischen Seleukidenkönigen und später dem Königreich von Pergamon. Die Römer plünderten die Stadt und läuteten so deren Niedergang ein. Während der byzantinischen Epoche lagen die einst so stolzen Wälle von Phokäa schließlich in Schutt und Asche.

Im 11. Jh. gelangte Phokäa, zu jener Zeit nichts anderes mehr als ein heruntergekommenes Küstennest, in den Besitz Genuas, das hier eine Handelsniederlassung

gründete. In großem Stil begannen die Genueser in der Umgebung Alaunsalz ab-
zubauen, ein im Mittelalter in der Färberei und Medizin begehrter Stoff. Die Genueser gründeten auch Yenifoça („Neues Foça"), ca. 22 km nördlich der alten Stadt.
1455 eroberten die Osmanen den genuesischen Stützpunkt, fortan teilte er das
Schicksal des großen Reiches. Nach dessen Untergang folgte 1923 die Zwangsum-
siedlung der griechischen Einwohner, die bis dato die Mehrheit der Bevölkerung
gestellt hatten. Neben Touristen bevölkern heute auch viele Soldaten die Straßen
Foças. Das türkische Militär schult in der Gegend den Nachwuchs zu Wasser (Marine) und zu Land (Jandarma).

Information/Verbindungen/Ausflüge

Telefonvorwahl 0232.

Information   Foça Tourist Information,
nahe dem Busbahnhof zwischen Küçük-
und Büyükdeniz. Freundlich und hilfsbereit.
Im Sommer Mo–Fr 8.30–12 u. 13–17.30 Uhr,
Sa 10–19 Uhr, im Winter 8–17 Uhr u. Sa
geschl. ✆/℡ 8121222, www.foca.bel.tr.

Verbindungen   Busbahnhof zwischen
den beiden Buchten. Alle 30 Min. nach İzmir
(*Yeni Otogar*, ca. 1¼ Std.). Wer weiter nach
Norden, z. B. nach Bergama oder Ayvalık
will, muss in Menemen umsteigen.

> **Vom Flughafen İzmir direkt nach
> Foça:** Mit der neuen *İzban*, einer
> Art S-Bahn, gelangt man vom Ad-
> nan-Menderes-Flughafen in 1½
> Std. direkt zur Station Hatundere
> (Richtung Aliağa einsteigen), wo
> schon ein Bus wartet, der die
> Passagiere direkt nach Foça
> bringt. So erspart man sich mehr-
> maliges Umsteigen oder teure
> Taxifahrten. Fahrpreis insgesamt
> 1,20 €. Die İzban fährt von 5.30 bis
> 23.30 Uhr alle 30 Min.

Minibusse (vom Busbahnhof) nach
Yenifoça alle 1½ Std., zum Hanedan-Strand
(→ Baden) regelmäßig bis Mitternacht alle
30 Min.

Fähre: Im Sommer gibt es eine Personen-
fährverbindung von Foça nach Mordoğan
und Karaburun auf der Karaburun-Halbinsel
(→ S. 174). 2011 fuhren die Fähren Di/Mi u.
Fr–So 2-mal tägl.; Dauer bis Karaburun je
nach Route 1–2 Std., einfach 3,20 €/Pers.

Bootsausflüge   Es dominieren Fahrten zu
den vorgelagerten Inseln, zur Badeinsel İn-
cir Adası und/oder zu den Inseln der Sirenen. Inkl. Lunch 17 €/Pers.

Adressen/Sonstiges

Ärztliche Versorgung   Krankenhaus an
der Küçük Deniz Sahil Cad. nördlich des
Zentrums. ✆ 8121429.

Autoverleih   MNB Rent a Car, billigste
Fahrzeuge ab 35 €/Tag. Im Zentrum in der
123 Sok. 6, ✆ 8121987, www.mnbrentacar.
com.

Türkisches Bad (Hamam)   Belediye Hamamı, 115 Sok. 22. Auf Touristen eingestellt,
bedient auch gemischte Gruppen. Tägl. 8–
24 Uhr. Eintritt mit allem Drum und Dran 18 €.

Waschsalon   Mondi Çamaşır Yıkama Evi,
am Cumhuriyet Meydanı, dem Platz mit
Atatürk-Statue zwischen Büyükdeniz- und
Küçükdeniz-Bucht. 8 €/Maschine.

Zweiradverleih   Fahrräder und Scooter
verleiht Göçmen an der 119 Sok. 2 nahe
dem Hamam. Viel Schrott, der erstaunlich-
erweise noch fährt – aber eine Reparatur-
werkstätte ist glücklicherweise angeschlossen.   Fahrräder 8 €/Tag, Scooter 25 €.
✆ 8123743.

Auf dass die See nicht vor die Hunde geht …

„Fok" heißt im Türkischen „Seehund", und in den Gewässern vor Foça tummelt er sich seit Urzeiten. Schon die Phokäer kannten ihn und räumten ihm einen Platz auf ihrem Stadtwappen ein. Biologisch genau genommen handelt es sich dabei um die Mittelmeerrobbe *(Monachus monachus)*, eine Unterart der Mönchsrobbe *(Monachinae)*, die wiederum zur Familie der Hundsrobben gehört, deren lateinischer Begriff – und hier haben wir wieder eine Verbindung zu den Phokäern – Phocidae ist.

Ihr Bestand wird heute auf gerade noch 600 Exemplare geschätzt, rund ein Fünftel aller Mittelmeerrobben schwimmt in der Ägäis. Die Säugetiere sind 2–3 m groß, vereinzelt werden sie bis zu 4 m lang. Ihr Gewicht liegt bei 200–300 kg. Nach ungefähr 5 Jahren sind sie geschlechtsreif, die Schwangerschaft dauert bis zu 11 Monate. Neugeborene haben eine Größe von 80–110 cm, ihr Gewicht beträgt rund 20 kg. Seehunde sind Raubtiere, sie ernähren sich von Fischen, insbesondere Tintenfischen und Krustentieren, und tauchen dafür bis zu 200 m tief. Viel mehr weiß man bislang nicht über sie, doch das soll sich ändern.

Um die Robbe zu schützen, zu beobachten und zu erforschen, wurde Anfang der 1990er das „Foça Pilot Projekt" (FPP) mit Beihilfe des WWF gegründet, einer der ersten Vereine dieser Art in der Türkei. Heute ist der Küstenabschnitt zwischen Foça und Yenifoça Naturschutzgebiet. Man ist stolz auf seine Robbe, wirbt gar mit ihr und setzt ihr Denkmäler.

Übernachten/Camping

(→ Karte S. 143)

Der Standard der meisten Hotels und Pensionen im Zentrum ist recht hoch. An Sommerwochenenden ist ohne Reservierung kaum etwas zu machen, da sich dann zu den vielen Touristen auch noch Eltern gesellen, die ihre Söhne beim Militär besuchen. Angegeben sind die Preise für Juli und August, davor und danach werden teils über 50 % weniger verlangt.

》》 Unser Tipp: Lola 38 4, eine wunderschöne Adresse in erster Reihe an der Küçükdeniz-Bucht. Nur 6 komfortable Zimmer in einem 120 Jahre alten Griechenhaus, liebevoll-kitschig (rosa und hellblau überwiegen) und sehr romantisch dekoriert – etwas für Flitterwöchner. Ruhiges Gärtchen nach hinten. DZ 82–144 €. Reha Midilli Cad. 140, ✆ 8123809, www.lola38.com. 《《

Foçaantique Boutique Hotel 2, eine sehr stilvolle Unterkunft. In einem Natursteinhaus (zweite Reihe) aus dem 19. Jh. 12 liebevoll dekorierte Zimmer mit Klimaanlage, im Neubau (erste Reihe) die Rezeption und der Frühstückssalon. Kleiner Garten. „Jeden Cent wert", meinen Leser. DZ ab 103 €. Sahil Cad. 154, ganz im Norden der Küçükdeniz-Bucht, ✆ 8124313, ✉ 8127616, www.focantiquehotel.com.

Foça Kalyon Hotel 17, in der ruhigeren Büyükdeniz-Bucht. Individuell geführtes Haus, das ein paar Accessoires vom Trödler und alte Foça-Fotos auflockern. Zimmer mit farbenfrohen Bädern und Teppichböden, die nach vorne mit schönem Meeresblick. DZ 60 €. Büyük Deniz Sahil Cad. 75, ✆ 8121206, ✉ 8125400, www.focakalyonotel.com.

Hotel Villa Dedem 🛇, in erster Reihe an der Uferpromenade der Küçükdeniz-Bucht. Freundliche Zimmer mit Laminatböden. Klein, aber okay, Gleiches gilt für die Bäder. Unbedingt ein Zimmer nach vorne mit schönem Hafenblick und Balkon wählen. DZ 53 €. Sahil Cad. 66, ☎ 8121215, www.villa dedemhotel.com.

Sempatik Otel Güneş 🛇, in zweiter Reihe in der Küçükdeniz-Bucht. 16 kleine, größtenteils restaurierte Zimmer. Freundlicher Service, deutschsprachig. Ganzjährig. DZ 38 €. 163 Sok. 10, ☎/📠 8121915, www.sempa tikhotelgunes.com.

Huzur Pansiyon 🛇, gepflegter Familienbetrieb direkt am Meer. 8 nette Zimmer, leider ohne Klimaanlage, dafür viele mit Balkon und Meeresblick. Freundliche Bewirtung. DZ 33 €, Frühstück 4 €/Pers. extra. 139 Sok. 5 (die Gasse bei der Pansiyon Fokai nehmen),

☎ 8121203, www.huzurpansiyon.com.

İyon Pansiyon 🛇, sehr zu empfehlen. Einfache, aber sehr hübsche Zimmer (mit Moskitonetzen über dem Bett und neuen Bädern) rund um ein idyllisches Gärtchen mit Mandarinenbäumen. Lockere Atmosphäre und nettes Publikum. DZ mit Klimaanlage 33 €. 198 Sok. 8, ☎ 8121415, www. iyonpansiyon.com.

Camping   Mehrere Plätze (z. T. jedoch lieblos geführt) zwischen Foça und Yenifoça, am besten fährt man die Strecke einmal ab und verschafft sich einen Überblick. Zu den „besten" gehören der **Acar Camping** ca. 10 km nördlich von Foça an einer netten Bucht samt Strandbar und der **Sazlıca Beach** in der gleichnamigen Bucht weitere 5 km nördlich. Letzterer bietet gar warme Duschen und ein Restaurant; Sandstrand 100 m weiter.

Essen & Trinken/Nachtleben

Rote und graue Meeräsche, Seebarsch und -brasse zählen zu den Spezialitäten Foças. Die Qualität ist fast durchgehend gut, checken Sie die Preise jedoch besser im Voraus und überprüfen Sie Ihre Rechnung!

Liman Restaurant 🛇, für manche das beste Fischrestaurant der Küçükdeniz-Bucht. In 1. Reihe am Meer. Feine Meze und super Fisch, dazu weißhemdige Kellner und ein Fläschchen Olivenöl auf jedem Tisch. Preislich in der gehobenen Mittelklasse. Aşıklar Cad. 11, ☎ 8122517.

Fokai Balık Restaurant 🛇, in 2. Reihe, daher geringfügig preiswerter. Ebenfalls 1a-Meze und gute Fischgerichte. Netter Terrassengarten. 121 Sok. 8 (hinter dem Anficafé), ☎ 8122186.

Menendi Café 🛇, an der Küçükdeniz-Bucht. Ein Loch in der Wand, ein paar Tische davor – populärer, feuchtfröhlicher Treff der Locals, selbst in der NS ist hier abends oft kaum ein Tisch zu bekommen. Zu günstigen Preisen gibt es nicht viel mehr als Köfte, Hühnchen und manchmal auch Fisch.

Emek Pide Salonu 🛇, in einer schmalen Gasse zwischen den beiden Buchten. Hier kommen die angeblich beste Pide und der beste Lahmacun Foças auf den Tisch, und das seit 1981. Faire Preise, von Efeu überdachte Terrasse.

Doyuran Evi 🛇, ums Eck. Saubere, korrekte Lokanta mit ein paar Tischen auf der Straße. Pide und jede Menge leckerer Kebabgerichte – kosten Sie den *Sarma Beyti*, Hackfleisch im weichen Teig mit Tomatensauce und Joghurt. Hg. 3,50–8,50 €. 24 Std. geöffnet. Küçük Sevgi Yolu 34.

Cafés   Charme besitzt das terrassenförmig angelegte **Anficafé** 🛇 in der Büyükdeniz-Bucht.

Foçakarası 🛇, hübsches, kleines Café in der 187 Sok. 7 im Gassenwirrwarr hinter der Küçükdeniz-Bucht. Bunte Holzstühle im begrünten Außenbereich. Wein, Bier, Snacks, Zeitungen und Spiele.

Nachtleben   Die Spots sind das **Crocodile** 🛇 in der Nähe des Busbahnhofs und das **Sharlo** 🛇 ein paar Schritte weiter, wo man Carlsberg trinkt. Auch in der **Dip Bar** 🛇 an der Küçükdeniz-Bucht kann man ganz gut feiern. Weitere angesagte Adressen sind die nahe beieinander liegenden Bars **1847 Copenhagen** 🛇 und **Keyif** 🛇 an der Küçükdeniz-Bucht.

Essen & Trinken
5 Menendi Café
8 Liman Restaurant
10 Foçakarası
12 Doyuran Evi
13 Fokai Balık Restaurant
14 Emek Pide Salonu
15 Anficafé

Nachtleben
9 Dip Bar
11 1847 Copenhagen/Keyif
16 Crocodile und Sharlo

Übernachten
1 Huzur Pansiyon
2 Foçaantique Boutique Hotel
3 İyon Pansiyon
4 Lola 38
6 Sempatik Otel Güneş
7 Hotel Villa Dedem
17 Foça Kalyon Hotel

Baden

Die Strände vor Ort sind nicht die tollsten – schmal, kiesig und besonders in der HS überlaufen. Schöner sind die Buchten der tief eingeschnittenen Küstenlandschaft nahe der Straße nach Yenifoça. Leider sind viele von Clubhotels oder Feriensiedlungen umrahmt, an manchen haben sich auch Campingplätze und Beachclubs angesiedelt. Bei den Letzteren darf man gegen eine Gebühr an den Strand, bei den Erstgenannten nicht immer. Es gibt auch noch ein paar „ganz einsame Buchten", nur hält dort auch niemand den Strand sauber. Die beliebtesten und schönsten Strände an diesem Küstenabschnitt sind mit dem Dolmuş zu erreichen.

Hanedan: 4 km nördlich von Foça gegenüber der Sireneninsel. Stets gut besucht, zumal Ferienanlagen und ein Resorthotel den feinen Kiesstrand säumen. Trotzdem selten überlaufen. Für das Eintrittsgeld bekommt man einen Sonnenschirm, dazu findet man Duschen und WCs.

Kosova-Bucht: Ca. 2 km weiter, kurz hinter dem Club Mackerel Holiday Village, kein Hinweisschild. Beliebtes Ziel von Ausflugsbooten, zuletzt belegt vom Beachclub

People. Auch die darauf folgende **Garderesi-Bucht** ist einladend, von der Straße gelangt man auf schmalen Pfaden hinab.

Zur Badeinsel **İncir Adası** gelangt man entweder per Bootsausflug oder über die Landzunge *İngiliz Burnu* nordwestlich der Küçükdeniz-Bucht. Von dort müssen Sie zur Insel hinüber winken (grölen bringt nichts)! Sieht sie Ferdi, der Chef des Inselcafés, so holt er Sie gegen eine kleine Gebühr ab.

Sehenswertes

An die wechselvolle Geschichte der Stadt erinnert in Foça heute nur noch wenig, ein Stadtmuseum (in Planung) soll dem abhelfen. Ein paar Tipps für alle, die nach ein paar Strandtagen dennoch den Spuren der Phokäer oder Genueser folgen wollen:

Nahe der Ausfallstraße nach İzmir (Foça – İzmir Karayolu) findet man die kümmerlichen Überreste eines **antiken Theaters**. Es soll zwar zu den ältesten Anatoliens gehören, mehr als ein paar Sitzreihen wurden bislang jedoch nicht ausgegraben. Auf dem Hügel darüber erheben sich die Ruinen mehrerer **Windmühlen**, die restauriert und wieder funktionstüchtig gemacht werden sollen. Auch befinden sich dort die Reste eines **Heiligtums**, das, so nimmt man an, der Fruchtbarkeitsgöttin Kybele gewidmet war. In den Nischen standen vermutlich Öllämpchen und Statuen.

Ein ähnliches Heiligtum, das ebenfalls der Kybele zugeschrieben wird, liegt unmittelbar an der Uferpromenade auf der Landzunge. Die Landzunge zwischen Büyük- und Küçükdeniz ist der älteste Siedlungsraum Foças. Fotogen stehen hier die Reste einer mit Zinnen bestückten Festungsmauer samt zwei Türmen namens **Beşkapılar** („Fünftore"). Die Mauer, von Römern, Byzantinern, Genuesern und Osmanen verstärkt, besteht aus Überresten der einst 5 km langen Stadtmauer des alten Phokäa. Einst erhob sich hier ein Athene-Tempel. Heute wird die Landzunge von der **Fatih-Moschee** gekrönt, der ältesten islamischen Gebetsstätte des Ortes (15. Jh.).

Weitere Abschnitte der Festungsmauern wurden zwischen Busbahnhof und osmanischem Friedhof ausgegraben – leider nicht im Geringsten spannend. Weit außerhalb des Zentrums, auf einer Landspitze südwestlich der Stadt, ist die **genuesische Festung Dışkale** aus dem Jahre 1678 ganz nett anzusehen. Leider befindet sie sich heute in militärischem Sperrgebiet. Gleiches gilt derzeit für das sog. **Teufelsbad** (**Şeytan Hamamı**) im Süden der Büyükdeniz-Bucht, was sich jedoch wieder ändern kann. Mit einem Bad hat das Felsgrabmal aus dem 4. Jh. übrigens nichts zu tun. Es besteht aus einem 6 m langen Korridor und zwei Grabkammern.

Wer brachte die Sirenen zum Heulen?

Unter Seeleuten gefürchtet waren einst Sirenen, vogelartige Frauen, die so süß sangen, dass ganze Schiffsbesatzungen, die ihre betörenden Stimmen vernahmen, an Land gingen und ewig – bis zum Tode – lauschten.

Nur zwei Schiffen gelang es, antiken Mythen zufolge, Kurs zu halten und den verführerischen Gesängen der Sirenen zu widerstehen. Das eine war jenes von Orpheus, der mit seiner Mannschaft selbst so lautstark zu singen begann, dass er die Sirenen übertönte. Zur Strafe mussten sich diese ins Meer stürzen, wo sie heulend ertranken. Das andere Schiff war das von Odysseus, der sich an den Mast binden und die Ohren seiner Besatzung mit Bienenwachs voll laufen ließ. Diese Sirenen ereilte die gleiche Strafe. Orpheus und Odysseus sollen ihre Abenteuer aber nicht an der Ägäisküste, sondern in der Straße von Messina bestanden haben.

Von den Sirenenfelsen *(Siren Kayalıkları)* vor der Küste Foças auf Höhe des Clubhotels Phokaia kehren heutige Bootsbesatzungen ohne irgendeinen Singsang in den Ohren zurück. Welche Heldengestalt die Sirenen von Foça heulend ins Verderben schickte, ist unbekannt.

In der Küçükdeniz-Bucht

Umgebung von Foça

Taşkule: Hinter diesem Namen (dt. Steinturm) verbirgt sich ein 6 m hohes Grabmonument, das aus einem Felsen gearbeitet wurde. Es wird auf das 4. Jh. v. Chr. datiert. Ein wenig verloren steht es nahe der Straße nach İzmir in der Gegend. Die Bauweise zeigt lykische und lydische Elemente, zudem persischen Einfluss. Wer darin beigesetzt wurde, ist unbekannt.

Anfahrt: Ca. 7 km hinter dem Ortsschild von Foça von der Straße nach İzmir linker Hand zu sehen und mit „Pers Mezar Anıtı" ausgeschildert. Das Gelände ist umzäunt. Taxi zum Taşkule ca. 7 €.

Yenifoça: Auf der Küstenstraße nach Yenifoça (20 km nordöstlich von Foça) passiert man diverse Badebuchten – einladende genauso wie zugebaute –, einige Beachclubs und Ruinen vergessener Griechenhäuser. Auch der historische Kern Yenifoças mit seinen palmengesäumten Gassen und hübschen Natursteinhäusern erinnert an die griechische Vergangenheit des einst verträumten Küstendorfs. Doch dessen Charme verblasst mittlerweile unter den mehreren tausend Ferienhäusern drum herum. Yenifoça ist zum Billigableger Foças geworden. Aus den 4000 Einwohnern im Winter werden im Sommer bis zu 35.000, auch mehrere Hundert deutsche Residenten haben in Yenifoça ein neues Zuhause gefunden. Die meist künstlich angelegten Strandabschnitte sind wenig prickelnd. Hübsch ist aber das Eck um den Hafen mit seinen Fischlokalen, wo man günstiger als in Foça bewirtet wird. Unterkünfte – vom stilvollen Boutiquehotel bis zur einfachen Pension – sind vorhanden.

Verbindungen: Ca. alle 1½ Std. ein **Dolmuş** nach Foça, regelmäßig nach İzmir.

Gruß aus Manisa

Manisa

317.000 Einwohner

Prächtige osmanische Moscheen neben schnell hochgezogenen Apart-mentblocks, das ist Manisa. Die Provinzhauptstadt liegt reizvoll am Fuße des über 1500 m hohen Spil Dağı.

Zwischen Manisa und İzmir liegen Welten, auch wenn nur 40 km und ein 675 m hoher Pass die beiden Städte trennen. Manisa, die „Stadt im Grünen", hat trotz einer sechsstelligen Einwohnerzahl nichts von der Quirligkeit der Küstenmetropole. Zu ihren Füßen schlängelt sich der Fluss Gediz durch eine weite und fruchtbare Ebene, in ihrem Nacken steigt der bewaldete Spil Dağı steil an. Antike Bauten sind nicht erhalten, dafür umso mehr osmanische Moscheen, die schönsten und größten Gebetshäuser der Ägäis. Moscheen sind aber nicht jedermanns Sache und so verirren sich nur wenige Touristen nach Manisa.

Geschichte

Magnesia am Sipylos wurde vermutlich um 1100 v. Chr. gegründet, machte jedoch erst 190 v. Chr. Schlagzeilen: Vor den Toren der Stadt ereignete sich jene Epochenschlacht, bei der die Römer mit Unterstützung der Pergamener den syrischen König Antiochos III. besiegten. Unter Rom erlebte Magnesia seine erste kleine Blüte. Große Zeugnisse sind aus jener Zeit nicht erhalten, lediglich ein paar Kleinfunde können im Museum von Manisa besichtigt werden.

Nach den Römern tut sich ein tausendjähriges Loch in der Stadtchronik auf. Das ändert sich erst wieder im 13. Jh.: Der byzantinische Kaiser Johannes Dukas III. machte Magnesia vorübergehend zu seiner Residenz. 1313 nahmen Ziegen und

Seldschuken die Stadt bei einem nächtlichen Angriff ein. Um ein größeres Heer vorzutäuschen, hatte Seldschukengeneral Saruhan eine gewaltige Ziegenherde gesammelt, auf den Hörnern der Tiere brennende Kerzen befestigt und sie gegen die Stadt getrieben. Angesichts der vermeintlichen Übermacht gaben die Verteidiger auf.

1390 hielten die Osmanen Einzug. Sultansfamilien förderten durch großzügige Stiftungen den Bau prächtiger Moscheen. Mit dem Schicksal des Osmanischen Reiches eng verknüpft, versank Manisa Ende des 19. Jh. jedoch wieder in die Bedeutungslosigkeit. Beim Rückzug der Griechen wurde die historische Substanz der Stadt 1922 weitgehend zerstört. Die alten Moscheen wurden restauriert. Drum herum dominiert heute monotoner Zweckbau.

Information/Verbindungen/Sonstiges (→ Karte S. 149)

Telefonvorwahl 0236.

Information İl Kültür ve Turizm Müdürlüğü, etwas zurückversetzt von der İzmir Cad. in einem historischen Gebäude. Mo–Fr 8–17 Uhr. Ülkü Sok. 18, ✆ 2313685, www.manisakulturturizm.gov.tr.

Verbindungen **Bus:** Busbahnhof ca. 1 km nördlich des Zentrums an der Fernstraße İzmir – Bursa, Dolmuşverbindungen ins Zentrum. Häufige Verbindungen nach İzmir (45 Min.), Salihli (1½ Std.) und Denizli (Pamukkale).

Zug: Bahnhof (✆ 2341915) ca. 1 km nördlich des Zentrums. Bis zu 7-mal tägl. Züge

nach İzmir.

Einkaufen Das **Basarviertel** erstreckt sich von der Muradiye-Moschee gen Osten zwischen Murat Cad. und Çarşı Bul. Hier bekommen Sie Mesir-Paste (*Mesir Macunu*, → Kasten), einen pappsüßen, nach Nelke schmeckenden Plombenzieher.

Schmuck und Kunsthandwerk werden im **Yenihan Alışveriş Merkezi** ▉ verkauft, einem restaurierten alten Han an der Sadık Ahmet Cad. (auch: Kuyumcular Cad.); Eingang westlich der Hatuniye-Moschee.

Veranstaltung → Kasten „Sirup fürs Volk …"

Übernachten/Essen & Trinken (→ Karte S. 149)

Es gibt wenig empfehlenswerte Unterkünfte im Zentrum, das Preis-Leistungs-Verhältnis ist dort alles andere als gut.

***** Anemon Manisa ▉, bei Geschäftsleuten beliebtes Nobelhotel bei einer Tankstelle an der Straße nach İzmir, ca. 7 km außerhalb des Zentrums. 110 geräumige Zimmer mit jeglichem Schnickschnack, zuvorkommendes Personal, sehr gepflegt. Kleiner Innen- und riesiger Außenpool. DZ mit Glück ab 81 €, Frühstück 10 €/Pers. extra. Organize Sanayi Bölgesi Yanı, ✆ 2334141, ✆ 2334595, www.anemonhotels.com.

Arma Oteli ▉, erste Adresse im Zentrum. 53 Standardzimmer mit Teppichböden, hellgrünen, furnierten Möbeln und einem Pflänzchen in jedem Zimmer. Sehr sauber und gepflegt. EZ 39 €, DZ 54 €. Doğu Cad., ✆ 2311980, ✆ 2324501, www.hotelarma.com.tr.

Manolya Otel ▉, ein komplett überteuertes

Billighotel – unbedingt handeln! Kleine Zimmer mit Klimaanlage, abgewetzten Teppichböden und einfachen Bädern. Manche Zimmer besitzen keine Außenfenster! Anderswo kosten Hotels dieser Kategorie die Hälfte. DZ freche 41 €. Sinemapark Cad. 25, ✆ 2311907, ✆ 2373360, manisa_manolya_otel@hotmail.com.

Essen & Trinken Örtliche Spezialität ist der *Manisa Kebap,* ein mit viel zerlassener Butter angereicherter Fleischberg. Kosten kann man ihn in unzähligen Kebabsalons. Nette Cafés findet man im Yenihan. Bessere Lokale sind im Zentrum rar.

Gülcemal Kebap ▉, ein Geheimtipp unter den Einheimischen. Beste Kebabs in einfachem Ambiente. Etwas versteckt in der Banka Sok. (kennt jeder).

Nordägäis → Karte S. 90

Sehenswertes

Die im Folgenden beschriebenen Sehenswürdigkeiten lassen sich mit Ausnahme des Niobekopfes bequem nacheinander ablaufen.

Muradiye-Moschee: Die Moschee an der Murat Caddesi gilt als die schönste Gebetsstätte der Westküste. Der große osmanische Baumeister Sinan, damals schon über 90 Jahre alt, konnte die Moschee 1583 noch entwerfen, nicht aber vollenden. Ihr Inneres ist überaus sehenswert: Für den Ornamentschmuck wurden 12 kg Gold verwendet, für das farbenprächtige Fliesendekor zeichneten die Manufakturen von İznik verantwortlich. Beachtung verdienen zudem der reich verzierte *Mihrab* und die kostbaren und mit größter Sorgfalt gepflegten Teppiche.

Museum: Das örtliche Museum ist stilvoll in Nebengebäuden (einst Armenküche und Medrese) der Muradiye-Moschee untergebracht. Die überschaubare *archäologische Abteilung* zeigt interessante Funde der Umgebung, u. a. Mosaike aus Sardes, Statuen (die ältesten von 3000 v. Chr.), Gefäße, Schmuck und Grabsteine aus hethitischer, griechischer, römischer und byzantinischer Zeit. In der *ethnologischen Abteilung* sieht man u. a. gut erhaltene Teppiche aus dem 17. und 18. Jh., einen Webstuhl und eine kleine Waffensammlung.
Tägl. (außer Mo) 8.30–12.30 u. 13.30–16.30 Uhr. Eintritt 1,20 €.

Große Moschee (Ulu Cami): Der gedrungene seldschukische und alles andere als „große" Bau ganz im Süden der Altstadt ist die älteste Gebetsstätte Manisas (zu erreichen über einen Treppenweg vom Südwesteck der Muradiye-Moschee). Im Jahre 1366 wurde die Moschee nicht nur an der Stelle einer byzantinischen Kirche errichtet, sondern z. T. auch mit deren Bausubstanz, wie im Arkadenhof zu erkennen ist. Vom Teegarten nebenan genießt man einen tollen Blick über Manisa.

Sultan-Moschee: Der Stiftungskomplex schräg gegenüber der Muradiye-Moschee wurde 1522 im Auftrag von Ayşe Hafsa Sultan (→ Kasten) erbaut. Besonders gelungen sind die Vorhalle mit den fünf Spitzbögen und die Gebetsnische in ihrem Inneren. Zudem beherbergt die Moschee sog. „Drehsteine", die bei statischen Unruhen in Bewegung geraten – ein Erdbebenwarnsystem. Der schöne *Hamam* des Komplexes, zu dem auch Armenküche, Hospital und Koranschule gehörten, ist noch heute in Betrieb. Die Moschee ist Schauplatz des alljährlichen Mesir-Festes.

Sirup fürs Volk – das Mesir-Fest

Das Mesir-Fest hat seine Ursprünge im 16. Jh. Damals erkrankte Ayşe Hafsa Sultan, die Frau Sultan Selims I., so schwer, dass kein Arzt in Stambul ihr helfen konnte. Als letzte Hoffnung galt Merkez Efendi, der Spitalleiter des von ihr in Manisa gestifteten Moscheenkomplexes. Aus 41 Kräuterchen mixte er der Kranken einen Sirup, die sog. Mesir-Paste, und siehe da, sie erholte sich wieder. Nach ihrer Genesung ordnete Ayşe Hafsa Sultan an, die Wunderpaste einmal jährlich gratis an das Volk zu verteilen. Diese Tradition besteht bis heute und lockt alljährlich in der zweiten Märzhälfte Scharen von Besuchern an. Vor der Sultan-Moschee wirft dann der Hoca eine zähe Süßigkeit unters Volk. Wer eines dieser Bonbons erwischt und isst, so heißt es, bleibt ein ganzes Jahr lang von Krankheiten, Insekten- und Schlangenbissen verschont.

Übernachten
1 Anemon Manisa
2 Arma Oteli
3 Manolya Otel

E ssen & Trinken
4 Gülcemal Kebap

E inkaufen
5 Yenihan Alışveriş Merkezi

Manisa

250 m

Kopf der Niobe: Die Felsformation erinnert mit Fantasie an einen Frauenkopf in Trauerstellung, angeblich die zu Stein gewordene Niobe. Die Legende dazu – tausendmal interessanter als der Fels selbst – lautet so: Niobe war die Tochter des Königs Tantalos von Phrygien (dessen Qualen jedem Lateinschüler ein Begriff sind) und stolze zwölffache Mutter. Hochmütig verspottete sie die Göttin Leto, die nur zwei Kinder geboren hatte, immerhin jedoch die Zwillinge Apollon und Artemis. Im Namen ihrer beleidigten Mutter übten die olympischen Geschwister grausame Rache und töteten alle Kinder der Niobe. Aus Verzweiflung verwandelte sich Niobe in Stein, untrennbar verbunden mit zumindest einem ihrer Kinder: Der hinter dem Felsblock aufsteigende Berg wurde nach Niobes Sohn *Sipylos* benannt.

Anfahrt: Vom Stadtzentrum ausgeschildert. Der Felsen liegt auf dem Weg zum Spil-Dağı-Nationalpark (s. u.).

Umgebung von Manisa

Spil-Dağı-Nationalpark (Milli Parkı): Der Nationalpark mit ausgedehnten Wäldern, kühlen, grünen Täler und einem See erstreckt sich rund um den gleichnamigen,

1517 m hohen Berg, den die alten Griechen *Sipylos* nannten. Die schönsten Tulpen der İstanbuler Sultansgärten, die sog. *Spil-Tulpen*, wurden von hier importiert. Am Berg fleuchen und kreuchen u. a. Falken, Adler, Geier und Schakale. Auf der herrlichen Panoramastraße nach oben (man überwindet fast 1200 Höhenmeter) passiert man mehrere Aussichtspunkte – an klaren Tagen ein Erlebnis.

Anfahrt   Der Eingang zum Nationalpark (ausgeschildert) liegt 24 km südlich von Manisa. Keine Verbindung mit öffentlichen Verkehrsmitteln. Eintritt pro Auto 2,80 €.

Übernachten/Camping   Die Parkverwaltung vermietet einfache Holzhütten für 4–8 Pers. Für 4 Pers. unter der Woche je nach Jahreszeit und Wochentag 25–35 €/Hütte. Reservierung nötig! ☎ 0236/2371065. Zudem gibt es im Nationalpark schlichte Campingmöglichkeiten. Denken Sie an warme Kleidung, auch in den Sommermonaten!

Sardes (antike Stadt)

Sardes besitzt eine Geschichte voller Geschichten: Hier wurde das Geld erfunden, hier verwandelte sich alles, was König Midas berührte, zu Gold, und hier ging König Krösus dem Orakel von Delphi auf den Leim.

Die Ruinen der antiken Metropole liegen rund um das Landstädtchen Sart. Umgeben von Feldern, Wäldern und schroffen Felsspitzen sind sie auch nach über 2000 Jahren noch außerordentlich reizvoll – nicht zuletzt deswegen, weil man hier im Gegensatz zu Pergamon oder Ephesus meist allein ist. Die nächstgrößere Stadt, **Salihli** mit 96.600 Einwohnern, liegt 8 km östlich. In dem zu groß geratenen Provinznest findet man mehrere Hotels und gute Restaurants; mittwochs findet zudem ein großer Wochenmarkt beim Busbahnhof statt.

Geschichte

Die Historie von Sardes steckt voller Legenden. Die erste berichtet von König Gyges (680–652 v. Chr.), der Sardes zu einer aufstrebenden Hauptstadt des Lydischen Reiches machte. Auf den Thron kam er durch die Ermordung seines Vorgängers Kandaulus. Aber nicht Machtstreben hatte ihn zu dieser Tat veranlasst. Heimlich hatte er Kandaulus' bezaubernde Frau bei der Abendtoilette beobachtet. Als sie dies bemerkte, stellte sie ihn vor die Wahl, entweder ihren Mann umzubringen und sie zur Frau zu nehmen oder selbst zu sterben – was mit Sicherheit der Fall gewesen wäre, hätte Kandaulus von dem Vorfall erfahren.

Gyges' Nachfolger bauten Macht und Stadt konsequent aus, wobei ihnen insbesondere die immensen Goldvorkommen im Fluss Paktolos (Sart Çayı) zugute kamen. Den Grund für das viele Gold im Paktolos erklärt eine andere Legende: Demnach hatte der phrygische König Midas einst von den Göttern die Gabe erbeten, dass alles, was er berühre, zu Gold würde. Der Olymp nahm ihn beim Wort. Auf die große Freude folgte Entsetzen, denn selbst jedes Stück Brot verwandelte sich in Midas' Fingern zu Gold. Schließlich erhörten die Götter die Klagen des Hungernden, und Midas durfte sich durch ein Bad im Paktolos von dem Fluch rein waschen – was dem Fluss neben Wasser pures Gold verlieh. Bei soviel Gold wundert es nicht, dass man in Sardes schon früh mit der Prägung von Münzen begann, die sogar erstmals „staatlich" gestempelt wurden.

Auf dem Höhepunkt des Lydischen Reiches bestieg König Croisos (Krösus) den Thron in Sardes, jener Herrscher, der noch heute in einem Atemzug mit Reichtum genannt wird. 546 v. Chr. befragte er das Orakel von Delphi nach den Chancen ei-

Das Bad-Gymnasion von Sardes

nes Feldzugs gegen die Perser. „Wenn Du die Grenze überschreitest, wirst Du ein großes Reich zerstören!" lautete die Antwort. Krösus zog los und zerstörte tatsächlich ein großes Reich – sein eigenes. Der Angriff auf das benachbarte Persien schlug fehl, im Gegenzug eroberte der persische König Kyros II. Sardes. Und auch dazu gibt es eine Legende: Nach der Einnahme der Stadt wollte der persische König den Krösus auf dem Scheiterhaufen verbrennen. Doch kaum loderten die Flammen, hatten die Götter Einsehen und schickten einen Platzregen.

Lydien war von der Weltbühne abgetreten, doch die Ex-Königsstadt Sardes, nun Sitz eines persischen Satrapen, florierte. Sie wurde Endpunkt der berühmten persischen Königstraße, einer 2500 km langen befestigten Ader aus dem Herz des Reiches. Bis 334 v. Chr. konnten die Perser Sardes halten, dann zog Alexander der Große ein. Seine Nachfolger verloren die Stadt 188 v. Chr. an Pergamon. 17 n. Chr. wurde Sardes, nun römisch, durch ein mächtiges Erdbeben zerstört.

In byzantinischer Zeit entwickelte sich hier eine der ersten christlichen Gemeinden Kleinasiens. Nach mehreren Brandschatzungen im frühen Mittelalter verödete Sardes. Amerikanische Archäologen entdeckten 1910 den Artemistempel. Seit 1958 graben und restaurieren Teams der Harvard und der Cornell University. Zuletzt fand man Relikte einer lydischen Festungsanlage und Reste von lydischen und römischen Häusern gegenüber dem Bad-Gymnasion. In Letzteren, die an die Hanghäuser von Ephesus erinnern, wurden Rohrleitungen und farbenfrohe Wandbemalungen entdeckt.

Die schönsten Funde (darunter ein Schatz kostbarer Gold- und Silberarbeiten) sind im Archäologischen Museum von Uşak zu bewundern (tägl. außer Mo 8.30–17 Uhr, Eintritt frei; ca. 140 km östlich von Sardes, mit Bussen von Salihli zu erreichen).

Anfahrt/Verbindungen Sardes liegt nahe der Hauptverbindungsstraße İzmir – Afyon. Der Weg zum Artemisheiligtum ist ausgeschildert. Um zum Bad-Gymnasion zu gelangen, folgt man (von İzmir kommend) der Beschilderung „Sardıs" und fährt in Sart an der Kreuzung bei der Moschee geradeaus weiter. Der Eingang liegt 100 m weiter linker Hand.

Um Sardes per **Bus** anzusteuern, wählt man einen, der die Strecke Salihli – İzmir fährt und steigt unterwegs in Sart aus. I. d. R. verlässt man den Bus an der Abzweigung von der Schnellstraße, von dort noch gut 15 Min. bis ins Dorf. Die Zugverbindungen von Manisa und İzmir aus sind mäßig.

Öffnungszeiten Tägl. 9–18 Uhr, im Winter 8–17 Uhr. Eintritt für Artemistempel und Bad-Gymnasion zusammen 2 €.

Übernachten/Essen in Salihli Es gibt 2 ordentliche, zentral gelegene, fast benachbarte Mittelklassehäuser:

*** La Bella Hotel, nahe dem Wochenmarktgelände, neben dem auch der Busbahnhof liegt. Beste Adresse vor Ort. Angenehme Zimmer mit z. T. hohen Fenstern, moderne Innenausstattung. Kaffee und Tee gibt es rund um die Uhr. Großes Frühstücksbüfett. DZ 41 €. Belediye Cad. 63, ✆ 0236/7147070, www.hotellabella.com.

** Berrak Otel, nur ein paar Schritte weiter. Solide, saubere Zimmer mit Minibar und Klimaanlage, Bäder z. T. mit Sitzbadewanne. DZ 41 €. Belediye Cad. 59, ✆ 0236/7131452, ✆ 7131457, www.berrakotel.com.tr.

Mit der **Mithatpaşa Cad.** im Zentrum nahe dem Busbahnhof verfügt Salihli über eine ausgesprochen gute „Fressgasse". Spezialität sind *Odun Köfte*, lecker zubereitete Hackfleischbällchen.

Sehenswertes

Das griechische Sardes mit dem Artemistempel liegt getrennt vom römischen Sardes, repräsentiert von Gymnasion und Synagoge (→ Anfahrt/Verbindungen). Wer mehr als die hier beschriebenen Sehenswürdigkeiten entdecken möchte, findet an der alten Straße nach Salihli noch Reste eines römischen Stadions, einer Agora, einer Basilika und eines Theaters.

Artemistempel: Man vermutet, dass mit dem Bau des imposanten Tempels kurz nach der Eroberung von Sardes durch Alexander den Großen begonnen wurde. Die Pläne sahen vor, dass er den monumentalen Tempeln von Ephesus und Didyma in nichts nachstehen sollte. Mit seinen fußballplatzgroßen Maßen (100 x 48 m, der Parthenon auf der Akropolis von Athen 31 x 70 m) reiht er sich noch heute unter die sieben größten aller griechischen Tempel. Die gut erhaltene Säulenreihe an seiner Ostseite – zwei Säulen stehen in voller Höhe (17,3 m) – lässt seine einstige Größe noch immer erahnen. Doch wie die Anlage von Didyma wurde auch dieser Tempel, der anfangs neben dem Artemiskult vermutlich auch der Zeusverehrung diente, nie vollendet.

Im 4. Jh. n. Chr., als der Tempel schon im Verfall begriffen war, errichtete man an seiner südwestlichen Ecke eine kleine byzantinische Kirche. Im 9. Jh. verschwand der Tempel unter den Schlamm- und Gesteinsmassen eines riesigen Erdrutsches, der sich von der weiter östlich gelegenen Anhöhe löste. Auf dieser befand sich einst auch die Akropolis. Der Burghügel war dreifach ummauert und galt als uneinnehmbar – aber nicht als unvergänglich. Die paar Reste, die es noch gibt, lohnen nicht einmal der Konservierung.

Bad-Gymnasion und Synagoge: Das Bad-Gymnasion war ein Prachtexemplar antiker Körper- und Ertüchtigungsanstalten, ein typischer Prunkbau der späten römischen Kaiserzeit, vollendet 211 n. Chr. Rekonstruiert ist der 36 m breite Marmorhof, die sog. *Kaiserhalle*. Man betritt sie für gewöhnlich durch eine korinthische

Säulenreihe und verlässt sie durch ein 8 m hohes Tor in der wieder aufgerichteten, etwa 25 m hohen Monumentalfassade. Dahinter lag der Kaltbaderaum, dessen Bassin noch samt den hineinführenden Stufen erhalten ist.

Rund um das Bad-Gymnasion befanden sich einst kleine Geschäfte, die ehemalige *Palästra* (Übungsplatz der Ringkämpfer) und eine *Synagoge,* sehenswert wegen ihrer feinen Ausgestaltung. Die Mosaiken sind zwar nur Kopien (Originale in Manisa), aber das tut der Sache keinen Abbruch. Das quadratische Peristyl ist mit einem krugartigen Brunnen in der Mitte und einer umlaufenden Säulenreihe geschmückt. Die Synagoge wurde übrigens nie als solche gebaut, sondern entstand zusammen mit dem Bad-Gymnasion und war für andere Zwecke bestimmt. Irgendwann übernahm die jüdische Gemeinde von Sardes die Räumlichkeiten und gestaltete diese neu.

Nordägäis → Karte S. 90

İzmir

ca. 3,5–4 Mio. Einwohner

Die Boomtown İzmir ist modern und geschichtsträchtig. An die „Perle der Levante", wie man die Stadt noch zu Beginn des 20. Jh. nannte, erinnert jedoch wenig.

İzmir, nach İstanbul und Ankara die drittgrößte Stadt der Türkei, wuchert wild am *İzmir Körfezi,* dem 54 km langen und bis zu 24 km breiten Golf. Auf eine Ausdehnung von über 30 km hat es die Stadt bereits gebracht. Allein im letzten Jahrhundert hat sich die Einwohnerzahl weit mehr als verzehnfacht. Wie viele Menschen heute in İzmir leben, weiß keiner so genau.

İzmir ist Sitz des NATO-Hauptquartiers Südost. Metall und Textil verarbeitende Werke, Raffinerien und chemische Kombinate sowie einer der umschlagstärksten Häfen der Türkei machen die Stadt zu einem bedeutenden Wirtschaftsstandort. Die wichtigste Industriemesse des Landes geht hier alljährlich über die Bühne. Boomtown İzmir verdankt ihren Aufschwung nicht zuletzt den vielen billigen Arbeitskräften, insbesondere Zuzüglern aus Inner- und Ostanatolien. Sie leben draußen in den Armutsgürteln der Stadt, ihre Tageseinnahmen entsprechen oft nur dem Betrag, mit dem andere in den mondänen Restaurants an der Uferpromenade die Rechnung aufrunden.

İzmir, das alte *Smyrna,* ist seit jeher auch ein bedeutendes Handelszentrum. Doch an die Geburtsstadt von Homer und Aristoteles Onassis erinnert nicht mehr viel. Kriege und Brände haben ihre historische Substanz größtenteils zerstört. İzmir ist heute eine durch und durch moderne, türkische Großstadt mit Smogglocke, Verkehrslärm, Pressluftgehämmer und pausenlosem Sirenengeheul. Dennoch gibt es auch adrette Ecken im Gewirr der Straßen, Plätze und Boulevards, und von Jahr zu Jahr werden es mehr. Die Stadtverwaltung tut viel – da werden von Palmen gesäumte Fußgängerzonen angelegt, dort wird die noch erhaltene alte Bausubstanz restauriert. Und um den Verkehr zu entlasten, soll die Metro, das jüngste Prestigeobjekt der Stadt, ausgebaut werden. Ein Ausflug in die Millionenmetropole verheißt ein abwechslungsreiches Erlebnis: Hier lässt sich türkischer Großstadtalltag erfahren – egal ob beim Shoppen auf dem Basar oder bei einem kalten Getränk in einer der gemütlichen Bars an der Uferpromenade.

Geschichte

Keramikfunde im Stadtteil Bayraklı, ca. 7 km nordöstlich des Zentrums, lassen darauf schließen, dass die Bucht von İzmir bereits im 3. Jt. v. Chr. besiedelt war. Aber erst im 11. Jh. v. Chr. erfolgte an jener Stelle die Gründung *Smyrnas* durch äolische Siedler. Drei Jahrhunderte später wurde diese von ionischen Griechen erobert. Smyrna stieg zu einer wohlhabenden Stadt auf. Irgendwann zwischen 750 und 650 v. Chr. soll sie auch die Heimat Homers, des ersten epischen Dichters des Abendlandes gewesen sein. Ihm schreibt man die Epen *Ilias* und *Odyssee* zu.

Orientierung: Das Zentrum der Metropole bilden die Stadtteile Konak, Basmane und Alsancak samt den dazwischen liegenden Vierteln.

Das Herz von **Konak** ist der gleichnamige Platz, der *Konak Meydanı*, benannt nach dem *Hükümet Konağı*, dem Gebäude der Provinzregierung. Der Platz ist einer der Dreh- und Angelpunkte İzmirs. Blickfang ist der *Saat Kulesi*, ein verspielter Rokoko-Uhrturm. Er wurde 1901 für Sultan Abdül Hamit II. anlässlich seines 25-jährigen Thronjubiläums errichtet – mit Geldern von dessen Amigo Kaiser Wilhelm II. In der Nähe des Turms erblickt man die hübsche, aber winzige *Konak-Moschee* (→ Sehenswertes). Des Weiteren findet man rund um den Platz das *Kaufhaus YKM*, das *Rathaus (Belediye)* und das *Atatürk-Kulturzentrum (Atatürk Kültür Merkezi)*, ein gewagter Zweckbau mit einem Dach, das an ein kieloben schwimmendes Schiff erinnert. Durch eine Fußgängerbrücke und eine Parkanlage ist der Platz mit der Schiffsanlegestation *Konak İskelesi* verbunden.

Vom *Konak Meydanı* verläuft die Atatürk Caddesi, auch *Kordon* genannt, in nördliche Richtung zum *Cumhuriyet Meydanı* („Platz der Republik"), dem Renommierplatz İzmirs. Als großes Reiterstandbild blickt Atatürk hier auf die Büros der internationalen Fluggesellschaften und einige der teuersten Hotels der Stadt.

Vom Cumhuriyet Meydanı führt der *Kordon* als abends für den Verkehr gesperrte Ufermeile weiter gen Norden in den Stadtteil **Alsancak**, ein nobles, modernes Eck mit teuren Boutiquen, Bars und Restaurants. Die Hauptstraßen Alsancaks sind neben dem Kordon der *Cumhuriyet Bulvarı* und die *Kıbrıs Şehitler Caddesi*. Von Letzterer gehen einige Bilderbuchgassen mit alten Holzerkerhäuschen ab.

Schwenkt man vom *Konak Meydanı* landeinwärts, gelangt man entlang der Anafartalar Caddesi in das **Basarviertel (Kemeraltı)**, das sich bis nach Basmane erstreckt. Ein Bummel durch das Labyrinth der kleinen Läden gerät zum bilderreichen Streifzug durch die quirlige Welt orientalischen Verkaufsalltags. Im Basarviertel befindet sich auch die restaurierte *Kızlarağası-Karawanserei* aus dem 18. Jh. Einst diente sie Kaufleuten als Herberge und Warenlager, heute wird darin allerlei Orientkitsch feilgeboten.

Das Zentrum von **Basmane** bildet der gleichnamige Bahnhof. Rund um ihn findet man preiswerte Hotels und Restaurants. Vor düsteren Bierkneipen stehen allabendlich Prostituierte Spalier. Nördlich davon schließt der *Kulturpark* (→ Sehenswertes) an.

575 v. Chr. nahmen die Lydier Smyrna ein und zerstörten es. Erst 334 v. Chr. ließ Alexander der Große die Stadt auf dem Pagusberg neu aufbauen. Aus jener Zeit stammt die *Kadifekale,* die „Samtburg" auf der Spitze des İzmirer Hausbergs. Unter griechischer und römischer Herrschaft entwickelte sich Smyrna zu einem wichtigen Handelszentrum, im 2. Jh. zählte es bereits über 100.000 Einwohner. Mit der Verlandung des Hafens von Ephesus gewann Smyrna zudem an Bedeutung. Im 7. Jh., unter Byzanz, trotzte die Stadt noch erfolgreich den Arabereinfällen, danach aber wurde sie zum Zankapfel zwischen Seldschuken und Kreuzfahrern.

1426 gelang es den Osmanen, die Stadt in ihr Reich einzugliedern. Aus Smyrna wurde İzmir, die Bevölkerung aber blieb größtenteils griechisch. Kaum ein Jahrhundert sollte vergehen, ohne dass sie unter Erdbeben, der Pest oder Feuersbrünsten zu leiden hatte. Dennoch erfuhr die Stadt nach jeder Katastrophe einen umso größeren Aufschwung; İzmir entwickelte sich zum wichtigsten Handelstor gen Westen. 1915 schrieb der Völkerkundler Ewald Banse über İzmir: „Hier herrscht der Grieche mit dem Europäer, und von den rund 250.000 Einwohnern glaubt die Hälfte orthodox, betet nur der vierte Teil in den Formeln des Koran, und in den Rest teilen sich Spaniolen und Armenier, Levantiner und Europäer." Die Sitten waren in etwa so streng wie in Paris oder im Berlin der goldenen Zwanzigerjahre.

Das Gesicht der Stadt änderte sich bald darauf grundlegend. Mit der Zerschlagung des Osmanischen Reiches 1918 wurde İzmir von griechischen Truppen besetzt. Die türkische Befreiungsarmee unter Atatürk eroberte die Stadt 1922 zurück: Weit über 100.000 Griechen und Armenier verließen in Panik ihre Häuser und versuchten auf Schiffen zu entkommen. Ganze Stadtviertel wurden in diesen schrecklichen Tagen ein Raub der Flammen. Nach den Weltkriegen erlebte İzmir einen wirtschaftlichen Aufschwung wie nur wenige Städte des Landes. Heute vollzieht İzmir den Wandel vom Moloch an einer stinkenden Bucht hin zu einer lebenswerten, schicken Mittelmeermetropole.

Information/Verbindungen/Ausflüge/Parken

Telefonvorwahl 0232.

Information Im Kültür ve Turizm Müdürlüğü Binası südlich des Pasaport-Fähranlegers, 1344 Sok. 2, ✆ 4836216, www.izmir.gen.tr. Auskünfte auf Englisch und Deutsch. Mo–Fr 8.30–17.30 Uhr.

Verbindungen İzmirs **Flughafen** Adnan Menderes (www.adnanmenderesairport.com) liegt ca. 20 km südlich der Stadt. Im internationalen Terminal, 200 m vom nationalen entfernt, finden Sie im Ankunftsbereich Geldwechselmöglichkeiten, Bankomaten, Zweigstellen diverser Autoverleiher, eine Post und eine Tourist Information (✆ 2472214, tägl. 9–17 Uhr).

Transfer vom und zum Flughafen: Teuerste und unkomplizierteste Variante ist das **Taxi** – ins Zentrum ca. 20–25 €, bis zur nächsten Bushaltestelle 5 €. Bequem ge-

langt man für 4 € auch mit den **Havaş-Bussen** ins Zentrum (Dauer 1 Std.). Sie fahren von 3.30–23.30 Uhr stündl. (Stand 2011). Wer vom Zentrum auf diese Weise zum Flughafen möchte, steigt am Gazi Osmanpaşa Bul. vor dem Swissôtel Grand Efes ein. Infos unter ✆ 2742276, www.havas.com.tr oder im THY-Büro (→ Reisebüros).

Billiger wird die Fahrt mit den **öffentlichen Bussen** Ⓑ **204** (direkt zum Busbahnhof, tagsüber stündl., nachts alle 2 Std.) und Ⓑ **202** (zum zentralen Cumhuriyet Meydan, ähnliche Verkehrszeiten).

Zudem besteht die Möglichkeit, mit dem **Zug** vom Zentrum (Basmane) zum Flughafen (Bahnsteig auf dem Flughafengelände, Name der Haltestelle Adnan Menderes) bzw. andersrum zu gelangen. 2011 wurde die Strecke tagsüber von 8–20 Uhr 6-mal bedient, Dauer 20 Min.

Nordägäis → Karte S. 90

Wer nach Alsancak will, kann vom Flughafen in die neue *İzban* steigen, eine Art S-Bahn. Sie fährt von 5.30 bis 23.30 Uhr alle 10–30 Min. Dauer 30 Min., Richtung Aliağa zusteigen.

Flucht vor der Großstadt: Man kann auch mit dem Zug vom Flughafen direkt nach Selçuk nahe Ephesus (→ S. 186) oder mit der *İzban* nach Foça nördlich von İzmir (→ S. 139) fahren.

Bus/Dolmuş: Bus/Dolmuş: İzmir hat mehrere Busbahnhöfe, der bedeutendste ist der Yeni Otogar. Dieser befindet sich ca. 12 km nordwestlich des Zentrums. Von dort gute bis sehr gute Verbindungen in alle größeren Städte der Türkei (Bodrum 3½ Std., Kuşadası 1¼ Std., Bergama 2 Std., Çanakkale 6 Std., Antalya 8 Std.). Buchungsbüros der Busgesellschaften auch beim Basmane-Bahnhof, rund um den Cumhuriyet Meydanı und am Gazi Osmanpaşa Bul.

Vom Yeni Otogar gelangt man am einfachsten mit einem Dolmuştaxi ins Zentrum (Dauer ca. 15 Min., im Busbahnhof der Beschilderung „Dolmuş" folgen und dann nach Taxis mit der Aufschrift „Otogar-Basmane" Ausschau halten). Etwas langwieriger ist die Fahrt mit dem Bus (Dauer ca. 45 Min.). Abfahrtsstelle der Stadtbusse zum Otogar im Zentrum am Halit Ziya Bul. (z. B. Ⓑ 60). Zudem fährt Ⓑ 54 von Konak über Basmane zum Otogar. Wer mit größeren Busgesellschaften an- oder abreist, gelangt mit deren Servicezubringern ins Zentrum bzw. zum Busbahnhof.

Busse nach Çeşme und auf die Karaburun-Halbinsel fahren vom Busbahnhof am F. Altay Meydanı im Stadtteil Üçkuyular 4 km westlich von Konak ab. Dorthin gelangt man mit Ⓑ 169 von Alsancak (Zusteigemöglichkeiten am Talatpaşa Bul., Cumhuriyet Bul., Cumhuriyet Meydanı und am Konak-Platz).

Dolmuşe nach Gümüldür oder Özdere (regelmäßig bis 21 Uhr) vom Busbahnhof Gaziemir einige Kilometer südöstlich des Zentrums. Von Konak fährt Bus Ⓑ 152 nach Gaziemir.

Zug: Wer mit dem Zug ankommt, steigt für gewöhnlich am Basmane-Bahnhof (✆ 4848638) aus. Auf türkischen Fahrplänen und an den Bahnsteigen wird Basmane stellvertretend für İzmir angegeben. Bis zu 7-mal tägl. nach Manisa, 6-mal über den Flughafen nach Selçuk, nach Tire und Ödemiş, bis zu 5-mal nach Aydın und Nazilli, 3-mal nach Denizli, 2-mal nach Söke.

》》 Unser Tipp: Ein **Ausflug mit der Fähre** in den modernen Stadtteil Karşıyaka auf der anderen Seite der weiten Bucht von İzmir! Dabei genießt man die Skyline der Stadt vom Meer aus. Am Fährhafen von Karşıyaka beginnt die beliebte Einkaufsstraße Kemalpaşa Cad. Die Fähren legen von Konak, vom Cumhuriyet Meydanı (Pasaport İskelesi) und von Alsancak ab. Sie verkehren von 7–22 Uhr, Dauer ca. 20–30 Min., einfach 1,50 €. 《《

Stadtverkehr Das innerstädtische Bussystem funktioniert gut. Busfahrkarten mit Magnetstreifen kauft man an Kiosken oder beim Fahrer. Es gibt keine Einzelfahrscheine. 3 Fahrten (kleinste Karte, die man kaufen kann, auch in der Metro gültig) kosten 2,80 €.

Die **Metro** fährt von 6–24 Uhr. Die einzige Linie (wird ausgebaut, u. a. Richtung Flughafen, Karşıyaka und F. Altay Meydanı) führt bislang vom Kazım Karabekir Meydanı (Üçyol) südlich des Zentrums über den Konak-Platz sowie die Stadtteile Çankaya und Basmane nach Bornova.

Die schnellste Verbindung zwischen **Konak** und **Alsancak** stellen Taxidolmuşe her. Abfahrt in Alsancak am Talatpaşa Bul.

Parken Wer mit dem Auto ins Zentrum fahren möchte, folgt der Beschilderung in einen der zentralen Stadtteile. Die sonst in der Türkei übliche „Şehir Merkezi"-Beschilderung (= Zentrum) ist eher selten. Großes städtisches Parkhaus u. a. hinter dem YKM beim Konak-Platz (Zufahrt über die Milli Kütüphane Cad.) und an der Ecke Eşrefpaşa Cad./Anafartalar Cad. In beiden Parkhäusern bezahlt man für 12 Std. 2,30 €.

Essen & Trinken

3 Viran Gönüller
9 Otantik Café
10 Meyhane Alsancak
11 Sevinç Pastanesi
12 Veli Usta Balık Pışırıcısı
13 La Sera
14 Deniz Restaurant
16 Sakız
17 Alf Café
21 Borsa Restaurant
22 Adil Müftüoğlu Uğur Lokantası
28 Yenice Lokantası
32 Asansör

Übernachten

1 Otel Çağla Pınar/Hotel Gordon
7 Ege Palas
14 İzmir Palas Oteli
18 Swissôtel Grand Efes
19 Otel Marla
23 Otel Kaya
24 Avşar Otel
25 Alican Otel
27 Çoruh Oteli
29 Konak Saray Hotel
31 Otel Antik Han

Nachtleben

2 Sardunya
4 Bios
5 Sardunya's
6 Kybele
8 Mavi Bar
20 Windows on the Bay

Einkaufen

15 Artı Kitabevi
26 Konak Pier
30 Eski Çarşı

İzmir

Adressen (→ Karte S. 157)

Ärztliche Versorgung Ege Sağlık Hastanesi, privates Krankenhaus in Alsancak. 1399 Sok. 25. ✆ 4637700.

Autoverleiher In großer Anzahl in den vom Cumhuriyet Meydanı abgehenden Straßen. **Avis**, Şair Eşref Bul. 18/D, ✆ 4414417, am Flughafen ✆ 2740010, www.avis.com.tr. **Sixt**, Cumhuriyet Bul. 141/A, ✆ 4638999, am Flughafen ✆ 2746622, www.sixt.com.tr. **National/ Alamo**, Şehit Nevres Bey Bul. 11/A, ✆ 4227107, am Flughafen ✆ 2746265, www. yesnational.com. Preiswerteste Fahrzeuge der internationalen Verleiher ab ca. 60 €, die der lokalen Anbieter rund 20 % darunter.

Diplomatische Vertretungen Deutschland (Generalkonsulat), Havuzbaşı Sok. 1, Balçova, ✆ 4888888, www.izmir.diplo.de. Anfahrt: Der Mithatpaşa Cad. stets stadtauswärts folgen, irgendwann verläuft die Autobahn parallel dazu. Ein paar hundert Meter hinter dem Einkaufszentrum Kipa bei der Kreuzung mit BP-Tankstelle und Atatürk-Standbild links ab, nach weiteren 500 m rechter Hand. Von Alsancak über Konak fährt ⓑ 169 nach Balçova.

Österreich (Honorarkonsulat), Plevne Bul. 1, D:9, Alsancak, ✆ 4640630, austria.hk.izm@gmail.com.

Polizei Beispielsweise am Konakplatz. ✆ 155.

Post Hauptpost am Cumhuriyet Meydanı.

Reisebüro Etliche Reisebüros am Gazi Osman Paşa Bul., z. B. **Holiday Center** für Tickets verschiedener Airlines (Hnr. 8/A, ✆ 4441590, www.holiday-center.net). **THY**-Hauptbüro am Halit Ziya Bul. 65, Çankaya, ✆ 4841220, www.thy.com.

Zeitungen In deutscher Sprache sowie viel Literatur zur Türkei (v. a. in Englisch) im **Artı Kitabevi** 🔢, Cumhuriyet Bul./Ecke 1378 Sok.

Einkaufen (→ Karte S. 157)

Die großen Malls der Stadt liegen außerhalb des Zentrums. Im Stadtteil Balçova an der Straße nach Çeşme gibt es z. B. **Agora**, **Palmiye**, **Migros** und **Kipa**, zu erreichen mit ⓑ 311 von Konak.

Basarviertel Der **Kemeraltı** genannte İzmirer Basar rund um die Anafartaler Cad. ist einer der schönsten Basare der Türkei. Es gibt Gassen, in denen nur Klamotten verkauft werden, Gassen, in denen Handwerker die Wahl zwischen 1001 Schrauben haben, Gassen, in denen Lebensmittel (viel frischer Fisch) Appetit machen usw. Verlaufen macht hier Spaß. Wer Glück hat, findet eine der mittlerweile 3 Filialen von **İlhan Nargile**, der berühmtesten Wasserpfeifenmanufaktur der Westküste (u. a. in der Kızlarağası-Karawanserei). Die angebotenen Nargiles dienen nicht nur der Dekoration, es gibt auch wirklich hochwertige mit Lammleder- anstelle von Kunststoffschläuchen. Für Goldschmuck sucht man im Basarviertel den **Eski Çarşı** 🔢, den „Alten Basar" nahe der Anafartalar Cad. auf. So sind die Geschäfte geschlossen.

Sevgi Yolu Ein gepflegtes, kopfsteingepflastertes und mit Palmen bestücktes Marktsträßchen nahe dem Hilton. Nachmittags werden hier Schmuck, Bücher, Raubkopien auf CD (unterm Ladentisch, fragen) und Alternativ-Accessoires verkauft.

Alsancak Die Einkaufsstraße schlechthin ist hier die Kıbrıs Şehitleri Cad. Tolle Boutiquen und außergewöhnliche Geschäfte zudem im Dreieck Cumhuriyet Bul./Pilevne Cad./Talatpaşa Bul.

Konak Konak Pier 🔢, edles, wenn auch nicht riesiges Shoppingcenter direkt am Ufer, untergebracht in einem alten, liebevoll restaurierten Fähranlegegebäude. *Nautica*, *Hilfiger*, *Rolex* & Co., dazu Cafés direkt am Wasser.

Baden/Kultur

Baden/Seilbahn Für einen Sprung ins Meer weicht man am besten an die Sandstrände der **Çeşme-Halbinsel** oder nach **Gümüldür** aus.

Das 30–60 °C warme Quellwasser der **Aga-memnon-Thermen** (Agamemnun Kaplıcası) im Stadtteil Balçova ca. 8 km südwestlich des Zentrums (mit „Teleferik/Agamemnon" ausgeschildert, Ⓑ 169 von Konak und Alsancak) soll gegen rheumatische und neurologische Beschwerden helfen. Baden kann man dort im Balçova Termal Hotel, einem Komplex mit mehreren Innen- und Außenpools. In der Nachbarschaft ein Aquapark.

Nach dem Bad bietet sich – wegen Restaurierungsarbeiten voraussichtlich erst wieder ab Mitte 2012 – die Möglichkeit, mit der Seilbahn (*teleferik*, ca. 1 km vom Bad entfernt) auf den **Berg Dededağ** zu gondeln. Oben findet man Teegärten und Picknickrestaurants (hier grillt man selber).

Türkisches Bad (Hamam) Als bester Hamam der Stadt gilt der **Karataş Hamamı** in der 360 Çıkmaz Sok., einer Seitengasse der Mithatpaşa Cad. nahe dem Asansör (→ Sehenswertes). Ca. 1,5 km bzw. 10 Fußmin. südwestlich des Konak-Platzes, von Konak der Mithat Paşa Cad. gen Süden fol-

gen, dann linker Hand. Eintritt mit Massage 15 €. Frauen tägl. 11–17 Uhr, Männer 7–11 u. 17–24 Uhr.

Kultur Das **Atatürk-Kulturzentrum**, unübersehbar an der Mithatpaşa Cad. südlich des Konak-Platzes, ist eines der Dreh- und Angelpunkte des städtischen Kulturlebens. Breite Palette an Veranstaltungen, Infos in der Tourist Information.

Staatsoper (İzmir Devlet Opera) an der Milli Kütüphane Cad. hinter dem Kaufhaus YKM am Konak-Platz. Kartenvorverkauf für Oper, Ballett, Theater, Jazzkonzerte usw. im Haus, ☎ 4846445, www.izdob.gov.tr. Das schöne Gebäude, ein ehemaliges Kino, stammt aus dem Jahr 1926.

Veranstaltungen Das Internationale İzmir-Festival im Juni u. Juli präsentiert Theater, Konzerte usw. Schauplatz sind neben dem Open-Air-Theater im Kulturpark auch die Ruinenstätten von Ephesus und Pergamon sowie die Burg von Çeşme. Die **Industriemesse** Ende Aug./Anfang Sept. wird von kulturellen Rahmenveranstaltungen begleitet.

Nordägäis → Karte S. 90

Übernachten

(→ Karte S. 157)

Viele Hotels auf hohem Niveau für Geschäftsleute und viele Absteigen auf niedrigem Niveau für Arbeiter und Händler, dazwischen ein paar anständige Mittelklassehäuser. Nette Pensionen wie in den Ferienorten an der Küste fehlen, nur die wenigsten Touristen bleiben länger in der Stadt. Hotelschwerpunkte sind der Gazi Osmanpaşa Bul., der obere Teil des Fevzipaşa Bul. (Richtung Bahnhof) und die Anafartalar Cad. mit ihren Seitengassen. Preiswerte Hotels ohne jegliche persönliche Note findet man insbesondere in Basmane, leider sind nicht alle sauber, zudem ist die Gegend nur bedingt etwas für allein reisende Frauen (→ Orientierungskasten).

***** **Swissôtel Grand Efes** 🔢, schickes Luxushotel. Die geräumigen Zimmer (402 an der Zahl) lassen keine Wünsche offen, viele mit tollem Meeresblick. Spa-Abteilung, großer Pool mit schöner Bar. Mehrere Restaurants, die Attraktion ist dabei das „Aquarium" mit Bullaugen, die einen Blick in den Pool erlauben. „Eine hundertprozentige Empfehlung", meinen Leser. DZ mit Meeresblick 230 €, ohne Meeresblick 160 €. Gazi Osmanpaşa Bul. 1, ☎ 4140000, ☏ 4141010, www.izmir.swissotel.com.

**** **Ege Palas** 🔢, gepflegtes, mit viel Marmor ausgestattetes Haus im Herzen des modernen İzmir (nette Kneipen ums Eck). Von Lesern gelobt. 109 Zimmer und 3 Suiten mit viel Komfort. Zur Seeseite mit Balkon und z. T. tollen Ausblicken. Nichtraucheretagen, österreichische Patisserie, Fit-

nesscenter. Lediglich der Eingangsbereich wirkt billig. Eigene Parkplätze. DZ ab 120 €. Cumhuriyet Bul. 210 (Alsancak), ☎ 4639090, ☏ 4638100, www.egepalas.com.tr.

*** **İzmir Palas Oteli** 🔢, in bester Lage am Kordon. Besteht seit 1927, wird gut in Schuss gehalten. 148 angenehme Zimmer in Rottönen, die meisten mit Balkon. Nach hinten hinaus laut, nach vorne hinaus relativ ruhig und dazu toller Meeresblick. Lobby mit viel Marmor, dicke Teppiche in den Gängen. Könnte ruhig einen Stern mehr haben. DZ mit Meeresblick 105 €, ohne 95 €. Atatürk Bul. (Alsancak), ☎ 4650030, ☏ 4226870, www.izmirpalas.com.tr.

**** **Otel Marla** 🔢, unter den 4-Sterne-Häusern eines der preiswertesten. Zentrale Lage (und nicht unmittelbar an einer der verkehrsreichen Straßen). Nette Straßenlokale in der Nachbarschaft. 68 Zimmer im Billigschick-Stil, gut in Schuss. Freundlicher Service. EZ 70 €, DZ 85 €. Kazım Dirik Cad. 7 (Pasaport), ☎ 4414000, 🖳 4411150, www.otelmarla.com.

*** **Otel Kaya 23**, neunstöckiges Haus der gehobenen Mittelklasse in lauter Lage. Alles etwas überladen dekoriert, aber anständig, sauber und gepflegt. Am besten sind die Zimmer in der obersten Etage: Balkon und weniger Lärm. Sehr freundlicher Service, auch deutschsprachig. Klimaanlage. EZ 55 €, DZ 65 €. Gaziosmanpaşa Bul. 45 (Çankaya), ☎ 4839771, 🖳 4839773, www.otelkaya.com.

*** **Alican Otel 25**, in unmittelbarer Nähe zum Bahnhof Basmane, leider an einer lauten Straße gelegen, daher am besten ein Zimmer in den oberen Etagen wählen. Anständiges Haus trotz einiger Alterserscheinungen. Saubere Zimmer mit TV, Minibar und Klimaanlage, Bäder mit Duschkabinen. EZ offiziell 49 €, DZ 62 €, i. d. R. aber günstiger zu bekommen. Fevzipaşa Bul. 157, ☎ 4842768, 🖳 4842279, www.alicanotel.com.

Otel Antik Han 31, am Rande des Basargetümmels nahe der Agora. Osmanischer Bau aus der Mitte des 19. Jh. Idyllischer Innenhofbereich. 30 Zimmer unterschiedlicher Größe, ohne besondere Note und etwas in die Jahre gekommen. Bäder okay. Freundlicher Service. Gutes Frühstück. DZ 71 €. Anafartalar Cad. 600 (Çankaya), ☎ 4892750, 🖳 4835925, www.otelantikhan.com.

** **Konak Saray Hotel 29**, nicht weit vom Otel Antik Han entfernt, eine Leserempfehlung. 27 kleine Teppichbodenzimmer mit Standardausstattung. Stilloses Restaurant auf dem Dach. Sehr gutes Frühstück, zuvorkommender Service, kostenloser Parkplatz. EZ 35 €, DZ 50 €. Anafartalar Cad. 635 (Çankaya), ☎ 4837755, 🖳 4837710, www.konaksarayhotel.com.

** **Avşar Otel 24**, saubere Zimmer mit ordentlichen Bädern (Duschkabine) in einer relativ ruhigen Seitengasse. Die Teppichböden sind wellig, ansonsten ganz okay. Der Service ist nicht immer der freundlichste. EZ 22,50 €, DZ 35 €. 1364 Sok. 8 (Basmane), ☎/🖳 4419552.

Hotel Gordon 1, kleines Stadthotel mit nur 17 stillosen Teppichbodenzimmern, z. T. recht klein und dunkel, manche könnte man zudem auch besser lüften. Bezüglich Lage (viele nette Kneipen drum herum, trotzdem ruhige Gasse) jedoch gut. DZ 30 €. 1478 Sok. 1 (Alsancak), ☎ 4214556, 🖳 4214419.

Otel Çağla Pınar 1, in der Nachbarschaft des Gordon. Kleine, dunkle Zimmer mit weißen Laminatböden, Klimaanlage und TV. Die Bäder könnten etwas besser geputzt sein, ansonsten für den Preis okay. DZ 25 €. 1478 Sok. 3, ☎ 4639223, 🖳 4632181.

Çoruh Oteli 27, hier nächtigen Sie in einem alten, morbiden Stadtpalais unter 5 m hohen Decken (von denen z. T. die Farbe blättert). Uralte Bodenfliesen, Stuck. Mit Abstand die außergewöhnlichste Billigabsteige der Stadt. Nur 14 Zimmer (oder Löcher?), teilweise mit Nasszellen, stets Etagentoilette. Sehr charmant, leider aber nur sehr mäßig sauber. DZ 15 €, kein Frühstück. Fevzipaşa Bul. 77 (Basmane), ☎ 484106.

Camping In İzmir selbst keine Möglichkeit, → Karaburun-Halbinsel (S. 174) oder Gümüldür (S. 177).

◖Essen & Trinken (→ Karte S. 157)

Gute und preiswerte Lokantas, Döner- und Pidesalons rund um den Bahnhof Basmane und in der Kıbrıs Şehitler Cad. in Alsancak. Eine Vielzahl gehobener Fischlokale an der Uferpromenade von Alsancak – am Abend sehr gemütlich, wenn der Kordon für den Verkehr gesperrt ist. Je nach Lokal sollten Sie hier mindestens 50 € für ein Abendessen für 2 Pers. inkl. Getränke einplanen. Preiswerter und legerer geht es in den Restaurants und Kneipen südlich des Pasaport-Fähranlegers zu – entweder direkt am Wasser oder auf der anderen Straßenseite. Zu den Spezialitäten der Stadt gehören *Çipura* (Goldbrasse) und *İzmir Köfte* (Hackfleischbällchen in Tomatensoße).

Asansör 32, grandioses Terrassenlokal mit herrlicher Aussicht über die gleichnamige Sehenswürdigkeit (→ Sehenswertes). Hier werden bei Geschäftsessen Millionen verschoben, hier hält man aber auch um die Hand der Verlobten an. Gehobene Preisklas-

Nordägäis → Karte S. 90

Bierselig: Kneipengasse in Alsancak

se. Von Lesern gelobt. Dario Moreno Sok. (Asansör), ☎ 2612626. Das Café daneben lädt zum gemütlichen Sundowner ein.

Deniz Restaurant 🔢, das etablierte Lokal gilt als eines der besten Fischrestaurants der Stadt. Gediegenes Ambiente, unaufdringlicher, erstklassiger Service. Terrasse direkt am Kordon. Nicht ganz billig, aber das Geld wert: Fröhliche Tafelrunden sitzen hier allabendlich zusammen, und der Rakı fließt in Strömen. Atatürk Cad. 188/B (Alsancak), ☎ 4644499.

La Sera 🔢, in der Nachbarschaft. Großräumiges Barrestaurant mit gigantischer Außenbestuhlung. Hin und wieder Livemusik. Internationale Karte, man kann auch frühstücken. Atatürk Cad. 190/A, ☎ 4642595.

Veli Usta Balık Pışırıcısı 🔢, und noch eine Adresse am Kordon. Einer von mehreren Fischbrätern in der gleichen Reihe. Besteht seit 1970. Für die Lage in erster Reihe vergleichsweise bescheidene Innenausstattung im Stil einer gehobenen Lokanta. Terrasse. Super Fisch und ein paar Meze zu gemäßigten Preisen. Atatürk Cad. 212/A, ☎ 4642705.

Meyhane Alsancak 🔢, netter Ort für ein gemütliches Dinner bei türkischer Livemusik. Hier geht jeden Abend die Post ab, und

das zu fairen Preisen: Fix-Menüs mit lokalen Getränken ab 18 €. 1448 Sok. 18/B (Alsancak), ☎ 4220531.

Borsa Restaurant 🔢, im Börsengebäude gegenüber der Touristeninformation, Cumhuriyet Bul./Ecke Gazi Bul. (Pasaport). Interessante Atmosphäre im hohen Speisesaal, Kellner in weißen Hemden. Mittags Topfgerichte, abends Meze und Grillgerichte, Fix-Menüs mit Getränken 18 €. 3-mal wöchentl. Livemusik. ☎ 4411888.

Sakız 🔢, freundliches Restaurant unter türkisch-schottischer Leitung. Sehr herzlicher Empfang. Türkisch-internationale Küche, viele vegetarische Gerichte. Tolles Mittagsbüfett, nicht umsonst ein beliebter Lunchstopp. Rustikal-nettes Interieur mit rot-weiß karierten Tischdecken. Terrasse. Hg. 6–12 €. Şehit Nevres Bey Bul. 9/A (Alsancak), ☎ 4641103.

In der **1444 Sokak**, einer hübschen Nebengasse der Kıbrıs Şehitler Cad. in Alsancak, gibt es einige Fischlokale. Hier speisen Sie um einiges billiger als in den Fischrestaurants am Kordon.

Yenice Lokantası **28**, gepflegte, helle Lokanta, die auf außergewöhnliche Fleischgerichte aus dem ganzen Land spezialisiert ist. Dazu Pide und Suppen. Adrette Kellner. Hg. 5–10 €. Fevzi Paşa Bul. 110 (Basmane).

Adil Müftüoğlu Uğur Lokantası **22**, eine Institution. Gehobenere Lokanta in Basmane. Megaauswahl an außergewöhnlichen Topfgerichten, viele regionale Spezialitäten. Schließt früh am Abend. 1369 Sok. 11 (Basmane).

Snacks/Cafés Alf Café **17**, eine von mehreren kleinen Lokantas in der 1379 Sok. (Alsancak), die auf *Kumpir*, lecker gefüllte Riesenkartoffeln, spezialisiert sind. Eine davon kann ein komplettes Essen ersetzen. Zudem frisch gepresste Fruchtsäfte.

Otantik Café **9**, mehrstöckige Cafébar mit alternativer Einrichtung. Musik. Nett auch für den Winter. 1448 Sok. (Alsancak).

Viran Gönüller **3**, das etablierte Café „der gebrochenen Herzen" ist ein gemütlicher Studententreff. Versuchen Sie, einen Platz am Erkerfenster mit Blick auf die trubelige Fußgängerzone unter Ihnen zu ergattern. Kıbrıs Şehitler Cad./Ecke 1453 Sok., im 1. Stock (Eingang leicht zu übersehen; Alsancak).

Sevinç Pastanesi **11**, eine weit über die Grenzen İzmirs hinaus bekannte und beliebte Konditorei mit besten Kuchen und Torten, leckerem Eis und süßen Teilchen jeder Art. Talatpaşa Bul./Ecke Kıbrıs Şehitler Cad. (Alsancak).

(Nachtleben   (→ Karte S. 157)

Das Nachtleben spielt sich in den Clubs und Kneipen in Alsancak ab, genauer gesagt in den Seitengassen der Kıbrıs Şehitler Cad. – schauen Sie sich z. B. einmal in der 1448 Sok., der 1453 Sok. (auch: Gazi Kadınlar Sok.) oder der 1482 Sok. (auch: Muzaffer İzgü Sok.) um, wo sich eine Location nach der nächsten auftut. Lebendig und vielseitig ist das Nightlife im Winter, beschaulich im Sommer, da viele In-Clubs und ihre Stammgäste dann auf die Çeşme-Halbinsel, nach Kuşadası oder Bodrum umziehen. Was gerade angesagt ist, erfährt man am besten von der Szene selbst, in den unten aufgeführten Adressen werden Sie schlauer. Abzuraten ist von den schmierigen, halbseidenen Amüsierbetrieben rund um den Basmane-Bahnhof.

Windows on the Bay **20**, der Tipp für den spektakulärsten Sundowner İzmirs. Bar im 31. Stock des Hilton Hotels, mit tollem Blick über das abendliche Lichtermeer. Auch Nichtgästen zugänglich. Ab 19 Uhr. Gazi Osmanpaşa Bul. 7 (Çankaya).

Mavi Bar **8**, gemütliche Rockbar in einem schmucken Stadthaus mit blau umrahmten Fenstern. Eine Institution im alternativen İzmirer Nachtleben, besteht seit 1986. Regelmäßig Livemusik. Cumhuriyet Bul. 206 (neben dem Hotel Ege Palas, Alsancak).

Kybele **6**, efeubewachsenes Haus in einer

gemütlichen Pflastergasse. Livemusik, Außenbestuhlung – idealer Platz zum Peoplewatching. 1453 Sok. (Alsancak).

Bios **4**, angesagter Treffpunkt nur ein paar Häuser weiter an der 1453 Sok. Regelmäßig Livemusik, der Schwerpunkt liegt auf schräg-alternativen Events. www.bios bar.com.

Sardunya **2**, nette Bierkneipe, die sich an ein eher alternatives Publikum richtet. Oft ebenfalls Livemusik. 1482 Sok. 11. Das Sardunya's **5** ums Eck in der 1453 Sok. gehört dazu, dort kann man zudem essen.

Sehenswertes

Von den Museen der Stadt sind nur die bedeutendsten erwähnt – eine bei der Tourist Information erhältliche Broschüre gibt Auskunft über den Rest. Außerdem können ein Bummel durch den Basar, eine Fahrt mit dem Linienschiff nach Karşıyaka oder mit der Seilbahn über die Dächer von Balçova zu schönen Erlebnissen werden.

Blick über eine Millionenmetropole

Kadifekale („Samtburg"): Sie erhebt sich auf dem Pagusberg im Süden der Stadt und wurde im 4. Jh. v. Chr. unter Lysimachos, einem Feldherrn Alexanders des Großen, erbaut. Die Mauerreste der Burg sind wenig spektakulär, die Aussicht von ihr aber ist beeindruckend – insbesondere zum Sonnenuntergang, wenn die Millionen Lichter der Stadt zu flackern beginnen. Sofern der Smog es zulässt, überblicken Sie die gesamte Bucht von İzmir. Zwei Teegärten und ein Bierlokal mit tollem Stadtblick haben sich beim Eingang zur Burg angesiedelt. Nach Sonnenuntergang sollte man von einem Spaziergang auf dem etwas vermüllten Gelände absehen, die Viertel drum herum zählen nicht zu den besten.

Anfahrt/Öffnungszeiten ⓑ 33 (Abfahrt von der Bushaltestelle Varyant südlich des Konak-Platzes) bringt Sie zur Kadifekale. Fragen Sie den Busfahrer, wo Sie aussteigen müssen. Die Burg ist rund um die Uhr frei zugänglich. Taxi vom Zentrum retour mit Wartezeit ca. 10 €.

Agora: Im ärmlichen Stadtteil Namazgah nahe dem Basar liegt die mächtige Agora (ca. 120 x 180 m), in der Antike der Markt- und Versammlungsplatz. Die Überreste stammen aus römischer Zeit; Mark Aurel ließ die Markthalle 178 n. Chr. nach einem Erdbeben neu errichten. Sie war als zwei- bis dreistöckiger Bau angelegt und von einer Stoa umgeben. 13 korinthische Säulen wurden wieder aufgestellt. Die Untergeschosse existieren noch, hier wurden Waren gelagert. Im Norden wurde die Stoa später in eine Basilika umgewandelt. Die Marmorfiguren des Poseidon und der Demeter, die die Agora einst schmückten, befinden sich heute im Museum für Geschichte und Kunst (s. u.). Rund um die Agora wurden in den letzten Jahren Wohn- und Geschäftshäuser abgerissen, um das Grabungsgelände zu erweitern. Die Arbeiten leitet die İzmirer *Dokuz Eylül Üniversitesi.*

Adresse/Öffnungszeiten: Ab dem Beginn der Anafartalar Cad. am Konak-Platz ausgeschildert. Tägl. (außer Mo) 8.30–18.30 Uhr, im Winter 8–17.30 Uhr. Eintritt 1,20 €.

Archäologische Museen: İzmir besitzt zwei. Das Neuere ist das 2004 eröffnete und mit dem etwas irreführenden Namen versehene *Museum für Geschichte und Kunst (İzmir Tarih ve Sanat Müzesi).* Dessen z. T. sensationelle Exponate sind auf drei Gebäude im Kulturpark (s. u.) verteilt. Nur die Highlights aufzuführen, ergäbe fast ein eigenes kleines Büchlein! Prunkstück der sog. Skulpturenhalle ist die Statue des liegenden Flussgottes Kaystros aus Ephesus. Zudem sieht man Überbleibsel aus Smyrna wie Demeter und Poseidon von der Agora (s. o.), zwei geflügelte Löwen vom Belevi-Mausoleum, Mosaiken aus Pergamon, den Fries des Dionysos-Tempels von Teos und vieles, vieles mehr. In der Keramikhalle stößt man auf Figuren aus Phokäa, dazu auf Amphoren, Vasen, Öllämpchen und kunstvoll bemalte Töpferware aus allen möglichen Epochen und Ausgrabungen. Die sog. Precious Artefacts Hall widmet sich besonders wertvollen Fundstücken aus den verschiedensten Ländern und Zeiten: Münzen, Goldschmuck, Bronzefiguren etc.

Der Bau des Museums für Geschichte und Kunst war nötig geworden, da man nicht mehr wusste, wohin mit dem grandiosen, stetig wachsenden Fundus des alten *Archäologischen Museums (Arkeoloji Müzesi)* nahe dem Konak-Platz. Im Erdgeschoss werden dort vornehmlich kopflose Statuen und Köpfe ohne Körper aus Ephesus, Milet, Magnesia, Sardes, Nysa, Klaros und Didyma ausgestellt. Das Schmuckstück ist ein mannshoher, bronzener Athlet, der im Hafen der antiken Stadt Kyme (beim heutigen Aliağa nördlich von İzmir) gefunden wurde. Außerdem gibt es eine Metropolis-Abteilung. Der größte Teil der Ruinen der antiken Handelsstadt 40 km südöstlich von İzmir bei Torbalı (von dort ausgeschildert, kein Eintritt) schlummert noch unter einem Olivenhain. Seit 1989 gräbt man hier, seit 2007 werden die Ausgrabungen von der Trakya-Universität Edirne geleitet. Das Theater wurde bereits rekonstruiert, zudem wurden Teile der Stoa, der Akropolis und des Badgymnasions sowie diverse Bodenmosaike freigelegt. Trotzdem ist Metropolis bislang nur für Spezialisten sehenswert.

Schwerpunkte des Obergeschosses sind schöne Gefäße aus Ton und Terrakotta, darunter Exponate aus dem 3. Jt. v. Chr., Statuetten, Sarkophage und diverse byzantinische Teller. Das Untergeschoss, das einst u. a. Mosaiken beherbergte, ist seit Jahren geschlossen.

Adresse/Öffnungszeiten: İzmir Tarih ve Sanat Müzesi, Kültür Parkı, dort ausgeschildert. Tägl. (außer Mo) 8.30–18.30 Uhr. Eintritt 1,20 €. **Arkeoloji Müzesi,** Birleşmiş Milletler Yokuşu (Serpentinenstraße oberhalb des Konak-Platzes), gleiche Öffnungszeiten. Eintritt 3,20 €.

Ethnografisches Museum (Etnoğrafya Müzesi): Es ist in der einstigen Quarantänestation für Pestkranke untergebracht. Die Präsentation erinnert an Museen aus sozialistischer Zeit, ein Besuch ist dennoch interessant. Traditionelle, z. T. ausgestorbene Handwerksberufe (Töpfer, Sattler, Fellmacher etc.) werden anschaulich vorgestellt, so z. B. die Produktion von *Boncuk,* den blauen Glasperlen, die vor dem „Bösen Blick" schützen sollen. Zudem erhält man Einblicke in großbürgerliches Familienleben osmanischer Zeit. Zu bewundern sind u. a. auch ein Nachbau der ersten türkischen Apotheke, das Modell eines Kamels in traditioneller Kampftracht und eine Waffensammlung.

Adresse/Öffnungszeiten: Birleşmiş Milletler Yokuşu, neben dem archäologischen Bruder. Tägl. (außer Mo) 8–12 u. 13–18.30 Uhr. Eintritt frei.

Kulturpark (Kültür Parkı): Zwischen den Stadtteilen Basmane und Alsancak erstreckt sich der Kulturpark, der nach 1922 auf den Trümmern des abgebrannten griechischen Viertels angelegt wurde. Er umfasst 335.000 m² Grünfläche und beherbergt u. a. das *Museum für Geschichte und Kunst* (s. o.), einen Aussichtsturm, einen Rosengarten, einen See zum Tretbootfahren, Sportplätze sowie mehrere Teegärten und Restaurants. Im Westteil des Parks befinden sich die Ausstellungshallen des Messebezirks. Die größte Messe der Stadt, die Industriemesse, zählt jährlich mehrere hunderttausend Besucher.

Tägl. 7–24 Uhr.

Moscheen und Kirchen: Unter den vielen Moscheen der Stadt ist keine, deren Besuch zum Pflichtprogramm gehört. Am schönsten sind noch die 1598 erbaute *Hisar-Moschee (Hisar Camii)* im Basarviertel und die 1754 vollendete und mit Fayencen aus Kütahya geschmückte kleine *Konak-Moschee (Konak Camii)* am gleichnamigen Platz. Für die wenigen verbliebenen Kirchen der Stadt gilt das Gleiche. Von historischer Bedeutung ist jedoch die *Kirche St. Polycarp* (etwas versteckt an der Ecke Vali Kazim Dirik Cad./1354 Sok.). Sie gehört zu jenen sieben Kirchen, die in der Apokalypse des Evangelisten Johannes erwähnt wurden. Benannt ist sie nach dem ersten Bischof İzmirs, der im Jahre 155 als Märtyrer starb. Der heutige Bau stammt jedoch weitestgehend aus den 30er Jahren des 20. Jh. Die Kirche ist leider meist verschlossen.

Asansör: Dieser Stadtteil ca. 1,5 km südwestlich von Konak bildete einst das jüdische Viertel. Die *Bet-Israel-Synagoge* an der Mithatpaşa Cad. 261 und ein paar pittoreske, z. T. jedoch restaurierungsbedürftige Gassen erinnern noch daran. Die bekannteste ist die *Dario Moreno Sokağı*, benannt nach ihrem berühmtesten Bewohner, dem jüdischen Schauspieler, Sänger und Gitarristen Dario Moreno (gebürtiger Name Dario Arugete, 1921–1968). Einen seiner größten Erfolge feierte er im Film *Lohn der Angst* (1953) von Henri-Georges Clouzot, der Maßstäbe für das spätere Actionkino setzte. Am Ende der Gasse befindet sich der *Asansör*, ein im Jahr 1907 gebauter Aufzug (frz. Ascenseur), der dem Stadtteil seinen Namen gab. Wie der Elevador Santa Justa in Lissabon zählt er zu den Wahrzeichen der Stadt. Er verbindet zwei übereinander liegende Straßen, der Höhenunterschied beträgt 51 m. Auf der Terrasse am höchsten Punkt befinden sich ein hervorragendes Restaurant und ein schickes Café mit herrlichen Ausblicken (→ Essen & Trinken).

Anfahrt/Öffnungszeiten: Mit Ⓑ 169 von Konak zu erreichen. Zu Fuß läuft man von Konak jedoch keine 15 Min., einfach der Mithatpaşa Cad. gen Süden folgen. Der Asansör ist tägl. von 10–22 Uhr in Betrieb, gelegentlich wird ein kleiner Obolus verlangt

Nordägäis → Karte S. 90

Der Uhrturm, ein Wahrzeichen von İzmir

Am Strand von Ilıca

Çeşme-Halbinsel

Westlich von İzmir erstreckt sich die Halbinsel Çeşme. Der gleichnamige Hauptort markiert den Beginn der gen Süden verlaufenden Kette der großen Ferienorte an der Mittelmeerküste. Aus der einst dünn besiedelten, kargen Çeşme-Halbinsel wurde in den letzten Jahrzehnten ein Urlaubsziel aus der Retorte mit riesigen Hotelanlagen und vielen Feriendörfern. Mit Zahlen lässt sich das am einfachsten belegen. Wo im Winter gerade 30.000 Menschen leben, treten sich im Sommer zuweilen bis zu 350.000 Erholungssuchende auf die Füße. Das Gros der Urlauber stellen Städter aus İzmir, Bursa und Manisa, aber auch aus Ankara und İstanbul, die sich auf der Halbinsel ein Ferienhaus geleistet haben. Und damit diese in Windeseile ins Wochenende gelangen können, führt eine 90 km lange Autobahn von İzmir nach Çeşme am westlichsten Punkt der Halbinsel. Abseits der trubeligen Ferienresorts kann man zum Glück noch ein paar ruhige Plätzchen finden. Attraktive Ziele sind z. B. die beschauliche Altstadt von Alaçatı oder Karaburun, die „Halbinsel der Halbinsel".

Çeşme
ca. 22.000 Einwohner

Das ehemalige Fischer- und Handelsstädtchen gehört heute zu den großen Ferienorten der türkischen Ägäis. Neben seiner schönen Lage an der Spitze einer Halbinsel locken v. a. die feinsandigen Strände der Umgebung.

Çeşme thront am zweitwestlichsten Punkt Kleinasiens, nur 10 km trennen es von der griechischen Insel Chíos. Wahrzeichen des Städtchens ist die wuchtige, genuesisch-osmanische Festung am Hafen. Nördlich davon versprühen ein paar pittoreske Gässchen alten Charme. Südlich erstreckt sich die neue Marina mit rund 400

Liegeplätzen, dahinter eine schicke Uferzeile mit Cafés, Restaurants und Boutiquen. Das Treiben spielt sich entlang der Uferpromenade und in der autofreien Shoppingmeile İnkılap Caddesi ab. Hier geben sich türkische Familien und Pauschaltouristen aus den Bettenburgen der Umgebung ein allabendliches Stelldichein.

Zu viel erwarten sollte man nicht – Çeşme ist ganz ansehnlich, aber bei Weitem kein Schmuckkästchen. Schöne Sandstrände fehlen vor der Haustür. Damit aber ist die gleichnamige Halbinsel gesegnet.

Geschichte

Als Hafen der ionischen Stadt *Erythrai* auf der Karaburun-Halbinsel (→ S. 174) wurde Çeşme als *Cyssus* etwa 1000 v. Chr. gegründet. Schon unter der Herrschaft Roms (ab 190 v. Chr.) kamen die ersten Touristen – nicht zum Baden im Meer, sondern in den Thermalquellen der Umgebung. Im 14. Jh. ließen die Genueser zur Sicherung ihrer wirtschaftlichen Interessen an der Levanteküste, wozu der Schutz der Meerenge zwischen dem Festland und der Insel Chíos gehörte, die noch heute imposante Festung am Hafen errichten.

1770 wurden die Bewohner Çeşmes Augenzeugen einer historischen Seeschlacht: Vor der Halbinsel versenkte die russische Kriegsmarine fast vollständig die osmanische Flotte. Den Befehlshaber über die türkischen Schiffe, Cezayirli Gazi Hasan Paşa, ehrt man trotz seiner Niederlage noch heute: Ein Denkmal vor dem Eingang zur Burg zeigt ihn in Pluderhosen und Turban zusammen mit einem Löwen, der seinen wilden Charakter symbolisieren soll.

Bis zu Beginn des 20. Jh. lebten in Çeşme vorrangig Griechen, die rund 88 % der Einwohner ausmachten. Ihr Auskommen fanden sie in den traditionellen Erwerbszweigen wie Oliven- und Traubenanbau, Fischfang und Mastixgewinnung (→ Kasten, S. 170). Nach dem Bevölkerungsaustausch 1923 war Çeşme nicht nur weitestgehend menschenleer, sondern verlor zudem seine Bedeutung als Handelshafen für Chíos. Das griechische Erbe, darunter eine Basilika (→ Sehenswertes), verfiel.

Erst als sich in den 1960ern und 70ern wohlhabende Familien aus İzmir hier Ferienvillen bauten, wendete sich das Blatt wieder. Heute wuchern die Ferienkomplexe hinter den feinsandigen Stränden der Umgebung ungezügelt. Mit dem 6 km entfernten Retortenort Ilıca ist Çeşme mittlerweile fast zusammengewachsen.

Information/Verbindungen/Ausflüge

Telefonvorwahl 0232.

Information Bei der Festung am Hafen. Je nach Schicht auch Auskünfte in Deutsch. Im Winter Mo–Fr 8.30–17.30 Uhr, im Sommer auch Sa/So 9–17 Uhr. Mittagspause. İskele Meydanı 8, ✆/☏ 7126653.

Verbindungen Busbahnhof 10 Gehmin. südlich des Zentrums nahe dem Turgut Özal Bul. (Büros der Busgesellschaften an der Beyazıt Cad.). Im Juli u. Aug. Direktverbindungen in diverse größere Städte des Landes, ansonsten muss man in İzmir umsteigen. Nach İzmir (halbstündl. von 6–22.30 Uhr, Dauer 1¼ Std., 5 €, → İzmir/Ver-

bindungen) kann man auch am oberen Ende der Hauptstraße İnkılap Cad. zusteigen. Für Ausflüge auf die Halbinsel Karaburun nimmt man einen Bus nach Urla (zuletzt 3-mal/Tag um 7, 11.30 und 16 Uhr; ebenfalls von der İnkılap Cad.) und steigt dort um.

Dolmuşe über Çiftlik zum Pırlanta- und Altınkum-Strand, nach Ilıca, Boyalık und Alaçatı starten vom Busbahnhof. Nach Ilıca, Boyalık und Alaçatı kann man auch am oberen Ende der Hauptstraße İnkılap Cad. zusteigen. Dolmuşe nach Dalyan vom Busbahnhof und der Dalyan Cad. nahe der İnkılap Cad.

Nordägäis → Karte S. 90

Taxis stehen u. a. am Cumhuriyet Meydanı bereit. Zum Flughafen İzmir 75 €.

Schiffsverbindungen   Fähren nach **Chíos**: Im Winter Mo–Fr um 17 Uhr, Sa zusätzlich um 9.30 Uhr, von Chíos geht es um 8.30 Uhr bzw. Sa um 16 Uhr zurück. Im Sommer häufigere Fahrten (Stand 2011). Dauer ca. 1 Std. Einfach 25 €/Pers., retour 30 €. Auto einfach 70–100 €. Infos bei Ertürk gegenüber der Tourist Information (→ Reisebüro).

Bootsausflüge Angesteuert werden u. a. die nördlich von Çeşme gelegene, unter Naturschutz stehende „Eselsinsel" (Eşek Ada; mit wild blühenden Narzissen und freilaufenden Eseln) und die Schwarze Insel daneben (Karaada, ein Schnorchelparadies). Auch der Strand von Ilıca mit seinen Thermalquellen ist ein beliebtes Ziel. 15–20 €/Pers. mit Lunch.

Organisierte Touren Da in Çeşme selbst überwiegend Türken Urlaub machen, die über ein eigenes Auto verfügen, ist das Angebot an organisierten Ausflugsreisen mehr als bescheiden.

Adressen/Einkaufen/Sonstiges   (→ Karte S. 169)

Ärztliche Versorgung Krankenhaus nahe der Straße nach İzmir ca. 2,5 km östlich des Zentrums. ✆ 7120077. **Erste-Hilfe-Station** am oberen Ende der İnkılap Cad.

Autoverleih   Mehrere lokale Anbieter, z. B. **Sultan Rent a Car**, İnkılap Cad. 68, ✆ 7127395. Ab 50 €/Tag inkl. Vollkasko.

Einkaufen Çeşme ist kein Einkaufsparadies, besser nach İzmir ausweichen! Ein bunter **Markt** wird 2-mal wöchentl. (So groß, Kleinausgabe am Mi) in der Kiste Cad. nahe der İnkılap Cad. abgehalten.

In der **Rumeli Pastanesi 7**, einem kleinen Laden an der İnkılap Cad. 46, kann man sich seit 1945 mit Harzkonfitüre (→ Kasten S. 170) eindecken. Außerdem Mastix-Eis und viele weitere ausgefallene Konfitürevariationen, z. B. aus Feigen, Orangen und Pistazien.

İlhan Nargile 9, eine Filiale aus İzmir (→ S. 158). Wasserpfeifen von guter Qualität, auch Backgammon-Spiele und der übliche Touristenkram. İnkılap Cad. 31 (gegenüber der Kirche).

Reisebüro Ertürk, gegenüber der Tourist Information. Für Schiffsverbindungen nach Italien und Chíos, dazu Flüge mit THY, Onur Air, Atlasjet usw. ✆ 7126768, www.erturk. com.tr.

Türkisches Bad (Hamam) Der Çeşme Belediye Hamamı, ein historischer Hamam in der Beyazıt Cad., war 2011 geschl. Er soll jedoch restauriert und wiedereröffnet werden.

Waschsalon Gerçek/Kardelen Çamaşırhane 10, hinter der Kirche bzw. neben Fatih Pide Pizza Salonu. 10 €/Maschine.

Zeitungen In deutscher Sprache während der Sommermonate in einigen Kiosken im Zentrum.

Zweiradverleih Bei **Sultan Rent a Car** (→ Autoverleih). Scooter 20 €/Tag.

Übernachten/Camping   (→ Karte S. 169)

Im Zentrum findet man kleine Hotels und Pensionen, nahe dem Hafen und hoch über dem Ort an der Straße nach İzmir gesichtslose Mittelklassehäuser. Für Resort- und Spa-Hotels der Luxusklasse muss man nach Ilıca ausweichen. An Wochenenden wird z. T. ein Aufschlag von 30 % erhoben, hinzu kommen Preisunterschiede von bis zu 50 % zwischen HS (Ende Juni bis Mitte Sept.) und NS. Angegeben sind die HS-Preise unter der Woche.

Kanuni Kervansaray Hotel 17, 2010 eröffnetes Haus in einer Karawanserei aus dem 16. Jh. 29 komfortable Zimmer (Minibar, Safe, jedoch oft nur kleine Fenster zum Innenhof) und Suiten (im kitschig-osmanischen Stil ausgestattet und teils mit herrlichen Terrassen). Pool. Restaurant. Standard-DZ 125 €. Kale Yanı 5, ✆ 7120630, 📠 7123011, www.cesmekervansaray.com.tr.

** Hera Hotel 4, kleines Mittelklassehotel mit nur 12 Zimmern in 1. Reihe im Norden der Bucht. Falls Ihre Plombe im türkischen Honig kleben blieb – der Besitzer ist Zahn-

arzt, seine Frau spricht Deutsch. Freundlicher Service. Nur Mai bis Mitte Sept. DZ mit Klimaanlage und Meeresblick 90 €. 3264 Sok. 4, ☎ 7126177, ✆ 7129198.

** Kerman Otel **②**, ebenfalls im Norden der Bucht, ebenfalls in 1. Reihe, nur ein paar Schritte zum kleinen Strand. Anständiges, aber eher profilloses Haus mit kleinen, ordentlichen Teppichbodenzimmern, viele mit Balkon und Meeresblick. Das reichhaltige Frühstück (Büfett) wird im Partnerhotel **Pasifik** (②, www.pasifikotel.com) nebenan eingenommen. Dieses wird von Lesern ebenfalls sehr gelobt: 3-Sterne-Standard (jedoch ohne Fahrstuhl), Balkone etwas größ-

er, dafür auch 25 % teurer. DZ im Kerman 70 €. 3264 Sok. 16, ☎ 7127112, ✆ 7127728, www.kermanotel.com.

Sahil Pension ①, gut geführt (vornehmlich von Frauen, daher auch ein guter Tipp für alleinreisende Frauen) und gepflegt. 12 ordentliche Zimmer mit TV und Klimaanlage sowie 3 Apartments, fast alle mit Balkon, von vielen schöner Meeresblick. DZ 70 €. 3265 Sok. 3, ☎ 7126934.

Pension Barınak ③, in der Nachbarschaft und ebenfalls empfehlenswert. 8 blitzsaubere Zimmer von ausreichender Größe mit privaten Bädern, dazu 2 Apartments mit

Küche. Entscheiden Sie sich für eines der teureren Zimmer im OG – davor eine Dachterrasse mit Wahnsinnsblick über die Bucht! Im Sommer oft ausgebucht. DZ je nach Lage 40–50 €. 3052 Sok. 58, ☎ 712667, www.barinakpansiyon.com.

Yalçın Hotel **16**, im Gassengewirr oberhalb der Karawanserei. Familienbetrieb, sehr freundlich und hilfsbereit und von Lesern sehr gelobt. Von der Frühstücksterrasse schöner Blick über den Hafen wie auch von der Dachterrasse. Englischsprachig. 18 z. T. sehr kleine, jedoch ordentliche Zimmer mit sauberen Bädern und Klimaanlage. EZ 30 €, DZ 45 €. 1002 Sok. 10 (der 1001 Sok. rechts der Burg bergauf folgen, dann ausgeschil-

dert, ☎ 7126981, 📠 7120623, www.yalcin otel.com.

Camping Sun Tree **18**, großes Areal 10 km südwestlich von Çeşme im Nirgendwo (zum Meer 5–10 Min. zu Fuß). Leider kaum Schatten. Einfache Sanitäranlagen. Restaurant, Bar. Freundliche junge Betreiber. Übernachtungsmöglichkeit auch in Zimmern und „steinernen Zelten". Ganzjährig (zumindest so angekündigt). Anfahrt: Der Wegbeschreibung Richtung Altınkum-Strand folgen (→ Baden), ab Çiftlik dann ausgeschildert, von dort noch 2 km. 2 Pers. mit Zelt o. Wohnmobil 10 €, DZ 35 €. Hinter dem östlichen Bereich des Altınkum-Strandes, ☎ 7222010, www.suntreemotel.com.

Essen & Trinken   (→ Karte S. 169)

Fischlokale findet man an der Uferpromenade (viele werben mit günstigen Menüs), jede Menge billige Lokantas und Dönerbuden an der İnkılap Cad. und ihren Nebengassen. Für ein stilvolles Abendessen lohnt zudem die Anfahrt nach Dalyan oder Alaçatı. Nett sitzt man auch in den Teegärten (manche mit Bierausschank) am Hafen vor dem Kastell.

Monk by Babylon **19**, 2010 eröffnetes niveauvolles Lokal an der Marina – tolle große Terrasse! Ausgefallene international-mediterrane Küche, feine Desserts, Hg. 11–20 €. Dazu im Sommer fast jeden Abend Livemusik. ☎ 7129331.

Deniz **6** (☎ 7129142) und **Rıhtım** **5** (☎ 7127433) sind zwei alteingesessene, sehr beliebte benachbarte Fischlokale in erster Reihe an der Uferpromenade im Norden der Bucht. Von beiden Terrassen blickt man direkt auf die schaukelnden Fischerboote. Küche bis spät in die Nacht. Beide Lokale haben ähnliche Preise: Meze ab 2,70 €, Hg. 6–11 €.

İmren Lokantası **14**, sehr populäres Lokal. Große Auswahl an Meze (ca. 3 €), diverse leckere Topfgerichte (ca. 4,50 €) und saftige Spieße (ab 4,50 €). Kleine Terrasse hinten hinaus. 1-a-Qualität. İnkılap Cad. 6 A (nahe dem Cumhuriyet Meydanı), ☎ 7127620.

Fatih Pide Pizza Salonu **10**, hinter der Ayios-Haralambos-Kirche. Knusprige Pide und Pizza zu günstigen Preisen. Netter Außenbereich.

Kale Lokantası **15**, auch: Tokmak Hasan'ın Yeri. Hier verbringen die Einheimischen ihre Mittagspause. Einfache Lokanta mit schmackhaften Topfgerichten. Eine der besten Adressen in der unteren Preis-

Mastix – Harz für den Harem

Wie auf Chíos gedeiht auch rund um Çeşme der immergrüne Mastixstrauch (Pistacia Lentiscus), der jenes Harz abgibt, das seit dem Altertum geschätzt wird: In Ägypten verbrannte man es als Weihrauch, Ärzte der Antike behandelten damit Entzündungen und Schlangenbisse, und Sultane verabreichten es den Haremsdamen zum Kauen – Mastix wird eine aphrodisierende Wirkung nachgesagt. Ob das stimmt, können Sie selbst testen. Örtliche Spezialität ist das *sakızlı dondurma*, Eis mit Mastixharz. Wer will, kann sich zudem noch mit *sakızlı reçel*, nämlich Mastixkonfitüre eindecken (→ Einkaufen). Im Geschmack ähnelt Mastix der harzigen Note des griechischen Retsinas.

klasse. Etwas versteckt in der Beyazıt Cad. gegenüber der Tourist Information.

Süßes Özsüt 🔟, landesweit bekannt für

gute Süßspeisen, Milchpuddings etc. Mit Terrasse. Zentral am Cumhuriyet Meydanı.

Nachtleben   (→ Karte S. 169)

Das Nachtleben auf der Çeşme-Halbinsel ist nicht auf trinkfreudige Pauschalurlauber aus Deutschland, England oder Russland zugeschnitten. Die Klientel ist anspruchsvoller und entstammt der vergnügungssüchtigen Oberschicht aus İstanbul, İzmir und Ankara.

Rund um die Halbinsel verteilen sich mehrere Beachclubs, die heiße Partynächte am Meer versprechen. Zu den angesagtesten zählten 2011 **Shayna** und **Babylon Aya Yorgi** (beide in der Aya-Yorgi-Bucht auf dem Weg nach Dalyan) sowie **Indaba** (ebenfalls nahe Dalyan). Bis zu Ihrem Besuch mögen die Clubs schon wieder anders heißen – achten Sie auf Plakate! Eintritt bis zu 25 €

inkl. einem Freigetränk. Am besten fährt man mit dem Taxi an.

Im Zentrum von Çeşme ist der **Club Escape** 🔟 an der İnkılap Cad. (Eingang in einer Nebengasse) eine populäre Adresse. Nicht vor Mitternacht kommen! Viel Livemusik. Etwas schicker sind die beiden gegenüberliegenden Locations **Barcode** 🔟 und **NYKS** 🔟. Ebenfalls oft Livemusik.

Baden/Surfen

Çeşme selbst verfügt nur über einen Ministrand ganz im Norden der Bucht. Er gehört zum **Grand Beach Club** und kostet Eintritt. Die besseren Bademöglichkeiten setzen eine kleine Anfahrt (gute Dolmuşverbindungen zu allen Stränden) voraus. Einsamkeit darf man jedoch nirgendwo auf der Çeşme-Halbinsel erwarten. Aufgrund der kühlen Strömung (Schwarzmeerwasser fließt über die Dardanellen hierher) ist das Meer um die Halbinsel übrigens recht frisch. Die Thermalquellen vor der Küste erwärmen es nur unwesentlich.

Altınkum-Strand: Der „Goldsand"-Strand, einer der schönsten der Halbinsel ca. 10 km südwestlich von Çeşme, ist mittlerweile in fester Hand von etlichen gebührenpflichtigen Beachclubs. Das Gros der durch Felsen unterteilten Sandbuchten ist so eng bestuhlt, dass vielerorts kaum mehr Platz für das mitgebrachte Handtuch bleibt.

Auf dem Weg dahin passiert man die Abzweigung zum **Pırlanta-Strand**. Der breite, unverbaute, nicht überlaufene Kiessandstrand ist ca. 600 m lang. Volleyballfeld, Surfbrettverleih und mehrere Bars. Der Strand hat den Vorteil, dass das Wasser in der kleinen Bucht meist etwas wärmer ist, den Nachteil, dass es oft Wellen gibt. An-

fahrt zu beiden Stränden: Von Çeşme die breite Straße am Fährterminal vorbei Richtung Çiftlik nehmen, dort nicht ins Zentrum abzweigen, sondern den Ort auf der landeinwärts verlaufenden Straße passieren. Achten Sie auf den Kilometeranzeiger, sobald Sie wieder auf die Küstenstraße treffen: 300 m weiter geht es rechts ab zum Pırlanta-Strand. Hält man sich hingegen links, kommt man zum Altınkum-Strand.

Weitere Bademöglichkeiten bestehen an den kinderfreundlichen Stränden von Boyalık und Ilıca, in Dalyan und auf der Karaburun-Halbinsel.

Surfen: Die Halbinsel von Çeşme ist ein Eldorado für Windsurfer (→ Alaçatı).

Sehenswertes

Die wenigen Sehenswürdigkeiten Çeşmes, allen voran das den Hafen beherrschende Kastell (s. u.), sind schnell abgelaufen. Die daneben gelegene, in der Blütezeit des Osmanischen Reichs errichtete **Karawanserei** aus dem 16. Jh. wurde jüngst restauriert und beherbergt heute ein Hotel. Bei einem Spaziergang durch die Stadt fallen zudem die vielen osmanischen **Brunnen** auf, nach denen Çeşme (dt.

Brunnen) seinen Namen erhielt. Sie wurden von lokalen Würdenträgern gestiftet und werden größtenteils noch heute genutzt. Allerdings muss man seit einigen Jahren mit Tankwagen aushelfen, um den immens gestiegenen Wasserverbrauch der eigentlich wasserreichen Halbinsel zu gewährleisten.

Kastell: Die Festung in Hanglage wurde im 14. Jh. von den Genuesern erbaut, Anfang des 16. Jh. unter Sultan Beyazıt II. vergrößert, dazu mit neuen Türmen versehen und mit einer kleinen Burgmoschee ausgestattet. Das Museum darin besitzt eine archäologische Sammlung mit Funden aus Erythrai, im Freigelände werden Grabsteine, -platten und -stelen und etliche Amphoren aus hellenistischer, römischer und byzantinischer Zeit präsentiert. Zudem ist eine Ausstellung über die Seeschlacht von 1770 (→ Geschichte) mit heroischen Gemälden des deutschen Malers Jacob Philipp Hackert (1737–1807) zu sehen. Als Dreingabe bekommt man eine schöne Aussicht über die Bucht. Den oberen Teil der Festungsanlage belegt eine Freilichtbühne, Schauplatz diverser kultureller Events im Sommer.
Im Winter tägl. (außer Mo) 8.30–12 u. 13–17.30 Uhr, im Sommer tägl. (außer Mo) 9–19 Uhr. Eintritt 1,20 €.

Ayios-Haralambos-Kirche: Jahrzehntelang stand die einzige Erinnerung an die griechische Bevölkerung von Çeşme leer und verfiel. Heute ist die Kirche aus dem 19. Jh. an der İnkılap Cad. notdürftig geflickt. Der kahle Innenraum – ein trauriger Anblick – wird als Kunsthandwerksbasar, für Ausstellungen und Veranstaltungen genutzt. Restaurierungsarbeiten sind in Planung.

Umgebung von Çeşme

Boyalık, Ilıca und Şifne: Wellness-Wochen am Meer bieten Boyalık, Ilıca und Şifne an der Nordküste der Halbinsel. Hier wohnen die meisten Urlauber, die aus dem Katalog gebucht haben. Die Orte sind bekannt für ihre Spa-Hotels und ihre feinsandigen, flach ins türkisblaue Meer verlaufenden Sandstrände. 40–60 °C warme, schwefelhaltige **Quellen** sprudeln hier zu Tage, es gibt auch unterseeische Quellen. Die einzige frei zugängliche, halbwegs gefasste Quelle im Meer findet man im Westen von Ilıca beim Hafen (beim nördlichsten Wellenbrecher auf der Südseite); ein betonierter Weg führt dorthin. Die großen Hotels besitzen Thermalpools, die auch Nichtgästen gegen Gebühr zugänglich sind. Die Heilkräfte des Wassers wussten schon die alten Römer zu schätzen; heute kommen Deutsche genauso wie Araber und immer mehr Russen. Das Wasser soll gegen Rheuma, Leber-, Nieren- und Hauterkrankungen helfen. Die Strände der drei Touristenzentren werden durch Landzungen getrennt. Boyalık, Ilıca und Şifne gehen nahezu fließend ineinander über, denn die weiten Buchten sind mit Hotelanlagen, Villenvierteln und Feriensiedlungen komplett verbaut. Das klingt schlimmer, als es ist: Der gepflegte Uferbereich ist nett aufgeputzt, dahinter gibt es noch recht viel Grün.
Verbindungen: Regelmäßige Dolmuşverbindungen von und nach Çeşme.

Dalyan: Auch rund um dieses ehemalige Fischerdorf, 5 km nördlich von Çeşme, entstanden unzählige Apartment- und Ferienhäuser. Der Strand ist recht klein, die Beachclubs sind aber okay. Schön ist der Hafenbereich mit der Marina, die von Turgut Reis, dem großen osmanischen Seefahrer aus dem 16. Jh., überblickt wird. Direkt am Wasser reiht sich Fischlokal an Fischlokal, v. a. Türken lassen es sich hier schmecken. Großer Beliebtheit erfreut sich u. a. das „Dalyan Restaurant Cevat'ın Yeri" – bester Fisch der gehobenen Preisklasse (☎ 0232/7247045).
Verbindungen: Regelmäßige Dolmuşverbindungen von und nach Çeşme.

Abkühlung am Altınkum-Strand

Alaçatı: Das ehemalige Griechenstädtchen liegt 11 km südöstlich von Çeşme im Landesinneren. Kopfsteingepflasterte, grün überrankte Gässchen zwischen traditionellen Erkerhäusern laden zum Schlendern durch das ab mittags für den Verkehr gesperrte Zentrum ein. Drum herum wird gebaut und gebaut – zum Glück jedoch vornehmlich im traditionellen Stil.

Alaçatı ist beispielhaft für den schnellen Wandel an der türkischen Mittelmeerküste. Noch in der vorvorletzten Auflage schrieben wir von Tavla spielenden Altherrenrunden in den Teehäusern und vom gemütlichen Feilschen auf dem urigen Gemüsemarkt. Das ist passé. Aus den Teehäusern sind schicke Cafés und teuere Restaurants geworden, aus den maroden Natursteinhäusern elegante Boutiquehotels. Das Idyll wirkt ein wenig gekünstelt, einladend ist es dennoch. Zudem besinnt man sich auf eine alte Tradition: Es wird wieder Wein gekeltert.

3 km südlich von Alaçatı liegt die gleichnamige Flachwasserbucht (mit „Liman" ausgeschildert), das Windsurfermekka der Türkei. Vormittags gehört sie den Anfängern, das Lüftchen weht zu dieser Tageszeit meist mit nur 1–3 Beaufort, nachmittags kommen die Cracks, dann bläst es mit Windstärken von 4–6 Beaufort. Zum Baden treibt es die wenigsten hierher – der Strand mit einem Hotelklotz, einer neuen Marina und einer schicken Gebäudezeile dahinter gehört nicht zu den schönsten der Halbinsel.

Verbindungen/Anfahrt Direktdolmuşe von Çeşme nur bis Alaçatı-Zentrum, für den Strand dort umsteigen. Halbstündl. **Busse** nach İzmir (Üçkuyular und Busbahnhof). Alaçatı ist von der alten Straße nach İzmir und von der Autobahn ausgeschildert.

Einkaufen Wochenmarkt am Sa.

Übernachten Wer aufs Geld schauen muss, hat in Alaçatı keine Chance. Alle aufgeführten Unterkünfte befinden sich an der für den Verkehr gesperrten Hauptgasse.

O **Ev**, Hotel in einem herrlich restaurierten alten Gebäude. 17 stilvolle Zimmer, z. T. mit offenem Kamin. DZ ab 163 €. Kemalpaşa Cad. 76 A, ✆/✉ 0232/7166090, www.o-ev.com.

Taş Otel, im hinteren Bereich der Hauptstraße. 8 sehr romantisch eingerichtete, ausreichend große Zimmer. Pool, netter Garten. EZ 121 €, DZ ab 160 €. Kemalpaşa Cad. 132, ℡ 0232/7167772, 🖷 7168517, www.tasotel.com.

Sakızlı Han, alte griechische Bausubstanz, stilvoll restauriert und weiß getüncht, selbst vor den Antiquitäten machten die Maler nicht halt. Einzige nichtweiße Ausnahme: die modernen Bäder. Nur 7 Zimmer, schöner Garten. DZ 123–205 €. Kemalpaşa Cad. 114, ℡ 0232/7166108, 🖷 7166109, www.sakizlihan.com.

Essen & Trinken Die schön dekorierten Restaurants sind durch die Bank von hohem Niveau, Gleiches gilt für die Cafés. Innovative international-mediterrane Küche überwiegt.

Surfen Mehrere Surfschulen in der Alaçatı-Bucht. Ein renommierter Surfclub ist **aspc**. Surfbrettverleih (40–60 €/Tag, 135–210 €/Woche), zudem offizielle VDWS-Schule, Anfängerkurse (3 Tage) 180 €. Bar, Shop. März–Mitte Nov. Deutschsprachig, freundliche Atmosphäre. ℡ 7166611, www.alacati.info.

Halbinsel Karaburun

Die Halbinsel der Halbinsel trennt den Golf von İzmir ab. Zu entdecken gibt es gemütliche Buchten und, als Schmankerl, die Ruinen des antiken Erythrai.

50 km lang und bis zu 20 km breit ist die Halbinsel Karaburun, die von der Çeşme-Halbinsel gen Norden ragt. Bis 1922 war sie überwiegend von Griechen besiedelt. Viele ihrer Dörfer sind heute verfallen, die Häuser oft Skelette – teils erobert die Natur die Ruinen zurück, teils geben sie ein traurig-abstruses Bild in der kargen Berglandschaft ab. Im Süden der Halbinsel, besonders an der Ostküste, begegnet man hingegen überwiegend den typisch türkischen, uniformen Feriensiedlungen. Doch das soll niemanden abhalten, das gebirgige „Schwarze Kap" (türk. *kara burun*) zu umrunden.

Als Einstieg bietet sich **Ildırı** im Südwesten der Halbinsel an. Oberhalb des ursprünglich griechischen Dörfchens liegen die Ruinen des antiken **Erythrai**, einst eine der zwölf Städte des Ionischen Bundes. Erythrai erlebte seine Blüte im 7. Jh. v. Chr. Aber noch im Neuen Testament wurde Erythrai als lebendige, moderne Stadt erwähnt. Ihren Reichtum verdankte sie dem Sklavenhandel, dem Weinanbau und dem Export von Mühlsteinen. 5 km lang soll einst die Stadtmauer zum Schutz ihrer 30.000 Einwohner gewesen sein. Von all dem ist recht wenig erhalten bzw. ausgegraben. Dazu haben Häuslebauer aus dem Steinarsenal der antiken Stadt geschöpft. So zieren in Ildırı klassische Säulen schlichte Hauseingänge oder antike Reliefs die Fassade eines Ziegenstalls. Das, was übrig blieb, schlummert unaufgeräumt in der Hitze, und auf der Agora wachsen Tomaten, Melonen und Sesam. Zu sehen sind noch Relikte des Theaters, Teile der alten Stadtmauer und auf dem höchsten Punkt der Akropolis die Überbleibsel eines Tempels (stets zugänglich, Eintritt frei).

Von Ildırı führt entlang der Westseite der Halbinsel eine schmale geteerte Straße gen Norden Richtung **Küçükbahçe**, einem ebenfalls ursprünglich griechischen Dorf in malerischer Hanglage. Unterwegs passiert man mehrere schöne Buchten mit kristallklarem Wasser. Hinter manchen sind Feriendörfer entstanden, andere liegen einsam da, wieder andere dienen als Fischzuchtstation.

Hinter Küçükbahçe wird die Berglandschaft immer karger, imposante An- und Ausblicke tun sich auf. Bizarr-gespenstisch wirken so manche verlassene oder fast verlassene Dörfer. Auch auf dieser Strecke kommt man an idyllischen Badebuchten vorbei. Beim Dorf Sarpıncık tut sich schließlich ein toller Blick auf Lésbos auf. Für

Ruinen aus dem 20. Jh. – einstiges Griechendorf auf der Karaburun-Halbinsel

die gesamte Strecke von Ildırı bis Karaburun (ca. 70 km) sollten Sie mit rund 1½–2 Fahrstunden rechnen.

Karaburun ist mit rund 3000 Einwohnern der größte Ort der gleichnamigen Halbinsel. Sein altes Zentrum liegt abseits der Küste am Berghang. Mittwochs wird hier ein farbenprächtiger Gemüsemarkt abgehalten – beste Zeit für einen Besuch mit abschließendem Getränk im gemütlichen Aussichtscafé am zentralen Platz. Rund um die winzigen Sand- und Kiesbuchten unten am Meer findet man neben Feriensiedlungen auch einige Hotels und Pensionen, dazu wird fleißig gebaut.

Die Ostküste präsentiert sich viel grüner als ihr westliches Pendant. Schönstes Örtchen ist dort **Kaynarpınar**. Das intakte, urige Dorf besitzt nur eine einzige Pension, ein paar Cafés und einen handtuchbreiten Strand, der für die paar Gäste jedoch allemal ausreichend ist.

Weiter südlich liegt das alte Dorf **Mordoğan Köyü** wie Karaburun etwas abseits der Küste. Dessen wenig charmanter Ableger am Strand entstand in den letzten zwei Jahrzehnten. Unterkünfte sind vorhanden. Spartanische Campingplätze und einladende Badebuchten, zu denen man z. T. noch ein Stück laufen muss, weisen den Weg nach **Balıklıova**. Ein schmales Sträßlein führt von dort quer über die Insel zurück nach Ildırı.

Verbindungen   Dolmuşverbindungen (stündl., in den Sommerferien öfters) von Çeşme lediglich nach Ildırı. Die Ostseite der Halbinsel steuern stündl. Dolmuşe nur von İzmir aus an. Diese fahren über Mordoğan nach Karaburun-Stadt.

Für **Fährverbindungen** nach Foça → S. 140.

Hinweis für Selbstfahrer: Die Orte auf der Halbinsel sind schlecht ausgeschildert. Planen Sie für eine Rundfahrt mit Badestopps mindestens 5–6 Std., besser einen ganzen Tag ein.

Übernachten Lipsos Otel Ata'nın Yeri, beim Fischerdorf Yeniliman, ca. 9 km nordwestlich von Karaburun. Freistehendes Haus mit Traumterrasse in einsamer Lage an einem Kies-Sand-Strand (nahe dem Hafen). 8 schlichte, aber sehr charmante, liebevoll dekorierte Zimmer, 6 davon mit privatem Bad, 2 teilen sich ein Bad. Niedliche Wohnküche für alle. Freundliche Betreiber. Ein Tipp für absolut Ruhebedürftige. Wegbeschreibung mit dem Auto: Von Karaburun kommend in Yeniliman am Hafen vorbei geradeaus weiterfahren. Bei einem Metallstrommast ca. 100 m hinter dem Hafen links ab, weitere ca. 100 m weiter nach rechts über das Brückchen fahren. Hinter dem Brückchen links halten, nach knapp 100 m wieder rechts, dann ausgeschildert. 2- bis 3-mal tägl. Dolmuşe nach Karaburun nach Yeniliman. DZ mit HP (viel selbst gefangener Fisch) 99 €. Yeniliman, ✆ 0232/7354364, 🖷 7354339, www.lipsosataninyeri.blogspot.com.

Pansiyon Ergin, in Karaburun nahe dem Hotel Astoria direkt an einem schmalen Strandabschnitt; ausgeschildert. 15 saubere Zimmer mit neuem Mobiliar, Klimaanlage und TV, manche mit Balkon bzw. Terrasse und schönem Meeresblick. Schnuckelige, gute und günstige Fischtaverne angeschlossen. Unter freundlicher deutsch-türkischer Leitung. Ganzjährig (Heizung für den Winter). „Wir würden immer wieder buchen", meinen Leser. DZ 45 €. Bodrum Mah. 25, ✆ 0232/7313078, www.ergin-pension.de.

Merina Pansiyon, in der idyllischen Bucht von Kaynarpınar. 15 Zimmer mit bunt gestrichenen Wänden und Fliesenböden, teils mit Balkon und Meeresblick. Machte bei unserem letzten Check leider einen etwas heruntergewirtschafteten Eindruck – vielleicht kommt ja ein neuer Pächter. DZ teure 45 €. Kaynarpınar, ✆ 0232/7381010.

Camping Mehrere äußerst spartanische Plätze zwischen Mordoğan und Balıklıova, u. a. **Yakamoz Camping** an einer ganz netten Bucht. Meist ziemlich konservatives türkisches Publikum.

Essen & Trinken Für ein opulentes Fischmahl abseits der Touristenströme eignen sich Balıklıova (etliche einfache Fischlokale) und Ildırı. Eine empfehlenswerte Adresse in Ildırı ist das **Ildırı Balık Restaurant**, von Çeşme kommend am Ortsbeginn. Gepflegtes Lokal, in dem großer Wert auf guten Fisch gelegt wird. Dazu 1-a-Meze. Die Tische stehen direkt am Meer. ✆ 0232/2342247.

Zwischen Çeşme und Ephesus/Selçuk

Die Südseite der Çeşme-Halbinsel ist mit Ausnahme weniger Buchten, wie z. B. der von Alaçatı, nicht erschlossen (→ Umgebung von Çeşme). Über Urla, ca. 50 km östlich von Çeşme, und das südlicher gelegene Seferihisar bietet sich jedoch ein Abstecher in das Fischerdörfchen Sığacık und zu den Ruinen von Teos an. Noch weiter südlich, auf der Höhe von Ürkmez, beginnt ein Küstenabschnitt, am dem die türkische Mittelschicht dem schwäbischen Häuslebauer zeigt, was sie kann. Reizvoll wird die Strecke erst wieder zwischen Ahmetbeyli und Pamucak: Entlang einer gut ausgebauten und aussichtsreichen Küstenstraße liegen dort einige schöne Badebuchten (→ Selçuk/Baden).

Sığacık

Der alte Kern des verschlafenen, charmanten Fischerdorfes liegt zusammengedrängt hinter den Mauern einer genuesischen Festungsanlage. Rund um die beschauliche Hafenfront an einer tiefen Bucht gibt es ein paar Fischlokale und Pensionen. Zuletzt entstand eine neue Marina. Sığacık wurde vom großen Ansturm stets verschont, denn an guten Bademöglichkeiten mangelt es unmittelbar vor Ort.

Der nächste Strand, die schöne gebührenpflichtige Bucht von **Akkum**, liegt 2 km südwestlich von Sığacık. Vorbei an Olivenhainen, Kneipen, Cafés und Souvenirständen gelangt man dorthin. Das Areal direkt hinter dem Beach nimmt das Club

Resort Atlantis ein, vorrangig Franzosen buchen es. An Sommerwochenenden, wenn sich Tagesausflügler aus İzmir zu ihnen gesellen, ist in Akkum die Hölle los. In der Nebensaison geht es hingegen recht beschaulich zu. Gleiches gilt für den **Ekmeksiz Plajı** nochmals 2 km weiter (der Beschilderung nach Teos folgen, s. u., dann ausgeschildert). Am kleinen, ca. 50 m breiten Strand gibt es ein nettes Lokal. Camper sind willkommen (2 Pers. mit Wohnmobil und Strom 10,50 €, www.ekmeksiz plaji.com).

Verbindungen Häufig Dolmuşe ins 9 km entfernte Landstädtchen Seferihisar. Dort umsteigen nach İzmir, Selçuk oder Kuşadası. Keine Direktverbindungen nach Çeşme (über İzmir). Zudem Dolmuşverbindungen zwischen Sığacık und Akkum, keine zum Ekmeksiz Plajı.

Anfahrt nach Akkum Von Sığacık der Straße nach Teos folgen. Wenn man die Anhöhe überwunden hat und die geteerte Straße nach links abschwenkt, muss man nach rechts auf die Pflasterstraße abzweigen (Beschilderung „Club Resort Atlantis").

Übernachten Teos Pansiyon, im Norden von Sığacık zwischen Festungsmauer und Uferpromenade. Gepflegt. Die einzige Pension (es gibt mehrere), die von Lesern nicht wegen mangelnder Sauberkeit kritisiert wurde. 6 freundliche, klimatisierte Zimmer mit Holzböden (einige davon mit suitenartiger Größe), z. T. mit Meeresblick. Restaurant mit Terrasse. DZ 50 €. 126 Sok. 14, ✆ 0232/7457463, www.teospension.com.

Essen & Trinken Tekne Restaurant, neben all den mehr oder minder gleichartigen Fischlokalen rund um den Hafen von Sığacık ein abwechslungsreicher Tipp. Gemütliche Lokanta um einen alten Brunnen. Suppen, *Saç Kavurma* oder Köfte. Günstig. Nahe der Pansiyon Burg am Hafen, hat immer wieder einen anderen Namen.

Nordägäis → Karte S. 90

Teos
(antike Stadt)

Die ionische Gründung aus dem 1. Jt. v. Chr. stand immer im Schatten Smyrnas. Lediglich nach dessen Zerstörung (6. Jh. v. Chr.) erlebte Teos eine kurze Blüte. Die damalige Hafenstadt war Geburtsort des Lyrikers Anakreon (ca. 580–495 v. Chr.), der u. a. den Wein und die gleichgeschlechtliche Liebe besang. Passend dazu war Teos berühmt-berüchtigt für seinen Dionysoskult, den hier eine Gilde von Schauspielern und Musikern zu Ehren ihres Schutzgottes feierte.

Die Ruinen der aufgegebenen Stadt wurden als Steinbruch benutzt, sodass vieles verloren ging. Am eindrucksvollsten ist die Ruine des **Dionysostempels** – der größte je gebaute Tempel für den Gott des Weins – mit einigen wieder aufgerichteten Säulenstümpfen. Wer auf dem idyllischen Gelände weiter herumstreift, findet auf dem flachen Hügel nördlich der Anlage, der einst die Akropolis trug, u. a. Reste eines **Theaters**. Die Aussicht von dort über Olivenhaine hinweg auf die Überreste der Stadt und auf die Küste, verliert durch den Bau monotoner Feriensiedlung leider mehr und mehr an Charme.

Anfahrt/Öffnungszeiten: Von Sığacık (s. o.) ausgeschildert. Das Gelände ist frei zugänglich und kostet keinen Eintritt.

Von Seferihisar bis Özdere

Über viele Kilometer ziehen sich zwischen Seferihisar und Özdere eintönige Retortensiedlungen die Küste entlang, dazwischen liegen ein paar Mandarinenhaine. Totenstill ist es hier in den kalten Monaten, restlos überlaufen zur türkischen Ferienzeit. Ürkmez, Gümüldür und Özdere, mittlerweile so gut wie zusammengewachsen, sind wie die Çeşme-Halbinsel die Sommerfrischen der İzmirer Mittelschicht. Durch den Bau neuer Hotels leisten ihr zunehmend auch Ausländer Gesellschaft. Die stark befahrene Küstenstraße bietet keine Abwechslung – wo man hinschaut, ein Apartment- und Ferienhäusermeer. Poseidons Reich davor ist jedoch sauber und wird von langen Sandstränden flankiert.

Verbindungen In der Saison regelmäßige Dolmuşverbindungen nach İzmir und Selçuk.

Meryemana Cad. 19, ☎ 0232/7989191, 📠 7899190, www.denizati-hv.com.

Übernachten/Camping **** Denizatı, sehr gepflegte, komfortable Ferienanlage in einem schattigen Pinienhain mit eigenem Strand am östlichen Ortsausgang von Gümüldür. Angenehme Bungalows mit Klimaanlage, TV und Terrasse. Restaurant, Pool, Kinderspielplatz, Disco, Animation usw. Es kann auch gecampt werden, gute Sanitäranlagen. DZ-Bungalow mit VP 127 €, Campen 7 €/Pers., Zelt 5 €, Wohnmobil 7,50 €.

Taç Motel, in Özdere in erster Reihe am Meer. 13 schlichte Zimmer mit Klimaanlage, Balkon (seitlicher Meeresblick) und Laminatböden. In die Jahre gekommen (v. a. die Bäder), für die Lage ist der Preis jedoch okay. Anfahrt: Von der Durchgangsstraße ungefähr auf Höhe des gelb-grünen Supermarkts Pehlivanoğlu zum Meer hin abbiegen. DZ 30 €. 23 Sok. 41, ☎ 0232/7975992, www.tacmotel.com.

Klaros und Notion (antike Stätten)

Das antike Klaros war wie Didyma ein Apollonheiligtum. Gegründet wurde es bereits im 7. Jh. v. Chr., zerstört erst in christlicher Zeit durch ein Erdbeben. Heute liegen Säulentrommeln, Kapitelle und andere Architekturfragmente des einstigen Tempels kreuz und quer. Wer aufmerksam durchs Gelände streift, entdeckt vielleicht den marmornen Fuß oder Arm der gigantischen, einst ca. 8 m hohen, sitzenden Kultfigur des Apollon. Grabungs- und Restaurierungsarbeiten leitet seit mehreren Jahren die Ege-Universität İzmir, ein paar Säulen stehen schon wieder.

Aus Inschriften weiß man, dass Pilger aus dem gesamten Mittelmeerraum das Orakel aufsuchten. Dabei stellten sie angeblich keine Fragen, sondern teilten den Priestern nur ihre Namen mit. Diese zogen sich daraufhin zur „Heiligen Quelle" zurück, nahmen einen inspirierenden Schluck und kamen fröhlich orakelnd wieder zurück. Das Wasser war aber vermutlich nicht gesund, denn die meisten Priester starben jung. Die unterirdischen Orakelkammern können – sofern sie nicht unter Wasser stehen (was meist der Fall ist) – besichtigt werden, von der einstigen Vorhalle sind sie über Treppen zu erreichen.

Die Pilger liefen für gewöhnlich mit dem Schiff den Hafen von Notion an, um von dort auf einer heiligen Straße zum Orakel zu wandeln. Die heute spärlichen Überreste der antiken Stadt Notion liegen auf einem Hügel am östlichen Buchtende von Ahmetbeyli verstreut, u. a. das Fundament eines Athenatempels, einer Agora und eines Theaters. Ihre Erkundung versüßt ein Bad am schönen Strand von Ahmetbeyli, ein beliebter Stopp von Ausflugsbooten aus Kuşadası.

Anfahrt/Verbindungen nach Klaros In Ahmetbeyli (zwischen Pamucak und Özdere) der landeinwärts führenden Straße nach Menderes folgen, nach ca. 1,3 km rechts ab (ausgeschildert), dann noch knapp 1 km. Mit dem Dolmuş am einfachsten von Sel-

çuk (auf die Aufschrift „Gümüldür" achten) zu erreichen. Erst in Ahmetbeyli aussteigen (nicht am Strand Denizpinari/Klaros!). Von da aus zu Fuß der Anfahrt folgen.

Öffnungszeiten Tagsüber stets zugänglich, kein Eintritt.

Für Bade- und Übernachtungsmöglichkeiten am nahen Strand von Pamucak → Selçuk, ab S. 190.

Ephesus – vor der Celsusbibliothek

Ephesus

Ephesus war schon eine Weltstadt, als Athen noch tiefste Provinz und Rom noch nicht einmal gegründet war. In ihren besten Zeiten zählte die antike Metropole eine viertel Million Einwohner, für damalige Verhältnisse eine schier unvorstellbare Zahl.

Ephesus war die reichste Stadt Kleinasiens und wurde auch als „Bank Asiens" bezeichnet. Der große Hafen war das Tor zu den Schätzen Anatoliens und Persiens. Aber nicht nur auf Geldgeschäfte verstanden sich die Epheser: Ihre Stadt galt als das Zentrum der Artemisverehrung und damit als Wallfahrtsort ersten Ranges. Das Artemision, der riesige Artemistempel, wurde zu den sieben Weltwundern gezählt.

Doch Ruhm und Reichtum sind vergänglich. Der Hafen versandete, und die Stadt ging unter. Erst Ausgrabungen zwischen 1866 und 1922 brachten Ephesus zurück ans Tageslicht. Auch wenn vieles in Trümmern liegt – an nur wenigen Orten der Welt konnte eine derart intakte Stadtanlage ausgegraben werden. Heute gehört Ephesus zu den großen Attraktionen der Türkei. Die antike Stadt wird in Spitzenzeiten von bis zu 15.000 Touristen täglich besucht. Die schönsten Grabungsfunde aus Ephesus kann man – sofern sie nicht außer Landes gebracht wurden – im Archäologischen Museum des nahen Selçuk bewundern. Wer länger bleibt, übernachtet i. d. R. dort.

Geschichte

Die Besiedlung der Gegend geht bis in das 2. Jt. v. Chr. zurück. Damals ließen sich Leleger und Karer auf dem Zitadellenhügel von Selçuk nieder, wo auch ein Heiligtum für die Fruchtbarkeitsgöttin Kybele stand.

Den Grundstein der Stadt Ephesus legten ionische Siedler im 11. Jh. v. Chr. Ihr Anführer war Androklos, der zuvor das Orakel von Delphi befragt hatte, wo die neue Stadt zu gründen sei. Die Antwort hatte gelautet: „Ein Fisch und ein Keiler werden dir den Ort anzeigen." Mit dieser Weisung ausgestattet, zogen die Siedler los. Als sie eines Tages einen noch zappelnden Fisch über dem Feuer grillen wollten, sprang dieser vom Rost und setzte durch die mitgerissene Kohle einen Busch in Brand, aus dem ein Keiler sprang. Dieser machte sich auf und davon und kam erst an der Mündung des heute verlandeten *Kaystro-Flusses* zum Stehen. Hier errichteten die Siedler ihre Stadt – so zumindest die Legende.

Ephesus entwickelte sich dank seines Hafens und seiner günstigen Lage schnell zu einer ansehnlichen Stadt. Der griechische Artemiskult verschmolz mit der archaischen Verehrung der Kybele zur eigentümlichen ephesianischen Variante der Artemisverehrung, die ihren sichtbaren Ausdruck in einem riesigen Artemistempel finden sollte, mit dessen Bau im 6. Jh. v. Chr. begonnen wurde. Bis zu seiner Fertigstellung vergingen allerdings mehr als 200 Jahre.

Um 550 v. Chr. wurde die Stadt vom Lydierkönig Krösus angriffen. Die Bewohner wussten sich nicht anders zu helfen, als Tempel und Stadt mit einem Tau zu umspannen, um sich so symbolisch unter göttlichen Schutz zu begeben. Krösus zeigte sich daraufhin milde. Er schonte den noch nicht fertiggestellten Tempel und plünderte nur die Stadt. Knapp 200 Jahre später wurde der Tempel dann aber doch zerstört. 356 v. Chr. zündete Herostratos das gerade vollendete Bauwerk an, um seinen Namen unsterblich zu machen – was ihm damit auch gelang. Als Alexander der Große 334 v. Chr. sämtliche Baukosten für den Wiederaufbau des riesigen Tempels übernehmen wollte, lehnten die stolzen Epheser das Anerbieten ab. Sie finanzierten den prunkvollen Neuaufbau aus eigenen Mitteln und erweiterten den Bereich des Tempelasyls, in dem Gewaltanwendung verboten war. So amortisieren sich die Tempelkosten bald – manch reicher Geächteter rettete sich hierher und dankte der Göttin mit großzügigen Spenden.

Vermutlich ab 294 v. Chr. ließ Lysimachos, einer der Feldherren Alexanders des Großen und Herrscher von Pergamon, das Stadtgebiet, das sich bis dahin rund um den Artemistempel erstreckte, an den heutigen Standort verlegen. Außerdem wurde auf sein Betreiben ein neuer Hafen ausgehoben und die Stadt mit einer Schutzmauer von 9 km Länge umgeben.

133 v. Chr. fiel Ephesus an die Römer und wurde bald darauf Hauptstadt der Provinz Asia. Lange Zeit aber war Rom aufgrund hoher Steuerabgaben für viele Einwohner mehr Feind als Freund. 88 v. Chr. kam es im Zuge der Revolte des Mithridates von Pontus gegen die römische Herrschaft auch in Ephesus zum Aufstand: Bei der sog. Ephesischen Vesper wurden in ganz Kleinasien rund 80.000 Kaufleute, Steuereintreiber und andere römische Bürger getötet. Dennoch, unter Rom entwickelte sich die Stadt zu einer blühenden Metropole mit mehr als 250.000 Einwohnern. Die meisten ausgegrabenen Sehenswürdigkeiten stammen aus dieser Zeit.

In die Zeit der römischen Herrschaft fällt auch der Besuch des Apostels Paulus, der auf seiner zweiten Missionsreise 55–58 hier weilte. Paulus' Predigten hatte einen solchen Zulauf, dass die alteingesessenen Devotionalienhändler kaum noch eine Artemis an den Mann brachten. Ein Silberschmied namens Demetrios mobilisierte daraufhin den Mob gegen die Christen – im Theater skandierten sie den viel zitierten Spruch: „Groß ist die Artemis der Epheser!" Nach den ersten Tumulten verließ Paulus die Stadt. Als weiterer Apostel soll der Evangelist Johannes in Ephesus gewirkt haben (→ Selçuk, S. 191).

262 n. Chr. verwüsteten die Goten Stadt und Tempel – der Wiederaufbau erfolgte in bescheidenem Rahmen. Der Hafen versandete, andere Handelsplätze liefen Ephesus den Rang ab. Im 7. Jh. wurde die Siedlung in der Ebene aufgegeben. Man zog sich auf den nahe gelegenen Zitadellenhügel (von Selçuk) zurück, in dessen Schutz das Christenstädtchen *Hagios Theologos* einige Jahrhunderte überdauerte, während die einstige Weltstadt nebenan langsam in Vergessenheit geriet. In der Mitte des 13. Jh. eroberten die Seldschuken Hagios Theogolos. Unter dem neuen Namen *Ayasoluk* erlebte die Zitadellenstadt im 14. Jh. als Handelsplatz und Residenz der Aydınoğulları noch einmal eine kurze Blütezeit, die mit der osmanischen Eroberung 1423 endete.

1866 entdeckte der Engländer J. T. Wood das *Artemision* und begann zu graben. Seit 1896 werden die Arbeiten unter der Regie des Österreichischen Archäologischen Instituts durchgeführt. *Ayasoluk* wurde 1914 in *Selçuk* umbenannt.

Verbindungen → Selçuk, S. 188.

Öffnungszeiten Im Sommer tägl. 8–18.30 Uhr, im Winter bis 16 Uhr. Eintritt 8 €, Hanghäuser weitere 6 € (Tickets im Grabungsgelände am Eingang zu den Häusern). Parken für Autos 2,50 €, für Wohnmobile je nach Größe bis zu 15 €.

> **Hinweis**: Das kostenpflichtige Grabungsgelände besitzt 2 Eingänge, einen unteren, von Selçuk zu erreichen über die Straße nach Pamucak/Kuşadası, und einen oberen, zu erreichen von der Straße nach Meryemana. Der obere Eingang wird zuweilen als Haupteingang bezeichnet, da viele Busgruppen ihre Tour durch Ephesus dort starten und am unteren Eingang wieder eingesammelt werden. Auch bevorzugen die Taxifahrer von Selçuk den oberen Eingang – dieser ist weiter entfernt und so lässt sich mehr verdienen (die Fahrt zum unteren Eingang ist erheblich billiger!). Die von uns beschriebene Tour durch das Ausgrabungsgelände beginnt beim unteren Eingang, da dieser ohne eigenes Fahrzeug einfacher zu erreichen ist – die Dolmuşe von Selçuk steuern ihn an, zudem gelangt man von Selçuk vorbei am Artemistempel zu Fuß dahin (3 km, → S. 188). Auch bietet er die besseren Parkmöglichkeiten.
>
> Am unteren Eingang werden Individualtouristen häufig angesprochen, ob sie nicht vom oberen Ausgang kostenlos abgeholt werden wollen, sodass sie sich den Weg zurück durchs Ausgrabungsgelände sparen können (ohne Krücken dauert dieser gerade mal 15 Min.). Oder ob sie nicht kostenlos zum Haupteingang gefahren werden wollen, da man sonst nicht alles in der richtigen Reihenfolge sieht. Das ist Quatsch! Willigen Sie in den „Free Shuttle" ein, landen Sie garantiert bei einem Bruder oder sonstigen Anverwandten des vermeintlichen Wohltäters, der zufällig einen Teppichhandel betreibt …

Rundgang durch das (kostenpflichtige) Grabungsgelände

Im Abseits, etwas versteckt, stehen die Ruinen der **Marienkirche**, einer einst dreischiffigen Basilika. Man vermutet, dass sie im 4. Jh. aus einer Markthalle entstand. 431 fand darin das III. Ökumenische Konzil statt. Außer ein paar Mauerresten, Säulen und einem Taufbecken ist nicht mehr viel zu sehen. Wer sich davon überzeugen will, zweigt hinter dem Kassenhäuschen (aber noch vor den Toiletten) nach rechts auf einen Weg ab.

Ansonsten folgt man der schattigen Allee, die vom Eingang direkt zur Arkadiane und zum Großen Theater führt. Rechts der Allee lag einst der **Verulansplatz**, ein

Nordägäis → Karte S. 90

200 x 240 m großer, von Arkadengängen umgebener Hof, auf dem Athleten trainierten – heute sieht man davon aber so gut wie keine Spur mehr. Linker Hand tauchen nach wenigen Metern die Reste des **Theatergymnasions** auf.

Arkadiane: Die mehr als 500 m lange Prunkstraße führte vom Theater zum Hafen, heute endet sie im Dickicht. Unter Kaiser Arcadius wurde sie 400 n. Chr. renoviert und war dann auf ihrer ganzen Länge beidseitig von Säulen und Arkadenhallen umgeben, mit Marmor ausgelegt und als erste Straße der Welt nachts beleuchtet. Der Belag wurde rekonstruiert, viele Säulen wurden wieder aufgestellt. Um sie vor den Massen zu schützen, darf auf der Arkadiane allerdings nicht mehr gelustwandelt werden.

Großes Theater: Effektvoll an den Hang gebaut, bot das Theater 24.000 Zuschauern Platz. Die Grundmauern stammen aus hellenistischer Zeit (um 270 v. Chr.), sein heutiges Aussehen verdankt es den Umbaumaßnahmen unter den römischen Kaisern Claudius und Trajan. Der Durchmesser des Theaters beträgt 130 m, seine Höhe 38 m, die 66 Sitzreihen sind in drei Ränge unterteilt. Vom einst dreistöckigen Bühnengebäude (18 m) stehen noch die Mauern des ersten Stockwerks, davor der Säulenwald der Orchestra. Besonders beeindruckend sind die Akustik und der Blick auf die Arkadiane bis zum verlandeten Hafen.

Marmorstraße: Die einstige Arkadenallee (ähnlich wie die Arkadiane) verläuft vom Theater an einem Brunnenhaus vorbei bis zur Celsusbibliothek (s. u.). Ihren Namen verdankt sie dem Belag aus schweren Marmorplatten, darunter ein mannshohes Kanalisationssystem. Gleich zu Beginn der Marmorstraße gelangt man durch ein Bogentor rechter Hand auf eine Terrasse, die einen Blick auf die Untere Agora ermöglicht.

Untere Agora: Der allseitig von Kolonnaden umgebene Marktplatz liegt rechts der Marmorstraße und misst 110 x 110 m. Die Agora war z. Z. der letzten Recherche nicht zugänglich. Hervorragend erhalten ist das *Südtor* der Agora (neben der Celsusbibliothek, s. u.), das nach seinen Stiftern, zwei dankbaren freigelassenen Sklaven, auch *Mazeus- und Mithridatestor* genannt wird. Wen diese mochten und wen nicht, erfährt man aus der zweisprachigen Stiftungsinschrift: In der lateinischen Version erwähnen sie die römischen Herren, in der griechischen sparen sie diese aus.

Serapeion: Die spärlichen Tempelreste liegen, von der Marmorstraße aus gesehen, hinter der Agora und der Celsusbibliothek und waren zuletzt ebenfalls nicht zugänglich. Der Tempel aus dem 2. Jh. n. Chr. muss gewaltige Ausmaße gehabt haben. Über eine Freitreppe kam man in eine Säulenvorhalle, die von acht 14 m hohen korinthischen Säulen getragen wurde. Jede einzelne Säule war aus einem Stück und wog mehrere Tonnen. Das eiserne Tor zur Cella war so schwer, dass es auf Rollen lief. Die Becken und großen Nischen in der Cella dienten rituellen Waschungen.

Celsusbibliothek: Sie wurde 135 n. Chr. am Ende der Marmorstraße von einem gewissen C. Aquila zum Gedenken an seinen Vater Celsus, einst Statthalter der Provinz Asia, erbaut. Die zweistöckige Bibliothek hatte in der oberen Etage eine umlaufende Galerie, von der aus man in den unteren Lesesaal sehen konnte. Da die österreichischen Archäologen nicht weniger als 850 Originalbausteine fanden, gelang ihnen ab 1970 in acht Jahren Bauzeit eine vollständige Rekonstruktion der Fassade; sogar die Statuen stehen wieder an ihren ursprünglichen Plätzen. Sie verkörpern von links nach rechts Bildung, Rechtschaffenheit, Tugend und Weisheit. Im Inneren der Bibliothek finden sich informative Schautafeln. Schriften gibt es übrigens nicht mehr: Sie wurden von den Goten zum Heizen der Thermen verwendet.

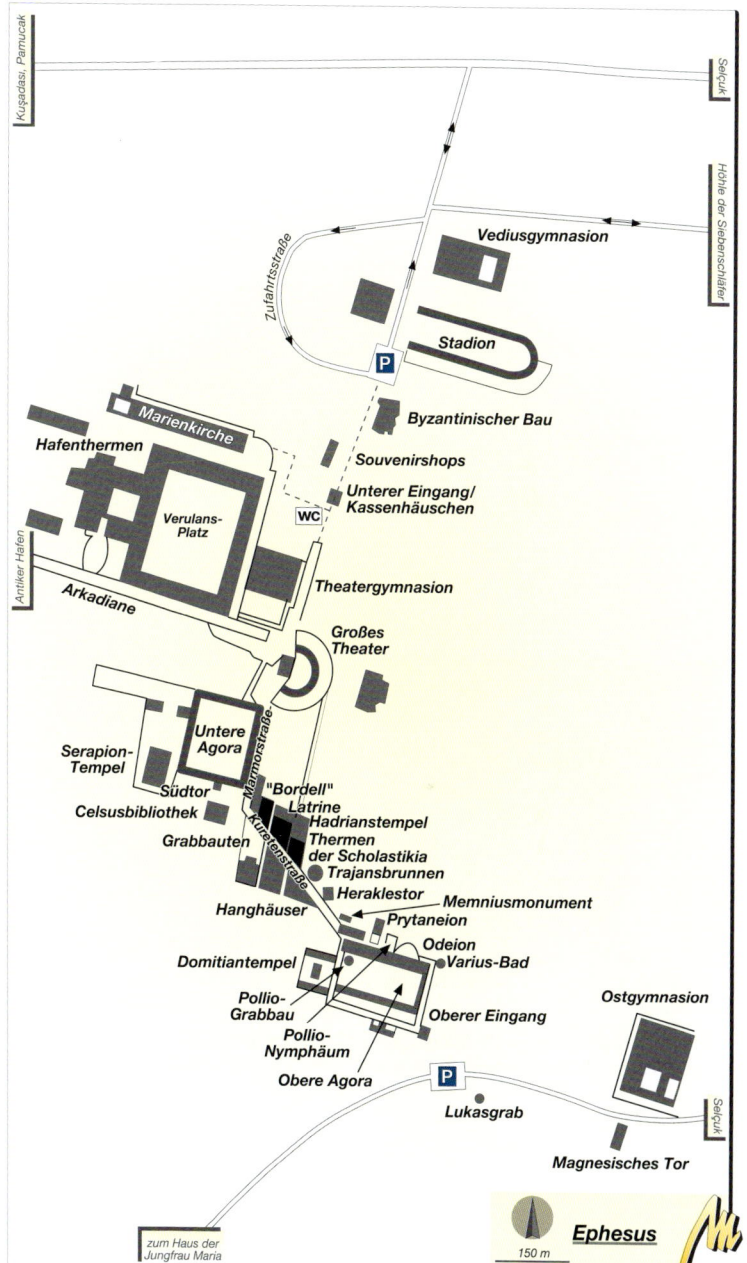

Nordägäis → Karte S. 90

Kuşadası, Pamucak

Selçuk

Höhle der Siebenschläfer

Zufahrtsstraße

Vediusgymnasion

Stadion

P

Byzantinischer Bau

Marienkirche

Hafenthermen

Souvenirshops

Verulans-Platz

WC

Unterer Eingang/Kassenhäuschen

Antiker Hafen

Arkadiane

Theatergymnasion

Großes Theater

Serapion-Tempel

Untere Agora

Marmorstraße

Südtor

Celsusbibliothek

"Bordell"

Latrine

Grabbauten

Hadrianstempel

Kuretenstraße

Thermen der Scholastikia

Trajansbrunnen

Heraklestor

Hanghäuser

Memmiusmonument

Prytaneion

Domitiantempel

Odeion

Varius-Bad

Pollio-Grabbau

Pollio-Nymphäum

Oberer Eingang

Ostgymnasion

Obere Agora

P

Lukasgrab

Selçuk

Magnesisches Tor

zum Haus der Jungfrau Maria

Ephesus

150 m

Kuretenstraße: Von der Celsusbibliothek führt die Kuretenstraße zur oberen Agora (s. u.). Arkaden säumten sie, Mosaike glänzten vor den angrenzenden öffentlichen Bauten. Unter der Straße befand sich ebenfalls ein Kanalisationssystem. Gleich zu Beginn linker Hand glaubten Archäologen lange Zeit, ein *Bordell* entdeckt zu haben, da hier eine Figur des Gottes Priapos (ausgestattet mit einem Penis, den sich so mancher Mann und manche Frau wünschen würden) sowie das Bild einer abgetakelten Matrone gefunden wurden. Daran schloss eine öffentliche Latrine an: in der Mitte ein von Säulen geschmückter Brunnen, drum herum an den Wänden die Toilettensitze. Gegenüber der Latrine, auf der anderen Seite der Kuretenstraße, befinden sich drei *Grabbauten,* das sog. *Oktogon* zieren Inschriften. Dahinter markiert ein futuristisches Schutzdach die sog. Hanghäuser.

Hanghäuser: Die Hanghäuser wurden in einer mehrjährigen Grabungskampagne freigelegt, in deren Verlauf erstaunlich gut erhaltene Fresken und Mosaikböden gefunden wurden. Noch immer sind Restauratoren am Werk. Ein Besuch schlägt extra zu Buche, ist aber spektakulär. Und da die Hanghäuser von den meisten Reisegruppen ausgespart werden, kann man sich in aller Ruhe umsehen. Der Rundgang vermittelt hautnah, wie sich in der Antike die Oberen Zehntausend ihre Anwesen einrichteten, Fußbodenheizung, Thermalbad und fließendes Wasser inklusive. Ein Muss!

Hadrianstempel und Thermen der Scholastikia (auch: Variusthermen): Weiter entlang der Kuretenstraße folgt linker Hand der imposante, weitgehend rekonstruierte Hadrianstempel (130 n. Chr.). Den Schlussstein des Architravs ziert die Göttin Tyche, sie stand für das Glück der Stadt. Ein Fries stellt die Legende von der Gründung der Stadt dar. Daneben befinden sich die Ruinen einer mehrgeschossigen Badeanlage, die zu Beginn des 2. Jh. von Varius Valens errichtet und 200 Jahre später auf Kosten der Christin Scholastikia renoviert wurde. Die Thermen boten bis zu 1000 Besuchern Platz, es gab auch eine Bibliothek und Vergnügungsräume. Die Statue der Mäzenin ist bis auf den Kopf erhalten. Von den Thermen konnte man durch Glasfenster das Treiben auf der Straße beobachten. Auf der gegenüberliegenden Straßenseite befanden sich noble „Boutiquen", die sich vor ihrem Eingangsbereich prächtige Mosaike legen ließen.

Bibliothek von Ephesus – die Fassade wurde vollständig rekonstruiert

Trajansbrunnen und Heraklestor: Ein paar Schritte weiter, ebenfalls linker Hand an der Kuretenstraße, steht der skelettartige wiedererrichtete Trajansbrunnen, ein einst prächtiges Nymphäum, das 114 n. Chr. Kaiser Trajan gewidmet wurde. In den Nischen standen zwölf Statuen und eine große des Kaisers darüber, ein Fuß erinnert noch an ihn. 50 m weiter bergauf passierte man früher einen Triumphbogen. Da Hera-

24.000 Zuschauern bot das Theater in Ephesus Platz

kles dessen Seitenpfeiler ziert, wird er auch „Heraklestor" genannt. Heute fehlen allerdings die oberen horizontalen Abschlusssteine.

Memmiusmonument (auch: Hydreion): Wieder ein paar Schritte weiter bergauf steht linker Hand das Memmiusmonument, das später in einen Springbrunnen verwandelt wurde. Es war Gaius Memmius gewidmet, einem Enkel des römischen Feldherrn und Diktators Sulla, der die Stadt 84 v. Chr. zur Strafe für die Ephesische Vesper gebrandschatzt hatte.

Domitiantempel: Vorbei am *Pollio-Grabbau* (Sextilius Pollio war ein weiterer Mäzen der Stadt) und dem *Domitian-Nymphäum,* das einst wie der Trajansbrunnen reich mit Statuen geschmückt war, gelangt man zum mächtigen Unterbau des Domitiantempels. In ihm fanden Archäologen das Haupt einer Monumentalstatue des im Jahre 96 ermordeten Kaisers Domitian (heute im Museum von Selçuk zu sehen). In die Geschichte ging er als Christenhasser ein. Er war es übrigens auch, der den Limes anlegen ließ. Im Unterbau ist eine Inschriftensammlung aufbewahrt, in welcher dem lateinischen Originaltext jeder gefundenen Steinplatte die englische Übersetzung gegenübergestellt wird. Seit Jahren jedoch ist die Sammlung der Öffentlichkeit nicht mehr zugänglich.

Obere Agora, Prytaneion und „Odeion": Der 160 x 58 m große Platz war der politische Mittelpunkt der Stadt. Etwas nördlich davon stand das Prytaneion, ein Versammlungshaus. Hier brannte das ewige Feuer der Stadt, von Kureten (Priestern) und Vestalinnen (priesterliche Jungfrauen) gehütet. In diesem Gebäude fand man die überlebensgroße Artemisstatue, die heute im Archäologischen Museum von Selçuk steht. Durch einen Bogengang geht es hinüber zu einem Bau, der vermutlich das Bouleuterion beherbergte, das Rathaus. Seiner Form nach wird es „Odeion" genannt. Die Sitzreihen sind ausgezeichnet erhalten, auf 27 Rängen konnten etwa 1400 Zuschauer die Ratsversammlungen verfolgen. Zwischen Rathaus und Oberer Agora stehen die Säulenstümpfe der 160 m langen, nach ihren eigenartigen Kapitellen benannten *Stierkopfhalle.*

Außerhalb des (kostenpflichtigen) Grabungsgeländes

Was rund um Ephesus keinen Eintritt kostet, lohnt auch nicht unbedingt den Besuch. Hinter dem oberen Ausgang des Grabungsgeländes liegt rechter Hand der Straße (hinter einem Parkplatz) das sog. *Lukasgrab*, das Rundmausoleum eines unbekannten Toten aus dem 1. Jh., das in christlicher Zeit zu einer Kirche umfunktioniert wurde. Eine Zeit lang glaubte man, der Evangelist Lukas sei hier bestattet worden. Etwas weiter steht das *Magnesische Tor*, das einstige Haupttor der Stadt und zuletzt eines jener Bauwerke, das im Zentrum der wissenschaftlichen Arbeit der österreichischen Archäologen stand. Nordwestlich davon die spärlichen Überreste des *Ostgymnasions*, das nach den hier gefundenen Mädchenstatuen auch Mädchengymnasion genannt wird.

Nahe dem Parkplatz vor dem unteren Eingang stehen die Ruinen eines *byzantinischen Baus*, vermutlich ein Palast oder eine Bäderanlage, insgesamt wenig spannend. Etwas weiter an der Straße nach Selçuk lag zudem das unter Kaiser Nero erbaute *Stadion* mit der klassischen Länge von 192 m. Erhalten ist nicht viel mehr als ein monumentales *Eingangstor*. Alle Steintribünen wurden abgetragen und zum Bau des Kastells auf dem Zitadellenhügel verwendet. 50 m weiter befinden sich zudem die von einem Zaun umgebenen Trümmer des *Vediusgymnasions*, gestiftet von Publius Vedius Antonius, einem reichen Bürger der Stadt. Es besaß u. a. ein Bad mit Fußbodenheizung.

Von den Zufahrtsstraßen zum oberen und unteren Eingang ist ferner die *Höhle der Siebenschläfer* mit „Grotto of the Seven Sleepers" oder „Yedi Uyuyanlar (Seven Sleepers)" ausgeschildert. Während der Christenverfolgungen sollen sich sieben Jünglinge in diese Höhlen geflüchtet haben. Römische Soldaten, die dies bemerkten, vermauerten den Eingang. Darauf versanken die Flüchtlinge in einen 200 Jahre währenden Schlaf. Als sie durch ein Erdbeben erwachten und die Mauer einstürzte, war das Christentum längst Staatsreligion geworden, die Verfolgungen Vergangenheit. Kaiser Theodosius II. ließ an dieser Stelle später eine Wallfahrtskirche errichten, in welcher angeblich die Leichname der Jünglinge begraben liegen. Das (schmucklose) Kirchenschiff ist noch deutlich zu erkennen, auch sind Gräber auszumachen. Das Gelände ist umzäunt, aber einsehbar.

Artemision: Antipatros notiert in seiner Abhandlung über die sieben Weltwunder der Antike hingerissen: „Doch als ich dann endlich den Tempel der Artemis erblickte, der in die Wolken sich hebt, verblasste das andere. Ich sagte: Hat Helios' Auge außer dem hohen Olymp je etwas Gleiches gesehen?" Heute sieht Helios, der Sonnengott, zwar immer noch den Olymp, aber anstatt auf das Artemision blickt er nur noch auf eine kümmerliche Ruine. Von den einstigen 127 Säulen des ehemals fußballplatzgroßen Tempels ragt nur noch eine einzige aus dem sumpfigen Morast einsam in den Himmel. Wer sie besichtigen will, hält auf halbem Weg an der Straße von Selçuk nach Ephesus (unterer Eingang, also Richtung Kuşadası/Pamucak) rechter Hand Ausschau. Das Gelände ist tagsüber frei zugänglich. Kein Eintritt.

Selçuk　　　　　　　　　　　　　　　27.900 Einwohner

3 km östlich von Ephesus liegt die Nachfolgesiedlung der antiken Weltstadt. Nach einem jahrhundertelangen Dornröschenschlaf zehrt sie heute von der Vergangenheit.

Von seiner Zerstörung im 15. Jh. (→ Ephesus/Geschichte) bis ins 20. Jh. war Selçuk ein kümmerliches Dorf. Erst der Bau der Eisenbahn und das Interesse an der An-

Garden Camping

Burg

İzmir, Belevi, Tire, Birgi 1

Şirince

İsa-Bey-Moschee

Johannes-basilika

2

Sain Sok.

St. John Cad.

3

Tabak Cad.

WC

Selçuk Hamamı

Polizei 4

Bahnhof

Byzantinisches Aquädukt

Fußgänger-brücke

İnönü Cad.

1051 Sok.

5

7

6

Namık Kemal Cad.

Cengiz

E C

Topel Cad.

9

Siegburg Sok.

10

Helios Travel Agency

13

Lienz Cad.

11 12

Anton Kallinger Cad.

Turguteis Sok.

Artemision

14

Archäologisches Museum

Uğur Mumcu Sevgi Yolu

Waschsalon

Kızılay Cad.

1015 Sok.

1016 Sok.

Şehit Er Fikri Uyücü Cad.

Kubuleti Cad.

Ephesus und Pamucak

Dr. Sabri Yayla Bul.

Şehit Er Eriç Bozdoğan Cad.

1067 Sok.

Atatürk Cad.

i

BUS

Şahabettin Dede Cad.

15

16

Kubilay Cad.

Abuhayat Cad.

E ssen & Trinken

2 Karameşe
4 Café Carpouza
8 Amazon
9 Eski Ev
10 Okumuş Mercan Restaurant und Ayasuluk Restaurant
11 Ekselans Beer House
12 Pink Bistro Café
13 St. John Café Shop
16 Selçuk Köftecisi

Ü bernachten

Meryemana, Çamlık, Aydın

1 Kale Han
3 Hotel Akay
5 Hotel Nilya
6 Hotel Bella
7 Pension Homeros
14 Barım Pension
15 Vardar Pension

Selçuk

150 m

tike erweckten es zu neuem Leben. Heute ist Selçuk ein freundliches Landstädt-chen, gekrönt von einer byzantinischen Zitadelle. Neben einem herausragenden Museum mit Funden aus Ephesus besitzt Selçuk auch einige sehenswerte Hinter-lassenschaften seiner christlichen und seldschukischen Vergangenheit. Der Ort ist ein angenehmer Stützpunkt für nichtorganisierte Ephesusbesucher. Die Kulturreisen-den kommen aus aller Herren Länder. Manche bleiben ein paar Tage, denn zu Ausflü-gen lädt nicht nur das hügelige Hinterland ein, auch İzmir lässt sich von Selçuk aus spielend per Zug erkunden. Der Pamucak-Strand in der Nähe leistet ebenfalls seinen Teil, um eilige Tageskundschaft zu einem längeren Aufenthalt zu verführen.

Orientierung: Das Zentrum Selçuks erstreckt sich zwischen Busbahnhof und Bahnhof. Das Leben spielt sich abends rund um den kleinen Platz am Ende der Namık Kemal Cad. ab. Die Reste des dortigen Aquädukts, auf denen hin und wieder Störche nisten, stammen aus byzantinischer Zeit.

Information/Verbindungen/Ausflüge/Parken

Telefonvorwahl 0232.

Information Gegenüber dem Museum. Auskünfte in Englisch und Deutsch. Tägl. 8.30–12 und 13–17.30 Uhr. Efes Müzesi Karşısı 23, ☎ 8926328, www.selcuk.gov.tr.

Verbindungen Bus: Busbahnhof zentral an der Atatürk Cad. Gute Verbindungen entlang der Küste, egal ob gen Norden (z. B. nach İzmir, 1¼ Std.) oder Süden (z. B. Bodrum, 2½ Std.), aber auch nach Aydın (1 Std.) oder Denizli/Pamukkale (3½ Std.).

Zug: Bahnhof (☎ 8926006) im Zentrum. 6-mal tägl. über den Flughafen İzmir nach İzmir (Basmane), 5-mal nach Aydın und Nazilli, bis zu 3-mal nach Söke und Denizli.

Dolmuş: Alle Dolmuşe starten am Busbahnhof. Minibusse nach Kuşadası etwa halbstündl., nach Şirince etwa stündl., zudem regelmäßig nach Tire und zu den Stränden der Umgebung (im Sommer). Vom Busbahnhof werden im Sommer zuweilen auch Tagesausflüge mit dem Minibus nach Priene, Milet und Didyma inkl. Badestopp angeboten.

Organisierte Touren Mehrere Agenturen. Ziele und Preise ähnlich wie in Kuşadası (→ dort).

Von und nach Ephesus: 3 km oder 40 Gehmin. trennen Selçuk von Ephesus' unterem Eingang. Dafür folgt man von der Kreuzung beim Busbahnhof, an welcher auch die Touristeninformation liegt, dem Dr. Sabri Yayla Bul., der Straße nach Pamucak/Kuşadası. Parallel dazu verläuft ein schattiger Gehweg. Nach 2 km geht es links ab, nach weiteren 350 m einfach geradeaus entgegen der Einbahnstraße weiter (kürzer!). Etwa halbstündl. verkehren auch **Minibusse** vom zentralen Busbahnhof zum unteren Eingang. **Taxi** zum oberen Eingang einfach ca. 7,50 € (zum unteren Eingang 4 €). Die meisten Unterkünfte bieten einen kostenlosen **Transferservice** nach Ephesus an.

Adressen/Einkaufen/Veranstaltungen

Ärztliche Versorgung Staatliches Krankenhaus **Devlet Hastanesi** an der Straße nach Ephesus gegenüber der Touristeninformation. ☎ 8927036.

Auto-/Zweiradverleih Autos werden ab 35 €/Tag z. B. von **Helios Travel Agency** (☎ 8926717, www.helios-travel.com) nahe dem Museum verliehen. Räder verleihen viele Unterkünfte.

Einkaufen Beliebt ist Wein aus Şirince (→ Umgebung), den es überall zu kaufen gibt. Jeden Sa großer **Wochenmarkt** nahe dem Busbahnhof.

Türkisches Bad (Hamam) Selçuk Hamamı in der 1006 Sok., ausgeschildert. Auch gemischtes Bad möglich. Eintritt 12,50 € mit Massage und Kese. Tägl. 7–23 Uhr.

Veranstaltungen Mitte Jan. die berühmten **Kamelkämpfe** von Selçuk mit Volksfestcharakter. Die Tiere sind dabei kunstvoll geschmückt. Die Kämpfe gleichen einem Ringkampf, bei dem das stärkere Tier das schwächere zu Boden drückt. Um die Bullen überhaupt in Kampfeslaune zu bringen, muss ein brunftig duftendes weibliches Tier in der Nähe sein. Kamelkämpfe gehen ohne Blutvergießen über die Bühne: Den kostbaren Tieren (erfolgreiche Kamele erzielen Preise von bis zu 70.000 €) werden die Mäuler zugebunden, damit sie sich nicht gegenseitig beißen können. Die Tradition der Kamelkämpfe reicht bis in die Zeit zurück, als Kamele noch als Lasttiere für Karawanen dienten.

Im Rahmen des **Internationalen İzmir-Festivals** (überwiegend Pop- und Klassikkonzerte, oft mit Starbesetzung) im Juni und Juli finden auch Aufführungen vor der Celsiusbibliothek von Ephesus statt. Infos unter www.iksev.org.

Waschsalon Pamukkale Laundry, in der 1005 Sok. Waschen und Trocknen 10 €/Trommel. So geschl.

Übernachten/Camping

(→ Karte S. 187)

Am Busbahnhof ein kleines Unterkunftsvermittlungsbüro (unregelmäßig geöffnet, oft hält der Zuständige ein Nickerchen). Wer weiß, wohin er will, sollte am besten reservieren oder vom Busbahnhof aus anrufen: Fast alle Pensionen betreiben einen kostenlosen Abholservice. Ländlich-idyllisch wohnt man im nahe gelegenen Şirince (→ Umgebung).

✶✶ Hotel Kale Han ❶, gehobene Unterkunft etwas außerhalb des Zentrums an der Straße nach İzmir. Altes, mit Geschmack restauriertes Haus. 43 gemütliche, individuell und liebevoll eingerichtete Zimmer, dunkles Holz kombiniert mit weißen Wänden. Teils jedoch ziemlich klein. Gutes Restaurant, Bar, Sonnenterrasse, Pool. Nach hinten hinaus ruhig, die Zimmer zur Straße hin besitzen Doppelglas-Fenster. EZ 61 €, DZ 76 €. Atatürk Cad. 49 (neben einer Shell-Tankstelle), ✆ 8926154, ✆ 8922169, www.kalehan.com.

Hotel Nilya ❺, 11 liebevoll ausgestattete Zimmer um einen begrünten, schattigen Innenhof. Von der Veranda der 2. Etage schöner Blick – reservieren Sie ein Zimmer oben! Familiäre Atmosphäre, sehr freundlich. Etwas versteckt gelegen, von der Johannesbasilika ausgeschildert. DZ 75 €. 1051 Sok. 7, ✆ 8929081, ✆ 8929080, www.nilya.com.

Hotel Akay ❸, gepflegtes Haus bei der İsa-Bey-Moschee. 24 Zimmer auf 2 Gebäude verteilt, 16 davon um einen kleinen Innenhof gruppiert, darüber ein gutes Dachrestaurant (preisliche Mittelklasse). Die anderen 8 Zimmer in einem auf alt gemachten Neubau sind stilvoller. Pool, von Lesern hochgelobt. Die hilfsbereiten Besitzer Bekir und Yılmaz Akay sprechen Deutsch. DZ 40–70 €. Serin Sok. 3, ✆/✆ 8923009, www.hotelakay.com.

Hotel Bella ❻, nahe der Johannesbasilika. Gut geführt. Hübsch dekorierte, recht komfortable und sehr gepflegte Zimmer, einige mit Balkon. Tolle Dachterrasse. Englischsprachig. DZ 40 €, mit Balkon 50 €. Auch HP möglich (gute Küche). St. John Cad. 7, ✆ 8923944, ✆ 8920344, www.hotelbella.com.

Pension Homeros ❼, im recht ruhigen Viertel oberhalb des Museums. Auf 2 Gebäude verteilen sich 12 schnuckelig-kitschige Zimmer mit so viel Nippes, dass man zuweilen gar nicht mehr weiß, wohin mit den eigenen Sachen. Mit Teppichen ausgelegte Dachterrasse – wunderschöner Blick zum Sonnenuntergang, zu dem ein Gläschen „homemade" Wein serviert wird. Auf Wunsch gibt es danach auch ein leckeres Abendessen für 7,50 €. Gutes Frühstück. Nicht alle Zimmer mit eigenem Bad. 15–20 €/Pers. 1048 Sok. 3, ✆ 8923995, ✆ 8928393, www.homerospension.com.

Vardar Pension ❻, sehr zentral und in unmittelbarer Nähe zum Busbahnhof gelegen. Mehrstöckiges Haus, geführt von einer türkisch-holländischen Familie. 14 blitzsaubere Zimmer, alle mit Balkon, nicht alle jedoch mit privatem Bad und teils sehr winzig – mehr als ein Bett passt dann kaum hinein. Dachterrasse fürs Frühstück. Viele japanische Gäste. DZ 32 €, billiger ohne Bad. Şahabettin Dede Cad. 9, ✆ 8924967, ✆ 8920099, www.vardar-pension.com.

Barım Pension ❹, in Museumsnähe, ein Haus aus dem 18. Jh., auf dem Schornstein nistet ein Storch. Sauberer Familienbetrieb, diskret und englischsprachig. 12 einfache, aber freundliche Zimmer (im Winter beheizt) gruppieren sich um den reich bepflanzten Innenhof. Entspannte internationale Atmosphäre. DZ 30 €. Turgutreis Sok. 34, ✆ 892692, www.barimpension.com.

Camping Garden Camping, ca. 600 m abseits des Trubels gelegenes, nettes, schattiges Plätzchen in ruhiger Lage. Gepflegt, Pool, Sanitäranlagen okay, Küche, Waschmaschine, Restaurant. Es werden auch ordentliche Zimmer (allerdings zu überzogenen Preisen) vermietet. 2 Pers. mit Zelt oder Wohnmobil 21 €, DZ 75 € (!). Kale Altı Mevkii 4 (von der İsa-Bey-Moschee ausgeschildert), ✆ 8926165, ✆ 8922997, info@garden camping.com.

Dereli Motel Camping, direkt am Meer in Pamucak, ca. 8 km von Selçuk entfernt. Der große Platz unter deutscher Leitung bietet nahezu alles, was das Herz begehrt: blitzsaubere Duschen und Toiletten, kleiner Laden, gutes Restaurant in wunderschöner Lage, gepflegter Strandabschnitt (Palmen à la Südostasien), fotogener Sonnenuntergang über dem Meer. Lediglich Schatten gab es zuletzt nicht mehr, ein Sturm hat das „Camperwäldchen" verwüstet. Vermietet werden auch in Reihe direkt am Strand gebaute, sehr saubere Zimmer mit kleiner Veranda. Nov.–Feb. geschl. Regelmäßige Direktdolmuşe vom Campingplatz nach Selçuk. DZ 55 €, Campen 9 €/Pers. Pamucak, ✆ 8931205, 📠 8931203, www.dereli-ephesus.com.

Essen & Trinken/Nachtleben

(→ Karte S. 187)

Die Restaurants von Selçuk bieten ein hervorragendes Preis-Leistungs-Verhältnis. Spezialität der Gegend ist *Çöp Şiş* („Abfallspieß") – keine Sorge, das Gericht kommt nicht frisch aus der Mülltonne, sondern besteht aus zarten kleinen Lammstückchen. Über ein sehr gutes Restaurant verfügt auch das Hotel **Kale Han**.

Amazon **8**, europäisch-türkische Küche (v. a. Rindfleisch- und Hühnchengerichte) in modernerem Ambiente. Auch ein paar Tische im Garten auf der anderen Straßenseite mit Blick auf die einzige verbliebene Säule des Artemision. Hg. 5–10 €. Anton Kallinger Sok. 22, ✆ 8923879.

Okumuş Mercan Restaurant **10**, bei der Post. Achten Sie auf das „Mercan" im Namen, denn „Okumuş" nennen sich viele Restaurants. Einfaches Lokal. Terrasse mit plätscherndem Brunnen, superfreundlich und sehr günstig. Reichhaltige Auswahl an Meze (2–3 €) und Kebabs (4–7,50 €). ✆ 8926196.

Eski Ev **9**, das „Alte Haus" ist ein kleines Lokal mit gemütlichem Innenhof in der 1005 Sok. 1/A., einer Seitenstraße der Cengiz Topel Cad. Meze, Fisch, Gegrilltes, auch Frühstück. Hg. 4–7,50 €. ✆ 8929357.

Ayasuluk Restaurant **10**, kleiner Familienbetrieb mit dem üblichen Angebot (Döner, Grillgerichte, Spaghetti). Lesermeinung: „Alle Gerichte extrem lecker gewürzt, zartestes Fleisch, supernette, unaufdringliche Bedienung." Der Besitzer hat lange Jahre in Bayreuth gelebt. Hg. 3,50–5 €. ✆ 8924241.

Selçuk Köftecisi **16**, nahe dem Busbahnhof. Einfache Lokanta mit Außenterrasse, die auch gerne von Einheimischen besucht wird. Kleine Auswahl an leckeren Grillgerichten wie *Köfte* (4 €) oder *Çöp Şiş* (grandios! Portion 5 €). Guter Salat und fantastisches *Cacık* (Zaziki). Şahabettin Dede Cad.

Karameşe **2**, lauschiges Gartenlokal bei der İsa-Bey-Moschee. Traditionelle anatolische Dorfküche zu gemäßigten Touristenpreisen.

Café Carpouza **4**, nahe dem Hamam in der 1006 Sok. Gepflegtes Caférestaurant mit schattiger Terrasse, davor ein Rasen von Golfplatzqualität. Gute Frühstücksadresse. Zudem Salate, Pizzen, Pasta und gute Süßspeisen.

St. John Café Shop **13**, Mischung aus nettem Café und Lädchen (Olivenöl, Olivenölseifen) unter freundlicher türkisch-schweizerischer Leitung. Ordentlicher Kaffee, selbst gebackener Kuchen, Müsli und Röschti. Uğur Mumcu Sevgi Yolu 4/C.

Nachtleben Bierselig! Mehrere Bierkneipen, oft rustikal eingerichtet und voller trinkfreudiger Traveller, finden Sie v. a. in der Siegburg Cad. Dort garantieren u. a. das **Ekselans Beer House** **11** und das **Pink Bistro Café** **12** einen feucht-fröhlichen Abend.

Baden

Nächste Badegelegenheit am Strand von **Pamucak** ca. 8 km westlich von Selçuk. Im Süden des weiten Sandstrandes (ca. 7 km lang) haben sich einige Clubhotels angesiedelt. Je weiter man gen Norden geht, desto schöner und leerer wird er.

Auch an der von Pamucak gen Norden führenden **Küstenstraße nach Özdere/Menderes** findet man Badebuchten, teils von Feriendörfern belegt, teils noch recht unverbaut. Man erreicht sie mit Dolmuşen mit der Aufschrift „Gümüldür". Recht idyllisch und gepflegt, an Wochenenden jedoch oft von picknickenden Familien überlaufen, ist z. B. die gebührenpflichtige Bucht von **Denizpınarı (Klaros)**. Sie liegt ca. 11 km nördlich des Pamucak-Strandes bzw. der großen Kreuzung, an der es nach Kuşadası, Özdere/Menderes und Selçuk abgeht.

Einladend ist auch die schnuckelige **Baradan-Bucht**, die ein beliebtes Ziel von Ausflugsbooten ist. Sie liegt ca. 700 m nördlich der Klaros-Bucht (kein Hinweisschild). Von Süden kommend hinter einer landeinwärts führenden Rechtskurve und vor der ca. 100 m darauf folgenden Linkskurve, rechter Hand neben der Straße parken. Linker Hand nach dem Feldweg in die Bucht Ausschau halten (nicht vom Auto aus zu sehen).

Sehenswertes

Nordägäis → Karte S. 90

Alle hier aufgeführten Sehenswürdigkeiten lassen sich gemütlich zu Fuß erreichen. Bislang noch nicht zugänglich ist die mächtige Zitadelle auf dem geschichtsträchtigen Ayasoluk-Hügel, die im 6. Jh. unter den Byzantinern errichtet wurde. Sie war lange Zeit militärisches Sperrgebiet. Zuletzt wurde sie restauriert, auch fanden im Burgareal archäologische Grabungen statt.

Archäologisches Museum: Es zählt zu den angesehensten Museen seiner Art in der Türkei. In themenbezogenen Sälen wird eine Auswahl der schönsten Funde aus Ephesus aufbewahrt. Erster Höhepunkt ist der *Saal der Funde aus den Hanghäusern* (erster Raum links), in dem ein buntes Sammelsurium an Kostbarkeiten, die einst römische Edelvillen zierten, präsentiert wird: eine ägyptische Priesterstatuette aus dem 7. Jh. v. Chr., ein Marmorfresko des Sokrates, Büsten von Tiberius und Mark Aurel, eine kleine Bes-Figur mit mächtigem Glied, ein hübscher Elfenbeinfries, Goldschmuck, medizinisches Besteck und Einrichtungsgegenstände wie eine Badewanne, Kerzenständer, Klappstühle oder Tischgestelle.

Der folgende *Saal der Monumentalbrunnen* zeigt diverse Figurengruppen, u. a. die des Pollio-Nymphäums, welches Odysseus bei der Vorbereitung der Blendung Polyphems darstellt. Der daran anschließende Raum ist Eros gewidmet: Er verzückt den Betrachter u. a. in Bronze auf einem Delphin reitend, ist aber auch zusammen mit Aphrodite oder Psyche zu sehen. Im *Garten* stehen ein paar Kapitelle und Sarkophage, dazwischen werden Andenken verkauft. Auch eine antike Sonnenuhr ist hier zu finden.

Vorbei am *Saal der Grabobjekte*, der sich der antiken Sterbekultur und Grabbeigaben widmet, erreicht man den schönsten und beeindruckendsten Saal des Museums, den *Artemissaal:* Neben einer Artemisstatue ohne Kopf werden stimmungsvoll zwei römische Marmorkopien des uralten Artemiskultbildes präsentiert. Die größere Kopie ist 3,20 m hoch, das Original muss aus Holz gewesen sein. Das Brustgehänge der Artemis wird als Fruchtbarkeitssymbol gedeutet, wobei sich die Experten nicht einig sind, ob es Stierhoden, Brüste oder Eier darstellen soll. Ein Modell des Artemisions verdeutlicht zudem, warum es einst zu den sieben Weltwundern gehörte.

Im nächsten Saal ist man umringt von römischen Kaisern. Imposant präsentiert sich die Büste der einstigen Kolossalstatue des Kaisers Domitian (Regierungszeit 81–96) aus dem Domitiantempel von Ephesus. Allein sein Unterarm daneben misst gut 1,5 m. Weitere Räumlichkeiten werden für wechselnde Ausstellungen genutzt.
Adresse/Öffnungszeiten: Schräg gegenüber der Touristeninformation. Zuletzt tägl. 8.30–18.30 Uhr (in manchen Jahren im Winter kürzer und Mo geschl.). Eintritt 2 €.

Johannesbasilika: Kaiser Justinian ließ die Kreuzkuppelbasilika auf dem Ayasoluk-Hügel im 6. Jh. über dem angeblichen Grab des Apostels Johannes errichten. Das Artemision diente dafür als Steinbruch. Sie gehörte mit 130 m Länge und 40 m Breite zu den größten byzantinischen Kirchen. Um 1330 wurde die Basilika in eine Moschee umgewandelt, später in eine Markthalle, schließlich fiel sie einem Erdbeben zum Opfer. Bei einer Teilrenovierung wurden einige Säulen und ein Abschnitt der südlichen Langhausarkade wieder aufgerichtet.

Man betritt die Basilika durch ein wehrhaftes Tor, das wegen eines Reliefs über dem Torbogen (es zeigt den Achilleskampf) auch *Tor der Verfolgung* genannt wird. Im ehemaligen Innern sind insbesondere das *Sanktuarium* und die *Taufkapelle* sehenswert. Im Sommer tägl. 8–19 Uhr, im Winter bis 17.30 Uhr. Eintritt 2 €. Mit „St. Jean" ausgeschildert.

İsa-Bey-Moschee: Unter Emir İsa Bey wurde die Moschee 1375 zu Füßen der Johannesbasilika errichtet. Auch für diesen Bau wurden Steine des Artemisions verwendet. Geschickt ergänzte der syrische Baumeister den Moscheentypus seiner Heimat um ein wunderbares *Stalaktitenportal* im Seldschukenstil und zwei osmanische Kuppeln, die innen mit türkisfarbenen und blauen Fayencen geschmückt sind. Bemerkenswert sind auch die kuppeltragenden *Granitsäulen* (aus den Hafenthermen von Ephesus) und der marmorne *Minbar*. Von den ursprünglich zwei Minaretten ist nur noch eines erhalten, auf welchem ein Storch thront.

Grabstelen vor der İsa-Bey-Moschee

Umgebung von Selçuk und Ephesus

Wohn- und Sterbehaus der Jungfrau Maria (Meryemana)

Über das Leben der Maria nach Jesu Geburt ist wenig bekannt, und so ist auch ihr Sterbeort unklar. War es der Berg Zion in Jerusalem oder der Berg Aladağ bei Ephesus? Für Letzteren spricht folgende Geschichte: Auf einer Vision beruhend, fertigte die deutsche Nonne Katharina Emmerich (1774–1824), die nie ihre Heimat verlassen hatte, Aufzeichnungen über die Lage und das Aussehen des Wohn- und Sterbehauses Marias an. Anhand dieser Aufzeichnung entdeckten 1891 Lazaristen-Mönche aus İzmir auf dem 9 km südlich von Selçuk gelegenen, 425 m hohen Aladağ ein ihren Beschreibungen entsprechendes Gebäude, das daraufhin zur

Pilgerstätte wurde. Es handelt sich um einen kuppelbedeckten Steinbau mitten im Wald. Durch ein Vestibül gelangt man in den Hauptraum, in dessen Apsis ein Altar mit schwarzem Marienbild steht. Der Raum seitlich soll das Schlafzimmer der Maria gewesen sein. Direkt unter dem Haus entspringt eine Quelle, die hangabwärts zu Tage tritt und in einem Becken aufgefangen wird. Hier entnehmen Gläubige das Wasser, dem besondere Kräfte innewohnen sollen. Zu Mariä Himmelfahrt kommen Pilger scharenweise.

Anfahrt Vom Ortszentrum von Selçuk die Straße nach Aydın nehmen, nach etwa 2 km rechts ab (mit „Meryemana" ausgeschildert), von dort noch ca. 7 km. Tolle Panoramastraße! Keine Dolmuşverbindungen, Taxi ca. 25 € hin/zurück.

Öffnungszeiten Tägl 8–19 Uhr. Eintrittsgebühr (!) für den „Meryemana-Kulturpark" 6,30 €/Pers., Parken 2,50 € extra.

Şirince

In dem ursprünglich griechischen Bergdorf lebten vor 100 Jahren noch rund 9000 Menschen. Damals wurde Şirince von den türkischen Nachbarn, wohl aus Neid, „Çirkince" (= hässlich) genannt. Als die griechischen Einwohner im Rahmen des Bevölkerungsaustausches den Ort 1923 verlassen mussten, tauften zugezogene Türken ihre neue Bleibe in den passenderen Namen „Şirince" (= niedlich) um. Heute zählt Şirince noch rund 570 feste Bewohner, die in den Sommermonaten von Touristen überrannt werden. Das Gros sind Tagesgäste, für die sich die urigen Gassen im Zentrum zu Basarmeilen verwandelt haben. Neben Gesticktem und Gehäkeltem wird v. a. lokaler Wein angeboten. Wer will, kann hier auch übernachten – recht reizvoll, sofern man tagsüber Ausflüge unternimmt.

Das kleine Örtchen mit seiner griechischen Architektur besitzt auch zwei Kirchen: die ansatzweise restaurierte **Johanneskirche** und die **St.-Demetrius-Kirche**, die bislang noch in einem beklagenswerten Zustand ist.

Anfahrt/Verbindungen Rund 9 km von Selçuk entfernt, ausgeschildert. Dolmuşe mind. stündl. ab dem Busbahnhof.

Einkaufen Wein! Fast jeder zweite Familienclan produziert seinen eigenen und die Qualität der Rot-, Weiß- und Roséweine (ab 5 €/Flasche) schwankt von „gerade noch trinkbar" bis „anständig". Auch sind diverse Fruchtweine im Angebot. Daneben werden Marmeladen, Olivenöl, Olivenölseifen, Tomatenmark u. Ä. angeboten.

Übernachten Ist in Şirince grundsätzlich nicht billig. Man nächtigt meist in gehobenstilvollem Ambiente.

Şirince Terrace Houses, eine Leserentdeckung. Das englisch-türkische Paar Charlotte und Ömer vermietet 3 aufwendig restaurierte und liebevoll dekorierte alte Natursteinhäuser für 2–6 Pers. Bestens ausgestattete Küchen, toller Blick ins Tal. Nur nach Vorreservierung. Für 2 Pers. je nach Haus 150–170 €, jede weitere Pers. 20 €. Şirince, ✆ 0532/2637942, www.ephesushousessirince.com.

Kırkınca Boutique Hotel, 5 Zimmer im eigenen Haus, 5 im nahe gelegenen Erdem Konağı, dazu im Ort 2 Häuser für bis zu 6 Pers. sowie 3 Holzhäuser mit Pool 800 m außerhalb von Şirince. Alle Zimmer und Häuser sind unterschiedlich und traditionell-stilvoll eingerichtet, manche sogar mit eigenem Hamam! Einen guten Überblick über die verschiedenen Zimmer/Häuser bietet die Webseite. DZ mit tollem Frühstück je nach Zimmer 62–123 €, Haus für 2 Pers. ab 82 €. Am Ortseingang ausgeschildert, ✆ 0232/8983133, 📠 0232/8983140, www.kirkinca.com.

Dionysos Pension, ebenfalls nahe der Kırkınca. 8 Zimmer und eine Suite auf 2 Häuser verteilt, teils etwas verwinkelt-beengend. Einfach, aber mit viel Charme, teils besitzen die Zimmer eigene Kamine. Tolle Terrasse. Freundlicher Service, jedoch ohne Fremdsprachenkenntnisse. Leser, die hier das üppigste Frühstück ihrer gesamten Reise genossen, meinen: „Mehr individuelles Wohnen ist kaum möglich." DZ 60 €. ✆ 0232/8983130, www.dionysospension.com.

Essen & Trinken Artemis Restaurant, in der alten restaurierten Schule am Ortseingang. Lauschiger Garten und wunderschöner Blick über Şirince. Viele Gruppen, deswegen ist das Essen aber auch immer frisch. Gute Auswahl an ländlicher Ägäisküche mit vielen Kräutern und Olivenöl, leckere Nachspeisen. Hg. 5–14 €. ✆ 0232/8983240.

Belevi-Mausoleum

Das Mausoleum, oder was davon übrig blieb, befindet sich nahe dem gleichnamigen Dorf rund 11 km nordöstlich von Selçuk. Es gehört zwar zu den bedeutendsten Grabmonumenten aus hellenistischer Zeit, zuviel erwarten sollte man aber dennoch nicht. Auf einem 12 m hohen Felsen, der einst marmorverkleidet war, erhob sich eine Stufenpyramide, die vermutlich von einer Quadriga gekrönt war. Über 30 m hoch soll der Bau gewesen sein. Archäologen der Österreichischen Akademie der Wissenschaften und des Österreichischen Archäologischen Instituts, die die Grabungsarbeiten leiten, nehmen an, dass es die letzte Ruhestätte des Seleukidenherrschers Antiochus II. war. Der aus dem Felssockel geborgene Sarkophag befindet sich heute im Museum von Selçuk, andere Funde gingen ins Museum für Geschichte und Kunst nach Izmir.

Anfahrt/Verbindungen Das Monument befindet sich 3 km östlich von Belevi direkt neben der Autobahn, im Ort und von der Schnellstraße Selçuk – İzmir ausgeschildert. Die Tire-Dolmuşe von Selçuk kommen 200 m entfernt daran vorbei, sagen Sie dem Fahrer Bescheid. Das Gelände ist umzäunt und nicht immer zugänglich. Zuweilen führt einen ein Wärter herum. Kein Eintritt.

Tire

Tire (ca. 51.500 Einwohner), rund 40 km nordöstlich von Selçuk, ist ein sympathisches Provinzstädtchen zwischen Heute und Gestern. Während sich der moderne Teil der Stadt im Tal des Küçük Menderes (Kleiner Mäander) ausbreitet, steigen die Gassen des alten Zentrums an den Hängen der Aydın-Berge steil an.

Şirince, eine Adresse für stilvolles Wohnen

Ein Bummel hindurch macht Freude: Die Türen der bunt gestrichenen Häuser stehen oft offen, man sieht die Oma auf dem Kanapee schlafen und den Opa nebenan im Teehaus Wasserpfeife rauchen. So etwas wie Hektik kennt man nur zum Markt am Dienstag. Mittelpunkt ist dann das Basarviertel mit seinen über 100 Läden und Kleinhandwerksbetrieben sowie den beiden **Karawansereien Kapan** und **Kutu** aus dem 15. Jh. Als kunsthistorisch wichtigster Bau gilt die 1442 errichtete **Yahşi Bey Camii.** Ihr Minarett, in das blaue Kacheln eingearbeitet wurden, kam später hinzu und ist einzigartig in der Region. Es gibt auch ein kleines **Museum** (von Selçuk/Landstraße kommend an der Straße ins Zentrum linker Hand, tägl. 8.30–19 Uhr, Eintritt frei) mit einer ethnografischen und einer archäologischen Abteilung, in der Funde aus der Umgebung gezeigt werden. Die schönsten Objekte sind fünf Grabreliefs aus römischer Zeit, darunter ein Hekate-Relief.

Vier steile Kilometer weiter liegt das **Bergdorf Kaplan** (ausgeschildert). Dort serviert das nett-rustikale **Kaplan Dağ Restaurant** zu grandiosen Ausblicken lokale Spezialitäten und geniale Meze (✆ 0232/5126652, Mo geschl.). Die Küche Tires hat einen legendären Ruf. Bis aus İzmir kommen die Gäste für den Ziegenkäse mit Maulbeeren, das Wassermelonen-Scherbett oder den *Tire Kebap* – am Spieß gegrillte Hackfleischröllchen werden nochmals in Butter gebraten und anschließend mit Tomatensoße serviert.

Anfahrt/Verbindungen: Von Selçuk ist der Weg von der Straße nach İzmir ausgeschildert. Die Straße nach Aydın ist ein elendes Bergsträßlein. Regelmäßige **Dolmuş**verbindungen ab Selçuk.

Birgi

Rund 45 km nordöstlich von Tire liegt der sehenswerte 2600-Seelen-Ort Birgi. Die Ansammlung so vieler osmanischer Natursteinhäuser hat Seltenheitswert. Sie ziehen sich links und rechts eines meist ausgetrockneten Bachbetts den Hang hinauf. Viele Bauten haben hübsche Erker, viele verfallen aber auch. Das größte Gebäude vor Ort, der **Çakırağa Konağı,** wurde restauriert, die holzgetäfelten Wohnräume mit Wandmalereien im Stil des türkischen Rokoko können besichtigt werden (ausgeschildert, tägl. außer Mo 8.30–12 und 13–18 Uhr, Eintritt 1,20 €). Nebenan lädt das schöne Café Konak auf eine Pause ein. Besuchenswert ist auch die **Ulu Cami,** von deren Backsteinminarett der Muezzin seit 1312 zum Gebet ruft. Die frühseldschukische Moschee gehört zu den ältesten der Ägäis. Prunkstück des Gebetsraumes ist der meisterlich geschnitzte Minbar.

Anfahrt/Verbindungen Birgi liegt 9 km östlich des Provinzstädtchens Ödemiş. **Bus** von Selçuk nach Ödemiş, ab Ödemiş Minibusverbindung.

Übernachten Çınaraltı Pansiyon, eine sehr freundliche, familiäre Adresse. Von Lesern gelobt. 8 Zimmer, nett dekoriert, mit Holzböden und Bad, eines mit Balkon. Sehr sauber, hübsches Gärtchen. Auf Wunsch wird am Abend lecker gekocht. Nicht fremdsprachig. DZ 29 €. Nahe der Ulu Cami, gut ausgeschildert, ✆ 0232/5315358, aytacpoyaraz@hotmail.com.

Wer noch weiter zurück in die Geschichte reisen will, fährt von Birgi über die **Boz Dağlar** zur Ausgrabungsstätte **Sardes** (→ S. 150). Die Straße über den Gebirgszug ist gut ausgebaut und bietet herrliche Ausblicke.

Nordägäis → Karte S. 90

Im Tal des Großen Mäander

Vor über 2000 Jahren blühten rund um das Tal des Büyük Menderes, wie der Fluss im Türkischen heißt, Wissenschaft und Kultur. Nicht umsonst wird es auch „Tal der Zivilisationen" genannt. An der Mündung des Büyük Menderes lagen in der Antike so bedeutende Städte wie Milet oder Priene (ab S. 220), flussaufwärts unzählige mehr, wie z. B. Tralleis, Nysa und als herausragendstes Beispiel Aphrodisias. Das Gros der Reisenden, das sich heute von der Küste durch das Tal des Großen Mäander aufmacht, hat aber nicht eine der großen antiken Stätten zum Ziel, es steuert geradewegs Pamukkale an, das Wunder der weißen Sinterterrassen ca. 200 km westlich von Aydın. Unterwegs passiert man weite Plantagen, auf denen die besten Feigen des Landes herangezogen werden. Im Oktober sieht man überquellende Laster, die Baumwolle zu den weiter verarbeitenden Betrieben bringen. Zudem werden in der fruchtbaren Talebene Granatäpfel, Zitrusfrüchte, Pfirsiche, Tabak, Oliven, Äpfel und Melonen angebaut.

Aydın   ca. 201.000 Einwohner

Die Provinzhauptstadt am nördlichen Rand der Mäanderebene präsentiert sich lebhaft, modern und sauber. Alten Charme besitzt sie jedoch nicht. Dafür haben mehrere schwere Erdbeben gesorgt, zudem brannten die griechischen Besatzer die Stadt 1919 komplett nieder. Die antiken Stätten der Umgebung sind es, die Fremde hier zuweilen Station machen lassen. Funde aus dem nahen Tralleis, aber auch aus Milet, Nysa, Magnesia, Alinda und Alabanda zeigt das kleine, modern konzipierte **Museum**, darunter Stelen, Büsten, Schmuck, Glasware, Statuen und Statuetten.

Orientierung: Die Nationalstraße 320, zugleich die Fernstraße nach Denizli, passiert die südlichen Stadtviertel Aydıns. Von ihr ist die Abzweigung ins Zentrum bei einem großen Kreisverkehr mit „Şehir Merkezi" ausgeschildert. Über den Adnan Menderes Bul., die Hauptgeschäftsstraße mit mehreren Hotels, gelangen Sie zum Atatürk Meydanı. Der sterile, weite Platz, der auch 9 Eylül Meydanı genannt wird, ist das Herz der Stadt. Unter dem Platz befindet sich ein Parkhaus. Etwas weiter nördlich liegt, links des Hükümet Bul., eine Fußgängerzone mit Restaurants.

Die Ruinen des antiken **Tralleis** selbst liegen inmitten von Olivenhainen auf einer Anhöhe im Norden Aydıns verstreut. Noch vor nicht allzu langer Zeit beschränkten sie sich auf nicht viel mehr als die drei gewaltigen Bögen des einst 25.000 m² großen *Bad-Gymnasions*. Dank eines engagierten Teams der hiesigen Adnan-Menderes-Universität, die seit 1996 die Grabungsarbeiten leitet, lässt Tralleis heute tiefer blicken. Man stieß u. a. auf ein zweistöckiges unterirdisches *Arsenal*, entdeckte das *Theater*, legte *Latrinen* und *Wohnhäuser* frei. Wie viel jedoch vom antiken Tralleis, das im 5. Jh. v. Chr. erstmals erwähnt wurde und eine recht große und wohlhabende Stadt gewesen sein soll, überhaupt noch ausgegraben werden kann, ist fraglich, da die Bauern der Gegend die antike Bausubstanz lange Zeit zur Kalkherstellung nutzten. Vor Ort sind alle Sehenswürdigkeiten ausgeschildert, leider sind viele nicht zugänglich.

Adnan Menderes – Verbrecher oder Held?

Adnan-Menderes-Boulevard, Adnan-Menderes-Universität, Adnan-Menderes-Stadion, Adnan-Menderes-Grundschule … Was Goethe für Weimar oder Kafka für Prag, ist Adnan Menderes für Aydın. Hier wurde er geboren, der Mitbegründer der Demokratischen Partei (DP) und spätere Ministerpräsident (1950–60). Die ersten Jahre seiner Amtszeit trug ihn eine Welle der Zustimmung. Doch die kippte, als Menderes immer autokratischer regierte. Hinzu kamen wirtschaftliche und soziale Probleme im Land. Menderes versuchte, die sich verstärkende Opposition durch Unterdrückung der Meinungsfreiheit auszuschalten: Während seiner Regierungszeit wurden über 1000 Journalisten strafrechtlich verfolgt, an die 300 zu Gefängnisstrafen verurteilt. Durch einen Militärputsch wurde Adnan Menderes 1960 gestürzt und wegen Verfassungsbruch zum Tode verurteilt. Er starb am 17. September 1961 durch den Strang.

In Aydın huldigt man ihm weiterhin. Warum, das weiß keiner so genau. Vielleicht ist man einfach nur stolz darauf, neben dem gleichnamigen Fluss vor der Haustür einen zweiten Büyük (= Großer) Menderes sein Eigen zu nennen …

Information/Verbindungen/Sonstiges

Telefonvorwahl 0256.

Information Beim großen Kreisverkehr (mit McDonald's-Werbung) an der D 320. Mo–Fr 8.30–12 u. 13.30–17 Uhr. Yeni Dörtyol Mevkii, ✆ 2112842.

Verbindungen Bus: Busbahnhof nahe der Touristeninformation an der D 320 südlich des Zentrums. Gute Verbindungen in alle größeren Städte des Landes.

Zug: 5-mal tägl. über Selçuk nach İzmir sowie nach Nazilli, 3-mal nach Denizli. Bahnhof im Stadtzentrum westlich des Atatürk Meydanı. ✆ 2251824.

Dolmuş: Dolmuşe nach Çine, Sultanhisar (Nysa) und (selten) nach Karpuzlu (Alinda) vom Busbahnhof. In die Busse und Dolmuşe nach Nazilli und Sultanhisar kann man auch nahe der Touristeninformation zusteigen.

Anfahrt/Öffnungszeiten Museum, Kızılay Cad., vom Atatürk Meydanı mit „Müze" ausgeschildert. Tägl. (außer Mo) 8–12 u. 13.30–17 Uhr. Eintritt frei.

Tralleis, ca. 3 km abseits des Zentrums (ausgeschildert), keine Dolmuşanbindung. Tägl. 8–17 Uhr frei zugänglich, Eintritt frei. Fotografieren wegen des benachbarten Militärgeländes verboten.

Einkaufen Di ist Markt.

Übernachten/Essen & Trinken

Aydın besitzt nur wenige Hotels, und die sind größtenteils nicht zu empfehlen. Die im Folgenden beschriebenen Hotels haben lediglich den Nachteil „zur Straße hin laut".

**** Anemon Hotel, ca. 3 km südlich von Aydın an der Straße nach Muğla. Bestes Haus der Stadt. Lichte Lobby mit viel Marmor. 80 gepflegte Zimmer, leicht in die Jahre gekommen, aber noch immer okay. Unbedingt eines nach hinten mit Blick auf Pool und/oder Palmengärtchen wählen! Tennisplatz, Fitnessraum. EZ ab 51 €, DZ ab 66 €, Frühstück extra. Aydın – Muğla Karayolu, ✆ 2260033, 🖷 2260039, www.anemonhotels.com.

** Otel Özlü, südlich des Zentrums nahe der Touristeninformation. 30 Zimmer (altbackene Möbel treffen auf trendige Accessoires) mit Klimaanlage und z. T. mit neuen Bädern. EZ 35 €, DZ 53 €. Adnan Menderes Bul. 77, ✆ 2253371, 🖷 2132988, www.hotelozlu.com.

Mäandertal

10 km

Otel Ünlü, sehr zentrumsnah. Etwas verwohnt-abgewetzte Teppichbodenzimmer, teils aber recht geräumig und insgesamt okay und sauber. Einige Zimmer besitzen Balkon, Stuck an der Decke und sogar einen offenen Kamin. EZ 25 €, DZ 40 €. Adnan Menderes Bul. 13, ✆/✉ 2126833, www.otel unlu.com.tr.

Essen & Trinken Beyli Kebap, am Adnan Menderes Bul. beim Kreisverkehr gegenüber der Touristeninformation. Gepflegtes Lokal mit Terrasse (leider laut). Gute Suppen und etliche Sorten Pide, diverse Kebabs und in Tonpfannen zubereitete Fleischköstlichkeiten. Günstig, korrekter Service. ✆ 2139595.

Umgebung von Aydın

Alinda: Die Reste der karischen Stadt präsentieren sich in eindrucksvoller Hanglage oberhalb des gemütlichen 2200-Einwohner-Landstädtchens Karpuzlu. Ausgräber waren hier noch nicht zugange, und auch der Massentourismus zieht an der Idylle vorbei. Bekannt wurde die Stadt einzig im Zusammenhang mit Ada, einer Schwester und Nachfolgerin des Mausolos (→ Bodrum/Geschichte). Von ihrem jüngeren Bruder Pixodaros entmachtet, hatte sie hier Zuflucht gefunden. Als Alexander der Große 334 v. Chr. gegen die Perser und deren Statthalter Pixodaros aufmarschierte, offerierte die Dame dem Makedonier die Adoptivmutterschaft. Dieser nahm an, siegte glorreich über die Perser und übertrug seiner zur Königin gekrönten „Mutter" die Verwaltung des eroberten Karien. Hauptattraktion Alindas sind die bis auf eine Höhe von 15 m erhaltene, einst dreigeschossige *Agora* (sehr imposant!) und das *Theater*. Weiter entdeckt man Fragmente eines *Äquadukts* und Reste der *Stadtmauer* – insgesamt eine Ruinenlandschaft von seltenem Reiz. Teils wurden die antiken Steine auch in die darunter liegenden Wohnhäuser integriert.

Anfahrt/Verbindungen Die Dolmuşe von Aydın nach Karpuzlu verkehren sehr unregelmäßig. Zügiger geht es nach Çine, von dort regelmäßige Minibusverbindungen nach Karpuzlu. Mit dem Auto fährt man Richtung Muğla und biegt nach ca. 30 km rechts ab (ausgeschildert), nach weiteren 26 km ist man am Ziel. Vom Marktplatz der Alinda Cad. folgen.

Öffnungszeiten Frei zugänglich. Eintritt frei.

Tipps zur Weiterfahrt Von Alinda aus bietet sich ein Abstecher zum antiken Alabanda an (u. a. ein mächtiges Theater mit einem Durchmesser von 85 m), dafür fährt man erst ein Stückchen Richtung Milas und zweigt bei der Jandarma am Ortsende von Karpuzlu links auf das schmale Sträßchen gen Osten ab (ausgeschildert, noch 9 km). Will man hingegen ins rund 18 km entfernte Labranda (→ S. 238), folgt man der Straße nach Milas. Erkundigen Sie sich jedoch zuvor, ob die Straße repariert wurde. Zuletzt befand sie sich in einem katastrophalen Zustand.

Nysa (antike Stadt)

Oberhalb des Städtchens Sultanhisar, hoch über dem Mäandertal, stehen inmitten von Olivenhainen malerisch die vergessenen Ruinen des antiken Nysa. Strabo (64 v.–23 n. Chr.), dessen mehrbändige *Geographika* ein großartiges Zeugnis des Kenntnisstandes der Antike ist, verbrachte hier seine Studienjahre. Die meisten Überreste stammen aus römischer Zeit, als Nysa (gegründet im 3. Jh. v. Chr.) zum wohlhabenden Wissenschaftszentrum avancierte.

Den wenigen Besuchern imponieren v. a. das **Theater**, das 12.000 Zuschauern Platz bot, die Überreste des **Stadions**, in das 30.000 Leute passten, und ein gut erhaltenes **Bouleuterion**. Beeindruckend ist zudem ein ca. 110 m langer **Tunnel** (östlich des Theaters), er stammt aus dem 2. Jh. v. Chr. und diente als Wasserleitung. Von der einst dreistöckigen **Bibliothek** stehen in Ansätzen noch zwei Stockwerke. Ausgrabungen finden unter Leitung der Universität Ankara statt.

14 km östlich von Sultanhisar liegt **Nazilli** (111.000 Einwohner), keine Stadt, die man gesehen haben muss. Immerhin bietet sie Übernachtungsmöglichkeiten und gute Busverbindungen.

Anfahrt/Verbindungen   Regelmäßige **Dolmuşe** nach Sultanhisar von Aydın und Nazilli. Von Sultanhisar bis zur Ausgrabungsstätte sind es allerdings noch ca. 3 km den Berg hoch. Nysa ist von der Verbindungsstraße Denizli – Aydın ausgeschildert.

Öffnungszeiten   Im Sommer tägl. 8.30–18 Uhr, im Winter 8–17 Uhr. Eintritt 1,20 €. Die Sehenswürdigkeiten sind bestens ausgeschildert. Für die weit verstreuten Ruinen sollte man sich mehrere Stunden Zeit nehmen.

Übernachten   ****** Hotel Nysa**, die einzige Übernachtungsmöglichkeit in Sultanhisar. Große Anlage hoch über dem Ort mit Blick über die gesamte Ebene. 56 komfortable, angenehme und geräumige Zimmer mit Balkonen, die auf bunte Häuser verteilt sind. Leichte Gebrauchsspuren. Tempelähnliches Restaurant mit Platz für 600 (!) Pers., Wahnsinnsterrasse mit Barbetrieb; Pool, Hamam, Disco (!) und Tennisplätze. DZ 65 €. Auf dem Weg zur Ausgrabungsstätte ausgeschildert, ☎ 0256/3512222, ✆ 3513344, www.nysahotel.com.

** Hotel Metya, in Nazilli. Anständiges, aber mittlerweile etwas verwohntes Stadthotel. Zimmer mit Teppichböden, Balkon und Klimaanlage. Sehr gutes Frühstück! DZ offiziell 45 €, ohne großes Handeln bekommt man es auch für 35 €. Direkt am Busbahnhof (von der Durchgangsstraße mit „Otogar" ausgeschildert), ☎ 0256/3128888, ✆ 3128891.

Aphrodisias (antike Stadt)

„Stellen Sie sich vor, Sie kommen in eine Stadt, die so reich an archäologischen Schätzen ist, dass Ihnen Skulpturen vor die Füße rollen, Marmorköpfe aus Wänden fallen oder dicht an dicht in Bewässerungsgräben liegen!"

So enthusiastisch äußerte sich der 1990 verstorbene türkische Archäologe Kenan T. Erim, der die Erforschung von Aphrodisias zu seinem Lebenswerk gemacht hatte, im Magazin *National Geographic*. Und ein andermal soll er auf die Frage, warum er nie geheiratet habe, geantwortet haben: „Heiraten? Ich? Ich bin doch verheiratet. Wie soll ich eine bessere Frau finden als Aphrodite?"

Aphrodisias war eine der Hauptstätten des Aphroditekults. Die Göttin der Liebe, der Schönheit und der Verführung drückte der Stadt ihren Stempel auf. Der Kult und die ihn begleitenden, z. T. ausschweifenden Festlichkeiten bescherten Aphrodisias Besucher aus der gesamten antiken Welt. Schließlich wurde die Göttin vom Christengott vertrieben, und die Stadt verfiel. Das heutige Ausgrabungsgelände weist zwar im Vergleich mit Ephesus die weniger spektakulären Ruinen auf, dafür kann man sie ohne Gedränge genießen. Zudem ist die Lage von Aphrodisias inmitten einer Hochebene reizvoller. Im Frühling, wenn zwischen den antiken Monumenten Blumen blühen und die umliegenden Berggipfel noch schneebedeckt sind, ist ein Besuch am schönsten.

Geschichte

Der nahe Fluss Mäander und sein fruchtbares Tal zogen schon in grauer Vorzeit Menschen an. Erste Spuren einer dauerhaften Ansiedlung auf dem Boden von Aphrodisias stammen aus dem 7. Jh. v. Chr. Der Ort war damals ein assyrisches Städtchen namens *Ninoe*. Im 2. Jh. v. Chr. wurde Ninoe durch einen Verwaltungsakt des Römischen Reichs in Aphrodisias umbenannt. Angeblich erhielt der römische Diktator Sulla vom Orakel in Delphi den Rat, der griechischen Göttin der Liebe zu huldigen, die die Römer als Venus verehrten. Von nun an ging es mit Aphrodisias bergauf, zwischen dem 1. Jh. v. Chr. und dem 3. Jh. n. Chr. erlebte die Stadt ihre Blütezeit. Aphrodisias erhielt viele Privilegien, war unabhängig und so heilig, dass es bis ins 4. Jh. n. Chr. keine Stadtmauer benötigte. Doch nicht nur der Aphroditekult machte die Stadt in der späten Antike berühmt. Auch das literarische und wissenschaftliche Leben brachte bedeutende Ergebnisse hervor, zudem verbreitete sich der Ruhm der lokalen Bildhauerschule im ganzen Imperium. Das Rohmaterial, Marmor feinster Güte aus einem nahe gelegenen Steinbruch, wurde in der Stadt meisterhaft bearbeitet und überallhin verschickt. Skulpturen aus Aphrodisias wurden im griechischen Olympia wie im afrikanischen Leptis Magna aufgestellt, auch viele Plätze Roms waren mit ihnen geschmückt. Die aphrodisischen Künstler warben erfolgreich mit dem guten Ruf der Stadt, indem sie ihrem jeweiligen Vornamen den Künstlernamen „Aphrodisieus" anfügten.

Die Spaltung des Römischen Reiches leitete den Niedergang von Aphrodisias ein. Unter der Herrschaft von Byzanz wurde die Stadt Bischofssitz. Im 7. Jh. versuchten die Christen, die heidnische Vergangenheit zu übertünchen und tauften die Stadt in *Stauropolis* („Stadt des Kreuzes") um. Später hieß sie *Karia,* dann *Geyre.* Mit den Eroberungsfeldzügen der Seldschuken im 11. und 13. Jh. sank das bereits vorher von Erdbeben in Mitleidenschaft gezogene Städtchen zur Bedeutungslosigkeit herab.

Telefonvorwahl 0256.

Anfahrt/Verbindungen   Organisierte **Touren** nach Aphrodisias sind oft gekoppelt mit der Besichtigung von Pamukkale. Außerdem bieten Reisebüros von Pamukkale Tagesausflüge nach Aphrodisias an.

Mit dem **eigenen Pkw** zweigt man (von Aydın kommend) ca. 16 km hinter Nazilli nach Karacasu ab. Ab hier ausgeschildert (noch ca. 38 km).

Gute **Bus**verbindungen u. a. von Selçuk (2 Std.), Pamukkale (1½ Std.), İzmir (2½ Std.), Antalya (6 Std.), Bodrum (4 Std.) und Kuşadası (2½ Std.) nach Nazilli, von dort weiter per **Dolmuş** nach Karacasu. Nur selten Direktbusse von Aydın über Nazilli nach Karacasu.

Von Karacasu im Sommer stündl. Dolmuşe nach Aphrodisias, im Winter weniger.

Öffnungszeiten   Ausgrabungsgelände und Museum im Sommer tägl. 8.30–19 Uhr, im Winter 8–17.30 Uhr. Eintritt 3,20 €.

Übernachten/Essen & Trinken   Besser in Pamukkale oder bei Nysa (s. o.) übernachten. Eine Adresse für Gestrandete:

Aphrodisias Hotel, das noch beste Haus vor Ort, was aber rein gar nichts zu bedeuten hat. 25 spartanische, in die Jahre gekommene Zimmer, gruselige Atmosphäre. Restaurant, im Sommer im Garten, im Winter unterm Dach. Campingmöglichkeiten. DZ 50 € mit HP. Bei Geyre an der Hauptstraße, ✆ 4488132, ✆ 4488422.

Zu den Ausgrabungen: Die Ruinen liegen innerhalb und in der nächsten Umgebung des alten Dorfes Geyre, dessen Bewohner in den 1960ern umgesiedelt wurden, weil sie den Ausgrabungen im Wege waren. Erste Ausgrabungen, besser: Plünderungen, unternahm 1904 der französische Eisenbahningenieur und Hobbyarchäologe Paul Gaudin. Die dabei geborgenen Funde sind teils im Museum von İstanbul ausgestellt, teils auf verschlungenen Wegen in die Museen von Boston, Brüssel, Berlin und in andere Winkel der Welt gelangt. 1937 wurden Ausgrabungen unter italienischer Leitung durchgeführt. Stücke des prächtigsten Fundes – der mit geradezu lebensechten Gesichtern verzierte Fries des Tiberius-Portikus – befinden sich sowohl im Museumsgarten von Aphrodisias als auch im Hof des Archäologischen Museums von İzmir. Ab 1961 wurde Aphrodisias systematisch von einem türkisch-amerikanischen Team unter Kenan T. Erim erforscht, das jedes Jahr ein paar Säulen aufrichtete und herabgestürzte Kapitelle wieder in ihre alte Position hievte. Das Grab des berühmten Archäologen liegt gleich beim wiedererrichteten Tetrapylon. Die Grabungen werden heute von der New York University mit einem internationalen Team fortgesetzt.

Rundgang

Vom Eingang führt der Weg, vorbei an Sarkophagen, automatisch zum Museum, das für gewöhnlich als Letztes besichtigt wird. Rund um den Platz vor dem Museum, in dessen Mitte eine Löwenstatue steht, sind weitere Sarkophage verteilt, zudem sind Tempelfriese zu sehen. Der übliche Rundgang folgt entgegen dem Uhrzeigersinn, dafür hält man sich hinter dem Museum rechts. Die Besucher sind gehalten, sich nur auf den angelegten Pfaden zu bewegen.

Tetrapylon: Es handelt sich vermutlich um einen Teil eines großen, von vier Seiten zugänglichen Zeremonientores aus dem 2. Jh. Insgesamt bestand das Tor aus vier Viererreihen von Säulen, die – soweit möglich – samt Gebälk wieder aufgerichtet wurden. Besondere Aufmerksamkeit verdient die kunstvolle Spiralkannelierung der Säulen, eine Meisterarbeit der örtlichen Steinmetze. Vielleicht war das Tor der Eingang zum heiligen Hain rund um den Aphroditetempel, dessen Säulen links im Hintergrund zu sehen sind.

Stadion: Es gilt als das besterhaltene antike Stadion im Mittelmeerraum und ist zugleich das eindrucksvollste Monument von Aphrodisias. Mit einem Fassungsvermögen von 30.000 Menschen kann es mit Bundesligastadien konkurrieren. Die 262 m lange und 59 m breite Anlage schließt an den Enden halbkreisförmig, sodass alle Zuschauer einen guten Blick hatten. Hier liegen auch die völlig intakten Eingangstunnel, durch die die Sportler ins Stadion einliefen. In der Mitte der nördlichen Seite pflegte der Kaiser in seiner Loge Platz zu nehmen. Die Löcher in den Sitzreihen dienten als Halterungen für Sonnendächer. Ursprünglich überragte eine umlaufende Säulenreihe den oberen Teil des Stadions. In der Arena fanden hauptsächlich athletische Spiele, Gladiatorenkämpfe sowie Ring- und Boxkämpfe statt.

Tempel der Aphrodite: Vom berühmten Aphroditetempel (mit „Tapınak" ausgeschildert) stehen noch 14 Säulen und eine Stirnwand der Cellamauer. Ursprünglich war die Cella von je 13 Säulen an den Längs- und je acht ano den Schmalseiten umgeben. In byzantinischer Zeit riss man jedoch das Bauwerk nieder, baute an seiner Stelle eine christliche Kirche und ließ nur die umliegende Säulenhalle stehen. Grabungen brachten zudem Funde ans Tageslicht, die auf ein erstes Heiligtum aus archaischer Zeit schließen lassen. Nördlich des Tempels liegen die Trümmer der antiken Bildhauerschule.

Bischofspalast und Odeion: Südwestlich des Aphroditetempels finden sich die Reste eines als Bischofspalast bezeichneten, stattlichen Wohnhauses mit bemerkenswerten Säulen aus bläulichem Marmor. Über das Südostende des Bischofspalastes wurde im 2. Jh. n. Chr. das gut erhaltene Odeion gebaut. Überdauert haben von dem ursprünglich überdachten Gebäude die untersten neun *Sitzreihen* (die oberen waren aus Holz) mit Löwenfüßen als Symbol der Macht, die *Orchestra* und die schmale *Bühne*. Die Marmorverkleidung, der Mosaikboden und die vielen Skulpturen des Odeions wurden ins Museum gebracht.

Nord-Agora: Südlich des Odeions und des Bischofspalastes erstreckte sich die Doppelagora der Stadt, zwei mit Säulenarkaden umgebene Plätze, die das Verwaltungs- und Handelszentrum von Aphrodisias bildeten. Die 202 x 72 m große nördliche Agora ist bisher nur ansatzweise ausgegraben, zuletzt stießen die Archäologen hier auf einen Brunnen und das Fundament eines möglichen Altars. Münzfunde belegen zudem, dass hier bis ins 7. Jh. gehandelt wurde.

Hadriansbäder: Die Thermen sind eine typische römische Badeanlage mit großem Kaltwasserbad, Warm- und Heißwasserräumen sowie Sauna. Bemerkenswert die beiden Marmorbecken des *Caldariums* (Heißwasserbad).

Süd-Agora: Der Platz misst 212 x 69 m. Nach dem ihn umgebenden Säulengang, dem *Portikus des Tiberius,* trägt er auch den Namen Tiberiusagora. An seiner Westseite wurde das bekannte *Preisedikt Diokletians* gefunden. Mit überall im Reich öffentlich angeschlagenen Festpreisen versuchte der Kaiser, letztlich erfolglos, die schon damals galoppierende Inflation in den Griff zu bekommen. Das *Agorator* wurde nach einem Erdbeben im 4. Jh. in ein *Nymphäum* umgebaut, das dann zum Ärger der Bürger immer wieder die Agora flutete.

Theater: Der Hügel, an den sich das Theater schmiegt, ist ein *Höyük*, eine riesige Schutthalde aus Trümmern uralter, bis 5800 v. Chr. zurückreichender Siedlungen. Vom Theater (1. Jh. v. Chr.) sind die *Sitzreihen* fast vollständig erhalten, das *Büh-*

Das Tetrapylon von Aphrodisias

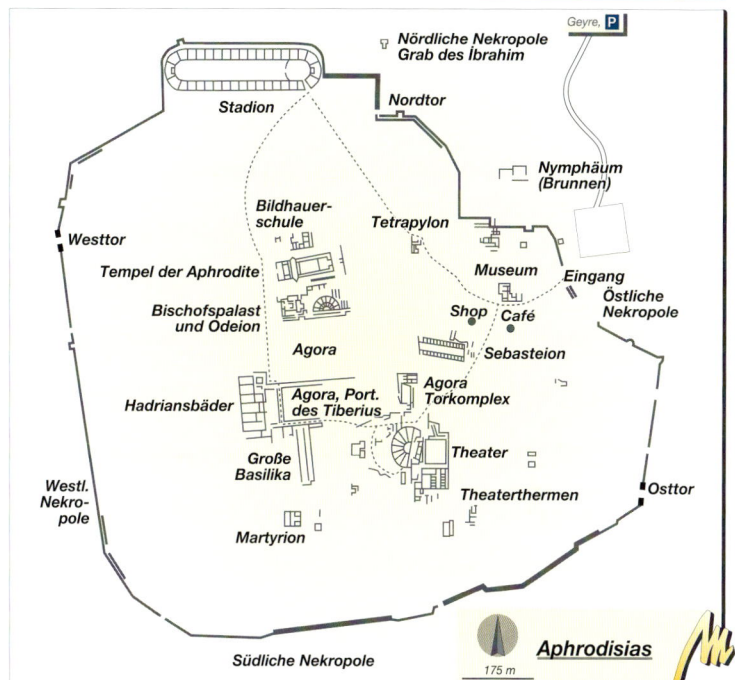

nenhaus ist in einem weniger gutem Zustand. Von seiner Anlage her hellenistisch, wurde das Theater in römischer Zeit mehrmals umgebaut. Der *Zuschauerraum* mit Marmorsitzen wurde größtenteils in den Hang gegraben. Die halbrunde *Orchestra* wurde unter Mark Aurel vertieft und die unteren Sitzreihen abgerissen, um auch Gladiatoren- und Tierkämpfe aufführen zu können, ohne die Zuschauer zu gefährden. Durch einen Wassergraben konnte die Orchestra nach solchen Kämpfen zur Reinigung geflutet werden. Vor der Bühne errichtete man ein tunnelartiges Gewölbe, in dem Jäger und Gejagte auf ihren Auftritt warteten. Vom Bühnenhaus wurde nur der untere Teil und eine Halbsäulenreihe wieder aufgerichtet.

Tetrastoon und Theaterthermen: Nachdem sich die Aphrodisianer seit dem Beben im 4. Jh. auf ihrer Agora beständig nasse Füße geholt hatten, legten sie vor dem Theater einen neuen Marktplatz an, der auf allen vier Seiten mit einem Säulengang (Tetrastoon) umgeben war und im Süden mit einer älteren, basilikaähnlichen Halle verbunden wurde. An deren Westseite grenzen die bis in byzantinische Zeit benutzten Theaterthermen, deren Mittelpunkt ein bis heute erhaltener, fast 10 m hoher Rundbau war – ein *Caldarium,* der Schwitzraum des Bades.

Sebasteion: Es stand am Ostende der nördlichen Agora, heute liegt es versteckt hinter dem Grabungsgebäude auf dem Weg zum Museum. Der Komplex diente der Huldigung der vergöttlichten Kaiser der julianisch-claudischen Dynastie von Augustus (griech. Sebastos) bis Nero. Die Architektur des Sebasteions wurde von 80 m langen, dreistöckigen Portiken an den beiden Längsseiten bestimmt, dazwischen befand sich eine Prozessionsstraße, die zum Tempel (nur noch spärliche Reste erhalten) führte.

Zum Zeitpunkt der letzten Recherche wurden die Portiken rekonstruiert. Im Mittel-
und Obergeschoss des Südportikus' befanden sich einst Reliefs zwischen den Säulen –
bei der Rekonstruktion werden dafür Kopien verwendet. Die sensationellen Originale
werden später im Museum zu sehen sein. Im Mittelgeschoss sind auf den Reliefs vorrangig mythologische Motive dargestellt, im Obergeschoss auch die Kaiser. Vom Nord-
portikus blieben nur wenige Reliefs erhalten, vom Mittelgeschoss u. a. solche von un-
terworfenen Völkern, die im Obergeschoss zeigen kosmische Wesen. Im 4. Jh., als das
Christentum die Oberhand gewann, wurde aus der offenen Kulthalle ein Marktplatz.

Museum: Ein Besuch macht deutlich, dass der Ruhm von Aphrodisias nicht zuletzt
auf seiner Bildhauerschule gründete. Das Museum besteht aus zwei Trakten, dem
alten bzw. vorderen Trakt und dem neuen hinteren, der *Sebasteion Hall*. Im vorderen Trakt dominieren Büsten und Statuen diverser Kaiser, Prinzen, Philosophen,
Musen und Götter, dazu die von reichen Persönlichkeiten und von Gouverneuren.
In einem Gang steht ein Relief aus dem 1. Jh. v. Chr., das Zoilos ehrt, der vom Gefangenen zum Wohltäter der Stadt aufstieg und u. a. das Bühnenhaus des Theaters
stiftete. Die Sebasteion Hall zeigt die grandiosen Originalreliefs des Sebasteion.
Rund 80 Reliefs wurden insgesamt gefunden und aufwendig restauriert. Das einzige
Objekt, das hier nicht aus dem Sebasteion stammt, ist die Marmorskulptur eines
galoppierenden Pferdes – ein einzigartiger antiker Fund.

Pamukkale/Hierapolis

**Eines vorweg: Wer sich nach Pamukkale aufmacht und in den Sinterterras-
sen Badende erwartet, wird enttäuscht sein. Baden ist längstens verboten,
und über den Publikumsmagneten wandert man heute im Gänsemarsch
auf einem vorgegeben Pfad. Zur Entschädigung gibt es die oberhalb der
Terrassen gelegene antike Stätte Hierapolis zu besichtigen.**

Die Entstehung der außergewöhnlichen weißen Kalksinterterrassen ist einer einfachen
chemischen Reaktion zu verdanken: Eine warme Quelle (53 °C) enthält große Mengen
an gelöstem Kalziumbikarbonat, das sich beim Abkühlen an der Oberfläche in Wasser,
Kohlendioxyd und Kalziumkarbonat (Kalk) umwandelt. Das Kohlendioxid entweicht,
der Sinterkalk lagert sich ab und verstopft die Abflusskanäle des Wassers, das überquillt
und sich fächerartig über die Abhänge ausbreitet und so die weißen Sinterterrassen
formt: riesige, übereinander gestaffelte Bassins wie überdimensionale Badewannen.
Von unten ähnelt der über 100 m hohe Abhang einem großen vereisten Wasserfall.

Direkt unterhalb der Sinterterrassen liegt **Pamukkale Köy**, eine Siedlung aus Pensionen, Hotels, Restaurants und Bars. Hier übernachten in erster Linie Individualreisende. In **Karahayıt**, rund 6 km nördlich der Terrassen, wohnen Busgruppen in
großen Hotelanlagen und konservative Kurgäste mit Rauschebart und Kopftuch in
Einfachstpensionen. Die nächstgrößere Stadt ist **Denizli** mit rund 500.000 Einwohnern, eine lebhafte, meist smogverhangene Provinzstadt 18 km südlich von Pamukkale. Für Touristen ist sie eher uninteressant, die historische Bausubstanz wurde
durch mehrere Erdbeben zerstört.

Geschichte
Seit Jahrtausenden kennen und schätzen die umliegenden Einwohner die Heilkraft
der Quellen. Hethiter und Phryger errichteten hier Altäre, doch erst der pergame-

Die Sinterterrassen von Pamukkale

nische König Eumenes II. gründete an der Quelle die Stadt Hierapolis als Gegenge-
wicht zum nahe gelegenen makedonischen Laodikeia (→ S. 209). Die Rivalität der
beiden Städte, deren Reichtum in der Wollverarbeitung gründete, war so groß, dass
sie sich gegenseitig in ihrer Entwicklung behinderten. Erst mit der Eingliederung in
die römische Provinz Asia erlangte Hierapolis größere Bedeutung. 60 n.Chr. wurde
die Stadt durch ein Erdbeben zerstört, aber kurz darauf wieder aufgebaut. Schon
früh hatte sie eine starke christliche Gemeinde, und in byzantinischer Zeit wurde
sie sogar Bischofssitz. Mit dem Eindringen der Seldschuken verödete die Stadt. Erste Grabungen unternahm 1887 der Pergamon-Entdecker Carl Humann, systematische Arbeiten führen seit 1957 insbesondere italienische Archäologen durch.

⌒ Information/Verbindungen/Öffnungszeiten

Telefonvorwahl 0258.

Information Tourist Information, am Südeingang. Im Sommer tägl. 8.30–12 u. 13.30–
17.30 Uhr, im Winter 8–12 u. 13–17 Uhr.
✆ 2722077, www.pamukkale.gov.tr.

Anfahrt/Verbindungen Dolmuş/Bus: Direktbusse von und nach Pamukkale Köy
gibt es nur wenige. Die Überlandbusse halten i. d. R. am Busbahnhof von Denizli. Von
dort starten Dolmuşe nach Pamukkale Köy
von 7–19 Uhr alle 20 Min., danach bis 22 Uhr
stündl. Diverse größere Busgesellschaften
(u. a. *Metro, Kamil Koç* und *Pamukkale* mit
Buchungsbüros in Pamukkale Köy) bieten
zudem einen Transfer nach Pamukkale an.

Von Denizli bestehen gute Busverbindung-
en zu allen größeren Touristenorten der
Mittelmeerküste, z. B. nach Antalya, Bo-

drum oder Fethiye (jeweils 4 Std.), İzmir
(3½ Std.), Selçuk und Marmaris (3½ Std.)
sowie nach Çanakkale (9 Std.).

Zug: Bahnhof (✆ 2682831) in Denizli an der
Hauptdurchgangsstraße in Laufnähe zum
Busbahnhof. Nur 3-mal tägl. über Nazilli,
Aydın und Selçuk nach İzmir.

Flughafen (www.cardak.dhmi.gov.tr) rund
67 km östlich von Denizli nahe Çardak. Zu
den THY-Flügen fahren Servicebusse von
und nach Denizli (Infos unter www.ismail
baytur.com).

Öffnungszeiten/Eintritt Die **Sinterterrassen** sind rund um die Uhr zugänglich, das
Museum von Hierapolis ist im Sommer tägl.
(außer Mo) 9–19 Uhr geöffnet, im Winter 8–
17 Uhr. Eintritt für Sinterterrassen und Ausgrabungsgelände 8 €, Museum 1,20 € extra.

Im Tal des Großen Mäander → Karte S. 198/199

Es war einmal ein Weiß …

Pamukkale wird gerne, aber nicht unbedingt richtig mit „Baumwollschloss"
übersetzt. Da Baumwolle („pamuk") hier aber als unterstreichendes Synonym
für „weiß" zu verstehen ist (wie etwa „Schnee" bei schneeweiß), übersetzt man
Pamukkale („kale" = Schloss) sinngemäß am besten mit „baumwollweißes
Schloss". Doch das herrliche Pamukkaleweiß, das in so manchen Produktkata-
logen wie selbstverständlich neben Bordeauxrot in der Farbpalette auftaucht,
sucht man an vielen Stellen der Terrassen heute vergebens. Die Quittung für
eine jahrzehntelange, rücksichtslose Vermarktung des Naturphänomens. Ab-
ermillionen Besucher karrte man mit Bussen heran, baute für diese gar eine
Straße mitten hindurch (heute durch zwei neue Auffahrten ersetzt) und ließ sie
mit Schuhen über die weiße Pracht laufen. Noch verheerender aber wirkte sich
der Bau luxuriöser Hotelanlagen auf dem Plateau unmittelbar über den Terrassen aus. Diese speisten ihre Pools mit dem heißen Quellwasser. Zu viel
kostbares Nass wurde auf diese Weise abgeleitet, das in den Pools abkühlte
und danach auf den Terrassen keinen Kalk mehr ablagerte. Erst als die Sehenswürdigkeit zur „Sehensunwürdigkeit" verkommen war und schmutziges Grau
das strahlende Weiß ersetzt hatte, erst als Waschkörbe empörter Protestbriefe
eingingen und man dem Druck internationaler Umweltschutzorganisationen
nicht mehr standhalten konnte, begann man zu handeln. Im Jahr 2000 wurde
das letzte Hotel oberhalb der Terrassen dem Erdboden gleichgemacht – und so
mischen sich dort heute ein paar Fundamente der Neuzeit unter die der Antike. Das gesamte Gebiet rund um die Sinterterrassen ist zum UNESCO-Welterbe erklärt worden. Der Zustand der Sinterterrassen hat sich seitdem erheblich
gebessert. Ob ein Besuch aber schon wieder lohnt, darüber gehen die Meinun-
gen weit auseinander.

Übernachten/Camping/Essen & Trinken

Im vornehmlich auf Individualreisende eingestellten **Pamukkale Köy** gab es einst
über 100 Unterkünfte, doch der Niedergang der Sinterterrassen bedeutete auch
den Niedergang vieler Pensionen. Auch wenn sich der Zustand der Sinterterrassen wieder verbessert hat, kämpfen noch immer viele Quartiere ums Überleben.
Geld für teils dringend nötige Renovierungen fehlt vielen. Mit den im Folgenden
beschriebenen Unterkünften treffen Sie eine gute Wahl, doch es ist schwierig, bis
zu einer von diesen zu gelangen – das Schleppertum ist so ausgeprägt wie nirgendwo sonst in der Türkei. Übrigens leitet fast jede Pension das Wasser durch irgendeinen Kanal in den eigenen Pool. Die allesamt leicht in die Jahre gekom-
menen Mehr-Sterne-Anlagen am Ortsrand von **Karahayıt**, auf der Nordseite des
Ruinenfeldes von Hierapolis, bieten zuweilen großzügige Rabatte.

In Karahayıt ***** Spa Hotel Colossae,
231 der Sternezahl entsprechend ausgestattete klassische Hotelzimmer mit Balkon.
Viel Schnickschnack: Wellnesszentrum, Ther-
malabteilung, mehrere Restaurants, großes
Sportangebot. EZ 128 €, DZ 160 € mit HP.
Karahayıt, ℡ 2714156, ✉ 2714250, www.co
lossaehotel.com.

In Pamukkale Köy Venüs Hotel, 14 gepflegte, niveauvolle Zimmer mit Flachbild-
TV und Klimaanlage, z. T. mit Balkon und
Fliesenböden. Restaurant, nette orientalische Sitzecken in der Lobby, Pool. Von
Lesern immer wieder gelobt. EZ 33 €, DZ
40 €. Pamukkale Köy, ℡ 2722152, www.ve
nushotel.net.

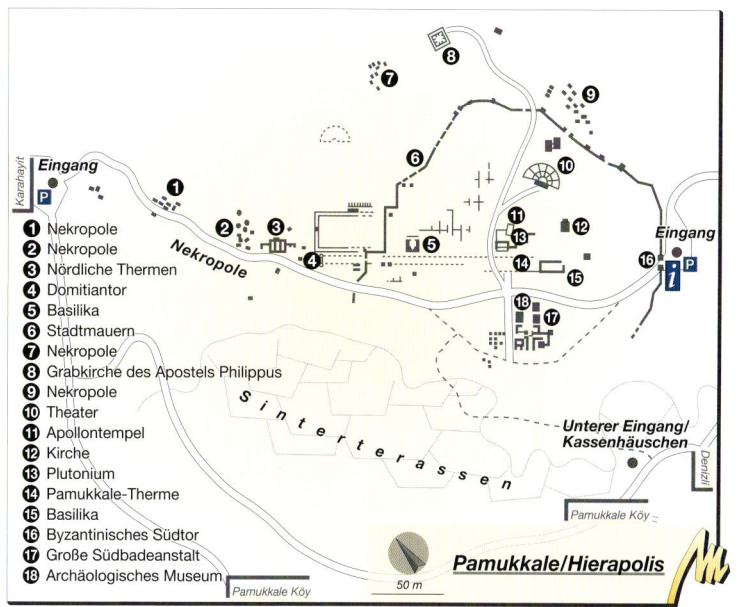

Im Tal des Großen Mäander → Karte S. 198/199

❶ Nekropole
❷ Nekropole
❸ Nördliche Thermen
❹ Domitiantor
❺ Basilika
❻ Stadtmauern
❼ Nekropole
❽ Grabkirche des Apostels Philippus
❾ Nekropole
❿ Theater
⓫ Apollontempel
⓬ Kirche
⓭ Plutonium
⓮ Pamukkale-Therme
⓯ Basilika
⓰ Byzantinisches Südtor
⓱ Große Südbadeanstalt
⓲ Archäologisches Museum

Pamukkale/Hierapolis

50 m

Pansiyon Beyaz Kale, die „Weiße Burg". 11 blitzsaubere Zimmer mit in Schuss gehaltenen Bädern, Klimaanlage und farbenfrohen Wänden rund um eine kleine, gemütliche Poolanlage. Leser loben seit Jahren die gute Küche und die Warmherzigkeit der Wirtsleute Hacer und Ömer Yiğen. EZ 17,50 €, DZ 30 €. Pamukkale Köy, ✆ 2722064, ✉ 2722568.

Hotel Pamukkale, ordentliche, saubere Teppichbodenzimmer mit Klimaanlage. Pool, nette Dachterrasse mit eigenem Restaurant (gute, reichhaltige Küche). Familiäre Atmosphäre. Die Betreiber sprechen ein wenig Deutsch. Campingmöglichkeiten. DZ 30 €, Campen für 2 Pers. 15 €. Pamukkale Köy, ✆ 2722090, www.hotelpamukkale.net.

Dört Mevsim Hotel, kleines Hotel mit nettem Poolbereich im Garten. Einfache, aber saubere Zimmer. Freundliche Atmosphäre. Campingmöglichkeiten. EZ 13 €, DZ 23 €. Hasan Tahsin Cad. 25, ✆ 2722009, www. hoteldortmevsim.com.

Camping Bei vielen Pensionen sind auch Camper willkommen. Noch 2 Extraadressen:

Seyir Camping, an der Durchgangsstraße von Pamukkale Köy (am Ortsausgang Richtung Karahayıt). Einer riesigen Abfütterungsstelle für Bustouristen angeschlossen. Saftige grüne Wiese vor einer Poolanlage, leider kein Schatten. Zwar nicht idyllisch, aber gepflegt und okay. Ganzjährig. 2 Pers. mit Wohnmobil 15 €. M. Akif Ersoy Bul., ✆ 2722471, ✉ 2722155.

Tepe Camping, ca. 7 km von Pamukkale Köy entfernt, auf einem Hügel mit toller Fernsicht über die Mäanderebene. Zelte werden auf der Wiese vor dem Pool aufgestellt, der Stellplatz für Wohnmobile befindet sich eine Terrasse höher am Hang darüber. Die Sanitäranlagen sind okay (2 Duschen und Klos), insgesamt könnte der Platz jedoch etwas gepflegter sein. Es werden auch muffelnde Zimmer vermietet. 2 Pers. mit Wohnmobil 10 €. Auf dem Weg zum Südeingang ausgeschildert, ✆ 2653973, www.tepecamping.com.

Essen & Trinken Dass die meisten Gäste nur einmal in ihrem Leben nach Pamukkale kommen und das per Bus in der Gruppe für 2–3 Std., ist der Qualität der Gastronomie nicht förderlich. Lästige Türsteher, schleppender Service, kleine Portionen, hohe Preise und auf die Schnelle mit wenig Aufwand zubereitete Gerichte bestimmen das Bild. Am besten isst man in den Pensionen und Hotels.

Zugänge zu den Sinterterrassen und nach Hierapolis: Das Areal hat drei Eingänge. Einer befindet sich zu Füßen der Sinterterrassen neben dem kleinen Parkareal von Pamukkale Köy. Von hier steigt man zu Fuß über die Terrassen hinauf auf das Plateau, auf dem sich das antike Hierapolis erstreckt. Der Weg folgt dabei der Straße, die man einst durch die Terrassen schlug, künstliche Becken, in denen man ausnahmsweise planschen darf, säumen ihn. Man kann aber auch hinauffahren. Oben gibt es zwei Eingänge: den Südeingang, der sich ca. 250 m von den Terrassen entfernt befindet, und den Nordeingang nahe der Straße nach Karahayıt – er ist rund 1200 m von den Terrassen entfernt. Auf dem Weg vom Nordeingang zu den Terrassen passiert man die sehenswerte Nekropole. Vom Nordeingang besteht ein kostenloser Pendelservice zu den Terrassen, für den kurzen Transfer vom Südeingang zahlt man hingegen 1 €. Parkgebühr, egal wo: 2 €. Von Pamukkale Köy fahren von 8–19 Uhr alle 15 Min. Dolmuşe zum Nordeingang.

Sehenswertes

Sinterterrassen: Die Sehenswürdigkeit schlechthin. Der total versinterte Abhang ist über 100 m hoch und mehr als 2 km breit. Die Quelle sprudelt nach wie vor kräftig, und ein eigens angestellter Wassermeister reguliert durch Schieber den Wasserlauf in den breiten Kanälen, um die zentralen Terrassen auf diese Weise langsam wieder weiß zu bekommen. Angeblich wird im Sommer jede Terrasse einmal wöchentlich geflutet, im Winter alle 20 Tage. Das Wasser wird unterhalb des Hangs gefasst, dann den Pensionen und danach den Feldern in der Ebene zugeführt. Einige Becken sind nachts beleuchtet. Ob tagsüber oder nachts, vor dem Spaziergang über die Terrassen gilt: Schuhe ausziehen! In die (künstlich angelegten) Becken entlang dem Hauptpfad darf man seine Füße halten.

Pamukkale-Therme: Da es mit dem Bad in den Sinterterrassen vorbei ist, bietet sich als Entschädigung ein Bad in der Pamukkale-Therme an. Die heutige Hauptquelle liegt im offenen Innenhof des einstigen Pamukkale-Motels. Sie speist einen zwischen Palmen wunderschön angelegten Quellteich, in dem antike Säulen liegen – daher auch „Antique Pool" genannt. Angeblich hilft ein Bad gegen Magengeschwüre, Bronchitis, Herz-Kreislauf-Beschwerden, Darmträgheit u. v. m. In jedem Fall ist das Planschen im 35 °C warmen Wasser eine wahre Lust – sofern keine kreischenden Busgruppen mitbaden, was leider meist der Fall ist.
Tägl. 8–19 Uhr, im Winter bis 17 Uhr. Eintritt satte 12,50 €, Kinder 5 €.

Hierapolis: Die Sehenswürdigkeiten der Antike liegen weit verstreut auf dem Plateau oberhalb der Sinterterrassen. Unübersehbar an der Straße zur Pamukkale-Therme stehen die Ruinen der *Großen Therme* von Hierapolis, deren wuchtige Gewölbe einst mit Marmor ausgelegt waren. Sie beherbergt heute das kleine, aber schöne und interessante *Archäologische Museum* mit Funden aus Hierapolis und Laodikeia, insbesondere reich verzierte Sarkophage, Statuen und Reliefs. Besuchenswert sind zudem:

Apollontempel und Plutonium: An den Apollontempel erinnert noch ein 2,5 m hohes Podest mit einer kleinen Freitreppe, dazu einige Kapitellteile, die verstreut an Ort und Stelle liegen. Die fast imposanter wirkende Ruine davor, einst aus großen Quadern errichtet, war einmal eine monumentale Brunnenanlage. Ein paar Schritte weiter befand sich das Plutonium, eine Grotte, die Pluto, dem Gott der Unterwelt, geweiht war. Hier sprudelte ursprünglich die Quelle. In der großen Vorhalle verpesteten giftige Gase die Luft – unbefugte Eindringlinge, Vögel und selbst Ochsen starben. Nur die Priester konnten unbeschadet passieren: Sie krochen am Boden entlang und hielten die Luft an. Die Grotte ist weitgehend verschüttet, ihr Eingang (zu erkennen an dem überwölbten Türbogen) zugemauert, denn noch immer strömen Schwefelgase aus.

Theater: Gut erhalten ist das nahezu vollständig ausgegrabene Theater (2. Jh. v. Chr.) mit über 100 m Seitenlänge, 20 Sitzreihen im ersten und 25 Sitzreihen im zweiten Rang. Acht Treppen führen nach oben. An die 10.000 Zuschauer fanden hier Platz. Marmorfriese und Statuen am behutsam restaurierten Bühnenhaus vermitteln einen Eindruck von der einstigen Pracht.

Grabkirche des Apostels Philippus: Das Mausoleum des Philippus liegt 600 m nördlich des Theaters. Ob aber Philippus, der nach dem Tod Jesu in Westanatolien missionierte und in Hierapolis der Legende nach den Märtyrertod fand, in der Kirche je beigesetzt wurde, war lange Zeit ungeklärt. Vielleicht bringen die neuen Entdeckungen neue Erkenntnisse (→ Kasten). Das höchst ungewöhnliche Gebäude wurde Anfang des 5. Jh. errichtet und kaum 100 Jahre später durch ein Erdbeben zerstört. Die Wälle sind teilweise noch mannshoch, deutlich ist der quadratische Grundriss auszumachen. An den Außenseiten liegen jeweils acht von außen zugängliche, rechteckige Kammern, die als Herberge für Pilger gedeutet werden. Einen Altar sucht man vergebens, doch die halbrunde Sitzreihe für den Bischof und die Gemeindeältesten ist noch zu erkennen.

Nekropole: Man durchquert das imposante Gräberfeld automatisch, wenn man sich den Sinterterrassen von Norden her nähert. Spaziert man hingegen von der Pamukkale-Therme die antike Hauptstraße von Hierapolis entlang, passiert man als erstes die Grundmauern einer *Basilika*, dann das *byzantinische Stadttor* und danach auf einer *Säulenstraße* das unter der Herrschaft Domitians aufgestellte und diesem gewidmete *Domitiantor*. Die sich anschließenden *nördlichen Thermen*, im 5. Jh. zu einer gewaltigen *Basilika* umgebaut, liegen schon auf dem Gelände der Nekropole. Mehr als tausend Gräber aus verschiedenen Epochen sind hier zu finden: Grabtempelchen, kreisrunde Tumulusgräber, die einst mit phallusähnlichen Steinen gekrönt wurden, Steinsarkophage etc.

Die Sensationsmeldung im Juli 2011: Italienische Archäologen verkündeten, das Grabmal des Apostels Philippus, eines der zwölf Jünger Jesu, lokalisiert zu haben. Ob der Apostel wirklich dort liegt, wird die anstehende Öffnung des Grabes zeigen. Aber schon jetzt träumen die hiesigen Hoteliers von Pilgerströmen nach Hierapolis, wie es sie nach Santiago de Compostela gibt, wo die Reliquien des Apostels Jakobus verehrt werden.

Sehenswertes in der Umgebung von Pamukkale

Rote Quelle (Kırmızı Su): Die Rote Quelle sprudelt inmitten von Karahayıt, ca. 5 km nördlich von Pamukkale Köy. Ihr stark eisenhaltiges Wasser überzieht die Felsen mit dunkelroten Ablagerungen.

Verbindungen: Regelmäßige **Dolmuş**verbindungen von und nach Pamukkale Köy.

Laodikeia (antike Stadt): Der im 3. Jh. v. Chr. gegründete Ort entwickelte sich schnell zu einer der reichsten Städte der Region. Mit der Eingliederung ins Römische Reich wurde die Feindschaft mit dem benachbarten Hierapolis beigelegt. Im 6. Jh. n. Chr. wurde der Ort durch ein Erdbeben zerstört. Erst 2002 begann man mit Ausgrabungsarbeiten, die von der nahe gelegenen Pamukkale-Universität Denizli durchgeführt werden. Das Team gräbt und rekonstruiert das ganze Jahr über, dementsprechend kommt ständig Neues, ja Sensationelles ans Tageslicht. Wo sich noch vor nicht allzu langer Zeit lediglich Grassteppe ausbreitete, gibt es jetzt wieder eine *Kolonnadenstraße*. Auch wurden die Ruinen des *Bad-Gymnasions* und die eines *Nymphäums* freigelegt. Zuletzt entdeckte man eine gigantische Therme und eine der ältesten Kirchen der Welt. Das Bauwerk mit 2000 m² Grundfläche samt makellosen Mosaiken und einem beeindruckenden Taufbecken wird auf die Jahre zwischen 313 und 320 datiert und ist somit um Jahrzehnte älter als die İstanbuler Hagia Sophia. Die Grabungsleitung schwärmt bereits von einem „neuen Ephesus".

Anfahrt: Von der Straße Denizli – Pamukkale ausgeschildert. Tägl. 8.30–17 Uhr. Eintritt 4 €.

Im Tal des Großen Mäander → Karte S. 198/199

Südägäis

Eine Küste „mit einer unerhörten Intensität, voller Sehnsucht, Schönheit und Schrecken" – so bezeichnete der Literat Cevat Şakir Kabaağaçlı die Südägäis in den 1930ern. Eine Aussage, die bis heute nichts an Wahrheit eingebüßt hat.

Zwischen Kuşadaşı und Marmaris winken an der Küste etliche gemütliche Badeplätze und im Hinterland – in der abgeschiedenen karischen Bergwelt und inmitten silbriger Olivenhaine – die stummen steinernen Zeugen mehrerer Jahrtausende. Anders als die nordägäische Küste, die vorrangig vom Binnentourismus profitiert, zieht die Südägäis internationales Publikum an, und das in Massen. Die Hotspots sind Kuşadası, Bodrum und Marmaris – Städte, die ihre Einwohnerzahl in den Sommermonaten zuweilen verzehnfachen und von unschönen Betongürteln umgeben sind. Auch manch gemütliche Fischerörtchen haben ihr ursprüngliches Gesicht verloren und sind zu austauschbaren Hotelkonglomeraten geworden.

Doch zum Glück ist die südägäische Küste oft schwer oder gar nicht zugänglich, und so gibt es noch etliche Buchten, die unberührt sind und es aufgrund der mangelnden Infrastruktur auch erst einmal bleiben werden – ein Paradies für Segler. Wer seinen Badeurlaub mit ein paar Besichtigungstouren würzen will, hat die Qual der Wahl.

Kuşadası

ca. 61.700 Einwohner

Kuşadası ist der größte Urlaubsort der türkischen Ägäis und jedem Kreuzfahrer ein Begriff – das stete Kommen und Gehen der Luxusliner sorgt dafür. Rund 560.000 Kreuzfahrttouristen kommen jährlich, Tendenz steigend.

In der Hochsaison bevölkern in Spitzenzeiten rund 800.000 Menschen Kuşadası samt den angrenzenden Badebuchten und machen aus dem Küstenstädtchen eine Urlaubsmetropole. Hotelkomplexe, Feriendörfer und Clubanlagen wuchern wild, und ein Ende ist nicht abzusehen. Um eine perfekte Infrastruktur zu gewähren,

baut man die „Häuser in der Nähe von den Straßen und haben Höfe beim Hintern",
so die Stadtbroschüre.

Kuşadası bietet seinen Gästen aus aller Herren Länder zudem eine passable Altstadt
mit ein paar malerischen Gassen voller Kneipen und Läden, Strände zum Sehen und
Gesehen werden sowie ein turbulentes Nachtleben. Auch gibt der Hafen mit seinen
Ausflugsschiffen und Luxusjachten ein schönes Bild ab. Die Hauptattraktionen, wahre
kulturhistorische Sahnebonbons, serviert die Umgebung: Die beeindruckende Ruin-
enanlage von Ephesus ist nur einen Katzensprung entfernt, die Ausgrabungsstätten
Priene, Milet und Didyma sind in einem Tagesausflug zu erkunden.

Südägäis – die Highlights

Dilek-Nationalpark: Im Nationalpark bei Kuşadası tummeln sich Schakale,
Luchse und Wildpferde. An der Küste findet man vier Kies-Sand-Strände zwischen Kiefernwäldern und glasklarem Wasser.

Didyma, Milet und Priene liegen im Mäanderdelta, nur einen Katzensprung
auseinander. Die imposanteste Lage besitzt Priene, die spannendste Geschichte Milet, die eindrucksvollsten Ruinen Didyma.

Bafa-See: Das Gebiet um den gleichnamigen See ist noch immer ein Geheimtipp unter Südägäisurlaubern. Im Latmosgebirge finden Sie neben einer
zauberhaften Landschaft jede Menge Ruinen, ursprüngliches Bauernleben
und nette Pensionen.

Gümüşlük ist der idyllischste Fleck auf der Bodrum-Halbinsel. Wer will, kann
sich hier einmieten und allabendlich einen der schönsten Sonnenuntergänge
der Ägäis betrachten.

Die Buchten von Mazıköy: Zwei Traumbuchten östlich von Bodrum am Golf
von Gökova, einem der berauschendsten Abschnitte der türkischen Küste. In
der Vor- und Nachsaison schauen Ihnen vielleicht Kühe beim Baden zu.

Halbinsel Reşadiye: Die schön-schroffe Halbinsel westlich von Marmaris bietet aufgeschlossene, lebenslustige Bewohner, tolle Buchten und mit Datça
ein gemütliches Hafenstädtchen.

Kuşadası selbst hat hingegen nur wenige kulturhistorische Sehenswürdigkeiten aufzuweisen. Zentrale Landmarke ist die **Karawanserei** am Hafen, im 17. Jh. von Großwesir Öküz Mehmet Pascha erbaut. Heute befindet sich darin ein Hotel, das allabendlich zu orientalischen Nächten mit Bauchtanzshows einlädt. Die vor der Küste liegende **Taubeninsel** *(Güvercin Ada),* von der Kuşadası (dt. „Vogelinsel") seinen Namen erhielt, ist über einen Damm zu Fuß zu erreichen. In und auf den Überresten der dortigen genuesisch-osmanischen Burg befinden sich ein paar Cafés – nette, wenn auch nicht ganz billige Plätzchen für einen gemütlichen Sundowner. In den Burgturm auf der Insel soll einmal ein Stadtmuseum einziehen – eine Ankündigung, die schon mehrere Auflagen dieses Buches überdauert hat.

Geschichte

Vom antiken *Phygela,* das an der Stelle des heutigen Kuşadası lag, ist nichts erhalten und nur wenig bekannt. Anders aber verhält es sich mit der Siedlung namens *Scala Nova* („Neuer Hafen"), die hier im 13. Jh. von genuesischen und venezianischen Kaufleuten gegründet wurde, nachdem Hder verlandete Hafen von Ephesus unbrauchbar geworden war. Es existieren noch Reste der einstigen Stadtmauer, auch das geradlinige Straßennetz der Altstadt geht auf jene Zeit zurück. Im 15. Jh. eroberten die Osmanen den Ort und gaben ihm seinen heutigen Namen. Kuşadası entwickelte sich in der Folgezeit zu einem munteren Hafenstädtchen, das über Jahrhunderte hinweg enge und florierende Beziehungen zu Sámos unterhielt. Doch nach der Vertreibung seiner griechischen Einwohner 1923 rutschte es zu einem unbedeutenden Fischernest ab. Das änderte sich in den 1970ern, als die ersten Kreuzfahrtschiffe zum Ephesuslandgang anlegten. Einige Billighotels und Lokantas begannen zudem, abenteuerlustigen Reisenden für ein paar Lira Essen und Unterkunft zu bieten. Mitte der 1980er entdeckten schließlich britische Reiseveranstalter den Ort und bauten ihn zu einem Urlaubszentrum aus. An ihre „Pionierarbeit" erinnert noch die *Pub Lane,* ein fast schon historisches Sträßchen, an das sich

Häusermeer Kuşadası

Kneipen im englischen Stil reihen. Heute kommen Reisende aus aller Welt, zudem ist Kuşadası neben Çeşme *das* Wochenendausflugsziel für den Großraum İzmir. Die Hafenstadt wächst mittlerweile in den Himmel, in den Vororten entstehen teils bis zu 20-stöckige Hochhäuser.

Information/Verbindungen/Ausflüge

Telefonvorwahl 0256.

Information Am İskele Meydanı, Auskünfte auf Englisch und Deutsch. In der HS tägl. 8–17.30 Uhr, in der NS Mo–Fr 8–12 u. 13–17.30 Uhr. ✆ 6141103, www.aydinkulturturizm.gov.tr.

Verbindungen Bus: Busbahnhof ca. 2 km außerhalb an der Straße nach Söke, Dolmuşverbindungen ins Zentrum. Tagsüber alle 30 Min. nach İzmir (1¼ Std.), mehrmals tägl. nach Bodrum (2½ Std.), Denizli/Pamukkale (4 Std.), Marmaris (5 Std.) und Fethiye (6 Std.). Busgesellschaften entlang der İsmet İnönü Cad.

Dolmuş: Dolmuşe nach Pamucak, Selçuk und Ephesus starten vom Şevki Hasırcı Meydanı nördlich des Zentrums; die nach Söke, Güzelçamlı und zum Dilek-Nationalpark ums Eck vom Candan Tarhan Bul. In die Dolmuşe zum Kadınlar Plajı kann man vor der Tourist Information zusteigen, in die zum Kuştur-Strand entlang dem Atatürk Bul.

Schiff: Fähren nach Sámos (Vathí) April–Okt. tägl. gegen 8.30 Uhr, zurück gegen 17 Uhr, Fahrtzeit 1½–2 Std. Tickets kauft man am Vortag bei einer Reiseagentur oder direkt bei den Vertretungen der Fährgesellschaften (**Azim Tours**, Güvercin Ada Cad., ✆ 6141553, www.azimtours.com oder **Meander Travel**, İskele Meydanı, ✆ 6130801, www.meandertravel.com). Inkl. Hafensteuern einfach 30 €/Pers., retour am selben Tag 35 €, offenes Rückfahrtticket 50 €. Keine Mitnahme von Fahrzeugen mehr möglich!

Bootsausflüge Touren zu den nördlich oder südlich gelegenen Buchten werden am Hafen angeboten. Ab 12,50 €/Pers. inkl. Lunch.

Organisierte Touren Für eine Besichtigung von Priene, Milet und Didyma empfiehlt sich für Alleinreisende der Anschluss an eine organisierte Tour (ca. 30 €/Pers.), da die Anfahrt zu allen drei Zielen mit Dolmuşen kompliziert und zeitraubend ist. Die meisten Fahrten dorthin starten am Mi, dem Markttag in Söke, wo ein Zwischenstopp eingelegt wird. Diverse Veranstalter im Zentrum. Weitere Preisbeispiele: Ephesus (halber Tag) 30 €, Pamukkale 40 €, Jeepsafari 30 €, Bafa-See 40 €, „Village-Trip" 20 €.

Adressen/Einkaufen/Veranstaltung (→ Karte S. 217 und S. 218)

Ärztliche Versorgung Das Ärztezentrum **Saydam Tıp Merkezi** ist auch an Ausländer gewöhnt. Ecke Rıza Savaç Cad./Candan Tarhan Bul. ✆ 6143040.

Autoverleih Internationale Verleiher u. a. am Atatürk Bul., z. B. **Avis** (Hnr. 24/A, ✆ 6141475, www.avis.com.tr) oder **Europcar** (Hnr. 68/B, ✆ 6146770, www.europcar.com.tr). Billigstes Auto ca. 50 €/Tag. Bei den lokalen Anbietern bezahlt man 30–40 €/Tag.

Einkaufen Eine der Lieblingsbeschäftigungen der Kuşadası-Gäste. Fast die ganze Innenstadt besteht aus Shoppingpassagen. Geboten wird viel überteuerter Plunder. Wer viele Lacoste-Hemden oder Diesel-Hosen im Original erstehen will, sucht die schicke kleine Shoppingmall **Ege Ports Scala Nuova** 🔢 auf.

Freitagsmarkt am Candan Tarhan Bul. westlich der Dolmuşstation. **Mittwochsmarkt** in den Straßen südlich des Candan Tarhan Bul. Die Zukunft beider Märkte dort ist ungewiss, eine Verlegung geplant.

Türkisches Bad (Hamam) Der Belediye Hamamı (1495) ist der angeblich älteste Hamam der Westtürkei. Tägl. 9–19 Uhr. Yıldırım Cad. 2. Ein weiteres historisches Bad ist der **Kaleiçi Hamamı** neben der gleichnamigen Moschee. Tägl. 8–21 Uhr. Ecke Tuna Sok./7 Eylül Sok. In beiden Hamams baden Männer und Frauen (fast ausnahmslos Touristen) i. d. R. gemeinsam. Eintritt mit Massage in beiden Bädern 15 €.

Waschsalon Can Laundry, waschen und trocknen 7,50 €/Maschine. Beyazgül Sok. 6.

Zweiradverleih Großes Angebot. Motorbikes der verschiedensten Klassen 15–70 €/Tag.

Übernachten (→ Karte S. 217 und S. 218)

Mehr-Sterne-Clubanlagen findet man vorrangig an den Stränden südlich und nördlich von Kuşadası. Die Mittelklasse liegt zentral in erster Reihe, Pensionen sind oft unauffällig in den Gassen der Innenstadt versteckt. Preiswert übernachtet man zudem in den Bungalows der Campingplätze (s. u.). Grundsätzlich ist überall mit Lärmbelästigung zu rechnen, egal ob durch Straßen oder Kneipen.

**** Hotel Kismet 5, auf einer Landzunge nördlich des Zentrums. 1966 als eines der ersten gehobenen Hotels Kuşadasıs eröffnet, bis heute eines der besten Häuser der Stadt. 80 geräumige Zimmer, gepflegt und charmant, viele mit Terrasse oder Balkon und Meeresblick. Drum herum ein schöner Park. Ruhige Lage. Pool, Restaurant. Hier wohnten schon Joan Baez bis Queen Elizabeth. Lesermeinung: „Die Lage ist einmalig, der Service fantastisch." EZ 108 €, DZ 139 €. Gazibeğendi Bul. 1, ✆ 6181290, ✆ 6181295, www.kismet.com.tr.

Club Caravanserail 21, in der Karawanserei von Kuşadası. Orientalische Atmosphäre, nicht an die Architektur betreffend: nahezu jeden Abend Bauchtanzvorführungen. Die Zimmer sind recht klein und teilweise dunkel, aber komfortabel. Viele Gruppen. Mehmet Paşa Kervansarayı, EZ 65 €, DZ 85 €. Öküz, ✆ 6144115, ✆ 6142423, www.kusadasi hotels.com/caravanserail.

Villa Konak 8, untergebracht in einem nachgebauten osmanischen Stadthaus. 17 Zimmer um 2 Höfe, darunter 11 geräumige und stilvolle Deluxe-Zimmer. Pool. Gemütlicher Garten, in dem zum 5-Uhr-Tee geladen wird. Kinder unter 10 Jahren sind noch willkommen. Im Herzen der Stadt. DZ 50 € (Standard) bzw. 70 € (Deluxe). Yıldırım Cad. 55, ✆ 6146318, ✆ 6131524, www.villakonakho tel.com.

Liman Hotel 10, überschaubares Haus mit geräumigen Zimmern mit Fliesenböden, Klimaanlage und Balkon, manche mit schönem Hafenblick. Gemütliche Dachterrasse, auf der das Frühstück serviert wird. Gutes Preis-Leistungs-Verhältnis. EZ 33 €, DZ 40 €. Buyral Sok. 4, ✆ 6147770, ✆ 6146913, www.li manhotel.com.

Boutique Pension Captain Zula 4, hübsche Pension in einer Seitenstraße zur Uferstraße. Schöne, mit Blümchen bemalte Zimmer mit weißen Laminatböden, spärlich, aber ausreichend möbliert. 3 Zimmer mit großzügigen Balkonen und seitlichem Meeresblick. Nach hinten hinaus eine nette

Cafébar. DZ je nach Zimmer 30–40 €. İstiklal Cad., ✆ 0533/7661811 (mobil).

Cennet Pension 9, kleine, sympathische und deutschsprachige Pension am Altstadtberg. Nur 6 sehr saubere Zimmer mit Massivholzmöbeln, 4 davon mit privatem Bad, die anderen beiden teilen sich eines. Blumenbepflanzter Hof, Dachterrasse mit Blick über Stadt und Hafen. Auf Wunsch wird lecker gekocht. EZ 35 €, DZ 40 €. Yıldırım Cad. 69, ✆ 614489, www.cennetpension.com.

Sezgin Hotel 24, Mischung aus Guesthouse für internationale Backpacker und Hotel. Ordentliche Zimmer mit Laminatböden und z. T. mit Kochnische, aber ohne besondere Note. Alle mit Klimaanlage, fast alle mit Balkon. Pool und Gärtchen. Waschservice, Bookexchange. EZ 25 €, DZ 35 €. Arslanlar Cad. 68, ✆ 6144225, ✆ 6143806, www.sezginhotel.com.

Anzac Golden Bed Pension 25, im Gassengewirr auf dem Altstadthügel. 12 Zimmer, einfach, aber okay, 4 mit grandiosem Meeresblick. Geführt von einer hilfsbereiten Australierin. Urgemütliche Aussichtsterrasse mit Topfpflanzen, auf der Haushund Takoz jaulend den Muezzin begleitet. Freier Transport nach Ephesus. DZ mit Meeresblick 35 €, ohne 25 €. Arslanlar Cad. Uğurlu 1. Çıkmazı 4, ✆ 614870, www.anzacgolden bed.com.

Camping Yat Camping 1, gegenüber dem Jachthafen. An sich gepflegter Platz mit nettem Poolbereich und relativ viel Komfort. Gute Sanitäranlagen. In der Regel ganzjährig. Es werden auch Zimmer (älteren Datums) und neue Bungalows (mit TV und Laminatböden) vermietet, jeweils mit Terrasse und Bad. Die Putzfrau könnte man jedoch austauschen. 2 Pers. mit Wohnmobil und Strom 11,50 €, mit Zelt 8,50 €, DZ mit Klimaanlage 30 €, ohne 25 €. Atatürk Bul. 90, ✆ 6181516, ✆ 6181560, www.campingturkey. com.

Önder Camping 2, gleich neben dem Yat und ebenfalls empfehlenswert, wenn auch

Südägäis

15 km

---

mit dem kleineren Pool. Gestufter Platz mit Bäumen. Internationales Publikum. Tennisplatz, Snackbar, Schatten, saubere Sanitäranlagen. Ebenfalls Zimmervermietung. 2

Pers. mit Wohnmobil und Strom 10 €, DZ mit Klimaanlage und Bad 30 €, kein Frühstück. Atatürk Bul. 72, ☎ 6181518, ✉ 6181517, www.ondercamping.com.

Essen & Trinken (→ Karte S. 217 und S. 218)

Die schicksten Restaurants liegen an der Uferpromenade – beliebte Rendezvous-Adressen wohlhabender Türken. Ausländer trifft man eher bei Kebab, Schnitzel und Spaghetti in den Lokalen der zweiten Reihe. In der Cephane Sok. in der Altstadt gibt es eine Reihe von guten Restaurants, die Kebabs und Topfgerichte bieten. Günstige, einfache Lokantas findet man v. a. stadtauswärts.

Ali Baba Restaurant 🔟, alteingesessenes Restaurant mit schöner Terrasse am Fischerhafen. Große Auswahl an Fisch und Meeresfrüchten, köstlich zubereitet, tadellos serviert und im behaglichen Ambiente ver-

zehrt. Meze ca. 2,50 €, Hg. 5,50–11 €, Fisch nach Gewicht. Balıkçı Limanı, ☎ 6141551.

Ferah Restaurant 🔟, nahe dem Kreuzfahrt-schiffhafen, versteckt hinter dem Park. 1-a-

Meze (ab 2,50 €, teurer die Fisch-Meze), ebenfalls hervorragender frischer Fisch (Preis nach Gewicht, Portion ab ca. 8 €). Aufmerksamer Service. Innen etwas bieder, die Terrasse ist aber herrlich, man sitzt direkt am Meer. Von Lesern hochgelobt. Liman Cad. 10, ✆ 6141281.

Ayhan Usta , gepflegtes Lokal mit schöner Terrasse und Blick auf die Marina. Ne-

Basarzeile in Kuşadası

ben den üblichen Touristensteaks auch gute, außergewöhnliche Fleischgerichte, aber auch Fisch. Hg. 6–16 €. Atatürk Bul., ✆ 6180459.

Yuvam 22, versteckt gelegenes Lokal an der 7 Eylül Sok., vorrangig von Einheimischen besucht. Leckere Topfgerichte im täglichen Wechsel, Aufläufe und Suppen – kosten Sie die örtliche Spezialität *Kulaklı Çorba* („Ohrensuppe") – Tomatensuppe mit Teigtäschchen. Günstig.

Bül Bül I 7, beliebtes, großes und einfaches Restaurant. Nur kleine Karte: *Saç Kavurma*, Döner, Pide und *Güveç*. Fest in türkischer Hand. Alkoholfrei. Terrasse mit Friedhofsblick. Hg. faire 3–5,50 €. Kahramanlar Cad. (einfach der Fußgängerzone stadtauswärts folgen), ✆ 6130095.

Bizde Ye 6, gepflegte, kleine, zentral und doch versteckt gelegene Lokanta mit einem originellen Namen: „Iss bei uns!". Das empfehlen auch wir, denn die aus irdenen Gefäßen angebotene Hausmannskost ist sehr lecker, vielfältig und preisgünstig. Dazu sehr freundliches Personal. İnönü Bul. Ülgen Sok.

Balıkçılar Aile Çay Bahçesi 14, einfaches Terrassenlokal über dem Fischmarkt. Machen die Nachbarlokale marktschreierisch auf sich aufmerksam, muss man erst einmal den Eingang finden – halten Sie nach einer Treppe Ausschau. *Gözleme*, Grillfisch, Bier und Tee. Viele lederhäutige Fischer im Publikum. Günstig.

Snacks Park Büfe 16, ein Low-Budget-Tipp an der Kemal Arıkan Cad. Kleiner Verschlag mit ein paar Holztischen draußen im Park. Zum günstigen Bier isst man einen gegrillten Fisch im Brot (nur 1,25 €), es gibt aber auch Burger und Kebabs.

Café Özsüt 18, Süßspeisen jeder Art. Mit Terrasse. Kemal Arıkan Cad.

Nachtleben
(→ Karte S. 217 und S. 218)

Im Sommer ziehen viele Clubs und Kneipen aus İzmir nach Kuşadası um, und mit ihnen die Partypeople. Die besseren Clubs verlangen 7–15 € Eintritt, oft besorgt ein Türsteher die Auswahl des Publikums.

Beachclubs Party am Strand! Absolut angesagt waren zuletzt die Beachclubs **Jade** 12 und **Soho** 13 auf der Landzunge Yılan cıburnu im Südosten von Kuşadası. Nachts wird bei House- oder Livemusik ausge-

lassen gefeiert, am Nachmittag gemütlich relaxt.

Bar Street Die **Barlar Sokağı**, die „Pub Lane" bzw. „Bar Street", ist eine brodelnde Amüsiermeile, bestehend aus Pubs (wie

Kuşadası

300 m

Map labels:

Hüseyin Reis Cad.

Saydam Tıp Merkezi

Candan Tarhan Bul.

Freitagsmarkt

İbrahim Çiftçi C.

Rıza Saraç C.

Atatürk Bulvarı

Europcar (Autoverleih)

İstiklal Cad.

Gençlik Cad.

Ülgen Sok.

Dolmuşe nach Pamucak, Selçuk und Ephesus

Şevki Hasırcı Meydanı

Mittwochsmarkt

Dolmuşe nach Osten

A. Menderes Bul.

Özgür Sok.

Dilek-Nationalpark, Davutlar

Waschsalon

İsmet İnönü Cad.

Detail-Karte siehe Seite 218

Kemal Arıkan Cad.

Bozkurt Sok.

Sağlık

Kaleiçi Hamamı

Kahramanlar Cad.

Barbaros Hayrettin Bul.

Arslanlar Cad.

Fischerhafen

Fisch-markt

Liman C.

İskele Meydanı

Kıbrıs Cad.

Yıldırım Cad.

Fähr- und Kreuzfahrthafen

Azim Tours (Reisebüro)

Bazırgan Sok.

Kemer Sok.

Mercan Sok.

Güvercin Ada Cad.

Ladies Beach

Fähren nach Sámos

Ausflugsboote

Güvercin Ada (Taubeninsel)

Yılancı Burnu

Ladies Beach

Übernachten
1 Yat Camping
2 Önder Camping
4 Boutique Pension Captain Zula
5 Hotel Kismet
8 Villa Konak
9 Cennet Pension
0 Liman Hotel

Essen & Trinken
3 Ayhan Usta
6 Bizde Ye
7 Bül Bül I
1 Ferah Restaurant

Nachtleben
2 Jade
3 Soho

Basarviertel

---

z. B. **Jimmy's Irish Bar**, **The Shamrock**, **Paddy's Irish Bar** oder **Kitty O'Shea**), Clubs und Discobars (wie. z. B. **Authentic**, **Kale Megdan**, **Kuşadası V.I.P. Club** oder **Emperor**), in denen Musik querbeet aufgelegt wird. Das Treiben ist bunt und billig.

Weitere Danceclubs In der Tuna Sok. in der Altstadt gibt es Nachtleben für jeden Geschmack, egal ob Elektro, türkische Volks-weisen oder Karaoke. Sehr populär war dort zuletzt der **Ex Club 23** in Hnr. 13, ein in Weiß gehaltener Danceclub. Ums Eck in der Sakarya Sok. befindet sich die **Another Bar 20**, die alles zwischen vergessenem Underground und der neuesten Chartmusik präsentiert. Der lila-rosa gestrichene, winzige **Tattoo Club 19** in der gleichen Straße ist ein netter kleiner Gayclub.

Baden/Tauchen

Baden Die Strände vor Ort sind wenig prickelnd, relativ schmal und voller Liegestühle. Wer ruhigere Buchten sucht, muss ein ganzes Stück fahren. Ein Überblick:

Südlich von Kuşadası: Der bekannteste Strand rund um Kuşadası ist der **Kadınlar Plajı** bzw. **Ladies Beach** (z. T. auch mit „Kadınlar Denizi" ausgeschildert) 2,5 km südlich von Kuşadası. Er ist ebenfalls recht schmal, mit Liegestühlen zugepflastert und dahinter verbaut. Vom Surfbrettverleih bis zur

Kuşadası Zentrum

60 m

Strandkneipe ist alles vorhanden, was der Kuşadası-Urlauber wünscht. Südlich des Ladies Beach schließen sich die Sandkastenstrände **Green Beach** und **Sunrise Beach** an. Und noch etwas weiter südlich folgt ein kilometerlanger Sandstrand bis **Güzelçamlı**, der ebenfalls komplett verbaut ist: Stellenweise staffeln sich die Ferienhäuser in mehr als 50 Reihen! Damit jeder weiß, wo er ist, hat man diesen Strand in Abschnitte mit so klangvollen Namen wie „Love Beach" oder „Paradise Beach" unterteilt. Am besten fährt man durch bis zum **Dilek-Nationalpark** (s. u.): Die 4 traumhaften Strände rund 28 km südlich von Kuşadası sind mit Abstand das Beste, was die Gegend fürs Badevergnügen zu bieten hat.

Nördlich von Kuşadası: Beim 5 km nördlich von Kuşadası gelegenen Feriendorf **Kuştur** findet man den gepflegten, sandigen **Pygale Beach** (nach dem unübersehbaren Hotel dort auch **Tusan-Strand** genannt, auch falsch mit „Pygela" ausgeschildert). Die Sonnenschirmreihen sind mit außerordentlicher Geradlinigkeit gezogen. Dahinter ein paar Kneipen.

Herrlich ist der ausgedehnte, recht leere (aber nicht an Wochenenden!) Sandstrand von **Pamucak** ca. 12 km nördlich von Kuşadası. Im Süden gibt es zwei Aquaparks hinter dem Strand, das **Aqua Fantasy** und das **Adaland**. Für weitere Strände gen Norden → Selçuk/Baden, S. 190.

Tauchen Einen guten Ruf besitzt die Tauchbasis **Active Blue** im Ephesus Princess Hotel, 7 km nördlich von Kuşadası am Pamucak-Strand. ☎ 0532/7074909 (mobil), www.activeblue.com.

Dilek-Nationalpark

(Dilek Milli Parkı)

Der 1966 auf der Dilek-Halbinsel erschlossene Nationalpark rund um den 1237 m hohen Samsun Dağı ist ein Lichtblick in der verbrauchten und verbauten Natur rund um Kuşadası. Zum Nationalpark mit einer Gesamtgröße von 28.000 ha gehören auch weite Teile des Büyük-Menderes-Deltas. Kiefernwälder bedecken ein Drittel des Parkareals und machen Wanderungen und Mountainbiketouren auch in der Sommerhitze erträglich. Wer leise ist, kann zahlreiche Vogelarten (über 250 soll es geben, darunter Kormorane und Pelikane), Wildschweine (die bis an die Strände kommen), Schakale, Luchse und Wildpferde zu Gesicht bekommen. Selbst der anatolische Panther soll sich hier noch tummeln – nur ward dieser seit 1974 nicht mehr gesehen.

Die herrlichen, bestens ausgeschilderten Strände des Nationalparks verfügen über Restaurants (nur in der Saison) und Picknickbänke. Da die Strände größtenteils flach ins Meer abfallen, sind sie zudem sehr kinderfreundlich. Das Wasser ist glasklar. Als Erstes kommt die Sandkiesbucht İçmeler, darauf folgt Aydınlık (Kies), dann der größte und frequentierteste Beach Kavaklıburun (auch Kalamaki genannt, Kies/Sand) und zum Schluss der Karasu-Strand (Kies). Kleiner Wermutstropfen: An Wochenenden sind die Strände gnadenlos überlaufen. Die Westspitze der Halbinsel ist militärisches Sperrgebiet – Sámos ist keine 2 km entfernt, und die Soldaten möchten sich beim gegenseitigen Belauern nicht stören lassen.

Den Eingang zum Nationalpark erreicht man über **Güzelçamlı**, retortig an der Küste, kleinstädtisch-provinziell im dahinter liegenden Zentrum. 100 m vorm Eingang zum Park weisen Schilder zur „Zeus Mağarası", einer **Grotte** mit Bademöglichkeit. Das Wasser leuchtet je nach Lichteinfall in Grün- oder Blautönen. Um die Grotte ranken sich allerlei Legenden, u. a. soll hier die Jungfrau Maria gebadet haben; seitdem soll der Sprung ins kühle Nass Schönheit verleihen.

Verbindungen/Anfahrt Regelmäßig **Dolmuşe** ab Kuşadası und Söke. Sie fahren im Park nur den Kavaklıburnu-Strand direkt an, zu den anderen Stränden muss man von der Durchgangsstraße noch ein paar Minuten laufen. Der Park ist von der Straße Kuşadası – Söke mit „Milli Park/Davutlar" ausgeschildert.

Öffnungszeiten Tägl. 8–19 Uhr (17 Uhr im Winter). Eintritt 2 €, Auto 5 €, Wohnmobil 16,50 € (!). Grillen und Übernachten verboten.

Wandern Es ist möglich, den Nationalpark von Nord nach Süd über den Gebirgszug des Samsun Dağı bis nach Eski Doğanbey (→ S. 224) zu durchwandern (Dauer je nach Kondition 4½–6½ Std.). Herrliche Aussichten sind garantiert. Der Einstieg in den markierten Wanderweg ist zwischen der Aydınlık- und der Kavaklıburun-Bucht mit „Kanyon" ausgeschildert, dort auch eine Orientierungstafel.

Buchtenzauber im Dilek-Nationalpark

Südägäis → Karte S. 215

Zwischen Kuşadası und Milas

Rund 100 km trennen Kuşadası von Milas. Die Strecke ist – obwohl die Nationalstraße 525 weit abseits der Küste verläuft – landschaftlich reizvoll und abwechs-
lungsreich. Über Söke gelangt man in die weite Schwemmlandebene des Großen
Mäander, danach führt der Weg weiter durch das wilde karische Bergland. Zwisch-
en Kuşadası und Milas liegt eine Vielzahl antiker Stätten, darunter so hochkarätige
wie Priene, Milet und Didyma (von Kuşadası kommend allesamt über Söke zu erreichen). Ebenfalls hochkarätig – im Hinblick auf landschaftliche Schönheit – ist
die wildromantische Bergwelt am Bafa-See.

Söke und Magnesia

Söke (ca. 77.000 Einwohner) bietet nicht viel mehr als einen lebendigen Mittwochs-
markt, zu dem die Landbevölkerung pilgert und wohin organisierte Ausflüge von
Kuşadası angeboten werden. Außerdem hat Söke als Knotenpunkt im Busverkehr
Bedeutung.

Rund 15 km nördlich von Söke, rechts und links der Straße nach Ortaklar, liegt das
antike Magnesia (im Sommer tägl. 8.30–17 Uhr, Eintritt 1,50 €). Viele Ruinen
schlummern noch unter der Erde, die Universität Ankara bringt sie peu à peu ans
Tageslicht. Bedeutendstes Bauwerk der Stadt war der Artemistempel, von dem aber
nicht mehr allzu viel erhalten ist. Er zählte zu den größten Tempelanlagen
(41 x 67 m) Kleinasiens. Teile des Tempelfrieses befinden sich heute in İstanbul, Paris und Berlin. Vom Propylon wurden ein paar Säulen wieder aufgestellt. Zuletzt
wurden Latrinen entdeckt.

Die Straßenlokantas von Ortaklar 4 km weiter sind übrigens landesweit bekannt für
ihre leckeren Çöpşiş (Minispieße) – ein empfehlenswerter Lunchstopp, auch wenn
das Städtchen selbst sehr trostlos ist.
Verbindungen: Dolmuşe von Söke über Magnesia nach Ortaklar, Priene, Milet und
Didyma, zudem nach Kuşadası und Milas. Busverbindungen in alle größeren Städte der
Westtürkei. Gestartet wird stets am Busbahnhof (Otogar, ausgeschildert).

Priene   (antike Stadt)

Hoch über der Schwemmlandebene des Büyük Menderes thront das antike Priene.
Die Lage der Ausgrabungsstätte ist grandios, die Ruinen selbst sind es weniger, auch
wenn Archäologen dem für gewöhnlich widersprechen: Denn in Priene dominiert
– eine Seltenheit in der Ägäis – überwiegend unverfälschte griechische Bausubstanz, da die Stadt bereits in römischer Zeit nahezu bedeutungslos geworden war.

Das heute ausgegrabene Priene wurde zu Mitte des 4. Jh. v. Chr. neu gegründet. Die
Reste der Vorgängerstadt, welche einst direkt am Latmischen Meerbusen lag und
wegen Verlandung ihres Hafens aufgegeben wurde, ruhen irgendwo metertief unter
der Schwemmlandebene. Die neue Stadt wurde terrassenförmig im Schachbrettmuster nach dem hippodamischen System (→ Milet/Geschichte) angelegt. Sie war
durch Längs- und Querstraßen in etwa 80 Parzellen von 35 x 47 m unterteilt. Auf
jeder Parzelle hatten ca. vier Privathäuser Platz. Die befestigte Akropolis, von der
nur noch spärliche Mauerreste erhalten sind, wurde nördlich der Stadt auf einem
knapp 250 m hohen Felsblock errichtet.

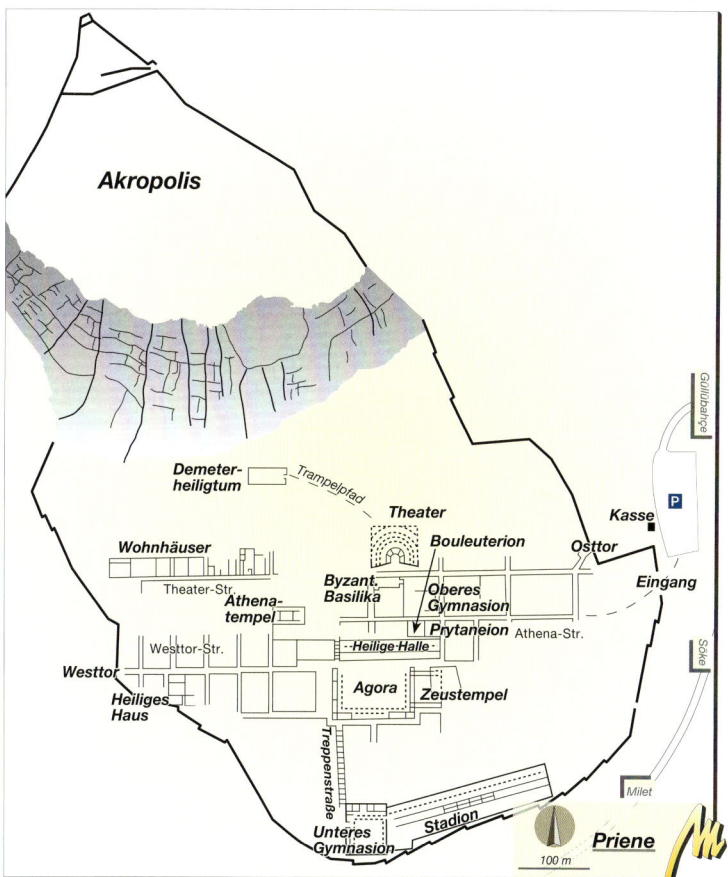

Als das Stadtsäckel leer war, kam 334 v. Chr. zum Glück Alexander der Große vorbei: Er übernahm die Baukosten des Athenatempels. Eine kurze Blütezeit brach an. Doch schon 277 v. Chr. zerstörten die Galater die Stadt. Nach dem erneuten Wiederaufbau geriet Priene in die Diadochenkämpfe und nahm durch Brände und Plünderungen großen Schaden. Unter römischer Regentschaft (ab 133 v. Chr.) herrschte zwar Friede, doch mit der zunehmenden Verlandung des Golfes und dem Verlust seines Hafens sank Priene mehr und mehr in die Bedeutungslosigkeit ab. Byzanz schenkte der Stadt zwar noch einen Bischofssitz, doch Prienes Untergang tat dies keinen Abbruch. Im 14. Jh. verließen sie die letzten Bewohner.

Erste Ausgrabungen erfolgten 1868 durch ein britisches Team. Zwischen 1895 und 1899 legte der Pergamon-Entdecker Carl Humann mit seinem Kollegen Theodor Wiegand die Stadt systematisch frei. Die bedeutendsten Skulpturen und Bauteile wanderten nach İstanbul, ins Britische Museum und ins Berliner Pergamon-Museum.

Verbindungen/Anfahrt   Von Söke ca. halbstündl. **Minibusse**. Von Kuşadası und Selçuk **organisierte Tagestouren** nach Priene, Milet und Didyma. Priene ist von der Straße Söke – Milas ausgeschildert. Die Ruinenstadt liegt oberhalb des Dorfes Güllübahçe und ist auf einem schmalen Sträßchen bequem zu erreichen.

Öffnungszeiten   Tägl. 8.30–19 Uhr, im Winter bis 17 Uhr, außerhalb der Öffnungszeiten frei zugänglich. Eintritt 1,50 €.

Übernachten/Camping/Essen & Trinken
In Güllübahçe gibt es einige Restaurants und die **Priene Pension**, ausgeschildert. 16 ordentliche, geräumige Zimmer mit (gefülltem!) Kühlschrank, die sich um ein Mandarinengärtchen gruppieren. Keine Klimaanlage. Im Aug. manchmal vom Grabungsteam belegt. Nebenan kräht der Hahn mit dem Muezzin um die Wette. Campingmöglichkeiten. Pool, Restaurant. Monopolpreise (handeln!): EZ 30 €, DZ 50 €. Turunçlar Mah., ☎ 0256/5471725, 🖷 0256/5471565.

Sehenswertes

Leider erleichtert der schachbrettartige Grundriss der Stadt keinesfalls die Orientierung: Wo einst geradlinige, gepflasterte Straßen waren, winden sich heute Feldwege und Pfade hinauf und hinab. Verwirrend ist zudem, dass die Stadt nicht nur in Hanglage, sondern zugleich noch rund um einen Hügelrücken errichtet wurde. Zum Glück aber sind alle bedeutenden Bauwerke auch mit deutsch beschrifteten Schautafeln versehen. Der Parkplatz samt Kassenhäuschen befindet sich nahe dem Osttor weit unterhalb der meisten Sehenswürdigkeiten. Nach Betreten des Ruinenfeldes steigt man zum Zentralbereich der Stadt auf. Die interessantesten Monumente im Überblick:

Theater: Verhältnismäßig klein, fasste es mit seinen 50 Sitzreihen knapp 6500 Zuschauer. Unmittelbar vor der Orchestra stehen fünf marmorne *Ehrensessel* für hohe Würdenträger, auf der Hauptachse befindet sich der *Dionysos-Altar*. Vom Bühnengebäude, in römischer Zeit renoviert, steht noch das Erdgeschoss, ebenso die gut erhaltene Säulenreihe der Vorhalle. Man nimmt an, dass zwischen die Säulen verzierte Holztafeln gesetzt wurden, die als Kulisse dienten. Zu Füßen des Theaters, unter Kiefern hinter dem Bühnengebäude, liegen die Reste einer *byzantinischen Basilika*. Von hier verläuft die Theaterstraße zum weiter westlich gelegenen Athenatempel. Ein kleiner Abstecher führt davor zum Demeterheiligtum.

Demeterheiligtum: Versteckt im Pinienwald oberhalb des Theaters liegen die spärlichen Reste des stark zerstörten, der Göttin der Feldfrucht geweihten Heiligtums. Ein Trampelpfad führt hin, den Einstieg findet man am obersten Theaterrang. Der Grundriss des ummauerten, heiligen Bezirks ist noch deutlich zu erkennen. Einst betrat man die Anlage zwischen einem Wasserreservoir und einer Wohneinheit von Osten aus. Gegenüber stand der Tempel, davor eine Säulenhalle. Hier fand man die Marmorstatue der Oberpriesterin Nikesso; in Priene einst hoch geschätzt, verblasst sie heute im Berliner Pergamon-Museum.

Athenatempel: Der Architekt Pytheos (4. Jh. v. Chr.), der mit dem Mausoleum von Halikarnassos (→ Bodrum) eines der sieben antiken Weltwunder entwarf, gab auch in Priene sein Bestes. Hier schuf er den Athenatempel, das Hauptheiligtum der Stadt. Heute ist leider nur noch dessen Fundament erhalten, von dem fünf wieder aufgerichtete, ionische Säulen samt Kapitellen imposant in den Himmel ragen. Bevor der Tempel einem Erdbeben zum Opfer fiel, war er von einer Säulenreihe umgeben. Die Kultstatue der Athene darin war um die 6,5 m hoch. Ihr Abbild zierte u. a. römische Münzen. Der Anblick des Tempels hoch über dem Golf von Latmos, vor der Kulisse einer schroffen, senkrecht aufsteigenden Felswand, muss beeindruckend gewesen sein.

Agora und Heilige Halle: Eine Treppenflucht führt vom Tempel hinab zu einem Brunnen. Ein paar Schritte zur Linken stößt man auf die stattliche Agora (75 x 46 m), die einst das wirtschaftliche Herz der Stadt war. Auf dem Platz erkennt man noch die Sockel, auf denen die Statuen wohlverdienter Bürger standen. Zur Mäanderebene hin grenzt die Agora an eine Säulenhalle, auf der Ostseite finden sich die spärlichen Reste eines *Asklepios-Heiligtums*, früher fälschlicherweise als Zeustempel bezeichnet. Auf das Heiligtum wurde später ein byzantinischer Wehrturm gebaut.

Direkt dahinter, zur Hangseite hin, liegen etwas erhöht die Ruinen der sog. *Heiligen Halle* (12,5 m tief, 116 m lang), ein zweischiffiges Gebäude mit einer äußeren Doppelreihe von 49 dorischen und einer Mittelreihe von 24 ionischen Säulen. Die rückwärtigen Kammern (an der Nordwand) dienten überwiegend als Archive. In der 9. (vom Westen gezählt) wurde zudem Kaiser Augustus verehrt. Hier fand man auch diverse Inschriften zur Stadtgeschichte, u. a. über die Einführung des Julianischen Kalenders 9 v. Chr.

Wohnhäuser am Westtor: Die Hauptstraße zwischen Agora und Heiliger Halle führt gen Westen zu den privaten Wohnhäusern der Stadt. Sie bestanden meist aus einem rechteckigen Innenhof, um den sich eine Vorhalle sowie Schlaf- und Essgemächer gruppierten. An der Straße liegt auch das *Heilige Haus*, in dem Alexander der Große gewohnt haben soll. Hier entdeckte man ein Kieselmosaik (heute nicht mehr zu sehen) und zwei Podien zur Götterverehrung. In anderen Häusern sind noch Reste von Ausschmückungen und Wasserbecken zu entdecken.

Bouleuterion: Nordöstlich der Heiligen Halle liegt das noch gut erhaltene Bouleuterion. Hier versammelte sich der Rat der Stadt. Es war ein verhältnismäßig kleines, quadratisches und fensterloses Gebäude mit Holzdach, das jedoch ungefähr 650 Personen, rund einem Zehntel der Bevölkerung, Platz bot. Licht kam durch die offene Südseite hinein. Auf dem etwa 1 m hohen Altar vor der Tribüne wurde vor jeder Sitzung den Göttern ein Opfer gebracht.

Prytaneion: In dem Gebäude direkt neben dem Bouleuterion residierte der Magistrat. Erhalten sind ein Wasserbassin im Hof sowie Reste eines Herdes und eines Marmortisches in einem Nebenraum, vermutlich der Standort des Heiligen Feuers der Stadt.

Unteres Gymnasion: Hangaufwärts des Prytaneions lag das *Obere Gymnasion*, dessen verbliebene Quader wenig sehenswert sind. Anders das Untere Gymnasion, das über eine Treppenstraße von der Agora zu erreichen ist. Der quadratische Innenhof war auf allen Seiten von dorischen Hallen gesäumt. Deutlich erkennt man noch den Baderaum mit Becken, in die Wasser aus einer umlaufenden Rinne mit putzigen Löwenkopfspeiern lief. Daneben lag der Ephebensaal, der den jüngeren Schülern als Unterrichtsraum diente. Diese waren auch nicht besser als heutige Schulpflichtige: Die marmornen Wände sind über und über mit Schülersprüchen, Namen und Kritzeleien bedeckt.

Stadion: Das Stadion, 191 m lang und 20 m breit, schließt östlich an das Gymnasion an. Im Westen sind – durch Pfeiler abgetrennt – die Startschwellen der Läufer gut erhalten. Gestartet wurde hinter einer Schranke, die vor allen Startboxen gleichzeitig hochschnellte – ähnlich der heutigen Startanlage bei Pferderennen. Die Hanglage ließ nur Zuschauerränge auf der Nordseite (= Hangseite) zu. Die *Steintribüne* im Mittelteil und der dahinter liegende *Porticus* sind gut erhalten.

Südägäis → Karte S. 215

Die Schwemmlandebene des Mäanderdeltas

Wo 494 v. Chr. in einer großen Seeschlacht die Mileter den Persern unterlagen, erstreckt sich heute eine weite Ebene von mehreren Hundert Quadratkilometern. Die größten Baumwollplantagen der Ägäis sind hier zu finden (mehr zur Baumwolle → S. 479). Die Schwemmlandebene schuf der Büyük Menderes, der die Küstenlinie durch seine starke Sedimentation im Laufe der Jahrhunderte so weit vorschob (im Schnitt 9 m pro Jahr), dass die antiken Hafenstädte Priene und Milet heute kilometerweit im Landesinnern liegen. Zwar führte die Verlandung letztendlich zum Untergang der Städte, war aber aufgrund des fruchtbaren Bodens anfangs auch ausschlaggebend für deren Aufstieg.

Im Mündungsgebiet des Großen Mäanders erstreckt sich heute eine schilfgesäumte Lagunenlandschaft, Brut- und Überwinterungsgebiet vieler Vögel – ein Paradies für Ornithologen. Pfeif- und Krickenten, Brachschwalben, Stelzenläufer, Pelikane, Spornkiebitze und sogar Flamingos können hier beobachtet werden.

Eski Doğanbey und Umgebung

Eski Doğanbey („Alt-Doğanbey") auf der Südseite des Dilek-Nationalparks (s. o.) hieß bis 1922 *Domatia*. Dann jedoch mussten die alteingesessenen griechischen Bewohner im Rahmen des Bevölkerungsaustausches ihre Heimat verlassen und Türken übernahmen ihre Häuser. In den 1980ern jedoch zogen auch die türkischen Familien wieder weg und gründeten 1,5 km unterhalb Yeni Doğanbey („Neu-Doğanbey"); der alte Ort verfiel. Erst vor etwa zehn Jahren begannen wohlhabende Städter, sich um die Restaurierung der morbiden Natursteinhäuser zu bemühen, mittlerweile wohnen hier wieder vier Familien. Heute ist Eski Doğanbey ein idyllisches, aber totenstilles Bilderbuchdorf mit uralten Wegen und wuchernden Oleanderbüschen. Bislang gibt es noch nicht einmal ein Restaurant. In der ehemaligen Schule wurde dafür ein **Nationalpark-Besucherzentrum** eingerichtet (*Ziyaretçi Tanıtım Merkezi*, zu erkennen an der Türkeiflagge am Gebäude, offiziell tägl. 9–18 Uhr, im Winter bis 17 Uhr, tatsächlich mehr nach Lust und Laune, Eintritt frei), das u. a. ausgestopfte Tiere zeigt. Hier erhält man auch Informationen zu Wander- und Radtouren sowie zu Vogelbeobachtungen.

Wer von Doğanbey der aussichtsreichen Küstenstraße entlang dem Delta gen Westen weiter folgt, landet nach ca. 7 km in der Häuseransammlung **Karina** vor der militärischen Sperrzone und damit am A… der Welt. Dort serviert das „Karina Balık Restaurant" (mobil 0532/7442134) fangfrischen Fisch zu günstigen Preisen. Die Tische stehen direkt am Wasser, davor schaukeln die Fischerboote – ein wunderbarer Ort!

Anfahrt/Verbindungen Eski Doğanbey erreicht man über Söke und Priene. 15 km hinter Priene weist ein braunes Schild (Aufschrift „Doğanbey") ins Dorf. **Dolmuşe** von Söke nur nach Yeni Doğanbey.

Übernachten Ferienhaus Casa Luna, 2 kleine Ferienhäuser sowie 2 DZ im Haupthaus (Bäder separat). Simpel, aber nett. Herrliche Ruhe. Tolle Terrassen. Die Vermieter wohnen in Deutschland, Kontaktpersonen vor Ort (jedoch nur nach vorheriger Reservierung buchbar). Mindestmietdauer eine Woche. Haus ab 44 €/Tag, DZ ab 22 €, jeweils zzgl. Endreinigung. Kein Frühstück. Eski Doğanbey, ℡ 0172/7646910 (mobil, Deutschland), www.doganbey.de.

Im Theater von Milet

Milet
(antike Stadt)

80.000 Einwohner und vier Häfen zählte Milet. Doch wo einst Handelschiffe in See stachen, liegen heute weite Baumwollfelder. Und zwischen den Ruinen vergessener Monumentalbauten grasen Schafe.

Wie Ephesus war auch Milet durch Verlandung seiner Häfen dem Untergang geweiht. Die Ruinen liegen heute rund 10 km abseits der Küste und lassen kaum mehr erahnen, dass die Stadt eine der bedeutendsten Hafenstädte der griechischen Antike war. Wie keine andere gründete sie Kolonien und trieb einen lebhaften Seehandel. Und gäbe es heute noch einen Bürgermeister, würde er bei jeder Festrede auf die berühmten Söhne der Stadt verweisen: Da war zum einen Thales (625–547 v. Chr.), der erste abendländische Philosoph, der heute jedoch v. a. als Mathematiker bekannt ist – wer bei den Dreiecken in der Schule aufgepasst hat, der kennt ihn. Sein Schüler Anaximander erfand vermutlich die Sonnenuhr und erkannte als erster, dass die Erde frei im Weltraum schwebt. Dessen Schüler Anaximenes wiederum unterschied Planeten von Fixsternen und sah bereits das Mondlicht als Reflex des Sonnenlichtes an. Hippodamos von Milet war der einflussreichste Stadtplaner der Antike. In Milet wurde zudem das von den Phöniziern übernommene Alphabet vervollständigt. Und auch viel früher als anderswo hatte man hier begonnen, Münzen zu prägen und Gewichte festzulegen.

Geschichte

Man nimmt an, dass Milet im 16. Jh. v. Chr. durch kretische Siedler gegründet wurde. Nach dem Geschichtsschreiber Herodot eroberten im 11. Jh. v. Chr. Ionier die Stadt und töteten alle Männer. Deren Frauen machten sie zu ihren eigenen –

angeblich sollen diese aus Hass nie mit ihnen gesprochen haben. Wie dem auch war, die Stadt entwickelte sich unaufhaltsam und miletische Kolonisten gründeten schon ab dem 8. Jh. v. Chr. am Mittelmeer und am Schwarzen Meer mehr als 90 Tochterstädte, von denen Constanza (Rumänien), Sinop, Samsun und Trabzon (Türkei) die bekanntesten sind. Unter dem Tyrannen Thrasybulos erreichte Milet im 6. Jh. v. Chr. seinen Zenit, wurde geistiges Zentrum, bevorzugter Hafen und Handelsplatz Ioniens. In jener Zeit begann man mit dem Bau des Tempels von Didyma.

Nach einem gescheiterten Aufstand gegen die persische Großmacht wurde Milet 494 v. Chr. geplündert, zerstört und ein großer Teil der Bevölkerung verschleppt. Doch schon 479 v. Chr. begann man mit dem Wiederaufbau der Stadt, diesmal nach dem sog. hippodamischen System, an dem sich fortan alle planmäßigen Stadtgründungen der griechischen Klassik und des Hellenismus orientierten: Nicht mehr in engen, verwachsenen Gassen sollten die Menschen leben, sondern in Rasterstädten mit Schachbrettmuster (→ Priene).

Auferstanden aus Ruinen erlebte die neue Stadt bald wieder wirtschaftlichen Wohlstand – Kleider und Mobiliar „made in Milet" waren im Mittelmeerraum sehr begehrt. Eine politische Führungsrolle kam den als prunksüchtig geltenden Miletern aber nicht mehr zu, vielmehr wurde die Stadt in den nächsten beiden Jahrhunderten zum Spielball verschiedener Mächte. Ruhe kehrte erst wieder unter der Herrschaft Pergamons ein. In jene Zeit fallen auch die *Milesischen Geschichten*, erotische, novellenartige Erzählungen von Aristides von Milet. Unter Rom (ab 133 v. Chr.) erlebte die Stadt ihre letzte Blüte, Cäsar, Antonius und der Apostel Paulus statteten ihr einen Besuch ab.

In byzantinischer Zeit war es bereits still um Milet, obwohl die Stadt noch zu einem Bischofssitz erhoben wurde. Fortan pflegte sie ein Schattendasein in der Weltgeschichte. Im 14. Jh. erhielt sie als Hafenstadt des Menteşe-Emirats (→ Geschichte Milas) einen neuen Namen: Balat (Palatia). Irgendwann im 17. Jh. gab man die Versuche auf, gegen die Verlandung des Hafens anzukämpfen und die ehemals so mächtige Hafenstadt verwandelte sich nun endgültig in ein langweiliges Provinznest. 1955 wurde Balat nach einem Erdbeben aufgegeben und ein paar Kilometer weiter südlich in typisch türkischer Dorfmanier wieder aufgebaut. Erste archäologische Untersuchungen unternahm 1899 Theodor Wiegand vom Berliner Museum. Noch heute erforscht das Deutsche Archäologische Institut die antike Stadt, die Ausgrabungen dauern an.

Verbindungen   Organisierte Tagesausflüge, meist in Verbindung mit dem Besuch von Priene und Didyma, werden von Bodrum, Kuşadası und Selçuk angeboten. Theoretisch bietet sich von Söke eine Anfahrt mit dem **Dolmuş** an (ca. 3-mal tägl., nur am Vormittag). Da die Dolmuşe meist aber umgehend zurückkehren, läuft man Gefahr, dass man für den Rückweg 5 km bis ins Dorf Akköy spazieren muss, wo die Dolmuşe auf der Strecke Söke – Altınkum vorbeikommen. Vor Ort großer gebührenpflichtiger Parkplatz und mehrere kleine Restaurants.

Öffnungszeiten   Tägl. 8.30–19 Uhr (im Winter 8–17 Uhr). Eintritt für Ausgrabungsstätte und Museum jeweils 1,20 €.

Sehenswertes

Ein Besuch des Ausgrabungsgeländes gewinnt an Faszination, wenn man sich vorzustellen vermag, dass sich das antike Milet auf einer rund 2,5 km langen Halbinsel erstreckte. So lag z. B. zu Füßen des Theaters der sog. **Theaterhafen**, in dem einst Handels- und Kriegsschiffe dümpelten und heute das Kassenhäuschen und ein paar Snackbars stehen. Die wichtigsten Bauwerke, das Gros stammt übrigens aus

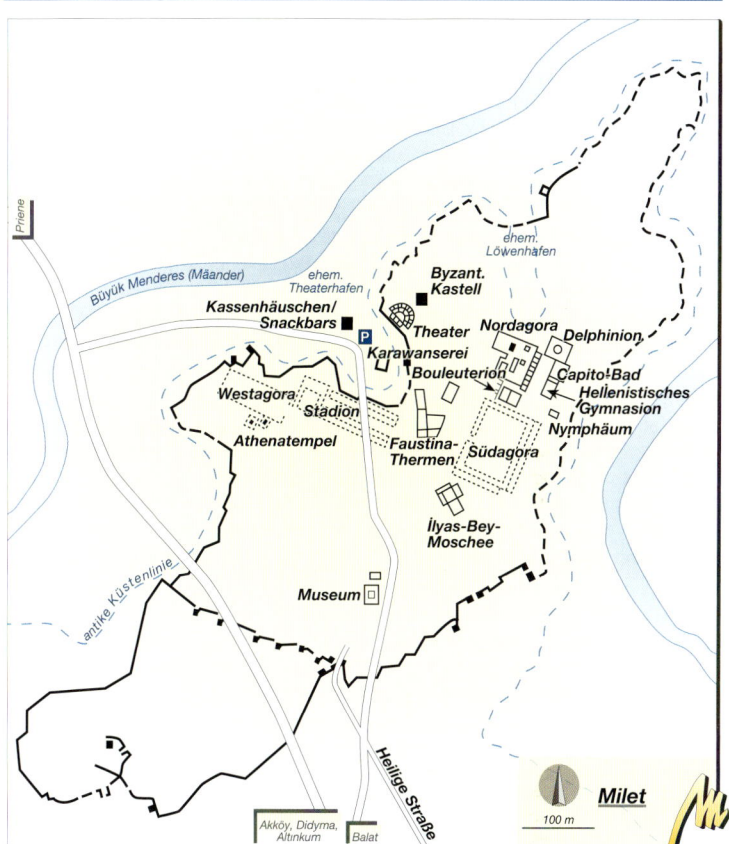

römischer Zeit, lassen sich in einem Rundgang besichtigen. Wer alle zu Fuß abklappern will, sollte mindestens einen halben Tag einkalkulieren, nach stärkeren Regenfällen sind Gummistiefel keine schlechte Idee. Genießer sollten sich das Theater – diesem gegenüber verblassen die anderen Ruinen – als Highlight für den Schluss aufheben.

Theater: Das eindrucksvolle Theater, eines der größten Kleinasiens, wurde unter Kaiser Trajan (97–117 n. Chr.) auf den Fundamenten eines hellenistischen Theaters errichtet. Die Vorderfront misst 140 m, der obere Umgang ist 500 m lang. Über 30 m ragt der imposante Bau aus der Ebene auf. Das gewaltige Theaterhalbrund fasste zwischen 15.000 und 25.000 Zuschauer – die Quellen sind sich uneins. Ausgezeichnet erhalten sind die 18 unteren Sitzreihen. Die beiden Säulen dort trugen einst einen Baldachin, unter dem der Kaiser Platz zu nehmen pflegte. Das Bühnengebäude war reich verziert mit Pilasterkapitellen, Statuen und Reliefs, es lohnt, sich die verstreut liegenden Architekturfragmente näher anzuschauen. Auf der Hügelkuppe über dem Theater thront – gewissermaßen als Zugabe – ein zerfallenes *byzantinisches Kastell* aus dem 8. Jh. Von ihm genießt man eine ausgezeichnete Aussicht über das weitläufige Ruinengelände inmitten der Mäanderebene.

Löwenbucht: Nördlich des Theaters lag der sog. Löwenhafen, dessen Einfahrt zwei große marmorne Löwenfiguren flankierten. An der inneren Spitze des Hafens stand das *Trophäum*, ein Hafenmonument, von dem noch der vierstufige Sockel (Durchmesser 11 m) mit einem Tritonenfries erhalten ist. Anfangs ehrte es wahrscheinlich Pompeius, der 63 v. Chr. das östliche Mittelmeer vorübergehend von der Piratenplage erlöste, später Kaiser Augustus für dessen ruhmreiche Taten in der Seeschlacht von Actium. Vom Trophäum führte eine 30 m breite Prachtstraße, die rechter Hand von einer *Kolonnadenhalle* gesäumt wurde, zum Delphinion.

Delphinion: Der Freilichttempel, von dem nur noch das pflanzenüberwachsene Fundament zu sehen ist, diente der Verehrung des Apollon Delphinios, des Gottes der Seeleute, Häfen und Schiffe. Der Komplex besaß einen von Säulenhallen umgebenen Innenhof mit einem kleinen Rundpavillon aus Marmor. Vor dem Delphinion begann die *Heilige Straße*, die nach Süden zum Didymaion (s. u.) führte.

Nordagora: Rechter Hand der Heiligen Straße lag das nördliche Marktviertel (90 x 43 m), das ursprünglich allseits von Säulen umgeben war. Mit mehr als 200 Läden bildete es eines der bedeutendsten Handelszentren der Stadt. Heute ist der Platz von Tamarisken und Algen überwuchert, ein kleiner Teil der *Stoa* wurde rekonstruiert. Auf der anderen Seite der Heiligen Straße sieht man Reste einer römischen Thermenanlage, des sog. *Capito-Bades*, und daran anschließend Reste eines *hellenistischen Gymnasions*.

Bouleuterion: Um 170 v. Chr. wurde zwischen der Nord- und der noch größeren Südagora der Ratssaal der Stadt errichtet. Man betrat die Anlage durch einen Torbau an der Ostseite und gelangte in einen von Säulenreihen umgebenen Innenhof, in dem ein dem Kaiser Augustus geweihter Altar stand. Der Sitzungssaal dahinter bot, einem Theater gleich, auf 18 gut erhaltenen Sitzreihen etwa 1200 Ratsmitgliedern Platz.

Nymphäum: Gegenüber dem Bouleuterion stand das einst prachtvolle Brunnenhaus mit einer dreigeschossigen Prunkfassade, gestiftet von Trajans Vater. In den Nischen der Hauptfassade waren 27 Götterfiguren aufgestellt, die z. T. auch als Wasserspeier dienten. Das Bauwerk enthielt zudem öffentliche Toiletten und zwei Wasserreservoirs. Das unterste Stockwerk konnte weitgehend rekonstruiert werden.

Südagora: Sie lag südlich von Nymphäum und Bouleuterion und war mit rund 33.000 m² eine der größten der antiken Welt. Das imposante Nordtor wurde wieder aufgebaut – im Berliner Pergamon-Museum.

İlyas-Bey-Moschee: Noch weiter südlich steht die Ruine einer 1404 von Emir İlyas von Menteşe errichteten Moschee mit einem Storchennest darauf. Da zu jener Zeit schon viele Bauten der Stadt funktionslos waren, klaute man von diesen die Steine dazu. Nach dem Erdbeben von 1955 wurde sie zwar notdürftig renoviert, innen aber ausgeräumt. Zuletzt wurde das Gebäude umfangreich restauriert – nahebei befinden sich Reste einer *Medrese* und eines *Hamams*.

Faustina-Thermen: Auf dem Weg wieder zurück zum einstigen Theaterhafen, stößt man auf die Reste einer großen Thermenanlage, die im Jahre 164 n. Chr. von Faustina II., der Gattin Mark Aurels, gestiftet wurde. Es gab Kalt-, Warm- und Heißwasserbecken sowie Schwitzräume, die allesamt überreich mit Marmor ausgekleidet waren. Dahin ist dahin. Gut erhalten ist aber noch das *Frigidarium*, der Abkühlungsraum mit der intakten Skulptur des Flussgottes Mäander und jener eines Löwen.

Weiter westlich liegen in einer Grube die Fundamente eines **Stadions** und noch weiter westlich die spärlichen Reste der **Westagora**, an die sich südlich die

Grabungsstelle des **Athenatempels** anschließt. Funde davon – heute in den Museen von İzmir und İstanbul – lassen vermuten, dass dieser Ort zugleich zu den ältesten Siedlungsstätten Milets gehört. Vorbei an ein paar Souvenirgeschäften und Restaurants gelangt man zurück zum Parkplatz. Dabei fällt der Blick auf eine schön restaurierte **Karawanserei** aus dem 15. Jh., dem wohl letzten großen Bauwerk Milets. Noch bis vor wenigen Jahren wurden in ihr Teppiche verkauft, zum Zeitpunkt der letzten Recherche stand sie leer. Das neue, 2011 eröffnete **Museum** an der Straße nach Balat zeigt neben Funden aus Milet auch solche aus Priene und Didyma.

Badetipp: Mit den feinsten Stränden der Türkei ist der Küstenabschnitt zwischen Milet und Didyma nicht gesegnet, dennoch bietet sich auch hier ein Sprung ins kühle Nass an. Baden kann man gegen einen kleinen Obolus beim Picknickgelände **Tavşan Burnu** ca. 6 km nördlich von Didyma: gepflegter Strand mit einem schattigen Wald dahinter. An der Straße von Milet nach Didim befindet sich zudem ein **Aquapark**.

Didyma (antike Stätte)

Das Didymaion, die größte antike Tempelanlage der Türkei, beherbergte die bedeutendste Orakelstätte Kleinasiens. Im Ansehen rangierte diese unmittelbar hinter dem Orakel von Delphi.

In der Antike war Didyma im Unterschied zu Milet oder Priene nie eine Stadt, sondern diente einzig dem Kult des Gottes Apollon. Verwaltet wurde der Tempelbezirk von Milet aus, mit dem er durch eine 16 km lange, statuengeschmückte *Heilige Straße* verbunden war. Damals umgab ein Hain den kolossalen Tempel, heute steht er inmitten des ehemals griechischen Dorfes Didim. Dessen Kirche wurde in der ersten Hälfte des 20. Jh. in eine Moschee umgewandelt, die alten Natursteinhäuser beherbergen heute Restaurants, Läden und Teppichverkäufer. Das neue Didim etwas weiter, ein stetig expandierendes Konglomerat einheitlicher Apartmentblocks, ist mit Altınkum (s. u.) mittlerweile so gut wie zusammengewachsen.

Geschichte

Grabungsfunde lassen darauf schließen, dass es hier bereits im 11. Jh. v. Chr. ein Heiligtum gab, in dem die Erdmutter Gaia verehrt wurde. Zu jener Zeit bestand der heilige Ort aus nicht viel mehr als einem kleinen Kulttempel mit einer Quelle. Man nimmt an, dass die Mileter diesen Kult im 8. Jh. v. Chr. auf die Zwillinge Apollon und Artemis übertrugen. Sie glaubten, Didyma sei der Ort ihrer Zeugung gewesen.

Schon bald darauf leuchtete Didymas Stern hell am Orakelhimmel. Vom lydischen König Krösus bis zum ägyptischen Pharao Necho – jeder Pilger und Ratsuchende stiftete kostbare Gaben. Und so hatte das Priestergeschlecht der Branchiden, die das Heiligtum hüteten, schnell die Mittel zusammen, um dem Kult einen würdigen Rahmen zu verleihen. Ein monumentaler Tempel wurde gebaut. Doch 494 v. Chr., noch vor seiner Vollendung, plünderten die Perser das Heiligtum und brannten es nieder.

Nach der Vertreibung der Perser in der zweiten Hälfte des 4. Jh. v. Chr. plante man den Wiederaufbau der Kultstätte. Noch gigantischer sollte sie diesmal werden, die größte Kleinasiens. Dass auch dieser Tempel nie vollendet wurde, lag nicht zuletzt an den unermesslichen Kosten des Projekts: Aus Inschriften weiß man, dass allein eine der 20 m hohen Tempelsäulen rund 20.000 Arbeitstage erforderte – und der Plan sah einen Wald von 122 Säulen vor! Hinzu kam, dass die Arbeiten aufgrund kriegerischer Auseinandersetzungen immer wieder für Jahrzehnte ruhten.

Als das Christentum Staatsreligion wurde, stellte man die Arbeiten am Tempel nach über 600 Jahren Bauzeit endgültig ein. Die Ruine diente als Festung, das Adyton als Kirche, bis beide Ende des 15. Jh. nach einem Erdbeben aufgegeben wurden. Die Reste der antiken Bauruine sind jedoch noch immer überaus imposant. Erste Ausgrabungen fanden unter französischer Leitung 1872 statt. Zwischen 1905 und 1914 wurde der Tempel vollständig freigelegt. Heute leitet das Deutsche Archäologische Institut die Forschungsarbeiten vor Ort.

Verbindungen Dolmuşe auf der Strecke Söke – Altınkum passieren Didim, zum Tempel von der Haltestelle ca. 300 m. Organisierte Tagesausflüge nach Didyma, meist in Verbindung mit dem Besuch von Priene und Milet, werden von Bodrum, Kuşadası und Selçuk aus angeboten.

Wenn Blicke töten könnten - die Medusa von Didyma

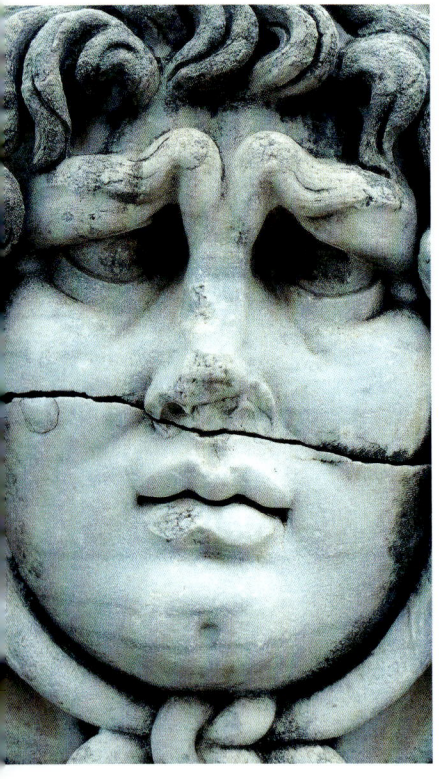

Öffnungszeiten Tägl. 9–19.30 Uhr, im Winter 9–17.30 Uhr. Eintritt 1,20 €.

Übernachten Etliche 08/15-Unterkünfte von 5-Sterne-Häusern bis zu einfachen Pensionen in **Altınkum** (s. u.). Beim Tempel beschränkt sich die Auswahl auf folgende Unterkünfte:

Medusa House, in dem alten griechischen Natursteinhaus gleich neben der Tempelanlage werden 5 auf den ersten Blick recht charmante Zimmer vermietet. Netter Hof. Alles könnte aber ein wenig gepflegter sein. EZ 40 €, DZ 70 €. ✆ 0256/8110063, ✉ 8111596, www.medusahouse.com.

Oracle Pension, urgemütliche Terrasse mit toller Aussicht auf die Ruinen. 5 sehr einfache Zimmer mit und ohne Bad, z. T. mit Balkon. Für den einen niedlich und okay, für den anderen eine heruntergekommene Kaschemme. DZ 30 €. Direkt neben dem Tempel, ✆ 0256/811027.

Camping Campingmöglichkeiten auf dem Picknickgelände **Tavşan Burnu** ca. 6 km nördlich von Didyma zwischen Straße und dem gepflegten, aber schmalen Sandstrand. Großer Platz unter Kiefern. Restaurant, Markt (beide nicht immer geöffnet). Etwas dürftige Sanitäranlagen, aber insgesamt okay. Viele türkische Gäste mit Hauszelten und viele Tagesgäste, die nur zum Baden kommen. Zelten für 2 Pers. 5,50 €, egal ob mit Zelt oder Wohnmobil. ✆ 0256/8256504.

Besichtigung der Tempelanlage

Der riesige Tempel (51 x 110 m) kann auf seiner Ostseite über eine 13-stufige Freitreppe betreten werden – beeindruckend sind hier die gigantischen Säulenstümpfe mit einem Durchmesser von 2 m. Teils schmücken schöne Reliefs ihre Basen. Die ionischen Kapitelle zierten einst Stierköpfe und Gottheiten, der Fries des Architravs zeigte liegende Löwen, Akanthusranken und Medusenköpfe, darunter der heute wohl meistfotografierte **Medusenkopf** der Welt, der nun gleich hinter dem Eingang zum Ausgrabungsareal aufgebahrt ist. Achtung: Der Blick der Medusa soll alle töten, die schlechte Absichten hegen!

Rund um die Tempelmauer war eine doppelte Säulenreihe geplant. Drei der 20 m hohen Säulen stehen noch bzw. wieder in ihrer vollen Pracht. Auf der Nordseite ist die doppelte Säulenreihe deutlich auszumachen, auf der Südseite blieb es vielfach bei deren Planung. Zwar finden sich hier Werkspuren, doch keine Säulenstümpfe. Auf der Westseite (Rückseite) bietet sich der Anblick einer umgestürzten, in einzelne Trommeln zerfallenen Säule.

Die Ruinen von Didyma im Abendlicht

An den **Pronasos**, die Tempelvorhalle, die einst auf weiteren zwölf Säulen ruhte, schließt die höher gelegene **Orakelhalle** an. Diese war nur den Priestern zugänglich, und wurde vom Innenhof des Tempels betreten. Durch ein monumentales „Fenster" (6,63 x 14 m) leiteten die Priester hier die Orakelsprüche des Apollon an das Volk weiter. Die Marmorquader zu beiden Seiten des Fensters wiegen je 70 t.

Rechts und links davon befinden sich die zwei tunnelartigen Gewölbegänge zum **Adyton** (dt. „unzugänglich"), dem 54 x 25 m messenden Innenhof des Didymaions, den nur Priester betreten durften. Er war mit Lorbeerbäumen bepflanzt und von einer 26 m hohen Mauer umgeben, die noch bis zu einer Höhe von etwa 10 m erhalten ist. Hier stand auch der Naiskos, ein kleiner Tempel, in dem sich die bronzene Kultstatue des nackten Apollon befand. Eine gewaltige Freitreppe führt zudem vom Innenhof hinauf in die Orakelhalle. Je nach Lichteinfall kann man dort Architekturzeichnungen an den Wänden erkennen, zudem Inschriften, die über den Bau des Tempels Auskunft geben.

Altınkum

Der 5 km südlich von Didyma gelegene Badeort ist eine niveaulose, wild wuchernde Ansammlung von Apartmentblocks, Hotels und Pensionen. Überall prangen Schilder von Immobilienmaklern, ab rund 20.000 £ gehen hier Ferienwohnungen über den Tisch. Die meisten Kunden sind Briten, auf die auch die Speisekarten der hiesigen Restaurants zugeschnitten sind: *Full English Breakfast* mit *Pork Sausage* und *Fish 'n' Chips* zu Preisen, die das Doppelte des Landesdurchschnitts überschreiten. Etliche Discobars und Open-Air-Kneipen am südwestlichen Ende der Bucht sorgen für ein unterhaltsames Nachtleben – wer Einschlafprobleme hat, sucht sich besser woanders eine Unterkunft. Das große Plus des Orts ist der lange, gepflegte, sanft ins Meer abfallende Sandstrand, der – außerhalb der Saison – seinem Namen (*altın kum* = goldener Sand) alle Ehre macht. Im Hochsommer ist von seiner goldenen Pracht aber nichts zu sehen, denn damit er nicht ausbleicht, wird er täglich mit tausenden von Sonnenschirmen und Handtüchern abgedeckt.

In der Masse baden – Strand von Altınkum bei Didyma

Verbindungen Regelmäßige **Dolmuş**verbindung von Altınkum über Didyma nach Söke. Von dort gelangt man mit Bussen in den Rest der Türkei.

Im Sommer **Fährverbindungen** zur Bodrum-Halbinsel (Torba, von dort mit dem Bus nach Bodrum), in manchen Jahren tägl., in manchen nur 2-mal wöchentl. – Abfahrt meist um 9 Uhr nach Bodrum, zurück um 17 Uhr (somit sind Tagesausflüge von Bodrum nach Didyma nicht möglich). 10 €/ Pers. hin und zurück.

Bafa-See   (Bafa Gölü)

Türkisgrünes Wasser, drum herum Natur pur und ein romantischer Ruinenort in bizarrer Landschaft: Der traumhaft gelegene Bafa-See lohnt mehr als nur einen Tagesausflug.

Vor 2000 Jahren gab es den Bafa Gölü noch gar nicht. Damals war hier eine Meeresbucht, der Latmische Meerbusen, in welchen der Große Mäander (→ Kasten, S. 224) mündete. Doch infolge der Abholzung der anatolischen Wälder und der damit verbundenen Erosion führte der Fluss immer mehr Schwebstoffe mit sich, die er im Mündungsgebiet ablagerte. So entstand die große Mäanderebene, die einen Teil des Golfes, den heutigen Bafa Gölü, vom neuen Küstenverlauf abtrennte. Heute ist der 15 km lange und 5 km breite See, dessen helle Quarzsandstrände zum Baden einladen, samt seiner Umgebung ein Naturreservat. 256 Vogelarten soll es hier geben, darunter auch Stein- und Schlangenadler. Das Südufer prägen weite Olivenhaine, an seiner Nord- und Ostseite türmt sich das wild zerklüftete Beşparmak-Massiv auf (1375 m, nach seinem höchsten Gipfel auch Latmosgebirge genannt). Es ist eine bezaubernde Felslandschaft, durchspickt von gewaltigen Gneisbrocken – herrlich zum Wandern. Am Nordostufer – inmitten der Ruinen des antiken **Herakleia** – liegt zudem das idyllische 325-Seelen-Dorf **Kapıkırı** mit mehreren Pensionen, in denen sich ruhige Naturen auch gerne längere Zeit einnisten. Das Gros der Einwohner besteht aus Bauern, die allabendlich ihre Kühe zurück ins Dorf treiben. Ihre Frauen versuchen derweil, Touristen selbst gebastelten Schmuck anzudrehen.

Die Stadt Herakleia wurde noch am Latmischen Meerbusen gegründet. Sie war von einer 6,5 km langen Stadtmauer umgeben, die Häuser kletterten von der Küste die dahinter liegenden Hänge bis auf 500 m hinauf. Die größte Blüte erlebte Herakleia in hellenistischer Zeit. Das Schicksal der Stadt wurde durch die Verlandung des Latmischen Golfs besiegelt.

Verbindungen/Sonstiges

Telefonvorwahl 0252.

Verbindungen Die **Dolmuşe** zwischen Söke und Milas (Abfahrt in Milas von der Tabakhane Garajı) passieren die Südseite des Sees und damit den Ort Bafa. Von Bafa ist man auf ein Taxi nach Kapıkırı angewiesen (5–7,50 €) oder man legt die restlichen 9 km per Anhalter zurück.

Eintritt Sofern das Kassenhäuschen besetzt ist, zahlt man am Ortseingang von Kapıkırı für die Besichtigung von Herakleia 1,20 €.

Bootsausflüge Werden von nahezu allen Unterkünften angeboten. 2-stündiger Trip mit Strandaufenthalt für 2 Pers. ca. 20 €.

Baden Wo der Einstieg steinig ist, kann es glitschig sein. Sandstrände findet man beim Dorf Kapıkırı, mehrere Kiesstrände zudem am Südufer. Einsame Badebuchten liegen auf dem Weg zur Zwillingsinsel (→ Wandern).

> **Achtung:** Am besten stattet man dem See im Frühjahr einen Besuch ab. Ab August neigt er wegen Überdüngung zur Algenwucherung – dann kann es bisweilen gehörig muffeln, und ein Bad im See macht wenig Freude.

Strandidylle am Bafa-See

Wandern Das Beşparmak-Massiv ist ein ideales Gebiet für halbwegs konditionsstarke und trittsichere Wanderer. Als Ziele locken Felsenklöster und Eremitagen. Die beliebte Wanderung zum **Stylos-Kloster** (einfach 4–5 Std.) sollte nur in Begleitung eines Führers (Infos in jeder Pension) unternommen werden. Wir empfehlen den deutschsprachigen Guide **Emin Aydın** von der Karia Pension (→ Übernachten). Er hat unterschiedliche Touren im Programm, auch mehrtägige. 4- bis 6-stündige Wanderung bei einer Gruppe von mind. 4 Pers. 15 €/Pers. mit Picknick, 2 Pers. zahlen zusammen 45 €. Kaum verlaufen kann man sich hingegen bei einer kleinen Wanderung (hin/zurück ca. 3 Std.) von Kapıkırı zur byzantinischen Festung auf der **Zwillingsinsel** *(İkizada)* – einfach dem Nordufer des Sees gen Westen folgen und den letzten Abschnitt hinüber waten.

Einkaufen Hochwertiges **Olivenöl** *(Zeytinyağı)* gibt's bei den Bauern in Kapıkırı oder direkt bei den Olivenölfabriken in Bafa am Südostufer des Sees.

Ⓤbernachten/Essen & Trinken

Als Standorte bieten sich in erster Linie die Pensionen in Kapıkırı an. Fast allen sind Restaurants angeschlossen, in denen neben schmackhafter türkischer Landküche auch Aal, Zander oder Weißfische frisch aus dem See auf den Teller kommen.

Agora Pansiyon, populärste und eine der ältesten Pensionen Kapıkırıs. Von Lesern hochgelobt. Viel ausländisches Publikum, auch Gruppen. 13 freundliche, aber teils etwas dunkle Zimmer, z. T. in kleinen Holzbungalows, alle mit Bad und Aircondition. Führungen ins Gebirge, zudem Bootstouren. Hamam, Heizung für den Winter. Gemütliche Terrasse, leider ohne Seeblick. DZ mit HP (sehr gutes Essen) 90 €. Mitten im Dorf, ✆ 5435445, 🖷 5435567, www.herakleia.com.

Straßenverkauf am Bafa-See

Karia Pension, von Lesern ebenfalls sehr gelobt. 4 hübsche, kleine und sehr saubere Zimmer für 2–3 Pers. mit Klimaanlage, dazu eine Terrasse mit super Seeblick – ein Traum zum Sonnenuntergang. Der freundliche Besitzer Emin Aydın spricht Deutsch und ist Wanderführer. Emins Frau Cennet kocht einfach wunderbar, unschlagbares Frühstück, dazu gibt es jeden Nachmittag Kaffee und selbst gebackenen Kuchen. Schöner Garten. Hinter dem Haus ist Platz für 10 Zelte (Dusche und Toilette vorhanden). DZ mit HP 70 €, Campen 4 €/Pers. Am Ortseingang von Kapıkırı rechter Hand, ✆/🖷 5435490, www.kariapension.com.

Selene's Pension, 10 nette, unterschiedlich ausgestattete Zimmer mit Klimaanlage, auf mehrere Gebäude in einem weitläufigen Areal verteilt. Kleiner Pool (leider nicht immer der sauberste), dazu eine orientalische Ecke im Garten. DZ mit HP je nach Lage 60–90 €. In Kapıkırı in Seenähe, ✆ 5435221, 🖷 5435646, www.bafalake.com.

Pension Pelikan, wird von Lesern immer wieder gelobt. Familiäres Haus mit guter Küche, tolle Restaurantterrasse mit Seeblick. 10 kleine, saubere Zimmer. DZ mit HP 60 €. Am Ortseingang, ✆ 5435158, www.pelikanpansiyon.com.

Camping Über ein paar schöne Stellplätze direkt am Wasser verfügt die **Zeybek Pension** in Kapıkırı. Funktionierende Sanitäranlagen mit Warmwasser. Herrliches Terrassenlokal mit guter Küche. Campen mit Wohnmobil für 2 Pers. 10 €, mit Zelt die Hälfte. ✆ 5435441.

Sehenswertes

Die Ruinen der antiken Stadt Herakleia in und um das Dorf Kapıkırı sind bestens ausgeschildert. Weithin sichtbar ist der alles überblickende **Athenatempel**, dem nur das Dach und die Vorhalle fehlen. Auf der **Agora** steht heute ein Schulgebäude, das **Theater** ist nicht viel mehr als eine Mulde im Hang. Einen eindrucksvollen Einblick in hellenistische Militärarchitektur gibt die **Stadtmauer**, die sich zwischen Häusern und Gärten hindurch zieht. Auf dem Weg von der Ortsmitte Kapıkırıs zum See lässt das **Endymion-Felsheiligtum** jeden gemächlich vorbeitrabenden Esel von einer Mütze Schlaf des begehrtesten Langschläfers der Menschheit (→ Kasten) träumen. Am Ufer entdeckt man noch Reste der alten **Nekropole** – viele Sarkophage stehen heute unter Wasser. Die Ruine auf der Halbinsel im See war einst ein befestigter, byzantinischer Bischofssitz.

In den schwer zugänglichen Bergen finden sich weitere christliche Relikte – der Latmos war ab dem 7. Jh. Refugium für Eremiten und kleine Mönchsgemeinschaften (→ Wandern). Ungestört von gottlosen Piraten und moslemischen Glaubenskämpfern führten sie in ihren versteckten **Klöstern** – 13 Stück sollen sich im Latmosgebirge verbergen – ein zurückgezogenes Leben.

> ### Endymion
>
> Irgendwo in einer Höhle im Latmos-Gebirge schläft der schöne Jüngling Endymion seinen ewigen Schlaf. Um die mythologische Figur, vermutlich ein Enkel des Göttervaters Zeus, ranken sich viele Legenden. Die schönste erzählt von der Mondgöttin Selene, die sich in Endymion verliebte und ihn, aus Angst, ihn zu verlieren, in ewigen Schlaf versenkte. Nacht für Nacht suchte sie ihn daraufhin auf, versüßte seine Träume und gebar ihm insgesamt 50 Töchter. Das Thema wurde in der Literatur und Malerei vielfach behandelt. Über Jahrhunderte hinweg war Herakleia für seinen Endymionkult bekannt. In welcher Form er begangen wurde, ist heute jedoch vergessen.

Zeustempel von Euromos

Der römische Tempel aus dem 2. Jh. gehört zu den besterhaltenen antiken Bauten der Türkei. Von den ursprünglich 32 korinthischen Säulen steht noch die Hälfte. Der Tempel ist zugleich ein schönes Beispiel für das in der Antike beliebte Bau-Sponsoring: Noch heute, nach über 1800 Jahren, erinnern Inschrifttafeln an den Säulen an die Namen der großzügigen Finanziers. Die dazugehörige Siedlung Euromos, einst eine mit Mylasa eng verbundene Stadt, ist nur ansatzweise ausgegraben und bislang wenig sensationell. Kümmerliche Reste der Stadtmauer, der Agora und des Theaters findet man in der Nähe des Tempels.

Verbindungen/Anfahrt Der Tempel liegt 12 km nordwestlich von Milas ca. 200 m rechts der Straße nach Söke (ausgeschildert) und ist mit den Dolmuşen auf dieser Strecke gut erreichbar.

Öffnungszeiten Offiziell tägl. 8–18.30 Uhr (jedoch nicht umzäunt). Eintritt 3,20 €.

Markttag in Milas

Milas

ca. 50.100 Einwohner

Milas ist das florierende Zentrum einer landwirtschaftlich geprägten Umgebung, in dem auch die Hoteliers und Gastronomen von der Küste ihre Großeinkäufe tätigen. Besuchenswert ist das Basarviertel der Altstadt mit seinen engen, von osmanischen Häuschen gesäumten Gassen. Wer hindurch spaziert, kann Kleinhandwerkern bei der Arbeit zusehen, Dosenmachern, Schneidern oder Radioreparateuren. Ihre Beschaulichkeit verliert die Altstadt dienstags zum Wochenmarkt, einem der schönsten der Ägäis. Dann kommen auch Zaungäste aus Bodrum zu einer Stippvisite. Rund um die Altstadt finden sich ein paar herrschaftlich restaurierte Villen aus dem 19. Jh., hauptsächlich aber umgibt sie ein Gürtel mehrstöckiger Apartmenthäuser und überbreiter Straßen im typisch türkischen Provinzrenommierstil.

Geschichte

Heute erinnert nur noch wenig daran, dass *Mylasa* über Jahrhunderte hinweg eine bedeutende Rolle als Zentrum der antiken Landschaft Karien spielte. Als sich das persische Großreich im 6. Jh. v. Chr. Kleinasien einverleibte, setzte der persische König für Karien Regenten ein, sog. Satrapen, die in Mylasa residierten, bis der berühmte Mausolos (→ Bodrum/Geschichte) im 4. Jh. v. Chr. den Regierungssitz nach Halikarnassos, dem heutigen Bodrum verlegte. Dennoch blieb Mylasa bis in die römische Zeit eine der führenden karischen Städte. In der Spätantike wurde sie Bischofssitz, ab dem 13. Jh. Hauptstadt des Emirats der Menteşe, einer turkmenischen Dynastie, die der Stadt einige schöne Moscheen hinterließ, darunter die Ulu Cami (→ Sehenswertes). 1391 wurde Milas ein erstes Mal von den Osmanen erobert. Deren Niederlage gegen Timur Lenk brachte die Menteşeoğulları nochmals auf den Thron, bis sie 1424 erneut von den Osmanen vertrieben wurden – seitdem macht die Geschichte einen großen Bogen um Milas.

Orientierung: Von Bodrum kommend, gelangt man für gewöhnlich über den Atatürk Bulvarı, die Hauptachse des Städtchens, ins Zentrum. Sie mündet beim Belediye Parkı (Stadtpark) in einen Kreisverkehr. Von hier sind das Museum und der Grabbau Gümüşkesen (der zugleich als Miniaturnachbau den Kreisverkehr ziert) ausgeschildert. Die Altstadt samt Rathaus (Belediye) erstreckt sich auf einem Hügel nordwestlich des Kreisverkehrs.

Information/Verbindungen/Einkaufen

Telefonvorwahl 0252.

Information Tourist Information im Regierungsgebäude Hükümet Konağı (aus Richtung Bodrum auf dem Atatürk Bul. ins Zentrum fahrend noch vor dem zentralen Kreisverkehr bei einer Atatürkstatue rechter Hand), ausgeschildert. Mo–Fr 8–12 und 13–17 Uhr. ✆/✉ 5124949.

Verbindungen Der internationale Flughafen DHMI Milas-Bodrum Hava Limanı (→ Bodrum/Verbindungen) liegt mit einer Entfernung von 18 km näher an Milas als an Bodrum. Taxi zum Flughafen ca. 25 €.

Bus: Busbahnhof an der Straße nach Söke ca. 1 km außerhalb des Zentrums. Häufige Verbindungen nach İzmir (3 Std.), Aydın (2 Std.), Bodrum (45 Min.) und Muğla (1¼ Std.). Dolmuşe fahren vom Busbahnhof ins Stadtzentrum.

Dolmuş: Dolmuşe nach Bodrum, Söke Iasos, Güllük, Boğaziçi, Çökertme und Ören starten von der **Tabakhane Dolmuş Garajı** im Zentrum nahe dem Museum.

Übernachten/Essen & Trinken

Übernachten *** Milashan Otel, bestes Haus der Stadt. Knapp 100 Zimmer. Zum Übernachten komfortabel, zu mehr nicht zu gebrauchen. Ca. 2,5 km außerhalb des Zentrums, an der Abzweigung von der Verbindungsstraße Muğla – Bodrum ins Zentrum. EZ 40 €, DZ 75 €. Halilbey Bul., ✆ 5137901, ✉ 5137904, www.milashanotel.com.

** Otel Sürücü, an der Ausfallstraße nach Bodrum (ca. 200 m vom zentralen Kreisverkehr entfernt). Komplett in die Jahre gekommen und mit leicht sozialistischem Touch, trotzdem okay – ansonsten schläft man fürs gleiche Geld entweder schlechter oder für weniger Geld in schmutzigen Laken. 22 Standardzimmer mit Teppichböden, TV, Klimaanlage und Balkon. Atriumartige Lobby, Restaurant. EZ 25 €, DZ 40 €. Atatürk Bul. 34, ✆/✉ 5123227.

Essen & Trinken Keine feinen Restaurants, dafür zahlreiche gute Lokantas zum Sattwerden. Berühmt ist Milas für seine gebratenen Leberstückchen (*ciğer*). Man kann sie z. B. in den kleinen Lokalen im Basarviertel unterhalb des Rathauses (Belediye) kosten.

Für einen gemütlichen Nachmittagskaffee bietet sich der schattige Teegarten im **Belediye Parkı** beim zentralen Kreisverkehr an.

Sehenswertes

Museum: Das kleine Archäologische Museum von Milas zeigt Funde aus der Umgebung, u. a. aus Labranda, Euromos, Iasos und Stratonikeia: Keramikstücke, Marmorstatuen, Säulenkapitelle, Öllämpchen. Hin und wieder fällt der Strom aus, und dann bleibt der einzige Saal geschlossen …
Adresse/Öffnungszeiten: Şair Ülvi Akgün Cad., schräg gegenüber der Ulu Cami (vom zentralen Kreisverkehr ausgeschildert). Tägl. 8–17 Uhr. Eintritt frei.

Moscheen: Zu den interessantesten Gebetsstätten von Milas zählt die *Ulu Cami* („Große Moschee") an der Şair Ülvi Akgün Cad. schräg gegenüber vom Museum. Sie wurde noch ganz in der Tradition des byzantinischen Kirchentypus 1378 unter

Südägäis → Karte S. 215

den Menteşe-Fürsten errichtet. Unter anderem musste antike Bausubstanz dafür herhalten. Das eigenartige Minarett kam später hinzu.

Die im Norden der Altstadt gelegene (durchfragen!), mit kunstvollen Ornamenten verzierte *Firuz-Bey-Moschee* aus dem Jahr 1397, also aus der Zeit nach der osmanischen Eroberung, ist schon durch den osmanischen Stil geprägt, wie er in Bursa gepflegt wurde. Wegen ihrer bleigedeckten Kuppeln wird die Moschee auch *Kurşunlu Cami* („Bleierne Moschee") genannt.

Gümüşkesen: Der zweistöckige marmorne Grabbau aus dem 2. Jh. war eine mehr als abgespeckte Kopie des Mausoleums von Halikarnassos (→ Bodrum). Immerhin blieb von diesem mehr erhalten. Auf der von Säulen umrahmten oberen Etage befindet sich ein Loch, durch das angeblich Wein auf die in der Grabkammer darunter liegenden Toten gekippt wurde, damit diese auch noch im Tod ihre Freuden hatten.

Adresse/Öffnungszeiten: Gümüşkesen Cad., ca. 1 km westlich des Zentrums. Frei zugänglich, Eintritt frei. Anfahrt: Vom Kreisverkehr der Beschilderung „Gümüşkesen" folgen, am Ende der Straße rechts ab, nach ca. 300 m links in die Gümüşkesen Cad., dann nach ca. 700 m rechter Hand. Nicht am Markttag mit dem Auto ansteuern!

Umgebung von Milas

Beçin-Burg (Beçin Kalesi): Im 14. Jh. verlegten die Menteşeoğulları ihre Residenz auf ein 200 m hohes Karstplateau 5 km südlich der Stadt. Die neue Festung wurde auf den Überresten eines antiken Tempels errichtet und war noch im 17. Jh. von offenbar vermögenden Burgherren bewohnt – vor ein paar Jahren barg man einen 30 kg schweren Schatz aus 60.000 weitgehend osmanischen Münzen; der bislang größte Münzfund auf dem Gebiet der Türkei. Die Reste der Festung sind nicht allzu spektakulär, doch der Ausblick von oben über die weite Ebene ist herrlich.

Adresse/Öffnungszeiten: Die Festung befindet sich an der Straße nach Ören (ausgeschildert). Ören-Dolmuşe passieren den gleichnamigen Vorort, von dort heißt es laufen und schwitzen. Tägl. (außer Mo) 8.30–17.30 Uhr. Eintritt frei.

Zeusheiligtum von Labranda: In der wildromantischen Bergwelt 14 km nördlich von Milas beeindrucken die archaischen Ruinen Labrandas, einst der bedeutendste Kultort Kariens. Der Name rührt daher, dass Göttervater Zeus hier mit einer Doppelaxt (= *labrys*) dargestellt wurde.

Früher führte von Mylasa (Milas) ein gepflasterter Prozessionsweg zum Bergheiligtum, heute ist die einsame Ruinenstätte auf 700 m Höhe über ein holpriges, schmales Sträßlein zu erreichen. Auf vier künstlichen Terrassen erstreckt sich die Anlage. Archäologen der schwedischen Universität Uppsala, unter deren Leitung immer wieder Ausgrabungen stattfanden, vermuten, dass die ältesten Fundamente bis in das 7. Jh. v. Chr. zurückreichen. Die bedeutendsten Bauwerke stammen aus dem 4. Jh. v. Chr. und entstanden im Auftrag von Mausolos (→ Bodrum/Geschichte) und dessen Bruder Idrieus. Mausolos, der in Labranda ein Attentat überlebt hatte, wollte damit den Göttern seinen Dank bezeugen. In römischer Zeit wurde die Anlage erweitert und umgebaut, nach einer schweren Brandkatastrophe im 4. Jh. gab man die Kultstätte auf.

Die wichtigsten Bauwerke sind mit Hinweistafeln versehen. Vom kleinen Parkplatz an der Straße steigt man für gewöhnlich zuerst zum *Propyläenbereich* im Südosten des Heiligen Bezirks auf. In der Antike betrat man hier durch mächtige, mit Säulenhallen geschmückte Torbauten den Tempelbezirk. Die wenigen Reste des Ost- und Südpropylons lassen den alten Glanz kaum mehr erahnen.

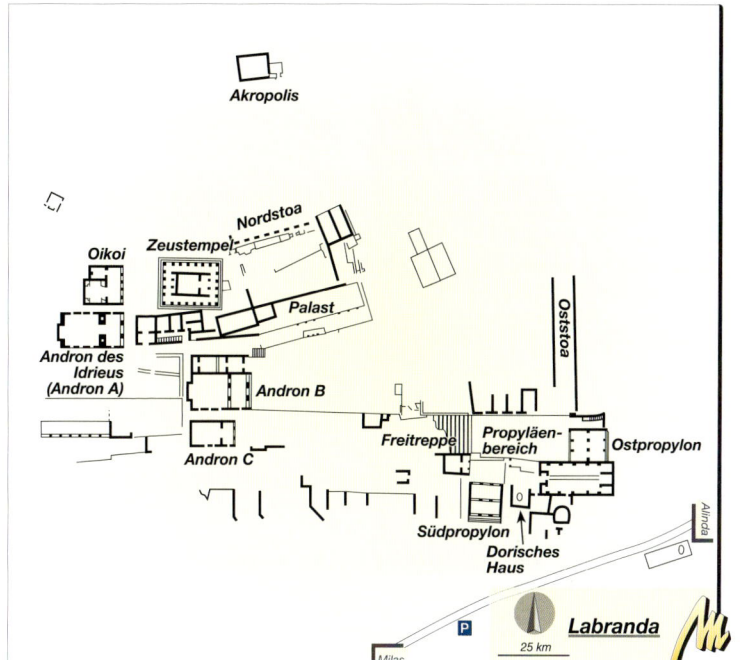

Labranda

25 km

Eine 12 m breite Freitreppe führt weiter in den westlichen Teil des Heiligen Bezirks, wo u. a. die *Andrones* („Männergemächer") des Heiligtums lagen – Gebäude, in denen religiöse Zeremonien zu Ehren Zeus' stattfanden. *Das Andron des Idrieus* (Andron A) ist zugleich das besterhaltene Gebäude der gesamten Grabungsstätte. Das sog. *Oikoi* daneben diente als Archiv und gelegentlich auch für kultische Gelage.

Auf der obersten Terrasse stehen und liegen die Reste des *Zeustempels,* der dem Athenatempel in Priene ähnelte und daher dem gleichen Architekten zugeschrieben wird. Die Aussicht von hier begeistert nicht nur Trümmerfreaks.

Anfahrt Die Anfahrt ist nur mit dem eigenen Fahrzeug oder mit dem Taxi (retour ca. 35 €) möglich. Die Straße nach Labranda ist im Norden von Milas ausgeschildert. Wer von Labranda weitere 18 km durch die Einsamkeit holpert (die Straße war zuletzt allerdings eine einzige Katastrophe; fragen Sie Taxifahrer nach dem Zustand der Straße, bevor Sie starten), gelangt zur Ausgrabungsstätte Alinda (→ Umgebung Aydın).

Öffnungszeiten Niedrig umzäunt, stets zugänglich. Eintritt 3,20 €.

Eskihisar mit Stratonikeia: Die Überreste der antiken Stadt Stratonikeia aus dem 3. Jh. v. Chr. liegen in und um das Geisterdorf Eskihisar verstreut, einer weitestgehend aufgegebenen, ehemals türkisch-griechischen Siedlung rund 35 km nordwestlich von Muğla nahe der Straße nach Milas. Das Gros der Einwohner kehrte dem Ort in den 1980ern den Rücken, als die riesigen Abraumhalden der angrenzenden Braunkohlemine bedrohlich nahe rückten. Ein paar Kilometer weiter baute man mit staatlicher Unterstützung ein neues Eskihisar auf. Lediglich fünf Familien leben heute noch im alten pittoresken Dorf. Ein Spaziergang führt vorbei an leer stehenden, unkrautumrankten Häusern, der schönen restaurierten Moschee und dem ehemaligen Teehaus, das heute wieder als Café mit Tischen unter einem alten Kastanienbaum zum Leben erweckt ist. Dazwischen die antiken Ruinen Stratonikeias, das für seine Gladiatorenschule bekannt war. Zu sehen sind hier Teile der Stadtmauer (ganz im Norden), des Gymnasions (im Westen), des Zeustempels und des Theaters (im Süden). Reste Stratonikeias überdauerten aber auch als Bausubstanz in den Häusern Alt-Eskihisars – es lohnt der Blick aufs Detail. Regelmäßig gräbt die Pamukkale-Universität aus Denizli in Stratonikeia.

Gümüşkesen: Mausoleum in klein

Verbindungen/Anfahrt: Von Milas mit dem Dolmuş Richtung Muğla und an der Abzweigung nach Stratonikeia aussteigen. Die Ruinen befinden sich ca. 800 m abseits der Straße. Stets zugänglich, Eintritt frei. Alles ist bestens ausgeschildert. Lediglich das Schild „Müze" weist (bislang) nicht zum Museum, sondern zum Depot des türkischen Grabungsteams.

Falls Sie von Milas über Eskihisar nach *Muğla* fahren, lesen Sie weiter ab S. 261.

Zwischen Milas und Bodrum

Von Milas führt die gut ausgebaute Nationalstraße 330 vorbei am Flughafen nach Bodrum. Viel gibt es auf dieser Strecke nicht zu entdecken. Wenn die Straße das Meer küsst, wechseln große Hotelanlagen mit Apartmentsiedlungen ab. Unterwegs bietet sich ein Abstecher an den Golf von Güllük an, an dem nicht nur das gleichnamige Städtchen liegt, sondern auch Iasos, eine beliebte Station „Blauer Reisen".

Iasos (Kıyıkışlacık)

Jahrzehnte lang schien die für die türkische Ägäisküste so typische touristische Entwicklung mit all ihren Vor- und Nachteilen an Kıyıkışlacık nahezu spurlos vorbeizuziehen. Dafür gab es v. a. zwei Gründe: Der nächste Strand, der dazu noch künstlich aufgeschüttet wurde, befindet sich im 7 km entfernten Zeytinlikuyu. Zudem liegt Kıyıkışlacık in der Einflugschneise des Flughafens Milas-Bodrum. An diesen Mankos scheint man sich heute nicht mehr zu stören: Feriensiedlungen wachsen die Hänge hinauf, selbst ganze „Feriensiedlung" entstehen an den Ortsrändern. Schade, denn durch planloses Bauen schwindet der Charme des alten malerischen Kıyıkışlacık zunehmend dahin. Beschaulichkeit besitzt der Ort aber noch immer, insbesondere an der Hafenbucht, wo man den Fischern beim Ausbessern der Netze zuschauen kann.

Bekannter als unter seinem Zungenbrechernamen ist Kıyıkışlacık als *Iasos,* so genannt nach der Altsiedlung auf dem Hafen gegenüber liegenden Halbinsel.

Italienische Archäologen, die jeden Sommer drei Monate aktiv sind, haben hier die **Ruinen** einer einst wohlhabenden karischen Stadt ausgegraben. Iasos, vermutlich im 9. Jh. v. Chr. gegründet, war von einer wehrhaften Mauer geschützt; eine Akropolis krönte die Halbinsel. Wer heute zwischen Olivenbäumen durch das Ausgrabungsgelände schlendert, stößt u. a. auf Reste eines Zeustempels, einer Agora, eines Gymnasions, eines Bouleuterions und einer byzantinischen Basilika. Aus dem Wasser ragen zudem die Reste eines byzantinischen Turms, der einst die Einfahrt zum Hafen schützte. Das Gelände ist stets zugänglich und kostet keinen Eintritt.

Am eindrucksvollsten ist das restaurierte römische Heroon (außerhalb des Grabungsgeländes, mit „Balıkpazarı Açıkhava Müzesi" ausgeschildert). Bis vor nicht allzu langer Zeit nutzten die Einwohner den monumentalen Grabbau als Fischmarkt. Heute dient er als atmosphärisches **Freilichtmuseum** für Funde aus Iasos, insbesondere Torsi und Fragmente (unregelmäßig geöffnet, aber stets einsehbar, Eintritt ebenfalls frei).

Verbindungen/Anfahrt Im Sommer regelmäßig Dolmuşe nach Milas. **Bootsausflüge** werden nach Güllük angeboten. Von der Straße Milas – Bodrum und von der Straße Milas – Söke ausgeschildert.

Zum Strand Zeytinlikuyu folgt man der Beschilderung zur Zürih Pension (→ Übernachten), ignoriert jedoch oben auf dem Berg die Linksabzweigung zur Pension und bleibt stets auf dem geteerten Sträßlein.

Bei der Gabelung nach 6 km (Telefonmast in der Mitte) rechts halten.

Übernachten Mehrere Pensionen vor Ort.

Zürih Pansiyon, hoch oben am Hang gelegen. 18 einfache, aber saubere Zimmer mit Klimaanlage. Viele mit Balkon und Meeresblick (dabei trübt der Rohbau einer Hotelruine den Ausblick). DZ 25 €. Kıyıkışlacık, ✆ 0544/3849410 (mobil).

Güllük

Das Städtchen, das dem Golf seinen Namen gibt, liegt 18 km südwestlich von Milas. Güllük erstreckt sich über mehrere Buchten. Noch bis vor ein paar wenigen Jahren wurde die Hauptbucht von einer Werft samt großer Mole in Anspruch genommen. Rostige Frachter machten hier fest, um im Hinterland abgebautes Bauxit aufzunehmen. Mittlerweile ist ein paar Kilometer nördlich ein neuer Hafen entstanden, in die alten zentralen Hafendepots zogen ein paar nette Lokale ein. Auch sonst verändert sich das Gesicht des Städtchens von Jahr zu Jahr: Es wird gebaut und gebaut. Doch wer möchte hier wirklich Urlaub machen? Die Strände sind mickrig und im Sommer komplett überrannt. Noch der akzeptabelste befindet sich in der nördlichsten Bucht.

Verbindungen/Bootsausflüge Häufige Dolmuşe nach Milas, im Sommer mehrmals tägl. auch nach Bodrum. **Bootsausflüge** werden u. a. nach Iasos und Didyma angeboten, mit Mittagessen ab 15 €/Pers.

Übernachten Mehrere Unterkünfte, vorrangig der unteren und mittleren Preisklasse.

Ein Ritt durch die Vergangenheit:
Stratonikeia

Südägäis → Karte S. 215

Blick über Bodrum

Bodrum

ca. 40.000 Einwohner, im Sommer ca. 250.000

„St. Tropez" und „Ibiza", Noblesse und Nightlife – Bodrum bietet alles. Das weiße Zuckerwürfelstädtchen mit seinem großen Jachthafen zählt zu den beliebtesten Fotomotiven der Ägäis. Wahrzeichen der Stadt ist die Johanniterburg auf einer Halbinsel inmitten der malerischen Zwillingsbucht.

Bodrum ist die Perle der Südägäis und viel besser als sein Ruf. Das weitgehend intakte und gepflegte Zentrum mit seinen weiß getünchten kubischen Häusern und palmengesäumten Promenaden macht den Reiz des Ortes aus. Verschlungene Gässchen mit blumenbewachsenen Villen und verwunschenen Gärten erinnern an die Zeit, als Bodrum noch griechisch war. Zum Glück hat man hier rechtzeitig erkannt, dass mit dem Bau klotziger Hotelburgen Image und Attraktivität Schaden nehmen.

Ansatzweise beschaulich ist das Städtchen jedoch nur noch in der Vor- und Nachsaison. Zwischen Juni und September herrscht in Bodrum rund um die Uhr Highlife. Touristen aus aller Herren Länder, darunter viele Holländer und Engländer, feiern hier mit der türkischen Jeunesse dorée die heißesten Partys des Jahres. Selbst die vom Nachtleben verwöhnten İstanbuler schwärmen in den Sommermonaten auf die Bodrum-Halbinsel. Lebenslustiger, freizügiger und ausgeflippter geht es in der Türkei kaum irgendwo zu.

Die Beliebtheit Bodrums als Urlaubsort und Zweitwohnsitz hat zufolge, dass sich die Stadt mehr und mehr ausdehnt – mittlerweile ist sie mit den Nachbarorten İçmeler im Süden und Gümbet im Westen zusammengewachsen. Gümbet bietet übrigens das, was Bodrum leider (oder zum Glück?) fehlt: einen langen Sandstrand. So ist die Stadt weniger Standort denn Ausflugsziel der Pauschaltouristen aus den Resorts der Umgebung. Aber auch Tagestouristen von der griechischen Insel Kos kommen gerne.

Geschichte

Man nimmt an, dass das antike Halikarnassos in der heutigen Bucht von Bodrum auf eine dorische Gründung aus dem 11. Jh. v. Chr. zurückgeht. Die erste berühmte Persönlichkeit der Stadt war Artemisia I. von Halikarnassos, die 480 v. Chr. so tapfer und mutig auf Seiten des persischen Königs Xerxes kämpfte, dass dieser den bekannten Ausspruch tat: „Die Männer sind mir zu Weibern und die Weiber zu Männern geworden." Auch ihr Enkel Herodot (vermutlich 485–425 v. Chr.), der als „Vater der Geschichtsschreibung" gilt, schmückt die Stadtannalen. Zu einer der angesehensten und blühendsten Städte der Region entwickelte sich Halikarnassos im 4. Jh. v. Chr., als der persische Satrap Mausolos (376–353 v. Chr.) seinen Regierungssitz von Milas nach Halikarnassos verlegte. Dessen monumentaler Grabbau machte auch seinen Namen unsterblich (→ Sehenswertes).

334 v. Chr. traf Alexander der Große bei der Eroberung der Stadt auf heftigen Widerstand. Die erste Hälfte des hellenistischen Zeitalters bescherte mehrere kurzfristige Fremdherrschaften, unter denen sich Halikarnassos aber stets als bedeutendes Zentrum behaupten konnte. Erst als Rom 190 v. Chr. die Herrschaft über Karien gewann, begann der Stern der Stadt zu sinken. Und als Verres, der Statthalter von Kilikien, auch noch alle Kunstwerke der Stadt raubte, rutschte Halikarnassos in die Bedeutungslosigkeit ab.

Das änderte sich erst wieder 1402, als die Osmanen gerade mit Timur Lenk beschäftigt waren und der Johanniterorden so ungestört Bodrum zu einer Festung ausbauen konnte. Rund 120 Jahre währte die Regentschaft der Ritter, dann eroberten die Osmanen Bodrum, und das Städtchen verschwand wieder aus den Geschichtsbüchern. Anfang des 20. Jh. brachten aus Kreta vertriebene Muslime den Bootsbau und die Schwammtaucherei nach Bodrum. 1923 mussten die mehrheitlich griechischen Einwohner im Rahmen des Bevölkerungsaustausches ihre Heimatstadt verlassen, eine zweite Welle aus Griechenland vertriebener Muslime übernahm ihre frei gewordenen Häuser.

Bescheiden lebte man weiterhin von den traditionellen Erwerbszweigen. Zu Besuch kamen lediglich unliebsam gewordene Künstler und Journalisten, die hierher verbannt wurden. Das änderte sich in den 1980ern. Der Tourismus entdeckte Bodrum und die dazugehörige Halbinsel. Innerhalb weniger Jahre wurde aus dem einfachen Fischerdorf der exklusivste Ferienort der Türkei.

Information/Verbindungen/Ausflüge

Telefonvorwahl 0252.

Information Am Hafen vor dem Kastell. In der HS tägl. 8–12 und 13–19 Uhr, ansonsten verkürzt und Sa/So geschl. ☏ 3161091, www.bodrum-guide.org. Ein weiterer Infokiosk am Busbahnhof (bei der Abfahrtsstelle der Dolmuşe).

Verbindungen Flughafen DHMI Milas-Bodrum Hava Limanı (www.bodrum-airport.com) ca. 35 km nordöstlich von Bodrum an der Straße nach Milas. Im Ankunftsbereich des internationalen Terminals finden Sie Bankomaten, eine Post, eine Tourist Information (☏ 5230066, ✉ 5230288, offiziell Mai–Ende Okt. tägl. 8–20 Uhr, tatsächlich aber eher nach Lust und Laune) und Autoverleiher.

Transfer von und zum Flughafen besorgen 8- bis 15-mal tägl. sog. **Havaş-Busse** (sehr gute Verbindungen zwischen 7 und 19 Uhr; 7,50 €). Abfahrt in Bodrum vom Busbahnhof, Infos unter ☏ 5230040, www.havas.com.tr, beim THY-Hauptbüro (→ Reisebüros) oder in den zahlreichen Reisebüros im Zentrum.

Südägäis → Karte S. 215

Essen & Trinken
1 Antik Tiyatro Oteli
6 Özsüt
8 Kocadon Restaurant
10 Bodrum Belediyesi Bodrumspor
11 Liman Köftecisi
13 Nazik Ana
16 Alin's
19 Yunuslar Karadeniz
27 Berk

Einkaufen
3 Supermarkt Migros
20 Arkadaş Sandalet

Sonstiges
6 Europcar

Übernachten
1 Antik Tiyatro Oteli
2 Su Hotel
4 Şenlik Pansiyon
5 Yenilmez Pansiyon
12 Sevin Otel/Pension
14 Marina Vista Hotel
15 Hotel Güleç
17 Bodrum Backpacker
18 Gurup Otel
21 Gözen Hotel

Bodrum

100 m

Taxi nach Bodrum 45 €. Vom Flughafen bis zur dolmuşbefahrenen Verbindungsstraße Milas – Bodrum sind es je nach Terminal ca. 1,5–2,5 km.

Bus/Dolmuş: Busbahnhof an der Cevat Şakir Cad., nur wenige Gehminuten vom Zentrum entfernt. Gute Verbindungen: mehrmals tägl. u. a. nach Kuşadası (mit Umsteigen in Söke, 2½ Std.), İzmir (3½ Std.), Denizli/Pamukkale (4½ Std.), Fethiye (4½ Std.) und Antalya (8 Std.). Vom Busbahnhof auch gute Dolmuşverbindungen zu allen Orten der Bodrum-Halbinsel und nach Milas (45 Min.).

Schiffsverbindungen Ganzjährig legen **Fähren nach Kos** ab. Von Mitte Mai–Mitte Okt. tägl., Abfahrt gegen 9.30 Uhr, zurück gegen 15.30 Uhr, Dauer 50 Min. (einfach oder hin/zurück am gleichen Tag 28 €, offenes Ticket 56 €, Motorräder einfach 40 €, Autos 100 €, Minibusse 150 €). Im Winter verkehrt die Fähre nur Mo/Mi/Fr/Sa (Stand 2011).

Des Weiteren bestehen im Hochsommer 2-mal tägl. (in der NS nur 3-mal wöchentl.) **Fährverbindungen nach Datça** (→ Datça/ Verbindungen, S. 280; nicht als Tagesausflug zu empfehlen).

Nachtleben

7 Küba Bar
9 Fink
22 Moonlight Bar
23 Bodrum Marine Club
24 Fora Bar
25 Café del Mar
26 Club Hadigari
28 Club Halikarnas

Nach **Rhódos** fährt ein Hydrofoilboot von Juni–Sept. Fr und Mo, Fahrtzeit ca. 2½ Std., einfach o. hin/zurück am gleichen Tag 60 €, offenes Ticket das Doppelte.

Für Fähren nach **Altınkum/Didim** → Altınkum/Verbindungen, S. 232.

Tickets und Infos für Fähren nach Kos und Rhódos bei **Bodrum Express Lines** (℡ 3161087, www.bodrumexpresslines.com) am Fährableger bei der Burg, für Datça und Kos eine Tür weiter bei der **Bodrum Ferryboat Association** (℡ 3160882, www.bodrumferryboat.com). An gleicher Stelle

startet bislang auch das Hydrofoilboot nach Rhódos (eine Verlegung der Abfahrtsstelle an den Cruise Ship Port am südöstlichen Ende der Kumbahçe-Bucht ist jedoch im Gespräch).

Die kleinen Autofähren nach Datça und Kos legen nahe dem Jachthafen ab.

Bootsausflüge Die Boote (verschiedene Tagesfahrten im Programm) legen in der Salmakis-Bucht westlich der Burg i. d. R. gegen 11 Uhr ab, Rückkehr gegen 17 Uhr. Mit Mittagessen 15 €/Pers.

Organisierte Touren Dutzende Veranstalter. Angebote und Preise differieren nur wenig: Tagesausflug nach Pamukkale oder Ephesus inkl. Mittagessen ca. 30 €. 2-Tages-Tour nach Ephesus und Pamukkale mit Übernachtung 60 €, zum Markt (Di) nach Milas 10 €, Jeepsafari entlang dem Golf von Gökova rund 25 €.

Blaue Reisen Die Küstengewässer um Bodrum sind ein Paradies für mehrtägige Törns, dementsprechend gutes Charterangebot. Verhandeln Sie direkt mit den Kapitänen am Hafen oder wenden Sie sich dort an eine Agentur, z. B. **Aegean Yacht**, in der Marina (✆ 3138631, www.aegeanyacht.com). 50–100 €/ Pers. und Tag muss man einkalkulieren.

Adressen/Einkaufen/Veranstaltungen (→ Karte S. 244/245)

Ärztliche Versorgung Deutschsprachige Betreuung i. d. R. im Universal Hospital **Bodrum** an der Kavaklı Sarnıç Cad. weit oberhalb der Gümbet-Bucht. ✆ 3191515.

Autoverleih Etliche Anbieter. Billigstes Fahrzeug bei den international operierenden Verleihern in der HS ca. 62 €/Tag, etwas billiger bei den lokalen. **Avis**, über das Reisebüro Elele Turizm (→ Reisebüros), Neyzen Tevfik Cad. 66/A, ✆ 3165632, www.avis.com.tr. **Europcar** **6**, Hamam Sok. 1, ✆ 3130885, www.europcar.com.tr.

Diplomatische Vertretung Österreichisches Honorarkonsulat, Atatürk Cad. 113 A, ✆ 3577688, neyirsan@netscape.net.

Deutsches Honorarkonsulat, Bodrum Kanuni Sultan Süleyman Cad. 15, Bitez, ✆ 3639285, bodrum@hk-diplo.de.

Einkaufen Bei wem nicht nur Münzen in der Tasche klimpern, der findet Schickes (*Tommy Hilfiger, Diesel, Paul & Shark Yachting* etc.) in dem noblen kleinen **Open-Air-Shoppingcenter bei der Marina**.

Bekannt ist Bodrum für seine handgefertigten **Ledersandalen**. Mehrere Schuster haben sich darauf spezialisiert. Der bekannteste war der 2010 verstorbene Ali Güven, der u. a. Mick Jagger belieferte. Eine gute Auswahl hat der Laden **Arkadaş Sandalet 20** von Mehmet und Türker Dikan, Uslu Sok. 4 (nahe der Moonlight Bar).

Ein weiteres modernes Shoppingcenter ist das **Oasis** an der Kıbrıs Şehitleri Cad., der Umgehungsstraße nördlich des Zentrums.

Neben vielen guten Klamottenläden auch gute Restaurants.

Großer **Migros-Supermarkt 3** stadtauswärts zwischen Turgutreis Cad. und Myndos Cad.

Märkte finden Di (Kleidung) und Fr (Lebensmittel) beim Busbahnhof statt.

Reisebüros Elele Turizm, Flugtickets für *Atlasjet, Onur Air* etc. Neyzen Tevfik Cad. 66/A, ✆ 3165632, ✉ 3165880. **THY**-Hauptbüro im Shoppingcenter Oasis (→ Einkaufen), ✆ 3171203, www.turkisairlines.com.

Türkisches Bad (Hamam) Das über 250 Jahre alte (aber jüngst restaurierte) **Bardakçı Hamamı** liegt an der Omurca Dere Sok. in der Kumbahçe-Bucht östlich der Burg. Gemischtes Bad möglich. Eintritt mit Massage 20 €. Tägl. 7–24 Uhr. Das **Bodrum Hamamı** (neueren Datums, ähnliche Preise und Öffnungszeiten) befindet sich an der Cevat Şakir Cad. gegenüber dem Busbahnhof. Separate Abteilungen für Männer und Frauen.

Veranstaltungen Im Sommer diverse Events im antiken Theater (darunter **Ballettfestivals** sowie **Popkonzerte**) und im Freilichttheater bei der Burg. Im Jan. finden in Bodrum und in den Orten auf der Bodrum-Halbinsel **Kamelkämpfe** statt – die unblutigen Spektakel haben an der Ägäis eine lange Tradition, mehr dazu auf S. 188.

Waschsalon Beispielsweise **Nesli Laundry** an der Türkkuyusu Cad. 27. Eine Maschine waschen und trocknen ca. 2,50 €.

Zweiradverleih Diverse Anbieter beim Busbahnhof. Scooter (50 ccm um die 15 €/Tag, 125 ccm 23 €/Tag) und Enduros (250 ccm ca. 30 €/Tag). Fahrräder werden kaum vermietet, den Verleihern bringen sie mehr Ärger als Umsatz.

Übernachten/Camping

(→ Karte S. 244/245)

Geboten werden Unterkünfte in allen Kategorien. Wer sich fürs Zentrum entscheidet, sollte auch am Nachtleben teilhaben wollen – Ruhe gibt es wenig. Für Juli bis Ende August ist eine Reservierung empfehlenswert, selbst die schäbigsten Rumpelkammern werden dann für teures Geld vermietet. In der Vor- und Nachsaison purzeln die Preise hingegen erheblich. Etliche günstige Pensionen findet man in den Seitengassen der Atatürk Cad.

**** Marina Vista Hotel 🔟, beim Jachthafen. 84 Zimmer auf verschiedene Häuser um einen Pool verteilt. Klassisch-moderne Einrichtung, der Sterneanzahl angemessen, leider nur recht kleine Fenster. Schicke, helle Lobby. Fitnessraum, Sauna. „Kopfkissen-Menü"! Öger-Tours-Vertragshotel. Nur die Rezeptionisten könnten etwas freundlicher sein. EZ 120 €, DZ 150 €. Neyzen Tevfik Cad. 226. ✆ 3130356, ✉ 3162347, www.hotelmarinavista.com.

Antik Tiyatro Oteli 🏧, über mehrere begrünte Terrassen verteilen sich 19 komfortable Zimmer und eine Suite – alle mit superber Aussicht über die Stadt! Pool. Erstklassiges Restaurant. Ein Wermutstropfen ist die Lage an der stark befahrenen Umgehungsstraße, doch liegen alle Zimmer an der straßenabgewandten Seite. DZ ab 120 €. Kıbrıs Şehitleri Cad. 243, ✆ 3166053, ✉ 3160825, www.antiquetheatrehotel.com.

≫ Unser Tipp: Su Hotel 🏧, das bunte 25-Zimmer-Haus vereint Komfort mit witzigem Design und liegt dazu absolut idyllisch-ruhig und doch nur einen Katzensprung zum Zentrum. Etwas verschachtelte Anlage um einen kleinen Pool, umwachsen von Bougainvilleen. Mit Liebe zum Detail dekorierte Zimmer. Lesermeinung: „Einfach entzückend!". EZ ab 65 €, DZ 85–100 €. Turgutreis Cad. 1201 Sok., ✆ 3166906, ✉ 3167391, www.suhotel.net. ≪

Gözen Hotel 🏧, in erster Reihe an der Kumbahçe-Bucht. 10 frisch renovierte Zimmer, nach vorne topp, nach hinten nichts Besonderes. Dachterrasse zum Frühstücken. DZ mit Meeresblick 85 €, nach hinten billiger. Cumhuriyet Cad. 18 (keine Anfahrt mit dem Fahrzeug möglich), ✆ 3162079, ✉ 3161227, www.gozenbutikhotel.com.

Hotel Güleç 🏧, sauberes, kleines Hotel, etwas zurückversetzt von der Kumbahçe-Bucht. 18 solide eingerichtete Zimmer mit Klimaanlage, größtenteils neuen Bädern und Fliesenböden, nicht alle mit Balkon. Das Frühstück gibt es im lauschigen Gärtchen unter Orangenbäumen mit zwitschernden Vögeln. DZ 49 €. Üçkuyular Cad. 22, ✆ 3165222, www.hotelgulec.com.

Gurup Otel 🏧, zentraler geht's kaum, in der ersten Reihe, über einem Klamottenladen. 12 kleine, schlicht möblierte Teppichbodenzimmer. Dafür aber mit Balkon (schmal), von dem sich das Treiben der Flaneure am Hafen hautnah verfolgen lässt. EZ 30 €, DZ 44 €. Karantina Cad. 3, ✆ 3161140, www.gurupotel.com.

Sevin Otel/Pension 🏧, gemütliche Unterkunft in Promenadennähe. Internationales Publikum. 38 Zimmer in drei Versionen: „Standard" (beengend, einfache Bäder), „Lüx" (etwas größer, Bäder mit Duschkabinen) und „Süper" (noch etwas größer, aber noch lange nicht riesig, neueres Mobiliar), alle mit Klimaanlage und Fliesenböden. Restaurant, Innenhof mit Hängematten, freundliches Personal. Preis-Leistungs-Verhältnis okay. DZ je nach Ausstattung 40–50 €. Türkkuyusu Cad. 5, ✆ 3167682, ✉ 3134919, www.sevinpension.com.

Yenilmez Pansiyon 🏧, 9 schlichte, saubere Zimmer unterschiedlicher Größe (auch größere Familienzimmer), alle mit privatem Bad, einige mit Balkon. Freundliche, zurückhaltende Wirtsfamilie. Großer Vorteil: eigene Parkplätze. DZ 35 €. Menekşe Çıkmazı 30, ✆ 3162520.

Şenlik Pansiyon 🏧, eine angenehme, zentrale Adresse. 20 einfache, saubere Zimmer mit Fliesenböden (etliche für bis zu 4 Pers.), netter Balkon, Dachterrasse. Heizung. DZ 30 €. Türkkuyusu Cad. 1045 Sok., ✆ 3166382, www.senlikpansiyon.com.

Bodrum Backpacker 🏧, die Backpacker-Adresse vor Ort. Ausreichend große Zimmer mit dunklen Möbeln, Bäder mit

Duschkabinen. Dazu auch Schlafsäle. Nichts Besonderes, aber okay für junge Leute – Reiseinfos, Bookexchange usw. Angeschlossen ein Pub im englischen Stil. Bett im Schlafsaal 10,50 €, DZ mit Bad 30 €.

Atatürk Cad. 31 B, ✆ 3132762, www.bodrum backpacker.com.

Camping Der nächste Platz befindet sich in Gümbet, einen weiteren Platz finden Sie am Yahşi-Strand.

Essen & Trinken   (→ Karte S. 244/245)

Hunger haben kann in Bodrum teuer sein! Bodrums Ufermeile wandelt sich im Sommer allabendlich zum Präsentierteller der Schönen und Reichen. Nobelitaliener, chinesische Restaurants, exquisite Fischrestaurants und und … – mit Ausnahme İstanbuls oder Ankaras ist nirgends in der Türkei die gastronomische Palette breiter und sind die Preise für ein gemütliches Abendessen höher. Besonders snobby geht es in den Restaurants direkt an der Marina zu, wo man sehr schön, oft direkt am Wasser, sitzen kann. Reisende mit weniger dickem Geldbeutel weichen am besten in die einfachen Lokantas stadtauswärts aus (z. B. entlang der Artemis oder Atatürk Cad.). Tipp: Probieren Sie auch mal die Restaurants der Halbinsel aus.

Antik Tiyatro Oteli 1, ein Dinner im gleichnamigen Hotel (→ Übernachten) kann zu einem unvergesslichen Bodrum-Erlebnis werden. Fantastische türkisch-internationale Küche, auch 1-a-Steaks, ebenso fantastische Ausblicke und hervorragender Service. Nur abends! Gehobenere Preise.

Kocadon Restaurant 8, etabliert und ebenfalls ein Highlight am Bodrumer Gastronomiehimmel, zudem überaus beliebt bei in der Stadt lebenden Ausländern. Idyllischer, dezent beleuchteter Garten. Zuvorkommender Service. Gute Seezunge, dezent beleuchteter Garten. Zuvorkommender Service. Gute Seezunge, ebenso überaus sich man auf raffinierte Fisch- und Meeresfrüchtegerichte spezialisiert. Hg. 10–17,50 €. Saray Sok. 1, ✆ 3163705.

Liman Köftecisi 11, die Adresse für alle, die etwas aufs Geld schauen müssen, aber trotzdem an der Uferpromenade sitzen wollen. Meze und *Köfte* in diversen Variationen. Besonders lecker die Spezialität *Liman Köfte*: Hackfleischbällchen mit Joghurt, Tomatensoße und Butter auf Pidebrot. Weißblaue Bestuhlung mit Griechenlandflair. Hg. 3.50–7,70 €. Neyzen Tevfik Cad. 172, ✆ 3165060.

Balıkçılar Çarşısı (Fischmarkt), in der trubeligen Gasse westlich der Cevat Şakir Cad. gibt es heute zwar nicht mehr viele Fischhändler, dafür umso mehr Restaurants: Meze, Fisch, manchmal Live-Musik und stets gute Stimmung. Schauen Sie sich einfach um.

Alin's 16, am Belediye Meydanı. Gepflegtes Schnellrestaurant auf hohem Niveau, einer Kette zugehörig. Alles sehr lecker. Terrasse.

》》 Unser Tipp: Nazik Ana **13**, unser Low-Budget-Tipp für Bodrum. Große Self-Service-Lokanta mit bester türkischer Hausmannskost im täglichen Wechsel. Mit Bedacht eingerichtet, junges Personal, dezente Musik, garantiert kein Beschiss. Nicht teuer, zudem günstige Mittagsmenüs zu 3,50 €. Eski Hükümet Sok., eine schmale Seitengasse zwischen Türkkuyusu Cad. und Cevat Şakir Cad. **《《**

Berk 27, obwohl es sich in erster Reihe nahe den Touristenlokalen mit ihren Aufreißern befindet, wird dieses einfache Fischlokal von ausländischen Besuchern nur selten frequentiert. Unten ein paar Plastiktische, im OG eine nette, mit Fischernetzen geschmückte Terrasse. Faire Preise: Meze 3 €, Fisch ab 7,50 €. Cumhuriyet Cad. 167, ✆ 3136878.

Café Bodrum Belediyesi Bodrumspor **10**, das überdachte Terrassencafé des städtischen Sportvereins. Fast nur einheimisches Publikum. Frühstück, Snacks, Filterkaffee (!) und günstige Preise. Kein Alkohol! An der Hafenpromenade bei der Moschee.

Süßes Özsüt **6**, landesweite Kette, die sich aufgrund ihrer Vielfalt an leckeren Torten, Puddings, Milchreisvariationen etc. höchster Beliebtheit erfreut. Mit Terrasse. Neyzen Tevfik Cad.

Yunuslar Karadeniz 19, eine der besten Bäckereien/Konditoreien der Stadt. Leckerer Obstkuchen, Hefezopf, Muffins, aber auch deftige Snacks. Neben Verkauf ein kleiner Stehbereich. Cumhuriyet Cad. 13.

Nachtleben (→ Karte S. 244/245)

Bodrumer Nächte sind lang. Denken Sie an ein dickes Make-up und an einen ebensolchen Geldbeutel und los kann es gehen – vor ein Uhr nachts herrscht in den Danceclubs allerdings tote Hose. Die Zeit bis dahin vertreibt man sich am besten in den schicken Szenebars an der Neyzen Tevfik Cad. in der Salmakis-Bucht oder in den diversen Locations an der Cumhuriyet und Dr. Alim Bey Cad. in der Kumbahçe-Bucht – Cafés und Bars im kunterbunten Wechsel. Am trinkfreudigsten geht es in den lauten Bierpinten in der Meyhaneler Sok. (auch: Banka Sok., einer Seitengasse der Kale Cad.) zu.

Kumbahçe-Bucht Halikarnas ⏻, Open-Air-Tanztempel für über 5000 Partypeople, und das seit über 20 Jahren. Man zählt ihn zu den größten und (Eigenwerbung) gar zu den besten Discos der Welt. Auf jeden Fall kann er so manch europäische Großstadtdisco in die Tasche stecken. Bühne, Tribüne, Videoleinwände, Lasershows, Schaumpartys, Dachterrasse und riesige Tanzfläche. Musik zwischen Techno und Türkpop. Geöffnet bis zum Morgengrauen. Eintritt je nach Tag 17–25 € inkl. einem Freigetränk.

Bodrum Marine Club ⏻, auf einem Katamaran, der in der Kumbahçe-Bucht am Fuße der Burg vertäut ist. Neben dem Halikarnas der angesagteste Club der Stadt. Bietet Platz für 1700 Nachtschwärmer. Große Tanzfläche (Glasboden!), mehrere Bars. Eintritt 15 € unter der Woche, 20 € Fr/Sa, stets inkl. einem Freigetränk. Auch hier werden Türkpop, House und die Charts hoch und runter gespielt. Themenpartys. Viele Touristengruppen! Bei Ausfahrten Bootsservice für alle, die früher nach Hause wollen. Dresscode! Ebenfalls bis zum Morgengrauen geöffnet.

Club Hadigari ⏻, Platz für 2000 Leute. Einer der Wegbereiter der hiesigen Clubszene, seit 1974 im Geschäft. Meist Standardmusik, manchmal Liveperformances. VIP-Lounge direkt am Wasser. Neben der Burg. Etwas billiger als die anderen.

Fora Bar ⏻, kleine Location, nur ein paar Schritte vom Bodrum Marine Club entfernt. Auch hier legen DJs auf (Musik quer durch

den türkischen Garten) und hier wird auch schon zu früherer Stunde ein wenig getanzt. Gemütliche Terrasse. Dr. Alim Bey Cad.

Moonlight Bar ⏻, für alle, die es ein wenig romantischer mögen. Schöne Sonnenuntergangsadresse. Ein paar Tische direkt am Strand, Meeresrauschen und Blick auf die vor Anker liegenden Boote in der Bucht und die beleuchtete Burg. Plastikstühle und karierte Tischdecken statt Szenemobiliar – eine der einfacheren Adressen. Etwas versteckt an der Cumhuriyet Cad. 60.

Café del Mar ⏻, ca. 200 m weiter. Ebenfalls ein paar Tische am Strand, dazu Loungemusik und neben wirklich gutem Kaffee auch allerlei Drinks. Richtig voll und lustig wird es hier weniger zum Sonnenuntergang als zum Sonnenaufgang, denn das Café del Mar ist zugleich eine gemütliche Afterhour-Bar – 24 Std. geöffnet. Cumhuriyet Cad.

Salmakis-Bucht An der Neyzen Tevfik Cad., welche die Salmakis-Bucht säumt, liegen mehrere noble Open-Air-Lounges und -Clubs, wo man sich in lauschigen Gärten vor alten griechischen Häusern vergnügt.

Die zweifelsohne schickste ist das **Fink** ⏻. Musik zwischen Jazz und Elektro (je nach Stunde und Saison), dazu viele schöne Männer und Frauen. Ohne die richtige Kleidung (nur welche ist das?) hat man hier kaum eine Chance, sich dazuzugesellen.

Ebenso schönes Ambiente bietet die **Küba Bar** ⏻ etwas weiter.

Baden/Sport

Baden Bodrums Hausstrand, der kleine Kiesstrand **Halk plajı** ganz im Süden der Kumbahçe-Bucht, ist nicht allzu reizvoll. Ein Erlebnis für Kinder ist der **Aquapark Dedeman** an der Straße nach Ortakent.

Zum Baden im Meer weicht man besser an die herrlichen Buchten am Golf von Gökova oder auf die Strände der Bodrum-Halbinsel aus – unser Favorit: Gümüşlük. Zudem bietet sich ein Bootsausflug mit Badestopps an.

Südägäis → Karte S. 215

Reiten Ausritte können über die **Turgut-reis Countryranch** in der Nähe von İslamha-neleri zwischen Gürece und Bağla gebucht werden. ✆ 3825654, www.countryranch.com.

Tauchen Mehrere Anbieter. Eine etab-lierte Adresse ist **The Aegean Pro Dive Centre** in Bitez (→ S. 255).

Sehenswertes

Gleich vorweg: An das antike Halikarnassos erinnert nicht mehr viel, und das, was erhalten blieb, ist unspektakulär und liegt über die ganze Stadt verstreut. Wer es nicht glauben will, kann z. B. an der Mars Mabedi Caddesi oberhalb der Salmakis-Bucht die mehr als spärlichen Reste eines **Marstempels** suchen oder nahe der Bü-yük İskender Caddesi auf dem Weg nach Gümbet die des teilrestaurierten **Myndos-Tores**, einst Bestandteil der 7 km langen Stadtbefestigung. Auch das **Theater** (Antik Tiyatro) aus dem 3. Jh. v. Chr. an der viel befahrenen Kıbrıs Şehitleri Caddesi hoch über der Stadt ist nichts Außergewöhnliches. Es wird jedoch bis heute als Ver-anstaltungsort genutzt (im Sommer tägl. 8–19 Uhr, im Winter bis 17 Uhr, Eintritt frei). Die jedenfalls größte Attraktion des antiken Halikarnassos ist das Mausoleum.

Mausoleum: Das Mausoleum von Halikarnassos, ein monumentaler Grabbau, galt als eines der Sieben Weltwunder der Antike und wurde namensgebend für Grab-stätten dieser Art. Der pausbäckige Fürst Mausolos (eine Statue von ihm steht vor der Burg am Hafen) ließ sein Grabmal aus weißem Marmor bereits zu Lebzeiten von den Architekten Pytheos (4. Jh. v. Chr.) entwerfen, nach seinem Tod wurde es unter Artemisia II., Schwester und Gattin in einer Person, fertiggestellt. Es erhob sich auf einer 105 x 242 m großen Terrasse und soll über 50 m hoch gewesen sein. Den Dachabschluss bildete eine Stufenpyramide, deren Spitze die Statuen von Mausolos und Artemisia mit einem Viergespann krönten. An der Ausschmückung des Grabbaus beteiligten sich die besten Künstler und Handwerker jener Zeit. Erd-beben und rücksichtsloser Steinraub beim Bau des Kastells führten dazu, dass heu-te nur noch Grundmauern vorhanden sind. Zum Glück helfen ein paar Schautafeln

Trendiger Beachclub am Ortakent-Strand auf der Bodrum-Halbinsel

Johanniterkastell St. Peter

Südägäis → Karte S. 215

vor Ort dem geistigen Auge auf die Sprünge. Erste Ausgrabungen am Mausoleum unternahm im 19. Jh. der Brite Charles Newton. Kostbare Funde wie Reliefs und Standbilder schenkte er dem Britischen Museum in London – für den Besucher von heute bleiben somit nur ein paar Säulentrommeln übrig.

Adresse/Öffnungszeiten: Turgutreis Cad. Im Sommer tägl. (außer Mo) 8–19 Uhr, im Winter bis 17 Uhr. Eintritt 3,20 €.

Johanniterkastell St. Peter/Museum der Unterwasserarchäologie: Das mächtige Kastell errichtete der Johanniterorden in der ersten Hälfte des 15. Jh. auf den Fundamenten einer alten byzantinischen Festung. Zu jener Zeit besaß der Orden, der auf Rhódos einen souveränen Ritterstaat begründet hatte, eine gewaltige Flotte, mit der er islamische Handelsschiffe plünderte. Der Orden war in mehrere Landsmannschaften unterteilt, aufgrund der unterschiedlichen Sprachen auch „Zungen" genannt. Jede Zunge hatte ihre eigene Herberge und im Falle eines Angriffs einen Abschnitt der Festung zu verteidigen. Die Nationalitätenbezeichnungen der Türme stammen aus jener Zeit. 1523 wurden die Ritter aus der Ägäis vertrieben, ein paar Jahre später ließen sie sich auf Malta nieder. Während der osmanischen Zeit verlor das Kastell an Bedeutung, Ende des 19. Jh. wurde es in ein Gefängnis verwandelt. Unter Beschuss stand es das letzte Mal im Ersten Weltkrieg, als das französische Kriegsschiff Dubleix in die Bucht von Bodrum einlief. Heute beherbergt das Kastell ein Museum für Unterwasserarchäologie, das weltweit größte seiner Art – bringen Sie Interesse für Amphoren mit.

Der **Zugang** zum Kastell liegt an der Salmakis-Bucht. Hinter dem Kassenhäuschen passiert man einen kleinen Hof mit einem schattigen Café. Von dort gelangt man über Rampen entlang der Außenbastionen in den Kern der Festung zu einem Hof mit einem Maulbeerbaum in der Mitte. Rechter Hand steht dort eine kleine **Kapelle**, 1406 errichtet und 1523 von den Osmanen mit einem Minarett versehen. Sie beherbergt heute den nachgebauten Bug eines byzantinischen Schiffes, das im Jahre 626 vor der Bodrum-Halbinsel sank. Im Hof linker Hand befindet sich eine **Amphorenausstellung**, das älteste Stück des Museums stammt aus dem 14. Jh. v. Chr.

Neben der Kapelle führen Stufen in einen höher gelegenen Hof. Dabei passiert man die sog. **Glashalle**. Darin gibt es Väschen, Gläschen, Schälchen und Glasperlen (diese wurden als Gewichte verwendet) zu bestaunen, die zwischen dem 14. Jh. v. Chr. und dem 11. Jh. n. Chr. auf dem Meeresboden versanken. Schräg gegenüber der Glashalle liegt der Eingang zur sog. **Glass Shipwreck Hall** (separater Eintrittspreis, Ausgang im tiefer gelegenen Hof). Hier wird das Skelett eines Handelsschiffes gezeigt, das im Jahre 1025 nahe Turunç sank. Ausgestellt sind zudem Funde der Ladung und persönliche Gegenstände der Besatzung.

Der obere Hof gleicht einer kleinen begrünten Parkanlage mit Brunnen und frei umherlaufendem Federvieh, darunter auch ein paar Pfauen. Hinter dem Tor zum Hof steht linker Hand der **Spanische Turm**, an dem der Rundgang später noch vorbeiführt. Wir folgen den Stufen rechter Hand weiter empor, den höchstgelegenen Türmen entgegen. Bei diesen handelt es sich um den **Italienischen Turm** (rechts) und den **Französischen Turm** (links). In dem Trakt dazwischen und im Französischen Turm erwartet Sie eine kleine Ausstellung über die Bergungsarbeiten an einem griechischen Handelsschiff, das im 5. Jh. v. Chr. am Tektaş-Kap südlich von Çeşme sank und 1996 entdeckt wurde. Rund 5000 Tauchgänge führten die Archäologen zur Vermessung des Rumpfes und zur Bergung durch.

Von der Terrasse dahinter erfolgt der Zugang zur sog. **Carian Princess Hall** (ebenfalls separater Eintrittspreis). In ihr liegen die Gebeine der karischen „Prinzessin" Ada aus dem 4. Jh. v. Chr. Ihr Sarkophag wurde

1989 bei Bauarbeiten nahe Bodrum gefunden. Zu sehen sind Grabbeigaben (u. a. goldene Armreife, eine Kette und ein Lorbeerkranz) und – der Stolz des Museums – ein lebensgroßes Modell der Dame. Entworfen wurde es nach den pathologischen Erkenntnissen der Universität Manchester. Schade nur, dass die Wissenschaft nicht zugunsten der Schönheit schummelt.

Steigt man neben der Carian Princess Hall die Treppe hinauf, gelangt man zu einer **Terrasse zwischen dem Italienischen und dem Französischen Turm**. Eine herrliche Aussicht über Bodrum tut sich hier auf. Von dieser Terrasse gelangt man auch zu den Ausstellungen in den Obergeschossen der beiden Türme. Der eine beherbergt eine kleine Münz- und Schmucksammlung, der andere mittelalterliche Waffen (beide zuletzt jedoch nicht zugänglich).

Grüne Pfeile weisen den Weg zum **Englischen Turm**, der das südöstliche Eck des Kastells markiert. In ihm erinnern ein paar Exponate an die Johanniter, darunter Rüstungen, Fahnen, Wappen und zwei Schiffsmodelle.

Spaziert man an der äußeren östlichen Festungsmauer weiter, passiert man ein niederes Gebäude, in dem das sog. Uluburun-Schiff aus der späten Bronzezeit – etwas kitschig als Modell im Querschnitt in Szene gesetzt – zu sehen ist. Das Schiff sank vor rund 3400 Jahren am gleichnamigen Kap vor Kaş und gilt als das älteste Schiffswrack der Welt. Es blieben nur rund 3 % des Rumpfes erhalten, dafür mehr von der Ladung: Amphoren, Keramik, Schmuck, Werkzeuge, Waffen usw. In einem Nebenraum wird ein Film über die Bergungsarbeiten der Archäologen gezeigt – 22.000 Tauchgänge wurden durchgeführt.

Wieder ein paar Schritte weiter fragt ein verblasstes Schild der Museumsverwaltung: „Do you have a strong heart to walk into the dungeon?" Die Frage bezieht sich wohl auf die vielen Stufen hinab zum **Kerker** (Sackgasse), denn Schockierendes erwartet einen nicht: Zu sehen ist ein etwas düsteres Rot und zu hören ein etwas undeutliches Stöhnen (vom Band).

Lässt man den Kerker aus und wendet sich nach links, steht man gleich vor ein paar Toiletten aus osmanischer Zeit. In dem Ausstellungsraum gegenüber liegen Skelette von Sklaven, die auf den Galeeren zum Rudern verdammt waren. Ihre Gebeine, an denen noch Eisenketten hängen, wurden erst 1993 beim Englischen Turm entdeckt.

15 m weiter erhebt sich der **Deutsche Turm**, dessen Ausstellungsräume (unten Amphoren, darüber Mobiliar im Stil der deutschen Renaissance) zuletzt geschlossen waren. Der nächste Turm, rund 30 m weiter, ist der **Spanische Turm**, auch **Schlangenturm** genannt, da links des unteren Eingangs das Relief einer Schlange in den Stein gehauen ist. Betritt man den Turm an dieser Stelle, bekommt man einige Amphoren zu sehen. Betritt man ihn durch seinen oberen Eingang, gelangt man zu einer kleinen Ausstellung zum Thema „Geburt, Leben und Tod" – u. a. werden hier medizinisches Besteck, Statuetten, phallusartige Mörserstößel sowie Grab- und Votivsteine präsentiert.

Links des Schlangenturms hat man durch ein Tor wieder Zutritt zur äußeren Befestigungsanlage. Begleitet von schönen Hafenblicken kann man noch zum **Kommando-Turm** spazieren. In diesem befindet sich eine kleine Ausstellung über den Beschuss des Kastells und Bodrums durch das Französische Kriegsschiff Dubleix (zuletzt ebenfalls geschlossen).

Öffnungszeiten   Tägl. 8.30–18.30 Uhr (im Winter bis 16.30 Uhr). Eintritt 3,20 €. Carian Princess Hall und Glass Shipwreck Hall (nur Di–Fr 10–12 und 14–16 Uhr) jeweils 2 € extra.

Zeki-Müren-Museum: Zeki Müren kennt außerhalb der Türkei kaum ein Mensch, im Land aber besitzt er durch unzählige Filme und Evergreens einen Kultstatus, den nur Atatürk überbietet. Der Aufstieg des charismatischen Schnulzensängers begann in den 1950ern, sein zuweilen hermaphroditisches Auftreten – Müren war homosexuell – tat seiner Karriere keinen Abbruch. 1955 erhielt er die erste Goldene Schallplatte der Türkei. Bis er 1996 bei Dreharbeiten verstarb, hatte er Millionen zum Heulen gebracht. Beigesetzt wurde er in seiner Heimatstadt Bursa. Mürens Haus in Bodrum dient heute als illustres kleines Museum. Zu sehen sind Fanbriefe, Schallplatten und fantasievolle Kostüme. In einem verglasten Anbau wird Mürens amerikanischer Straßenkreuzer ausgestellt.

Adresse/Öffnungszeiten: Zeki Müren Cad. Tägl. (außer Mo) 9–12 und 13–17 Uhr. Eintritt 1,20 €.

Am Hafen von Gümüşlük

Südägäis → Karte S. 215

Die Bodrum-Halbinsel

Das Idyll einer unberührten Natur existiert auf der Bodrum-Halbinsel längst nicht mehr. Feriendörfer und Clubanlagen beherrschen die meisten Buchten, und im Legostil wird kräftig weiter gebaut – zwar keine hohen Apartmenthäuser, dafür wie geklont wirkende Ferienhaussiedlungen, die dem Auge fast genauso wehtun. Es scheint nur noch eine Frage der Zeit zu sein, bis die Küste von einem geschlossenen Häuserwald gesäumt wird. Viele einst romantische Plätzchen haben dadurch stark an Reiz verloren – nicht jedoch in den Augen der Wohlhabenderen des Landes. Für sie ist die Bodrum-Halbinsel noch immer *das* Sommerdomizil schlechthin. Dementsprechend gepflegt und teuer präsentieren sich viele Orte.

> **Hinweis**: Die Dolmuşverbindungen zwischen Bodrum und den Orten auf der Halbinsel sind sehr gut, nicht aber die Verbindung zwischen den Orten. Für eine Umrundung der Halbinsel ist deshalb ein eigenes Fahrzeug ratsam.

Ein Genuss sind zum Sonnenuntergang die Ausblicke vom bergigen Inland über die buchtenreichen Küsten, für zusätzliche Reize sorgen die Silhouetten der vorgelagerten Inseln. In den Dörfern fallen oft alte Windmühlen und gedrungene Zisternen auf. Das im Winter darin gespeicherte Regenwasser half bis noch vor einigen Jahrzehnten durstigem Vieh und trockenen Feldern über den Sommer. Heute sind die Zisternen i. d. R. funktionslos. Die Halbinsel im Uhrzeigersinn:

Gümbet: Die weite Bucht 5 km westlich von Bodrum ist fest in der Hand von Pauschalurlaubern, vorrangig aus England. Der recht schmale Strand wird im Frühjahr mit einigen LKW-Ladungen Sand aufgemotzt. In der Hochsaison lässt sich im Liegestuhl gemütlich die *Sun* in der Hand des Nachbarn lesen. Es gibt aber auch ein paar relaxte Beachclubs. Gleich hinter dem Strand reihen sich Bars (selbst eine eigene „Barstreet" gibt es), Restaurants, Souvenirläden und gepflegte Clubanlagen aneinander.

Übernachten/Camping Für Individualtouristen sieht es – Camper ausgenommen – recht trübe aus.

Zetaş Camping, in zweiter Reihe, davor ein Beachclub mit Musikbeschallung und mehrere Restaurants. Viel Schatten, Sanitäranlagen (veraltet, aber okay) in großer Zahl, Camperküche. Wohnwagenfreundlich. April bis Ende Nov. 6,50 €/Pers., Zelt 2,50 €, Wohnmobil 6 € inkl. Strom. Gümbet, ✆ 0252/319223.

Bitez: Eine Bucht weiter liegt Bitez, die ruhigere Fortsetzung von Gümbet. Der Andrang am schmalen Strand (z. T. mehr Kies als Sand) mit einer Moschee direkt am Meer hält sich noch einigermaßen in Grenzen, das Wassersportangebot ist ähnlich gut. Oberhalb des Strandes, in der alten Ortschaft Bitez, findet jeden Sonntag ein großer Flohmarkt statt – fragen Sie nach dem *Bit Pazarı* (gesprochen etwa „Bitt Passare").

Übernachten Die meisten Unterkünfte liegen direkt am Strand, darunter – anders als in Gümbet – auch ein paar einfachere Häuser.

Çömez Motel, angenehme Herberge direkt neben dem Yalı Han, leicht vom Strand zurückversetzt. 14 sehr saubere, gepflegte Zimmer mit dunklem Mobiliar, Klimaanlage, Fliesenböden, Kühlschrank, Flatscreen-TV und guten Bädern, 3 davon mit Balkon. Zudem 2 Apartments für bis zu 4 Pers. Der Hit ist die Terrasse mit Blick über die ganze

Bucht, auf der auch das Frühstück serviert wird. Freundlicher Familienbetrieb. DZ 60 €. Bitez Yalısı, ✆ 0252/3638181.

Tauchen The Aegean Pro Dive Centre in Bitez, etablierte Tauchschule auf P.A.D.I.- und CMAS-Basis mit deutschsprachigen Lehrern. Tagesausfahrt mit 2 Tauchgängen inkl. Mittagessen 38 €, mit geliehener Ausrüstung 47 €. Anfängerkurs P.A.D.I.-Open-Water (4 Tage) 270 €. Kavaklısarnıç Sok. Asarlık Sitesi 30, ✆ 0252/3160737, www.aegeanprodive.com.

Ortakent und Yahşi: Die Dörfer Ortakent und Yahşi liegen im Halbinselinneren. Vorbei an Zitrusbäumen, weißgetünchten Häuschen und schmucken Villen mit gepflegten Gärten führt von ihnen der Weg an die Küste. Dort erstrecken sich die beiden nach den Ortschaften benannten Strände, die ein kleiner Hafen voneinander trennt. Unmittelbar dahinter findet man eine Ansammlung von Hotels, Pensionen und Feriensiedlungen, die vorrangig von Türken belegt werden. So ist das weit verstreute Stranddorf während der türkischen Schulferien überaus gut besucht, davor und danach aber gespenstisch leer. Am meisten geboten wird am Yahşi-Beach, dem westlichen Strand.

Essen & Trinken Palavra Balık Restaurant, am Ortakent-Strand, ausgeschildert. Eines der besten Restaurants der Halbinsel. Tische direkt am Strand, gute Auswahl an türkischen Weinen. Frischester Fisch, außergewöhnliche Meze (viel Fisch und Meeresfrüchte). Mittlere bis gehobenere Preisklasse. Zuvorkommender Service. ✆ 0252/3586290.

Kargıkoyu/Kargı Plajı ("Camel Beach"): Tagaus, tagein schaukeln am hiesigen schönen Sandstrand Touristen auf Kamelen umher, daher der Spitzname der Bucht, die ein beliebtes Ziel von Bootsausflügen ist. Die Clubanlagen verstecken sich dezent hinter dem grünen Wäldchen des unverbauten Uferbereichs, die Hänge drum herum nehmen Feriensiedlungen in Beschlag.

Akyarlar: Die ehemalige Fischer- und Schwammtauchersiedlung gehört zu den beschaulicheren Spots der Bodrum-Halbinsel. Der schmale Strand berauscht nicht, hat aber Flair: Ihn säumen ein paar alte griechische Häuser. Die gemütlichen Fischlokale des Ortes gehören zu den preiswerteren der Halbinsel. Den Osten und Westen der Bucht begrenzen große Clubanlagen, die den Panoramablick vom Strand aus trüben. Die Strände auf dem Weg weiter in Richtung Turgutreis haben durch die Schaffung monotoner Feriensiedlungen ihren Reiz komplett verloren.

Übernachten Babadan Motel, direkt am Strand. 20 restaurierte Zimmer mit weißen Möbeln und Kühlschrank, leider nur 3 zur Meerseite hin. Freundlicher Service. Restaurant mit Terrasse am Meer. DZ 55 €. ✆ 0252/3936002, ✆ 0252/3937987.

Motel Kılavuz, nur ein paar Schritte weiter hinter der Restaurantzeile. 27 einfache Zimmer, z. T. mit privaten Terrassen. Eigene Parkplätze. Der Betreiber Erden Eren hat in Köln studiert. DZ 50 €. Juni bis Mitte Okt. ✆ 0252/3936006, www.kilavuzmotel.com.

Turgutreis: Noch vor gar nicht allzu langer Zeit war das Städtchen, benannt nach dem berühmten osmanischen Seefahrer Turgut Reis (16. Jh.), nichts anderes als ein verschlafenes Fischerdorf. Mittlerweile ist Turgutreis mit 18.500 Einwohnern (im Sommer bis zu 300.000!) der nach Bodrum zweitgrößte Ort der Halbinsel. Und wie Bodrum ist Turgutreis ganz auf Tourismus eingestellt, nur besitzt Turgutreis nicht den Charme von Bodrum. Kaum mehr ein Fischerboot dümpelt im Hafen, dafür größere und kleinere Jachten in der neu gebauten Marina, die von einer schicken kleinen Mall samt besseren Restaurants gesäumt wird. Abgesehen davon wirkt vieles in Turgutreis ziemlich lieblos-provisorisch. Am langen Sandstrand bräunen sich überwiegend Urlauber von den britischen Inseln. Die lokale Geschäftswelt hat sich auf sie eingestellt – kaum ein Restaurant, in dem man nicht „Bacon on Eggs" zum Frühstück serviert bekommt.

Südägäis → Karte S. 215

Verbindungen Turgutreis besitzt einen eigenen Busbahnhof an der Straße nach Gümüşlük, im Sommer recht gute Verbindungen in alle größeren westanatolischen Städte. Zudem regelmäßige Dolmuşverbindungen nach Akyarlar und Gümüşlük.

Bootsausflüge Bootsausflüge nach **Kos** starten im Sommer Mo/Mi/Fr/Sa/So gegen 9.30 Uhr, Rückfahrt gegen 17.30 Uhr. Fahrtdauer einfach 45 Min. Bei Rückkehr am gleichen Tag 28 €, ansonsten das Doppelte! Keine Autos (nur ab Bodrum). Infos beim Ableger der **Bodrum Ferryboat Association** nahe der Marina, ☎ 0252/3829441, www.bodrumferryboat.com.

Einkaufen Sa großer **Wochenmarkt** im Zentrum.

Übernachten Unterkünfte in jeder Preisklasse, von der einfachen Pension im Zentrum über Aparthotels bis hin zu Clubanlagen. Eine einfache Adresse:

Kumsal Motel, vom Hauptplatz ca. 200 m am Strand entlang nach Norden laufen, dann rechter Hand. 14 saubere Zimmer, teils recht beengend. 2 Terrassen, die eine auf dem Dach, die andere ebenerdig und mit gemütlichen orientalischen Sitzecken versehen. DZ 40 €. Sahil 2 Sok. 16, ☎ 0252/3822854, ✆ 3824848.

Essen & Trinken/Nachtleben Günstige Lokale, wo auch noch Türken essen, findet man zwischen Migros und Hafen. Nachts geht es ruhiger zu als in Bodrum. Es wird eher gepichelt als getanzt.

Gümüşlük: Gümüşlük ist das mit Abstand beschaulichste Örtchen der Bodrum-Halbinsel! Idyllisch reihen sich zahlreiche Restaurants an der Kaimauer aneinander – eine opulente Fischmahlzeit in Gümüşlük gehört für Bodrumkenner zum Programm. Aus arg viel mehr als den Restaurants und ein paar Pensionen hinter dem schmalen, überwiegend kiesigen Strand besteht der Ort auch nicht. Bleibt zu hoffen, dass sich an diesem Zustand nichts ändert, denn der bislang verhängte Baustopp ist umstritten. Auf der vorgelagerten kleinen Insel *Tavşan Adası* (durch das seichte Wasser kann man hinüberwaten) tummeln sich Kaninchen zwischen den spärlichen Überresten des antiken Myndos, das der Halbinsel von Bodrum ihren früheren Namen gab. Seit 2004 wird hier regelmäßig gegraben. Zuletzt entdeckte man die Ruinen einer Kirche samt Mosaikboden sowie nahebei Gräber samt Skeletten. Das Meiste von Myndos liegt als „Sunken City" heute jedoch unter Wasser. Über Wasser bietet die Bucht von Gümüşlük im Frühjahr und Spätsommer allabendlich einen der schönsten Sonnenuntergänge der gesamten Westküste – ein Tipp für Romantiker.

Information Tourist Information, zentral bei den Fischlokalen. In der HS tägl. 8–4 Uhr, im Winter verkürzt. ☎ 0252/3944487.

Übernachten/Camping Vorrangig schlichte Pensionen oder Aparthotels. Im Sommer ist eine Reservierung empfehlenswert.

Liman Motel, 5 kleine, weiß möblierte Zimmer mit schönem Blick über Bucht und Hafen, jedoch nur mit französischem Balkon. Dazu 2 Suiten mit Kochnische nach hinten hinaus. Große Dachterrasse, auf der das Frühstück serviert wird. über dem Liman Restaurant (fragen Sie zwecks Zimmer jedoch nach Faik im rückseitigen Kaffeehaus), DZ 80 €, Suiten 110 €. Zentral, in erster Reihe bei den Fischlokalen, ☎ 0252/3943302, ✆ 3943747, www.limanmotelrestaurant.com.

Arriba Apart Otel, hinterm Strand. 4 große, einfache, aber saubere Apartments mit Meeresblickbalkon oder -terrasse (für bis zu 4 Pers.). Zudem 5 gepflegte Holzhäuschen

im Garten dahinter mit Kühlschrank, Klimaanlage und Terrasse. Freundlicher Service. Restaurant, Garten mit Hängematte. Apartments 75 € (ohne Frühstück), DZ 60 €. ☎ 0252/3943654, www.arribaapart.com.

Sysphos Pansiyon, alteingesessene Pension. Schönes altes Steinhaus, Restaurant mit Terrasse direkt am Meer, idyllisches Innenhofgärtchen. Sehr gemütlich. 20 schlichte, saubere Zimmer mit Bad, alle mit Balkon oder Terrasse, 8 Zimmer mit Meeresblick. Dazu 2 Apartments für max. 4 Pers. Von Lesern sehr gelobt, obwohl der Service manchmal träge ist. DZ 40 €, Apartment (ohne Frühstück) 60 €. Am Südende der Bucht, ☎ 0252/3943016, ✆ 3943656.

Essen & Trinken In allen Fischlokalen sitzt man schön und es wird frische Ware serviert. Die Mezevitrinen übertreffen sich gegenseitig. Komplettes Essen mit Wein ab ca. 18 €/Pers. – Handeln möglich. **Acht-**

ung: Der letzte Dolmuş zurück nach Bodrum fährt im Sommer gegen Mitternacht – trotzdem besser vorher bei der Tourist Information nachfragen.

Yalıkavak: Die ehemalige Schwammtaucher-Hochburg ist heute ein schüchtern-gediegener Urlaubsort, dessen Zentrum sich mit geselligen Altherrenrunden noch immer recht ursprünglich präsentiert. Die kleine Basarmeile ist strohgedeckt, Anmache oder Gedränge kennt man nicht. In den Fischtavernen ein paar Schritte weiter lässt es sich fürstlich dinieren – für eine Klientel mit locker sitzenden Geldbörsen sorgt die Marina für 450 Jachten. Der schmale Strand ist zwar zugegebenermaßen nicht der spektakulärste, aber dennoch ganz okay. Keine großen Hotelklötze verschandeln ihn. Passend zum Ort besitzen auch die einzigen zwei Attraktionen nichts Aufreißerisches: Im Zentrum werden in einer Zisterne aus dem späten 19. Jh. wechselnde Kunstausstellungen gezeigt (sporadisch geöffnet, kein Eintritt), am Hafen bespannt man zuweilen die Flügel einer alten restaurierten Windmühle.

Einkaufen Do großer Wochenmarkt.

Übernachten Lavanta Hotel, luxuriöse Herberge. Diesmal hoch am Hang mit traumhafter Aussicht über Yalıkavak. Komfortabelst ausgestattete, individuell eingerichtete Räumlichkeiten (z. T. mit Antiquitäten, wertvollen Teppichen, Holzböden usw.). Superb der Poolbereich. Gelegentliche Dinnerabende. Von der Straße nach Gündoğan/Türkbükü ausgeschildert. DZ ab 130 €. Papatya Sok. 32, ✆ 0252/3852167, ℻ 3852290, www.lavanta.com.

»» Unser Tipp: 4reasons Hotel, ca. 3 km außerhalb des Zentrums. Note 1 mit Stern! Sehr schöner Komplex mit 20 überaus modernen und doch gemütlichen Zimmern, der Komfort versteht sich von selbst. Unter türkisch-kanadischer Leitung. Exzellenter Service, Restaurant mit hervorragender Crossover-Küche. Feiner Poolbereich. „Eines der besten Hotels, in denen wir in der Türkei übernachtet haben", meinen Leser. Anfahrt: Vom Zentrum (Dolmuşstation) der Straße Richtung Bodrum folgen, bei der T-Kreuzung 300 m später links ab, dann ausgeschildert. Frühzeitige Reservierung empfehlenswert. Ganzjährig. DZ ab 149 €. Bakan Cad. 2, ✆ 0252/3853212, ℻ 3853229, www.4reasonshotel.com. **«**

Cüneydi Pansiyon, saubere, gepflegte Familienpension mit 15 einfachen Zimmern, alle mit Steinböden und Bad. Nettes Gärtchen. DZ 50 €. Plaj Cad. 14 (Strandpromenade Richtung Landenge), ✆ 0252/3854077, ℻ 3854824, www.pansion.cuneydi.com.

Essen & Trinken An der Hafenpromenade fällt das schicke **Cumbalı** aus der Reihe. Untergebracht in einem restaurierten Natursteinhaus, einladende Terrasse davor. Meze 2–5 €, Hg. 4,50–13 €. ✆ 0252/3854996.

Im kleinen Zentrum (gegenüber der Moschee bei der Zisterne) ist das **Gülten Abla** mit grundehrlicher türkischer Hausmannskost (gefülltes Gemüse, Köfte, Suppen) zu empfehlen. Hg. 4,20–6 €. Man sitzt urgemütlich unter Schatten spendenden Bäumen.

Gündoğan: Im Ersten Weltkrieg versetzten die Bewohner ihren Ort von der Küste einige hundert Meter landeinwärts, um englischen Kriegsschiffen kein Angriffsziel zu bieten. Mittlerweile bildet der alte, noch recht ursprüngliche Ortskern mit der Neubebauung an der U-förmigen weiten Bucht jedoch fast eine Einheit. Am groben Sandstrand sorgen ausländische wie inländische Beachboys und -girls für einen Lärmpegel, der das Meeresrauschen übertrumpft. Das Wasser ist jedoch kristallklar und das Wassersportangebot groß. Auch kann man Bootsausflüge zur nahen Apostol-Insel mit der Ruine einer byzantinischen Kirche unternehmen.
   Übernachten: Das Preis-Leistungs-Verhältnis der relativ wenigen Unterkünfte (meist Strandhotels der Mittelklasse) ist miserabel.

Türkbükü und Gölköy: Türkbükü, im Norden der Halbinsel über eine Stichstraße zu erreichen, war noch vor 30 Jahren ein Fischernest. Heute zählt der Ort zu den elitärsten Adressen des Landes. Charme besitzt er dennoch nicht, dafür sorgen stetige Baustellen und holprige, staubige Straßen zwischen Villen und exklusiven

Miniclubanlagen. Die kleine Uferzeile mit ihren schicken Lokalen und Boutiquen präsentiert sich als Flaniermeile der Berühmten und Reichen. Stets begegnet man in Türkbükü irgendeinem Promi beim Sonnenbaden, so heißt es. Da der schmale Sandstreifen selbst weniger dazu geeignet ist, bräunt man sich mitsamt Rottweiler oder Golden Retriever auf Holzstegen über dem Meer. Übrigens keine Sorge, falls Ihnen beim Sehen und Gesehen werden schnell das Geld ausgeht – Bankautomaten direkt am Strand sorgen für Nachschub.

Gölköy, das man von Bodrum kommend auf dem Weg nach Türkbükü passiert, ist die einfachere Variante. Auch hier ist der örtliche Strand alles andere als der Renner, auch hier behilft man sich mit Stegen. Nur sonnen sich in Gölköy eben auch Ali und Otto Normalverbraucher. Vor den unausweichlichen türkischen Feriensiedlungen ist auch diese Bucht nicht verschont geblieben.

Anfahrt Türkbükü und Gölköy sind von der Straße Gündoğan – Torba etwas verwirrend mit „Göltürkbükü" ausgeschildert.

Übernachten in Türkbükü Wenn schon, denn schon – die neue Einbauküche kann warten. Die 3 schönsten Adressen vor Ort (allesamt ausgeschildert):

Ada Hotel, das Haus, eine kleine Festung, zählt zu den besten Hotels Europas. Dass Luxus und Service in jeder erdenklichen Weise stilvoll sind, kann man sich wohl denken. Nur 8 Zimmer und 6 Suiten mit kleinen privaten Terrassen (Paparazzi haben keinen Einblick), eleganter hauseigener Hamam, 2 Pools, lauschige Gärtchen, ein Theater, private Jachten usw. Hoch über der Bucht. DZ je nach Zimmer 676–1346 €. Tepecik Cad., ✆ 0252/3775915, 🖷 3775379, www.adahotel.com.

Maki Hotel, auch hier steigen Stars und Sternchen ab. Am nördlichen Ende der Bucht ohne direkten Strandanschluss. Minimalistisch-funktional durchgestyltes Haus. Alle Zimmer mit Balkon. Pool und Restaurant mit Terrasse überm Meer. Eine private Jacht schippert die Gäste zu verschiedenen Buchten. DZ je nach Zimmer 220–700 €. Keleşharımı Mevkii, ✆ 0252/3776105, 🖷 3776056, www.makihotel.com.tr.

Kaktüs Çiçeği Hotel, unter französisch-türkischer Leitung. 18 modern eingerichtete, nicht allzu große Zimmer mit hübschen Wandtapeten. Gutes Restaurant. DZ für Türkbükü faire 120 €. Direkt am Strand, ✆ 0252/3775254, 🖷 3775248, www.kaktuscicegi.com.tr.

Übernachten in Gölköy Auch Gölköy ist nicht billig. Ein DZ in einer einfachen Familienpension in x-ter Reihe ist in der HS nur mit Glück für 50–60 € zu bekommen.

Am Golf von Gökova   (Nordseite)

Der touristisch kaum erschlossene Golf von Gökova ist noch immer einer der schönsten Küstenabschnitte der Türkei. Das gilt für seine Nord- wie für seine Südseite. Letztere grenzt die Reşadiye-Halbinsel ab (→ Akyaka/Weiter in Richtung Marmaris ab S. 263 und Halbinsel Reşadiye ab S. 277).

Auf der Nordseite des Golfs von Gökova zeigt sich die Landschaft, je weiter man sich von der „Metropole" Bodrum entfernt, immer unversehrter: Hügelige, bewaldete Gegenden und Olivenhaine wechseln ab mit grünen Weiden samt Kühen im Frühjahr oder goldenen Stoppelfeldern im Hochsommer. Die Ausschilderung wird zwar immer besser, heben Sie sich dennoch ein Lächeln auf: für ein paar Kilometer in die falsche Richtung und für den Bauern am Wegesrand, der Ihnen weiterhilft. Ein paar traumhafte Buchten sind auch durch Stichstraßen erreichbar.

Hinweis: Wechseln Sie Ihr Geld im Voraus! Die meisten Pensionen in den Buchten am Golf von Gökova haben nur von Juni bis September geöffnet.

İnceyalı-Bucht bei Mazıköy

Die Buchten von Mazıköy

Wer von Çiftlik auf einsamen Landsträßchen ca. 35 km gen Osten kurvt, erreicht Mazıköy (hoffentlich nicht entnervt – die Straße war zuletzt in einem katastrophalen Zustand). Unterhalb des verschlafenen Dorfes befinden sich ein paar türkisfarbene Traumbuchten, die keine monotonen Liegestuhlreihen kennen. Selbst Ausflugsboote und Jeep-Konvois können die Idylle kaum trüben. Die grobkiesigen Strände sind nahezu unverbaut und selbst in der Hochsaison nicht überlaufen, gelegentlich verirrt sich auch einmal eine Kuh dorthin. Dabei ist es ganz egal, ob Sie sich für den schmalen Kiesstrand der **Hurma-Bucht** im Osten entscheiden oder für die Doppelbucht im Westen (eigene Zufahrtsstraße). Letztere ist wiederum durch eine Anhöhe unterteilt in die Kiesbucht **Taşlıyalı** (die westliche) und die Sandkiesbucht **İnceyalı** (die östliche).

Telefonvorwahl 0252.

Verbindungen Bis zu 5-mal tägl. **Dolmuşe** von Bodrum/Busbahnhof (der erste gegen 10 Uhr). Sagen Sie dem Fahrer, an welchen Strand Sie wollen. Die Dolmuşe brauchen ca. 1½ Std. und nehmen die besser befahrbare Inlandroute.

Übernachten/Essen & Trinken Einige Unterkünfte machten zuletzt einen etwas ungepflegten Eindruck. Eine frühzeitige Reservierung ist in der HS ratsam. In der Regel wird nur mit HP oder VP vermietet.

In der Hurma-Bucht Sahil Pension, vom Bett zum Meer sind es nur ein paar Meter. 14 saubere Zimmer unterschiedlicher Größe mit Kiefernholzmöbeln. Gespeist wird auf

der schönen Terrasse am Strand (Leser bemängelten aber schon die Qualität der Küche), den Nachtisch klaut man sich aus dem hauseigenen Mandarinengarten. Mit VP 35 €/Pers. Hurma Sahili, ✆ 339213, www. mazisahilpansiyon.com.

Das leicht rustikale **Mazı Restaurant** mit großer Terrasse (✆ 3392121) und das ähnlich einem Adlernest am Hang gebaute **Kayabaşı Restaurant** (✆ 3392050) servieren in schöner Lage erstklassigen Fisch.

In der Taşlıyalı-Bucht Eray Pansiyon, 5 einfache Zimmer mit Klimaanlage, davor Gemüsebeete und das Meer. Ganzjährig. Kein Schild am Eingang. Taşlıyalı. DZ mit VP 60 € (viel Fisch, der Inhaber ist Fischer). ✆ 0536/2830251 (mobil).

Çökertme

Auch östlich von Mazıköy präsentiert sich die Küstenlandschaft überaus reizvoll. Zu Çökertme, einem Bauerndorf ca. 12 km östlich von Mazıköy, gehört eine kleine Hafensiedlung. Diese besteht aus nicht viel mehr als zwei Häuserzeilen an einem schmalen Strand. Beliebt ist die kleine Bucht mehr bei Seglern auf der „Blauen Reise" denn bei Sonnenanbetern – zuweilen belagern so viele Jachten die Bucht, dass zum Baden gar kein Platz mehr bleibt! Dennoch: Schöne Urlaubstage lassen sich auch hier verbringen, sofern man keine großen Ansprüche hat.

Verbindungen/Anfahrt Dolmuşe in der HS tägl. bis zu 5-mal nach Milas (Tabakhane Garajı), 2-mal nach Bodrum (Busbahnhof). Außerhalb der Saison weniger Fahrten.

Mit dem eigenen Fahrzeug ist Çökertme am einfachsten von Milas zu erreichen: Kurz vor Ören bei einem unübersehbaren Kraftwerk rechts ab, dann noch ca. 12 km. Die Strecke ist sehr schön, unterwegs passiert man hübsche Kiesbuchten (dahinter wird zuweilen leider auch viel gebaut). Von Bodrum stets gen Ören halten, dann ausgeschildert.

Übernachten/Essen & Trinken Nur einige wenige einfache Pensionen. Im Juli und Aug. hat man ohne Reservierung schlechte Karten.

Çökertme Motel/Hotel, zum gleichnamigen Strandrestaurant gehörend (tolle Terrasse, orientalisches Eck zum Wasserpfeiferauchen, Holzsteg zum Bräunen, leider überzogene Preise). 24 saubere Zimmer, darunter ältere im Motel in zweiter Reihe, neuere in einem separaten Gebäude direkt hinter dem Restaurant. Freundliche, ungezwungene Atmosphäre. Ganzjährig. DZ mit HP 55 €. Çökertme, ℡ 0252/5310156, ℡ 5310157, www. cokertmehotel.com.

Orhan Pension, buchbar über das gleichnamige Restaurant in erster Reihe. Die 9 schlichten, sauberen Zimmer mit Klimaanlage befinden sich jedoch in einem Gebäude in zweiter Reihe. Familiäre Atmosphäre. Çökertme. DZ mit VP 60 €. ℡ 0252/5310096, www.orhanpansiyon.blogspot.com.

Das beste und beim internationalen Seglerpublikum beliebteste Restaurant ist das **Captan İbrahim** (℡ 0252/5310012) – stets frische Meze und 1-a-Fisch. Bodrumpreise.

Ören

Ören, rund 12 km östlich von Çökertme, liegt im Osten einer kleinen Schwemmlandebene zu Füßen des 640 m hohen Kocadağ. Über der herrlichen weiten Bucht davor kreisen zuweilen Paraglider. Noch verschandelt kein Mega-Hotelklotz den schönen langen Sand-Kies-Strand, hinter dem sich Pensionen und Feriensiedlungen eher dezent verstecken. Doch Bürgermeister Kazım Turan hat Großes vor, er will sein Städtchen zu einem der „wichtigsten touristischen Zentren der Welt" ausbauen. Seinem Ziel steht 4 km westlich von Ören jedoch ein Kohlekraftwerk im Weg. Dessen Errichtung in den 1990ern ist dafür verantwortlich, dass so manch internationaler Hotelkonzern seinen bereits erworbenen Bauplatz hinter dem Strand brachliegen lässt.

Das eigentliche dörfliche Zentrum Örens liegt rund 1,5 km hinter der Küste. Hier findet man eine Post, einen Barbier, ein paar Läden und mittwochs einen farbenfrohen Wochenmarkt. Strand und Dorf verbindet in den Sommermonaten eine Bummelbahn. Hinter dem Strand verläuft eine für Autos gesperrte, mit jungen Palmen bestückte Uferpromenade.

Ören wurde auf dem Gebiet des antiken Keramos errichtet, das im 6. Jh. v. Chr. erstmals erwähnt und nach dem gleichnamigen Sohn des Weingottes Dionysos benannt wurde. Er galt als Begründer der Töpferkunst (Keramik!). Wenig spektakuläre Überreste der antiken Stadt liegen in und um Ören verstreut.

⌢ Verbindungen/Sonstiges

Verbindungen Dolmuşe in der HS 2-mal tägl. nach Bodrum, tagsüber regelmäßig nach Milas (Tabakhane Garajı), 6-mal nach Muğla, 4-mal über Akbük nach Akyaka. Im Sommer fahren die Dolmuşe bis zum Strand von Ören, im Winter nur ins Zentrum.

Übernachten Da die meisten türkischen Gäste in ihren eigenen Ferienhäusern urlauben, ist die Auswahl an Unterkünften nicht allzu groß. Schlichte Aparthotels, Motels und Pensionen findet man landeinwärts. In der Regel bekommt man auch in der HS immer ein Zimmer.

Club Pomalin, direkt hinter dem Strand und der Uferpromenade. Bestes Haus Örens. Kein Megaclub, sondern ein überschauba-

res Haus mit nur 25 geschmackvoll ausgestatteten Zimmern. Freundliches Personal. DZ 70 €, mit HP 85 €. Ören, ✆ 0252/5322065, ✉ 5322035, www.clubpomalin.com.

Haluk Otel, 100 m hinter dem Strand nahe dem neuen Rathausgebäude (Belediye). Älteres, aber neu restauriertes Haus mit 19 ordentlichen Zimmern unterschiedlicher Größe, alle mit Balkon und Meeresblick (z. T. jedoch eingeschränkt). Schöne Dachterrasse zum Frühstücken. DZ mit HP 60 €. Ören, ✆ 0252/5322896, www.halukotel.com.

Essen & Trinken Nette Fischlokale und einfache Kneipen im bunten Wechsel an der Promenade. Das Preis-Leistungs-Verhältnis ist in Ören sehr gut.

> Eine tolle Strecke führt von Ören gen Osten nach Akyaka: Dazu folgt man von Ören zunächst der Straße nach Muğla. Sie beginnt in Ören/Dorf auf der südlichen Flussseite (Beschilderung „Muğla/Alatepe") noch vor der Brücke. Nach ca. 21 km passiert man Akbük, eine traumhaft ruhige Bucht mit einem schmalen, schneeweißen Kiesstrand (der leider nicht immer der allersauberste ist). Vor Ort findet man einen einfachen, aber wildromantischen Campingplatz und das Altas Restaurant, das auch simple Zimmer vermietet (DZ 40 €, ✆ 0252/5291146, www.altasrestaurantakbuk.com) – viel mehr gibt es nicht.

Muğla
ca. 61.550 Einwohner

Muğla ist eine der reichsten Provinzen des Landes, umfasst sie doch die gesamte Küste von Fethiye bis Bodrum und profitiert so wie kaum eine andere Provinz vom Tourismus. Im Gegensatz dazu zeigt sich die gleichnamige nette, kleine Provinzhauptstadt fast bescheiden. Sie liegt weit abseits der Küste auf erfrischenden 680 m ü. d. M. Über 20.000 Studenten verleihen ihr eine überaus junge und lebendige Atmosphäre. Unterm Strich ist Muğla als Städtetrip von der Küste aus eher als Milas oder Aydın empfehlenswert, zumal die charmante Altstadt ein echtes Schmuckstück ist. Dort ziehen sich von weißen Häuschen gesäumte Gassen den Hang hinauf, einst gerade breit genug für ein Pferdefuhrwerk. Die Altstadt, überragt von roten Ziegeldächern und hohen Schornsteinen, präsentiert ein Stück unversehrte osmanische Stadtarchitektur, bei deren Restaurierung man sich Mühe gibt. Mittelpunkt des Alltagslebens ist das Basarviertel, das jeden Donnerstag zum Schauplatz tausendfacher Geschäftsverhandlungen wird. Von alters her ist der Markttag der wöchentliche Höhepunkt der Stadt.

Zu den Sehenswürdigkeiten Muğlas gehören die **Kurşunlu Camii** aus dem 15. Jh., die nahe stehende **Ulu Cami** aus dem 14. Jh. und das kleine, liebevoll eingerichtete **Museum** (mit „Müze" ausgeschildert, tägl. außer Mo 9–12 und 13–17 Uhr, Eintritt 1,20 €). Im Innenhof präsentiert es archäologische Funde aus Stratonikeia (→ S. 239) und der näheren Umgebung – die Geschichte Muğlas reicht über 3000 Jahre zurück. Zudem besitzt es eine Abteilung mit Fossilien und eine ethnografische

Südägäis → Karte S. 215

Sammlung mit Schaufensterpuppen in traditionellen Gewändern. Des Weiteren bietet sich der Besuch des **Vakıflar Hamamı** aus dem 14. Jh. nahe dem Museum an der General Mustafa Muğlalı Caddesi an (tägl. 7–23 Uhr, Eintritt mit Massage 20 €, separate Eingänge für Männer und Frauen).

Orientierung: Vom Cumhuriyet Meydanı, dem zentralen Platz mit Kreisverkehr und Atatürk-Statue in der Mitte, sind alle Sehenswürdigkeiten ausgeschildert. Man stößt automatisch auf ihn, wenn man der Beschilderung ins Zentrum folgt.

Information Turizm İl Müdürlüğü, an der Cumhuriyet Cad. 24/1. Vom zentralen Kreisverkehr der Beschilderung zum Dalaman-Flughafen folgen, nach ca. 300 m rechter Hand. Mo–Fr 8–17 Uhr. ✆ 0252/2124675, www.mugla-turizm.gov.tr. **Infokiosk** zudem nahe dem zentralen Kreisverkehr an der Recai Güreli Cad. Falls besetzt, kann man sich auch hier mit einem Stadtplan versorgen.

Verbindungen Dolmuşe nach Marmaris, Milas, Ören, Akyaka und in die Umgebung fahren rund um den Busbahnhof (die meisten neben dem dortigen Uhrturm) ab, lassen Sie sich die genaue Stelle zeigen. Busbahnhof ca. 10 Fußmin. südlich des Zentrums. Um ins Zentrum zu gelangen, folgt man vom Uhrturm dem begrünten Boulevard leicht bergauf.

Übernachten Die Auswahl an guten Hotels ist ziemlich mager, das Preis-Leistungs-Verhältnis nicht immer das beste.

Mavi Konak, schön restaurierte Altstadtvilla aus dem 19. Jh. Unter deutscher Leitung. 5 farbenfroh und individuell gestaltete Zimmer, nur eines davon mit privatem Bad. 2 Innengärten und 2 Veranden, dazu eine gut ausgestattete Küche für alle. Parken vor der Tür nicht möglich. Wegbeschreibung: Am besten lässt man sich den Weg zur zentralen Moschee Pazar Camii (gesprochen etwa: Pasar Dschami) erklären und von dort nochmals den Weg zum Konak (kennt jeder). April–Okt. DZ ohne Bad 48 €, mit Bad 53 €. Balıbeys Mah. Kusular Çıkmazı 13, ✆ 0252/2147007, www.mavi-konak.eu.

Hotel Moğla Yalçın, ca. 100 m unterhalb des Cumhuriyet Meydanı. Von innen besser als von außen. Bis auf die dicken alten Teppiche, die man mal austauschen könnte, gepflegt und ordentlich. 48 Zimmer mit TV, Klimaanlage, guten Bädern und Balkon. Darunter eine beliebte Bierkneipe mit Musikbeschallung – wer Einschlafprobleme hat, wählt besser ein Zimmer zur anderen Seite. EZ 32,50 €, DZ 47,50 €. Özer Türk Cad. 7/A, ✆ 0252/2141599, 🖷 2141050, www.moglayalcinhotel.com.

Otel Saray, beim Marktgelände. 51 etwas abgewirtschaftete, aber saubere Zimmer mit Laminatböden und TV, z. T. mit renovierten Bädern. Eine Etage ist für die Liebe reserviert … EZ 20 €, DZ 30 €. Açık Pazar Yeri 11, ✆ 0252/2141594, 🖷 2141950, www.muglasaray.com.

Essen & Trinken Spezialitäten sind *Muğla Köfte* (ganz kleine Köfte) und *Muğla Kebabı* (gekochtes Fleisch, das als eine Art Suppe auf den Tisch kommt).

Konak Kuzine, gegenüber der Kurşunlu-Moschee im Marktviertel. Schöner alter Konak (innen jedoch etwas bieder) mit netter Terrasse. Gute Kebabs und gute Hausmannskost. ✆ 0252/2131000.

Falls Sie von Muğla nach Milas fahren, passieren Sie das antike Stratonikeia (→ S. 239).

Akyaka

Am Fuße der Kıran-Berge und zugleich am östlichen Ende des Golfs von Gökova liegt der kleine Ferienort, für dessen sympathischen Charakter ein Mann verantwortlich zeichnet: Nail Çakırhan (1910–2008), preisgekrönter Architekt aus dem nahe gelegenen 5200-Einwohner-Städtchen Ula, der hier die traditionell-ägäische Bauweise mit viel Holz und Erkern wiederbelebte. Akyaka ist im Vergleich zu Bodrum oder Marmaris noch eine beschauliche Oase, angenehm auch, dass hier stets eine leichte Brise weht. Da in Akyaka überwiegend Türken Urlaub machen – der internationale Tourismus hält nur langsam Einzug – herrscht Hochbetrieb lediglich während der türkischen Ferienzeit. Schon kurz danach schließen die ersten Restaurants am schmalen, von Palmen gesäumten Sandstrand, und es wird sehr ruhig und deutlich preiswerter. Akyaka gilt übrigens auch als Geheimtipp unter Ornithologen: Im Feuchtgebiet südlich des Flusses Kadın Azmağı treiben sich Stockenten, Bienenfresser, Flussregenpfeifer und etliche Vögel mehr herum.

Verlässt man Akyaka Richtung Ören (44 km), passiert man nach den letzten Häusern von Akyaka den **Çınar Plajı**, eine idyllische kleine, wenn auch etwas eng bestuhlte Kiesbucht mit Strandbar, wo man es sich zwischen Oleanderbüschen gemütlich machen kann (zu Fuß vom Westende Akyakas ca. 1 km vorbei am İskele Motel, mit dem Auto entlang der neuen Küstenstraße ca. 2,5 km).

Telefonvorwahl 0252.

Verbindungen Im Sommer 2-mal tägl. mit dem **Dolmuş** nach Marmaris, bis zu 4-mal tägl. über Akbük nach Ören, ansonsten Dolmuşverbindungen jede halbe Std. nach Muğla (Abfahrt dort vom Busbahnhof) und Gökova, dort Umsteigemöglichkeit in Busse entlang der Küste. Die Dolmuşe starten beim Belediye Parkı etwas oberhalb des Zentrums (sie drehen jedoch auch eine Runde durchs Zentrum, Zusteigestation u. a. am großen Parkplatz nahe dem Hafen).

Übernachten Gutes Angebot an Apartments und Hotels der Mittelklasse. Einfache Pensionszimmer sind jedoch Mangelware.

**** Yücelen Hotel, nettes Feriendorf direkt hinter dem Strand. Zweistöckige Häuser im Stil der traditionellen Ägäis-Architektur, Pool, Restaurant am Strand, alles sehr gepflegt. TUI-Vertragshotel. DZ 110 € (155 € all-inclusive). Kötekli Mevkii, ☎ 2435108, ✆ 2435435, www.yucelen.com.tr.

Hotel Erdem, eine Häuserzeile vom Strand entfernt. Kleine, gepflegte, zweistöckige Anlage mit Pool; 21 Zimmer, 4 Apartments, alle mit Terrasse oder Balkon. DZ 75 €. Zambak Sok. 8, ☎ 2435849, ✆ 2434326, www.erdemotel.com.tr.

Engin Hotel, im Südosten des Ortes nahe dem Freilichtkino *(Açıkhava Sineması)*. Klein-

es Hotel mit ziemlich beengenden, aber sehr netten Zimmern mit Holzdecken und Massivholzmobiliar, die meisten mit Balkon, von den obersten erblickt man das Meer. Restaurant, Pool. DZ 45 €. Vom Hafen aus entlang dem Flusslauf landeinwärts halten. Sefa Sok. 13, ☎ 2435727, www.enginotel.com.

Camping Gökova Park, dem Yücelen Hotel angehörend. Schön angelegter Platz in einem Pinienwald (Schatten!), eigener Strand. Einfache Sanitäranlagen. Vermietet werden zudem Bungalows, nicht die klassischen Holzschachteln, sondern richtige kleine Häuschen mit Bad und Terrasse. Idyllisch gelegenes Restaurant. Ganzjährig. Viele Tagesgäste, die nur den Strand aufsuchen. Fußgängereingang beim Yücelen Hotel direkt hinter dem Hauptstrand, mit dem Auto fährt man durch Akyaka hindurch und dann weiter Richtung Ören (auch mit „Apple Beach" ausgeschildert). Campen für 2 Pers. mit Wohnmobil 10 €, mit Zelt 8 €, Bungalows für 2 Pers. ab 50 €. Akyaka, ☎ 2434055, ✆ 2435435, www.yucelen.com.tr.

Essen & Trinken Einfache Restaurants sowohl am Strand als auch im Ort. Sehr gute und im Vergleich zu Marmaris sehr günstige Restaurants liegen am idyllischen **Kadın Azmağı**, dem Flusslauf am südöstlichen Ortsende von Akyaka.

Weiter in Richtung Marmaris

Insel Sedir: Die Insel im Osten des Golfs von Gökova ist auch als *Kleopatra-Insel* bekannt. Denn einer liebenswürdigen Legende nach ließ Mark Anton für seine geliebte Kleopatra eine Bucht mit Kalksand aus Ägypten aufschütten. Schade nur, dass es ihm kein Sultan für seinen Harem gleichtat, denn dann wäre der Strand größer ausgefallen. So ist er heute leider von Ausflugsgästen gnadenlos überlaufen. Auf der Insel befinden sich zudem die Reste der antiken Stadt *Kedreia* mit den Ruinen eines Theaters, Apollontempels, einer Agora, Nekropole usw. Die Bewohner sollen laut Xenophon halbe Barbaren gewesen und allesamt 405 v. Chr. von den Spartanern versklavt worden sein. Bis vor wenigen Jahren war die Insel noch größtenteils in Privatbesitz, heute ist sie dem Ministerium für Tourismus unterstellt.

Verbindungen/Anfahrt Die Insel ist am einfachsten mit einer organisierten Tour von Marmaris aus zu erreichen, am preiswertesten mit dem **Dolmuş** (in der Saison bis zu 10-mal tägl., → Marmaris/Verbindungen, S. 266). Überfahrt 4 €/Pers., „Inseleintritt" zusätzliche 4 €. Von der D 400 Marmaris – Gökova ist die Abzweigung zur Fährstelle beim Dorf Çamlı mit „Sedir Adası" ausgeschildert.

> **Hinweis:** Man darf keinen Sand von der Insel als Souvenir mitnehmen!

Essen & Trinken Auf der **Sedir-Insel** ein einfaches *Büfe*.

An der Straße zur Fährstation passiert man das Restaurant **Çınar**, ein liebevoll angelegtes Gartenlokal, das von alten Karrenrädern geziert wird. Enten quaken am plätschernden Bach, während man im Schatten unter Bäumen sitzt. Frischer Fisch, für das Gebotene faire Preise. Sehr beliebt, manchmal sogar überfüllt (v. a. Sa/So zur Brunchzeit). Hotel mit netten Zimmern angeschlossen (DZ 50 €). ☎ 0252/4958080, 📠 4958466, www.basoglancinar.com.tr.

Camping **Boncuk Camping**, traumhaft-idyllisch gelegener Platz in einer palmenbestandenen Bucht mit schmalem Kiesstrand. Durchschnittliche sanitäre Anlagen, Vermietung von schlichten Zimmern mit Bad. 15 €/Wohnwagen oder Wohnmobil, DZ 30 €, kein Frühstück. 24 km von Marmaris entfernt; die Straße vorbei an der Anlegestelle zur Sedir-Insel noch ca. 7 km weiterfahren (der letzte Kilometer ist unbefestigt), ☎ 0252/4958116.

Marmaris

ca. 31.000 Einwohner

Klasse trifft Masse: Marmaris ist ein Zentrum des Jachttourismus, aber auch des britischen Pauschaltourismus.

In dem Städtchen mit der Sonnenscheingarantie herrschen andere Sitten, keine türkischen, sondern die freizügigen des Massentourismus. Auf der gepflegten Uferpromenade, die rund um den alten Stadtteil bei der Burg verläuft, geben sich Maler, Gaukler und Musikanten ein Stelldichein. Zur See hin liegt Luxusjacht an Ausflugsboot vertäut, gegenüber stehen die Aufreißer der Restaurants Spalier und laden zum Candle-Light-Dinner auf ihre gepflegten Terrassen ein. Dazwischen trägt man offen seinen sonnenverbrannten Bauch spazieren, tagsüber Schatten spendend über den noch weißen Füßen. Nur wer kein Tattoo hat, lässt das Shirt an! Die Stadt selbst präsentiert sich rund um die Burg um ein Vielfaches schicker als ihr durstiges Publikum. Allabendlich fällt es von der Hotelvorstadt ins Zentrum ein, v. a. dann, wenn die *Big Screens* der dortigen Bars schwarz bleiben, da keine Spiele der *Premiers League* auf dem Programm stehen. Dann wird auch der moderne, alles andere als orientalische Basar durchstreift. Alles, auf das sich der Schriftzug bekannter Designer drucken lässt, wird hier an jeder Ecke und auf jedem Meter angeboten.

Ansonsten steht Marmaris ganz und gar im Zeichen des Segelsports. Weit über 1500 Liegeplätze bietet die Bucht. In der größten und schicksten Marina, der *Netsel Marina* östlich der Burg, trifft sich auch die Schickeria des Landes. Ins Zentrum spaziert sie selten: Die nationalen Promis wollen mit den internationalen „Prollis" nichts zu tun haben.

Seglermekka Marmaris

Südägäis → Karte S. 215

Geschichte

Marmaris, als *Phiscus* um 1000 v. Chr. von dorischen Einwanderern gegründet, war einst Handelshafen und Tor Kleinasiens nach Rhódos und Ägypten. Im 6. Jh. v. Chr. geriet die Ansiedlung unter die Herrschaft Lydiens. Im 5. Jh. v. Chr. bezeichnete sie Herodot schon als Marmarissos – man nimmt an, dass sich der Name von den Marmorvorkommen in der Umgebung ableitete. Vom 4. bis zum 2. Jh. v. Chr. dominierte Rhódos den Hafen. Danach war Marmaris ständig wechselnden Machtverhältnissen ausgesetzt, bis schließlich die Osmanen 1408 die ganze Gegend besetzten; seitdem ist Marmaris türkisch. Die Bucht von Marmaris spielte für Strategen seit jeher eine wichtige Rolle: Wo einst Süleyman der Prächtige seine Expedition nach Rhódos startete und Lord Nelson seine Flotte zum Angriff auf die Franzosen bei Abukir klarmachte, befindet sich heute ein NATO-Stützpunkt (die Aksaz-Bucht östlich von Marmaris ist militärisches Sperrgebiet).

Die größten Veränderungen in der Geschichte von Marmaris brachten jedoch weder Römer noch NATO-Militärstrategen, sondern Touristen. Übernachteten noch Anfang der 1980er lediglich ein paar Globetrotter in der Bucht, so sinken heute jede Sommernacht annähernd 100.000 Urlauber aus aller Herren Länder in ihre Gästebetten. Das einst verschlafene Fischernest ist einer der größten internationalen Rummelorte der Türkei geworden. Sämtliche Baulücken an der Küste sind verschwunden, auch in zweiter, dritter und gar in neunter oder zehnter Reihe ist kein grüner Fleck zu sehen. Die Roh- und Neubauten ziehen sich immer weiter ins Hinterland und zeugen von einer ungebrochen optimistischen Zukunftssicht – dass die Wälder um Marmaris den Status eines Nationalparks besitzen, stört dabei nicht.

Orientierung: Das alte Zentrum mit dem Basar, den Restaurants und den Bars liegt rund um die Burg. Gen Westen, Richtung İçmeler, erstreckt sich rechts und links des K. Seyfettin Elgin Bulvarıs, der fließend in den Kenan Evren Bulvarı übergeht, die Hotelvorstadt Siteler. Von dort erreicht man das Zentrum per Dolmuş rund um die Uhr. Steigt man an der Atatürk-Statue am Beginn der Kordon Caddesi aus, kann man rund um die Burg zum Jachthafen schlendern.

Information/Verbindungen/Ausflüge

Telefonvorwahl 0252.

Information Tourist Information an der Uferpromenade Richtung Burg. Im Sommer tägl. 9–17 Uhr, im Winter Mo–Fr 8–

17 Uhr. İskele Meydanı, ✆/📠 4121035.

Verbindungen Busse mehrmals tägl. nach Denizli/Pamukkale (4 Std.), Datça (1½ Std.), Selçuk (Ephesus, mit Umsteigen

Marmaris

200 m

Ü**bernachten**

4 Öktem Motel
5 Royal Maris Hotel
7 Candan Otel
8 Gülşah Pansiyon
10 Fa Beach Club
11 Pupa Yacht Hotel
17 Manolya Otel & Apart
18 Maritim Hotel Grand Azur

N**achtleben**

16 Talk of the Town

E**ssen & Trinken**

2 Ali Baba
6 Azmak Başı
7 Karen Patisserie
9 Drunken Crab
12 Pineapple
13 Fiskos Restaurant
15 Fellini

E**inkaufen**

1 Bayırtat Bal Honey Market
3 Sabuncu Dede
14 Point Center

---

in Aydın, bis Aydın 3 Std.), Fethiye (3 Std.), İzmir (4½ Std.), Dalaman (2 Std.), Kaş (4 Std.) und Antalya (6½ Std.). Busbahnhof etwas außerhalb des Zentrums am Mustafa Münir Elgin Bul. Zweigstellen der Busgesellschaften (mit Shuttle-Service zum Busbahnhof) im Zentrum.

Vom Busbahnhof starten auch die Minibusse nach Muğla sowie 5- bis 7-mal tägl. die Havaş-Busse zum Airport Dalaman. Die genauen Zeiten erfahren Sie in den Reisebüros oder unter www.havas.com.tr. 12,50 €/Pers.

Dolmuş: Die Dolmuşe nach İçmeler und zum Uzunyalı-Strand (ständig) starten an der Ulusal Egemenlik Cad. (zusteigen in Fahrtrichtung zum Meer), halten aber auch entlang der Atatürk Cad. Die Dolmuşe zur Cennet Adası und zum Busbahnhof halten ebenfalls an der Ulusal Egemenlik Cad. (dafür aber in entgegengesetzter Richtung zusteigen). Die Dolmuşe nach Turunç, zu den Dörfern der Bozburun-Halbinsel und zur Sedir Adası starten vom Dolmuşbahnhof etwas weiter nördlich an der gleichen Straße (→ Stadtplan).

Bootsdolmuşe bzw. **Taxiboote** zu den Stränden rund um Marmaris legen von mehreren Stellen an der Uferpromenade ab, z. B. alle 30 Min. nach İçmeler und jede Std. nach Turunç (einfach jeweils 3,75 €).

Fährverbindung nach Rhódos: In ca. 60 Min. mit dem **Katamaran** von Mitte April bis Ende Okt. tägl. um 9 Uhr hin und um 16.30 Uhr zurück. Von Mai bis Okt. verkehrt zudem Di/Fr/So eine **Autofähre.** Eingeschränkte Fahrten im Winter. Egal ob Katamaran oder Autofähre, die Schiffe legen vom Fährterminal östlich der Netsel-Marina ab und kosten einfach oder hin/zurück am gleichen Tag 45 €/Pers.

Auto einfach 120 €. Infos z. B. bei **Yeşil Marmaris,** Barbaros Cad. 13 (Uferpromenade), ☎ 4122290, www.yesilmarmaris.com.

Bootsausflüge Unzählige Schiffe an der Mole. Die Schiffe legen i. d. R. um 10 Uhr ab und kehren zwischen 17 und 19 Uhr zurück. Bootsausflug inkl. Lunch ab 12,50 €/Pers.

Organisierte Ausflüge Diverse Agenturen. Fahrt nach Dalyan/Kaunos ca. 20 €, nach Ephesus oder nach Pamukkale 35 €, 2-Tages-Trip nach Ephesus und Pamukkale 70 €, „Village Trip“ (sprich: ein Trip in ein Dorf, das zufällig ein Teppichknüpfzentrum ist) 15 €.

Blaue Reisen Reichlich Angebote in den Büros direkt am Jachthafen und bei den Kapitänen und Bootsbesitzern. Bei **Eser Yachting** kann man zuweilen eine einwöchige Tour als Last-Minute-Angebot buchen, dann mit VP (ohne Getränke) rund 300 €/Pers. 35 Sok. 21, ☎ 4123527, www.eser-yachting.com.

Jachtcharter Segelboote ohne Skipper bietet z. B. **Sun Charter** (www.suncharter.de, Büro in der Netsel-Marina, in Deutschland unter ☎ 08171/29905 zu erreichen).

(Adressen   (→ Karte S. 266/267)

Ärztliche Versorgung In der **Privatklinik Ahu Hetman** in der 167 Sok. wird ein wenig Deutsch, in jedem Fall aber Englisch gesprochen. ☎ 4177777.

Dr. Hülya Elmas, die Deutsch sprechende **Zahnärztin** bohrt an der Mustafa Muğlalı Cad. 8 (Efe Apt.). ☎ 4126342.

Autoverleih Zahllose Agenturen, darunter nationale (ab ca. 40 €/Tag inkl. Versicherung) und internationale Verleiher (ca. 67 €). **Avis** (über Setur), Atatürk Cad. 8/E, ☎ 4122771, www.avis.com.tr. **Europcar,** Yunus Nadi Cad. 126 (Stadtteil Armutalan), ☎ 4174588, www.europcar.com.tr.

Einkaufen/Souvenirs Die Gassen des alten Ortskerns, von einer modernen Glas-Stahl-Konstruktion überdacht, sind ein einziger riesiger und etwas steriler **Basar,** aufgelockert durch türkische Fastfoodlokale und einige Cafés.

Ein stilloses Shoppingcenter mit einer Reihe namhafter Markenshops und einem Supermarkt ist das **Point Center 14** hinter

dem Uzunyalı-Strand. Mehrere edlere Boutiquen findet man in der **Netsel Marina.**

Ein beliebtes Mitbringsel aus der Region ist **Tannenhonig** *(Çam Balı).* Man bekommt ihn z. B. beim **Bayırtat Bal Honey Market 1** an der Ulusal Egemenlik Cad. 7.

Hervorragendes Olivenöl (auch „bio“) kauft man bei **Sabuncu Dede 3,** 33 Sok. 25 A. Dazu ca. 50 verschiedene Olivenölseifen.

Außerdem jeden Do **Markt** in einer festen Markthalle östlich der Hasan Işık Cad.

Reisebüro Avalon Turizm, zuständig für alle wichtigen Airlines aus dem deutschsprachigen Raum. 99 Sok. 21 (etwas zurückversetzt von der Atatürk Cad.), ☎ 4122629, www.avalonturizm.com.

Türkisches Bad (Hamam) Namenloses historisches Bad in der Altstadt hinter der Moschee. Eintritt mit Massage 20 €.

Waschsalon Es gibt mehrere, z. B. die **Çağdaş Laundry** an der 33 Sok. (in der Nähe des Jachthafens). Eine Trommel waschen 8,50 €.

Zweiradverleih Z. B. bei **Best motorcyc-le rental**, 158 Sok., ✆ 4129436, www.bestmotortr.com. Mountainbike 10 €/Tag, Scooter (100 ccm) 25 €, Motorräder von 40 € (z. B. Honda XLR 125) bis 130 € (Harley Davidson Sportster 1200).

Übernachten/Camping

(→ Karte S. 266/267)

Das Gros der Unterkünfte, das in den letzten Jahrzehnten entstand, wurde für den billigen Massentourismus geschaffen. Freundliche Pensionen und kleine Hotels mit Stil gibt es mittlerweile so gut wie keine mehr. Für wen auch – Individualreisende machen um Marmaris einen großen Bogen. Die meisten Hotels findet man westlich der Altstadt hinter der Atatürk Cad. und noch weiter westlich, rund um den Seyfettin Elgin Cad. im Hotelviertel Siteler, hier ist die Unterkunftsdichte am höchsten. Empfehlenswerte Ausweichorte sind Akyaka, Turunç und die Ortschaften auf der Halbinsel Bozburun. Vor Ort haben Sie die Wahl zwischen rund 800 Quartieren.

Hotels/Pension ***** **Maritim Hotel Grand Azur** 🔢, an der Straße nach İçmeler linker Hand. Extravagante Herberge, von außen fast futuristisch. Herrlicher Eingangsbereich mit Marmorsäulen und elegant-minimalistischer Einrichtung. 288 komfortable Zimmer und Suiten, jedes mit Balkon. Großer Pool, Hallenbad und eigener Strandabschnitt, Tennisplätze. DZ 240 €. Kenan Evren Bul. 17, ✆ 4174050, ✆ 4174060, www.grandazur.com.tr.

**** **Royal Maris Hotel** 🔢, zentrumsnah am Uferboulevard. 71 Zimmer. Nach vorne mit Palmen- und Meeresblick, jedoch laut. Nach hinten ruhig, dafür blickt man aufs triste Nachbarhotel. Modern ausgestattet. Dachterrasse mit Pool und Bar. EZ 60 €, DZ 75 €. Atatürk Cad. 34, ✆ 4128383, ✆ 4124112, www.royalmarishotel.com.

** **Pupa Yacht Hotel** 🔢, ca. 6 km außerhalb des Zentrums in schöner, ruhiger Lage. Gut geführtes Haus direkt am Meer. 19 kleine Zimmer mit türkisfarbenem Mobiliar, alle mit herrlicher Aussicht. Etwas ältlich, aber okay. Garten mit Hängematten und idyllischer Bar, kleiner Privatstrand. Für Selbstfahrer leicht zu finden, zudem weitaus empfehlenswerter als die meisten zentralen Hotels der gleichen Preisklasse. Anfahrt: das Zentrum über die Ulusal Egemenlik Cad. verlassen, Richtung Otogar/Günlüce fahren, stets der Küstenstraße folgen, dann rechter Hand. DZ 80 €. Adaağazı Mevkii Yalancı Boğaz, ✆ 4133566, ✆ 4138487, www.pupa.com.tr.

Candan Otel 🔢, 38 klassisch-moderne, angenehme Zimmer auf 3- bis 4-Sterne-Niveau. Gepflegt und komfortabel. Freundlicher Eingangsbereich, weniger freundlich die teils ziemlich aufgeblasenen Rezeptionisten. Nach vorne schöne Aussicht, nach hinten trostlos, aber ruhig. Gutes Preis-Leistungs-Verhältnis: EZ 35 €, DZ 50 €. Atatürk Cad. 44, ✆ 4129302, ✆ 4125359.

Manolya Otel & Apart 🔢, als das Hotel 1983 entstand, gab es hier weit und breit kein anderes Haus. Heute befindet es sich mitten im Hotelviertel Siteler, trotzdem jedoch in ruhiger Lage (2 km zum Zentrum, 150 m zum Strand). Unter deutsch-türkischer Leitung. Der freundliche Betreiber İlyas Bublis macht sich für den Umweltschutz stark, alle 18 Zimmer sind mit Biofarben gestrichen. Dazu 12 Apartments. Auf Wunsch wird gut und gesund gekocht. Poolanlage. Mitte Juni bis Okt. Anfahrt: der Atatürk Cad. und ihrer Verlängerung Richtung İçmeler folgen, auf Höhe des Maritim Hotels Grand Azur nach rechts in die 138 Sok. abbiegen. Für 2 Pers. 50 €. Manolya Sok. 9, ✆ 4174022, ✆ 4174014, www.manolya-hotel.com.

Gülşah Pansiyon 🔢, eine der wenigen in Marmaris verbliebenen Familienpensionen in zentraler Lage. Etwas zurückversetzt von der Atatürk Cad., daher auch etwas ruhiger. 20 etwas abgewetzte, aber ordentliche Zimmer für 2–4 Pers. mit Laminat- oder Teppichböden und Balkon, lockere Betreiber. Tee und Kaffee stets kostenlos. DZ 40 €. Atatürk Cad. 52, ✆ 4126642, ✆ 4126641, www.gulsahpansiyon.com.

Öktem Motel 🔢, keine 10 Min. von Strand und Zentrum entfernt. Sauberes Haus mit 14 kleinen, rustikal ausgestatteten Zimmern samt Fliesenböden und Klimaanlage. Bäder etwas veraltet, aber okay. Pool. DZ 35 €. 156 Sok. 10, ✆ 4125383.

Südägäis → Karte S. 215

Camping Fa Beach Club 🔟, 7 km östlich der Stadt, 5 km ab dem Busbahnhof. Der frühere Pekuz Camping, heute in erster Linie ein weitläufiges Terrassenrestaurant mit Garten hinter dem Privatstrand, bot zuletzt nur noch parkplatzähnliche Stellflächen für Wohnmobile – Zeltler wurden nicht mehr aufgenommen! Mäßige sanitäre Einrichtungen. Zudem 7 Bungalows mit Klima-anlage, TV und kleiner Veranda mit Meeresblick. 2 Pers. mit Wohnmobil 17,50 €, DZ 60 € ohne Frühstück. Das Zentrum über die Ulusal Egemenlik Cad. verlassen, dann Richtung Otogar/Günlüce fahren und weiter bis ausgeschildert, ✆ 4128216, 📠 4125563.

Schönere Plätze auf dem Weg nach Datça (→ S. 279) und nahe der Sedir-Insel (→ S. 263).

Essen & Trinken

(→ Karte S. 266/267)

Die Auswahl ist riesig: türkische, englische, französische, italienische, deutsche, asiatische Küche, alles ist vorhanden, selbst die international operierenden Fastfood-Restaurants sind vertreten. Für jeden Geldbeutel ist etwas dabei. Am teuersten speist man an der Uferpromenade rund um die Burg, wo die Cola dreimal so viel kostet wie anderswo, dafür manche Speisekarte sogar ins Finnische übersetzt ist. Das Bier ist hingegen meist überall recht billig.

An und hinter der Uferpromenade Von der Tourist Information Richtung Jachthafen reiht sich ein gehobeneres Terrassenrestaurant ans andere. Fast alle servieren internationale Gerichte und Fisch – außerhalb der Saison jedoch nicht immer frisch. Eine etablierte Adresse darunter ist das **Restaurant Fellini** 🔟. Äußerlich hebt es sich durch gelbe Stühle ab. Hg. 10–25 €. ✆ 4130826.

Das einfachste Lokal direkt an der Uferpromenade ist das **Fiskos Restaurant** 🔟. Den freundlichen Familienbetrieb gibt es schon länger als ein Vierteljahrhundert. Hausmannskost wie leckeres *Güveç*, dazu Fisch und Grillgerichte. Hg. ab 4 €. ✆ 4131258.

Drunken Crab 🔟, unprätentiöser, liebevoll eingerichteter Familienbetrieb mit nur 5 Tischen – besser reservieren. Kleine Auswahl an Meze, Fisch und Meeresfrüchten. Auch Paella ist auf der Karte zu finden, dazu die Hausspezialität „Drunken Crab Soup". Hg. 6,50–15 €. Mo Ruhetag. Bar Street 53 a, ✆ 4123970.

Bucht von Marmaris

Am östlichen Ende der Bar Street (auf der Uferpromenade gen Netsel Marina, vor der Brücke links ab) liegt das Restaurant **Azmak Başı 6**. Klein, ein paar Tische davor, viel türkisches Publikum. Günstige Fischgerichte, Portion *Levrek* oder *Çupra* mit Salat 6,50 €. ℡ 4131206.

An der Netsel Marina Die Lokale hier sind eher gediegen und richten sich an ein betuchteres Seglerpublikum. Zu empfehlen ist das **Pineapple 12** mit Blick auf die Boote. Schöne Dachterrasse. Exzellente Appetizer (1,50–8,50 €) und internationale Küche zu 7,50–15 €. Im Sommer auch Döner – der als einer der besten der Südägäis gilt. ℡ 4130431.

Im Geschäftszentrum Gut und preiswert isst man in den einfachen Lokantas an der Ulusal Egemenlik Cad. Das dortige **Ali Baba 2** ist für eine Lokanta sogar ganz nett eingerichtet und bietet Spieße, Döner, grandiosen *İskender Kebap* und Topfgerichte. Freundlicher Service, günstig. Einziger Haken: Es liegt recht laut an der Straße!

Süßes Karen Patisserie **7**, an der Atatürk Cad. neben dem Candan Hotel. Moderne Konditorei, leckere Kuchen, Torten, Süßspeisen und Frühstück.

Nachtleben   (→ Karte S. 266/267)

Es gibt zwei Zentren, zunächst einmal am Strand vom **Uzunyalı** (parallel zur Seyfettin Elgin Cad.): In unzähligen austauschbaren Bars (gleiche Musik, manchmal sogar gleiche Bestuhlung) vergnügt sich hier Abend für Abend eine feuchtfröhliche englische Gemeinde. Der beliebteste Spot dort ist das **Talk of the Town 16**, wo abgefahrene Transvestitenpartys stattfinden. Daneben gibt es für die englischen Fußballfans auch Clubkneipen mit Namen wie **Red Devil of Manchester Bar**, **Everton Bar** usw.

Der zweite Nightspot ist die **Bar Street**, die parallel zur Uferpromenade Richtung Netsel Marina verläuft (ausgeschildert) und unzählige Bars und Discobars aufweist. Insgesamt recht niveauvoll, auch vergnügen sich hier viele besser situierte türkische Partypeople. Die meisten Clubs verlangen keinen Eintritt, von größeren Events abgesehen.

Baden/Tauchen

Baden Der Stadtstrand von Marmaris, eingeklemmt zwischen Meer und Hotelklötzen, ist in der Saison mit Liegestühlen so vollgepflastert, dass nicht einmal Platz zum Sandburgenbau bleibt. Kinder können sich jedoch über den **Atlantis Waterpark** am Uzunyalı-Strand nahe der Point Shopping Mall freuen. Besser bricht man mit dem Dolmuş oder dem Ausflugsboot zu einem der schönen Badeplätze in der Umgebung auf. Beispielsweise nach **Çiftlik**, am bequemsten mit dem Boot zu erreichen. Langwieriger ist dagegen die Anfahrt mit dem Auto (→ Halbinsel Bozburun). Oder zur **Sedir-Insel** im Golf von Gökova, am einfachsten per organisierter Ausflugstour zu erreichen (→ Akyaka/Weiter in Richtung Marmaris).

Tauchen Angeboten werden Wrack-, Höhlen- und Rifftauchgänge. Die Schiffe der Tauchbasen liegen zwischen denen der Ausflugsboote vertäut. Kaum Preisunterschiede. 2 Boottauchgänge inkl. Mittagessen ca. 50 €. Eine Tauchbasis (bzw. ein Tauchboot) mit deutschsprachigen Instrukteuren ist das **Paradise Diving Centre** (℡ 0542/4133916, mobil, www.paradisediving.net). Hinweis: Erkundigen Sie sich nach der Teilnehmerzahl bei Boottauchgängen. Von manchen Booten springen bis zu 50 Taucher gleichzeitig ins Wasser.

Sehenswertes

An kulturhistorischen Sehenswürdigkeiten hat Marmaris so gut wie nichts zu bieten. Vom antiken *Phiskus* sind lediglich noch ein paar spärliche Mauerreste auf einem Hügel im Norden der Stadt erhalten. Einen Besuch lohnt schon eher das **Marmaris Kalesi**, das ursprünglich mittelalterliche Kastell, das Süleyman der Prächtige

Südägäis → Karte S. 215

1522 ausbauen ließ. Arg viel mehr als einen schönen Blick über Altstadt und Hafen genießt man von ihm aber nicht. Im Inneren des kleinen Gevierts ist ein Museum eingerichtet: Öltiegelchen, Töpfchen, Väschen, Näpfchen und Amphörchen. Obwohl alles liebevoll hergerichtet ist, insgesamt wenig aufregend (tägl. außer Mo 8–12 u. 13–17 Uhr, Eintritt 1,20 €). Der Burg zu Füßen (nahe der Tourist Information) ließ Süleyman der Prächtige 1545 eine **Karawanserei** errichten. Deren Gewölbe belegen heute ein paar Kneipen. Etwas weiter steht eine alte **Markthalle** *(Bedesten),* in die Souvenirshops eingezogen sind, ihr Hof dient als Café.

Umgebung von Marmaris

Landschaftlich ist die Gegend rund um Marmaris äußerst reizvoll. Insbesondere die sich südwestlich erstreckende Halbinsel Bozburun lädt zu ausgedehnten Ausflügen oder Aufenthalten ein. Durch Wälder und Täler mit Bächen, in denen Forellen tanzen, gelangt man zu abgeschiedenen Buchten und Dörfern. Aber auch nördlich von Marmaris, am Golf von Gökova, findet man idyllische Plätze (→ Akyaka, S. 262, und weiter in Richtung Marmaris, S. 263). Als Grundregel gilt: Je weiter man sich von Marmaris entfernt, desto ruhiger und gemütlicher wird es.

İçmeler   ca. 7000 Einwohner, im Sommer 25.000

„Früher gab es angeblich Heilwasser in İçmeler, aber suchen Sie nicht danach, begnügen Sie sich mit abgefülltem Mineralwasser." (Zentrale für Tourismus, Muğla) Früher war İçmeler auch noch ein völlig unbedeutendes Dörfchen am westlichen Rand der Marmaris-Bucht. Aber suchen Sie nicht danach, heute gehört İçmeler

Die Bucht von İçmeler

zum unmittelbaren Einzugsgebiet der Urlaubshochburg. Damals war der Strand von İçmeler auch ein weites unberührtes Paradies, aber suchen Sie nicht danach, heute finden Sie sich in einem Sonnenschirmwald wieder, in dem für ein mitgebrachtes Badetuch gar kein Platz bleibt. İçmeler ist fest in der Hand von britischen und holländischen Pauschaltouristen. Viele, die sich in der gesichtslosen, aber gepflegten Hotelzone einquartiert haben, schaffen es kaum weiter als bis zum Strand mit seinem großen Wassersportangebot und zu den Cafés im Grünstreifen dahinter. Wer mehr sehen will, findet aber auch diverse Zweigstellen von Tourenveranstaltern, Auto- und Zweiradverleihern aus Marmaris.

Telefonvorwahl 0252.

Verbindungen Dolmuş, im 10-Min.-Takt von 7–1.30 Uhr nach Marmaris. Start und Endstation im Südosten der Bucht. Schöner ist die Fahrt mit dem **Taxi- bzw. Dolmuşboot** nach Marmaris (ca. alle 30 Min., einfach 4 €, die Boote legen u. a. ebenfalls im Südosten der Bucht ab). Des Weiteren Taxibootverbindungen nach Turunç (im Sommer stündl., in der NS nur wenige Fahrten) und um 10 Uhr nach Amos, Kumlubükü und Çiftlik (zurück gegen 16.30 Uhr).

Markt Mi großer **Markt** am Çevre Yolu (der Straße nach Turunç und Datça).

Übernachten Die Anzahl der Hotels ist gigantisch, die Anzahl empfehlenswerter Häuser für Individualtouristen jedoch gering, nicht zuletzt deshalb, da viele Unterkünfte nur im Rahmen eines Pauschalarrangements vom Ausland aus zu buchen sind.

Essen & Trinken Im Ortskern viel Austauschbares.

»» Unser Tipp: Mona Titti, abseits vom Schuss (von der Straße nach Turunç ausgeschildert). Gemütliche Terrasse, Tische rund um einen kleinen Pool, dazu duftender Jasmin. Drinnen ein abgefahren dekorierter Speiseraum. Serviert werden so verführerische Gerichte wie *Spagetitti*, *Chicken Titts* oder *Moby's Dick* – lassen Sie sich überraschen. Das alles betört die Sinne: Weit über 50 Heiratsanträge wurden hier schon ausgesprochen (und keiner abgelehnt). Reservierung erforderlich, ℘ 0252/4554046. Geöffnet ab 19 Uhr, Abholservice vom Hotel. Hg. 12–22 €. Ach ja: Vergessen Sie nicht, zum Aperitif die „Geschichte der Mona Titti" zu lesen. Der angeschlossene Souvenirladen hält schrägkitschige Mona-Titti-Andenken bereit. **«**

Südägäis → Karte S. 215

Turunç

2500 Einwohner

Turunç ist der türkische Name für eine bittere Orangensorte, aber im Vergleich zu Marmaris oder İçmeler ist das gepflegte Ex-Fischerdörfchen noch immer ganz süß. Doch wie lange noch: Der Ort holt in (massen-)touristischer Hinsicht auf wie kein anderer der Gegend. Turunç, an einer langen, teilweise feinsandigen Bucht südlich von İçmeler gelegen, ist nicht mehr nur ein beliebtes Ausflugsziel, sondern mittlerweile auch Anlaufpunkt v. a. englischer und osteuropäischer Pauschaltouristen. Rechts, links und über der Bucht haben sich einige Clubhotels angesiedelt, die keine Wünsche offen lassen. Die Anzahl einfacher, freundlicher Unterkünfte nimmt hingegen von Jahr zu Jahr ab. Die Cumhuriyet Caddesi, die Hauptstraße hinter dem Strand, wird allabendlich zu einer für den Verkehr gesperrten Fußgängerzone. Immobilienmakler und Teppichhändler, Karaoke-Bars und Restaurants mit immer den gleichen Speisekarten säumen sie.

Telefonvorwahl 0252.

Verbindungen Alle 30 Min. mit dem **Dolmuş** nach Marmaris. Im Sommer stündl. **Taxiboote** nach Marmaris und İçmeler, 1-mal tägl. nach Amos, Kumlubükü und Çiftlik (Abfahrt meist gegen 10.30 Uhr, zurück gegen 16.30 Uhr).

Übernachten Internationale Akademie Marmaris, eine Adresse für Kreative nahe der Hotelanlage Loryma Resort (Zubringerservice mit deren Traktor-Shuttle) oberhalb von Turunç. Kunst- und Kulturzentrum, in dem neben Workshops auch Übernachtungsmöglichkeiten geboten werden. Die Anlage wurde von türkischen Künstlern gestaltet und besitzt Ateliers und ein Amphitheater. Zum Frühstück am Pool lauscht man zuweilen klassischer Musik. 22 sehr freundliche Zimmer mit Bad, größtenteils mit Balkon. Da der Kommerz nicht im Vordergrund steht, verhältnismäßig preiswert. EZ mit HP 39 €, DZ 60 €. ✆ 4767818 o. über die deutsche Mobiltelefonnummer 0173/2768170, www.akademionline.net.

Barbaros Beach Hotel, älteres, aber gepflegtes, vierstöckiges Haus (dennoch kein Kasten) abseits des Trubels in ruhiger Lage. Nur durch den eigenen kleinen Pool vom Meer getrennt. 31 große, helle Zimmer, knapp die Hälfte davon mit Meeresblick. DZ 37 €. Ganz im Norden der Bucht, ✆ 4767040, ✉ 4767008, www.barbarosbeach hotel.com.

Motel Han, direkt hinter dem Strand. 15 schlichte, aber ordentliche und saubere Zimmer mit Massivholzmöbeln und Klimaanlage – nach vorne mit traumhaftem Meeresblick. Gemütliches Restaurant ebenfalls zum Strand hin. Freundlicher Service. DZ 45 €. Turunç, ✆ 4767006, www.turunchanmo tel.com.

Şule Pansiyon, ebenfalls in erster Reihe direkt hinter dem Strand (jedoch etwas versteckt, bei der Post Ausschau halten). Ein Wunder, dass dieses Haus noch keinem teureren Hotel gewichen ist. 9 spartanische, aber saubere Zimmer mit Bad, unten mit kleinem Balkon samt Kochzeile zum Meer hin, oben mit herrlicher Terrasse und Gemeinschaftsküche. Hoffentlich bleibt dieses „Pensionsfossil" noch länger erhalten. DZ ohne Frühstück 30 €. ✆ 4767314 o. 0555/6521120 (mobil). Falls niemand da ist, beim Burak Aparthotel 100 m landeinwärts fragen.

Essen & Trinken   Fast nur noch Austauschbares: Full English Breakfast, Pizza, Burger, Chicken Wings. Der Billigtourismus ließ so manches gute Restaurant verschwinden oder zum 08/15-Lokal verkommen. Zum Essen lohnen Ausflüge in die Amos- oder in die Kumlubük-Bucht (s. u.), zudem auf die Bozburun-Halbinsel. Unser Tipp vor Ort: **Yakamoz Restaurant**, nahe dem Barbaros Beach Hotel ganz im Nor den der Bucht. Idyllisches Gartenrestau rant unter alten Bäumen, darunter der Strand. Nur wenige Gerichte, stets aber Fisch und *Köfte*. Preiswert. Freundlicher Service.

Amos (antike Stadt) und Kumlubükü-Bucht

Von Turunç führt eine Stichstraße hoch über der Küste gen Süden. Nach ein paar Kilometern zweigt ein schmales Sträßlein nach links steil hinab in die kleine, schöne Amos-Bucht. Den ca. 100 m langen Sandkiesstrand mit Liegestuhl- und Sonnenschirmverleih sowie mit dem guten Amos Beach Restaurant erreicht man vorbei an den Ferienhäuschen des Lehrkörpers der Universitäten *Marmara* und *Anadolu* (Schild „Profesörler Sitesi").

Lässt man die Abzweigung außer Acht, passiert man bald darauf den Asarcık-Hügel, auf dem die steinernen Überreste des **antiken Amos** liegen und der die Amos-Bucht von der Kumlubük-Bucht trennt. Umgeben von beeindruckenden Mauerresten der Stadtumwallung sind u. a. ein schlecht erhaltener Tempel und ein gut erhaltenes Theater zu besichtigen. Apollon, der in dieser Gegend *Samnaios* genannt wurde, war der Schutzgott der Stadt.

In der weiten, ruhigen Kumlubükü-Bucht fällt eine riesige, großzügig ummauerte Villa ins Auge. Sie gehört dem Vorsitzenden der *Garanti Bankası*. Ansonsten gibt die Bucht nicht viel her, der Kiesstrand zählt auch nicht zu den schönsten der Gegend. Man findet weit auseinander liegende Restaurants und Unterkünfte.

Verbindungen: Die Buchten sind auch mit **Taxibooten** von Turunç und İçmeler zu erreichen (→ Verbindungen dort).

Idylle pur: Saranda-Bucht auf der Bozburun-Halbinsel

Halbinsel Bozburun

Südwestlich von Marmaris erstreckt sich die landschaftlich reizvolle Halbinsel Bozburun mit traumhaften Küstenszenerien, aber nur wenigen Stränden. Daher bleiben die Massen fern. Es gibt jedoch ein paar schöne kleine Unterkünfte direkt am Meer und beste Ägäisküche – ideal zum Relaxen.

Das verschlafene Städtchen **Bozburun**, nach dem die Halbinsel benannt ist, liegt 54 km von Marmaris entfernt und ist ein traditionelles Zentrum des Bootsbaus. In den letzten Jahren hat sich der Ort ein wenig herausgeputzt, um am einträglichen Geschäft mit dem Tourismus teilhaben zu können. Dabei setzte Bozburun ganz und gar auf den Jachttourismus und ließ eine Marina bauen, verzichtete aber auf Hotelklötze. Das verleiht dem noch immer beschaulichen Ort mit der gemütlichen, aber kurzen Uferpromenade Charme und Natürlichkeit.

Die restlichen Orte der kargen Halbinsel sind überwiegend Bauern- oder Fischerdörfer oder beides zusammen – wie **Söğüt**. Die eine Hälfte des Ortes liegt hoch am Hang mit tollen Ausblicken über die Küste und bis nach Sými, die restlichen Häuser der Ortschaft verteilen sich auf die beiden Buchten **Kızılyer** (im Norden) und **Saranda** (im Süden).

Im Süden der Halbinsel, wo Ödnis die Pinienwälder abgelöst hat, träumt das vergessene Dorf **Taşlıca** mit seiner spacigen Moschee vor sich hin. Schon die Fahrt von Söğüt nach Taşlıca ist ein Erlebnis – man blickt auf die vorgelagerten Inselchen und das griechische Eiland Sými. Kurz vor Taşlıca weist ein Schild zum **Serçe Limanı** (von der Abzweigung noch 9 km), einem kleinen, auch bei Seglern beliebten Fischerhafen mit Restaurant. Wer mag, kann sich von hier zu den Ruinen des antiken **Loryma** schippern lassen. Erhalten blieben u. a. Mauern einer Festung zum Schutz der **Bozukkale-Bucht.**

Das einst verschlafene Dorf **Bayır** ist mittlerweile ein beliebter Zwischenstopp von Ausflugsgruppen. Aus den charmanten Teehäusern rund um eine alte Platane wurden inzwischen 08/15-Touristencafés. Angeblich ist die Platane über 2000 Jahre alt. Zu ihrer Unterhaltung – viel Abwechslung gab es lange Zeit ja nicht – bastelten die alten Herren des Dorfes ein Schild an den Baum, das darauf hinweist, dass jedem, der die Platane umrundet, ein glückliches Leben beschert wird. Anfangs wurde noch geschmunzelt, wenn Touristen ihre Runden zogen, mittlerweile schenkt man dem aber keine Beachtung mehr.

Über Bayır gelangt man in die reizvolle **Çiftlik-Bucht**, deren Strand zum Besten gehört, was die Gegend rund um Marmaris zu bieten hat. Weil zu viele das Idyll aufsuchen wollten, ist es heute allerdings keines mehr. Täglich macht sich von Marmaris eine Armada von Ausflugsbooten mit mehreren Tausend Gästen zur Einnahme der Bucht auf den Weg und verschreckt die russischen Urlauber, die das Clubhotel hinter dem Strand belegen.

Wie das Dorf Bayır ist auch die Ortschaft **Turgut** Programmpunkt der Jeepsafaris und jener Ausflugsfahrten, die für gewöhnlich mit dem Label „Visit Turkey Tour" versehen werden. Verbunden wird diese Tour i. d. R. noch mit einem Stopp bei einem nahe gelegenen **Wasserfall** (mit „Şelale" ausgeschildert). Auch hiervon sollte man nicht allzu viel erwarten. Im Sommer rauscht's kaum mehr als die heimische Klospülung. Das Wasser sammelt sich dafür in mehreren kleinen Becken, in denen man auch baden kann (Eintritt 0,75 €). Am Bachlauf findet man Forellenrestaurants.

Landschaftlich schön gelegen präsentiert sich die **Selimiye-Bucht**, die von den Ruinen eines alten Kastells überragt wird. Die Bucht ist jedoch im Ganzen eher etwas fürs Auge, Badestrände sind Mangelware. Einladend sind dafür die dort unmittelbar am Meer gelegenen Restaurants. In den letzten Jahren entstanden hier auch einige Hotels, nicht jedoch Klötze, sondern kleine, charmante Häuser.

Ein paar einfache Unterkünfte und gute Restaurants findet man auch in der fjordartigen **Orhaniye-Bucht**. An deren Eingang liegt eine Marina. Kapitäne, die mit ihrem Boot noch weiter in die Bucht einlaufen wollen, müssen aufpassen: Knapp unter der Wasseroberfläche erstreckt sich eine Sandbank.

Einen langen, aber schmalen und z. T. auch ungepflegten Strand besitzt die weite **Bucht von Hisarönü**. Dahinter liegen verstreut ein paar Pensionen und Hotels.

Anfahrt/Verbindungen Die beschriebenen Buchten und Ortschaften der Halbinsel sind im Sommer bis zu 6-mal tägl. von Marmaris mit dem **Minibus** zu erreichen, im Winter und an Wochenenden jedoch weniger bzw. kaum Fahrten (→ Marmaris/Verbindungen).

Bozburun/Übernachten/Essen & Trinken Die Qualität der **Restaurants** ist durchwegs gut, die Preise sind im Vergleich zu Marmaris günstig. Entlang der Uferpromenade findet man einfache, freundliche Pensionen und Hotels.

Sabrinas Haus, eine Traumadresse für alle, die es sich leisten können. Villa direkt am Wasser. 15 großzügige, sehr schick und sehr liebevoll eingerichtete Zimmer und Suiten mit herrlichstem Meeresblick. Badewannen vor dem Panoramafenster, Himmelbetten, teils private Terrassen. Wunderbarer Garten mit Palmen, hölzerner Liegesteg am Wasser. Restaurant mit internationaler und türkischer Küche. Der deutsche Name erinnert noch an die Vorbesitzer. Mindestaufenthalt 3 Tage. Nicht mit dem Fahrzeug zu erreichen, Abholservice. DZ mit HP ab 355 €. Koru Mevkii (südlich von Bozburun), ☎ 0252/4562045, 📠 4562145, www.sabrinashaus.com.

Aphrodite Hotel, eine sehr nette Adresse, aber eher Pension als Hotel. Von Lesern sehr gelobt. 15 schlichte, angenehme Zimmer, alle mit Balkon und Meeresblick. Gutes Restaurant, große Bücherecke, kleiner Privatstrand, Hängematten. Der freundliche Betreiber Ramazan spricht gut Deutsch. April–Okt. Nur zu Fuß oder mit dem Boot zu erreichen (Abholservice). Wegbeschreibung: Südlich von Bozburun, in Nachbarschaft von Sabrinas Haus. Man wählt den Pfad links des ausgeschilderten Hotels Mete bergauf und folgt diesem für ca. 7 Min. entlang der Küste. Mit HP 50 €/Pers. ☎ 0252/4562268, 📠 4562645, www.hotelaphrodite.net.

Yilmaz Pansion, freundliche Familienpension. Neu ausgestattete Zimmer mit ordentlichen Bädern. Es gibt sich Küche und die Terrasse mit Meeresblick. Frühstück extra. An der Uferstraße an Bozburuns östlicher Buchtseite (falls voll, gibt es hier noch mehrere andere Pensionen). DZ 35 €. ☎ 0538/3730993 (mobil), www.yilmazpansion.com.

Söğüt/Übernachten/Essen & Trinken

Octopus Aşkın Pension, unmittelbar am Bootssteg von Kızılyer, ausgeschildert. Ruhiger und beschaulicher kann man es kaum haben. Außer ein paar Jachten, die sich hierher verirren, wenig Betrieb. 12 freundliche, gepflegte Zimmer, z. T. mit kleinem Garten davor. Keine 20 m vom Meer entfernt, leider nur winziger Strandabschnitt mit ein paar Liegestühlen. Sehr gutes, idyllisches Fischlokal unmittelbar am Wasser angeschlossen. DZ 70 €. Söğüt, Kızılyer, ☎ 0252/4965093, 📠 4965451, www.askinmotel.com.

Denizkızı Pansiyon, Zimmer mit Laminatböden und Kiefernholzmöbeln. Restaurant in toller Lage, Badeplattform, Terrasse zum Sonnen. Saranda-Bucht. DZ 60 €. Söğüt, ☎ 0252/4965032, 📠 4965804, www.sogutdenizkizi.com.

Selimiye/Übernachten/Essen & Trinken

Sardunya, erstklassiges Fischlokal mit romantischer Terrasse unmittelbar am Meer. Fantastische Ägäisküche mit bestem Olivenöl. Guter Service. Steg zum Sonnen. Von Lesern gelobt. Gehobeneres Preisniveau. Zudem werden gepflegte Zimmer und Bungalows (DZ 75 €) vermietet. ☎ 0252/4464003, www.sardunya.info.

》》 Unser Tipp: Les Terrasses de Selimiye, wunderschöne Adresse hoch über Selimiye. Geführt von der liebenswerten jungen Französin Solenne Moal (englischsprachig), die sich damit einen Traum erfüllt hat. Terrassenförmige Anlage mit 10 hübschen Zimmern (ohne unwichtigen Schnickschnack wie Fernseher, dafür jedes mit großzügigem Balkon oder Terrasse). Die Poolanlage mit Blick auf die Bucht von Selimiye ist zum Abheben schön! Auf Wunsch wird man mit leckerer türkisch-französischer Küche bekocht. Sehr gutes Preis-Leistungs-Verhältnis. DZ 69 €. Vor Ort ausgeschildert, ☎ 0252/4464367, 📠 4464362, www.selimiyepension.com. 《《

Außerdem gibt es noch eine Reihe von netten einfacheren Unterkünften vor Ort.

Hisarönü/Übernachten/Essen

Club Rena, in herrlicher Lage direkt am Strand. Clubanlage in Miniformat – 5 geräumige, schlichte Bungalows mit Fliesenböden und großer Glasfront. Davor ein Pool mit gemütlichen Kissenecken, ein Restaurant (in der Saison 1-a-Küche zu fairen Preisen), Palmen und das Meer. Ungezwungene Atmosphäre. DZ 41 €. Hisarönü, ☎ 0537/2640415 (mobil), www.clubrena.piczo.com.

Halbinsel Reşadiye

Westlich von Marmaris reckt sich die dünn besiedelte Halbinsel Reşadiye lang und schmal ins Meer. Ihren würdigen Abschluss findet sie in den Ruinen der antiken Stadt Knidos. Auf dem Weg dorthin stößt man auf so manche fast unberührte Bucht. Noch bis vor wenigen Jahren verlangten die unzähligen Serpentinen auf der bergigen Strecke nach Datça, dem Hauptort der Halbinsel, von Fahrer und Wagen das Äußerste. Mittlerweile wurde die Straße ausgebaut – nur noch Geduld ist erforderlich. Unterwegs wird man mit immer neuen Ausblicken auf wilde Schluchten, türkisblaue Buchten und schroffe, kahle Felshänge belohnt. Der Golf von Gökova zeigt sich hier von seiner Schokoladenseite. Viele Ortschaften abseits der Straße sind noch eine Welt für sich, natürlich und ursprünglich – insbesondere im Vergleich zu Marmaris. Selbst der Hauptort Datça ist alles in allem noch ein gemütliches Städtchen. Die Abgeschiedenheit der Halbinsel ging lange Zeit auch mit einer touristischen Rückständigkeit einher. Ob dem Ausbau der Straße nun ein großer touristischer Umbau folgt, bleibt abzuwarten.

Zwischen Marmaris und Datça

Fährt man von Marmaris gen Westen, kommt bis auf ein paar Abzweigungen zu abgelegenen Buchten und Campingplätzen lange Zeit nichts. Die komfortabelsten Möglichkeiten für Camper bietet das **Ferienzentrum Aktur** nach ca. 50 km, dessen schönen Strand man von der Straße aus sieht. 12 km weiter beginnt der kilometerlange, weitestgehend unverbaute **Gebekum-Sandstrand**, dessen schönster und gepflegtester Abschnitt der östliche ist. Von hier aus liegen noch rund 14 km bis Datça vor Ihnen.

Camping zwischen Marmaris und Emecik Çubucak Mesire Yeri, riesiges Gelände, sehr schön im Pinienwald und gleichzeitig direkt an einem ansprechenden Kiesstrand gelegen. Stellplätze teils aber sehr nahe an der Straße. Wohnmobil je nach Lage 13–18 €, Zelte 11–15 € (für jeweils bis zu 4 Pers.). An der Verbindungsstraße Marmaris – Datça (ca. 21 km westlich von Marmaris), ✆ 0252/4670221, ✉ 4670043, www.cubucakcamping.net.

Pool des Hotels Chalet Mesudiye auf der Halbinsel Reşadiye

Aktur Tatil Sitesi, weitläufige Anlage hinter einem Traumstrand inmitten eines Pinienwaldes. Fast ein Ort für sich: Bank, Restaurants, Supermarkt, Ambulanz und 3-mal wöchentlich türkischer Basar. Großes Freizeitangebot: Tennis, diverse Wassersportmöglichkeiten, Ausflüge zu Land und zu Wasser, Radverleih (nützlich zur Überwindung der Distanzen im Feriencamp) etc. Das Campinggelände (ordentliche sanitäre Einrichtungen, Kochgelegenheiten) liegt von einer Bungalowsiedlung getrennt, wo man von einfachen Hütten ohne Komfort über komfortable Bungalows bis zur eigenen Ferienvilla so ziemlich alles mieten kann, was das Herz begehrt. Campen für 2 Pers. mit Wohnmobil 24 €, DZ mit HP ab 65 €. Ausgeschildert, ✆/✉ 0252/7246836, www.datcaaktur.com.

Clubanlage Club Amazon, von Marmaris kommend nach ca. 16 km rechts ab (Beschilderung „Bördübet Amazon"), von der Abzweigung nochmals 16 km, die letzten 4 km sind ungeteert. Nur für Selbstfahrer interessant. Abgelegene, relaxte Anlage am Golf von Gökova, jedoch nicht direkt am Meer, sondern an einem Flussarm. Zum paradiesischen hauseigenen Strand fährt man mit dem Kanu. Familiär und freundlich geführt. Gutes Restaurant, großer Planschpool. Vermietet werden winzige, aber nette Bungalows mit privatem, außerhalb gelegenem Bad, die wie steinerne Hauszelte aussehen, zudem komfortablere Hütten mit Bad, die an Planwagen erinnern. Mit VP ab 50 €/Pers. Bördübet, ✆ 0252/4369111, ✉ 4369160, www.klupamazon.com.

Die Bucht von Datça

Datça

ca. 14.800 Einwohner

Datça, der Hauptort der Halbinsel Reşadiye, ist ein kleines, freundliches Küstenstädtchen, das mit den großen Nachbarorten des Massentourismus – im Norden Bodrum und im Osten Marmaris – noch wenig gemein hat.

Beliebt ist Datça, 76 km westlich von Marmaris, v. a. unter Seglern. Der kleine Jachthafen ist immer gut belegt, und rundherum hat sich ein durchaus charmantes Ensemble aus Bars, Restaurants und Souvenirläden angesammelt. In den Außenbezirken sieht das anders aus. Dort zieht man fleißig Hotels hoch und vermittelt den Eindruck, als wolle man den Urlaubsmetropolen Marmaris oder Bodrum nacheifern. Wenn Datça nicht aufpasst, wird es mit seiner übertriebenen Bautätigkeit all jene vergraulen, die dem Ort bislang gerade wegen seiner Überschaubarkeit und Freundlichkeit den Vorzug geben. Noch ist Datça aber nur ein schüchterner Ableger der großen Touristenzentren. Symptomatisch dafür ist auch die zurückhaltende Art der Aufreißer vor den Restaurants – sofern es überhaupt welche gibt. Den Mangel an kulturhistorischen Sehenswürdigkeiten will man mit dem Bau eines Museums beheben, das Funde aus Knidos beherbergen wird. An der Spitze der Landzunge beim Amphitheater soll es entstehen – seit mehreren Auflagen dieses Buches ist es aus dem Planungsstadium aber noch nicht herausgekommen.

Nur wenige Urlauber verirren sich bislang nach **Eski Datça** („Altes Datça"), ein verträumtes Dörfchen mit engen gepflasterten Gassen, das liebevoll restauriert wird und von dem der später hinzugekommene Küstenort überhaupt erst seinen Namen erhielt. Das Dorf, rund 2 km vor Datça im Landesinneren gelegen, lohnt eine Stippvisite. Es gibt nette Unterkunftsmöglichkeiten, auch öffnet ein Café nach dem anderen.

Information/Verbindungen/Ausflüge

Telefonvorwahl 0252.

Information Tourist Information im Landratsamt (*Kaymakamlık*) nahe der Atatürk Cad. (nicht beschildert). Mo–Fr 8–17 Uhr. ✆/✆ 7123546, www.datca.gov.tr.

Verbindungen 7–21 Uhr regelmäßig **Busse** nach Marmaris (Dauer 1½ Std.). Für alle weiteren Ziele an der Südküste muss man in Marmaris oder Muğla umsteigen. Busbahnhof etwas außerhalb des Zentrums an der Straße nach Marmaris. Die meisten Busgesellschaften haben jedoch Zweigstellen im Zentrum.

Dolmuş: Nach Palamutbükü und Mesudiye (Hayıtbükü und Ovabükü) im Sommer bis zu 8-mal tägl., im Winter bis zu 3-mal tägl. Achtung: Am So nur sehr wenige Verbindungen, im Winter geht So gar nichts! Für Knidos → dort. Dolmuşstation zentral, genaue Stelle zeigen lassen.

Taxi: Nach Knidos mit 2 Std. Aufenthalt 63 €. Mesudiye einfach 30 €, Palamutbükü 35 €.

Schiffsverbindung nach Bodrum Von Mitte April bis Mitte Juni und von Mitte Sept. bis Ende Okt. verkehrt Mo/Mi/Fr 1-mal tägl. um 9.30 Uhr eine kleine Autofähre von Körmen Limanı (9 km nördlich von Datça, an der Straße nach Mesudiye mit „Bodrum Feribot İskelesi" ausgeschildert) nach Bodrum. Von Bodrum in die entgegengesetzte Richtung Di/Do/Sa zur gleichen Zeit. Im Sommer 2-mal tägl., um 9.30 Uhr und um 17.30 Uhr. Die Überfahrt dauert 2 Std. Zu den Abfahrtszeiten verkehrt ein Bus von Datça nach Körmen Limanı (im Preis inbegriffen). Ticket 11 €/Pers. einfach inkl. Bus nach Körmen, Pkw mit Fahrer einfach 35 € (Reservierung empfehlenswert), jede weitere Pers. 6,50 €. Tickets im **Ferry Boat Office Datça** in einer Seitengasse der İskele Cad. nahe der Moschee. ✆ 7122143, www.bodrumferryboat.com.

Schiffsverbindungen nach Sými und Rhódos In manchen Jahren besteht ein fahrplanmäßiger Service, in manchen Jahren weiß keiner so recht Bescheid, wann ein Schiff fährt. Grundsätzlich gilt: Im Juli und Aug. häufige Verbindungen nach Sými (mal tägl., mal alle 2 Tage), zuweilen fährt das Schiff weiter nach Rhódos. Im Juni und Sept. seltene oder gar keine Verbindungen. Nach Sými einfach 25 €/Pers., hin und zurück 50 €. Infos bei Seher Tour (s. u.)

Bootsausflüge Der Ausflug nach Knidos gehört zum Pflichtprogramm. Zudem werden in der HS Tagesausfahrten zu verschiedenen Buchten rund um die Halbinsel Reşadiye angeboten, inkl. Mittagessen je nach Tour 16–20 €/Pers. Ein umfangreiches Angebot hält **Seher Tour** bereit (am Hafen, ✆ 7122473, www.sehertour.com).

adressen (→ Karte S. 281)

Ärztliche Versorgung Dr. Taner Karaman praktiziert im städtischen Krankenhaus, sehr freundlich. ✆ 7123082 o. 0532/6950942 (mobil).

Autoverleih Die lokalen Anbieter (z. B. **Seher Tour**, → Bootsausflüge) verlangen für die billigste Kategorie 40–45 €/Tag.

Einkaufen Verglichen mit anderen Urlaubsmetropolen ist das Angebot bescheiden. Datça-Thymianhonig und etliche andere Honigsorten gibt es bei **Uğurlu Ballar** ⁊ an der İskele Cad. nahe der Ziraat Bankası. Ein schöner Laden mit Naturprodukten aus Datça (Seifen, Olivenöl, Honig oder Salbeitee) ist **Natural Active** ⑥ an der İskele Cad. 43/B. Freitagabend **Obst- und Gemüsemarkt**, Sa großer **Markt** (beide nahe der Post). Eine kleine, aber feine Auswahl an deutschsprachigen Büchern hält **Civan** ② an der Dr. Turgut Dündar Cad. 12 bereit. Hier gibt es auch das Müller-Reisehandbuch, falls Sie es verloren haben. Großer **Migros-Supermarkt** ① nahe dem Busbahnhof.

Blaue Reisen Einer der größten Vercharterer vor Ort ist **Knidos Turizm** am Hafen (✆ 7129464, www.peri-tr.com). Auch Seher (s. o.) bietet Mitfahrmöglichkeiten auf Gulets an. Sofern Plätze frei sind, auch Last Minute ab 50 €/Pers. und Tag.

Türkisches Bad (Hamam) Belediye Hamamı, schlichtes neues Bad etwas zurückversetzt von der Ambarcı Cad. Tägl. 8–22 Uhr. Eintritt mit Komplettbehandlung 30 €.

Wäsche Laundry bei den WCs am Jachthafen, nur am Abend besetzt. 6 €/Maschine.

Zeitungen In deutscher Sprache (leider jedoch meist vom Vortag und oft nur die *Bild*) im Çağlar Market **3** an der Atatürk Cad. nahe der Dolmuşstation.

Zweiradverleih Eriman, Atatürk Cad. Hat Scooter ab 20 €/Tag im Angebot. ✆ 7123206.

Übernachten/Camping (→ Karte S. 281)

Zwar gibt es etliche einfache Pensionen im Zentrum, die meisten sind jedoch eher lieblos geführt. Für die Unterkünfte im Neubauviertel auf dem Weg zur Kargı-Bucht ist ein eigenes Auto von Vorteil.

Villa Aşına **19**, wirkt von außen wie ein Kitschpalast, ist aber innen sehr schön und sehr detailverliebt eingerichtet – keine Ecke, wo es nichts zu gucken gibt! 17 komfortable Zimmer, alle mit eigener Terrasse und Meeresblick. Auch von der Poolanlage genießt man Wahnsinnsausblicke. DZ ab 95 € inkl. Frühstück und Nachmittagstee. Auf dem Weg zur Kargı-Bucht ausgeschildert, ✆ 7122444, www.villaasina.com.tr.

N achtleben
15 Marin Bar und Bambu Bar
17 Dance Club Gallus

E inkaufen
1 Migros Supermarkt
2 Civan
3 Çağlar Market
6 Natural Active
7 Uğurlu Balları

Ü bernachten
4 Yavuz Apart Otel
11 Esenada Otel
12 Bora Hotel
13 Oğuz Pansiyon
19 Villa Aşına und Villa Tokur
20 Ilıca Camping

E ssen & Trinken
5 Fevzi'nin Yeri
8 Café Inn
9 Zekeriya Sofrası und Korsan Restaurant
10 Mocca
14 Emek Restaurant und Culinarium
16 Beyaz Amca
18 Yeşim Bar Restaurant

Rathaus

Hastane-Altı-Strand

Eriman

Polizei

Belediye Hamamı

Fährbüro

Knidos Turizm
Seher Tour

Waschsalon
WC
Amphitheater/
geplantes Museum

Taşlık-Strand

Kargı, Domuzçukuru-Bucht,

Marmaris, Knidos, Eski Datça, Gebekum-Strand

Kumluk-Strand

Datça
150 m

Villa Tokur 🔟, sehr empfehlenswertes Haus, von der Straße zur Kargı-Bucht ausgeschildert. Unter deutsch-türkischer Leitung. 13 angenehme Zimmer mit gusseisernen Betten sowie 2 Apartments für max. 4 Pers., alle mit Balkon, Klimaanlage und Zentralheizung. Freundlicher Poolbereich. Von Lesern immer wieder hochgelobt. DZ 70 €, Apartment 100 €. Koru Mevkii, ✆ 7128728, www.hoteltokur.com.

Bora Hotel 🔟, ordentliche Mittelklasse im Zentrum, sehr sauber. Freundliche Lobby mit Wohnzimmertouch. 18 Zimmer mit Kühlschrank, von den oberen tolle Ausblicke. DZ 60 €. İskele Mah., ✆ 7122040, www.borahotel.com.tr.

Oğuz Pansiyon 🔟, saubere, ordentliche Stadtpension. 11 gepflegte Zimmer mit kleinen, aber neuen Bädern, einige mit Balkon und schönen Blicken. Den Weckruf besorgt der Muezzin. DZ 33 €. İskele Mah., ✆ 7123800, www.datcaoguzotel.com.

Yavuz Apart Otel 🔟, sympathische, gut geführte Unterkunft zwischen Dolmuşstation und Meer. Liebevoll dekoriert, lustig bemalte Wände. 2 ordentliche DZ und 8 geräumige, sehr saubere Apartments, alle mit Klimaanlage, guten Bädern und Balkon, die Hälfte mit Meeresblick. Freundliche, familiäre Atmosphäre. DZ 30 € (kein Frühstück), Apartments für bis zu 5 Pers. ab 60 €. İskele

Mah, ✆ 7122333, www.yavuzapart.com.

Esenada Otel 🔟, das erste Hotel Datças, mittlerweile über 60 Jahre alt – viel hat sich seit der Ersteröffnung nicht verändert. Eine irgendwie liebenswert-urige Bruchbude mit simpelsten Zimmern. Bäder und Klos teilt man sich. Terrassen und ein Hof zum Sitzen. Geführt von 2 freundlichen Schwestern, ideal für alleinreisende Frauen ohne Komfortansprüche. Falls niemand da ist, im Stoffladen nebenan fragen. 7,50 €/Pers. Nahe dem Amphitheater, ✆ 7123014.

Camping Ilıca Camping 🔟, schönes Gelände direkt am Südende des Taşlık-Strandes (Kies). Neue Sanitäranlagen. Vermietet werden zudem große Bungalows mit Bad sowie Hundehütten ohne Bad, nur durch einen gepflegten Rasen vom Meer getrennt. Nette Bar. 2 Pers. mit Wohnmobil 18 €, Bungalow für 2 Pers. mit Bad 60 €, ohne Bad 40 €. İskele Mah., ✆ 7123400, www.ilicacamping.com.

Außerhalb Dede Garden Hotel, in der dörflichen Idylle Eski Datças. 6 äußerst liebevoll und sehr individuell eingerichtete, farbenfrohe Suiten, jede davon ist nach einer Blume benannt und entsprechend gestaltet. Kleiner Pool mit Palmen, Cafébar, alles sehr gepflegt. DZ 82 €. An der Straße nach Datça ausgeschildert, ✆ 7123951, www.dedegardenotel.com.

Essen & Trinken/Nachtleben   (→ Karte S. 281)

Das Gros der Lokale in Datça, darunter viele kleine, günstige Lokantas, ist empfehlenswert.

Emek Restaurant 🔟, am Hafen. Eine gute Adresse für Gegrilltes und fangfrischen Fisch. Zudem Berge von delikaten Meze, die die Wahl schwer machen. Schöne Terrasse, auf der man all das genießen kann. Faire Preise: Meze ab 2 €, Hg. 6–12 €. ✆ 7123375.

Culinarium 🔟, in der Nachbarschaft des Emek. Unter deutsch-türkischer Leitung. Geboten wird eine kleine, aber feine Auswahl türkisch-mediterraner Crossoverküche, jedes Gericht wird frisch zubereitet und bringt Abwechslung zu Kebab und Grillfisch. Gute Steaks. Mit Feingefühl gestaltete Räumlichkeiten, tolle Dachterrasse mit einem Hauch Schiffsdeckambiente. Hg. 12,50–17,50 €. ✆ 7129770.

Yeşim Bar Restaurant 🔟, idyllisches Strandrestaurant in der Kargı-Bucht (→ Baden). Gepflegte Terrasse, schöner Garten.

Gute Meze – ein netter Platz für ein Abendessen mit Meeresrauschen. Tolles Frühstück. Mittlere Preisklasse. ✆ 7128399.

Beyaz Amca 🔟, der „Weiße Onkel" am Hafen. Schönes Interieur, nette Terrasse. Große Auswahl an außergewöhnlichen Fischgerichten mit extravaganten Soßen. Lecker auch die Meeresfrüchte-Pasta. Hg. 6,50–15 €. ✆ 7122258.

Fevzi'nin Yeri 🔟, witzige populäre Taverne. Außen hübsche Terrasse mit blauen Stühlen, an den Fenstern Lobpreisungen verschiedener Reiseführer, innen Fischernetze. Kleine Auswahl an Meze, guter Fisch. Mittlere Preisklasse. 70. Sok., ✆ 0535/9595419 (mobil).

Mocca 🔟, gemütliches Bistro mit Terrasse am Hafen, unter deutsch-türkischer Leitung. Beliebter Treffpunkt von Einheimischen wie von Touristen. Gabriele backt beste Kuchen, Erdinç ist für Pizza und leckere Pastagerichte zuständig. Und Haushund Sultan ist einfach nur faul.

Zekeriya Sofrası 9, Lokanta an der İskele Cad. Ein paar Tische draußen auf der Straße, ein paar drinnen, Töpfe zum Reingucken und Auswählen auf dem Herd. Auch leckere Köfte. Preiswert und äußerst beliebt. Im **Korsan Restaurant 9** nebenan ähnliches Angebot.

Café Inn 8, kleines Café im urbanen europäischen Stil. *Lavazza*-Kaffee – eine Wohl-

tat nach so viel Nescafé! Nette Terrasse zum Meer hin. İskele Cad., gegenüber der Zekeriya Sofrası.

Nachtleben Findet konzentriert auf dem kleinen Areal beim Jachthafen statt, wo es einige nette Bars gibt. Angesagt sind u. a. die blau-weiß gehaltene **Marin Bar 16** und die **Bambu Bar 16**, wo man ganz gemütlich unter Bäumen sitzen und gute Cocktails schlürfen kann. Wer tanzen will, besucht den **Dance Club Gallus 17** nahe dem Jachthafen an der Straße zur Kargı-Bucht.

(Baden/Sport

Baden Datça verfügt über drei öffentliche Strände: den kinderfreundlichen **Kumluk Beach** nördlich des Hafens, den **Taşlık Beach** südlich des Hafens und den **Hastane Altı** genannten Strand unterhalb des Krankenhauses.

Der schönste Strand, der von Datça aus noch mühelos zu Fuß (der Beschilderung „Kargı Koyu" bzw. „Yeşim Bar Restaurant" folgen), aber auch mit dem Dolmuş bis zu

10-mal tägl. (Abfahrt von der Post) zu erreichen ist, befindet sich in der südlich gelegenen **Kargı-Bucht**. Zwar schmal und grober Kies, dafür sehr gepflegt.

Tauchen Datça Diving, deutschsprachige Tauchbasis. Tagesfahrt mit 2 Tauchgängen, Equipment und Mittagessen 50 €. Infos direkt auf dem Tauchboot im Hafen oder unter ✆ 0539/6598907 (mobil), www.datcadiving.net.

Umgebung von Datça

Hayıtbükü- und Ovabükü-Bucht: Die beiden Buchten liegen unterhalb der weit verstreuten Siedlung *Mesudiye,* 13 km westlich von Datça Richtung Knidos. Die weite Ovabükü-Bucht im Westen säumt ein herrlicher Strand, dahinter finden sich ein paar einfache Pensionen. Die beschauliche Hayıtbükü-Bucht im Osten von Mesudiye erinnert ein wenig an die idyllischen Buchten griechischer Inseln und wird unter Seglern jedes Jahr populärer. Ein kleiner Strand, an dem es im Hochsommer gut voll werden kann, lädt auch hier zum Baden ein. Doch Achtung: Wer hier auch nur einen Tag einplant, verlässt die Bucht oft erst nach einer Woche. Beide Buchten sind durch ein Sträßlein miteinander verbunden.

Verbindungen → Datça/Verbindungen.

Übernachten Ada Pansiyon, 11 sehr saubere, ordentlich möblierte Zimmer, 9 mit Balkon, teilweise schöner Meeresblick. Im Restaurant gibt es auf Wunsch ein leckeres Abendessen. Herzliche, familiäre Atmosphäre. Terrasse direkt hinterm Strand. DZ 65 €. Hinter dem Ufersträßlein im Westen der Ovabükü-Bucht in erster Reihe, ✆ 0252/7280102, www.adapansiyondatca.com.

≫ Unser Tipp: Chalet Mesudiye, ein einsam gelegenes Anwesen, einem Schlösschen gleich, hoch über Mesudiye, 10 Automin. zur Ovabükü-Bucht, Traumausblicke auf Bucht und Meer. Familiär geführt von

den freundlichen Hamburgern Sabine und Torsten Fahning. 4 schöne, komfortable Zimmer und Suiten mit viel Platz, hübschen Bädern und Balkon bzw. Terrasse. Toller in die Naturlandschaft integrierter Pool, an dem man seinen ganzen Urlaub verbringen könnte. Gelegentliche Barbecue-Abende. Zur Familie gehören auch 2 freundliche Pferde und 2 ebensolche Hunde. Mietwagen empfehlenswert, Reservierung erwünscht. Anfahrt: Von Datça Richtung Knidos fahren, 3 km hinter der Abzweigung nach Mesudiye (die man ignoriert) links ab auf einen gut befahrenen Schotterweg, von dort noch 1 km. DZ ab 70 €. Mesudiye, ✆ 0252/7280085, www.chalet-mesudiye.de. ≪

Südägäis → Karte S. 215

Die Ovabükü-Bucht

Hoppala Pansiyon, alteingesessener Familienbetrieb. Freundliche Zimmer mit 1-a-Bädern und Klimaanlage, gemütlicher Garten. Man spricht Deutsch und weiß, dass das türkische „Hoppala" – ein Kinderspiel – dem deutschen „Hoppla" klanglich entspricht. Von Lesern vielfach empfohlen. Im Restaurant direkt hinterm Strand gibt es türkische Hausmannskost mit Gemüse aus dem eigenen Garten und selbst gebackenem Brot, die Pension selbst liegt ca. 100 m hinterm Strand. Ganzjährig. DZ 60 €. Ovabükü, ✆ 0252/7280148, 📠 7280259, www.hoppala.com.tr.

》》 Unser Tipp: **Pansiyon & Restaurant Ortam**, direkt hinter dem Strand in 2 über 100 Jahre alten griechischen Häusern. Im Hauptgebäude mit Restaurant 3 kleine, schlichte Zimmer (2 mit privatem Bad, eines mit Bad im Flur). Im Nebengebäude 3 geräumige, nette Einheiten für bis zu 5 Pers., mit Kühlschrank, zudem werden etwas weiter entfernt 3 Holzhäuser für ebenfalls 5 Pers. vermietet (keine Küchen). Für alle: 2 schöne Terrassen zum Träumen und hervorragendes Essen (Spezialität: Oktopus in allen Varianten). Die Betreiber Süleyman und Mahmut kümmern sich rührend um ihre Gäste. Ganzjährig; von Juni bis Sept. sollte man reservieren – stets bestens gebucht! DZ ohne Bad 45 €, mit Bad 58 €, 5-Pers.-Einheit 103 €. Hayıtbükü, ✆ 0252/7280228, 📠 7280091, www.ortamdatca.com. 《《

Palamutbükü: Die weite Bucht von Palamutbükü liegt 24 km westlich von Datça an der Südküste der Halbinsel Reşadiye. An deren westlichem Ende findet man einen kleinen Fischerhafen, in dem meist auch ein paar Jachten vor Anker liegen. Die Uferstraße säumen Restaurants und Pensionen. Der davor liegende Strand wird von West nach Ost immer feiner und geht von Kies in Sand über. Die Siedlung wirkt etwas provisorisch, was jedoch nicht unangenehm ins Auge fällt. Da man in der Bucht vorrangig von türkischen Touristen lebt, ist während der Ferienzeit zwischen Ende Juni und Anfang September die Hölle los, davor und danach hingegen tote Hose (und entsprechend fallen dann die Preise). Gen Osten führt von Palamutbükü ein Teersträßlein in die Ovabükü-Bucht. Unterwegs stößt man auf schöne, oft menschenleere Sand- und Kiesbuchten.

Verbindungen → Datça/Verbindungen.

Übernachten   **Otel Mavi Beyaz**, die schönste und komfortabelste Unterkunft vor Ort. 2010 eröffnetes Boutiquehotel. Alles in weiß-blau gehalten – Griechenlandflair. 16 Zimmer (schlicht, aber hübsch eingerichtet, Bäder mit schönem Kachelschmuck), manche davon mit Balkon und tollem Meeresblick. Davor eine Wiese mit Polstern zum Chillen. Restaurant und Bar. DZ ab 156 €. Ganz im Osten der Bucht, ✆ 0252/7255555, www.otelmavibeyaz.com.

Bük Pansiyon, 34 ordentliche Zimmer, 4 davon in einem neuen Holzhaus neben dem Haupthaus – geräumig, gute Bäder, großzügige Balkone, Kühlschrank. Restaurant mit Terrasse direkt hinterm Strand, auf der man eine ganze Woche verbringen könnte. DZ 50–60 €. In Nachbarschaft des Otel Mavi Beyaz, ✆ 0546/2452786 (mobil).

Essen & Trinken Gut und preiswert ist das **Dostlar Restaurant** an der Uferfront. Die Terrasse ist hier der Strand, wo man idyllisch unter Schatten spendenden Bäumen Meze oder gegrillten Oktopus verzehrt. Von Lesern hochgelobt. ☎ 0252/7255092.

Knidos (antike Stadt)

Zwei Jahrtausende waren die beiden Häfen von Knidos verwaist. Im Kriegshafen ist – gottlob – weiterhin nichts los, doch im Handelshafen herrscht wieder rege Betriebsamkeit. Ausflugsboote und Segeljachten erfüllen ihn mit neuem Leben.

Knidos, die verfallene und nur z. T. ausgegrabene Stadt an der unwegsamen Spitze der Halbinsel Reşadiye 35 km westlich von Datça, zieht viele Urlauber in ihren Bann. Dabei sind die Ruinen überhaupt nicht spektakulär, aber die Kombination aus steinernen Überresten antiker Kultur und wildzerklüfteter Landschaft lässt das Herz höherschlagen. Auch die Blicke hinüber zu den griechischen Inseln Tílos und Níssiros sind herrlich. Die Ruinenstadt ist ein schönes Ausflugsziel, das glasklare Wasser am kleinen Strand lockt zum erfrischenden Bad.

Geschichte: Ein erster Ort namens Knidos (auf dem Boden der heutigen Gemeinde Datça gelegen) wurde erstmals im 7. Jh. v. Chr. erwähnt. Aufgrund der zunehmenden Bevölkerung baute man im 4. Jh. v. Chr. eine neue gleichnamige Stadt an der Westspitze der Halbinsel. Diese entstand nach dem hippodamischen Plan, der ein rechtwinkliges Straßennetz vorsah. Umgeben war die Stadt landeinwärts von einem 4 km langen Wall. Um sich noch besser vor Agressoren von Land her zu schützen, plante man übrigens mehrmals, die Reşadiye-Halbinsel an ihrer engsten Stelle (ca. 30 km westlich von Marmaris misst sie nur 800 m) zu durchstechen.

Zu ihrer Blütezeit zählte die Hafenstadt rund 70.000 Einwohner. Innerhalb ihrer Stadtmauern stand das Apollonheiligtum, Zentrum des Dorischen Städtebundes und – im Vierjahresrhythmus – Schauplatz der Dorischen Festspiele. Bekannt war Knidos auch für seine Ärzteschule – das Asklepieion gehörte neben denen von Pergamon, Kos und Epidauros zu den angesehensten und berühmtesten Heilorten der antiken Welt. Zugleich war Knidos ein Hort der Wissenschaft: Der Ingenieur Sostrates entwarf hier den Leuchtturm von Alexandria, eines der sieben Weltwunder. Auch die Kunst blühte in der wohlhabenden Stadt. Die meisten ihrer Werke gingen im Laufe der Jahrhunderte jedoch verloren. Andere befinden sich in ausländischen Museen, die berühmte Demeterstatue z. B. im Pariser Louvre. Mit dem Beginn der hellenistischen Epoche wurde es ruhig um Knidos. Auf seiner Reise nach Rom machte der Apostel Paulus in der Stadt Halt, worauf sich hier sehr früh eine christliche Gemeinde entwickelte.

Zu Anfang des 19. Jh. erforschten erstmals englische Archäologen Knidos, die letzten Grabungen (bis 2006) führte die Universität Konya-Selçuk durch.

Anfahrt/Verbindungen **Ausflugsboote** starten im Sommer jeden Morgen in Datça gegen 10 Uhr. Unterwegs wird immer wieder zum Baden gestoppt. Preis ca. 20 € mit Essen, in der NS Verhandlungssache.

Taxi von Datça 63 € inkl. 2 Std. Aufenthalt.

Wesentlich billiger ist die Fahrt mit dem **Dolmuş**. Direktdolmuşe von Datça gab es zuletzt nur während der türkischen Ferienzeit (ca. Mitte Juni bis Anfang Sept.), und zwar 2-mal tägl. (Abfahrt von Datça um 10.30 u. 12 Uhr, zurück von Knidos um 14 u. 17 Uhr). Ansonsten nimmt man ein Dolmuş nach Yazıköy (3-mal tägl. um 12, 15 und 17 Uhr), muss den Rest des Weges jedoch laufen bzw. trampen (von Yazıköy noch 8 km).

Öffnungszeiten Im Sommer tägl. 8–19.30 Uhr, im Winter bis 17 Uhr. Eintritt 3,20 €.

Essen & Trinken Restaurant am Handelshafen.

Südägäis → Karte S. 215

Kleiner Rundgang (Dauer ca. 1½ Std.): Vom Parkplatz am Ende der Straße nach Knidos folgt man dem Weg hinab zur Bucht, dem einstigen *Handelshafen* – bei Nordwind liefen Schiffe aus der Ägäis ein, bei Südwind jene aus dem östlichen Mittelmeer. Von hier aus hat man eine wunderbare Aussicht auf die *Halbinsel Triopion* – der Name der Halbinsel rührt daher, weil man auf ihr das Triopionheiligtum vermutete, das jedoch bei Ausgrabungen nahe Emecik zum Vorschein kam. Es geht vorbei am noch gut erhaltenen *Kleinen Theater* **17**, auch Römisches Theater genannt, das etwa 5000 Besuchern Platz bot. Wenige Meter weiter westlich stand ein *Dionysostempel* **16**, der später, wie nahezu alle Tempel der Stadt in eine Kirche umgewandelt wurde – nur das Fundament blieb erhalten. Der Blickfang dahinter, ein paar wieder aufgerichtete Säulen, war Teil einer Stoa. In der gegenüber liegenden Jandarma-Station sind zwei Beamte stationiert, die darauf achten, dass keine Steine verschwinden. Auf dem Weg zum *Kriegshafen*, der durch einen Kanal mit dem Handelshafen verbunden war und in Zeiten der Bedrohung mit einer Eisenkette gesperrt werden konnte, stößt man auf die *Kirche D* **14**, deren mittlere Apsis einst mit Bodenmosaiken in der Opus-sectile-Technik zweifarbig geometrisch ausgelegt war. Folgt man dem Weg weiter entlang der Bucht, erscheint wenig später die *Kirche* E **2**, die ebenfalls mit reichen Bodenmosaiken geschmückt war.

Steigt man nun entlang der Küste bergauf, kommt man an den Fundamenten eines *dorischen Tempels* **6** vorbei, dessen Unterbau aus hellem, rosafarbenem Kalkstein errichtet wurde. Weiter östlich lag das *Propylon* **7**, das zugleich die Eingangshalle zum höher gelegenen *Apollonheiligtum* **5** bildete. Nördlich des dortigen Altars mit einem Sockel aus graublauem Marmor lassen sich noch Sitzstufen für die Zuschauer erkennen, die bei den Riten anwesend waren.

Steigt man noch eine Terrasse weiter bergauf, erreicht man den imposanten Rundsockel des *Athenatempels* **4**. Lange Zeit vermutete man, dass dieser Tempel der Aphrodite geweiht war und mit der *Aphrodite des Praxiteles* (350 v. Chr.) eine der berühmtesten Skulpturen des Altertums beherbergte. Praxiteles hatte den Mut, die Göttin der Liebe erstmals unverhüllt zu modellieren. Ursprünglich sollte dieser Entwurf in Kos aufgestellt werden. Doch auf der konservativen Insel wollte man die Statue nicht, und so kam die Aphrodite nach Knidos, wo man sie als Schutzgöttin der Seefahrt verehrte. Man sagt, dass das Asklepieion von Knidos wegen der nackten Aphrodite in der Folgezeit mehr Besucher anzog als das von Kos. Wo der Tempel der Göttin stand, ist bis heute umstritten.

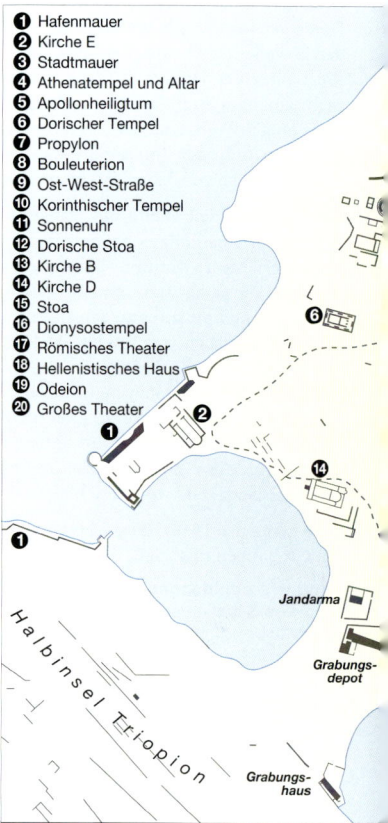

1 Hafenmauer
2 Kirche E
3 Stadtmauer
4 Athenatempel und Altar
5 Apollonheiligtum
6 Dorischer Tempel
7 Propylon
8 Bouleuterion
9 Ost-West-Straße
10 Korinthischer Tempel
11 Sonnenuhr
12 Dorische Stoa
13 Kirche B
14 Kirche D
15 Stoa
16 Dionysostempel
17 Römisches Theater
18 Hellenistisches Haus
19 Odeion
20 Großes Theater

Halbinsel Triopion

Jandarma

Grabungs-depot

Grabungs-haus

Von hier führt der Pfad leicht bergab von der Küste weg. Kurz bevor man die einstige Hauptstraße passiert, weist ein Schild den Weg zum *Demeterheiligtum* und zur *Akropolis* – wer den mühseligen Anstieg in Kauf nimmt, wird mit einem grandiosen Weitblick und auch dem unspektakulären Anblick des *Großen Theaters* **20** belohnt. Folgt man jedoch dem Weg weiter bergab, gelangt man zum Trümmerhaufen eines *korinthischen Tempels* **10** aus dem 2. Jh., hinter dem (zur Seeseite) eine Sonnenuhr aus hellenistischer Zeit steht. Besäße sie noch den Gnonom, den Bronzestab, würde sie funktionieren. Westlich des Tempels befand sich das *Bouleuterion* **8**. Weiter bergab liegen die Reste der *dorischen Stoa* **12**, die ehemals 113,8 m lang war, und die der *Kirche B* **13** mit drei Apsiden und figürlichen Bodenmosaiken. Vorbei am kleinen Theater gelangt man wieder zum Handelshafen.

Beachtenswert sind schließlich noch die Reste des *Odeions* **19**, das etwas abseits am Handelshafen nahe der Küste liegt (unterhalb der Zufahrtsstraße, ca. 300 m nachdem man die Stadtmauer passiert hat). Es entstand im 3. Jh. v. Chr. und war kleineren Darbietungen vorbehalten.

Südägäis → Karte S. 215

Lykische Küste

Duftende Pinien- und Kiefernwälder säumen die Küste, dahinter erheben sich die viele Monate lang schneebedeckten Gipfel des Taurus. Lykien verzaubert durch paradiesische Strände und geheimnisvolle antike Ausgrabungsorte.

Von der Region zwischen Köyceğiz und Antalya schwärmte schon Homer, der sich in der *Ilias* für die rauschenden Fluten des Xanthos-Flusses begeisterte. Und Staatsgründer Atatürk bezeichnete die wilde, zerklüftete Küste gar als die schönste der Türkei. Dichter und Politiker wissen bekanntlich, wovon sie reden.

Trotz aller Lobeshymnen blieb der dünn besiedelte Küstenstreifen lange Zeit vom Tourismus unbeachtet und diente wegen seiner Abgeschiedenheit vorübergehend sogar als Verbannungsort. Wo einst unliebsame Regimekritiker zwangsweise interniert wurden, geben sich heute jährlich Millionen von Urlaubern freiwillig ein fröhliches Stelldichein. Mit dem Bau der internationalen Flughäfen Antalya und Dalaman wurde die dafür notwendige Infrastruktur geschaffen. Bucht für Bucht wird heute erschlossen – aber zum Glück stehen den Planierraupen mehrere hundert Kilometer Küste gegenüber, sodass wohl noch Jahrzehnte vergehen werden, bis die letzten idyllischen Plätze verbaut sind.

Wenig weiß man über das historische Lykien, die Heimat eines rätselhaften Volkes, das hauptsächlich Gräber hinterlassen hat: 200.000 Menschen lebten in 23 Städten, die Hauptgötter waren Leto und Apollon, das lykische Alphabet hatte 29 Buchstaben, und einige Wissenschaftler sind der Ansicht, es könnte hier eine Art Matriarchat geherrscht haben. Von der einstigen Bedeutung des Landstrichs erzählen zahlreiche Ruinenstätten, die schönsten lykischen Felsnekropolen finden sich in Fethiye und Myra.

Lykische Küste – die Highlights

Dalyan-Delta: Ein Naturparadies zwischen dem Köyceğiz-See und dem offenen Meer mit einem herrlichen Strand – Eiablegeplatz der Caretta-caretta-Meeresschildkröte. Das Delta ist zudem Heimat vieler Vögel, ein Paradies für Ornithologen.

Ölüdeniz: Die Traumlagune mit Südseeflair nahe Fethiye. Jeder kennt sie, zumindest aus bunten Urlaubsprospekten. Fairerweise muss aber hinzugefügt werden, dass man im Frühjahr oder Herbst anreisen sollte, wenn man die Lagune so erleben will, wie es die Prospekte verheißen – andernfalls droht ein überfülltes Paradies.

Patara: Westlich von Kalkan, einer der längsten Sandstrände der Türkei, unverbaut und mit einer faszinierenden Dünenlandschaft. In der gleichnamigen antiken Stadt dahinter wurde 290 Nikolaus geboren.

Insel Kekova: Eine grandiose Inselwelt. Das Meer zwischen Simena und der Insel Kekova gleicht einem Binnensee mit unzähligen kleinen Inselchen dazwischen. Ein besonderes Erlebnis sind die versunkenen Städte.

Olympos-Nationalpark: Rund um den mächtigen Tahtalı Dağı (2366 m) bezaubern grüne Almen, gluckernde Bäche und stille Wälder. Berühmt ist der Nationalpark u. a. wegen der „Ewigen Flammen" in der Nähe von Çıralı. Diese Flammenfelder, dem Mythos nach Wohnsitz der Chimäre, lockten bereits in der Antike zahllose Besucher an. An den Stränden von Çıralı und Olympos sind Badefreunde mit Faible fürs Grüne bestens aufgehoben.

Ganz schön kindisch: Thermen von Sultaniye, im Hintergrund der Köyceğiz-See

Köyceğiz   ca. 8600 Einwohner

**Tagsüber döst das Städtchen vor sich hin, abends sind die Stühle der Ufer-
promenade traurig verwaist. In Köyceğiz am gleichnamigen See herrscht
alles andere als reges Treiben – die Touristen tummeln sich in Dalyan und
sparen Köyceğiz aus.**

Auf den ersten Blick macht das Städtchen einen freundlichen Eindruck: Eine
palmengesäumte Eingangsallee führt ins Zentrum. Doch angesichts der freien Sitz-
plätze an der breiten Uferpromenade und der Ständer mit den verblichenen Postkarten überfällt den Besucher schnell die Melancholie. Köyceğiz ist einer der wenigen Orte an der hiesigen Küste, dem die Teilnahme am großen, profitablen Geschäft mit dem Tourismus verwehrt bleiben will. Lediglich ein paar türkische Familien belegen zur Ferienzeit die Hotels, was das Seestädtchen für „Rummelflüchtige"
auch wieder attraktiv macht. Es besticht noch durch seine Natürlichkeit. Manche
Einwohner des Ortes wünschen sich, dass sich am gegenwärtigen Zustand nie etwas ändert – Dalyan ist für sie ein abschreckendes Beispiel. Andere dagegen blicken neidvoll das Seeufer hinab.

Zu den wenigen Attraktionen des Ortes zählt der große Markt, der allwöchentlich
montags stattfindet.

Der Köyceğiz-See

Der 65 km² große und durch einen schmalen Fluss mit dem Meer verbunde-ne Köyceğiz-See ist eine verlandete Meeresbucht. Einen Zufluss hat der See nicht, er wird aus teilweise warmen Quellen gespeist. Da die meisten Ufer-bereiche schilfbestanden und unzugänglich sind, ist es mit dem Schwimmen im See aufgrund schlechter Einstiegsmöglichkeiten weniger gut bestellt.

Neben einer fast unberührten Natur und einer einzigartigen Fauna bietet der Köyceğiz-See auch eine biologisch-kulinarische Besonderheit: Steigt das Meer, fließt Salzwasser in den See und bringt Meeräschen *(kefal)* und See-barsche *(levrek)* mit, die in dem ruhigen Gewässer laichen. Den Weg zurück ins offene Meer finden aber die wenigsten. Nach getaner Arbeit werden sie im schmalen Fluss gefangen, schmackhaft zubereitet und verzehrt.

Eine botanische Rarität in den sumpfigen Gebieten rund um den See sind Auwälder mit Amberbäumen, die zur Gattung der Zaubernussgewächse ge-hören. Sie werden anderorts bis zu 45 m hoch, erreichen hier jedoch selt-en die halbe Größe und haben Blätter ähnlich denen des Ahorns. Diese selt-enen Bäume liefern durch Anritzen ein Harz, das im Altertum für medizini-sche Zwecke genutzt wurde. Das Amberharz sollte nicht mit dem Amberöl verwechselt werden, einer wachsartigen grauen Masse, die bis in die Mitte des letzten Jahrhunderts aus dem Darm des Pottwals gewonnen wurde und als wohlriechend (!) und appetitanregend (!) galt.

Lykische Küste → Karte S. 292/293

Information/Verbindungen/Sonstiges

Telefonvorwahl 0252.

Information Tourist Information, beim Hauptplatz. Mo–Fr 8.30–17.30 Uhr. Atatürk Kordonu, ✆ 2624703.

Verbindungen Busbahnhof weit außer-halb des Zentrums nahe der Küstenstraße (ins Zentrum Dolmuşverbindungen, Taxi 5 €). Mehrmals tägl. **Busse** nach Marmaris und Antalya, stündl. nach Fethiye und halb-stündl. nach Muğla. Büros der Busgesell-schaften u. a. an der Eingangsallee (mit Shuttleservice zum Busbahnhof). Vom Zen-trum fast alle 15 Min. Dolmuşverbindungen nach Ortaca (dort umsteigen nach Dalyan), nur wenige Direktdolmuşe nach Dalyan.

Baden In Köyceğiz selbst lockt nur der **Delta Plajı**, ein kleiner Strand mit Snackbar 1,5 km westlich des Zentrums. Leicht salzi-ges Süßwasser, nichts Umwerfendes, dafür meist wellenlos.

Bootsausflüge Werden am kleinen Ha-fen und an der Promenade am Paşa Parkı angeboten. Die Standard-Tagestour führt zum İztuzu-Strand, nach Kaunos, zu den Thermen von Sultaniye und zum Schlamm-bad (7,50 €/Pers.).

Einkaufen Am besten auf dem **Montags-markt**, einem der größten und schönsten Märkte der Region.

Übernachten/Camping/Essen & Trinken

Übernachten Hotel Alila, an der Seepro-menade. Besseres, aber leicht in die Jahre gekommenes Haus mit 20 Zimmern (die un-term Dach haben ein Facelifting erhalten),

alle mit Aircondition. Bis auf 2 haben alle Seeblick. Restaurant. Kleiner Pool. Ganz-jährig. DZ 33 €. Emeksiz Cad., ✆ 2621150, www.hotelalila.com.

Flora Hotel, im Westen der Stadt direkt an der Uferstraße (Eingangsallee bis zu ihrem Ende durchfahren, dann rechts ab). Überwiegend hellgrün gestrichene Zimmer mit Furnierholzmöbeln und Balkonen. Dazu 4 orangefarbene Apartments. Freundlicher Service, der Besitzer spricht Deutsch. Gesellige Bar davor. Von Lesern gelobt. DZ 35 €, Apartment (ohne Frühstück) 40 €. Kordon Boyu 98, ✆ 2624976, 📠 2623809.

Oba Pension, etwas im Abseits. Einfache Familienpension mit 10 Zimmern, alle mit Balkon. Ganzjährig. DZ 20 €. Gümüşlü Cad. 10 (von der Eingangsallee bei der T. C. Ziraat-Bank links ab, am Ende der Straße rechts und gleich wieder links), ✆ 2624181, 📠 2624972.

Tango Pension, Pension und Hostel in der Parallelstraße zur Uferstraße (Eingangsallee bis zu ihrem Ende durchfahren, dann rechts ab, dann ausgeschildert).

Lykische Küste und Umgebung

10 km

Beliebter Travellertreff. Saubere Zimmer mit Bad und Betten im Schlafsaal. Gemütliche, feuchtfröhliche Gartenbar davor. Organisiert werden auch Ausflüge in die Umgebung. Fremdsprachig. DZ 25 €, Bett im Schlafsaal 10 €. Alihsan Kalmaz Cad., ☏ 2622501, ℡ 2624345, www.tangopension.com.

Camping Delta Camping, eine ruhige Oase 1,5 km westlich des Zentrums gegenüber dem Delta Plajı (Eingangsallee bis zu

ihrem Ende durchfahren, dann rechts ab und immer geradeaus). Viel Schatten unter hohen Bäumen. Sanitäranlagen mäßig, aber noch okay, dafür Tennisplatz und Minizoo. Billig: 2 Pers. mit Zelt oder Wohnmobil 5 €. ☏ 2625502.

Essen & Trinken Mehrere einfache und gute Lokantas im Zentrum. Frischen Fisch aus dem See, der bis zu seiner Zubereitung in einem Aquarium auf der Terrasse schwimmt, bekommt man im **Thera Restaurant**. Innen etwas nüchtern. Große Terrasse, nur durch die Uferstraße und einen Grünstreifen vom See getrennt. Fisch ab 6 €, Meze ab 2 €. ✆ 05418336154 (mobil).

Das **Mona Lisa** direkt am See serviert neben „Schipigel Eiye" gute Snacks. Von Lesern empfohlen.

Umgebung von Köyceğiz

Thermen von Sultaniye: 10 km von Köyceğiz am Südwestufer des Sees speist eine 39 °C warme, schwefelhaltige und leicht radioaktive Quelle den See. Die Thermen sind eine ursprünglich römische Anlage, die von den ebenfalls hier kurenden Osmanen architektonisch verändert wurde. Für die Touristen von heute kamen noch zwei Außenbecken, ein Schlammbad und eine Cafeteria hinzu. Das Wasser hilft gegen Depressionen, Gallenleiden, Darmerkrankungen u. Ä. mehr (ohne Gewähr). Als Kurbad ist Sultaniye eine ziemlich konservative Angelegenheit, als Spaßbad im Rahmen eines Tagesausflugs aber okay.

Verbindungen/Eintritt: Nur im Rahmen eines Bootsausflugs oder mit einem Privatfahrzeug erreichbar. Von der Zufahrtsstraße zur Ekinicik-Bucht aus beschildert. Kein Dolmuş. Für Bäder und Schlammbad jeweils 2 € Eintritt.

Bucht von Ekincik

Die extrem ruhige, von hohen Bergen umrahmte Bucht liegt etwa 40 km südwestlich von Köyceğiz. Ein Ausflug lohnt nicht nur wegen des sichelförmig geschwungenen, rotbraunen Kiesstrandes – allein die Anfahrt entlang dem Köyceğiz-See ist ein Erlebnis. Die Bucht ist traditioneller Anlaufpunkt für Segeljachten und Ausflugsboote aus Marmaris, deren Passagiere auf dem Weg ins Dalyan-Delta hier in kleinere Boote umsteigen. Hinterm Strand und an der Straße zu diesem findet man ein paar nette Pensionen und Hotels sowie mehrere einfache Campingplätze, dazu die etwas triste Ruine einer nie fertiggestellten Clubanlage. Ansonsten steckt die touristische Infrastruktur noch in den Kinderschuhen – für Erholungssuchende, denen ein schöner Strand und ein gutes Buch reichen, sehr angenehm. Das gleichnamige Dörfchen Ekincik liegt übrigens ein paar Kilometer hinter der Uferfront.

Anfahrt/Verbindungen   In Köyceğiz der Uferstraße (vorbei am Delta Plajı) gen Westen folgen. So gelangt man (vorbei an Obstplantagen) zum Dörfchen Hamitköy. Am Ortsende von Hamitköy links ab (Hinweisschild – falls dieses mal wieder über den Haufen gefahren ist, auf Pensionsschilder achten), etwa 2 km hinter dem Ort beginnt eine gut ausgebaute Straße nach Ekincik. Bislang lediglich Mitte Juni–Mitte Sept. 1-mal tägl. ein Dolmuş von Köyceğiz in die Ekinicik-Bucht gegen 9.30 Uhr, zurück um 17.30 Uhr.

Bootsausflüge   Am kleinen Hafen im Westen der Bucht bietet die lokale Bootskooperative Ausflüge ins Dalyan-Delta an. ✆ 0252/2660192.

Übernachten   Ekincik Hotel, in der ersten Reihe am Strand. Überschaubare Anlage mit 27 klimatisierten Zimmern. Lassen Sie sich eines mit Meeresblick geben. Zimmer zeitgemäß-modern eingerichtet, sehr nette Bäder mit Regenduschen. Mit HP 57,50 €/ Pers. Ekincik, ✆ 0252/2660203, ✉ 2660205, www.hotelekincik.com.

Pension Ekincik, 5 Fußmin. vom Strand entfernt. 16 sehr saubere Zimmer und ein Apartment, die meisten mit Balkon oder Terrasse. Nette Innenhofterrasse. Liebenswerte Inhaber. Sehr leckeres Essen. DZ 60 € mit HP. Ekincik, ✆ 0252/2660179, ✉ 2660003, www.ekincikpansiyon.com.

Hotel Akdeniz, ebenfalls 5 Fußmin. vom Strand entfernt. Große, helle und gepflegte Zimmer mit Balkon und Aircondition. Super Dachterrasse. Sehr freundlich und sehr sauber – man spricht mit schwyzerdütschem Einschlag. Exzellente Küche. Ganzjährig. DZ mit HP 55 €. Ekincik, ✆ 0252/2660255, www.akdenizotel.com.

Camping   Mehrere einfache Campingplätze, die vom Mai–Okt. geöffnet haben. In puncto Ausstattung und Schatten war zuletzt der **Ship Ahoy** direkt hinterm Strand (Campingbereich jedoch hinterm Restaurant) der beste. Ausgeschildert, neben dem Hotel Ekincik. Für 2 Pers. mit Wohnmobil inkl. Strom 10 €. ☏ 0542/4750833, erdenerr kam@yahoo.com.

Dalyan

ca. 5000 Einwohner

Das überschaubare Städtchen liegt nicht direkt am Meer, sondern am östlichen Ufer des flussartigen Zulaufs, welcher den Köyceğiz-See mit dem Dalyan-Delta verbindet. Am gegenüberliegenden Ufer prangen weit sichtbar lykische Felsengräber in einer senkrecht abfallenden Felswand. Etwas weiter entfernt ruhen die Reste der antiken Stadt Kaunos.

Dalyan besitzt trotz fehlender Küstenromantik Flair. Aber obwohl das Städtchen 10 km abseits der Küste liegt, dürfen Sie keine vom Tourismus unberührte Oase erwarten. Tagsüber herrscht reges Kommen und Gehen bei den Ausflugsbooten am Kai, abends bummeln die Gäste, insbesondere Briten, Deutsche und Holländer, gemütlich von Bar zu Bar.

Es ist gar nicht allzu lange her, da zählte Dalyan keine 1000 Einwohner, die vom Fischfang und dem Anbau von Sesam, Baumwolle und Granatäpfeln lebten. Doch dann geriet der Name des Ortes in die Schlagzeilen. Ende der 1980er sollte am İztuzu-Strand, der das Dalyan-Delta vom Meer abschirmt, ein 2000-Betten-Clubhotel entstehen. Da den wunderschönen Strand auch die Caretta-caretta-Meeresschildkröte (→ S. 330) zur Eiablage aufsucht, liefen Naturschutzverbände aus aller Welt Sturm gegen die Pläne. Mit Erfolg, das Projekt wurde abgeblasen. Der Traumstrand aber war fortan in aller Munde und der Garant für Dalyans kometenhaften Aufstieg zum Urlaubsort abseits der Küste. In großem Stil wurde neu gebaut, angebaut, aufgestockt, und einem Wunder gleich blieb die Zahl der architektonischen

Bootsfahrt durch das Dalyan-Delta

Lykische Küste → Karte S. 292/293

Sündenfälle bescheiden. Binnen weniger Jahren entstanden über hundert Unterkünfte im Grünen, zudem zahlreiche Restaurants, Souvenirläden und Bars. Den Urheber des rasanten Aufschwungs hat man dabei nicht vergessen: Auf einem kleinen Platz vor dem Kai grüßt heute eine fröhliche, in Erz gegossene Schildkrötenfamilie.

Die einstigen Fischer haben allesamt zum Bootstouranbieter umgelernt. In der Saison schleusen sie Tausende von Tagesgästen auf dem Weg zum berühmten Strand durch das Dalyan-Delta, einem außergewöhnlichen Naturparadies mit rund 150 Vogelarten, darunter Adler, Eisvogel, Kormoran und Pelikan. Mit der Folge, dass heute die tägliche Armada von Ausflugsbooten das ökologische Gleichgewicht des Deltas gefährdet.

Information/Verbindungen/Ausflüge

Telefonvorwahl 0252.

Information Touristeninformation, in einem Pavillon am zentralen Platz. Im Winter nur Mo–Fr 8.30–17 Uhr, im Sommer tägl. (mit Ausnahme des einen oder anderen Wochenendes) 8–19 Uhr. ✆/℡ 2844235, www.dalyan.bel.tr.

Verbindungen Dolmuş: Mind. 1-mal tägl. nach Fethiye (1½ Std.) und Marmaris (2 Std.), selten zudem nach Köyceğiz, häufig jedoch nach Ortaca; von Ortacas Busbahnhof gelangt man in nahezu alle Orte der Südwestküste. Zum İztuzu-Strand mind. stündl. ein Dolmuş. Die Sammeltaxis fahren wenige Meter vom Kai mit den Ausflugsbooten ab.

> **Zum anderen Ufer**: Eine Brücke soll gebaut werden – wann, steht jedoch in den Sternen. Bis dahin kann man vom kleinen Steg auf Höhe des Caria Hotels mit einem Ruderboot übersetzen (1,75 €/Pers. hin/zurück). Bis nach Kaunos sind es dann noch ca. 20 Fußminuten.

Dolmuşboot: Zum İztuzu-Strand (über Kaunos) 4 € (hin/zurück). Diese 12-Mann-Boote legen bei Vollbesetzung ab, auf dem Rückweg nach Dalyan genauso.

Taxi: Dalyans Taxifahrer arbeiten nach festen Tarifen. İztuzu-Strand 20 €, Köyceğiz 42 € und Marmaris 100 €.

Bootsausflüge Vielfältiges, fast verwirrendes Angebot, doch bei der **Bootskooperative** (Infostand am Kai, ✆ 2842094) wird dem Fremden geduldig alles auseinanderklamüsert. Es gibt Boote zum Schlammbad (hin/zurück 10 €) und nach Kaunos (10 €), zum Montagsmarkt von Köyceğiz (5 €) und Boote, die alles miteinander verbinden (12,50 €). Ein Tipp ist der Nachtausflug samt Barbecue (17,50 €/Pers.). Außerdem gibt es Bird- und Turtlewatching-Ausfahrten (12,50 €).

Organisierte Touren Touren per Bus werden überall angeboten. Preisbeispiele: Saklıkent 22 €, Fethiye/Markt und Ölüdeniz 22 €, 2-Tages-Trip Pamukkale/Ephesus 85 €, Jeepsafari 30 €, Dalyan-Tour mit İztuzu-Strand und Schlammbad 13 €.

Adressen
(→ Karte S. 297)

Ärztliche Versorgung Örtliche Krankenstation an der Sağlık Sok. beim Fluss. ✆ 2842033.

Autoverleih Im Angebot diverser Reisebüros. Bei **Europcar**, durch Kaunos Tours (s. u.) vertreten, gibt es das billigste Gefährt ab etwa 40 €/Tag.

Einkaufen Souvenirs jeder Art ersteht man am gemütlichsten am Abend, wenn die Maraş Cad. für den Verkehr gesperrt ist und sich zur Fußgängerzone und Shoppingmeile verwandelt. **Markt 2** jeden Sa gegenüber der Dolmuşstation.

Türkisches Bad (Hamam) Moderner, zum **Kiparis Park Hotel** gehörender Touristenhamam an der Belediye Sok. 30 Min. mit Massage 13,50 €, 45 Min. mit Aromatherapiemassage 20 €, 45 Min. mit Schokoladenmassage (!) ebenfalls 20 €.

Zeitungen Die *Bild* bekommt man in einem namenlosen Markt  an der Ecke Maraş Cad. 40 A/Yalı Sok.

Zweiradverleih Bei **Kaunos Tours** zahlt man für ein Mountainbike 10–12 €/Tag. ✆ 2842816, www.kaunostours.com. Scooter hat immer irgendjemand im Angebot.

Übernachten/Camping

(→ Karte S. 297)

Jede Menge Pensionen und etliche Hotels bieten Zimmer für jeden Geldbeutel – immerhin gibt es knapp 7800 Gästebetten. Die schönsten Unterkünfte liegen ganz im Süden am Fluss, doch je mehr von diesem entfernt, desto moskitofreier die Nächte. Im Zentrum geht es nachts recht lebhaft zu.

Happy Caretta ⑭, schöne Anlage mit herrlichem Palmen- und Zypressengarten im Süden des Städtchens direkt am Wasser, kleiner Boots- und Liegesteg. Auch das Frühstück gibt's mit Flussblick. Deutschsprachig. Am Abend türkische Küche auf Wunsch. Kleine DZ, dazu größere Zimmer für bis zu 4 Pers., allesamt gepflegt, aber leider ohne Balkon. Freundlicher Service. EZ 50 €, DZ 75 €. Ada Sok., ✆/📟 2842109, www.happycaretta.com.

Dalyan Garden Pension ⑬, ca. 20 Fußmin. außerhalb des Zentrums in grüner Lage. Lesertipp. Von einem freundlichen türkisch-englischen Ehepaar geführt. 10 große, gepflegte Zimmer, lauschiger Garten mit Palmen, Bananenstauden, großer und kleiner Pool wie auch Bar. Radverleih. DZ ab 50 €. Auf dem Weg zum İztuzu-Strand ausgeschildert, ✆ 2843196, www.dalyangardenpension.co.uk.

Lykische Küste → Karte S. 292/293

E **ssen & Trinken**
3 Atay Dostlar Sofrası
4 Metin Pizza & Pide Restaurant
5 Fırat Pide-Pizza
6 Le Café/Gerda's Café
7 Sini Restaurant

Schlammbad, Köyceğiz-See

Kaunos (antike Stadt)
Felsengräber

Çevre Yolu Cad.
● *Jandarma*

757 Sok.   758 Sok.
759 Sok.
753 Sok.   752 Sok.
751 Sok.
750 Sok.
749 Sok.
778 Sok.

Gülpınar Cad.

369 Sok.
352 Sok.   355 Sok.

1

Dolmuşstation
Ausflugsboote
Bootskooperative   **i**

651 Sok.   652 Sok.

Atatürk Bulvarı

3 2
5 4 **Kaunos Tours**

Dalyan Dive

Ruderboote zur anderen Flussseite

Maraş Cad.
Sağlık Sok.

7   **6**
11 **9 8** **10**   *Hamam*

Çınar Sok.
Gökmen Sok.

Narlıdere Sok.

Sulungur Cad.
Gül Cad.

Özalp Sok.

106 Sok.

Gül Sok.

Ü **bernachten**
8 Gül Pension
10 Mandal-inn
12 Pension Midas
13 Daylan Garden Pension
14 Happy Caretta
16 Dalyan Camping

N **achtleben**
1 Jazz Bar
9 Albatros
15 Sweet Discobar

E **inkaufen**
2 Markt
11 Zeitungskiosk

Ada Sok.
12 **14** **15**
16
Kaunos Sok.
Dipdağ Sok.
Savlar Sok.

İztuzu-Strand

İztuzu-Strand, Aşı Beach,   **13**

Dalyan

200 m

Mandal-inn **10**, etwa 300 m vom Fluss entfernt. Kleine, sehr gepflegte Hotelanlage mit 22 Zimmern, die neueren im OG. 3 Zimmer mit Jacuzzi, eines davon mit Jacuzzi auf dem privaten Balkon! Alle sehr groß, sehr sauber, hell und angenehm kühl (z. T. mit Marmorboden). Pool mit kleiner Bar. DZ je nach Ausstattung 47–65 €. 11 Sok. 1, ℡ 2842286, ✆ 2842049, www.mandalinnhotel.com.

Pension Midas **12**, gemütliche Terrasse direkt am Fluss, Garten mit Hängematten. 10 einfache, aber nette Zimmer, alle mit Aircondition. Man spricht Deutsch. DZ 40 €. Maraş Mah. Kaunos Sok. 30, ℡ 2842195, ✆ 2843154, www.midasdalyan.com.

Gül Pension **8**, in einer Parallelstraße zur Einkaufsmeile. Sehr gut in Schuss, diskrete Atmosphäre, hilfsbereite Betreiber. Lecke-res Frühstück mit Honig aus der eigenen Imkerei. Von der Dachterrasse Blick auf die Felsengräber. Angenehme Zimmer mit Bad und kleinen Balkonen, für Familien gibt's 3-Bett-Zimmer. Von Lesern gelobt. DZ mit Aircondition 35 €. 10 Sok., ℡ 2842467, ✆ 2844803, www.dalyangulpansiyon.com.

Camping Dalyan Camping **16**, recht kleiner, beengender Platz im Süden Dalyans bei der Sweet Discobar (die ist zu hören!), schöne Lage direkt am Wasser. Vermietet werden zudem 8 schlichte Bungalows, 3 davon mit Bad, alle mit Veranda. Restaurant, herrliche Terrasse mit Flussblick, moderne Sanitäranlagen, Waschmaschine. Campen für 2 Pers. mit Wohnmobil 15 €, mit Zelt 10 €, Bungalows mit Bad für 2 Pers. 34 €, ohne Bad 24 €, Frühstück extra. Maraş Cad., ℡ 2845316, ✆ 2845316, www.dalyancamping.net.

Essen & Trinken/Nachtleben (→ Karte S. 297)

Dutzende Restaurants am Kai, in der langen Parallelstraße dahinter und um den Dolmuşbahnhof bieten türkische und internationale Gerichte in allen Preisklassen. Spezialität ist Fisch aus dem See – am idyllischsten in einem der lauschigen Restaurants am Fluss.

Restaurant Gel Gör, direkt am Fluss, ca. 15 Fußmin. südlich des Zentrums (beim Hotel Portakal). Schönes Ambiente – schlicht, aber stilvoll. Neben Fisch leckere Meze und gute Weine. Service und Qualität werden von Lesern in den höchsten Tönen gelobt. Unter holländisch-türkischer Leitung. Für das Gebotene faire Preise. Maraş Mah. Dalko Karşısı, ℡ 2845009.

Sini Restaurant **7**, auch dieses nette Gartenlokal wird von Lesern immer wieder sehr gelobt („Zum Fingerablecken!"). Auf den Tisch kommen anatolische Spezialitäten wie *Çöp Şiş* (Spieß mit ganz kleinen Lammfleischstückchen), *Testi Kebap* (Kebab aus dem Tontopf) oder *Hünkar Beğendi* („Dem Herrscher hat's gefallen" – Fleischstücke mit Auberginenpüree). Hg. 7,50–13,50 €. Geçit Sok. (Yalı Sok.) 12, ℡ 2845033.

Metin Pizza & Pide Restaurant **4**, mit Pideofen, winzig und recht simpel, die Terrasse auf der anderen Straßenseite ist jedoch recht nett hergerichtet. Gute Steaks, Meze, Kebabs und Pide zu fairen Preisen. Unaufdringlicher Service, der aber in Stoßzeiten etwas überfordert sein kann. Sehr beliebt. Hg. 4,50–11 €. Sarı Su Sok., ℡ 2842877.

Fırat Pide-Pizza **5**, in einer Seitengasse der Maraş Cad. versteckt (die Gasse zwischen Post und Le Café nehmen). Ähnliches Angebot und ähnliche Preise wie Metin, besonders lecker das *Güveç*. ℡ 2844585.

Atay Dostlar Sofrası **3**, schräg gegenüber der Dolmuşstation. Sehr zu empfehlen. Gegrilltes, leckere Meze, Eintöpfe und *Mantı*. Viele Gerichte auch für Vegetarier geeignet. Günstig. ℡ 2842156.

Le Café (**6**, auch **Gerda's Café**), neben dem Rathaus. Nettes Gartencafé unter deutscher Leitung. Im Angebot sind stets ein paar hausgemachte Kuchen.

Nachtleben Abends ist mehr los im Städtchen, als man am Tage glaubt. Die meisten Bars gibt es in der Maraş Cad. Ein Klassiker, aber alles andere als innovativ, ist dort das **Albatros 9** mit Hippiesound und Straßentheke. Auch die **Jazz Bar 1** in der Gülpınar Cad. nördlich des Hauptplatzes gehört zu den alteingesessenen Adressen. Diese kleine rustikale Bar mit offenem Kamin und Terrasse davor bietet häufig Livemusik, im Sommer fast tägl.

Die Diskothek vor Ort ist die **Sweet Discobar 15** am südlichen Ortsende (direkt am Fluss): sehr gemütlich, wenn die Musik passt.

Schildkrötenheimat İztuzu-Strand

Baden/Tauchen/Wandern

Baden Der 4 km lange İztuzu plajı (oft auch als *Turtle Beach* bezeichnet) trennt das Delta vom Meer. Es handelt sich um einen Sandstrand vom Feinsten, das Meer davor ist meist wellenlos und ausgesprochen kinderfreundlich. Es geht sehr flach ins Wasser. Außerdem sind immer Plätze zu finden, an denen man nicht den Sonnenölgeruch des Nachbarn in der Nase hat. Sonnenschirm- und Liegestuhlverleih. Lifeguards. Über den Landweg (10 km, Dolmuşverbindungen) gelangt man an das Westende des Strandes. Wer mit dem eigenen Auto kommt, zahlt Parkgebühren. Die Bootsfahrt (→ Bootsausflüge) ab Dalyan führt zur Ostseite und dauert etwa 45 Min. Für die Schildkröten wurde übrigens eine badefreie Zone reserviert: Von 20–8 Uhr ist der Strand geschlossen.

Sie sind mit dem Auto oder Moped unterwegs? Wenn ja, lohnt sich auf der Rückfahrt vom İztuzu plajı ein **Abstecher zum Café Şahin Tepesi** (s. u.)

Aşı Koyu (Aşı Beach): Einst ein sehr idyllischer Fleck mit einer gemütlichen Taverne an einer von Felsen umrahmten Bucht. Zuletzt war die Taverne jedoch zur Ruine verkommen und der graue Kiesstrand davor total vermüllt. Das kann sich wieder ändern, erkundigen Sie sich auf jeden Fall nach dem Stand der Dinge, bevor Sie die lange Anfahrt unternehmen (nur für Selbstfahrer). Um zum Aşı Beach zu gelangen, folgt man von Dalyan zunächst der Straße zum İztuzu-Strand. Nach ca. 7 km links abbiegen (ausgeschildert), nach weiteren 700 m die zwei Linksabzweigungen ignorieren, also rechts halten. Wieder 300 m weiter folgt man nicht der ausgeschilderten Rechtsabzweigung zur Aşı Koyu (diese Strecke war zuletzt auf rund 9 km ungeteert, sehr holprig und nicht durchgehend beschildert), sondern fährt geradeaus. 3,7 km später (400 m hinter einer Brücke) rechts abbiegen. Nach 2,5 km verliert die Straße ihre Teerschicht. Nach weiteren 2,5 km, bei der Gabelung mit Brunnen, links halten. Nun noch 3 holprige Kilometer.

Kargıcak Koyu ("Kamelhalsschlucht-Strand") bzw. Bacardi Beach: Eine

unverbaute Bucht mit einem ca. 200 m lang-
en Sand-Kies-Strand. Wunderschön! Um
die Bucht zu finden, folgt man der Wegbeschreibung zum Café Şahin Tepesi
(→ Wandern), lässt dieses aber links liegen
und fährt einfach den Schotterweg weiter
bergab. Ca. 1,3 km nach dem Café biegt
man rechts auf einen anderen Schotterweg
ab (sehr breite Abzweigung). Nach weiteren 500 m, bevor es in Serpentinen bergab
geht, parken (Weg wird immer schlechter).
Von dort noch ca. 20 Min. zu Fuß.

Tauchen Dalyan Dive, an der Maraş Cad.
2 Bootstauchgänge mit Equipment und
Lunch 70 €. PADI Open-Water-Anfänger-
kurs (3–4 Tage) teure 600 €. Deutschsprachig. ✆ 2842332, www.dalyandive.com.

Wandern Geführte Wanderungen kann
man mit Şahin vom Café Şahin Tepesi (ca.
16 km außerhalb von Dalyan) unternehmen.
Das schlichte Lokal mit herrlicher Panora-
materrasse (toll zum Sundowner – Blick auf
die Bozburun-Halbinsel und Rhódos in der
Ferne) ist von der Straße zum İztuzu-Strand
(nach ca. 9 km) ausgeschildert. Abholservice von Dalyan, hin/zurück 25 €. Wer mit
dem Dolmuş anreist und an der Abzweigung aussteigt, muss noch 5 km laufen!
Anmeldung unter ✆ 2890113 o. 0537/7850812
(mobil). Preis für Gruppen von bis zu 5 Pers.
je nach Länge 30–50 €/Wanderung. Der
freundliche Şahin hat 2½ Jahre in Deutschland gelebt und spricht gut Deutsch. Er hat
insgesamt 4 verschiedene Touren auf Lager: in die Berge, aber auch in Buchten mit
antiken Ruinen. Übernachtungsmöglichkeit-
en vorhanden (DZ 40 €).

Umgebung von Dalyan

Felsengräber: An der steilen Felswand auf der Dalyan gegenüberliegenden Flussseite sind sie eindrucksvoll in den Stein geschlagen: lykische Königsgräber, griechischen Tempeln ähnlich. Sie entstanden im 4. Jh. v. Chr. Manche hatten einst kolos-
sale Drehtüren. Beim Bau der Gräber arbeiteten sich die Steinmetze i. d. R. von
oben nach unten vor, d. h., sie fingen mit dem Giebel an. Das mächtigste Grab der
Felswand ist unvollendet, es besitzt lediglich Säulenansätze unterhalb der Kapitelle.
In den Grabkammern selbst wurden, obgleich ursprünglich nicht vorgesehen, im
Laufe der Jahrhunderte mehrere Persönlichkeiten bestattet.

Felsengräber von Dalyan

Kaunos (antike Stadt): Vor gar nicht allzu langer Zeit war Kaunos noch eine nahezu unbeachtete Ruinenstadt mit wenigen weit verstreuten Überresten der antiken Kultur. Die Ruinen sind immer noch mittelmäßig, aber alle Welt macht sich plötzlich auf, um sie zu bewundern. Der Grund ist einfach: In Ermangelung anderer kultureller Attraktionen in der nahen Umgebung wurde die Trümmerstätte im letzten Jahrzehnt vom Tourismusmanagement (insbesondere in Marmaris) derart hochgepuscht, dass der Ausflug nach Kaunos mittlerweile zum obligatorischen Programmpunkt geworden ist. Die Schiffsanfahrt durch das Dalyan-Delta ist dabei noch der interessanteste Teil des Ausflugs.

Oben am Burgberg liegt die *Akropolis.* Wer sich der Mühe des Aufstiegs unterzieht, wird immerhin mit einem schönen Rundumblick belohnt. Noch relativ gut erhalten das *römische Theater* und das allerdings völlig schmucklose

Einmal sich wie ein Schwein im Schlamm suhlen: das „Mudbath"

Nymphäum. Von der *Agora* ist nichts weiter übrig geblieben als ein hübscher antiker Kreis im verbrannten Gras. Die spätrömische *Therme* gehörte zu den monumentalsten Badeanlagen Kleinasiens. Daneben stehen die Reste einer frühchristlichen *Basilika,* im Innern liegen Säulentrommeln, verzierte Kapitele und Architekturfragmente mit griechischen Inschriften.

In der Geschichte spielte Kaunos, ein bescheidenes Landstädtchen an der Grenze zwischen Karien und Lykien, nie eine bedeutende Rolle. Man lebte vom Schiffbau und vom Export von Salz, Sklaven und dem Harz des Amberbaumes. Es gab zwei Grundübel, die die Bewohner über Jahrhunderte plagten und an denen die Stadt letztlich auch zugrunde ging: die Malariafliege und die fortschreitende Verschlammung des Hafens, die ihn am Ende verlanden ließ.

Öffnungszeiten Im Sommer tägl. 9–20 Uhr, im Winter 10–17 Uhr. Eintritt 3,20 €.

Anfahrt Kaunos liegt schräg gegenüber von Dalyan auf der anderen Seite des Flusses. Man kann sich mit einem Ruderboot übersetzen lassen (vom Hafen 200 m flussabwärts) und 20–25 Min. zu Fuß bis zum Eingang der Ausgrabungsstätte laufen. Alternativ lässt man sich mit einem Ausflugsboot hinbringen. Diese fahren meist einen Sightseeing-Umweg durchs Delta.

Mudbaths: Die „Schlammbäder" – ein kleines und ein größeres – liegen links des Flusses auf dem Weg zum See und werden im Rahmen der Bootsausflüge angelaufen. Den Ausflüglern macht es sichtlich Spaß, sich im Schlamm zu suhlen, doch der angepriesene Verjüngungseffekt tritt mit Sicherheit nicht ein. Seit Jahren wird der Schlamm zum Bad wegen des großen Besucherandrangs von auswärts angefahren. In der Hochsaison springen bis zu 1000 Menschen täglich in die Becken. Achtung: Wer's mit dem Herzen hat, sollte von einem Bad absehen!
Tägl. 8–19 Uhr. Eintritt 2 €.

Lykische Küste → Karte S. 292/293

Dalaman Airport und Sarsala Koyu

Der Flughafen (www.atmairport.aero) liegt im Nichts, rund 7 km südlich von Dalaman, einer wenig reizvollen Stadt mit 23.000 Einwohnern. Im Ankunftsbereich des internationalen Terminals finden Sie eine Touristeninformation, Geldwechselmöglichkeiten und Mietwagenverleiher. Von der Straße zum Flughafen, 3 km hinter der Abzweigung nach Sarıgerme, ist die Linksabzweigung zur Sarsala Koyu (zunächst mit Kapıkargın) ausgeschildert, einer herrlichen Bucht mit Traumstrand und Taverne. Auch die Anfahrt vorbei an einem tiefgrünen See ist schön. Von der Abzweigung sind es noch rund 13 km, die Straße ist nur zu zwei Dritteln geteert, aber gut befahrbar.

Bahnhof ohne Bahn

Dalaman ist die wohl einzige Stadt der Welt, die trotz fehlenden Eisenbahnanschlusses ein Bahnhofsgebäude besitzt. Der Grund liegt im Versehen eines Pariser Architekturbüros, das zu Anfang des 20. Jh. zwei von Ägyptens Herrscher Abbas Hilmi II. bestellte Entwürfe verwechselte. So wurde das für Dalaman geplante Jagdschlösschen als Stationsgebäude an der Privatbahn des Khediven in Ägypten gebaut und der Bahnhof als Jagdschloss auf seinem türkischen Gut. Abbas Hilmi, gleichermaßen begeisterter Jäger wie Eisenbahnfan, fügte sich schließlich in die Verwechslung.

Verbindungen   Keine öffentlichen Verkehrsmittel von Dalaman zum Airport. **Havaş-Busse** fahren nach Fethiye und Marmaris (Verbindungen dort). Taxi nach Göcek ca. 38 €, Fethiye ca. 60 €. Am preiswertesten ist es, ein Taxi zum recht zentral gelegenen Busbahnhof von Dalaman zu nehmen (ca. 17,50 €) und dort auf einen **Bus** oder ein **Dolmuş** umzusteigen. Die Dolmuşe fahren nur bis 20 Uhr, die großen Busse auf der Strecke Izmir – Antalya dagegen auch nachts.
Übernachten   Am Airport selbst gibt es keine Möglichkeit.

Hotel Burç, an der Straße von Dalaman zum Flughafen. 26 geräumige, saubere Zimmer, zehn davon wurden kürzlich auf den neuesten Stand gebracht (samt Lärmschutzfenstern) und sind recht komfortabel, die anderen (bislang noch mit einfachen Bädern und altem Mobiliar) sollen in den kommenden Jahren restauriert werden. Gepflegter Pool. Restaurant im sterilen Kantinenambiente. DZ 40 €. Kenan Evren Bul. 129, ca. 2,5 km vom Airport entfernt, ✆ 0252/6922935, ✆ 6922020, www.burchotel.com.

Sarıgerme

Die kleine, weit verstreute Ortschaft liegt 12 km südwestlich von Dalaman – nicht an der Küste, sondern im Landesinnern in der Nähe einiger Teiche, die als Brutstätten von Moskitos bekannt sind. Sarıgerme verwandelte sich in den vergangenen Jahren von einem verschlafenen Bauerndorf in das geschäftige Zentrum einer kleinen Ferienregion. Neben den Touristen spaziert zuweilen aber auch noch ein gackerndes Huhn durch die Straßen. Dort gibt es Ladenzeilen, aber kaum Restaurants – ein Tribut an die vielen All-inclusive-Hotels nahebei, jedes Jahr werden es mehr. Die Urlauber, darunter viele Deutsche und immer mehr Engländer, kommen wegen des herrlichen breiten und flach ins Meer verlaufenden **Sandstrands** einen Kilometer hinter Sarıgerme (für Otto Normalverbraucher gebührenpflichtig). Diesem vorgelagert ist ein kleines Inselchen. In einem Hain ist ein kleiner, gepflegter Park mit Kinderspielplatz, Tiergehegen, Picknickbänken und einer Bar angelegt.
Verbindungen/Anfahrt: Mit dem **Dolmuş** über Ortaca zu erreichen. Sarıgerme ist auf dem Weg zum Flughafen Dalaman ausgeschildert.

Göcek

4500 Einwohner, im Sommer bis zu 7000

Wer den Palstek nicht vom Schotstek unterscheiden kann, fährt i. d. R. nicht nach Göcek – unmittelbar vor Ort fehlt es nämlich an guten Stränden. So kommen hierher vorrangig die Segler, die für jeden Knoten einen Namen haben.

Das freundliche Göcek, knapp 30 km nordwestlich von Fethiye, hat sich ganz dem Jachttourismus verschrieben – immerhin sechs Marinas gibt es. Diverse Agenturen und Servicecenter kümmern sich um deren Belange. Auf der breiten, mit Palmen gesäumten Uferpromenade lässt es sich gemütlich an Booten aus dem gesamten Mittelmeerraum vorbeischlendern, dahinter laden Cafés und Bars auf ein Getränk ein. Alles ist ein wenig schmucker und niveauvoller, hier bedient man Segler und keine „einfachen Pauschaltouristen". Im Zentrum verlocken ein paar schicke Boutiquen zum Geldausgeben, an den Ortsrändern stehen noble Villen.

Per Boot lassen sich etliche Traumstrände in der weiten Bucht von Göcek ansteuern, dazu gehören auch jene Badeplätze, die von Fethiye aus im Rahmen der beliebten Zwölf-Insel-Bootstour abgeklappert werden (die Inseln liegen fast vor der Haustür).

Verbindungen/Ausflüge/Sonstiges

Telefonvorwahl 0252.

Verbindungen Stündl. Dolmuşe nach Fethiye, Haltestelle im Zentrum. Bustickets verkaufen diverse Geschäfte im Zentrum. Die meisten Busse halten an der Schnellstraße gegenüber der Petrol-Ofisi-Tankstelle, von dort sind es 5–10 Fußmin. ins Zentrum.

Bootsausflüge Nahezu identisches Angebot wie in Fethiye, an erster Stelle steht die 12-Insel-Tour.

Einkaufen Am So ist **Markt**.

Waschsalon Mehrere vor Ort, z. B. **Dolphin Laundry** an der Parallelstraße zur Uferpromenade. Eine Maschine (5 kg) waschen 7,50 €.

Jachtcharter Ist z. B. über **E.G.G. Yachting** (Eignergemeinschaft Göcek) möglich. An der Uferpromenade neben dem Liman Restaurant, ☎ 6451786, www.eggyachting.com. Billigste Jacht in der HS für 4 Pers. 1800 €/Woche ohne Skipper.

Übernachten/Essen & Trinken

Die Preise für Übernachten und Essen liegen in Göcek ca. 30 % über denen in Fethiye oder Dalyan. An der Parallelstraße zur Uferpromenade befinden sich einige einfache Pensionen, außerhalb des Zentrums viele Aparthotels.

Übernachten **A & B Home Hotel**, kleines, gepflegtes Hotel mit zehn Zimmern, von außen wie von innen gelb gehalten. Viel schmiedeeisernes Mobiliar. Kleine Poolanlage mit einer Harley-Davidson (Bj. 47) zwischen den Liegestühlen. DZ 70 €. Turgut Özal Cad. (Parallelstraße zur Uferpromenade), ☎ 6451820, ☏ 6451843, www.abhomehotel.com.

Hotel Villa DanLín, freundliches Hotel mit 13 netten Zimmern (mit und ohne Balkon), auf 2 kleine Gebäude verteilt, dazwischen ein Pool. Ebenfalls an der Parallelstraße zur Uferpromenade. DZ 70 €. ☎ 6451521, ☏ 6452686, www.villadanlin.com.

Tufan Pansiyon, an der Uferpromenade (Pensionsschild an der Rückseite, also an der Parallelstraße zur Uferpromenade). Einfache, schlichte Zimmer, 4 mit Meeresblick, dazu ein Apartment mit Dachterrasse. Freundlicher Betreiber. Falls die Zimmer mit Meeresblick belegt sind, einfach nebenan in der Pınar Pension fragen, ähnliche Preise. DZ 30 €. ☎ 6451334.

Lykische Küste → Karte S. 292/293

Star Pension, kleine Pension an der Uferpromenade im westlichen Ortsbereich. Simple, fast spartanische Zimmer mit Fliesenböden. Versuchen Sie, eines der beiden Zimmer mit Balkon und Aussicht auf den Hafen zu bekommen – super! Restaurant. Der freundliche deutschsprachige Besitzer hat in München gelebt. DZ 30 €. Cumhuriyet Mah. 59 , ✆ 6451189.

Camping Einfache Campingmöglichkeiten auf einer umzäunten Wiese hinter der Uferpromenade im westlichen Ortsteil.

Essen & Trinken **Can Restaurant**, schattiges Terrassenlokal an der Uferpromenade, dazu Tische direkt am Wasser. Eine der besten Adressen der Stadt für frischen Fisch und gute türkische Küche. Gigantische Mezeauswahl. Faire Preise, Meze um die 3 €, Hg. 7,50–12 €. ✆ 0532/2021976 (mobil).

Antep Sofrası, auch „Kebab Hospital" genannt. Beim Kebabkönig Göceks gibt's über zehn Sorten Kebab (5–10 €), die vor der Nase zubereitet werden, dazu diverse andere Fleischspezialitäten. Wer keine Fleischberge mag, wählt Pide oder Lahmacun. An der Parallelstraße zur Uferpromenade, aber auch Terrasse zur Uferpromenade hin, ✆ 6451873.

Gut und günstig isst man auch im **Mercan** gegenüber. Einfache, kleine Lokanta. Es gibt Pizza, *Manti*, Grillgerichte und täglich ein leckeres Mittagsmenü für wenig Geld. Nette Straßenbestuhlung.

Zwischen Göcek und Fethiye

Südlich von Göcek erstrecken sich mehrere herrliche Buchten, die über den Landweg i. d. R. kaum zu erreichen sind. Zu den Ausnahmen gehört die **Bucht von Günlüklü** ca. 12 km südlich von Göcek. Sie besitzt ein paar Palmen am Strand und einen Picknickplatz. Leider wird der größte Teil des Strandes mittlerweile von den Liegestühlen der Bungalowanlage dahinter besetzt. Diese werden übrigens zuweilen auch von partyfreudigen Russen gebucht. Auch die **Bilderbuchbucht von Katrancı**, die man nach weiteren 3 km Richtung Fethiye über eine Stichstraße erreicht, verfügt über einen schönen Picknickplatz, zudem kann gecampt werden (s. u.). Beide Buchten sind gebührenpflichtig, außerhalb der türkischen Ferienzeit kaum frequentiert, während der Saison aber überlaufen und auch stets etwas vermüllt.

Camping **Katrancı Camping**, schattiger Platz hinter der gleichnamigen Bucht. Viel konservatives türkisches Publikum. Grill an Grill und Kopftuch an Kopftuch. Einfachste Sanitäranlagen mit Kaltwasserduschen.

Kleines Restaurant. Für das Gebotene reichlich teuer. In der HS komplett überlaufen. 2 Pers. mit Wohnmobil 13 €, mit Zelt 11 €. Katrancı, ✆ 0252/6336406.

Fethiye

ca. 77.200 Einwohner

Fethiye ist einer der Zaubernamen der türkischen Küste. Doch die Stadt selbst trägt dazu weniger bei, auch wenn sie ganz nette Ecken hat und dazu einen lebendigen Fischmarkt. Es sind vielmehr die Strände der Umgebung, die für den großen Zulauf sorgen: Wer von der Traumlagune Ölüdeniz noch nie etwas gehört hat, kennt sie zumindest von Bildern.

Das heutige Fethiye erstreckt sich auf dem Grund des antiken *Telmessos*, von dem bis auf 20 Felsengräber in einer Steilwand nicht viel erhalten geblieben ist. Deren Besuch ist allerdings ein Muss, nicht zuletzt wegen der herrlichen Aussicht über die Stadt und die Bucht von Fethiye mit ihren vielen Inseln und den Bergen am Horizont. Die übrige antike Bausubstanz wurde durch die beiden schweren Erdbeben von 1856 und 1957 weitgehend zerstört. Diese Beben sind auch für die heutigen, überwiegend recht nüchtern wirkenden Straßenzüge mit verantwortlich. Hie und da lockern aber Palmen das Ensemble auf.

Die malerische Bucht von Fethiye

Das Zentrum Fethiyes steht ganz im Zeichen des Tourismus. Jeden Abend lockt es braungebrannte Urlauberscharen aus den umliegenden Badeorten an. Die meisten Gäste sind Briten, gefolgt von den Deutschen. Zuerst flaniert man an den Ausflugsbooten am Kai vorbei. Weiter geht es durch die Gassen der ansehnlich restaurierten Altstadt mit ihren unzähligen Teppichläden, Juweliergeschäften, Lederboutiquen und Souvenirshops. Danach sucht man ein Restaurant oder eine Bar auf. Die Reihenfolge hält jeder ein, als gebe es Strafen bei Zuwiderhandlung.

Der berühmteste Badeort der Umgebung ist die **Strandlagune Ölüdeniz** (→ S. 312) 15 km südlich von Fethiye. Doch die Zeiten des Alleinseins mit sich und der Natur gehören dort schon lange der Vergangenheit an. Weniger attraktiv ist der Strand von Çalış, rund 4 km nördlich des Stadtzentrums und mit diesem durch eine neue Uferpromenade verbunden. Dahinter erstreckt sich eine weite Hotelzone für Pauschaltouristen mit allem, was dazugehört.

Geschichte

Telmessos wurde erstmals im 5. Jh. v. Chr. als Mitglied des attisch-delischen Seebundes erwähnt. Im 4. Jh. v. Chr. geriet die Stadt unter lykische Herrschaft, danach wurde sie von General Nearchos für das Weltreich Alexanders des Großen erobert. Nach dessen Tod geriet sie in den Machtbereich der Ptolemäer. Berühmt war Telmessos zu jener Zeit durch seine Seherschule – der Ruf der sog. Schlangenmänner ging weit über den kleinasiatischen Raum hinaus. Viele Herrscher suchten hier um Rat nach, u. a. auch König Krösus.

Nach der Niederlage des Syrerkönigs Antiochos bei Manisa (190 v. Chr.) wurde Telmessos Teil des Königreiches Pergamon, 57 Jahre später fiel die Stadt an Rom. Allerdings wurde sie von den Römern lediglich als eines von vielen Seeräubernestern an der zerklüfteten lykischen Küste betrachtet. Entsprechend gering war das Interesse, das die neuen Machthaber Telmessos entgegenbrachten. Im 6. und 7. Jh. verwüsteten Araber auf ihren Raubzügen die Stadt, in osmanischer Zeit führte sie ein Schattendasein. Ab dem Mittelalter hieß die Stadt *Makri*, später *Meğri*. Der Johanniterorden von Rhódos errichtete im 15. Jh. eine Burg als Stützpunkt, die später auch die Genuesen nutzen.

Lykische Küste → Karte S. 292/293

Das Telmessische Pferd

Nearchos, der Flottenbefehlshaber Alexanders des Großen, kannte die Geschichte vom Trojanischen Pferd und wandte bei der Eroberung von Telmessos einen ähnlichen Trick an. Er bat Antipatrides, den Herrscher von Telmessos, um die Erlaubnis, mit einem seiner Schiffe in den Hafen einlaufen zu dürfen. Er wolle gefangene Sklaven und Musikanten in die Stadt zurückkehren lassen. Antipatrides willigte nach einer flüchtigen Inspektion der Besatzung ein. So ruderten die Krieger Alexanders, verkleidet wie die Sarottimohren, unbehelligt mitten ins Herz der Stadt. Auf der Akropolis zogen sie ungerührt ihre Dolche aus den Flötenbehältern, holten Schilde aus Trommeln und Körben hervor und nahmen gelassen die Kapitulation der überrumpelten Telmesser entgegen.

1914 wurde Meğri in „Fethiye" umbenannt – zu Ehren des türkischen Kampfpiloten Fethi Bey, der seinerzeit nahe Damaskus abgestürzt war. 1922 musste die überwiegend griechische Bevölkerung auswandern. Nach dem Zweiten Weltkrieg erlebte Fethiye durch die Verschiffung des im Hinterland abgebauten Chromerzes einen industriellen Aufschwung. Doch 1957 schwang die Erde mit, ein Erdbeben zerstörte die Stadt fast vollständig. Dass dabei nur wenige Menschen ums Leben kamen, verdankten die Einwohner ihrem Bürgermeister. Kurz vor der Katastrophe hatte dieser, einer wunderbaren Eingebung bzw. seines inneren Seismografen folgend, über Lautsprecher die Bewohner zum Verlassen der Häuser aufgerufen und so Schlimmeres verhindert. Daraufhin wurde die Stadt in eher zweckdienlichem Stil wieder aufgebaut. Fethiyes heutige Blüte ist, wie für einen hiesigen Küstenort typisch, aufs Engste mit dem Tourismus verknüpft. Dieser schafft Wohlstand und Arbeit. Dementsprechend steigt im Sommer die Einwohnerzahl um das Dreifache an. Man schätzt, dass mittlerweile auch rund 7000 Engländer und 500 Deutsche in und um Fethiye leben. Um den Tourismus weiter zu fördern, ist der Bau eines Kreuzfahrthafens geplant – ein unter Umwelt- und Tierschützern sehr umstrittenes Projekt.

Information/Verbindungen/Ausflüge

Telefonvorwahl 0252.

Information Tourist Information, neben dem Hotel Dedeoğlu (vor dem Jachthafen). Im Winter Mo–Fr 8–17 Uhr, im Sommer Mo–Fr 8–19 Uhr, Sa/So nur 10–17 Uhr. İskele Karşısı, ☎ 6141527, 🖷 6121975.

Verbindungen Busbahnhof einige Kilometer östlich des Zentrums an der Straßenkreuzung Muğla – Antalya/Ölüdeniz. Von dort Dolmuşe (Aufschrift „Taşyaka/Karagözler") ins Zentrum (bis zum westlichen Ende der Fevzi Çakmak Cad.). Nahezu rund um die Uhr gute Verbindungen nach Antalya (Inlandsstrecke 3½ Std.) und İzmir (6 Std.), zudem gute Verbindungen nach Pamukkale (4½ Std.).

Zum Flughafen Dalaman (→ S. 302), 50 km nordwestlich von Fethiye, fahren vom Busbahnhof Busse der Gesellschaft *Havaş.* Abfahrt 2½ Std. vor allen Inlandsflügen, 10 €/Pers. www.havas.com.tr.

Dolmuş: Der Dolmuşbahnhof liegt ca. 2 km östlich des Zentrums nahe der Çarşı Cad. Auf die Dolmuşe nach Çalış, Ölüdeniz, Yeşilüzümlü, Kayaköyü, Saklıkent (zuweilen über Tlos), Göcek und Kabak kann man aber auch an der Dolmuşhaltestelle bei der Moschee an der Ecke Atatürk Cad./Gaffar Okan Cad. zusteigen. Die Dolmuşe nach Ölüdeniz fahren am Busbahnhof vorbei, man steigt dort vor dem Carrefour-Supermarkt zu.

Per Schiff nach Rhódos: Mitte April bis Okt. 3- bis 4-mal wöchentl. um 9 Uhr (zurück um 16.30 Uhr), Dauer 95 Min. Hin und zurück am gleichen Tag 65 €, wer länger bleibt, zahlt 95 €. Tickets kann man z. B. über die **Lama Shipping Travel Agency** in der Altstadt buchen, Hamam Sok. 3/A, ✆ 6149985, www.lamatur.com.

Schiffsdolmuş: Im Sommer alle 30 Min. nach Çalış.

Bootsausflüge Dutzende von Ausflugsbooten werben um Kundschaft. Fast ein Muss, so scheint es, ist die ganztägige **12-Insel-Tour** (→ Baden), bei der die Inseln vor der zerklüfteten Küste bei Göcek angelaufen werden (mit Lunch ca. 20 €). In der der HS passiert es jedoch häufig, dass die einsamen Strände der Inseln von 10 Booten oder mehr gleichzeitig angelaufen werden und es in den Buchten zugeht wie in einem Freibad voller kreischender Teenies.

Organisierte Touren Bieten diverse Veranstalter an, u. a. **V-Go Yachting & Travel**, vom gleichnamigen Guesthouse, mit einem

Blaue Reisen   Eine seriöse Charteradresse ist **Alesta Yachting** am Jachthafen, Telegraf Apt. 9–10, ✆ 6141861, www.alesta yachting.com. Etliche Angebote rund ums Verleihgeschäft von kleinen und großen Ketschen sowie Gulets. Jachten für 6 Pers. inkl. Crew ab 670 €/Tag (ohne Verpflegung). Die Touren stellt man mit dem Kapitän nach eigenen Wünschen zusammen.

V-Go   Yachting & Travel (→ Organisierte Touren) bietet Blaue Reisen nach Olympos an. Die Viertages-Tour kostet 165 €/Pers. inkl. Verpflegung, jedoch ohne Getränke (Bier 2,50 €).

Adressen

(→ Karte S. 308/309)

Ärztliche Versorgung   Privates **Esnaf Hastanesi** in Çalış an der Küstenstraße gegenüber dem Restaurant Yakamoz. ✆ 6126400.

Autoverleih Diverse lokale Autoverleiher (Autos ab 35 €) gegenüber der Einfahrt zur Marina. Dort finden Sie auch **Avis** (Hnr. 21/B, ✆ 0532/3440300 mobil, www.avis.com.tr.). **Europcar** (über *Real Tour*) sitzt an der Atatürk Cad. 40, ✆ 6144995, www.realtour. com.tr. Bei den international operierenden Gesellschaften kostet das billigste Fahrzeug rund 60 €/Tag.

Einkaufen/Souvenirs   Souvenirs über Souvenirs gibt es in der **Altstadt**, die nichts anderes als ein großer Basar ist. Ein paar zusätzliche Tipps:

Balcı Cevdet ❷, einer von mehreren guten Honigläden in Fethiye. Pinienhonig und *Pekmez* (eingedickter Traubensaft), alles auch in größeren Portionen. 42. Sok.

🌿 **Eko Şifa** ❿, Bioladen mit Schwerpunkt auf türkischen Produkten. Dazu leckere Marmeladen, Olivenölseifen und viele Mitbringsel mehr. 504 Sok. 10/A. ■

Ansonsten lohnt das **Marktgelände** nördlich der Çarşı Cad. einen Besuch (tägl. außer So). Rund um einen Innenhof befinden sich zudem etliche Fischlokale (→ Es-

sen & Trinken).

Großer **Markt** jeden Di (kleinere Ausgabe am Fr) im Marktviertel nahe dem Dolmuşbahnhof. Ein Erlebnis!

Ein gut sortierter **Migros-Supermarkt** ❽ liegt außerhalb des Zentrums am Mustafa Kemal Bul., kleinere **Carrefours** ❾ und ⓮ zentral an der Atatürk Cad. und am Busbahnhof.

Reisebüro Lama Shipping Travel Agency (für THY, Atlasjet usw.) → Verbindungen.

Türkisches Bad (Hamam) Der historische Hamam von Fethiye (16. Jh.) liegt in der Altstadt. Separate sowie gemischte Abteilungen für Männer und Frauen. Tägl. 7–24 Uhr. Eintritt 15 €, sämtliche Behandlungen kosten extra.

Waschsalon Murat Laundry, am Jachthafen zwischen Yacht Hotel und Hotel Doruk (Seeseite). Eine Trommel Waschen und Trocknen 7,50 €.

Zeitungen Deutschsprachige Tages- und Wochenblätter z.B. im **Büfemiz Mini Market** ❹ an der Atatürk Cad.

Zweiradverleih Abalı Rent, Office beim Amphitheater vor dem Hafen. Scooter ab 15 €, 600-ccm-Cross-Maschinen ab 35 €. ✆ 6128812.

Essen & Trinken

1 Fethiye Belediyesi Çay Bahçesi und Özsüt
3 Nefis Pide
5 Meğri Restaurant
7 Meğri Lokantası
17 Saray Restaurant
18 Mosaik
21 Paşa Kebap
22 Kale Park Restaurant

Nachtleben

6 Bananas

Einkaufen

2 Balcı Cevdet
4 Büfemiz Mini Market
8 Migros Supermarkt
9 Carrefour Supermarkt
10 Eko Şifa
14 Carrefour Supermarkt

Übernachten/Camping (→ Karte S. 308/309)

Zwar gibt es rund um Fethiye über 42.000 Betten, das Angebot in der Stadt selbst ist aber bescheiden. Unterkünfte verschiedener Kategorien findet man am Jacht-hafen, am Hang darüber und noch etwas weiter westlich entlang der Fevzi Çak-mak Cad. bzw. am Hügel über der Jandarma (gute Dolmuşverbindungen vom und ins Zentrum, auf die Aufschrift „Taşyaka" achten). Wer nur baden möchte, sollte sich in Ölüdeniz und Umgebung (→ S. 312) nach einem Quartier umschauen. Cam-per finden in Fethiye selbst nur einfache Möglichkeiten auf der Oyuktepe-Halbinsel, umso mehr Plätze gibt es dafür in Ölüdeniz.

Ece Saray 13, noble Hotelanlage an der gleichnamigen Marina. Das Gebäude ist einem Sultanspalast am Bosporus nachempfunden. Gediegenes Restaurant, Wellness-center. Herrliche Terrasse direkt am Wasser. EZ 125 €, DZ 185 €. 1. Karagözler Mevkii, ✆ 6125005, ✇ 6147205, www.ecesaray.net.

Yacht Classic Hotel 20, oberhalb des Jachthafens. Schon älteres, aber schick restauriertes Hotel. 35 meist recht geräumi-ge, lichte Zimmer mit hellen Laminatböden, alle mit Balkon, etliche mit tollen Meeresbli-cken. Schöne Bäder mit Regenduschen. Hübsche Poolanlage. Aufgrund teils billiger Materialien und liederlicher Handwerksar-beit eines jener Hotels, die erfahrungsge-mäß schnell altern. EZ ab 60 €, DZ ab 100 €. Fevzi Çakmak Cad., ✆ 6125067, www.yacht classichotel.com.

Hotel Doruk 16, oberhalb des Jachthafens.

Vielversprechende Fassade, Zimmer jedoch mit etwas billig wirkendem Furnierholzmobiliar ausgestattet. Insgesamt aber okay bzw. sogar traumhaft, falls man ein Zimmer mit Balkon zur Marina bezieht. Pool. Zimmer zur Marina 60 €, zur Seite mit eingeschränktem Meeresblick 55 €. Yat Limanı, ☎ 6149860, ✆ 6123001, www.hotel doruk.com.

Villa Daffodil [12], freundliches Haus mit 28 kleinen, aber hübschen Zimmern etwas außerhalb des Zentrums. Pool, nette Terrasse, viel Holz. Öger-Tours-Vertragshotel. EZ 45 €, DZ 60 €. Fevzi Çakmak Cad. 115, ☎ 6149595, ✆ 6122223, www.villadaffodil.com.

V-GO's Hotel & Guesthouse [11], beliebte Backpackeradresse, die allerdings gerne umzieht. Zuletzt pachtete man eine freundliche Anlage mit nettem Poolbereich und gemütlicher Terrasse. 26 zweckmäßige Zimmer. Hilfsbereites Personal. Besser frühzeitig buchen. EZ 28,50 €, DZ 40 €, im 6-Bett-Dormitory 12 €/Pers. Fevzi Çakmak Cad., ☎ 6144004, ✆ 6122109, www.v-goho tel.com.

Duygu Pension [11], populäre Pension mit internationalem Publikum. Nett dekorierte Zimmer, absolut sauber. Gepflegter Pool, Dachterrasse. Gute Betreuung, zufriedene Gäste. Der Fevzi Çakmak Cad. stadtauswärts folgen, bei der Jandarma links ab und die erste Straße wieder rechts nehmen, dann rechter Hand. DZ 35 €. Ordu Cad. 54 (auch: 16. Sok.), ☎ 6143563, www.duygu pension.com.

Irem Pansiyon [19], zentrumsnahe Familienpension mit 22 sauberen, ordentlichen Zimmern, 13 mit Balkon und 4 mit Meeresblick. An sich freundliche Frühstücksterrasse, jedoch leider etwas laut. EZ 17,50 €, DZ ab 30 €. Fevzi Çakmak Cad. 45, ☎ 6143985, ✆ 6145875, www.irempansiyon.com.

Camping Einfache Möglichkeiten für Wohnmobile (zelten nicht möglich, da keine Wiese) hinter dem netten Strand **Aksazlar** **15** auf der Oyuktepe-Halbinsel (→ Ba-

den). Schattiger Pinienhain, simpelste Sanitäranlagen, Restaurant. 2,50 €/Nacht. Der Beschilderung zum „Letoonia Club & Hotel" folgen, dann erster Strand.

Essen & Trinken/Nachtleben

(→ Karte S. 308/309)

Die meisten gehobeneren Restaurants befinden sich in der Altstadt und an der Uferpromenade. Ebenso gut, aber preiswerter (sofern man nicht abgezockt wird) sind die einfachen Lokantas an der Çarşı Cad., der Dispanser Cad. und beim Busbahnhof.

Kale Park Restaurant **22**, über der Stadt neben der Burg von Fethiye (→ Sehenswertes). Gepflegter Speisesaal mit rustikalem Touch, tolle Aussichtsterrasse. Gute Auswahl: Vorspeisen, Kebabs, Steaks, aber auch Pasta und Salate. Hg. 7–15 €. Ca. 20 Fußmin. vom Zentrum, ein netter Spazierweg. Mit dem Auto zunächst der Beschreibung zu den Gräbern folgen (s. u.), dann den Schildern zum Einstieg in den *Likya Yolu* (= Kaya Cad.). ✆ 6129119.

Meğri Restaurant **5**, großes Freiluftrestaurant im Marktviertel. Hervorzuheben wegen der unglaublich guten Auswahl an leckeren Vorspeisen, hinterher Fisch oder Grillgerichte. Viele Touristen, entsprechend die Preise. Likya Sok. 8–9, ✆ 6144046.

Fischmarkt, auf dem Fischmarkt nördlich der Çarşı Cad. kauft man seinen Fisch direkt von den Händlern – das Kilo Goldbrasse (*Çipura*, wild, keine Zucht!*)* kostet z. B. 15 €, das Kilo Riesengarnelen 20 € – und lässt ihn anschließend in den Lokalen drum herum zubereiten. Das kostet ca. 2,50 €/Pers. und Portion inkl. Knoblauchbrot und Salat. Vorspeisen und Getränke schlagen extra zu Buche. Fest in Touristenhand, aber dennoch ein Erlebnis: Musikanten spielen zuweilen auf und die Stimmung ist ausgelassen.

Meğri Lokantası **7**, der „einfache" Bruder an der Çarşı Cad. Bei Türken und Touristen gleichermaßen beliebtes Lokal. Anderes Konzept: riesige Auswahl an Topfgerichten, viele sind auch an Vegetarier gerichtet. Zudem Kebabs, Steaks und Fisch. Korrekter Service, Hg. 5–15 €. ✆ 6144047.

Nur ein paar Schritte weiter kann man bei **Paşa Kebap** **21** Fleischberge, Pide und Lah-

macun vernichten. Einfach, aber doch gepflegt.

Mosaik **18**, hübsches, mit orientalischen Lämpchen dekoriertes Gartenlokal an der 90 Sok. 2/A. Freundliche junge Betreiber aus der Provinz Hatay, die hier süd- und südostanatolische Spezialitäten kredenzen, darunter köstliche Vorspeisen, scharfe Kebabs und *Antiochia Pasta* – lassen Sie sich überraschen! Hg. 5–7,50 €, günstiges Bier. An der Atatürk Cad. die Gasse direkt gegenüber dem Eingang des Landratsamtes (*Fethiye Kaymakamlığı*) wählen, dann steht man schon vor dem Lokal. ✆ 6144653.

Saray Restaurant **17**, ebenfalls etwas abseits des großen Geschehens an der Ecke Atatürk Cad./Hükümet Cad. Vielfältige Küche, außer den gängigen Spießen und Steaks auch Topfgerichte, Kebabvariationen und Pide aus dem Holzofen. Mehr Lokanta denn Restaurant. Recht günstig.

Nefis Pide **3**, simples Lokal mit Außenbestuhlung neben der Altstadtmoschee (41. Sok.). Pide, Lahmacun oder *İskender Kebap*, gute Qualität zu reellen Preisen. Der „Wermutstropfen": kein Bier, kein Wein, kein Schnaps.

Fethiye Belediyesi Çay Bahçesi **1**, von den Lokalen an der Uferpromenade das einfachste und billigste. Wird von der Stadtverwaltung unterhalten. Nur Snacks.

Özsüt **1**, in der Nachbarschaft. Türkeiweite Kette, die für ihre leckeren Süßspeisen und Kuchen bekannt ist. Innen wie außen recht nett.

Nachtleben Die Diskothek der Stadt ist das **Bananas** **6** gegenüber dem Hamam in der Altstadt. Viel House und was sonst noch gefällt. Auch tagsüber eine recht nette Adresse: Dann sitzt man draußen und raucht Wasserpfeife.

Unmittelbar hinter dem Hamam, in der **45. Sok**, haben sich etliche Kneipen angesiedelt: Discobars, Livemusikbars, Wasserpfeifencafés – für jeden ist etwas dabei.

Baden & Sport

Baden Unmittelbar vor Ort bietet sich nur das **Hafenbecken** an. Die nächstgelegenen, ansprechenden Bademöglichkeiten findet man auf der **Halbinsel Oyuktepe** im Westen Fethiyes. Folgen Sie dazu der Fevzi Çakmak Cad. vorbei am Jachthafen bis zum Ende der Bucht, dann der Beschilderung zum „Letoonia Club & Hotel" und anschließend stets der Küste. Für die Umrundung der Halbinsel braucht man zu Fuß ca. 3½ Std. Auch mit dem Auto machbar.

Alternativ dazu kann man auch eine **Bootstour** unternehmen. Die bekannteste ist die **12-Insel-Tour** (→ Bootsausflüge), bei der mehrals Anker geworfen wird.

Auch **Richtung Ölüdeniz** laufen Boote zu diversen Badebuchten und Inseln aus. U. a. wird hier vor der *Gemiler Adası* (St. Nikolaus-Insel, → S. 318) gestoppt.

Auch per Dolmuş oder Leihfahrzeug lassen sich gute Badeplätze in der Umgebung von Fethiye aufsuchen: Im Süden der populäre **Strand von Ölüdeniz**, nördlich von Fethiye die **Buchten von Katrancı** und **Günlüklü**.

Der lange, graue Kiesstrand von **Çalış** (4 km nördlich des Zentrums) wird in erster Linie von den Gästen der dahinter liegenden Pauschalhotels in Beschlag genommen.

Paragliding → Ölüdeniz. Die meisten Veranstalter in Fethiye kassieren lediglich eine Provision und reichen Sie an einen Anbieter in Ölüdeniz weiter.

Reiten Desperado-Ranch in Yanıklar, ca. 12 km nordwestlich von Fethiye, von der D 400 Richtung Dalyan ausgeschildert. Unter deutsch-türkischer Leitung. Mit Übernachtungsmöglichkeit. Pferde für jeden Anspruch. Unterricht, aber auch Touren verschiedener Länge. Kinderfreundlich. ☎ 0536/3518540 (mobil), www.desperado-ranch.de.

Tauchen Vor der Küste diverse Höhlen und Riffe. Größter Anbieter ist **European Diving Centre**, auf dem Weg zur Oyuktepe-Halbinsel, Karagözler Mah. 133, ☎ 6149771, www.europeandivingcentre.com. Unter britischer Leitung, aber auch deutschsprachige Lehrer. Unterhält zudem Ableger an den umliegenden Orten. Getaucht wird leider recht häufig in großen Schwärmen. Vielfältige Angebote. Preisbeispiele: Tagesausfahrt mit 3 Tauchgängen, Transfer vom Hotel und Lunch 59 €, Schnuppertauchen (Leihausrüstung, 2 Tauchgänge) 54 €, P.A.D.I.-Open-Water-Kurs (3 Tage) 297 €.

Sehenswertes

Lykische Felsengräber: Die größte Attraktion Fethiyes sind die Gräber in der Felswand im Osten über der Stadt. Ins Auge sticht das repräsentative *Grab des Amyntas*. Das Tempelgrab im ionischen Stil wurde vermutlich im 4. Jh. v. Chr. für den Sohn eines Lokalfürsten aus dem Fels gemeißelt. Hinter den beiden Säulen, die einen schmucken Architrav tragen, befindet sich eine reich verzierte steinerne Scheintür, die die Grabkammer verbirgt. Um dieses Grabmal herum sind mehrere kleinere Felsengräber angeordnet, einige davon stammen aus dem 6. Jh. v. Chr. Der Zweck einer Nekropole ist in Fethiye besonders offensichtlich: Den Toten (die es sich leisten konnten) wurde eine ganze Stadt gebaut, in der sie, quasi in vertrauter Umgebung hoch über Telmessos, nach ihrem irdischen Dasein weiterleben konnten.

Öffnungszeiten Grab des Amyntas, tägl. 8.30–19.30 Uhr, im Winter bis 17 Uhr. Eintritt 3,20 €.

Anfahrt Von der stadtauswärts führenden Einbahnstraße, der Çarşı Cad., mit „Kaya mezarları (Rock Tombs)" ausgeschildert.

Lykische Steinsarkophage: Wer wachen Auges durch die Straßen geht, kann mehrere auf Sockeln stehende, reliefgeschmückte Steinsarkophage entdecken, die einst verstorbene Lykier der Oberschicht beherbergten. Wegen ihrer spitzbogigen Dächer, deren Firste an gekenterte Schiffe erinnern, nennt man sie auch Schiffskielsarkophage. Das schönste dieser kleinen „Kompakthäuschen" befindet sich neben dem Landratsamt *(Fethiye Kaymakamlığı)*, ganz in der Nähe der Post. Noch bis in

Lykische Küste → Karte S. 292/293

die Mitte des 20. Jh. stand dieser Sarkophag im Wasser, da die Küste hier im Laufe der Jahrtausende abgesunken war (→ Kekova). Das änderte sich erst infolge von Erdaufschüttungen Ende der 1950er, die zugleich die hiesige Küstenlinie seewärts verschoben.

Theater: Das während der späthellenistischen Periode gebaute und später unter den Römern erweiterte Theater liegt im Südwesten der Stadt, ganz in der Nähe der Tourist Information. Es hatte einst 28 Sitzreihen und fasste 6000 Zuschauer. Bis vor wenigen Jahren wurde es im Sommer noch gelegentlich für Aufführungen genutzt. Heute ist es nichts mehr anderes als ein Trümmerhaufen.

Kreuzritterburg: Von der zentral auf einem Hügel über der Stadt errichteten Burg der Johanniter aus dem 15. Jh. sind nur wenige Mauerreste erhalten; ein Besuch lohnt sich daher nur für speziell Interessierte.

Museum: Das Museum Fethiyes zeigt archäologische Funde der Umgebung, u. a. aus Tlos und Kaunos. Man sieht Statuen und Büsten von Herrschern und Gottheiten, Keramik, Glas und Metallobjekte, Stelen und Kleinstelen, Amphoren und Münzen sowie ein Grab mit schön gearbeiteten Reliefs. Niedlich wirkt die Öllämpchensammlung aus hellenistischer bis byzantinischer Zeit, Gruselstück ist ein Terrakottasarg mit einigen Knochen.
Öffnungszeiten/Anfahrt: Tägl. (außer Mo) 8–17 Uhr. Eintritt 1,20 €. Stadtauswärts in einer Seitenstraße der Atatürk Cad. (beschildert).

Ölüdeniz   (Hisarönü Köy, Ovacık und Belcekız)

Wer bei der Traumlagune Ölüdeniz an die Südsee denkt, liegt richtig: türkisfarbenes Wasser, menschenleerer, fast schneeweißer Strand vor einer zerklüfteten Felskulisse und eine prächtige Jacht vor Anker. Aber nur im Winter hält der bekannteste Strand der Türkei das, was er in Katalogen und auf Postern verspricht.

Ölü Deniz – „Totes Meer", von wegen! Hier wuselt es von April bis Ende Oktober, und im Hochsommer drängen sich jeden Tag Tausende von Menschen in die Bucht mit ihrem Superstrand und dem – außerhalb der Saison – kristallklaren Wasser. Auch im biologischen Sinne ist die Lagune nicht tot, es herrscht hier nur kein Wellenschlag. Der fotogene Strand, der die Lagune bildet, heißt im Türkischen übrigens *Kumburnu*, „Sandnase". Dieser Teil ist auch gebührenpflichtig (2 €, Einfahrt mit dem Auto 7 €). Den spektakulärsten Blick auf die Lagune hat man bei einem Gleitschirmflug – Ölüdeniz ist das türkische Mekka der Paraglider und ein Tandemflug beinahe ein Muss.

Hinter der südlichen Hälfte des insgesamt rund 3 km langen Strandes entstand in den letzten drei Jahrzehnten **Belcekız**, eine gepflegte Feriensiedlung im Schachbrettmuster. Zuvor gab es hier nur ein paar Campingplätze. Schön ist Belcekız nicht, aber auch nicht hässlich, eher etwas steril. Immerhin gibt es keine zehnstöckigen Hotelanlagen. Da der Platz an der Lagune und in Belcekız naturgemäß begrenzt ist, zieht sich die Tourismusmeile auch einige Kilometer landeinwärts: An der Straße ins 15 km entfernte Fethiye liegen die zwei Retortenstädtchen **Hisarönü Köy** und **Ovacık**, die inzwischen das Gros an Unterkunftsmöglichkeiten stellen. In diesen Orten wird 08/15-Urlaub an ein vorrangig englisches Massenpublikum verkauft.

Die Lagune von Ölüdeniz und der Strand von Belcekız

Information/Verbindungen/Ausflüge/Sonstiges

Telefonvorwahl 0252.

Information Die Ölüdeniz Tourism Cooperative nahe der Dolmuş-Endstation in Belcekız (von Fethiye kommend auf dem Weg zur Lagune) hilft in erster Linie bei der Zimmersuche weiter und vermittelt nur die ihr angeschlossenen Unterkünfte.

> Das Gros aller Restaurants, Souvenirgeschäfte etc. finden Sie an der Strandpromenade und in der davon abgehenden Çarşı Cad.

Verbindungen Im Sommer verkehrt zwischen Fethiye und Ölüdeniz (Endhaltestelle am Strand von Belcekız) von 7 Uhr morgens bis 1 Uhr nachts alle 5 Min. (außerhalb der Saison ca. alle 15 Min. von 7–22 Uhr) ein **Dolmuş**. Zusteigemöglichkeiten in Ovacık und Hisarönü Köy — wenn nicht gerade Rushhour in eine Richtung ist.

Bootsausflüge Im Rahmen einer Tagestour werden die **Gemiler-Insel** (→ S. 318) und ein paar Grotten und Strände der Umgebung angefahren. Günstige 10 € inkl. Essen, Start meist gegen 11 Uhr. Auch stehen Touren zum **Butterfly Valley** (→ S. 316) auf dem Programm (hin/zurück 6,50 €; die offiziellen Serviceboote heißen „Kelebekler Vadisi" bzw. „Kelebekler Vadisi 1").

> **Achtung**: In der HS kann das Wasser in der Bucht von Ölüdeniz je nach Strömung ziemlich schmutzig sein!

Ärztliche Versorgung Das private **Esnaf Hastanesi** mit Sitz in Fethiye (→ dort) unterhält eine Zweigstelle in Belcekız an der Çarşı Cad. (neben der Shadow's Bar, auf die Aufschrift „24 hours, english speaking" achten) und in Hisarönü nahe der Abzweigung nach Ölüdeniz. In beiden Fällen unter ℡ 6166513 zu erreichen.

Autoverleih Diverse Tourenveranstalter vermitteln Fahrzeuge ab rund 40 €/Tag.

Übernachten/Camping

Hinter dem Strand von Belcekız findet man überwiegend Mittelklassehotels und gehobenere Clubanlagen. Direkt an der Lagune gibt es vorrangig Campingplätze, die ihre Stellflächen zugunsten der lukrativeren Bungalow- und Wohnwagenvermietung mehr und mehr einschränken. Das Gros der britischen Pauschaltouristen wohnt in den gesichtslosen Retortenstädtchen Hisarönü Köy und Ovacık. Die Saison der meisten Hotels und Pensionen reicht nur von April bis Mitte Oktober. Vor und nach der HS (Juni–Aug.) z. T. erhebliche Rabatte. Achtung: Das hier urlaubende Völkchen ist partyfreudig, kaum irgendwo sind die Nächte wirklich leise!

Unmittelbar an der Lagune Hier ist der Sandstrand recht schmal und mit Liegestühlen zugepflastert, das Meer dafür immer ein paar Grad wärmer. Entlang der Stichstraße (Beschilderung „Hotel Meri" folgen) gibt es mehrere Campingplätze und Anlagen, darunter diese beiden:

Sugar Beach Club, Treffpunkt einer jungen internationalen Travellergemeinde. Gemütliche Strandlounge (lauter Barbetrieb bis Mitternacht). Laden und gutes Restaurant. Kinderspielplatz. 35 ganz unterschiedliche Bungalows von *basic* bis *luxury*, alle jedoch mit Klimaanlage und Bad. Gecampt wird auf dem angrenzenden schattigen Areal. Gute Sanitäranlagen. Bungalows für 2 Pers. je nach Kategorie 32–70 €, 2 Pers. mit Wohnmobil und Strom 10 €. Ölüdeniz Cad. 20, ✆ 6170048, 📠 6710752, www.thesugarbeachclub.com.

Front Lagoon Beach Motel, 13 zweckmäßige Zimmer mit Terrasse oder Veranda – alle nur durch ein hübsches Gärtchen vom Meer getrennt. Bar. DZ mit Klimaanlage 40 €, ohne 35 €. Ölüdeniz, ✆ 6170383, www.frontlagoonbeachmotel.com.

In Belcekız Mit Ausnahme des White Dolphin erreichen Sie alle hier aufgeführten Hotels, wenn Sie, von Fethiye kommend, hinter dem Ata Lagoon Hotel links abbiegen (226 Sok.) und dann die erste Straße rechts nehmen (224 Sok.).

Beyaz Yunus (White Dolphin), kleines Luxushotel auf einem Hügel zwischen Belcekız und der Kıdrak-Bucht. Nur sieben geräumige Zimmer mit herrlichen Terras-sen, alle überaus geschmackvoll und komfortabel eingerichtet. Pool mit gigantischer Aussicht! Ein Traumhotel. Leider oft ausgebucht, Reservierung empfohlen. DZ 150 €. Kıdrak Yolu Üzeri 1 (auf dem Weg von Ölüdeniz nach Kabak, 500 m nach dem Ölü Deniz Resort in der Kıdrak-Bucht rechter Hand, hellblaue Holztüren an einer Natursteinmauer), ✆ 6170244, 📠 6170068.

Oyster Residences Ölüdeniz, eine Topadresse fast in erster Reihe. 16 Zimmer auf 2 Gebäude (viel Naturstein) verteilt. Komfortabel und stilvoll-individuell eingerichtet, Holzböden. Schöne Poolanlage. DZ 150 €. Belcekız Sok. 1, ✆ 6170765, 📠 6170764, www.oysterresidences.com.

Jade Residence, gleich daneben. Ebenfalls ein Tipp, ebenfalls sehr stilvoll. Man kann sich streiten, welches der beiden die feinere Poolanlage hat. Auf jeden Fall hat das Jade die schönere Frühstücksterrasse – mit Meeresblick. Ähnliche Preise. Belcekız, ✆ 6170690, 📠 6170692, www.jade-residence.com.

Oba Motel, kleines Bungalowdorf ca. 1½ Gehmin. vom Strand von Belcekız entfernt. Obwohl die hölzernen Hütten und Häuschen (so rustikal wie in Kanada) recht eng beieinanderstehen, viel Grün. Die Ausstattung der Bungalows reicht von spartanisch (aber mit privatem Sanitärbereich) bis hin zu äußerst komfortabel: mit Sitzecke, abgetrenntem Schlafbereich unterm Dach, guten Bädern, Klimaanlage, Kühlschrank und Veranda. Gutes Restaurant angegliedert. Bungalow für 2 Pers. je nach Ausstattung 42–95 €. Belcekız, ✆ 6170470, 📠 6170522, www.obamotel.com.tr.

Essen & Trinken/Nachtleben

Für das leibliche Wohl sorgen in Belcekız Steakhäuser, Pizzerien und Chinarestaurants. Nachts schwärmt man in Bars mit offenem Kamin und gediegener Pianomusik oder in Discopubs, wo zu heißen Rhythmen getanzt wird. Die Auswahl ist riesig. In

Hisarönü Köy gibt es in erster Linie Pubrestaurants, die vormittags *English Breakfast* mit Schweinswürstel offerieren und abends fleischlastige „All-you-can-eat"-Büfetts mit *MTV* oder *Sky Sports* als Zugabe. Billig ist dort einzig und allein das Bier.

Essen in Belcekız und bei der Lagune

Oyster Residences, geschmackvoll gestaltetes Terrassenlokal des gleichnamigen Hotels (→ Übernachten). Auch wohlhabende Türken zieht es hierher. Außergewöhnliche, stets wechselnde, aber kleine Karte. Zu den Spezialitäten gehört der Schwertfisch-Kebab. Hg. 10–20 €. ✆ 6170764.

Buffalo's Steak House, unter holländischer Leitung, zum Hotel Flying Dutchman gehörend. Großes Freiluftsteakhaus (grandiose Fleischlappen und Burger) im amerikanischen Stil, kleine Karte im „Cowboyhut-Format", häufig Livemusik (Folk oder Latino). Hg. 9–17 €. Çarşı Cad. 6, ✆ 6170441.

Oba Restaurant, zum gleichnamigen Motel (→ Übernachten) gehörend. Gartenrestaurant. Zusammen mit dem Kumsal (s. u.) eines der wenigen Lokale, die noch türkische Küche servieren. Sehr leckere *Köfte* und *Güveç*-Variationen. Hg. 7,50–16 €.

Kumsal Restaurant, eine der ältesten Adressen von Belcekız. Einst ein einfaches Strandlokal, seit der letzten Renovierung mit pseudoschickem Ambiente. An der Qualität und den fairen Preisen hat sich aber nichts geändert: Fisch, Steaks, Pide aus dem Holzofen und Kebabs. Hg. 4–12 €. Am südlichen Ende des Belcekız-Strandes, ✆ 6170058.

Gut und verhältnismäßig preiswert ist auch das Restaurant des **Sugar Beach Clubs** (→ Übernachten). Man sitzt herrlich an der Lagune, dazu Easy-Listening-Musik.

Nachtleben in Belcekız

Buzz Beach Bar, gemütliche Terrassenbar (schöne Aussicht). Gute Küche, die auch im Restaurant darunter serviert wird. Stets fröhlich gelauntes Publikum, Loungemusik. Sehr beliebt. An der Uferpromenade.

Help Beach Lounge, gleich neben der Buzz Beach Bar und ebenfalls ein angesagter Spot. Lustig-bunt gestaltete Terrassenkneipe mit viel Holz. Etliche Sorten Bier und Kaffee, internationales Essen zwischen Burger und Pasta. Happy Hour von 18–20 Uhr.

Crusoes, ebenfalls an der Uferpromenade und als Open-Air-Tanztempel recht populär.

Nachtleben in Hisarönü Köy

Etliche Bars und Pubs, selbst aus Fethiye kommt man abends nach Hisarönü Köy. Zuletzt waren das **Talk of the Town** und das **Grand Boozey** am angesagtesten – Karaokefans kommen auf ihre Kosten.

Da kickt das Adrenalin:
Gleitschirmflug über Öludeniz

Sport

Paragliding Anfang der 1990er entdeckten Gleitschirmfreaks den *Baba Dağı* (1900 m) hoch über der Lagune von Öludeniz als Startplatz. Kurze Zeit später gehörte der Tandemflug (mit einem professionellen Piloten im Huckepackverfahren) zum Aktivprogramm der hiesigen Veranstalter. Mittlerweile hat sich der Baba Dağı mit rund

35.000 Flügen im Jahr zu einem Mekka der Paraglider entwickelt. In der zweiten Oktoberhälfte finden die **Air Games** statt, 5 Tage im Zeichen des Gleitschirmfliegens, sozusagen Zirkus in der Luft. Die Flugbedingungen am Baba Dağı sind jedoch nichts für Anfänger. Immer wieder werden die hiesigen Windverhältnisse unterschätzt, regelmäßig kommt es zu Unfällen, zuweilen auch tödlichen.

Für Tandemflüge gibt es über 10 Anbieter. Einer der renommiertesten ist **Sky Sports**. Ein Tandemflug kostet ca. 90 €. April–Nov. Büro in der Fußgängerzone Çarşı Cad. in Belcekız, ✆ 6170511, www.skysports-turkey.com. Flugzeit mind. 30 Min. (Cracks schaffen bis zu 2 Std. und schrauben sich bei günstiger Thermik auf 2500 m Höhe). Landeplatz ist der Strand oder die Strandpromenade von Belcekız. Hier sieht man auch, welche Tandempiloten etwas draufhaben! Schweben sie elegant vom Himmel und setzen zart auf oder plumpsen sie eher in die Hecken herab? Tipp: Schauen Sie sich die Landungen an und suchen Sie sich den Piloten für Ihren Flug aus.

Tauchen Das **European Diving Centre** aus Fethiye (→ Fethiye/Sport) unterhält Zweigstellen in Hisarönü Köy (an der Hauptflaniermeile) und in Belcekız (an der Fußgängerzone nahe der Uferpromenade).

Wandern Von der Lagune führt ein markierter Wanderweg nach Kayaköyü (s. u.). Um den Einstieg zu finden, folgt man der Straße an der Lagune vorbei zum Hotel Meri (ausgeschildert) und weiter zum Sun City Beach Club. Vor dem Beach Club nimmt man den Schotterweg, der rechts des Eingangs bergauf führt. Nach ca. 150 m markiert eine Steinpyramide rechter Hand den Einstieg in den Pfad nach Kayaköyü. Nur wenige Meter später trifft man auf die ersten gelb-roten Markierungen. Dauer ca. 2½ Std. (einfach). Von Kayaköyü Dolmuşverbindungen nach Hisarönü, wo man auf ein Dolmuş nach Fethiye umsteigen kann.

Südlich von Ölüdeniz

Von Belcekız windet sich eine 14 km lange Straße entlang einer grandiosen Küstenlandschaft mit tollen Ausblicken gen Süden. Die letzten 1,7 km waren zuletzt ungeteert, es sah aber ganz danach aus, als würde auch dieser Abschnitt geteert werden. Um den Einstieg in die Straße zu finden, folgt man in Belcekız der Beschilderung zum Club „Lykia World". Nach rund 2 km passiert man die **Kıdrak-Bucht** mit einem wunderbaren (aber kostenpflichtigen) Strand.

Nach weiteren rund 6 km erreicht man die Häuseransammlung **Faralya** (auch: **Uzunyurt**) hoch über dem **Butterfly Valley** (Kelebek Vadisi). Der Blick hinab auf die kleine, von steilen Berghängen umrahmte Talebene mit einem Traumstrand davor ist superb. Das Tal ist ein Naturschutzgebiet, in dem sich unzählige Schmetterlinge tummeln. Man kann hinabsteigen bzw. -klettern (Wegbeginn beim „George House", Dauer 30–45 Min.). Für den Rückweg bedarf es einer Bombenkondition. Absolute Schwindelfreiheit und festes Schuhwerk sind Voraussetzung. Gehen Sie zudem nicht nach Regen und mit schwerem Gepäck – es kam schon zu tödlichen Unfällen! Wer es bequemer mag, nimmt ein Boot (→ Ölüdeniz). Am Strand gibt es zwei Barrestaurants. Auch werden superschlichte, urig-alternative Bungalows mit gemeinschaftlichen Sanitäranlagen vermietet, zudem kann gezeltet werden (Bungalow mit HP 28 €/Pers., ✆ mobil 0555/6320237, www.kelebeklervadisi.org). Übernachtungsmöglichkeiten bestehen zudem in Faralya, von der einfachen Pension bis zum Boutiquehotel ist alles dabei.

Endstation für Dolmuşe und Autos ist rund 6 km weiter beim Last Stop Café bzw. kurz hinter Mama's Pension. Gebastelte Holzschilder weisen dort den Weg hinab zu den im Grünen gelegenen Treehouse-Campings in der **Bucht von Kabak**. 20 Min. dauert der Weg hinab zum idyllischen kleinen Kiessandstrand, 30 Min. hinauf. (Die Schotterstraße in die Bucht darf von fußfaulen Touristen nicht befahren werden!) Noch vor einigen Jahren tummelten sich in Kabak überwiegend naturverbundene Freaks mit Robinsonambitionen, denen ein kaltes Bier als einziger Luxus genügte. Mittlerweile setzen manche „Camps", wie sich die zusammengezimmerten Hüttensiedlungen in der Bucht nennen, nicht mehr nur auf Yoga, Thaimassage und *Organic Food*, sondern auch auf mehr und mehr Komfort. Die ersten Klimaanlagen wurden bereits installiert, und nicht wenige Nachwuchs-Robinsons surfen am Strand auf ihren *MacBooks* im Internet. Wie lange die Idylle erhalten bleibt, ist fraglich, denn obwohl die Bucht von Kabak unter Naturschutz steht, wird fleißig gebaut.

Verbindungen Im Sommer 8-mal tägl. (zuletzt um 7, 9, 11, 13, 15, 16, 18 u. 19 Uhr) ein **Dolmuş** von Fethiye über Ölüdeniz und Faralya nach Kabak (zurück stets 1½ Std. später). Im Winter nur 3-mal tägl. morgens, mittags und abends. **Taxi** von Ölüdeniz nach Kabak ca. 30 €.

Übernachten in Faralya **Wassermühle**, von Ölüdeniz kommend, geht es unmittelbar vor der **Gül Pension** bergauf. Eine der schönsten Unterkünfte im Reisegebiet, ein plätscherndes Paradies unter deutsch-türkischer Leitung: 7 geschmackvolle Suiten und 2 DZ mit z. T. herrlichen Balkonen und tollen Ausblicken. Weitläufiges Gartengelände mit (chlorfreiem) Pool. Restaurant (Vollwertküche). Frühzeitige Buchung empfehlenswert. Mindestmietdauer offiziell 1 Woche, wer Glück hat, kommt spontan auch kurzfristig unter. Im Winter geschl. Wermutstropfen: Das Meer zwar in Blickweite, der Sprung hinein setzt aber einen weiteren Weg voraus. Mit HP ab 55,50 €/Pers. Hisar Mah. 4, ✆ 0252/6421245, ✆ 6421179, www.natur-reisen.de.

Übernachten in der Kabak-Bucht Eine Reservierung ist in der HS empfehlenswert. Jeep- bzw. Traktortransfers hinab in die Bucht werden auf Anfrage organisiert. Das Gros der Camps – von nahezu allen hat man schöne Ausblicke auf Meer und/oder Berge – hämmert, nagelt und pinselt sich von Jahr zu Jahr schöner. Die Idylle lässt man sich gut bezahlen. Alle Preise inkl. Frühstück und Abendessen, Gemüse steht im Vordergrund.

Kabak Natural Life, die komfortabelste Anlage vor Ort, Strandnähe. Sehr gepflegt. 10 hübsche, winzige Bungalows mit Glasfronten (teils super Aussicht), Balkon, Bad und Klimaanlage. Dazu windschiefe Einfachshütten mit gemeinschaftlichen Sanitäranlagen. Die Anlage ist wildromantisch über mehrere Terrassen in die Natur integriert. Lauschige Sitzecken, 2 Restaurants, netter kleiner Pool. Je nach Zimmer 35–75 €/Pers. Kabak, ✆ 0252/6421185, www.kabaknaturallife.com.

Turan Camping, schnuckelige terrassierte Anlage mit Pool fürs Fußbad und urgemütlichem Restaurant. Open-Air-Bibliothek. Bungalows mit und ohne Bad, mit und ohne Balkon. Dazu Zelte. Für 2 Pers. je nach Kategorie 45–102 €. ✆ 0252/6421227, www.turanhilllounge.com.

Reflections Camp, das spartanischste Camp in der Bucht, aber sehr nette Atmosphäre. 8 zusammengeschusterte, schnuckelige Hüttchen mit Moskitonetzen, Gardinen ersetzen das Fensterglas. Dazu 2 oberwimple, lediglich von Bambusmatten ummantelte Schlafstätten. Drum herum Bananenbäume. Gemeinschaftliche Freiluftsanitäranlagen mit Aussicht – besser als jede Zeitung! Nette Sitzecke mit tollem Meeresblick. Im Bungalow 20–36 €/Pers., im eigenen Zelt 14 €/Pers. Kabak, ✆ 0252/6421020, www.reflectionscamp.com.

Kayaköyü

Zwischen Ölüdeniz und Fethiye liegt die alte griechische Siedlung *Livissi* in einem Tal etwas abseits der Hauptstraße. Im Rahmen des Bevölkerungsaustausches nach dem türkischen Befreiungskrieg 1922 wurden die hier lebenden Griechen auf den Peloponnes umgesiedelt. Der Ort wurde aufgegeben und verwandelte sich in eine Geisterstadt, dem das verheerende Erdbeben von 1957 den Rest gab. In grauen Reihen drängen sich heute die Hüllen der Häuser der einst stattlichen Kleinstadt die Hänge empor. Dazwischen rascheln Salamander und Eidechsen durchs Unkraut, im Schatten der Steine dösen Skorpione. Was um die 90 Jahre unbeachtet verfiel, verfällt zwar größtenteils noch immer weiter, wurde aber als Touristenattraktion

Lykische Küste → Karte S. 292/293

Hier wohnen nur noch Eidechsen: die Geisterstadt von Kayaköyü

entdeckt und zum kostenpflichtigen Museumsgebiet erklärt. Dementsprechend werden von allen umliegenden Ferienzentren organisierte Ausflüge nach Kayaköyü angeboten, auf Wunsch können Sie auch in der Gruppe hin reiten.

Aber nicht nur Tagesausflügler wecken hier heute die Geister, auch siedeln wieder Menschen. Unterhalb der Ruinen hat sich mittlerweile eine richtige Ortschaft samt Moschee entwickelt. Bars und Cafés, kleine Pensionen und Boutiquehotels eröffneten bereits – alle ringen um Gäste.

Anfahrt/Verbindungen In Fethiye von der stadtauswärts führenden Einbahnstraße, der Çarşı Cad., ausgeschildert. Im Sommer von 7.15–22 Uhr alle 30–60 Min. **Dolmuşe** von Fethiye, im Winter nur bis 19 Uhr. Keine Direktverbindungen nach Ölüdeniz,

umsteigen in Hisarönü.

Öffnungszeiten Rund um die Uhr geöffnet. Tagsüber 2 € Eintritt.

Wandern → Ölüdeniz/Sport.

Gemiler-Bucht

Rund 7 km südwestlich von Kayaköyü liegt die Gemiler-Bucht, ihr vorgelagert die gleichnamige Insel. Zwischen Bucht und Insel ankern stets ein paar Jachten, dazu laufen regelmäßig Ausflugsboote ein. Der herrliche Sandkiesstrand, noch vor wenigen Jahren ein Geheimtipp in der Idylle, ist heute recht populär, zudem Ziel von Jeep- und Quadsafaris. Türken grillen im Schatten Lammkoteletts, Engländer in der Sonne sich selbst. Wer die Betreiber der Strandrestaurants um Erlaubnis fragt, kann im Olivenhain dahinter campen. Auf der **Gemiler-Insel** (Gemiler Adası), auch als *St.-Nikolaus-Insel* bekannt, stehen die Ruinen von zwei Kirchen, die einst ein unterirdischer Kreuzweg miteinander verband. Mehrere Abschnitte des rund 500 m langen Tunnels sind heute eingestürzt. In einer der Kirchen kann man stellenweise noch Fresken ausmachen.

Anfahrt/Verbindungen Die Gemiler-Bucht ist von Kayaköyü mit „Gemiler Adası" ausgeschildert. **Dolmuşe** von und nach Fethiye in der Saison von 9.30–18.30 Uhr bis zu 8-mal. Buchteintritt 1,25 €/Pers. Für 15–20 € retour (Personenzahl egal, handeln!) kann man sich zur Insel hinüberrudern lassen, hinzu kommt jedoch noch der „Inseleintritt" von 3,20 €. Bucht und Insel werden von Fethiye und Ölüdeniz im Rahmen von **Bootsausflügen** angesteuert.

Kadyanda (antike Stadt)

Ein Ausflug in das stimmungsvolle Kadyanda, 27 km nordöstlich von Fethiye und 1000 m höher gelegen, ist allein wegen des herrlichen Blicks über die Bucht von Fethiye ein Erlebnis. Der Bergwald des Lykischen Taurus hat sich diese vergessene Stadt zurückerobert, Bäume und Unterholz wuchern in und über den Ruinen, abgefallene Nadeln bedecken umgestürzte Säulen und Wurzeln schlingen sich über Reliefsplitter.

Man weiß so gut wie nichts über Kadyanda, das in keiner Chronik erwähnt wird. Aus einigen Inschriften ist lediglich bekannt, dass ein Herrscher von Karien einst einigen lykischen Städten, darunter Kadyanda, stattliche Zahlungen zukommen ließ. Klein war Kadyanda jedenfalls nicht, das wird deutlich, wenn man in die längst untergegangene Welt eintaucht, die von wenigen Touristen und gelegentlich auch von Ruinenplünderern heimgesucht wird. Durch die antike Stadt führt ein Rundweg, auf dem man auch bleiben sollte, insbesondere wenn man alleine ist, um nicht in irgendeiner unterirdischen Zisterne zu verschwinden. Steigt man vom Parkplatz gleich rechter Hand bergauf, gelangt man zu einer imposanten **Polygonalmauer**, die Stützmauer des darüber liegenden Theaters und Stadtmauer in einem war. Das **Theater** selbst, in einen schattigen Hang eingebettet, ist bis auf die Orchestra recht gut erhalten. Es stammt aus römischer Zeit. In der obersten Reihe saßen die Ehrenbürger der Stadt auf Bänken mit Lehnen, heute wachsen auf so manchen Rängen Kiefern. Rund 200 m weiter stößt man auf eine sehr lange, aber schmale und relativ ebene Fläche, die zuerst vermuten lässt, dass hier einst eine Straße war. In Wirklichkeit war es das **Stadion**. Rechter Hand darüber befindet sich ein Platz mit großen unterirdischen Zisternen – vielleicht ein Marktplatz. Etwas weiter, ebenfalls rechter Hand, liegen die Reste eines **hellenistischen Tempels**. Gegenüber stehen die besterhaltenen Ruinen Kadyandas, die **Thermen** aus dem 1. Jh. Etwas tiefer lag einst die Agora – ein einziges Trümmerfeld. Der Weg zurück zum Parkplatz bietet ein umwerfendes Küstenpanorama und führt an diversen Gräbern vorbei. Stellenweise lassen sich unter der Piniennadeldecke noch bemerkenswerte Architekturfragmente entdecken.

Öffnungszeiten Das Gelände ist stets zugänglich. Wenn der Wärter da ist, zahlt man 3,20 € Eintritt.

Anfahrt/Verbindungen Kadyanda (u. a. auch mit „Cadianda" ausgeschildert) erreicht man über das gemütliche Bergstädtchen Yeşilüzümlü 20 km nordöstlich von Fethiye. Yeşilüzümlü wiederum liegt an der Hauptverbindungsstraße nach Denizli und ist vom Küstenhighway D 400 ausgeschildert. Bis Yeşilüzümlü fährt auch der Dolmuş (stündl. ab Fethiye), ohne eigenes Fahrzeug muss man von da ab jedoch laufen. Der **Fußweg** zu den Ruinen ist im Zentrum mit „Kadianda Yürüyüş Yolu" ausgeschildert und bestens rot-weiß markiert. Anstrengend, aber schön, 400 Höhenmeter sind zu überwinden, Dauer je nach Kondition 1–1½ Std.!

Selbstfahrer folgen der 7 km langen Straße von Yeşilüzümlü nach Kadyanda, die letzten 3 km sind unbefestigt.

Lykische Küste → Karte S. 292/293

Zwischen Fethiye und Patara

Die Hauptverbindungsstraße zwischen Fethiye und Patara, die D 400, verläuft weit abseits der Küste durch eine landwirtschaftlich geprägte, weite Ebene vorbei an vergessenen Bauerndörfern. Im Westen wird die Ebene vom Bergrücken des Elmacık Dağı begrenzt, im Osten vom Ak Dağı und vom Yumru Dağı. Bis in den April zeigen sich deren Gipfel schneebedeckt. Dieser Streckenabschnitt bietet jedoch mehr als nur landschaftliche Reize. Rechts und links der Straße liegen antike Ausgrabungsstätten wie Tlos, Pınara, Xanthos und Letoon. Und dazwischen, etwa auf halber Strecke zwischen Patara und Fethiye, lohnt ein Abstecher in die imposante Saklıkent-Schlucht.

Tlos   (antike Stadt)

Die Ruinenstadt liegt rund 65 km nördlich von Kalkan und 42 km südöstlich von Fethiye. Funde wie die eines Bronzebeils lassen vermuten, dass ihre Ursprünge bis ins 2. Jt. v. Chr. zurückreichen. Laut hethitischen Quellen aus dem 14. Jh. v. Chr. gab es hier eine Ansiedlung namens *Dalawa*. In lykischer Zeit wurde daraus Tlava, wie Münzfunde belegen. Tlava war eine der mächtigsten Städte der lykischen Küste, im Rat der Städte besaß sie dreifaches Stimmrecht. Von einem Hügel aus, der heute von den Umfassungsmauern einer byzantinischen Burg gekrönt ist, kontrollierten die Stadtbewohner in strategisch bester Lage das gesamte Xanthos-Tal.

In der römischen Kaiserzeit (ab dem 2. Jh.) erhielt Tlos den Titel „glänzendste Metropolis der lykischen Nation". Im Byzantinischen Reich war die Stadt immerhin noch Bischofssitz, aber dann ging es rapide bergab, viele Einwohner verließen Tlos. Nur die Burg blieb noch besiedelt. Bis ins 19. Jh. residierte hier ein Geschlecht türkischer Feudalherren, deren Stammbaum auch einen gefürchteten Räuber führte.

Tlos – Burgberg mit Felsnekropolen

Kanlı Ali Ağa, der „Blutige Ali", drangsalierte das gesamte Xanthos-Tal mit seinen Gewalttaten und Beutezügen. Baumaßnahmen unter seiner Regie veränderten auch einschneidend das Gesicht der Burg.

Sehenswertes: Die Ruinen von Tlos stammen aus lykischer, römischer und byzantinischer Zeit und sind bestens ausgeschildert. Unübersehbar ist die Akropolis mit den Ruinen der *byzantinischen Festung* **1**, die sich auf den Fundamenten einer lykischen Burg erhebt. Die noch hohen Mauerreste auf der Ostseite gehörten einst zum Wohnpalast des Blutigen Ali.

In der steil abfallenden Felswand darunter sticht eine *lykische Felsnekropole* **3** ins Auge. Die Totenstadt ist – man ahnt es schon beim ersten Blick – trotz der etwas mühsamen Kletterei der Höhepunkt des Ausgrabungsareals (am schönsten im Morgenlicht, Vorsicht nach Regen: glitschig!). Hinter den Fassaden der Gräber stößt man vielfach auf Vorhallen, die z. T. mit Kriegerreliefs und Inschriften verziert sind. Das berühmteste Grab ist das sog. *Bellerophongrab* – von außen an seiner Tempelfassade mit Giebel und zwei unvollendeten Pfeilern zu erkennen. Die Grabreliefs zeigen hier selbstverständlich u. a. Motive aus dem Bellerophon-Epos (→ Kasten, S. 396).

1 Akropolis und Burg
2 Stadtmauer
3 Lykische Felsnekropole
4 Stadion
5 Dorf
6 Basilika
7 Palästra
8 Therme
9 Große Therme
10 Kirche und Tempelreste
11 Theater
12 Agora

Fethiye

Restaurants

Tlos

50 m

Lykische Küste → Karte S. 292/293

Die Relikte der Römer, die im flachen Talgrund im Osten des Hügels siedelten, sind überwiegend in jämmerlichem Zustand. Gleich unterhalb der Akropolis liegt das *Stadion* **4**, von dem nur einige steinerne Sitzstufen erhalten sind. Parallel dazu befindet sich eine 160 m lange dreischiffige *Basilika* **6**, die einst wohl zweistöckig war. Südlich davon sieht man zwei *römische Thermen,* von deren Tonnengewölben noch einige efeubewachsene Bögen stehen. Spenden reicher Mäzene gestatteten diese Prunkbauten. Die große *Therme* **9**, die aus drei monumentalen, parallelen Räumen bestand, besaß im Westen sechs schaufenstergroße Glasfenster, durch die man einen herrlichen Blick auf die Xanthosebene genoss. In der Therme wurden bei Grabungsarbeiten der *Akdeniz Üniversitesi* aus Antalya zuletzt Marmorstatuen entdeckt, die ins Museum von Fethiye wanderten. 100 m östlich der Therme (an der Straße) liegt das *Theater* **11**. Mit seiner halbkreisförmigen Cavea und den gut erhaltenen 34 Sitzreihen entspricht es dem Idealtypus eines römischen Theaters. Erstaunlich, dass es mitten in ein topfebenes Plateau gestellt und nicht an den vorhandenen Hang gebaut wurde. Die Bauzeit von 150 Jahren verwundert so nicht.

Öffnungszeiten   Tägl. offiziell 8 Uhr bis Sonnenuntergang, das Gelände ist jedoch nicht umzäunt. Eintritt 2 €.

Verbindungen/Anfahrt   Die **Dolmuşe** von Fethiye zur Saklıkent-Schlucht passieren die Abzweigung nach Tlos (→ Saklıkent-Schlucht/Verbindungen, von da noch 4 km zu Fuß bergauf), nur wenige zweigen dahin aber auch ab. Tlos steht zudem fest auf dem Programm sämtlicher Tourenveranstalter von Kalkan bis Fethiye. Wer mit dem Pkw unterwegs ist, findet Tlos aus Richtung Patara kommend von der Hauptverbindungsstraße nach Fethiye ausgeschildert. Von Fethiye kommend, fährt man zunächst auf der D 400 Richtung Osten und zweigt dann auf die D 350 Richtung Korkuteli/Antalya ab. Kurz danach weist ein braun-es Hinweisschild den Weg nach Tlos.

Übernachten   Mountain Lodge, abseits des Trubels der Küste. Ruhige, gemütliche Unterkunft. Komfortable Zimmer mit Teppichböden und schwer-rustikalem Mobiliar, die sich auf verschiedene Häuser im netten Garten verteilen. Pool, vorrangig englisches Publikum. Die Inhaberin Mel ist sehr um ihre Gäste bemüht, das Essen nach Lesermeinung „fantastisch". Ab 24 €/Pers., mit HP ab 37 €. Von Patara oder Fethiye kommend, an der Straße nach Tlos, ☏ 0252/6382515, ✉ 6382220, www.tlosmountainlodge.com.

Essen & Trinken   Yakapark nennt sich ein Gelände mit mehreren Forellenlokalen etwa 2 km oberhalb von Tlos (ausgeschildert). Man sitzt unter alten Ahornbäumen, drum herum rauschen kalte Gebirgsbäche.

Saklıkent-Schlucht

Der imposante Cañon, der den Status eines Nationalparks hat, liegt auf halber Strecke zwischen Patara und Fethiye am Fuße des Lykischen Taurus. Senkrecht abstürzende, bis zu 300 m hohe Felswände flankieren einen tobenden Fluss. An einer der Felswände führt ein gesicherter Holzsteg einige Meter über der Wasseroberfläche in die Schlucht hinein. Nach ca. 200 m ist die Engstelle passiert, hier teilt sich das Tal, der Fluss strömt nun ruhig dahin. Wer noch weiter möchte, kann die Schuhe ausziehen und durchs Wasser waten – das erste Stück der insgesamt 13 km langen Schlucht ist problemlos begehbar und sehr eindrucksvoll. Ach ja: Der Schlamm des Flussbetts gilt als heilsam. In entgegengesetzter Richtung, also flussabwärts zur Küste hin, werden Raftingtouren angeboten (→ Übernachten/Camping). Nahe dem Eingang befinden sich zahlreiche Forellenlokale mit Holzplattformen direkt über dem Wasser.

Verbindungen/Anfahrt   Saklıkent steht fest auf dem Programm sämtlicher Tourenveranstalter von Kalkan bis Fethiye. Per **Dolmuş** gelangt man im Sommer vom Dolmuşbahnhof in Fethiye nahezu alle 30 Min. nach Saklıkent, Fahrtzeit 1 Std. Von Patara oder Kalkan nimmt man einen Bus Richtung Fethiye, lässt sich an der Kreuzung bei Kemer absetzen und steigt dort auf das Dolmuş von Fethiye zur Schlucht auf.

Für Selbstfahrer ist die Anfahrt von der Hauptverbindungsstraße zwischen Kalkan und Fethiye ausgeschildert.

Öffnungszeiten Tägl. 8–20 Uhr, im Winter 8–17 Uhr. Eintritt 2 €, erm. 1 €.

Übernachten/Camping Gorge Club, betreibt nicht nur ein nettes Forellenrestaurant, sondern auch einen simplen, billigen Campingplatz und vermietet zudem 12 einfache, aber geräumige Baumhäuser. Dazwischen ein netter Poolbereich. Organisiert werden auch Raftingfahrten (40 Min. 15 €, 2½ Std. 30 €). 2 Pers. mit Wohnmobil 5 €, Baumhäuser mit HP 20 €/Pers. Am Ausgang der Schlucht, ℡ 0252/6590074, ≈ 6590331, www.gorgeclub.com.

Lykische Felsengräber – Wahrzeichen eines rätselhaften Volkes

Zwischen dem Köyçeğiz-See und der Bucht von Antalya beeindrucken eigenartige Grabanlagen – Pfeiler-, Sarkophag- und insbesondere Felsengräber, die in ihrer Form außerhalb Kleinasiens nirgendwo sonst entdeckt wurden. Viele der steinernen Grabhäuser imitieren Fachwerkkonstruktionen mit Quer- und Längsbalken, wie sie einst auch für den Bau von Speichern verwendet wurden. Sie entstanden zwischen dem 6. und 4. Jh. v. Chr. und sind die Hinterlassenschaft der Lykier.

Für die Wissenschaft sind die Lykier noch immer ein Volk voller Rätsel. Man weiß weder Verlässliches über ihre ethnische Identität noch hat man gesicherte Daten über ihre Herkunft. Gewiss ist lediglich, dass es zunächst die Bewohner des Xanthos-Tals waren, die als Lykier bezeichnet wurden. Das geht aus attischen Tributlisten hervor, in denen sie unter diesem Namen geführt wurden. Die Lykier selbst scherten sich allerdings wenig darum und bezeichneten sich noch bis ins 4. Jh. v. Chr. auf Grabinschriften und Münzen als Termilen. Tatsache ist auch, dass die Lykier infolge ihrer Abgeschiedenheit durch die hohen Berge des Taurus in vorrömischer Zeit nur wenig Austausch mit anderen Kulturen hatten. So konnte hier eine geschlossene Kulturlandschaft mit eigener Schrift (das lykische Alphabet kannte 19 griechische und zehn eigene Buchstaben) und eigener Sprache entstehen.

Gänzlich unbeantwortet ist bis heute die Frage, worauf sich die Jenseitsvorstellung der Lykier gründete, die sie zum Bau der eigenartigen Grabanlagen in luftiger Höhe anregte. Zwar werden die Kenntnisse über die Lykier ab der Zeit der Hellenisierung etwas fundierter, doch das Wissen hilft nicht viel weiter, denn die eigenartige lykische Grabbaukunst endete zu Beginn der hellenistischen Epoche.

Pınara   (antike Stadt)

Einst zählte Pınara wie Tlos zu den sechs bedeutendsten lykischen Städten, heute liegt es im touristischen Abseits. Zu Unrecht. Zwar sind die steinernen Überreste der antiken Stadt mit Ausnahme der Nekropolen und des Theaters eher bescheiden, ihre atemberaubende Lage in einer unberührten Landschaft mit Blick auf die hohen Taurusberge lässt jedoch einen Besuch zum Erlebnis werden.

Über die Geschichte Pınaras ist nur wenig bekannt. Laut antiken Quellen wurde die Stadt als Ableger des im 4. Jh. überbevölkerten Xanthos gegründet. Weitere Quellen berichten davon, dass sich die Stadt als eine der wenigen Lykiens kampflos Alexander dem Großen unterwarf. Was sich in Pınara in der römischen Kaiserzeit

Lykische Küste → Karte S. 292/293

1 Theater
2 Tempel
3 Stadtmauer
4 Odeion
5 Thermen
6 Königsgrab
7 Agora
8 Felsgräber
9 Obere Festungsanlage

Pınara

50 m

ereignete, ist relativ unbekannt. Das Gleiche gilt für die byzantinische Zeit, in der Pınara Bischofssitz wurde. Man nimmt an, dass die Stadt im Mittelalter nach einem Erdbeben aufgegeben wurde und die Bewohner die nahe gelegene Ortschaft Minare Köy gründeten. Viele Häuser wurden dort mit antiker Bausubstanz errichtet.

Das antike Pınara erstreckte sich auf mehreren Ebenen. Auf der untersten, wo man heute auch parkt, liegt das **Theater 1** mit 27 Sitzreihen. Von seiner Orchestra sind nur noch die Fundamente erhalten. Vom Parkplatz führt ein Pfad zum großen **Königsgrab 6** (Kral Mezarı), lassen Sie sich die Richtung vom Wärter zeigen. Die Kassetten der Fassade sind schwer in Mitleidenschaft gezogen. Türsturz und Vorhalle sind mit Reliefs verziert, in der Vorhalle zeigen sie befestigte Städte. Von dort führt der Weg weiter bergauf durch ein urwüchsiges, schmales Bachtal voller Schmetterlinge zu einer Felsterrasse. Auf ihr liegen die fast völlig zerstörte **Agora 7** und das **Odeion 4**, das vermutlich zugleich als Bouleuterion diente. Dahinter steigt eine 450 m hohe Felswand senkrecht auf, die wabenartig von mehr als 900 Felsengräbern **8** durchsetzt ist. Zum Bau dieser Gräber wurden Strickleitern und Hängegerüste herabgelassen. Oberhalb der Felswand lag einst die **Akropolis**, die vorwiegend als Fluchtburg diente.

Öffnungszeiten Tägl. 9–19 Uhr, im Winter 8–17 Uhr, das Gelände ist jedoch nicht umzäunt. Eintritt 3,20 €.

Anfahrt/Verbindungen Pınara liegt ca. 40 km nördlich von Kalkan und 48 km süd-lich von Fethiye. Von der Hauptverbindungsstraße ist die Abzweigung ausgeschildert. Die letzten 2 km zur Ausgrabungsstätte sind allerdings in einem schlechten Zustand. Keine Dolmuşanbindung.

Harpyienmonument und Pfeilersarkophag: die Wahrzeichen von Xanthos

Xanthos (antike Stadt)

Das Welterbe erstreckt sich auf einem Felsen hoch über dem Flusslauf des Eşen Çayı. Seine Berühmtheit verdankt das Ruinengelände vorrangig einigen Grabmonumenten. Die Orchestra des Theaters liegt hingegen voller Trümmer, und auch viele andere Bauten verfallen im unwegsamen Gelände.

Xanthos war eine der mächtigsten lykischen Städte und stand in späthellenistischer und römischer Zeit dem Lykischen Bund vor. Dieser bestand aus 20 Städten und wurde von einer Volksvertretung und einer Art Präsidenten regiert – die Lykier schufen damit die erste „Republik" der Welt. Das Ausgrabungsgelände beherbergt Ruinen aus lykischer, hellenistischer, römischer und byzantinischer Zeit. Bei den verlustreichen Eroberungen der Stadt im Laufe der Jahrtausende ist es fast ein Wunder, dass noch so viel erhalten ist.

Gründer der Stadt waren laut Herodot kretische Kolonisten. Überliefert ist die Furcht der Xanthier, unterworfen zu werden. Herodot vermeldet den „heldenhaften" Kampf gegen die anrückenden Perser (545 v. Chr.), der mit dem Tod nahezu aller Bewohner endete: *„Von den jetzigen Xanthiern sind die meisten, außer achtzig Familien, Zugewanderte: Diese achtzig Familien aber waren damals (bei der Belagerung durch die Perser) gerade abwesend und blieben nur deshalb am Leben."* Die anwesenden Männer hingegen hatten beim Anrücken des weit überlegenen persischen Heeres ihre Familien in die Akropolis gebracht und die Burg in Brand gesetzt. Sie selbst ließen sich im Verlauf des aussichtslosen Kampfes niedermetzeln.

Die Überlebenden und die Zugezogenen bauten Xanthos wieder auf, doch von langer Dauer währte ihre Arbeit nicht, im 5. Jh. machte ein Großfeuer die Stadt zunichte. Die folgenden Generationen sollten für rund drei Jahrhunderte mehr Glück haben. Geschickte Diplomatie sicherte den Xanthiern immer wieder autonome

Lykische Küste → Karte: S. 292/2:3

Phasen, dazu Frieden und Wohlstand. Das änderte sich 42 v. Chr.: Der von Oktavian gejagte Cäsarmörder Brutus belagerte die Stadt. Und bei der Einnahme von Xanthos spielten sich schließlich ähnlich schreckliche Szenen ab wie 500 Jahre zuvor. Die Männer brachten ihre Frauen und Kinder um und begingen anschließend kollektiven Selbstmord. Brutus setzte daraufhin gar eine Belohnung für jeden geretteten (!) Xanthier aus und bewahrte so 150 Bürger vor dem Tod. In der Kaiserzeit wurde Xanthos Provinzhauptstadt, unter Byzanz Bischofssitz. Die Angriffe der Araber im 8. Jh. läuteten das Ende der Stadtgeschichte ein. Wiederentdeckt wurde Xanthos wie Tlos und Pınara in den 1840ern von dem Engländer Sir Charles Fellows. 1988 wurde Xanthos zusammen mit Letoon von der UNESCO zum Welterbe erhoben.

Öffnungszeiten   Mai–Okt.   tägl.   9–19.30 Uhr, Nov.–April 8–17 Uhr. Eintritt 2 €.

Anfahrt/Verbindungen   Von der Haupt-verbindungsstraße Kalkan – Fethiye aus beschildert. Wer ohne eigenes Fahrzeug unterwegs ist, nimmt am besten an einer der zahlreichen organisierten Touren teil.

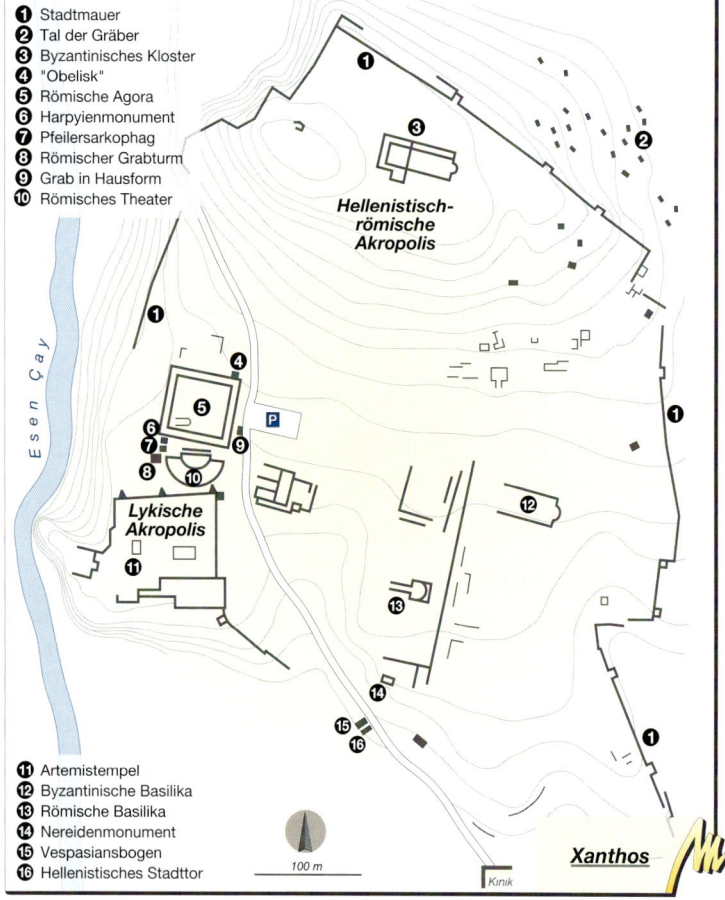

① Stadtmauer
② Tal der Gräber
③ Byzantinisches Kloster
④ "Obelisk"
⑤ Römische Agora
⑥ Harpyienmonument
⑦ Pfeilersarkophag
⑧ Römischer Grabturm
⑨ Grab in Hausform
⑩ Römisches Theater

Hellenistisch-römische Akropolis

Lykische Akropolis

⑪ Artemistempel
⑫ Byzantinische Basilika
⑬ Römische Basilika
⑭ Nereidenmonument
⑮ Vespasiansbogen
⑯ Hellenistisches Stadttor

100 m

Xanthos

Kınık

Sehenswertes: Vom Parkplatz sind es nur wenige Schritte zum *Theater* **10**, das aus dem 2. Jh. v. Chr. stammt. Während die Sitzreihen relativ gut erhalten sind, steht vom ursprünglich zweistöckigen Bühnenhaus nicht mehr viel. Vermutlich war es einst überaus prunkvoll, da für dessen Ausschmückung Opramoas, ein reicher Mäzen, rund 1200 Aureen stiftete, was rund 10 kg Gold entsprach. Von der Orchestra konnte lediglich der östliche Zugang genutzt werden, der westliche war eine Attrappe.

Dahinter erheben sich das *Harpyienmonument* **6** und ein *Pfeilersarkophag* **7**. Das viereckige Harpyienmonument besteht aus einem 5,4 m hohen Monolithpfeiler, der oben, unter einem Flachdach, mit den Reliefs sitzender Gestalten geschmückt ist, die Fruchtbarkeitssymbole (Hahn, Ei, Granatapfel) entgegennehmen. Dazu sieht man Harpyien – Sagengestalten, halb Frau, halb Vogel –, die dem Monument ihren Namen gaben. Diese Reliefs – Kopien, die Originale befinden sich in London – gelten als eine Besonderheit lykischer Bildhauerkunst. Warum man die Toten in dieser luftigen Höhe beisetzte, ist ein ungelöstes Rätsel.

Der Pfeilersarkophag daneben ist ein Doppelgrabmal. Aus hellenistischer Zeit stammt der pfeilerförmige Sockel, der in der Mitte hohl und für die Aufnahme eines Sarges bestimmt ist. Auf diesen wurde Jahrhunderte später ein zweiter Steinsarkophag mit Spitzbogendeckel gestellt. Ganz in der Nähe befindet sich außerdem ein *lykisches Grab in Hausform* **9**.

Vor dem ehemaligen Bühnengebäude des Theaters lag einst die *Agora,* die von einer Säulenhalle umgeben war. Erhalten blieb der sog. *Obelisk* **4** an der Nordostecke. Die Bezeichnung ist allerdings irreführend, denn es handelt sich um eine Grabkammer, die an der Außenseite mit Inschriften verziert ist. Der 250 Zeilen lange Text, die längste bekannte Inschrift Lykiens, listet die Heldentaten des Kherei auf. Kherei, der Sohn des persischen Feldherrn Harpagos, besiegte 429 v. Chr. die attische Flotte. Wer des Lykischen nicht mächtig ist, dafür aber etwas Griechisch kann, liest die zwölfzeilige, griechische Zusammenfassung am Ende. Wer beide Sprachen nicht beherrscht, besitzt das gleiche Bildungsdefizit wie die Autoren.

Einer seiner größten Attraktionen wurde Xanthos jedoch Mitte des 19. Jh. durch Sir Charles Fellows beraubt: Das *Nereidenmonument,* einer der bedeutendsten Grabbauten der Südwesttürkei, steht heute im *British Museum* von London. Lediglich den Unterbau ließ man zurück. Fürs geistige Auge: Das Monument besitzt einen typisch lykischen, rechteckigen Sockel mit umlaufendem Marmorfries, darüber erhebt sich ein ionischer Tempel. Vermutet wird, dass es Pate für den Grabbau des Mausolos in Halikarnassos (heute Bodrum) stand, von dem sich der Begriff Mausoleum ableitet (→ S. 250).

Letoon (antikes Heiligtum)

Das nur 4 km von Xanthos entfernt gelegene Letoon war das Hauptheiligtum des Lykischen Bundes, wo man sich alljährlich zu Kultfeiern und Wettkämpfen versammelte. Heute ist es ein kleines Ruinenfeld. Als erstes fällt das **Theater** ins Auge, das trotz der recht gut erhaltenen Zuschauerreihen wenig spektakulär ist. Ein paar Schritte hinter dem Kassenhäuschen ragen die Säulenstümpfe eines **Portikus** aus einem Teich hervor – einst ein Prachttor, das den heiligen Bezirk gen Norden abschloss. Einige schön bearbeitete Steine verlieren sich im flachen Wasser.

Dahinter standen die drei **Haupttempel** Letoons eng nebeneinander. Man vermutet aufgrund einer Widmung in einem Opferstein, dass der westliche Tempel (zur Straße hin) mit den Ausmaßen von 30 x 15 m der Göttin Leto geweiht war. Dieser

Lykische Küste → Karte S. 292/293

Das vielbesuchte Letoon

wird peu à peu wieder aufgebaut – bis zu sechs Steinlagen hatte man zuletzt schon aufgeschichtet, weitere sollen folgen. Auch drei Säulen ragen wieder in die Höhe. Von den kleinen Artemis-Tempel daneben, bei dem die nach vorne gezogenen Seitenwände eine Vorhalle bildeten, ist außer dem Fundament wenig erhalten geblieben. Auch vom dritten Tempel der Gruppe, dem östlichen, der dem Apollon geweiht war, ist nicht viel erhalten. Südlich der Haupttempel liegen die Trümmer einer im 7. Jh. zerstörten **byzantinischen Kirche**, westlich davon Reste eines gigantischen Brunnentempels, des **Nymphäums**.

Ganz nebenbei: Der bedeutendste Fund von Letoon befindet sich heute im Museum von Fethiye. Es handelt sich um eine 1973 nahe der Tempelanlage entdeckte Stele. Deren Inschriften in Aramäisch, Griechisch und Lykisch trugen zur Entzifferung der lykischen Sprache bei.

Öffnungszeiten → Xanthos. Eintritt 2 €.

Anfahrt/Verbindungen Von der Hauptverbindungsstraße zwischen Kalkan und Fethiye ausgeschildert. Nichtmotorisierte nehmen am besten an einer der zahlreichen organisierten Touren teil.

Leto und Lykien

Leto, die Geliebte des Zeus und von diesem schwanger, wurde von dessen Gattin Hera eifersüchtig verfolgt. Kein Land der Welt wagte es, die Flüchtende aufzunehmen. Auf der im Meer treibenden Insel Delos gebar sie schließlich die Götterzwillinge Artemis und Apollon. Als sie danach weiter mit ihren Kindern rastlos durch die Länder zog, kam sie an den Xanthos-Fluss. Hier wollte sie ihre Säuglinge waschen, aber Hirten hinderten sie daran. Zu ihrer Überraschung erschienen ein paar Wölfe, die die Hirten vertrieben. Zum Dank nannte Leto das Land Lykien. Auch wenn die Bezeichnung Lykien nach neueren Erkenntnissen etymologisch nicht von *Lykos* (Wolf) herzuleiten ist, bleibt die Geschichte allemal schön und wird von vielen Führern gern erzählt.

Patara

Patara ist zunächst einer der schönsten Strände der Türkei, kilometerlang und unverbaut. Patara, das ist zudem eine antike Ruinenstadt in den Dünen hinter dem Strand, einst einer der Haupthäfen Lykiens. Und Patara ist nicht zuletzt der geläufige Name für eine weit verstreute Siedlung aus Pensionen und kleinen Hotels noch weiter hinter dem Strand, die offiziell Gelemiş heißt.

Der Strand von Patara – 2010 von der Internet-Community www.strandbewertung.de zum viertschönsten Strand der Welt (!) gekürt – ist über 12 km lang und bis zu 400 m breit, der Sand fast weiß und im Sommer glühend heiß. Wer das Bedürfnis nach absoluter Ruhe verspürt, wird sie hier finden (selbst im August, wenn die Italiener einfallen). In einem beruhigendem Rhythmus rauscht die Brandung, das Wasser ist kristallklar und das Baden eine Lust! Da den Strand auch Meeresschildkröten zur Eiablage schätzen und die Dünenlandschaft dahinter Schutzgebiet seltener Vögel ist, herrscht hier Bauverbot. Immerhin ist die Schildkrötenart laut aushängenden Plakaten 95 Mio. Jahre alt und soll noch älter werden. Aus diesem Grund darf sich der erdgeschichtlich blutjunge Homo sapiens nur tagsüber und nur in Wassernähe am Strand aufhalten.

Da die Küste also tabu ist, spielt sich der Tourismus 2 km hinter dem Strand in Gelemiş ab, einer bunt und weit verstreuten Ansammlung von kleinen Hotels, Pensionen, Restaurants und Bars. Als Zentrum könnte man den Mini-Atatürk-Park mit Kinderspielplatz bezeichnen.

Die hiesige Infrastruktur hinkt hinterher. Verantwortlich ist nicht die Schildkröte, sondern das antike Patara. Denn auch auf dem Boden von Gelemiş findet man noch Reste antiker Bausubstanz, teils sieht man sie, teils liegt sie noch vergraben. Aus diesem Grund herrschte lange Zeit offiziell Bauverbot. Dennoch wurde investiert – da man aber stets mit Abriss oder Baustopp (daher auch so manche Bauruine) rechnen musste, nur mit den bescheidensten Mitteln. Heute schreibt ein Bebauungsplan für Gelemiş vor, wo und wie überhaupt noch gebaut werden darf. Dieser Bebauungsplan schiebt zugleich großen Hotelprojekten einen Riegel vor, denn die Fläche eines Neubaus darf nicht größer als 150 m² sein, während das zu bebauende Grundstück mindestens 600 m² haben muss. Und dass Schmiergeldzahlungen nicht fruchten, darüber wachen die paar hiesigen, miteinander verwandten Familienclans, in deren Händen nahezu alle bestehenden Pensionen und Hotels liegen – sie befürchten, dass große Clubhotels ihre Kundschaft vergraulen würden. Gelemiş setzt weiterhin auf den Individualtourismus. Um das Niveau zu steigern, brachte eine kürzliche Beauty-Kur gepflasterte Straßen. Folgen sollen ein Freilichttheater und ein Museum mit Funden aus Patara. Auch sind ein Parkplatz für die Gäste von außerhalb, eine „Straßenbahn" zum Strand und neue Zufahrtsstraßen nach Gelemiş in Planung. Wann jedoch aus den Planungen Realität wird, bleibt abzuwarten. Immerhin dauerte der Bau des neuen Küstenhighways von Kalkan gen Gelemiş allein vom ersten Spatenstich bis zur Vollendung ganze 15 Jahre … So ist anzunehmen, dass Gelemiş weiterhin ein zwar nicht ganz perfektes, aber gemütliches Refugium für Erholungssuchende ohne große Ansprüche bleiben wird – mit althergebracht-türkischer Herbergstradition, Familienanschluss inklusive.

Lykische Küste → Karte S. 292/293

Caretta caretta

Die bis zu zwei Zentner schwere und bis zu einem Meter lange „Unechte Karettschildkröte" *(Caretta caretta)* verbringt wie alle Meeresschildkröten ihr gesamtes Leben im Wasser. Lediglich zur Eiablage kommen die weiblichen Tiere an Land. Dabei suchen sie – wie Touristen auch – insbesondere von Mitte Juni bis Mitte August feinsandige Strände auf. Während die Touristen jedoch tagsüber kommen, erscheinen die Schildkröten nachts. Werden die Schildkröten auf dem Weg zur Eiablage durch Geräusche, Lichtquellen oder auch Hindernisse wie Sonnenliegen gestört, kehren sie unverrichteter Dinge ins Meer zurück und verlieren dort unter Umständen ihre Eier. Für die Eiablage selbst graben die Schildkröten ein Nest. Nach getaner Arbeit bedecken sie die tischtennisballgroßen Eier mit Sand. Nach ca. 60 Tagen ist das Gelege von der Sommersonne ausgebrütet und die Schlüpflinge graben sich einen Weg ins Freie. Das geschieht meist nachts. Um dann den Weg ins Meer zu finden, orientieren sich die winzigen Kröten an der hellsten Fläche – i. d. R. dem im Mondlicht glänzenden Wasser. Diesen Weg prägen sich die weiblichen Tiere für ihr ganzes Leben ein: Nach 20 bis 30 Jahren und Tausenden geschwommenen Kilometern kehren sie genau an diese Stelle zurück, um ihrerseits Eier abzulegen. Das bedeutet, dass die wenigen, noch heute von Schildkröten aufgesuchten Strände in ihrer natürlichen Form erhalten bleiben müssen, will man nicht das Aussterben der noch verbliebenen Population verantworten. Verhaltensmaßnahmen zum Artenschutz:

- Meiden Sie Niststrände zwischen Sonnenuntergang und -aufgang.

- Schaffen Sie keine künstlichen Lichtquellen hinter dem Strand (Lagerfeuer, Autoscheinwerfer etc.) – die Jungtiere krabbeln sonst in die falsche Richtung und vertrocknen am Folgetag qualvoll in der Sonne!

- Halten Sie sich beim Sonnenbad möglichst nicht weiter als 5 m von der Uferlinie auf. Im meernassen Bereich vergraben die Schildkröten keine Eier. Hier können Kinder bedenkenlos im Sand buddeln und Sie einen Sonnenschirm hineinstecken, ohne Gefahr zu laufen, ein Gelege zu zerstören oder den Brutvorgang durch künstlichen Schatten zu verlängern.

- Berühren Sie auf keinen Fall frisch geschlüpfte Jungtiere.

Verbindungen/Sonstiges

Telefonvorwahl 0242.

Verbindungen Bus: Die großen Überlandbusse halten meist an der Abzweigung zum Ort. Mehrere Gesellschaften haben jedoch in der Saison eine Zweigstelle in Patara und bieten einen Zubringerservice. Dolmuş: Regelmäßige Verbindungen von Kalkan und Kaş.

Organisierte Touren Mehrere Anbieter vor Ort, z. B. **Kırca Travel Agency Patara**, ansässig im Hotel Mehmet (→ Übernach-

ten). Saklıkent-Schlucht, Tlos und Xanthos mit Führung und Mittagessen 23 €/Pers., Kanufahrt auf dem Xanthos-Fluss 20 €, Tour in das Bergstädtchen Elmalı 30 €, Pamukkale 70 €, 2 Tage Ephesus 150 €. Angeboten werden ferner verschiedene „Blaue Reisen", inkl. Essen und Übernachtung 50 €/Pers. und Tag, Tagestrips auf einer Gulet 25 €. Zudem Flughafentransfers nach Dalaman (für bis zu 4 Pers. 70 €) und Antalya (für bis zu 4 Pers. 120 €). ℡ 8435298, www.kirca travel.com.

Auto- und Zweiradverleih Bei Kırca Travel Agency Patara (s. o.). Pkw ab 35 €/Tag, Jeeps ab 50 €, Scooter ab 20 €.

Übernachten/Camping/Essen & Trinken

Es gibt rund 1500 Betten. Das Gros aller Pensionen und Hotels ist zu empfehlen – viele haben jedoch nicht ganzjährig geöffnet, sondern nur von Mai bis Mitte Oktober. Das Preis-Leistungs-Verhältnis ist überall sehr gut.

Patara View Point, der Tipp unter den gehobeneren Unterkünften. Gepflegtes, familiäres Hotel unter türkisch-englischer Leitung (viel englisches Publikum) mit 27 freundlich-rustikalen Zimmern, alle mit Balkon und Aircondition. Pool, gemütliche Terrasse mit Ottomanen und offenem Kamin. Ab und zu Grillabende. Von Lesern empfohlen. EZ 36 €, DZ 48 €. Am Ortsbeginn von Gelemiş links bergauf (ausgeschildert), ✆ 8435184, ✉ 8435022, www.pataraviewpoint.com.

Hotel Mehmet, familiäres Haus hoch über Gelemiş. Ruhige Lage. Restaurant, Bar, Pool, teppichausgelegte Plauderecke mit Kamin. 6 aubere, schlichte Zimmer mit Aircondition und Balkon oder Terrasse. Dazu 4 Apartments. Der agile Mehmet spricht Englisch und gut Deutsch. Meist ganzjährig. DZ 42 €, Apartments für 2 Pers. ab 56 €. Am Ortsanfang links hoch, ✆ 8435032, www.kircatravel.com.

Flower Pension, bewährte, von Lesern hochgelobte Adresse mit langjähriger Stammkundschaft. Das hilfsbereite Ehepaar Mustafa und Ayşe Kırca spricht Englisch und betreibt abends noch ein sehr empfehlenswertes familiäres Restaurant mit türkischer Hausmannskost. 9 nette DZ mit guten Bädern (Duschkabinen), Balkon oder Terrasse, Klimaanlage und Moskitonetz. Zudem vermietet die Familie noch 2 Studioapartments mit Teeküche und Kühlschrank (nur eines davon mit Balkon) für bis zu 3 Pers. und 2 farbenfroh-rustikale Apartments für 4–6 Pers. Palmenbestückter, gemütlicher Hof. Tee und Kaffee werden stets serviert, die Waschmaschine kann umsonst benutzt werden. Pool in Planung – bis zur Realisierung kann der Pool des Partnerhotels Mehmet mitbenutzt werden. EZ 23 €, DZ 28 €, Apartments 37–70 €. Am Ortseingang rechter Hand, ✆ 8435164, ✉ 8435279, www.pataraflowerpension.com.

Akay Pension, freundlicher junger Familienbetrieb. Nette, ausreichend große Zimmer mit Balkon; Terrasse zum Frühstücken. Es wird sehr lecker gekocht. Lesermeinung: „Man wird bestens umsorgt. Es fällt schwer, die Familie zu verlassen". EZ 18 €, DZ 25 €. Am Ortseingang rechter Hand, ✆ 8435055, www.pataraakaypension.com.

Hotel Sema, von Lesern zigfach empfohlen: „Hanife und Ali sind die besten Gastgeber der Welt." Äußerst freundlich-hilfsbereite und familiäre Atmosphäre. 16 saubere Zimmer und 4 gut ausgestattete Apartments für bis zu 5 Pers. Die Zimmer zur Hangseite haben Balkon mit schönem Blick über Gelemiş. Leckeres Abendessen für 6,50 €. EZ 12,50 €, DZ 20 €. Am Ortseingang links bergauf, ✆/✉ 8435114, www.semahotel.com.

Rose Pension, auch hier fühlen sich Leser immer wieder sehr wohl. Etwas weitläufigere Anlage. 12 einfache, aber sehr freundliche Zimmer mit Moskitonetz über dem Bett, Klimaanlage, neu renovierten Bädern und Balkon. Nette überdachte Terrasse. Dachterrasse in Planung. Englischsprachig.

DZ 20 €. Am Ortsanfang rechts bei der Flower Pansiyon ab (nicht von dem Haus mit dem Schriftzug abschrecken lassen, da wohnt man nicht), ℡ 8435165, www.rosepensionpatara.com.

Camping Medusa Camping, geboten wird eine kleine Wiese und eine überdachte Zeile für die Zelte der Lycian-Way-Wanderer. Ansonsten recht lieblos und spartanisch. Dafür gemütliche Bar angeschlossen. 3,50 €/Pers. Im Zentrum gegenüber der Dolmuşstation, ℡ 8435193, www.medusabarcamping.com.

Essen & Trinken   Authentisch-türkische Küche (allerdings ohne Bier, Wein oder Rakı) wird im **Restaurant Tlos** im Zentrum serviert. Hochgelobt wird zudem die **Lokanta Durak** in der Dorfmitte mit hervorragender Hausmannskost, liebenswertem Service und zufriedener Stammkundschaft.

> **Tipp – zum Forellenessen nach İslamlar** (→ Kalkan/Essen & Trinken, S. 339).

Baden/Reiten

Baden Der kilometerlange Strand ist nur über wenige Zufahrtsmöglichkeiten zu erreichen. Die südlichste, an Gelemiş und dem Ruinenfeld Pataras vorbei, führt zu jenem Abschnitt, der als Patara-Strand bezeichnet wird. Er ist der schönste, aber gebührenpflichtig. Ein paar Kilometer nördlich davon liegt der Strandabschnitt namens Çay Ağzı und noch weiter nordwestlich der Kumluova Plajı.

Düne am Strand von Patara

Patara-Strand: Im Sommer tägl. 8–19.30 Uhr, im Winter 8–17.30 Uhr. Patrouillen sorgen für die Einhaltung der Zeiten. Eintritt zum Strand und zum Ausgrabungsort (s. u.) – die Straße führt hindurch – 2 €. Seitdem die strohgedeckte Strandbar von der Kommune geleitet wird, ist das Bier dort so billig wie fast nirgendwo! Liegestuhl und Sonnenschirmverleih. Lifeguards. Zubringerservice mit einer von einem Traktor gezogenen Bummelbahn.

Wer von Gelemiş aus kostenlos an den Strand möchte und zudem noch die imposantesten Dünen sehen will, dem sei folgende Route empfohlen (zu Fuß oder mit dem Fahrzeug): In Gelemiş zweigt man, von der D 400 kommend, bei der Golden Pension rechts ab, beim Minikreisverkehr 150 m weiter links, dann stets auf der Straße bergauf bleiben. Man passiert u. a. die Pension Zeybek 2 und weiter oben am Hang eine Ferienhaussiedlung mit Reihenhäuschen. Ca. 250 m hinter den Reihenhäuschen (am höchsten Punkt), wenn die Straße nach rechts abschwenkt, den Schotterweg nach links nehmen. Dieser führt durch einen Pinienwald zu den großen Dünen. Von dort bis zum Meer noch ca. 10 Min., vom Zentrum insgesamt ca. 3,5 km – ein schöner längerer Spaziergang.

Çay Ağzı: Der öffentliche Strandabschnitt der Gemeinde des Bezirks Ova (ungefähr in der Mitte des Patara-Strandes). Keine Anbindung mit öffentlichen Verkehrsmitteln. Anfahrt: Patara auf seiner Zufahrtsstraße vorbei an der Flower Pension verlassen, nach 800 m (erste geteerte Möglichkeit) links ab, dann noch ca. 6 km bis zum Strand auf unbefestigter Piste (soll geteert werden).

Kumluova Plajı: Bezeichnet das nördliche Ende des über 12 km langen Sandstrandes. Weite Dünenlandschaft, der Strand selbst ist schmaler als die anderen Abschnitte. Nette Bar. Um zum Strand zu gelangen,

folgt man der Beschilderung zum Ausgrabungsgelände Letoon (→ S. 327) und fährt dort anschließend einfach geradeaus weiter. Die letzten 4 km sind ungeteert.

Wer zur Abwechslung einer kleinen gemütlichen Bucht den Vorzug gibt, kann einen Ausflug in die **Bucht von Kaputaş** (→ S. 340) machen.

Reiten Pferdeausritte können über **Kırca Travel** gebucht werden (→ Organisierte Touren). 40 € für 2½ Std.

Patara – die Ruinenstadt

Patara, vermutlich seit dem 7. Jh. v. Chr. besiedelt, gehörte zu den führenden Städten des lykischen Bundes. Die Stadt besaß wie Tlos, Pınara und Xanthos das dreifache Stimmrecht und verwaltete auch das Archiv des Bundes. Zugleich konnte Patara einen der Haupthäfen des Landes aufweisen. Da alle herrschenden Mächte in der Geschichte der Stadt diesen Hafen für ihre Flotten nutzten, war Patara weit über die Antike hinaus ein blühender Ort. In römischer Kaiserzeit wurde Patara zum Sitz des Statthalters von Lykien und Pamphylien und überflügelte gar Xanthos. Damit verbunden war eine rege Bautätigkeit, aus jener Zeit stammen auch die meisten heute noch erhaltenen Ruinen. Die Apostelgeschichte erwähnt Patara als Station auf der dritten Missionsreise des Paulus. Um 290 wurde hier der berühmte Weihnachtsmann geboren, der Nikolaus (→ S. 351).

Von alters her kämpfte die Stadt gegen den Sand an, den ein heute verlandeter Seitenarm des Xanthos-Flusses anschwemmte und der ständig die Hafeneinfahrt zu blockieren drohte. Als der Hafen schließlich nicht mehr zu retten war, folgte Pataras Niedergang. Vor rund 800 Jahren wurde Patara aufgegeben.

Seit 2004 werden unter Leitung der *Akdeniz Üniversitesi* in Antalya umfangreiche Grabungen durchgeführt. Dabei stieß man mit der Entdeckung verrußter Steine auf den „wirklichen" Leuchtturm des antiken Pataras – bis dato hielt man einen anderen Steinhaufen dafür –, was zur Folge hatte, dass die Patara-Pläne sämtlicher Reiseführer neu gezeichnet werden mussten. Für die Ausgrabung des Leuchtturms transportierte man rund 5000 Lkw-Ladungen Sand ab. Der Leuchtturm wurde unter Nero um 60 n. Chr. errichtet und gilt damit als der älteste erhaltene Leuchtturm der Welt. Für den Einsturz des Turms macht man einen Tsunami verantwortlich. Denn anhand der Lage der ausgegrabenen Steine – es sind nahezu alle vorhanden – weiß man, dass der Turm seitwärts wegkippte und nicht, wie beispielsweise infolge eines Erdbebens, in sich zusammenstürzte. Der Leuchtturm mit einer Gesamthöhe von 20 m soll wieder aufgebaut werden, mit dem Unterbau ist man schon fertig. Auch andernorts auf dem Gelände ist die Akdeniz-Universität überaus aktiv, es werden Säulen wieder aufgestellt und Mauerquader aufgeschichtet. Leider sind die Ruinen bislang nicht beschildert, was die Orientierung etwas erschwert.

Sehenswertes: Antike Schriften berichten von einer Orakelstätte des *Apollon Patareus*, von dem in Patara bis heute aber keine Spuren gefunden wurden. Vielleicht war damit das Apollonheiligtum in der nahe gelegenen Tempelstadt Letoon gemeint. Aber auch ohne Apollonorakel lohnt eine Besichtigung des Ruinengeländes, es dösen genügend andere Bauwerke einsam in der Hitze. Der prächtige

Lykische Küste → Karte S. 292/293

Triumphbogen des Metius Modestus **9** (100 n. Chr.) direkt am Weg zum Strand zählt beispielsweise zu den besterhaltenen römischen Bauwerken der Türkei. Von den drei Bögen und den sie tragenden dicken Pfeilern fehlt kaum ein Stein – nur die Büsten vermisst man.

Das *Theater* **15** Pataras (von der Zufahrtsstraße zum Strand über eine Staubpiste zu erreichen) wird als eines der schönsten Lykiens gehandelt. Im Innern war es noch bis vor wenigen Jahren von Flugsand verschüttet, mittlerweile ist es freigeschaufelt. In Nachbarschaft des Theaters befindet sich das einstige *Bouleuterion* **14** mit 1455 Sitzen. Hier tagte der Lykische Bund, das erste demokratische Parlament der Welt (→ Xanthos). Auf das *Bouleuterion* konzentrierten sich die Grabungs- und Rekonstruktionsarbeiten zuletzt. Stück für Stück wurde es wieder aufgebaut.

Vom *Bouleuterion* ist es nicht weit zur *Kolonnadenstraße* **12** – jedes Jahr geben ihr die Archäologen etwas von der alten Pracht zurück. Weiter nördlich liegen die Ruinen einer *Therme* **8** und eines *korinthischen Tempels* **10**. Vom bereits angesprochenen *Leuchtturmfundament* **13** kann man sich einen Weg durch das antike, heute ver-

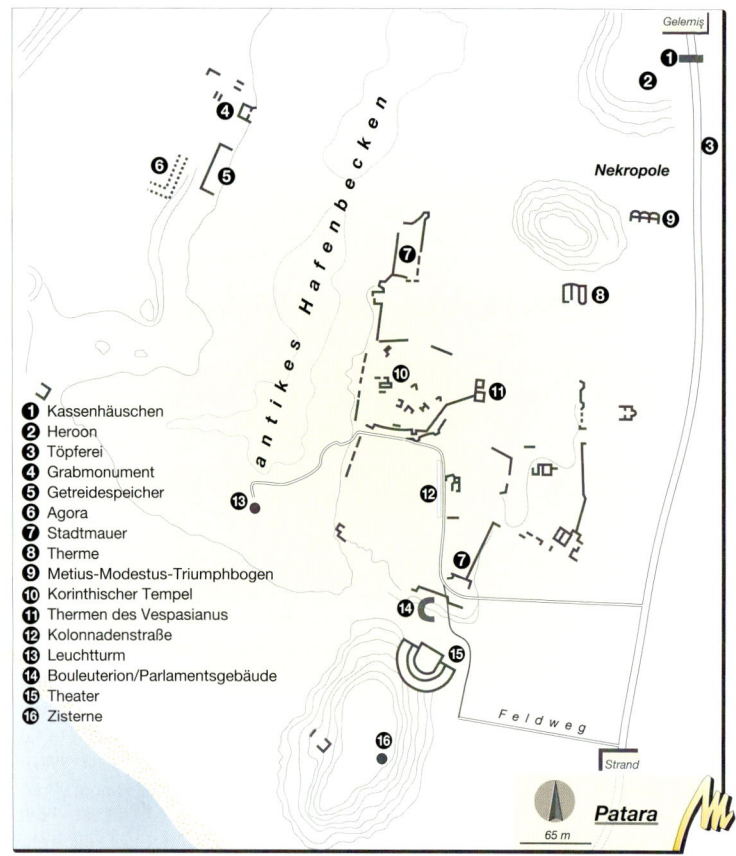

1 Kassenhäuschen
2 Heroon
3 Töpferei
4 Grabmonument
5 Getreidespeicher
6 Agora
7 Stadtmauer
8 Therme
9 Metius-Modestus-Triumphbogen
10 Korinthischer Tempel
11 Thermen des Vespasianus
12 Kolonnadenstraße
13 Leuchtturm
14 Bouleuterion/Parlamentsgebäude
15 Theater
16 Zisterne

Gelemiş

Nekropole

antikes Hafenbecken

Feldweg

Strand

Patara

65 m

sandete Hafenbecken zur einstigen *Agora* **6** suchen, deren Ruinen aber noch weitestgehend unter Sand begraben sind. Nahebei steht ein Kornspeicher aus der römischen Kaiserzeit, das sog. *Granarium* **5**, dem lediglich das Dach fehlt. Zu sehen gibt es darüber hinaus noch Reste weiterer *Thermen,* die *Stadtmauer* **7**, die *Nekropole* etc. Doch es sind nicht allein die Ruinen, die den Reiz der Stätte ausmachen. Was fasziniert, ist die einzigartige Kombination aus wildem, ungebändigtem Steppenland und unbeschreiblich schönem Strand am türkisblauen Meer. Paul Klee und August Macke wären nie bis Tunis gekommen, wenn ihre Anreise durch Patara geführt hätte ...

Öffnungszeiten/Eintritt: Wie für den Strand (s. o.). Die Karte berechtigt auch zur Strandbenutzung.

Der Hafen von Kalkan

Lykische Küste → Karte S. 292/293

Kalkan

3200 Einwohner

Kalkan ist die kleinere Ausgabe von Kaş, aber die exquisitere. In mehreren Terrassen fällt das ehemalige Fischerstädtchen zum Meer ab. Um den kleinen Hafen gruppieren sich Restaurants, darüber schmiegen sich weiß getünchte, von Bougainvilleen umrankte Häuschen eng an den Hang. Drumherum wird gebaut, was geht.

Kenner nannten Kalkan lange Zeit das „Portofino der Türkei". Heute hinkt der Vergleich ein wenig, Torquay oder St. Ives wären wohl passender. Denn Kalkan, bis 1922 ausschließlich von Griechen bewohnt, ist zu einer britischen Enklave geworden. Mittlerweile haben sich hier so viele Senioren von der Insel eine Sommerresidenz geleistet, dass man schon munkelt, Kalkan werde das erste türkische Städtchen mit einem britischen Bürgermeister. Mit dieser Entwicklung gingen auch eine enorme Steigerung der Grundstückspreise – eine Villa, die 2002 noch für 70.000 £ zu bekommen war, kostet heute fast das Dreifache – und ein gewaltiger Bauboom einher. So entstand eine Bucht westlich des alten Kalkan, die Villen- und Apartmentsiedlung Kalamar, das Pendant dazu in der anderen Richtung heißt Kışla. Doch Kalkan wächst nicht nur in die Breite, sondern auch die Hänge hinauf. Und so machen sich die Makler zunehmend Sorgen darüber, dass die Preise wieder in den Keller gehen – nicht nur wegen des Überangebots an Feriendomizilen, sondern auch wegen des Attraktivitätsverlusts.

Für den alten Ortskern in der Mitte aber, der rund um den Hafen ansteigt, gilt noch immer: Beschaulichkeit ist Trumpf. Daran ändert auch die Tatsache nichts, dass dieser ganz und gar auf Tourismus eingestellt ist und über eine große Zahl von Pensionen und Hotels verfügt. Kalkan lädt zum gemütlichen Schlendern ein, vorbei an erkergeschmückten Häusern hinab zum Hafen: Zur Linken fällt dort der Blick auf die gut belegten Tische der Restaurants und Cafés, zur Rechten auf die der Segler beim Abendessen an Deck. Hektiker und Vergnügungssüchtige kommen in Kalkan kaum auf ihre Kosten, für ruhigere Naturen ist der Urlaubsort dagegen ein empfehlenswerter Standort für Ausflüge zum Strand von Patara, nach Kaş oder zu den Ruinen von Xanthos und Letoon.

Verbindungen/Ausflüge

Telefonvorwahl 0242.

Verbindungen Alle Busse zwischen Antalya und Fethiye, die entlang der Küste fahren, machen in Kalkan Halt. Busbahnhof ca. 800 m oberhalb des Zentrums.

Dolmuş: Regelmäßig nach Kaş, zum Patara-Strand und zur Bucht von Kaputaş. Die Dolmuşe fahren ebenfalls am Busbahnhof ab, lassen zuweilen jedoch auch am Kreisverkehr beim Eingang zum Zentrum aus- und zusteigen.

Bootsausflüge Die beliebtesten Bootsfahrten führen zu diversen Stränden und Buchten der näheren Umgebung oder nach Kekova (z. T. kombiniert mit einer Busfahrt nach Kaş). Eintägige Bootstouren 20 €/Pers. inkl. Lunch.

Organisierte Touren Diverse Anbieter, z. B. **Brave Tours** am Kreisverkehr am Eingang zum Zentrum. Tagestouren in die Saklıkent-Schlucht, nach Xanthos und Patara (inkl. Lunch 30 €), nach Myra und Kekova (inkl. Lunch 43 €) oder Raftingtouren (inkl. Lunch 43 €). Şehitler Cad. 47, ✆ 8441166, www.bravetours.com.

Auch die **Dolmuş-Kooperative** bietet Ausflugsfahrten: z. B. Saklıkent und Xanthos (10 €) oder zum Di zum Markt nach Fethiye und nach Ölüdeniz (11 €). Die Mindestteilnehmerzahl liegt bei 6 Pers.

Adressen (→ Karte S. 337)

Ärztliche Versorgung Privatklinik **Medical Center Tuana** oberhalb der Taxistation. ✆ 8442244.

Auto- und Zweiradverleih Mehrere Anbieter, z. B. über **Adda Tours** an der Mustafa Kocakaya Cad. Autos ab 43 €/Tag. ✆ 8443610, www.addatours.com. **Zweirad**verleiher z. B. am Ortseingang beim Kreisverkehr. 20 €/Tag.

Einkaufen Jeden Do großer **Markt** ca. 300 m nordwestlich des Kreisverkehrs bei der Moschee.

Waschsalon Beim Jachtclub am Hafen. Eine 4-kg-Trommel waschen und trocknen ca. 5 €.

Zeitung Deutschsprachiges z. B. im **Karaca Market** 🔳 nahe der Post.

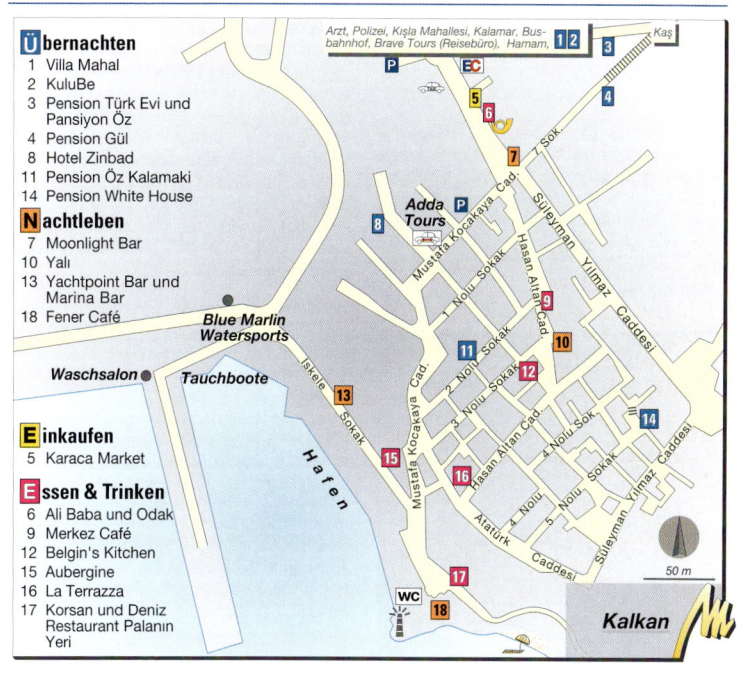

Übernachten

1 Villa Mahal
2 KuluBe
3 Pension Türk Evi und Pansiyon Öz
4 Pension Gül
8 Hotel Zinbad
11 Pension Öz Kalamaki
14 Pension White House

Nachtleben

7 Moonlight Bar
10 Yalı
13 Yachtpoint Bar und Marina Bar
18 Fener Café

Einkaufen

5 Karaca Market

Essen & Trinken

6 Ali Baba und Odak
9 Merkez Café
12 Belgin's Kitchen
15 Aubergine
16 La Terrazza
17 Korsan und Deniz Restaurant Palanın Yeri

Lykische Küste → Karte S. 292/293

Übernachten

(→ Karte S. 337)

Es gibt rund 4500 Gästebetten rund um Kalkan. Die günstigeren Unterkünfte liegen im alten Ortskern, die besseren und neueren außerhalb. Je näher Sie am Hafen einchecken, desto mehr müssen Sie mit Stechmücken der übelsten Sorte rechnen. Wer sich für eine Unterkunft im Neubauviertel Kışla entscheidet, sollte entweder ein Haus wählen, das einen Transfer nach Kalkan anbietet, oder über ein Fahrzeug verfügen, ansonsten sitzen Sie am „A…" der Welt. In Kışla gibt es bislang keine Kneipen, nicht einmal einen ordentlichen Laden.

Villa Mahal 1, in Kışla, von der Straße nach Kaş ausgeschildert. Hier hinkt die Prospektidylle nicht der Realität hinterher. Eine der besten Anlagen vor Ort, herrlich an einen Steilhang über dem Meer gebaut. 14 edel und geschmackvoll ausgestattete Zimmer mit zig Traumterrassen. Nachteil: viele Treppen! Eigener Bootsservice nach Kalkan, privater Felsstrand. DZ ab 220 €! Kışla, ☎ 8443268, ✆ 8442122, www.villamahal.com.

KuluBe 2, gepflegte Anlage mit 44 Zimmern, verteilt auf das Haupthaus (weniger prickelnd) und kleine, z. T. in Reihe gebau-

te, zweistöckige Häuschen, in denen man unter dem Dach schläft (unten eine Art Wohnzimmer mit Terrasse davor). Netter Pool, eigener Beachclub. Von Lesern sehr gelobt. DZ 91–98 €. In Kalamar, dort ausgeschildert, ☎ 8443823, ✆ 8442502, www.kulu behotel.com.

Pension White House 14, unter türkisch-englischer Leitung. Sehr freundlich. Zehn gepflegte Zimmer unterschiedlicher Größe und Bettenzahl, alle mit Fliesenboden und Aircondition, vier mit Balkon. Gigantisch ist die Dachterrasse, wo man beim reichhaltigen

Frühstück gerne mal länger sitzen bleibt. Relativ ruhige Lage. Von Lesern hochgelobt. EZ 34 €, DZ 49–55 €. Im alten Kern, ✆ 8443738, www.kalkanwhitehouse.co.uk.

Hotel Zinbad 8, freundliches Haus mit mehreren Bars im Nacken. Frühstücksterrasse mit exzellentem Blick auf Moschee und Hafen. Große Zimmer mit individuellem Touch, Aircondition und z. T. mit Balkon. Bar und Restaurant. Ganzjährig. DZ 50 €. Yalıboyu Mah. 18, ✆ 8443475, 📠 8443943, www.zinbadhotel.com.

Kalkan: Restaurant mit Aussicht

Pension Türk Evi 3, charmante 9-Zimmer-Pension, man spricht Deutsch. Zimmer (grundsätzlich mit Holzboden) unterschiedlicher Größe und Farbe, individuell eingerichtet, u. a. mit geschmackvollen Antiquitäten, 4 davon mit Balkon. Klimaanlage. Auf Wunsch lecker zubereitetes Abendessen. Eigene Parkplätze. EZ 35 €, DZ je nach Ausstattung 45–50 €. Von Kaş kommend, kurz nach der Abzweigung vom Küstenhighway linker Hand, ✆ 8443129, 📠 8443492, www.kalkanturkevi.com.

Hotel/Pansiyon Öz 3, hilfsbereite Inhaber und tolle Dachterrasse. 11 schlichte, saubere Zimmer mit Klimaanlage und älteren Teppichböden, in der oberen Etage mit Meeresblick. EZ 25 €, DZ 35 €. Von Kaş kommend, kurz nach der Abzweigung vom Küstenhighway linker Hand, ✆ 8443444, 📠 8442222, www.hotelozkalkan.com.

Pension Öz Kalamaki 11, Familienpension mitten im Zentrum. Schönes altes Griechenhaus, freundlicher Service. Gemütliche, einladende Terrasse. Zehn helle, angenehme Zimmer mit Kachelböden, fast alle mit Balkon. DZ 30 €. 2. Nolu Sok., ✆ 8443066, 📠 8443433, www.oldkalamaki.com.

Pension Gül 4, von Lesern vielfach hochgelobt, insbesondere aufgrund der zuvorkommenden Vermieter, der herrlichen Aussicht von der Dachterrasse und des leckeren Essens (tolles Frühstück, Abendessen auf Wunsch). Einfache, blitzblanke Zimmer mit Balkon, Aircondition, Fliesen- oder Teppichböden und Fliegengittern an den Fenstern. EZ 23 €, DZ 30 €, Apartment (altbacken ausgestattet) je nach Größe 40–70 €. Yalıboyu Mah., ✆ 0533/2168487 (mobil), www.kalkangulpansiyon.com.

Essen & Trinken/Nachtleben (→ Karte S. 337)

Das Niveau der Restaurants ist im Großen und Ganzen reziprok zur Terrassenlage: Ganz oben am Eingang zum Zentrum finden sich die wenigen verbliebenen einfachen Lokantas Kalkans. Je weiter man in den Ort hinabsteigt, desto gediegener werden die Lokale. Die Krönung bilden schließlich die Fischrestaurants am Hafen. Wirklich billig ist in Kalkan nichts mehr. Achtung: Manche Preise sind nicht in türkischer Lira angegeben, sondern im britischen Pfund!

La Terrazza 16, innen nostalgisch-modern eingerichtet, oben eine tolle Terrasse. Interessante türkisch-italienisch-internationale Küche. Antipasti statt Meze; Pizza, Pasta und feine Filetsteaks, zum Nachtisch Baklava und Tiramisu. Hg. 5–17,50 €. Hasan Altan Cad., ✆ 8442613.

Korsan 17, raffiniert zubereitete türkische Gerichte und leckerer Fisch zu 9–17 € (auch Kinderportionen). Ganz in blau-weiß gehalten, ein wenig Griechenlandflair. Zwischen Hafen und Strand, von Lesern gelobt. ✆ 8443622.

Deniz Restaurant Palanın Yeri  🔟, gleich nebenan. Frischester Fisch – kein Wunder, gehört das Lokal doch dem örtlichen Fischhändler. Seit über 45 Jahren im Geschäft. Noch relativ schlichtes Ambiente, durch das sich das Restaurant im stylishen Kalkan wieder abhebt. Hg. 7,50–15 €. ✆ 8443047.

Wer es ausgefallener mag: Das **Aubergine** 🔟 ein paar Tische weiter serviert sehr außergewöhnliche türkisch-internationale Küche, z. B. Wildschwein (!) mit Aprikosen und Feigen oder Entenbrustfilet mit Maulbeersoße. Schöne, weiß bestuhlte Terrasse, überaus adrette Kellner. Hg. 10–20 €. ✆ 8443332.

Belgin's Kitchen 🔟, die Kirgisin Belgin Akçı kocht beste türkische Hausmannskost, die in Kalkan sonst nur schwer zu bekommen ist, z. B. *Mantı, Güveç* oder frische Böreks. Herrliche Dachterrasse mit witziger Ausstattung, Riesenstoffesel zum Reiten und Nomadenzelt. Hg. 7,50–15 €. Yalıboyu Mah., ✆ 8443614.

Ali Baba 🔟, am Eingang zum Zentrum. Die einfache Lokanta bietet grundehrliche Topfgerichte ohne Schnickschnack. Hungrige Einheimische und neugierige Touristen im bunten Mischmasch. Große Portionen. Hg. 4,50–6 €. Auch im **Odak** 🔟, im 1. Stock gleich über dem Ali Baba, kann man gut essen: Meze, Pide, Kebabs, *Güveç*. Gehobeneres Ambiente und gehobenere Küche. Hg. 6–15 €.

In den Gassen von Kalkan

Merkez Café 🔟, Mischung aus Café und Restaurant, sehr beliebt und für Kalkaner Verhältnisse liebenswert unschick. Neben der geregelten Alkoholaufnahme wird hier auch die Zufuhr von Süßem gewährleistet. Frühstück (natürlich auch „Full English"), süße Stückchen und Puddings, man kann aber auch richtig essen. Günstig. Hasan Altan Cad.

Tipp – zum Forellenessen nach İslamlar!

Das weit verstreute Bergdorf İslamlar zwischen Kalkan und Patara (ca. 5 km von Kalkan entfernt) bietet einige idyllische, auf Forelle spezialisierte Lokale – alle mit eigener Zucht. İslamlar erreicht man, indem man Kalkan Richtung Elmalı/Sütleğen landeinwärts verlässt. Nach knapp 1 km, wenn es geradeaus weiter Richtung Elmalı geht, links halten (Hinweisschild „İslamlar"). Nach einem weiteren Kilometer ist man im Dorf Akbel, ab hier komplett aus geschildert. Die ersten Restaurants tauchen ca. 4 km nach dieser Abzweigung auf. Das gepflegteste Restaurant vor Ort ist das **Değirmen** mit einer herrlichen Terrasse (✆ 8386295). „Abartig gutes Essen", so eine Leserin, gibt es auch im einfach-charmanten Restaurant **Çiftlik** (✆ 8386155). Gegen eine kleine Gebühr kann man sich von den Restaurants abholen lassen.

Nachtleben Angesagt ist in erster Linie gemütliches Picheln. Bei allen Altersstufen beliebt ist das Café Yalı **10** mit Bar und Terrasse in der Hasan Altan Cad., wo man sich schon nach dem zweiten Besuch wie ein Stammgast fühlt. Fußballübertragungen. Im oberen Ortsteil (Ecke Kocakaya Cad./

Süleyman Yılmaz Cad.) befindet sich die **Moonlight Bar 7** mit gemütlicher Atmosphäre und großer Getränkekarte. In der **Yachtpoint Bar 13** am Hafen tauchen die Diver nachts ab, Gleiches gilt für die **Marina Bar 13** nebenan. Ruhigere Naturen zieht es ins **Fener Café 18** beim Leuchtturm.

Baden/Tauchen

Baden In Kalkan südlich des Hafens ein schmaler, jedoch rund 150 m langer und gepflegter Kiesstrand, das Wasser ist glasklar. Lohnenswerter ist es aber, die Badeplätze der Umgebung anzusteuern, allen voran natürlich **Patara** (→ Patara/Baden, S. 332). Traumhaft ist ebenfalls die Bucht von **Kaputaş** (s. u.).

Tauchen Dolphin Scuba Team, älteste Tauchbasis von Kalkan, seit bald 20 Jahren im Geschäft. Deutschsprachig. Tagesausfahrt mit 2 Bootstauchgängen inkl. Leihausrüstung 52 €, Tauchkurse (z. B. P.A.D.I.-Open-Water) 345 €. April–Okt. Weitere Infos auf dem Tauchboot im Hafen. ✆ 8442242, www.dolphinscubateam.com.

Umgebung von Kalkan

Bucht von Kaputaş: An der Steilküste tief unterhalb der Küstenstraße von Kalkan nach Kaş breitet sich diese Bilderbuch-Bucht mit einem Sandkiesstrand aus, das Meer wirkt wie aus dem Malkasten gesprungen und leuchtet in strahlendstem Türkisblau, Smaragdgrün und Aquamarin. Weil's so schön ist, kommen allerdings auch massenweise Touristen hierher (per Ausflugsboot oder Dolmuş), was dem kleinen Strand im Hochsommer etwas die Idylle raubt.

Verbindungen: Regelmäßig per **Dolmuş** von Kalkan und Kaş.

Gömbe: Nicht nur in Kaş, sondern auch in Kalkan und Patara haben die Tourenanbieter das Bergstädtchen Gömbe zum Ausflugsziel im bergigen Hinterland erkoren. Immer noch sind hier viele Einwohner Halbnomaden, die im Winter an der Küste und im Sommer in den Bergen leben. Passstraßen, die die 1000-Meter-Grenze überwinden, führen hinauf in die Höhen des Lykischen Taurus. Der Ausflug lohnt insbesondere wegen der herrlichen Landschaft. Vor Ort gibt es ein paar einfache Pensionen und Lokantas.

Anfahrt/Verbindungen: In unzähligen Serpentinen führt von Kalkan die 07–53 nach Gömbe, von Kaş die 07–52, Dauer (egal bei welcher Route) ca. 1½ Std. Mit dem **Dol**muş gelangt man von Kaş ca. 5-mal tägl. nach Gömbe, von Kalkan nur sehr unregelmäßig. Am besten schließt man sich einer organisierten Tour an.

Yeşilgöl und Uçarsu: Der Bergsee Yeşilgöl und der Wasserfall Uçarsu sind die landschaftlichen Highlights in der Umgebung von Gömbe. Die raue Bergszenerie des Taurus zeigt sich hier von ihrer Schokoladenseite. Um zu den beiden Naturschönheiten zu gelangen, sollte man sich einer organisierten Tour von Kaş oder Kalkan aus anschließen oder selbst mobil sein. Wer über ein Fahrzeug verfügt, folgt von der zentralen Kreuzung in Gömbe der Beschilderung „Uçarsu/Yeşilgöl". Nach ca. 3 km verliert die Straße (im Sommer zuweilen mautpflichtig!) ihre Teerschicht, nach weiteren vier holprigen Kilometern parkt man bei einem provisorischen „Otopark". Nun geht es zu Fuß weiter – Schilder weisen den Weg. Nach ca. 15 Gehminuten – mittlerweile ist man auf 1900 Höhenmetern angelangt – kann man einen Blick auf den tiefgrünen, knapp 5 ha großen Bergsee Yeşilgöl (*yeşil* = „grün") werfen, nach weiteren 15 Minuten auf den rund 60 m hohen Wasserfall Uçarsu (*uçar su* = „fliegendes Wasser").

Kaş – überschaubar und charmant

Kaş

8100 Einwohner, im Sommer ca. 16.000

In einer reizvollen, von zwei Halbinseln umrahmten Bucht gleißen die weißen Fassaden der griechischen Häuser im Sonnenlicht. Funkelnde Souvenirs glitzern mit ihnen um die Wette, und Teppiche leuchten farbenfroh in der Sonne.

Noch bis Anfang der 1990er galt Kaş als Geheimtipp unter Travellern. Heute gehört der Ort zu den etablierten Ferienadressen der Lykischen Küste, wo an lockere Kundschaft mit lockeren Geldbörsen gepflegter Tourismus verkauft wird. Am Tag sind Bootsfahrten zu den umliegenden Stränden und Inseln beliebt, abends zeigt man, was man kann: Den Gästen bis spät in die Nacht eine sorgenfreie Zeit bescheren.

Das Gros der Besucher stellen Deutsche und Briten, darunter etliche Taucher – das Revier vor der Tür zählt zu den besten der Region. Es kommen aber auch viele Individualtouristen, vom Segler bis zum Rucksackreisenden. Auf den Geldbeutel Ersterer hat sich zwar mittlerweile das Preisniveau der meisten Restaurants eingestellt, aber es gibt noch immer ein paar billigere Lokantas und gute Unterkünfte für relativ wenig Geld. Den „Hauptsache-Sonne-saufen-und-beides-möglichst-billig"-Urlauber lockt das Städtchen zum Glück weniger an: In den Prospekten der großen Reiseveranstalter nimmt Kaş eine Randnotiz ein, denn es fehlt an weiten Stränden und damit an großen Mittelklassehotels unmittelbar vor Ort.

Kaş liegt auf dem Gebiet des antiken *Antiphellos,* von wo aus in römischer Zeit Schwämme und Holz exportiert wurden. Während der byzantinischen Herrschaft war Antiphellos Bischofssitz, dann blühte der Stadt das gleiche Schicksal wie zahlreichen anderen Orten an der Küste: Wiederholte Überfälle der Araber ließen Antiphellos zum bedeutungslosen Fischerort verkümmern, der bis 1923 (inzwischen unter dem Namen Kaş) Heimat einer griechischen Bevölkerungsmehrheit war. Die Bausubstanz aus jener Zeit prägt noch heute das charmante Zentrum um den Hafen.

Dank des günstigen Klimas gedeihen in Kaş aber nicht nur Zitrusfrüchte, Gummibäume und Palmen, sondern auch Nobelvillen und Hotels. Das Städtchen wächst und wächst. Und da der Platz in der Bucht naturgemäß beschränkt ist, wächst Kaş einfach dahinter den Hang hoch in den Himmel. Die Realität spricht der einst offiziell ausgegebenen Devise Hohn, nach der die Bucht nicht zubetoniert werden dürfe und ihr ökologisches Gleichgewicht gewahrt bleiben müsse. Selbst der offizielle Baustopp zwischen Mitte Mai und Ende Oktober wird nicht eingehalten. Auch die südwestlich ins Meer ragende Çukurbağ-Halbinsel, wo bis vor nicht allzu langer Zeit nur eine Handvoll Häuser stand, entwickelt sich langsam zu einer eigenen Postadresse. Trotz alledem präsentiert sich Kaş – verglichen mit Marmaris, Fethiye oder Kemer – immer noch als gemütlicher, überschaubarer Urlaubsort mit Charme.

Informationen/Verbindungen/Ausflüge

Telefonvorwahl 0242.

Information   Tourist Information direkt am zentralen Platz. Kompetent und hilfsbereit. In der Saison tägl. 8–12 u. 13–17.30 Uhr, Okt.–Mai Mo–Fr 8–12 u. 13–17 Uhr. Cumhuriyet Meydanı 5, ✆ 8361238, kasturizmdanismaburosu@hotmail.com.

Verbindungen   Nahezu jede halbe Std. **Busse** nach Antalya (4 Std.) und Fethiye (2 Std.). Außerdem Verbindungen nach Pamukkale (mit Umsteigen, 8 Std.) und Selçuk (mit Umsteigen, 6 Std.). Nach Marmaris in Gökova umsteigen (4 Std.). Busbahnhof 700 m landeinwärts.

Dolmuş: In der Saison vom **Busbahnhof** ca. stündl. nach Kalkan, Kaputaş und Patara, außerdem tägl. gegen 10 Uhr nach Saklıkent sowie nach Myra und Kekova. Vom hafennahen Kreisverkehr vor dem Rathaus (*Kaş Belediyesi*) starten die Dolmuşe zur Çukurbağ-Halbinsel (in der Saison jede halbe Std.) und zum Big Pebble Beach (in der Saison alle 2 Std.).

Schiffsdolmuş: April–Okt. zu den vorgelagerten Inselchen und zur Limanağzı-Bucht (hin/zurück o. einfach 5 €). Mai–Okt. mehr oder weniger fahrplanmäßige Verbindung nach Kastellórizo/Meis (s. u.).

Blaue Reisen   Diverse Anbieter. Eine Woche mit Crew und Verpflegung (keine Getränke) kostet bei **Kahramanlar** (s. u.) auf der 23-m-Gulet 400 €/Pers., für 3 Tage 250 €. Zuweilen auch Last-Minute-Angebote.

Bootsausflüge   Egal wo man bucht, sämtliche Ausfahrten kosten ca. 20 €. Fahrten u. a. zur Bucht von Kaputaş (→ Umgebung Kalkan) und zu nahe gelegenen Grotten oder ins unvermeidliche Blaue. Die Muss-Tour führt nach Kekova.

Per Boot nach Kastellórizo: Tagesausflüge zur nahe gelegenen griechischen Insel bedürfen von griechischer Seite aus keiner Zollformalitäten, nur von türkischer (Pass muss einen Tag vor Abreise oder am Tag der Abfahrt vor 8.30 Uhr beim Veranstalter abgegeben werden). Start der *Meis Express* um 10 Uhr (im Sommer tägl., außerhalb der Saison unregelmäßig). Dauer der Überfahrt 15 Min., hin und zurück 20 €/Pers. Buchungen in den Reisebüros oder am Hafen bei **Kahramanlar** (s. u.).

Organisierte Touren   Einen guten Ruf haben **Bougainville Travel Tours** (Çukurbağlı Cad. 10, ✆ 8363737, www.bt-turkey.com) und **Xanthos Adventure** (İbrahim Serin Sok. 5, ✆ 8363292, www.xanthostravel.com). Beide sind auf Aktivurlaub spezialisiert, z. B. Mountainbiketouren (35 €), Canyoning (50 €), Kajakfahrten bei Kekova (30 €), Trekkingtouren (30 €) usw. Bougainville Travel Tours bieten zudem Flughafentransfers.

Kahramanlar, am Hafen, hat ebenfalls einen guten Ruf und bietet eher die klassischen Sightseeingtouren an, z. B. Bustrips nach Xanthos und Saklıkent (25 €) oder nach Myra und Arykanda (30 €). ✆ 8361062, kahramanlary@tnn.net.

Adressen
(→ Karte S. 344/345)

Ärztliche Versorgung Eine Englisch und auch ein wenig Deutsch sprechende Ärztin ist **Dr. Munise Ozan** beim Hafen gegenüber dem Taxistand, İskele Sok. 10, ✆ 8364141 o. 0532/5822054 (mobil). Das kleine staatliche Krankenhaus **Devlet Hastanesi** befindet sich in der Hastane Cad., der Straße zur Çukurbağ-Halbinsel. ✆ 8361185.

Autoverleih Über Reisebüros oder lokale Verleiher, z. B. bei **Ali Baba Rent a car**, nahe der Moschee. Pkw ab 35 €, Jeeps ab 55 €. ✆ 8362501, www.kasalibaba.com.

Bei **Kahramanlar** (→ Organisierte Touren)

gibt es die billigsten Autos bereits ab 30 €.

Einkaufen Jeden Fr großer **Obst- und Gemüsemarkt** hinter der Busstation.

Waschsalon **Express Laundry**, am Hafen bei den Duschen für die Segler. Eine Trommel waschen und trocnen 7,50 €.

Zeitungen Deutschsprachiges bekommt man u. a. im **Erdem Market** 🔟 am Mini-Palmen-Kreisverkehr auf dem Weg zum Hafen.

Zweiradverleih Scooter hat **Ali Baba Rent a car** (→ Autoverleih) ab 20 €/Tag im Angebot.

Übernachten/Camping
(→ Karte S. 344/345)

Es stehen insgesamt rund 6000 Betten zur Auswahl. Oberhalb des Küçük Çakıl Plajı, wo sich Hotel an Pension und Pension an Hotel reiht, dominiert die Mittelklasse, preiswertere Unterkünfte mischen sich ab der 2. Reihe darunter. Fast alle der dortigen Häuser besitzen eine Dachterrasse mit herrlicher Aussicht. Machen Sie Ihre Wahl insbesondere davon abhängig, ob noch ein Zimmer mit Meeresblick frei ist. Die günstigsten Pensionen (DZ ab ca. 25 €) findet man in den Seitengassen östlich des Atatürk Bul. Viele kleine, schicke Clubhotels sind in den letzten Jahren auf dem westlich des Zentrums gelegenen Çukurbağ-Halbinsel entstanden (Taxi dorthin ca. 7 €).

Hotel Villa Tamara 2️⃣, auf der Çukurbağ-Halbinsel. Natursteinverzierte Anlage mit 19 großen Zimmern und 11 Suiten (alle individuell und mit Geschmack eingerichtet), die über einen Atriumhof zu erreichen sind. Restaurant und Bar. Der Hit ist jedoch die wunderschöne, gemütliche Poolanlage mit traumhaften Meeresblicken. Sehr beliebt bei Flitterwöchnern. DZ 120 €, Suiten ab 180 €. Çukurbağ Yarımadası, ✆ 8363273, 📧 8362112, www.hoteltamara.com.tr.

Hotel Hadrian 6️⃣, kleine komfortable Clubanlage auf der Çukurbağ-Halbinsel, unter deutsch-türkischer Leitung. 14 hübsche Zimmer mit Balkon und größtenteils tollem Meeresblick. Viele Blumen, großer einladender Meerwasserpool. Vorrangig deutsches Publikum. EZ ab 85 €, DZ mit HP ab 125 €. Doğan Kaşaroğlu Sok. 10, ✆ 8362856 (in Deutschland 07262/6445), 📧 8361387, www.hotel-hadrian.de.

Hotel Per Se 2️⃣1️⃣, oberhalb des Küçük Çakıl Plajı. Eines der charmantesten zentrumsnahen Häuser. Nur 9 Suiten, luftig und stilvoll eingerichtet. Drucke von Matisse dominieren. Kleiner Pool hinter dem Haus. Dachter-

rasse mit Bar. Für 2 Pers. je nach Stockwerk 100–120 €. Koza Sok. 23, ✆ 8364256, 📧 8364258, www.hotelperse.com.tr.

Lale Pansiyon 1️⃣7️⃣, etablierte kleine Pension nahe dem Küçük Çakıl Plajı. Die freundliche Betreiberin Saniye hat in der Schweiz gelebt und spricht gut Deutsch. 15 helle Zimmer mit gekachelten Böden, von manchen Meeresblick. Gutes Frühstück. Es werden auch Touren angeboten. EZ 42 €, DZ 60 €. Küçük Çakıl Mah., ✆/📧 8361575, www.lale pension.com.

Hotel Begonvil 2️⃣0️⃣, über dem Küçük Çakıl Plajı in zweiter Reihe. Von freundlichen türkischstämmigen Schweizern geführtes Haus mit 16 sehr sauberen und geschmackvollen Zimmern mit Fliesenböden. Von Lesern hochgelobt. Gute Auswahl an internationalen Zeitschriften und Romanen. EZ 45 €, DZ 60 €. Koza Sok. 13, ✆ 8363079, 📧 8363188, www.hotelbegonvil.com.

Gülşen Pansiyon 1️⃣3️⃣, in unmittelbarer Nähe zum Meer. Familienpension mit 15 kleinen, solide ausgestatteten, neu möblierten Zimmern mit gekachelten Böden, etliche davon mit Balkon und herrlichen Meeresblicken. Garten und eigene Badeplattform. Die Klimaanlage kostet extra. DZ 47,50 €. Hastane Cad. 23, ✆ 8361171, 🖨 8362508.

Talay Otel & Pansiyon 🔢, eine Leserempfehlung in zweiter Reihe über dem Küçük Çakıl Plaji, nur ein paar Schritte vom Begonvil (s. o.) entfernt. Etwas größeres Haus mit 22 Zimmern, 12 davon mit Meeresblick. Gepflegt und sauber. Freundlicher Service. Tolle Dachterrasse, auf der das Frühstück serviert wird. DZ 40 €. Koza Sok., ✆ 8361101, 🖨 8361182, www.talayotel.com.

Meltem Pansiyon 🔢, eine von mehreren Unterkünften in der gleichen Ecke. Kleinere und größere Zimmer mit und ohne Balkon, die schöneren im 2. Stock. Darüber eine nette Dachterrasse mit Hängematten. Achtung – häufiger Pächterwechsel! DZ 40 €. Meltem Sok., ✆ 8361855, www.kasmeltem pansion.com.

Kaptan Pansiyon 🔢, Leser loben die Herzlichkeit der Familie, das gute Frühstück und die wunderbare Dachterrasse mit Meeresblick, auf der der Hausherr abends manchmal Fisch grillt. 14 einfache, aber blitzsaubere Zimmer mit Fliesenböden, davon mehrere mit Meeresblick. DZ 35 €. Hastane Cad. 68, ✆ 8361269, www.kaptanpansion.com.

Santosa Pansion 🔢, von Lesern sehr gelobte Pension. Einfache, aber ebenfalls sehr saubere Zimmer, hier mit blümchenbemalten Wänden, die meisten mit Balkon. Terrasse mit schöner Aussicht. DZ 35 €. Vom Zentrum über die R. Bilgin Sok. zu erreichen, ✆ 8361714, www.antalyakaspansiyon.com.

Camping **Kaş Camping** 🔢, relativ kleiner, aber hübscher Platz in einem Olivenhain in Laufnähe zum Zentrum. Terrassen am Hang, Felsküste mit künstlichem Einstieg und Plattform, gutes kleines Restaurant mit herrlichem Blick. 8 saubere Bungalows, entweder im Hundehüttenformat ohne Bad

Fethiye, Çukurbağ
Neue Marina

N achtleben
7　Red Point Bar
12　Queen Bar und Mavi Bar
16　echo Bar

E inkaufen
10　Erdem Market

oder als geschmackvolle „Luxusvariante" mit Bad und Aircondition. Tauchbasis angeschlossen. Im Bungalow für 2 Pers. je nach Ausstattung 27,50–70 €, 2 Pers. mit Wohnmobil 17,50 €. Anfahrt mit dem Auto nur über die Süleyman Yücesan Cad. möglich. Hinter dem Theater, ✆ 8361050, 🖨 8363679, www.kaskamping.com.

Essen & Trinken
(→ Karte S. 344/345)

Das Preisniveau der Restaurants ist in Kaş – ähnlich wie in Kalkan – etwas höher. Günstige Pide- und Kebablokale findet man am Atatürk Bul. stadtauswärts. Mehrere nette Cafés laden bei der Post an der Bahçe Sok. zum Frühstücken ein. Ein zusätzlicher Tipp ist das Restaurant des **Kaş Campings** (→ Übernachten).

Chez Evy 🔢, unter französischer Leitung. Im lauschigen Gärtchen und im extrem verspielt eingerichteten Inneren kommt internationale Küche mit stark französischem

Einschlag auf den Tisch. So gibt es *Salade Niçoise*, Käsecrêpes und sogar Wildschweingerichte. Hg. 14–20 €. Terzi Sok. 2, ✆ 8361253.

Übernachten

2 Hotel Villa Tamara
3 Meltem Pansiyon
4 Santosa Pansion
6 Hotel Hadrian
9 Kaptan Pansiyon
13 Gülşen Pansiyon
17 Lale Pansiyon
18 Talay Otel &
   Pansiyon
19 Kaş Camping
20 Hotel Begonvil
21 Hotel Per Se

Essen & Trinken

1 Hanımeli Restaurant
5 Chez Evy
8 İkbâl
11 Bahçe
12 Natur-el
14 Sardunya Paşabahçesi Restaurant
15 Bi Lokma Mama's Kitchen
22 Memed'in Yeri

Küçük
Çakıl
Plajı

Big Pebble
Beach

Kaş

200 m

Bahçe im schattigen Gärtchen mit Korbmöbeln gibt es gute Vorspeisen. Wer davon nicht satt wird: Ein deftiger Adana- oder Urfakebab ist auch zu haben. Meze ca. 3 €, Hg. 5–13 €. Anıt Mezar Karşısı 31, ☎ 8362370.

İkbâl, nettes kleines Terrassenlokal. Die Küche besitzt zypriotischen Einfluss, der Chef kommt aus Zypern. Preislich in der oberen Mittelklasse. Süleyman Sandıkçı Sok. 6, ☎ 8363193.

Natur-el, „sehr freundliche Bedienung und wirklich gutes Essen", meinen Leser. In Nachbarschaft der Queen Bar (hafenabgewandte Seite). Außenbestuhlung in der Gasse. Zu den Spezialitäten gehören zig verschiedene *Mantı* (5–7 €), die türkischen Ravioli, und die klebrig-süße Nachspeise *Aşure*. Angeblich wird Biogemüse verwendet. Hg. 7–14 €, *Mantı* 5–7 €. Gürsoy Sok. 6, ☎ 8362834. ■

Sardunya Paşabahçesi Restaurant, lauschiges Gartenrestaurant mit Meeresblick. Gute Meze, zu den Spezialitäten gehören *Saç Kavurma* (hier „Feuertopf" genannt, 10 €) und verschiedene *Güveç*-Varianten, dazu wird mehrmals wöchentlich geräucherte Dorade angeboten. Hastane Cad., ☎ 8363180.

Bi Lokma Mama's Kitchen, ein weiteres Gartenlokal, hier jedoch mit tollem Hafenblick. Auf den Tisch kommt verfeinerte Hausmannskost. Familiär-freundliche Atmosphäre, nur weibliches Personal. Grünweiße Holzstühle unter Jasmin, Griechenlandflair. Für Kaş und die Lage günstig (Hg. 5–8 €). Hükümet Cad. 2, ☎ 8363942.

Hanımeli Restaurant **1**, hier werden die Gäste liebevoll vom Ehepaar Şahin verwöhnt. Das Menü stellt man sich in der offenen Küche selbst zusammen. Netter Innenbereich, einfache Außenbestuhlung, manchmal spielt Celal Şahin abends Gitarre. Korrekter Service, faire Preise, Meze 2–2,50 €, Hg.

4–6 €. 1. Çukurbağlı Sok. 3, ℰ 8361634.

Memed'in Yeri **22**, am Büyük Çakıl Plajı (→ Baden). Einfaches kleines Bar-Restaurant mit Bollerofen für kalte Tage und Kino- und Konzertplakaten an den Wänden. Viel lokales Publikum, Hausmannskost.

Nachtleben

(→ Karte S. 344/345)

Sehr beliebt ist z. B. die **Queen Bar 12**: Im 1. Stock die Tanzfläche, oben vergnügt man sich auf der Dachterrasse. DJs, Musik querbeet.

Die **Mavi Bar 12** gleich in der Nähe gilt v. a. bei Tauchern als *der* Treffpunkt schlechthin. Auf wackeligen Holzstühlen trinkt man teures Bier, sieht den Leuten beim Flanieren zu und hört laute Musik zwischen Nirvana und Bob Marley.

Ein weiterer Tauchertreff ist die **Red Point Bar 7** in der Süleyman Topçu Cad. Hübsches Interieur, nette Musik, Tische auf der schmalen Gasse davor. Nur abends geöffnet.

Regelmäßig türkische Livemusik bietet die **echo Bar 16** am Hafen nahe dem Taxistand. Gemütliches Interieur, draußen Terrasse.

Baden/Sport & Freizeit

Baden Vor Ort bietet sich der **Küçük Çakıl Plajı** an, eine Minikiesbucht östlich des Hafens. Drum herum gepflegte terrassenförmige Lidos mit Bar und Sonnenschirmverleih – auch am Abend gern besucht. Westlich des Hafens unterhalb der Hastane Cad. offerieren Beach Clubs Liegestühle zum Sonnen auf Betonplattformen, über Felsen geht es ins Meer.

Gute Badestrände findet man außerhalb, z. B. den grobkiesigen **Büyük Çakıl Plajı**, auch bekannt als **Big Pebble Beach**, etwa 20 schweißtreibende Fußmin. in östlicher Richtung (oder in der Saison alle 2 Std. mit dem Dolmuş ab dem hafennahen Kreisverkehr vor dem Rathaus). Außerdem die **Limanağzı**, eine Doppelbucht mit vier schmalen Kies-Felsstränden. Am einfachsten zu erreichen per unregelmäßigem Schiffsdolmuş (Dauer 20 Min.). Der mit Abstand schönste Strand ist jedoch der **Kaputaş Plajı** zwischen Kaş und Kalkan (→ S. 340).

Paragliding Gestartet wird vom Asaz Dağı, je nach Wetterlage von rund 650 m oder 1000 m Höhe. Dauer der Tandemflüge je nach Thermik 20–40 Min., Kostenpunkt 90 €. Erfahrene Anbieter sind: **naturablue** (Likya Cad. 1, ℰ 8362580, www.naturablue.com) und **Bougainville Travel Tours** (→ Organisierte Touren).

Tauchen Kaş ist ein ideales Tauchrevier. Das Wasser ist warm und klar, der Fischbestand groß. 2 Unterwasserhöhlen, Riffe, Amphoren von gesunken Schiffen, ein Flugzeugwrack aus dem Zweiten Weltkrieg und ein versenkter Nachbau des Uluburun-Wracks (ging vor 3300 Jahren unter, das gehobene Original ist im Museum der Unterwasserarchäologie in Bodrum zu besichtigen) sorgen für genügend Abwechslung. Für die Zukunft ist zudem die Einrichtung eines archäologischen Unterwasserparks geplant. Ein Bootstauchgang mit Leihausrüstung kostet im Schnitt 25–30 €, 10 Bootstauchgänge mit eigenem Equipment ca. 200 €, Anfängerkurs 280–310 €. Es gibt in Kaş insgesamt 16 Tauchsportanbieter, unsere Empfehlungen:

Barakuda Diving Center, Office an der Liman Sok. (nahe dem Asmaaltı Café), Infos auch auf dem Tauchboot. Renommierte Tauchschule mit deutschem Personal. Von Lesern gelobt. ℰ/℘ 8362996, www.barakuda-kas.de.

Mavi Diving, Office in einem Kiosk oberhalb vom Küçük Çakıl Plajı (auf Höhe des Hotels Gardenia). Deutsche Tauchlehrer. ℰ 8363141, www.mavidiving.com.

Kaş Diving, ein paar Schritte weiter im Gebäude vom Hotels Ferah, ebenfalls deutschsprachig. ℰ 8364045, www.kas-diving.com.

Hinweis: Kekova und die Unterwasserruinen dürfen nicht betaucht werden, auch Schnorcheln und Baden ist dort verboten.

Sehenswertes: Über den gesamten Ort verstreut stehen *Sarkophage,* die meisten sind allerdings stark zerstört. Den schönsten altlykischen Grabbau (über 4 m hoch) im typischen Holzspeicherstil mit Spitzbogendeckel und einer Inschrift kann man in der Stadtmitte bewundern (Uzun Çarşı Cad.). Einige kümmerliche *Stadtmauerreste* sind am Hafen übrig geblieben. Das antike *Theater* von Antiphellos aus dem 1. Jh. v. Chr., mit 25 Sitzreihen eher klein, ist ausgezeichnet erhalten und lohnt einen Besuch nicht zuletzt wegen der schönen Aussicht auf die Bucht, das Meer und die vorgelagerte Insel Kastellórizo – kein Bühnenhaus verstellt das Panorama.

Kekova/Simena

Das Meer zwischen der Insel Kekova und dem Festland gleicht einem Binnensee, der von unzähligen kleinen Inseln durchsetzt ist. Unter dem Wasser die versunkene Stadt Sualtı Şehir – wie aus einem Märchen.

Berühmt ist die Inselwelt von Kekova für ihre Unterwasserruinen, lautstark als „Sunken City" angepriesen. Mit dem Boot tuckert man gemütlich über die Grundmauern etlicher Gebäude, die sich im kristallklaren Wasser ausmachen lassen. Hier und dort ragt ein Sarkophag aus dem Wasser. Über den antiken Hafenkais von Simena tanzen kleine Fischchen. Ein Blickfang ist auch die Ruine einer byzantinischen Kirche direkt an der Bucht von Tersane – nur die Apsis ragt am Strand empor. Der Grund für das Versinken der Städte liegt darin, dass sich die Küste langsam absenkt, nämlich in einem Zeitraum von 100 Jahren um ca. 15 cm.

Simena: ein nur per Boot zu erreichendes Idyll vor Kekova

Lykische Küste → Karte S. 292/293

Die direkt gegenüber von Kekova gelegene Bilderbuchortschaft **Simena** (auch **Kale-köy** = Burgdorf genannt) erinnert wie wenige andere türkische Orte an alte griechische Fischerdörfer in der Ägäis. Malerisch ziehen sich die Häuser einen Hang hinauf, der von einer mittelalterlichen **Burg** gekrönt wird. Der Burgberg war bereits in der Antike besiedelt. Innerhalb der Burgmauern (Eintritt 3,20 €) sieht man noch heute die Reste eines aus dem Fels gehauenen, kleinen Theaters (ohne Bühne), das einst 300 Personen Platz bot. Der Burg zu Füßen stehen die für diese Gegend typischen Steinsarkophage.

Da man Simena nie an das öffentliche Straßennetz angeschlossen hat, konnte sich die 200-Einwohner-Ortschaft einen besonderen Charme bewahren. Sie präsentiert sich als einer der letzten idyllischen Flecken an der türkischen Südküste, die ihr Gesicht durch den Massentourismus noch nicht verloren hat – zumindest vor 13 Uhr und nach 15 Uhr, bevor die Ausflugsboote eintreffen und nachdem sie wieder ablegen.

Die meisten Touristen kommen im Rahmen eines organisierten Tagesausflugs, der in Andriake oder Kaş startet. Unterwegs genießt man dabei eine einmalige Aussicht über die bizarre Küstenlandschaft. Man kann aber auch nach **Üçağız** (500 Einwohner) fahren, dem Simena nächstgelegenen und noch mit dem Fahrzeug zu erreichenden Ort, und von dort ein Boot nehmen. Üçağız, das antike *Teimiussa,* ist heute eine Ansammlung von Restaurants und kleinen Pensionen mit einer Moschee neben der Anlegestelle. Wie auch in Simena bestimmen die Ausflugsboote und -busse den Rhythmus des Ortes. An Teimiussa erinnern noch ein paar Grabbauten v. a. östlich des Dorfes.

Nekropole des antiken Simena (Kekova)

Anfahrt/Verbindungen 1-mal am Tag um 14.15 Uhr ein **Dolmuş** von Antalya (Busbahnhof) über Demre nach Üçağız oder andersrum um 8 Uhr morgens von Üçağız über Demre nach Antalya. Die meisten Pensionen bieten Gästen, die länger als vier Tage bleiben, einen kostenlosen Pickupservice von und nach Demre an. **Taxi** von Kaş 20–25 €, von Demre 16–20 €. Von Üçağız mit dem **Boot** nach Simena ca. 10 €, 2 Std. private Bootsrundtour 30–35 € (je nach Größe des Bootes, jedoch für mind. 3–4 Pers.). Wer sich einer Bootstour anschließen kann, bezahlt rund 5 €. Bei Bootsausflügen hilft Hassan weiter (→ Essen & Trinken).

Ansonsten per **Bootsausflug** von Andriake (Demre), Kaş oder Kalkan (→ dort). Von Fethiye und vielen anderen Küstenorten sind Ausflugsfahrten meist eine Kombination aus einer Busfahrt bis Üçağız und anschließender Bootstour durch die Inselwelt von Kekova und nach Simena.

Übernachten in Üçağız Onur Pension, unmittelbar am Meer, eigener Bootssteg. Einfache, freundliche Pension. Schöne Terrasse nur für Gäste, darunter das Restaurant. DZ 45 €. Üçağız, ✆ 0242/8742071, ✆ 8742266, www.onurpension.com.

Kekova Pansiyon, im Westen der Bucht, direkt am Meer. 8 hübsche, geräumige Zimmer mit Aircondition und Holzböden. Gemeinschaftsbalkon im 1. Stock mit tollem Meeresblick. Von Lesern hochgelobt. DZ 35–45 €. Üçağız, ✆/✆ 0242/8742259, www.kekovapansiyon.com.

Ekin Hotel, 13 Zimmer, 5 mit eigener kleiner Terrasse, andere mit Balkon und Blick über die Bucht. Über dem Restaurant eine Dachterrasse mit Hollywoodschaukel. Die sympathisch-unaufdringlichen Brüder Ali und Yusuf Pehlivan beraten gut und fair bei der Planung von Wanderungen und Bootstouren: Man kann niemanden auf die hauseigene Jacht schleppen, da keine vorhanden. Ganzjährig. Von Lesern gelobt. DZ 35–40 €, auch HP möglich. Auf dem Weg zur Kekova Pension, ✆ 0242/8742064, www.ekinpension.com.

Übernachten in Simena Hier übernachtet man deutlich teurer.

Kale Pension, direkt am Meer mit herrlicher Terrasse auf einem Steg samt Liegestühlen und Hängematten. 10 einfach-gemütliche DZ mit Klimaanlage, Balkon/Terrasse und traumhaftem Meeresblick. Sehr freundlich. DZ 75 €. ✆ 0242/8742111, ✆ 8742110, www.kalepansiyon.com.

Mehtap Pension, etwas höher gelegen. 10 schlichte Zimmer mit Klimaanlage, 4 davon mit Meeresblick. Super Terrasse, Hängematten zum Relaxen. DZ 65 €. ✆ 0242/8742146, ✆ 8742261, www.mehtappansiyon.com.

Essen & Trinken In Üçağız und Simena mehrere Restaurants mit Terrasse am Meer – fast alle profitieren von organisierten Bootstouren. Welches die beste ist, ist schwer zu sagen. Das mit Abstand bekannteste und eines der alteingesessenen ist in Üçağız das von **Hassan**, dem „besten Koch vom Mittelmeer". Den Ehrentitel haben ihm Segler verliehen; kein Küstenhandbuch, das ihn nicht würdigt. Eine echte Marke! Hassan ist sehr hilfsbereit (deutschsprachig) und erteilt Rat in Bezug auf Zimmersuche, Bootsausfahrten usw. Fantastische Fischküche (Fischeintopf und Hummer müssen vorbestellt werden), geniale Garnelenspieße und Calamares. ✆ 0532/5130208 (mobil).

Baden Sandstrände sind unmittelbar vor Ort Fehlanzeige, es gibt nur einfache Steinbuchten. Über den versunkenen Ruinen ist Baden verboten.

Lykische Küste → Karte S. 292/293

Kleine Wanderung nach Simena

Wer sich das Geld für den Bootstransfer sparen will, folgt vom großen Parkplatz in Üçağız dem anfangs gepflasterten Weg links am natursteinummauerten WC-Häuschen vorbei. Dieser schwenkt nach ca. 60 m rechts ab. Sie bleiben stets auf dem (nur für Anlieger) befahrbaren Weg. Keine 15 Min. später sieht man schon die Burg von Simena, der Weg dorthin verläuft jedoch noch in einem weiten „U" um die Meeresbucht. Dauer einfach ca. 50 Min.

Demre (Kale) mit Myra und Andriake   ca. 15.600 Einwohner

Demre ist eine wenig reizvolle Kreisstadt zwischen Finike und Kaş. Am nördlichen Stadtrand liegt jedoch das antike Myra mit seinen eindrucksvollen Felsengräbern. Myra war zudem die Wirkungsstätte des rauschebärtigen Nikolaus. Vom im Westen von Demre gelegenen Andriake legen Ausflugsboote nach Kekova ab.

Dem nüchternen Verwaltungssitz Demre (auch Kale genannt) ist nicht mehr anzusehen, dass es einst bedeutende Bischofsstadt und ab dem 5. Jh. die Hauptstadt Lykiens war. Heute ist der Ort in erster Linie als Zentrum des Tomatenanbaus bekannt. In der weiten Schwemmlandebene steht Treibhaus an Treibhaus, drei Ernten jährlich sind die Regel.

Das antike Myra gehört zum Pflichtprogramm für Lykien-Touristen. Die Besucher kommen überwiegend mit dem Bus und bleiben selten länger als ein paar Stunden, dann sind die imposanten **Felsengräber** und die **byzantinische Kirche**, die lange Zeit der letzte Ruheort des Bischofs Nikolaus von Myra war, besichtigt. Den alten Hafen **Andriake** schaut sich so gut wie niemand an, es sei denn, man hat noch Zeit, bis das Ausflugsboot nach Kekova ablegt.

In touristischer Hinsicht ist Demre also lediglich das Ziel von Tagesausflüglern. Dementsprechend findet man nur wenige Hotels und Pensionen. Immerhin erstreckt sich vor Demre ein kilometerlanger Kiesstrand, der an der Beymelek-Lagune endet, einem weiten, von Schilf gesäumten See aus Brackwasser. Der See ist zugleich Nistplatz geschützter Vogelarten.

Telefonvorwahl 0242.

Verbindungen Die **Busse** auf der Küstenstrecke Antalya – Fethiye halten alle in Demre. Per **Dolmuş** kommt man u. a. nach Finike und Kaş.

Weihnachtsstimmung auf Türkisch! **Santa-Claus-Festival** jedes Jahr vom 6. bis 8. Dezember. Mit Weihnachtsmännern aus aller Welt, Rentierschau, Wettschenken u. v. m.

Bootsausflüge Am Hafen, etwa 5 km außerhalb bei den Ruinen von Andriake, legen kleine und größere Ausflugsboote ab, die Touristengruppen zu den diversen „versunkenen Städten" befördern, natürlich inkl. Kekova. Wer mitfahren will, sollte sich beim Handeln Zeit lassen. Mehr als 15–20 € sollte die Tour nicht kosten.

Übernachten Besser als im Zentrum von Demre übernachtet man in Kaş oder Üçağız

– oder man wählt unseren abseits gelegenen Tipp.

》 Unser Tipp: Hoyran Werde, eine Traumadresse für Ruhesuchende. Ca. 19 km westlich von Demre im stillen Dorf Hoyran weit abseits der Küste. Auf einer Fläche von 14.000 m² verstreuen sich diverse Natursteinhäuser- und häuschen zwischen Oliven-, Mandel- und Feigenbäumen. Das Hauptgebäude ist ein altes Dorfhaus, alle anderen wurden im gleichen Stil nachgebaut. Komfortable, stilsichere Zimmer und Suiten mit schönen Antiquitäten. Viele Terrassen mit herrlichem Blick über die Küste. Die in die Naturlandschaft integrierte Poolanlage gehört zu den schönsten der Türkei. Die freundliche Betreiberin hat 5 Jahre in Mühlheim an der Ruhr gelebt und spricht gut Deutsch. Anfahrt: Von Demre auf der D 400 kommend, nach ca. 16 km kurz hinter dem Ortseingangsschild von Davrazlar links ab (Holzschild „Hoyran"), dann nach rund 3 km linker Hand. DZ 100 €, Suiten ab 120 €, HP auf Wunsch (aufgrund mangelnder Alternativen vor Ort empfehlenswert). Horan Köyü, ✆ 8751125, www.hoyran.com. **《**

Essen & Trinken Mehrere einfache Lokantas im Zentrum. Zu empfehlen ist zudem das Restaurant **Yüzer Köşk**, ca. 10 km außerhalb von Kale (an der Straße nach Finike an der Beymelek-Lagune). Geboten werden leckere Fischgerichte, frisch gefangene Krebse und Krabben auf einer simplen, jedoch herrlichen Terrasse direkt am Wasser. ☎ 0532/5986930 (mobil).

Baden Schöner grauer, wenn auch nicht besonders gepflegter Sandstrand am antiken Hafen **Andriake**. An der Straße nach Finike mehrere Buchten, deren Idylle durch die Küstenstraße jedoch arg getrübt wird.

Wer nicht fußfaul ist, kann zudem einen herrlichen einsamen Strand (grober Kies, blendend weiß, sehr sauber und ca. 100 m lang) in der Nähe von Andriake aufsuchen. Um ihn zu finden, überquert man in Andriake die blau-weiße Brücke bei den Restaurants am Fluss und wandert stets am Strand entlang, bis man über ein abenteuerliches Brückchen in den *Lykian Way* einsteigt. Von dort noch ca. 30 Min. (rot-weiß markierter Weg).

Die Ahnentafel von Santa Claus

Zu Lebzeiten von Bischof Nikolaus (etwa 290–350) soll ein bettelarmer Mann in Myra gelebt haben. Dieser hatte drei Töchter, aber keine Mitgift für sie. Da wollte der wohlhabende Bischof helfen. Er schlich sich nachts heimlich zum Haus des unglücklichen Vaters, fand aber Fenster und Türen verschlossen. So kletterte er fluchend auf das Dach und warf ein Goldsäckchen durch den Kamin hinab. Wie das Leben so spielt, hatten die Mädchen ihre Strümpfe zum Trocknen über das Feuer gehängt, und die Gabe landete weich in der Wolle! Seitdem werden im christlichen Kulturkreis in der Nacht auf den 6. Dezember – dem angeblichen Todestag des Bischofs – Strümpfe bzw. Schuhe im Kamin oder, falls nicht vorhanden, vor der Tür deponiert, in der Hoffnung, sie am nächsten Morgen gefüllt wiederzufinden.

Der gute Bischof Nikolaus aus Myra ist jedoch nicht der einzige seiner Art. Ein Mitarbeiter des Staatlichen Französischen Forschungszentrums CNRS hat sich die Mühe gemacht, die Ahnentafel dieses merkwürdigen Alten mit Kutte, Kapuze, Bart, Stiefel und Sack zu erstellen. Es konnte nachgewiesen werden, dass der Nikolaus an die 30 Vorfahren hat. Der älteste unter ihnen ist Gargan, Sohn eines keltischen Gottes, der – bereits in die rote Kutte gehüllt – mit seinen Geschenken die Kinder beglückte und erschreckte.

Santa Claus in seiner heutigen, v. a. in Amerika populären Form ist ein Produkt des Schriftstellers Clement Clarck Moore (1779–1863). Auf ihn geht auch das uns bekannte Nikolausgefährt, der Rentierschlitten, zurück.

Bevor der Nikolaus übrigens als Weihnachtsmann Karriere machte, stieg er in der Ostkirche zunächst zum Schutzpatron der Seefahrer und Reisenden auf, da er einst an der Rettung von Schiffsbrüchigen beteiligt gewesen sein soll. Aus Mangel an eigenen Heiligen hielten sich später auch andere Berufsstände an ihm schadlos, wie Brückenbauer, Bäcker und Apotheker. Zu diesem Thema recherchierte u. a. Wolfgang Koydl, ehemaliger SZ-Korrespondent in İstanbul, und stellte fest, dass sich auch Kriminelle auf den Schutzpatron aus Myra beriefen. In einem Kölner Gefängnis ist der Fall eines Häftlings von 1933 dokumentiert, auf dessen Oberarm die Worte eintätowiert waren: „Heiliger Nikolaus, schütz uns vor Polizei und Arbeitshaus."

Lykische Küste → Karte S. 292/293

Sehenswertes

Kirche des Hl. Nikolaus: Die mit „Noel Baba Müzesi" ausgeschilderte dreischiffige Basilika, in deren Vorläuferbau der Bischof gewirkt hat, war im Mittelalter ein beliebtes Pilgerziel, da sich hier mehrfach Wunderheilungen ereignet haben sollen. Ihr heutiges Aussehen ist das Ergebnis mehrfacher Um- und Anbauten im Lauf der Jahrhunderte, die letzten umfassenden ließ der russische Zar Nikolaus I. durchführen. Ursprünglich stand die Kirche nicht in einer leichten Mulde, sondern sozusagen „ebenerdig". Das unterschiedliche Höhenniveau ist auf die Sedimentanschwemmungen des Demre Çayı bei Hochwasser zurückzuführen. Im Inneren sieht man einige verblasste Freskenreste sowie Mosaike und Sarkophage aus frühchristlicher Zeit. Keiner der Sarkophage ist nachweislich jedoch der des Kirchenpatrons. Dessen Sarkophag soll samt Gebeinen 1087 von italienischen Kaufleuten nach Bari entführt worden sein. Allerdings halten sich immer noch Vermutungen, dass die Grabräuber den falschen Sarkophag entwendet haben. Wie dem auch sei – fest steht, dass sich die sterblichen Überreste des Hl. Nikolaus nicht mehr hier befinden. Ob die im Archäologischen Museum von Antalya ausgestellten Reliquien (u. a. Teile des Kieferknochens) tatsächlich vom Heiligen stammen, muss ebenso angezweifelt werden. Die Kirche ist heute v. a. Wallfahrtsort und Ausflugsziel russischer Touristen, die nach dem Besuch gerne Ikonen *(made in China)* erstehen und auf Kamelen reiten.
Mai–Okt. tägl. 9–19 Uhr, Nov.–April 8–17 Uhr. Eintritt 4 €.

Myra (antike Stadt): Das antike Myra, bereits im 5. Jh. v. Chr. gegründet, war stets eine der führenden Städte des Lykischen Bundes. Faszinierend sind die Felsengräber der sog. *Seenekropole* aus dem 4. Jh. v. Chr. Inmitten einer steilen, senkrecht abfallenden Felswand befinden sich Dutzende einfacher Grabhöhlen, -zellen und -häuser sowie regelrechte Grabtempel, versehen mit aufwendigen Fassaden und Scheintüren – nicht wenige dieser Gräber, die mit ihren Balkonen und Giebeldächern aus dem Fels ragen, haben etwas von Bonsai-Villen mit Seeblick. Die schönsten Grabtempel sind mit meisterhaften farbigen Reliefs geschmückt: Krieger, die sich zum Kampf rüsten oder in Kampfhandlungen verwickelt sind, aber auch Motive aus dem Leben zeitgenössischer Berühmtheiten. Leider sind die Felsengräber nicht mehr zugänglich.

Während der römischen Kaiserzeit war Myra überaus wohlhabend. Daran erinnert noch das teilweise in Fels gehauene, stattliche *Theater,* dessen Ränge über ein mächtiges Tonnengewölbe zu erreichen sind. Die Einlasslöcher auf den Rängen dienten übrigens zur Aufnahme von Holzpfosten, an denen man Jalousien befestigte, damit die Zuschauer im Schatten sitzen konnten. Im und um das Theater liegen unzählige Architekturfragmente, viele davon mit sehenswerten Maskenreliefs des Theaterfrieses. Außer dem Theater blieb vom römischen Myra kaum etwas erhalten, dafür sorgten Arabereinfälle zu Beginn des 9. Jh. und danach die Schlamm- und Geröllmassen des Demre Çayı. Die Reste der *Akropolis* oberhalb des Theaters sind spärlich.
Ausgrabungsgelände: Mai–Okt. tägl. 9–19 Uhr, Nov.–April 8–17 Uhr. Eintritt 4 €. Das antike Myra mit Seenekropole und Theater liegt am Nordrand Demres und ist ca. 2 km vom Zentrum entfernt.

Andriake (antike Stadt): Der alte Hafen Myras (ausgeschildert) liegt 5 km westlich von Demre und wird heute auch als *Bucht von Çayağzı* bezeichnet. Im Jahr 59 wechselte dort der Apostel Paulus das Schiff auf seiner Reise nach Rom. Die Bucht konnte zu dieser Zeit noch durch eine starke Kette gesperrt werden.

In der Kirche des Hl. Nikolaus

Insgesamt sind die spärlichen Ruinen der Hafenstadt wenig beeindruckend. Einzige Ausnahme ist das noch relativ gut erhaltene *Granarium* mit Lagerhäusern (von Demre kommend links der Zufahrtsstraße), ein aus acht Räumen bestehender Getreidespeicher, der 6000 m³ Korn fassen konnte und im Jahr 129 – wie an der Fassade eine auffällige Inschrift zwischen Erd- und Obergeschoss offenbart – im Auftrag von Kaiser Hadrian gebaut wurde. Heute legen von Andriake Ausflugsboote nach Kekova ab. Keine Dolmuşverbindungen von und nach Demre.

Finike

ca. 11.200 Einwohner

Das Hafenstädtchen, bereits in der Antike unter dem Namen *Phoinikos* besiedelt, ist eine Kleinstadt, die groß aussieht und an Sehenswürdigkeiten nichts zu bieten hat. Auch wenn viele neue Hotels entstanden sind: Das Geschäft mit dem Tourismus ist noch immer Nebensache – eine angenehme Tatsache.

Finikes Wohlstand fußt, wie der von Kumluca, auf den reichen Erträgen der fruchtbaren Schwemmlandebene, an die beide Städte liegen. Im Hinterland, noch bevor die Dreitausender des Taurus imposant aufsteigen, erstrecken sich weite Orangenhaine. Trotz des unübersehbaren Wachstums der letzten Jahre drängt sich das Zentrum noch immer auf engem Raum zu Füßen eines Bergausläufers. Viel Flair besitzt es nicht, Zweckmäßigkeit ist Trumpf – aber es gibt alles, was ein Städtchen braucht. Und anstelle des nervenden Teppichhändlers begegnet man hier dem gut gelaunten Barbier, der dem Kunden überlässt, wie viel ihm die Rasur wert ist. Die wenigen internationalen Touristen, die kommen, steuern i. d. R. mit ihren Booten den modernen Jachthafen an. Der Uferbereich dahinter wurde in den letzten Jahren neu angelegt. Anregungen zur Stadtverschönerung bekommt der Bürgermeister u. a. aus seiner badischen Partnergemeinde Mosbach. Ansonsten machen in Finike

Nahe Finike: Çağıllı Plajı

überwiegend Türken Urlaub, viele von ihnen in ihren eigenen vier Wänden. Unzählige Apartmentblocks, dazwischen auch etliche Pensionen und Hotels, sind im neuen Ortsteil Sahilkent hinter dem vierspurigen Küstenhighway entstanden. Der kilometerlange Strand davor ist nicht überall sauber. Dafür schimmert das Meer in allen Grün- und Blautönen.

Verbindungen/Übernachten/Essen & Trinken

Telefonvorwahl 0242.

Verbindungen Bus/Dolmuş, kleiner Busbahnhof zentrumsnah an der Straße nach Elmalı. Auf der Fahrt nach Antalya (2½ Std.) oder Fethiye (4 Std.) halten die Busse hier stündl. Ebenfalls stündl. fährt ein Kleinbus nach Elmalı. Die umliegenden Strände und Orte wie Turunçova (Limyra), Demre (Kale) und Kumluca sind allesamt per Dolmuş vom Busbahnhof zu erreichen.

Einkaufen Großer **Markt** jeden Sa.

Übernachten **Hotel Grand Finike**, an der Durchgangsstraße (laut) nahe dem Hafen. Großes und steriles Standardhotel, billigschick gemacht. 56 Zimmer mit Klimaanlage und TV. Vorteil: fast alle Zimmer mit Balkon, viele mit schönem Blick auf den Hafen. Pool. EZ 25 €, DZ 45 €. Şerbetçi Bul., ✆ 8555805, www.hotelgrandfinike. com.tr.

Finike 2000, freundliches Haus westlich des Jachthafens. Von Lesern gelobt. Nur 20 Zimmer, fast alle recht groß, etwas altbacken ausgestattet, aber sehr sauber. Lediglich 4 Zimmer ohne tollen Blick über die Bucht von Finike. Zuvorkommender, auch deutschsprachiger Service. Der Hotelbesitzer ist der geistige Vater der Städtepartnerschaft Finike-Mosbach. Gutes Preis-Leistungs-Verhältnis. DZ 30 €. Limanüstü (vom Zentrum der Straße nach Kaş folgen, dann rechter Hand ausgeschildert), ✆ 8554927, 📠 8555076, www.hotelfinike2000.com.

Engin Otel, günstiges Hotel. Balkonzimmer mit Klimaanlage, TV, schlecht verlegten Teppichböden und schlecht funktionierenden Armaturen, jedoch sauber und okay für den Preis. Am Hauptplatz hinter der Uferstraße (etwas laut), nahe der Abzweigung nach Elmalı. DZ 25 €. Şerbetçi Bul., ✆ 8553040, 📠 8553041.

Hafen von Finike, im Hintergrund der Lykische Taurus

Lykische Küste → Karte S. 292/293

Essen & Trinken Im Zentrum kann man das **Deniz Restaurant** an der Cumhuriyet Cad. (nahe dem Hotel Sedir) probieren. Günstige und leckere Meze, Topf- und Grillgerichte in Kantinenambiente. Etwas gediegener ist der Ableger **Deniz 2** an der Durchgangsstraße nahe der Abzweigung zum Hafen. Große Auswahl an Vorspeisen. Terrasse. Vorspeisen 2–2,50 €, Hg. 4–6,50 €. Von Lesern gelobt. ✆ 8552282.

Ein empfehlenswertes Terrassenlokal am Hafen ist das **Petek Restaurant**. Seglertreff. Blick auf die Schiffsmasten. Faire Preise, Meze 2 €, Hg. 4–10 €. ✆ 8555029.

Im Hinterland von Finike

Limyra   (antike Stadt)

2 km östlich des Städtchens Turunçova – beim Dorf Zengerler – liegen die Ruinen der antiken Stadt Limyra, die die Lykier *Zemuri* nannten und deren Ursprung bis ins 5. Jh. v. Chr. zurückreicht. Aufgrund antiker Aufzeichnungen und diverser Münzfunde weiß man heute, dass in Zemuri an erster Stelle der Wolkensammler und Blitze schleudernde Zeus verehrt wurde und nicht etwa Apoll oder Artemis, die Hauptgötter Lykiens.

Die kleinen, glucksenden Wasserläufe, die sich im Limyros-Tal sammeln und ins Meer fließen, waren Heimat des bekannten Quellorakels von Limyra. Forellen (!) sagten die Zukunft voraus. Stürzten sie sich auf das eingestreute Fischfutter, blickte man optimistisch auf, umrundeten sie es skeptisch, machten alle Anwesenden düstere Mienen.

Wie bei allen lykischen Städten wechselten immer wieder die Herrschaftsverhältnisse. Einer der rührigsten Herrscher der Stadt, der als persischer Satrap sogar ganz Lykien regierte, war ein gewisser Perikles, der so viel Selbstbewusstsein hatte, dass

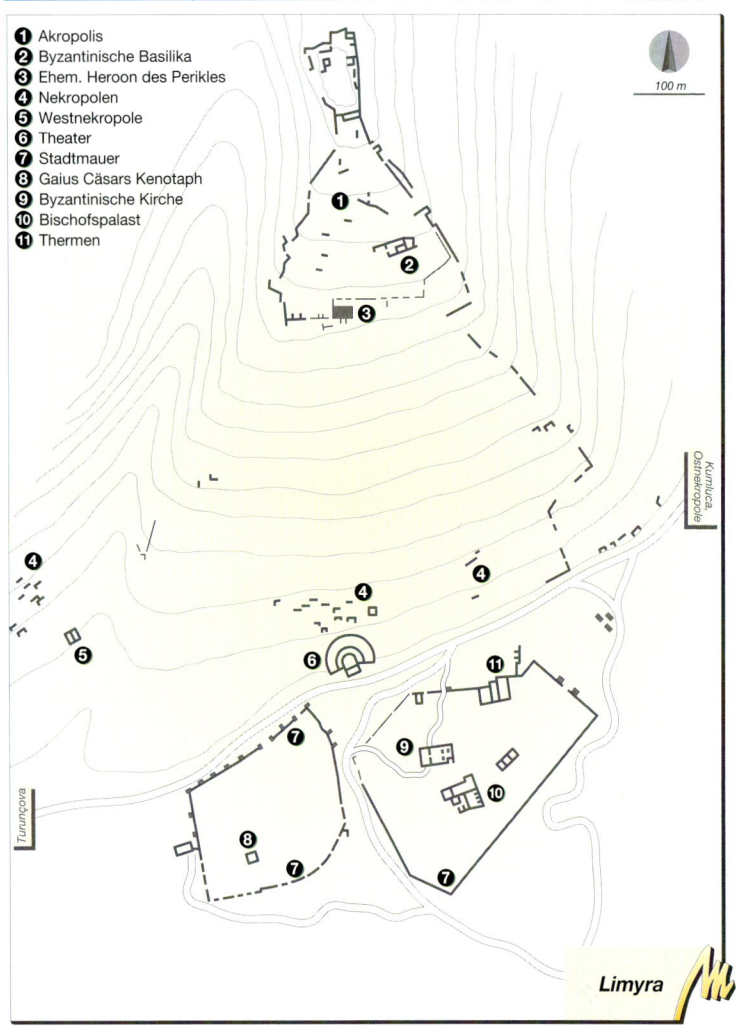

❶ Akropolis
❷ Byzantinische Basilika
❸ Ehem. Heroon des Perikles
❹ Nekropolen
❺ Westnekropole
❻ Theater
❼ Stadtmauer
❽ Gaius Cäsars Kenotaph
❾ Byzantinische Kirche
❿ Bischofspalast
⓫ Thermen

100 m

Kumluca
Ostnekropole

Turunçova

Limyra

er als zweiter Mensch der Welt sein Antlitz auf Münzen prägen ließ – bis 412 v. Chr. waren nur Götterköpfe im Umlauf. In hellenistischer Zeit gehörte die Stadt zu Ägypten, bis sie die Syrer kurzfristig eroberten, gleich darauf herrschte Perga- mon und schließlich Rom. Dass Gaius Cäsar, der blutjunge Enkel des Augustus, im Jahr 4 n. Chr. nach einer Verwundung beim Partherfeldzug hier starb, war für Limyra ein Glücksfall. In den Sterbeort des Kaisersprosses ließ Rom reichlich Geld fließen, sei es, um Erdbebenschäden zu beseitigen oder um einen Tempel besser auszustatten. In byzantinischer Zeit war Limyra ein ruhiger Bischofssitz. Araber- einfälle und die Verlandung des Limyros-Flusses brachten die Bewohner dazu, sich in *Phoinikos* (Finike), dem Hafen von Limyra, anzusiedeln.

Sehenswertes: Am Fuß des alten Siedlungshügels verstreuen sich die Ruinen der römisch-byzantinischen Stadt, inmitten derer heute Kühe und Schafe weiden. Wenn man aus Turunçova kommt, fallen zuerst Reste der einst wirkungsvollen *Stadtmauer* **7** auf. Aus der Zeit nach Christi Geburt sind noch Sitzreihen des *Theaters* **6** (141 n. Chr.), der *byzantinischen Kirche* **9**, der *Thermen* **11** und des *Bischofspalasts* **10** zu bewundern. Interessant ist auch der *Kenotaph für Gaius Cäsar* **8**, auch wenn von dem einst 18 m hohen Denkmal nur das massive Innengerüst übrig geblieben ist (Kenotaph heißt übersetzt „leeres Grab" und ist ein Grabmal für einen Verstorbenen, der an anderer Stelle beigesetzt wurde).

Insgesamt beeindruckender sind allerdings die Spuren der vorchristlichen Vergangenheit, v. a. die aufwändig in den Fels des Burghügels gehauenen *Nekropolen* **4**. Besonders die Westnekropole ist bezüglich Lage, Ausstattung und Anzahl der Gräber vielen lykischen Totenstädten überlegen. Herausragend sind das Grab des Tebursseli (im unteren Teil am Hang) und das Grab des Teberenimi (weiter oben), beide aus dem 4. Jh. v. Chr. Bevor Sie aber loskraxeln, um deren sehenswerte Kampfreliefs zu entdecken, versuchen Sie zunächst am besten, die Gräber per Fernglas zu lokalisieren. Leichter zugänglich ist die Ostnekropole mit allen Untertypen lykischer Grabbauten – einfach am Theater vorbei noch ca. 2 km Richtung Kumluca fahren.

Rund 45 Minuten (ohne Pause) dauert der Aufstieg vom Theater zur 300 m höher gelegenen *Akropolis* **1**, heute ein wüster Trümmerhaufen. Die Aussicht von dort ist jedoch grandios. In der Unterburg der einst stark befestigten Anlage fallen die Reste einer *byzantinischen Basilika* **2** ins Auge. Dieser zu Füßen, in exponierter Lage, stand auf einer 330 m² großen, künstlich angelegten Terrasse das Heldengrab des Herrschers Perikles. Dieses *Heroon* **3** aus dem 5. Jh. v. Chr. bestand aus einer unteren Grabkammer, über der sich ein Tempel erhob, der statt von schlichten Säulen von Karyatiden getragen wurde, aus Stein gemeißelten Frauengestalten. Von alledem findet sich jedoch keine Spur mehr. Im Museum von Antalya sind die z. T. erhaltenen Reliefbilder an den Friesen der Cella (innerer Kultraum), die zu den Meisterwerken lykischer Bildhauerkunst zählen, aufbewahrt.

Im Theater von Limyra

Anfahrt/Verbindungen   Von Finike aus 6 km Richtung Elmalı, in Turunçova rechts ab (beschildert, noch ca. 3,5 km). Mit dem **Dolmuş** von Finike nach Turunçova, von dort 3,5 km zu Fuß weiter.

Öffnungszeiten   Zuletzt frei zugänglich und kostenlos, was sich jedoch wieder ändern kann.

Arykanda   (antike Stadt)

Selbst wer prinzipiell an Ausgrabungen wenig Gefallen findet, sollte im Falle von Arykanda eine Ausnahme machen. Die im 6. Jh. v. Chr. gegründete Stadt liegt inmitten der atemberaubenden Bergwelt des Lykischen Taurus, und zwar auf kleinen Plateaus direkt an einem Steilhang, hinter dem das Massiv des Şahinkaya aufragt. Wegen dieser landschaftlich außerordentlich schönen Lage wurde die Stadt bereits in der Antike gerühmt. Und noch heute, weit über 2000 Jahre später, hat das Ambiente nichts von seinem Reiz eingebüßt.

Die Bewohner Arykandas hatten in der Antike einen schlechten Ruf, verschwenderisch und vergnügungssüchtig sollen sie gewesen sein, dazu alle hoch verschuldet. Dass sie etwa Antiochus III. im Jahre 197 v. Chr. im Kampf gegen die Ptolemäer unterstützten, hatte weniger mit machtpolitischen Gründen zu tun, sondern war vielmehr eine Strategie, um ihre Gläubiger vom Hals zu bekommen. Die geschichtlichen Eckdaten unterscheiden sich ansonsten kaum von denen anderer lykischer Städte. Aufgrund von Münzfunden weiß man, dass Arykanda bereits im 5. Jh. ein Prägerecht besaß. Ab dem 2. Jh. v. Chr. war die Stadt Mitglied des lykischen Bundes, ab dem Jahre 43 gehörte sie zur römischen Provinz *Lycia et Pamphilia* – aus jener Zeit stammt auch das Gros der heute noch erhaltenen Bausubstanz. Schon früh breitete sich das Christentum in Arykanda aus, und im Byzantinischen Reich wurde die Stadt sogar Bischofssitz. Nachgewiesen ist eine Besiedlung Arykandas bis ins 11. Jh. Warum die Stadt aufgegeben wurde, bleibt ein Rätsel.

Arykanda im Lykischen Taurus

Sehenswertes: Seit den 1970ern finden immer wieder Grabungen durch die Universität Ankara statt, die den einstigen Aufbau der Stadt gut erkennen lassen. Die städtischen Repräsentationsbauten lagen übereinander auf mehreren Terrassen. Die zweistöckigen *Thermen* **12** beim *Gymnasion* **11** wirken noch immer mächtig, dahinter befindet sich die *Ostnekropole* **13** mit ihren auffälligen Tempelgräbern. Auch die *Agora* **5** ist auf ihrem Plateau noch immer deutlich auszumachen. Bei der Ausgrabung des *Odeions* **6** und einer daneben gelegenen, einst 75 m langen Säulenhalle kamen Mosaike zum Vorschein. Im z. T. verschütteten *Stadion* **8**, das sich idyllisch an den Hang schmiegt, saßen die Zuschauer an der Bergseite. Das *Theater* **7**, das schönste Bauwerk der Stadt, wurde völlig ausgegraben: Klein und schnörkellos bot es für die damaligen Zuschauer ein intimes Erlebnis, da die Sitzreihen direkt in die Orchestra übergehen.

Anfahrt Beim Dorf Arif, etwa 32 km hinter Finike an der Straße nach Elmalı, zweigt bei den letzten Häusern ein Sträßlein rechts ab (ausgeschildert). Von da aus noch etwa 1 km.

Öffnungszeiten Das Ausgrabungsgelände ist nicht umzäunt, offiziell tägl. 9– 19.30 Uhr, im Winter verkürzt. Eintritt 1,20 €.

❶ Bouleuterion (Rathaus)
❷ Bad
❸ Nymphäum
❹ Stoa
❺ Agora
❻ Odeion
❼ Theater
❽ Stadion
❾ Heroon
❿ Haus mit Inschriften
⓫ Gymnasion
⓬ Thermenanlage
⓭ Ostnekropole

Arykanda

Elmalı

ca. 18.000 Einwohner

Vor dem Hintergrund eines mächtigen Bergmassivs steigen die Minarette der 600 Jahre alten Hauptmoschee **Ömerpaşa Camii** in den Himmel. Wenn der Muezzin ruft, lassen die Männer ihren Tee stehen und schlendern in die Moschee zum Gebet. Elmalı ist ein besuchenswertes Städtchen am Rande einer Hochebene 1155 m über dem Meer und 67 km von Finike entfernt. Die hiesige Sommerfrische genießen auch viele Städter von der Küste, in den heißen Monaten steigt die Einwohnerzahl auf bis zu 30.000 an. *Elma* heißt übrigens „Apfel", und tatsächlich werden im Umland in großem Stil Obst und Getreide angebaut.

Die lange, schnurgerade Hauptstraße führt hinauf zum alten Zentrum (mit „Şehir Merkezi" ausgeschildert), wo sich Osmanenhäuschen im Fachwerkstil den Hang hochziehen. Dort liegt auch das Marktviertel, wo man kunstvoll gearbeitete Kupferwaren erstehen kann, für welche die Stadt bekannt ist. Lohnenswert ist auch ein Besuch des alten türkischen Bads **Bey Hamam** bei der Hauptmoschee (tägl. 8–22 Uhr, Sa 10–18 Uhr Frauentag, für Touristengrüppchen auch gemischtes Baden möglich), wo man für 12,50 € rund zwei Stunden durchgeschrubbt und eingeseift wird. Ebenfalls bei der Hauptmoschee findet stets montags ein farbenfroher Wochenmarkt statt. Wer bleiben will, kann nur zwischen wenigen einfachen Hotels wählen, denn auf Tourismus ist Elmalı nicht eingestellt.

Sensationell war ein Münzfund nördlich von Elmalı im Jahre 1984. Mit einem selbst zusammengeschraubten Metalldetektor entdeckten Bauern keine 20 cm unter der Erde eine Amphore mit rund 1900 griechischen und lykischen Münzen aus dem 5. Jh. v. Chr. Unter der Hand wurde der Schatz ins Ausland und von dort weiter an den internationalen Kunsthandel verschoben. Einzelne Münzen erzielten bei Versteigerungen Preise von 300.000 US-Dollar. Über 1600 Münzen (einige gelten bis heute als verschollen) konnten aufgrund von Interventionen Ankaras 1999 aus den USA in die Türkei zurückgeholt werden, wo sie über ein Jahrzehnt im Ankaraner Museum für anatolische Zivilisationen ausgestellt wurden. Bis zu Ihrem Besuch sollen die Münzen im neu eröffneten Museum von Elmalı zu sehen sein.

Verbindungen Mit dem Bus hat man recht gute Anschlüsse über Korkuteli nach Antalya, ebenso nach Finike oder direkt nach Kaş.

Übernachten Otel Arzu, an der Hauptstraße 100 m oberhalb der Ömerpaşa-Moschee. 24 kleine, etwas abgewetzte Teppichbodenzimmer, nichts Besonderes, aber okay. EZ 17,50 €, DZ 30 €. Hanönü Cad. 27, ✆ 0242/6186604, 🖷 6186605, www.arzuotel.net.

Olympos-Nationalpark (Olimpos Beydağları)

Geografischer Mittelpunkt des Nationalparks ist das mächtige Massiv des Tahtalı Dağı (2365 m). Wie einige seiner Kollegen trug es in der Antike den etwas einfallslosen Namen „Olympos" – „Berg". Auf seinen Gipfel führt eine Seilbahn. Zu seinen Füßen findet man in Pinienwäldern versteckte antike Ruinen und malerische Buchten mit einem türkisfarbenen Meer davor.

Der rund 700 ha große, lang gezogene Olympos-Nationalpark erstreckt sich zwischen Antalya und Kumluca. Lediglich der Küstenstreifen der Kemer-Region gehört nicht dazu – mit einschlägigen Folgen. Die Hauptattraktionen des Nationalparks sind neben einigen tollen Stränden die Ruinenstädte Phaselis und Olympos sowie die Ewigen Flammen bei Çıralı. Im Hinterland bezaubern einsame Almen, gluckernde Bäche und stille Wälder – ein Paradies für Wanderer. Der Gipfel des Tahtalı Dağı ist bis ins Frühjahr von einer weißen Haube überzogen. Da die Schutzbestimmungen rund um den Tahtalı Dağı wesentlich legerer sind als in anderen Nationalparks des Landes, ist es übrigens problemlos möglich, sich in der Idylle einzumieten, egal ob an den Stränden oder inmitten der Bergwelt.

Çavuşköy/Adrasan

Çavuşköy ist ein kleines Nest südlich von Olympos Richtung Kumluca – ein paar Bauernhäuser, ein Teehaus, mehrere Läden, die Feuerwehr, ein Krankenhäuschen, eine Schule, eine Apotheke und eine selten funktionierende Ampelanlage am Dorfplatz mit seinen schlafenden Hunden. Die Einwohner betreiben Obst-, Baumwoll- und Gemüseanbau; das Gemüse gedeiht überwiegend in Gewächshäusern. Deswegen aber kommt niemand hierher. Anziehungspunkt ist vielmehr die 5 km entfernt gelegene, von Felsen eingerahmte **Bucht Adrasan** (in Çavuşköy mit „Sahil" ausgeschildert) mit ihrem weiten Sandstrand, Lebensader der Hotels und Pensionen gleich dahinter. Wie Çıralı besitzt auch Adrasan noch den Charme des Einfachen, Unperfekten. Nur gibt Çıralı ein harmonisches Gesamtbild ab, während Adrasan eher einem etwas vernachlässigten Provisorium gleicht. Dennoch: Adrasan hat seinen Reiz und deswegen auch viele Fans. Vom Fluss im Norden der Bucht führen Fußwege in benachbarte Badebuchten.

Verbindungen/Sonstiges

Achtung: Keine EC-Automaten und Banken in Adrasan und Çavuşköy!

Telefonvorwahl 0242.

Verbindungen 3-mal tägl. (im Winter nur 1-mal) fährt ein **Dolmuş** direkt nach Antalya. Am Fr um 7.30 Uhr geht es mit dem Dolmuş zum Markt nach Kumluca. **Taxifahrer** nutzen das spärliche Angebot aus und verlangen für die 20 km zur Hauptstraße ca. 20 €.

Tauchen Diving Center Adrasan, neben dem Hotel Atıcı II. Unter Leitung von Holger und Mediha Pollmann. Freundliche deutschsprachige Tauchbasis, von Lesern zigfach in den Himmel gelobt. Anfängerkurse (P.A.D.I., CMAS, DTSA) 290 €, Tagesausfahrt mit zwei Tauchgängen (mit eigener Ausrüstung) zu schönen Steilwänden und Höhlen 50 €. ☏ 0532/3412943 (mobil), www.diving-adrasan.com.

Übernachten/Essen & Trinken

Alles in allem an die 40 Quartiere, teilweise in den Obstplantagen, die sich zwischen Ort und Bucht erstrecken, z. T. an der Straße dorthin, die meisten direkt in der Bucht. Das Gros der Unterkünfte verpflegt seine Gäste im eigenen Lokal. Ansonsten sind die Restaurants am Bachbett im Norden der Bucht eine angenehme Abwechslung. Viele Pensionen haben nur von Mitte Mai bis Mitte Oktober geöffnet.

An der Bucht Ford Hotel, Club-Ambiente in Miniformat – schöne Anlage mit Pool und Palmen. 21 gepflegte, aber schlichte Zimmer mit Klimaanlage. Nehmen Sie nur ein Zimmer mit Meeresblick. DZ satte 100 €. Letztes Haus im Süden der Bucht, ☏ 8831066, ✉ 8831026, www.fordhotel.net.

Hotel Atıcı II, kleines Wiesengrundstück mit einigen Bäumchen hinter dem Strand. Restaurant. 12 Zimmer mit neu restaurierten Bädern, dahinter ordentlich eingerichtete 3-Bett-Bungalows mit kleiner Terrasse. Einfach, aber sauber. Nette Atmosphäre, viele Taucher. DZ mit Klimaanlage 40 €, Bungalows für 2–3 Pers. 55 €. Adrasan, ☏ 8831097, www.atici2hotel.com.

Street Café, der kleine, lustig gestaltete Verschlag, wo es hausgemachten Kuchen und den besten Cappuccino Adrasans gibt, ist ein beliebter Treffpunkt hinter dem Strand. Zudem vermieten die Betreiber Birgit und „Rambo" Kaplan 5 gut ausgestattete Bungalows (darunter große für Familien und kleine für max. 3 Pers.). Freundliche, ungezwungene Atmosphäre. Deutschsprachig. Bungalow für 1 Pers. 28 €, für 2 Pers. 40 €. Adrasan, ☏/✉ 8831354, www.streetcafe-adrasan.de.

Am Fluss River Hotel, ca. 150 m landeinwärts gelegen, eine von mehreren idyllischen Unterkünften am nördlichen Buchtende. Ottomanen und Tischchen direkt am Wasser. Hängematten im Garten. Sehr gemütlich. Die Zimmer sind einfach, aber okay und sauber. Freundlicher deutschsprachiger Service. DZ 45 €. Adrasan, ☏ 8831325, www.riveradrasan.com.

Lykische Küste → Karte S. 292/293

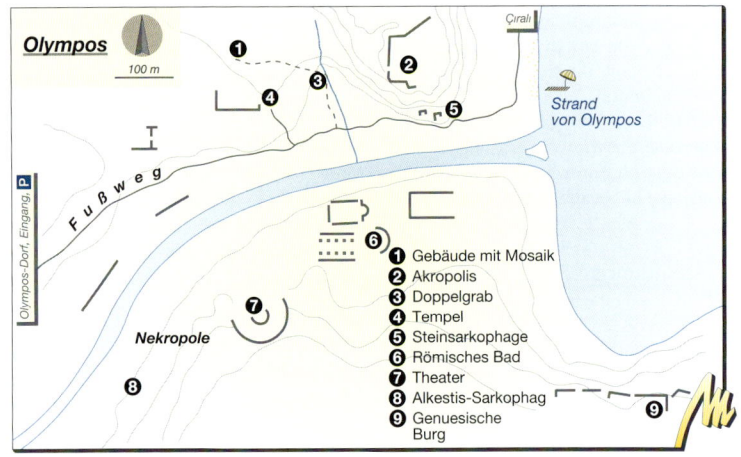

Olympos (antike Stadt)

Für das Gros der Touristen ist der herrliche, weitläufige Sandkiesstrand vor der Haustür der antiken Stadt am interessantesten. Ins Meer mündet zudem ein Fluss mit kristallklarem Wasser, der die Dusche ersetzt. Ein Hauch von Südsee!

Natürlich sind Sie nicht der Erste, der sich nach Olympos aufmacht. Die an der Zufahrtsstraße zum Strand und zur **antiken Stadt** gelegenen **Treehouse-Siedlungen** genießen in der internationalen Backpackerszene mittlerweile einen Kultstatus à la Zipolite (Mexiko) oder Hat Rin (Thailand). Olympos, mehr Camp als Ort im eigentlichen Sinne, stieg dadurch zu einem kleinen Zentrum des alternativen Massentourismus auf, in das Buslandung auf Busladung junger Traveller zur großen Party reist. Auch junge Türken mit schmalem Budget kommen gerne. Am improvisierten Parkplatz fünf Minuten vom Meer reihen sich dagegen die Suzuki-Jeeps der Tagesausflügler aneinander, und in der Bucht ankern überladene Ausflugsboote mit Schlagseite.

Im Altertum gehörte Olympos, dessen Ursprünge bis ins 2. Jh. v. Chr. zurückreichen, zu den sechs bedeutendsten Städten Lykiens und war Zentrum des Hephaistos-Kultes (→ Chimaira). Zu Beginn des 1. Jh. v. Chr. geriet Olympos unter die Kontrolle kilikischer Korsaren. Ihr Anführer war ein Mann namens Zenicetes, der hier seinen Hauptstützpunkt wählte. Er führte den aus Persien stammenden Mithras-Kult ein, ein ausschließlich von Männern gepflegter Kult, bei dem das Opfern von Stieren zur Förderung des Lebens wie der Erlösung diente. Der Piraterie setzten 78 v. Chr. die Römer ein Ende und zerstörten die Stadt. Von diesem Schlag erholte sich Olympos nie mehr. Die römischen Soldaten nahmen jedoch den Mithras-Kult mit, der sich daraufhin im gesamten Römischen Reich ausbreitete. In vielen Garnisonstädten entstanden Mithräen, Heiligtümer, in denen der stiertötende Gott verehrt wurde.

Grabungsarbeiten wurden zuletzt zwischen 2000 und 2005 von der *Anadolu Üniversitesi* Eskişehir durchgeführt – seitdem sind die malerisch gelegenen Ruinen bestens beschildert. Ein Streifzug durch die Anlage lohnt sich, obwohl die Überbleibsel von Olympos eher spärlich sind: Reste einer **byzantinischen Kirche** am Kanal, ein **Brückenpfeiler** am Fluss, der seit der Antike seinen Lauf nicht geändert hat, im Gebüsch versteckt ein **Theater 7** – bis auf den Eingangsbogen allerdings in traurigem Zustand – und ein interessantes **Tempeltor**, 5 m hoch, im ionischen Stil, mit einem schönen Sturz und einer Weihinschrift für Kaiser Mark Aurel. Der etwas beschwerliche Weg hinauf zur **Akropolis 2** lohnt v. a. wegen der herrlichen Aussicht über die Bucht von Olympos. Zu den sehenswertesten Überresten gehören jedoch die Grabanlagen: der **Alketis-Sarkophag 8** auf der Südseite des Flusses, das große **Doppelgrab 3** im Dschungel auf der Nordseite des Flusses und die drei **Steinsarkophage 5** in zwei Felsnischen auf dem Weg zum Strand. Über den Strand von Olympos erreicht man Çıralı zu Fuß in rund zehn Minuten.

Anfahrt/Verbindungen Am unkompliziertesten mit dem eigenen Fahrzeug. Von der Küstenstraße Antalya – Finike geht ca. 30 km südlich von Kemer (hinter dem Ort Ulupınar und hinter der Abzweigung nach Çıralı) die Straße nach Olympos ab (beschildert). Alle **Busse und Dolmuşe** auf der Strecke Antalya – Finike halten auf Wunsch an der Abzweigung. Von dort verkehrt im Sommer jede Std. ein **Dolmuş** nach Olympos (im Winter alle 2 Std.).

Übernachten/Essen Auf dem Weg zum Strand liegen etliche **Treehouses** (Baumhaussiedlungen) mit angeschlossenen Restaurants. Die Unterkünfte richten sich fast ausschließlich an junge Traveller, wirklich komfortable Unterkünfte gibt es nicht.

Kadirs Yörük Top Tree House, die älteste Baumhaussiedlung von Olympos und eine der beliebtesten. Es ist fast eine kleine, wackelige Stadt für sich, überaus originell gestaltet, aber auch umtriebig, freakig und laut. Vermietet wird nur gegen HP, dafür finden sich an den Tischen nette Essensgemeinschaften zusammen, abends gibt's große Lagerfeuer und dröhnende Musik. In der Saison zudem mit Tauchbasis, ganzjährig werden Klettermöglichkeiten und Meereskajaktouren geboten. In der Dormitory-Hütte ab 12,50 €/Pers., in der DZ-Hütte mit privatem Bad ab 21 € und im Bungalow mit Aircondition ab 27 €. Olympos, ☎ 8921250, 📠 8921110, www.kadirstreehouses.com.

Şaban, eine gute Adresse. 10 Treehouses und 40 Bungalows mit Bad/WC. Die Küche der Pension gilt als die beste von Olympos. Auch Nicht-Gäste können abends mitessen. Freundlicher deutschsprachiger Service. Treehouses mit HP 14,50 €/Pers., Bungalows mit HP 20 €/Pers. Olympos, ☎ 8921265, 📠 8921397, www.sabanpansion.com.

Bayram's, auch hier kann man sich ganz einfach in Treehouses oder etwas komfortabler in ordentlichen Bungalows mit eigenem Bad und Aircondition (klein, aber niedlich und blitzsauber) einmieten. Sehr gemütliche Terrasse. Bar, Laundry, Book Exchange. Bungalow für 2 Pers. mit HP (Abendessen als Büfett) 44 €, Treehouse 32 €. Olympos, ☎ 8921243, 📠 8921399, www.bayrams.com.

> **Achtung**: Kein EC-Automat und keine Bank in Olympos!

Ausgrabungsgelände/Öffnungszeiten Offiziell war das Ruinengelände zuletzt nur von 9–19 Uhr geöffnet, die Zugänge blieben aber auch davor und danach geöffnet (sollte sich das ändern, so wäre um 19 Uhr Zapfenstreich am Strand). Eintritt während der offiziellen Zeiten 1,20 €.

Baden Von den Unterkünften ist der Strand von Olympos nur über das Ausgrabungsgelände zu erreichen, d. h., man muss Eintritt entrichten, und zwar täglich.

Çıralı: Strand und Dorf

Çıralı

Die längste Zeit seiner Existenz war Çıralı nichts anderes als eine kleine, unbekannte Siedlung am Ostende der Olympos-Bucht. Heute ist der Ort zur Heimat einer großen, bunt gemischten Urlauberschar mit einem Faible fürs Wohnen im Grünen aufgestiegen. Inmitten der üppigen Pflanzenwelt gedeiht eine Pension nach der anderen, mittlerweile ist deren Zahl auf rund 80 angestiegen. Dabei dürfte es eigentlich kein einziges Haus geben. Angeblich ist alles, was in Çıralı steht, illegal gebaut, selbst die Moschee. Die Pensionen liegen weit verstreut (einen wirklichen Dorfkern gibt es nicht), das Gros aber in sicherem Abstand zur Küste. Denn der herrliche Kiesstrand vor der Haustür ist wie der von Patara oder Dalyan eine Brutstätte der Unechten Karettschildkröte (→ S. 330). Damit das so bleibt, engagiert sich vor Ort der World Wildlife Fund (WWF) mit seiner türkischen Partnerorganisation *Doğal Hayatı Koruma Derneği* (DHKD) und unterstützt den hiesigen Öko-Tourismus. Von Çıralı erreichen Sie den Strand von Olympos zu Fuß in ca. 10 Minuten. Übrigens bleiben nicht wenige, die für Çıralı nur drei Badetage einkalkulieren, den Rest ihres Urlaubes dort!

Telefonvorwahl 0242.

Verbindungen/Anfahrt Die Busse und Dolmuşe, die die Küste entlangfahren, halten an der Straßenkreuzung 7 km oberhalb von Çıralı. Von dort ist der Weg nach Çıralı und zu den Ewigen Flammen (Chimaira/Yanartaş) ausgeschildert und in der HS mit Dolmuş (von 9–19 Uhr 7-mal, zudem bei einer Mindestzahl von 5 Pers.) oder Taxi zu erreichen. In die andere Richtung, von Çıralı zum Küstenhighway, fährt ebenfalls 7-mal tägl. ein Dolmuş. Einen Transfer vom Küstenhighway nach Çıralı bzw. andersrum bieten auch viele Pensionen nach vorheriger Reservierung bzw. Absprache. Zudem tägl. ein Dolmuş um 21 Uhr zu den Ewigen Flammen, am Montagvormittag nach Kemer und am Freitagvormittag zum Markt nach Kumluca.

Zwischen Çıralı und Olympos gibt es keine direkte Straßenverbindung.

Achtung: Kein EC-Automat und keine Bank in Çıralı!

Übernachten/Essen Die Unterkünfte versorgen ihre Gäste i. d. R. selbst (beste Hausmannskost), die Zahl der Restaurants hält sich deshalb in Grenzen. Im Winter haben die meisten Unterkünfte geschlossen.

Arcadia, im idyllisch grünen Garten hinter dem Strand verstecken sich 5 komfortable, stilvoll ausgestatte, knapp 60 m² große Holzbungalows, nach griechischen Göttern benannt. Gefrühstückt wird mit Meeresblick – traumhaft. Des Weiteren 5 feine Bungalows etwas landeinwärts. Für 2 Pers. 100–125 €. Im Norden der Bucht, von der Strandstraße ausgeschildert, ✆ 8257340, www.arcadiaholiday.com.

Azur Hotel, relativ weit zurückversetzt vom Strand. Recht großes Areal mit 8 komfortabel ausgestatteten Zimmern im Reihenbungalowstil, dazu 20 neue Bungalows aus Zedernholz mit modernen Bädern. Unter deutsch-türkischer Leitung. Leser schwärmen: „Großer Garten mit Hängematte, viel Ruhe, Hühner zum Beobachten und Kaninchen zum Streicheln." Pool. Es werden auch Jeeptouren und Wanderungen angeboten. DZ 90 €. An der Straße zu den Ewigen Flammen (Yanartaş), ✆ 8257072, ✆ 8257076, www.azurhotelcirali.com.

Anatolia Resort, ebenfalls etwas zurückversetzt vom Strand. Bezüglich des Standards eher Hotel als Pension. 7 Zimmer mit schmiedeeisernem Mobiliar im Haupthaus, dazu 5 Steinbungalows. Gepflegter Garten, schöne Dachterrasse. Freundlich und deutschsprachig. Abendessen auf Wunsch. Für das Gebotene faire Preise. EZ 55 €, DZ 65 €. Im Norden der Bucht, von der Straße zu den Ewigen Flammen (Yanartaş) ausgeschildert, ✆ 8257131, www.anatoliaresort.com.

Olympos Yavuz Pension, zweistöckiges Haus in einem großen Garten, etwas zurückversetzt vom Strand. Einfache, aber ordentliche weißgetünchte Zimmer mit Klimaanlage und Heizung. DZ 50 €. In der südlichen Buchthälfte, ✆ 8257045, www.olympo syavuzhotel.com.

Blue Paradise Pension, 9 Zimmer, vor denen die Zitronen von den Bäumen fallen. Von Lesern sehr gelobt, gutes Frühstück. Lauschiger Garten mit Tischtennisplatte, Hängematte und Liegestühlen. Deutschsprachig. Abendessen auf Wunsch. Radverleih. DZ mit Aircondition 40 €. In erster Reihe im Norden der Bucht, von der Strandstraße ausgeschildert, ✆ 8257013, ✆ 8257214, www.blueparadisecirali.com.

Sima Peace Pension, etwas zurückversetzt vom Strand. Eine der günstigeren Pensionen vor Ort. Viele zufriedene Stammgäste. Gut für Alleinreisende, hier findet man immer Anschluss. Schlichte Zimmer und kleine, in die Jahre gekommene Holzbungalows (Renovierung geplant!) mit Klimaanlage. Dazwischen eine Terrasse, auf der es zuweilen recht fröhlich zugeht und Papagei Koko für zusätzliche Stimmung sorgt. Die lustige, gastfreundliche Inhaberin Aynur Kurt (deutsch- und englischsprachig) kocht gutes Essen. Transfer zur Bushaltestelle an

Die Ewigen Flammen - wo die Erde Feuer spuckt

der Straße Antalya – Fethiye. EZ 25 € (mit HP 35 €), DZ 35 € (mit HP 60 €). Im Norden der Bucht, von der Straße zu den Ewigen Flammen (Yanartaş) ausgeschildert, ✆ 8257245, ✉ 8257181, www.simapeace.com.

Camping Mehrere Pensionen bieten Stellplätze, so z. B. die **Engin Pansiyon** am nördlichen Ende der Bucht. 2 Toiletten, 2 Duschen, Strom. 11 € für 2 Pers. mit Wohnmobil. ✆ 8257026.

Chimaira (Ewige Flamme)/Yanartaş: Das beliebte, leicht zu erreichende Ausflugsziel liegt an einem 250 m hohen Bergkamm. Eigentlich sind es viele ewige Flammen, die – erdgasgespeist – durch kleine Spalten aus dem Fels züngeln. Sie brennen seit dem Altertum, seit dem letzten Jahrhundert jedoch merklich schwächer. Früher muss man sie bis weit hinaus aufs Meer gesehen haben, denn angeblich dienten sie einst den Seeleuten zur Orientierung. Hier war die sagenhafte *Chimäre* zu Hause, ein Ungeheuer mit Löwenkopf, Ziegenkörper und einer Schlange als Schwanz, bis sie von Bellerophon (→ Kasten, S. 396) mit Unterstützung des geflügelten Wunderpferdes Pegasos getötet wurde. An ihrem Feuer spuckenden Wohnsitz verehrten die Griechen den olympischen Schmied und Feuergott Hephaistos, die Römer seinen Nachfolger Vulcanus. Die Türken gaben dem mythischen Ort den eher nüchternen Namen *Yanartaş* – „brennender Stein". Es gibt zwei Feuerfelder, das erste liegt oberhalb der Ruinen des dazugehörigen Heiligtums (Hephaestum), das andere, kleinere etwa 30 Fußminuten weiter bergauf. Den nachhaltigsten Eindruck hinterlässt der Besuch von Chimaira nach Einbruch der Dunkelheit.

Wegbeschreibung: Von Çıralı der Beschilderung „Chimaera/Yanartaş" folgen. Nach ca. 5 km erreicht man den Parkplatz mit Kiosk, zugleich das Kassenhäuschen (Eintritt 1,75 €). Von da noch 15–25 Fußmin. (je nach Kondition) steil bergauf bis zum ersten Flammenfeld.

Weiter Richtung Antalya

Ulupınar: Der Weiler liegt 1 km unterhalb der Hauptverbindungsstraße zwischen Antalya und Finike. Er besteht aus ein paar Wohnhäusern, einer Moschee und einem Dutzend guter Gartenrestaurants, die weit über die Grenzen des Nationalparks bekannt sind. Man sitzt ganz idyllisch entweder in, über oder neben plätschernden Wasserläufen. Auf der Karte steht ganz groß Forelle – in allen Varianten. Welches Lokal aber die besten brutzelt oder grillt, darüber scheiden sich die Geister. Jeder hat seine Lieblingsadresse. Zu empfehlen sind auf jeden Fall das *Havuzbaşı* und das *Çağlayan*.

Beycik: Hier muhen die Kühe, bellen die Hunde, blöken die Schafe und krähen die Hähne, Beycik ist ein gemütliches, verschlafenes 250-Seelen-Bergdorf auf 800–1000 m Höhe. Die Landschaft ist herrlich, die Luft sauerstoffreich (angeblich werden hier selbst starke Raucher 100 Jahre alt …) und das Klima angenehm. Im Sommer ein ideales Ausflugsziel, um der drückenden Hitze an der Küste zu entgehen. Beycik ist Ausgangspunkt für Wanderungen auf den Tahtalı Dağı (s. u.).

Anfahrt Von der Hauptverbindungsstraße Antalya – Finike ist die Abzweigung nach Beycik beschildert. Von dort sind es noch 6 km bis zum Dorf. Keine Dolmuşverbindung.

Übernachten Villa il Castello, stilvolles, kleines Berghotel in traumhafter Lage 1000 m ü. d. M. Gut geführt von Deutschlandrückkehrer Asım Şahin. 9 komfortable, großzügige Suiten (nur Nichtraucherzimmer), alle mit TV (deutsche Kanäle), Zentralheizung und Balkon mit Berg- und Meeresblick. Schöne kleine Poolanlage. 30 €/Pers. mit Frühstück, 50 € mit HP. Beycik, ✆/ ✉ 0242/8161013, www.villa-castello.de.

1 Tempel
2 Aquädukt
3 Agora
4 Hadrianstor
5 Hauptstraße
6 Badehaus
7 Theater
8 Stadtmauer
9 Nekropole

Phaselis

100 m

Lykische Küste → Karte S. 292/293

Phaselis (antike Stadt)

Die antike Handelsstadt ist ein attraktives Ausflugsziel. Herrlich lässt es sich durch Ruinen im duftenden Pinienwald schlendern und fröhlich im Kriegshafen planschen.

Bei den Ausgrabungen ging man behutsam vor, schlug nicht gleich die ganze Gegend kahl und hinterließ auch kein archäologisches Trümmerfeld. Gegründet wurde Phaselis um 690 v. Chr. Innerhalb kurzer Zeit wuchs die Stadt heran und wurde zum Haupthafen an der lykischen Ostküste. Um 400 v. Chr. wurde in Phaselis der Dichter Theodektes geboren. Er schrieb Reden für berühmte Zeitgenossen und verfasste Theaterstücke – die Stadt ehrte ihn mit einem Standbild auf der Agora. Den Winter 334/333 v. Chr. verbrachte Alexander der Große in Phaselis. Es ist überliefert, dass er den lokalen Wein schätzte und an mehreren Trinkgelagen teilnahm. Nach seinem Tod fiel Phaselis an die Ptolemäer, später an Syrien, dann an Rhódos. Im 2. Jh. v. Chr. kam in Phaselis der Philosoph Critolaus zur Welt, der in der Tradition der Stoiker jeglichen leiblichen Genuss verdammte. Mit seinem Credo, dass die Tugenden der Seele wertvoller als die Freuden des Fleisches seien, machte er sich vermutlich nicht viele Freunde. Ob das der Grund war, dass es mit Phaselis im 1. Jh. bergab ging, bleibe dahingestellt. Wie Olympos wurde Phaselis Schlupfwinkel von Piraten und daraufhin in den römischen Seeräuberkriegen zerstört. Zwar ließen die Römer die Stadt wieder aufbauen, 400 Jahre später teilte sie jedoch das Schicksal des Imperiums: Mit Rom ging auch Phaselis unter. Danach übten die Bewohner Antalyas Raubbau an der Antike und nutzten die Bausubstanz von Phaselis zum Aufbau ihrer eigenen Stadt.

Deutlich erkennbar sind noch die drei Häfen, der **Nordhafen**, an dem der Aquädukt vorbeiführte, der große **Südhafen** und der zentrale, stark verlandete **Stadthafen**. Vom Stadt- zum Südhafen führte eine 24 m breite, gut erhaltene **Prachtstraße**, flankiert von pompösen Bauten, an die heute nur noch ein paar Mauerreste erinnern. Das **Theater 7** aus dem 2. Jh. v. Chr. bot 1500 Besuchern Platz. Sehenswert ist das **Badehaus 6**, dessen einst mächtiges Tonnengewölbe von zierlichen, noch erhaltenen Rundbögen getragen wurde. Interessant ist auch der **Aquädukt 2**, der von einer Quellgrotte das Wasser am Nordhafen vorbei Richtung Süden bis zu einer Zisterne in der Stadtmitte leitete, von wo es in die Häuser verteilt wurde. Er soll einer der längsten Aquädukte des Römischen Reiches gewesen sein.

Anfahrt/Verbindungen Die Abzweigung nach Phaselis liegt ca. 10 km südlich von Kemer, von dort 2 km bis zum archäologischen Gelände. Von Kemer mit den Tekirova-Dolmuşen zu erreichen, die Phaselis passieren. Mit etwas Glück fährt einen der Fahrer bis zum Eingang (vorher Bescheid geben!), wer Pech hat, muss von der D 400 noch 2 km bis zum Eingang laufen.

Öffnungszeiten Im Sommer tägl. 8.30–19 Uhr, im Winter 8–17 Uhr. Eintritt 3,20 €.

Auf den Tahtalı Dağı

„From the Sea to the Sky": Mit diesem Slogan wirbt man für die **Seilbahn** auf den 2365 m hohen Tahtalı Dağı. Die Seilbahn mit zwei 80-Personen-Kabinen ist eine moderne Schweizer Konstruktion. Zehn Minuten dauert die Fahrt von der Talstation auf 726 m Höhe hinauf zum Gipfel – ein Erlebnis. Die Ausblicke auf die Kemer-Region, über die Bucht von Olympos hinweg bis hin zur Ebene von Kumluca und Finike sowie auf die im Hinterland ansteigenden Taurusberge sind superb. An der Gipfelstation gibt es mehrere Lokale mit Aussichtsterrassen. Vom Gipfel des Tahtalı Dağı kann man auf dem *Lykischen Weg* übrigens in vier Stunden bis Beycik wandern, der Weg ist bestens markiert, lassen Sie sich den Einstieg zeigen. Gutes Schuhwerk und Wanderstöcke sind Voraussetzung (→ Beycik, S. 366).

Anfahrt/Öffnungszeiten: Von der D 400 zwischen Çamyuva und Phaselis mit „Teleferik Tahtalı Dağı" ausgeschildert, von da noch 6 km bis zur Talstation. Keine Verbindung mit öffentlichen Verkehrsmitteln. Die Seilbahn fährt im Sommer tägl. von 9–18 Uhr halbstündl., im Winter von 10–16 Uhr stündl. Hin/zurück 25 €.

Auf dem Tahtalı Dağı, im Hintergrund die Bucht von Olympos

Kemer – nur selten sind die Strände so leer wie hier

Kemer-Region

In Kemer gibt es Şiş Kebap, man wird von Türken bedient und kann sich einen Fes oder Teppich kaufen, doch mehr hat Kemer mit der Türkei nicht zu tun. Das Gleiche gilt für die umliegenden Badeorte, die allesamt zur Kemer-Region zählen: Überall trifft man auf gigantische Hotelkonglomerate, die nichts Landestypisches zu bieten haben.

Anfang der 1990er begann man den rund 45 km langen Küstenstreifen zwischen Beldibi und Tekirova mit Kemer im Zentrum für den Massentourismus zu erschließen. „Kemer 2000" nannte sich das Projekt, das mit Milliardenkrediten der Weltbank gefördert wurde und den Küstenabschnitt in eine gigantische Freizeitanlage mit bayerischen Biergärten, Gokartbahnen, großen Einkaufszentren und Non-Stop-Markets verwandelte. Von den einstigen Fischerdörfern ist außer dem Namen nichts geblieben. Aus ihnen wurden gesichtslose Retortenstädte mit Shoppingmeilen vom Reißbrett. Die Strände der Region werden jährlich von Millionen von Urlaubern heimgesucht, die meisten angelockt von preiswerten Pauschalarrangements. Eine Woche Flug und Hotel ist hier nicht selten billiger als der Nur-Flug-Tarif in so manch andere Touristenregion! Deutsche und v. a. auch Russen nehmen die Angebote am häufigsten wahr. Das Projekt ist bis heute nicht abgeschlossen.

Wenn Sie sich für die Region entscheiden, machen Sie Ihre Wahl weniger vom Ort abhängig, orientieren Sie sich besser an der Lage des Hotels bzw. Ihres Zimmers. Denn wer nicht unmittelbar in erster Reihe mit Meeresblick eincheckt, bekommt von seinem Balkon oft nichts anderes als tropfende Klimaanlagen oder die hohen Mauern zu sehen, die die riesigen Resortanlagen am Strand wie Hochsicherheitstrakte umgeben. Manche haben Kapazitäten für mehr als 2000 Gäste, neue Gesichter am abendlichen Büfett sind also garantiert. Innerhalb dieser Mauern findet man eine mal mehr, mal weniger perfekt arrangierte, künstliche Idylle. Außerhalb liegt der Sachverhalt häufig anders: In **Beldibi**, **Çamyuva** und **Kiriş**, wo die Erschließungspläne noch nicht vollständig umgesetzt sind, macht vieles noch einen lieblos provisorischen oder zumindest sterilen Eindruck.

Am perfektesten präsentieren sich bislang **Tekirova**, **Göynük** und **Kemer** selbst. Kemer (20.100 Einwohner) ist zugleich das einzige „richtige" Städtchen der Region mit dementsprechender Infrastruktur. Die Hauptgeschäfts- und Flanierstraße Kemers ist die Liman Caddesi, die zur gepflegten Marina führt. Südöstlich von dieser liegt der *Moonlight Park*, ein schön angelegter Park mit gemütlichen Open-Air-Kneipen direkt hinter dem Ayışığı-Strand. Nördlich des Moonlight Parks erstreckt sich auf einer Landzunge der *Yörük Park*, eine Art ethnografisches Freilichtmuseum, das an das Leben der heute sesshaft gewordenen Taurusnomaden *(yörükler)* erinnert (Eintritt 1 €).

Information/Verbindungen/Ausflüge

Telefonvorwahl 0242.

Information Tourist Information in Kemer im Gebäude der Gemeindeverwaltung nahe dem Jachthafen (ausgeschildert). Professioneller Service. Tägl. 8.30–17.30 Uhr, im Winter 8–17 Uhr und Sa/So geschl. Liman Cad. 159, ✆ 8141112, kemerturizm@hotmail.com.

Verbindungen Etwa im 20-Min.-Takt verbinden **Dolmuşe** Kemer mit Antalya und den umliegenden Hotelkonglomeraten. Abfahrt vorm Uhrturm am Cumhuriyet Meydanı. Auch der Dolmuş Antalya – Tekirova, der Phaselis passiert, fährt dort ab. Busbahnhof 2 km abseits des Zentrums an der D 400. Dort fahren die Überlandbusse ab.

Regelmäßige **Bus**verbindungen u. a. nach Fethiye (7 Std.) und Denizli/Pamukkale (6 Std.). Der Busbahnhof wird von den Dolmuşen nach Kuzdere passiert, Abfahrt ebenfalls am Uhrturm.

Bootsausflüge/Organisierte Touren Egal, ob in Kemer, Tekirova, Beldibi oder den Orten dazwischen – das Angebot ist im Großen und Ganzen gleich, die Preise sind nahezu identisch. Bootsausfahrten ca. 20 €, Jeepsafaris auf überwiegend staubfreien Straßen 20 €, Rafting in der Köprülü-Schlucht inkl. Transfer 20 €, Eintagestouren nach Pamukkale 37 €, Eintagestouren nach Kekova und Myra 26 €.

Adressen/Sonstiges

Ärztliche Versorgung Deutsch- oder englischsprachige Ärzte im privaten Krankenhaus **Kemer Yaşam Hastanesi** an der Akdeniz Cad. 26. ✆ 8145500.

Auto- und Zweiradverleih Viele internationale Verleiher haben Zweigstellen vor Ort (Autos ab 65 €/Tag), **Europcar** z. B. im Hotel Amara Wing Resort, Atatürk Bul. 34, ✆ 8141140, www.europcar.com.tr. Bei den lokalen Anbietern beginnen die Mietpreise für Pkws im Schnitt je nach Saison bei 40 €/ Tag. Für Scooter muss man mit 20 €/Tag rechnen. Kaufhaus-Mountainbikes bekommt man für 10 €/Tag, z. B. bei **Imo Car Rental** schräg gegenüber der Tourist Information, ✆ 8145275, www.imocarrental.com.

Baden Der schönste öffentliche Strand vor Kemer ist der **Ayışığı** („Mondlicht") beim Moonlight Park: grobsandig und gepflegt, aber oft sehr voll. Für die Strände der rund 35 km langen Kemer-Küste gilt: im Norden mehr Kies, im Süden mehr Sand. Einen Ausflug wert ist auf jeden Fall der Strand von Çıralı/Olympos (→ S. 364). Zwischen Beldibi und Antalya findet man zudem mehrere Badebuchten. Der Ausbau des Küstenhighways hat deren Charme jedoch leider verschwinden lassen.

Einkaufen Großer **Markt** in Kemer jeden Mo an der Dörtyol Cad. westlich des Cumhuriyet Meydanı. Fr Markt in Göynük.

Waschsalon Yeni Böwe Kuru Temizleme, Akdeniz Cad. 22. Eine Trommel waschen 7,50 €.

Übernachten/Camping (→ Karte S. 371)

99 % aller Urlauber der Kemer-Region buchen ihre Hotelanlage aus dem Prospekt. Aus diesen erfährt man, wie es um den Hotelpool mit Palmeninselchen aussieht, ob Gartenschach, Kreativateliers, Spätaufsteherfrühstück oder Mitternachtsimbiss, Jacuzzi oder Aperitivspiele angeboten werden, oder ob gar ein kostenloser Haarschnitt im Frühbucherrabatt enthalten ist. Individualreisende, die ihre Unterkunft vor Ort buchen, gibt es nur wenige. Viele Clubhotels sind auf diese Klientel auch gar nicht eingestellt, und so mancher Rezeptionist ist, wenn Sie ohne Voucher einchecken wollen, erst einmal sprach- und ratlos. Theoretisch zumindest haben Sie die Qual der Wahl unter mehr als 76.000 Betten.

Erendiz Hotel 4, abseits des Zentrums von Kemer in Aslanbucak, einer Wohngegend westlich der D 400. Gepflegte 34-Zimmer-Anlage mit Pool und gemütlichem Garten in der Mitte. Unter deutscher Leitung und sehr beliebt bei deutschsprachigen Aktivurlaubern. Anfahrt: Von Antalya auf der D 400 kommend, bei Kemer die Rechtsabzweigung nach Kuzdere nehmen (Schild), dann nach ca. 200 m ausgeschildert. Inkl. HP 39 €/Pers. 236. Sok., ✆ 8142504, ✆ 8143742, www.erendiz.de.

Sundance Nature Village, Camping und Bungalowanlage in der Bucht gegenüber den Ruinen von Phaselis. Schöne Lage in freier Natur, weitläufig, alter Baumbestand, dazwischen Hütten und herumlaufende Pferde. Allerdings auch sehr einfach (die Ausstattung vieler Bungalows hat sozialistischen Touch). Daneben ein größerer, nicht überlaufener Strand. Ganz-

jährig. Schnuckeliges Restaurant im idyllischen Garten. Geboten werden auch Reitstunden (20 €) und Ausritte (auch für Nichtgäste). Zu den Ruinen von Phaselis kann man von hier aus laufen oder schwimmen. Anfahrt: Vom Küstenhighway die Abfahrt nach Tekirova nehmen, nach 700 m links ab, dann ausgeschildert. Baumhäuser mit Moskitonetzen, aber ohne Bad 40 € für 2 Pers., Campen für 2 Pers. 24 €, 2-Pers.-Bungalow mit privatem Bad ab 54 €. Tekirova, ✆ 8214165, www.sundance.web.tr.

Kano Hotel 5, freundliches, familiäres Hotel in Kemer. Mal was anderes, was Architektur und Zimmerdekoration betrifft (viele Skulpturen und Gemälde, bunte Überdecken). Steinfußböden, viele Zimmer mit Balkon. Kleiner Pool. DZ 30 €. 110 Sok. 19, eine ruhige Seitengasse der Liman Cad., ✆/✉ 8145217.

Otel Meşe 🔳, kleines 20-Zimmer-Hotel mit großem Pool. Saubere, eher schlichte Zimmer ohne persönliche Note. Hat schon bessere Zeiten gesehen, ist für den Preis aber okay. EZ 25 €, DZ 30 €. Karapınar Cad.

10, Kemer, ☎ 8142119, 🖷 8144857.

Ein ähnliches Haus mit ähnlichen Preisen ist das **Gökkuşağı Hotel** 🔟 schräg gegenüber dem Meşe (☎ 8147176).

⟨Essen & Trinken/Nachtleben   (→ Karte S. 371)

Da das Gros der Urlauber *all in* bucht, ist die Zahl der guten hotelunabhängigen Restaurants verhältnismäßig bescheiden. Trotzdem ist das Angebot vielfältig und die deutsche Küche nicht nur durch Einbaugeräte vertreten. Die besten Restaurants findet man an der Marina und im Moonlight Park. Leider liegen die Preise (oft in Euro angegeben) nicht selten mehr als 100 % über dem Landesdurchschnitt.

Navigatot 🔟, an der Marina. Gepflegte und gemütliche Terrasse vor den schaukelnden Booten. Große Auswahl an kalten und warmen Meze (darunter auch Meeresfrüchte, 4–17 €), dazu Steaks und Fisch vom Grill (12–30 €). Wer will, kann auch Lobster ordern, ca. 60 €/kg. Kemer, Liman Cad., ☎ 8141490.

Lavash Kebab 🔳, auch unter Einheimischen sehr populäres Lokal. Neben einer großen Auswahl an Kebabs auch Pizza, Pide und Gerichte im Tontopf *(Kiremit)*. Hg. 5–17 €. Dazu wird *Lavaş* gereicht, ein hauchdünnes Fladenbrot frisch aus dem Ofen. Kemer, Kemer Cad. 2, ☎ 8145520.

Paşa Kebap 🔳, eine Alternative zum Lavash – also auch nichts für Vegetarier.

Gepflegte Korbmöbelbestuhlung. Kebabs, Pide oder *Güveç* zu 5–10 €. Kemer, Atatürk Bul., ☎ 8142913.

Tadım Börek 🔳, einfache Lokanta mit fairen Preisen. Suppen, *Börek*, Kebabs und Döner. Ähnlich ist die Lokanta **Has Döner** 🔳 nebenan. Kemer, Akdeniz Cad. 5.

Nachtleben Zum Sundowner in Kemer sind die Bars am Ayışığı-Strand bzw. im **Moonlight Park** sehr beliebt. Dort befindet sich auch der **RAI Club** 🔳, ein Ableger des gleichnamigen Moskauer Megaclubs: DJ-Größen, Go-go-Girls, Mottopartys, Livekonzerte. Angesagt sind zudem die benachbarten Danceclubs **Inferno** 🔳 und **Aura** 🔳. Beide befinden sich in Kemer an der Deniz Cad. etwas stadtauswärts.

Göynük Kanyon Parkı (Göynük-Cañon)

Zwischen Beldibi und Göynük mündet der Göynük-Fluss ins Meer. Parallel zum Flusslauf führt ein Sträßlein landeinwärts zum Göynük-Cañon. Der einst ruhige und abgeschiedene Cañon wurde jüngst für die Massen erschlossen, **Eco Fun Adventure Park** nennt sich der laute Abenteuerspielplatz mit Waldseilgarten, Quadverleih und einer über 400 m langen Zip-Wire-Strecke, entlang der man, an einem Stahlseil hängend, bergab jagt. Von dort führt ein Weg (45 Min.) zum eigentlichen Göynük-Cañon mit seinen bizarren ausgewaschenen Felsformationen und einem 6 m hohen Wasserfall.

Verbindung Die **Dolmuşe** auf der Strecke Kemer – Antalya überqueren nahe der Küste den Göynük-Fluss auf der Göynük-Brücke (Göynük Çay Köprüsü, gesprochen etwa „Göynük Tschai Köpprüssü"), sagen Sie dem Fahrer, dass Sie dort aussteigen

wollen. Von hier bis zum Parkeingang noch 4 km (zu Fuß bis zum Wasserfall hin/zurück ca. 3¾ Std.).

Öffnungszeiten Von Sonnenauf- bis Sonnenuntergang. Eintritt 2,50 €.

Auf der Akropolis von Olympos

Türkische Riviera

An der Türkischen Riviera erwarten Sie die exklusivsten Clubanlagen, die längsten Strände und die heißesten Sommer der Türkei.

Auch wenn die Kette der langen, feinsandigen Strände bis Mersin reicht, lernen die meisten Besucher der türkischen Südküste nur den Abschnitt zwischen Antalya und Anamur kennen, den findige Tourismusmanager „Türkische Riviera" tauften. Den Vergleich mit dem italienischen Pendant braucht er nicht zu scheuen: Die Türkische Riviera bietet goldene Sandstrände vor türkisgrünem Meer und dazu mit über 300 Sonnentagen einen fast ewigen Sommer. Leider werden heute weite Abschnitte von Hotelkonglomeraten im Costa-Brava-Stil gesäumt. Garanten für gelungene Ferienwo-

Türkische Riviera – die Highlights

Termessos ist Ruinenstätte und Nationalpark zugleich. Das grandios gelegene Theater lohnt allein wegen seiner atemberaubenden Aussicht einen Besuch. Zu den Überresten der schwer zugänglichen Stadt kämpft man sich heute durch Dornen und Gestrüpp – ein nachhaltiger Eindruck von Vergänglichkeit.

Aspendos war eine der bedeutendsten Städte Pamphyliens. Das besterhaltene römische Theater Kleinasiens ist bis heute mit Leben erfüllt – regelmäßig finden hier Festspielaufführungen statt.

Köprülü-Kanyon-Nationalpark: Die gleichnamige Schlucht ist eine Herausforderung für Rafter, die einsame Bergwelt für Wanderer.

Das Raue Kilikien: Zwischen Gazipaşa und Anamur erstreckt sich einer der schönsten Abschnitte der türkischen Küste, mit etlichen verschwiegenen Buchten, die man sich jedoch erst verdienen muss – denken Sie an festes Schuhwerk!

Mamure Kalesi: Die Bilderbuchburg von Anamur stammt aus der Zeit, als Männer noch Ritter waren. Sie ist die größte mittelalterliche Festungsanlage der türkischen Küste – auch für Kinder ein Traum.

chen sind hier für viele Urlauber die wie Hochsicherheitstrakte abgeriegelten All-in-clusive-Anlagen, teils so groß, dass eine Kleinstadt in sie hineinpassen könnte. Infolge des Ansturms der sonnenhungrigen Massen mutierten Fischerdörfer wie Side zu umtriebigen Basar- und Vergnügungsmeilen. Und Alanya ist mittlerweile ein perfektes Beispiel dafür, dass Ballermann-Stimmung auch in der Türkei zu finden ist.

Wer einfach nur preiswerte Erholung sucht, ist an der Riviera bestens aufgehoben. Wer die Türkei kennen lernen will, eher nicht. Doch auf ursprünglich-ländliches Anatolien trifft man schnell, wenn man seinen Liegestuhl zusammenklappt und losmarschiert. Im Hinterland, in der wilden Bergwelt des Taurus, dessen bis zu 3000 m hohe Gipfel oft noch bis in den Mai schneebedeckt sind, laden einsam gelegene Ausgrabungsorte, etliche Burgen und grandiose Schluchtenlandschaften zur Erkundung ein.

Antalya

ca. 1–1,5 Mio. Einwohner

Umrahmt von den mächtigen, bis zu 3000 m ansteigenden Gipfeln des Taurusgebirges, erstreckt sich die Millionenmetropole über einer schroffen Steilküste. Die Altstadt Antalyas wird wegen ihrer Schönheit in der Literatur mit Lorbeeren und in der Realität mit Touristen überschüttet.

Kaum ein Reisebüro, das nicht mit einem Sonderarrangement nach Antalya, dem türkischen Ferienflughafen Nummer eins, wirbt. Wer aber aus dem Katalog bucht, steigt i. d. R. irgendwo an den Stränden östlich oder westlich der Metropole ab. Antalya selbst ist für das Gros der Reisenden lediglich Ziel eines Tagesausflugs. Dabei besucht man die charmante Altstadt mit ihren engen, schattigen Gassen und osmanischen Holzhäusern, deren hübsche Erker, schindelgedeckte Dächer und Gärtchen mit Orangenbäumen und Hibiskus ins Auge fallen. Oder man bummelt auf palmengesäumten Boulevards durch das angrenzende moderne Stadtzentrum, wo schicke Boutiquen und große Einkaufszentren zum Shopping einladen. Es sind vorrangig Individualreisende, die in Antalya auch nächtigen. Die Altstadt bietet ein großes Angebot an Unterkünften jeglicher Couleur.

Ist die Provinz Antalya, die sich bis Alanya erstreckt, die meistbesuchte Ferienregion des Landes, so ist die Stadt selbst eine pulsierende Wirtschaftsmetropole. Boomtown Antalya profitiert aber nicht nur vom Tourismus, genauso haben Industrie und Handel für den regen Aufschwung gesorgt. Eisenchrombetriebe und Textilfabriken verschiffen ihre Güter erfolgreich in alle Welt, und zwar vom neuen, großzügig angelegten Hafen, der eigens zu diesem Zweck wenige Kilometer westlich der Stadt gebaut wurde. Auch die Obstplantagen der Gegend werfen reiche Erträge ab und tragen zum Wohlstand der Stadt bei. Im Umland werden zudem Gemüse, Baumwolle, Erdnüsse und Sesam angebaut. Damit es weiterhin bergauf geht, wurde ein modernes Kongresszentrum errichtet, das pyramidenförmige, gläserne *Sabancı Congress Centre* am 100. Yıl (Yüzüncü Yıl) Bulvarı. Es soll Geschäftswelt und Wissenschaft an die Stadt binden.

Geschichte

Antalya ist eine für türkische Verhältnisse junge Stadt. 158 v. Chr. wurde sie von König Attalos II. von Pergamon (159–138 v. Chr.) als *Attaleia* gegründet, nachdem er vergebens versucht hatte, Side zu erobern. Im Jahr 36 v. Chr. geriet die Stadt unter römische Herrschaft. Unter Kaiser Hadrian (117–138 n. Chr.) erhielt sie den Status einer selbstständigen Provinz mit einem Senator als Statthalter. Einen Namen machte sich die Stadt im römischen Imperium wegen ihrer auserlesenen Weine – ob es die edlen Tropfen waren, die in den folgenden Jahrhunderten immer wieder Piraten anlockten, sei dahin gestellt. In byzantinischer Zeit wurde *Adalia*,

Türkische Riviera

Girne (Nordzypern)

20 km

wie man nun sagte, zum Bischofsitz. Im 12. Jh. diente die Stadt den Kreuzfahrern als Nachschubhafen, 1207 wurde sie von den Seldschuken erobert, 100 Jahre später fiel sie in den Machtbereich der Emire von Eğirdir. Unter Sultan Murat I. wurde *Adalia* 1387 schließlich dem Osmanischen Reich einverleibt. Mit der Autorität des Korans ging die Tradition des Weinanbaus verloren, stattdessen wurde nun die Rosenzucht gefördert. Rosenöl, der Grundstoff kostbarer Parfüms, sollte für die nächsten Jahrhunderte eine der Haupteinnahmen sein. Auch die Seidenraupenzucht wurde fortan gepflegt.

1918 wurde der hiesige Küstenstreifen von italienischen Truppen besetzt, 1921 räumten sie das Feld wieder. Zwei Jahre später mussten die griechischen Einwohner der nun Antalya genannten Stadt infolge des Bevölkerungsaustauschs ihre Häuser verlassen. In den 1970ern setzte die Entwicklung des verschlafenen 40.000-Einwohner-Städtchens zu einer modernen Wirtschaftsmetropole ein. Damit einher ging ein rapider Bevölkerungsanstieg, denn die Stadt zog massenweise Glücksritter aus Ostanatolien an: Anfang der 1990er zählte Boomtown Antalya schon 450.000 Einwohner, Mitte der 90er bereits 800.000. Wie viele Menschen heute in Antalya leben, weiß keiner so genau. Schätzungen gehen von 1–1,5 Mio. Einwohnern aus. Darunter befinden sich angeblich über 2000 Euro-Millionäre (!) und um die 7000 Deutsche, die sich einen Platz an der Sonne geleistet haben. Um dem Bevölkerungsanstieg und dem damit einhergehenden wachsenden Verkehrsaufkommen gerecht zu werden, wird eine Umgehungsstraße nach der nächsten gebaut – doch ist es nur eine Frage der Zeit, bis diese wieder zu Stadtautobahnen werden, zumal man für das Jahr 2030 um die 10 Mio. Einwohner prognostiziert.

Orientierung: Vom kleinen Hafen steigt die verwinkelte Altstadt (*Kaleiçi*, z. T. mit „Kale Kapısı" ausgeschildert) mit ihren Pensionen und Souvenirgeschäften in einem Halbrund steil an. Landeinwärts wird sie weitestgehend von einer ursprünglich hellenistischen Stadtmauer umgeben. Entlang dem zinnenbewehrten Wall, der von den Seldschuken und Osmanen immer wieder umgebaut wurde, verläuft die Atatürk Caddesi gen Süden. Den Norden der Altstadt grenzt die Cumhuriyet Caddesi ab, die gen Westen zum Archäologischen Museum und zum Konyaaltı-Strand führt. Entlang dieser beiden Straßen holpert auch eine betagte Straßenbahn. Eine moderne Linie führt vom Zentrum gen Norden zum Busbahnhof. Für die Fahrt in die Altstadt mit dem eigenen Fahrzeug → S. 382. Rings um die Altstadt erstreckt sich das geschäftige, moderne Antalya. Je weiter man sich vom Meer entfernt, desto mehr verschwinden die Renommierfassaden.

Information/Verbindungen/Ausflüge/Parken

Telefonvorwahl 0242.

Information Tourist Information, ab vom touristischen Schuss an der Güllük Cad. 31 (auch: Anafartalar Cad.). Im Sommer tägl. 8.30–18.30 Uhr, im Winter 8–17 Uhr. ☎ 2411747, www.antalyakulturturizm.gov.tr. Infos auch auf www.antalyaguide.org.

Verbindungen Der internationale **Flughafen Antalya** (www.aytport.com) liegt ca. 15 km östlich von Antalya. Er besitzt 3 Terminals, 2 internationale (Terminal 1 und Terminal 2) sowie einen nationalen (*İç hatlar*). Terminal 1 liegt in Laufnähe zum nationalen Terminal, Terminal 2 ca. 2 km von den anderen entfernt. Es bestehen keine Shuttlebusverbindungen zwischen den Terminals! Im Ankunftsbereich der internationalen Terminals finden Sie Wechselstuben (schlechte Kurse) und Bankomaten. Autoverleiher haben vorrangig im nationalen Terminal und im Terminal 2 ihren Sitz.

Blick auf die Altstadt

Transfer von und zum Flughafen: Am einfachsten mit dem Taxi, ca. 17 € vom bzw. ins Zentrum. Es gibt auch Busse ins Zentrum, was die Taxifahrer am Flughafen jedoch verneinen!

Vom nationalen (!) Terminal (Terminal 1 in Laufnähe, nach dem Ausgang rechts halten; keine Abfahrt vom Terminal 2!) fahren von 6–22 Uhr nahezu stündl. Busse der Gesellschaft **Havaş** ins Zentrum (4 €/Pers., Fahrtdauer 30–45 Min.). Man steigt am besten an der Station *Eski Otogar* („Alter Busbahnhof") ca. 10 Fußmin. von bzw. zwei Straßenbahnstationen nördlich der Altstadt aus (sagen Sie dem Fahrer Bescheid). Danach passieren die Havaşbusse auch die Minibusstation am Akdeniz Bul. beim Shoppingcenter Migros, wo die Dolmuşe Richtung Kemer, Çıralı und Kumluca starten. Endstation ist der Busbahnhof *(Otogar)*. Wer mit dem Havabus **vom Zentrum zum Flughafen** (ebenfalls nur nationaler Terminal) will, steigt an der Konyaaltı Cad. beim Yavuz Özcan Parkı nahe der Hauptpost zu. www.havas.com.tr.

Billiger, aber auch zeitaufwendiger ist die Fahrt mit dem **städtischen Bus 600**, der vom Flughafen vorbei am Zentrum zum Busbahnhof *(Otogar)* fährt. Der Bus verkehrt von 6 bis 22 Uhr alle 30 Min. Am Flughafen startet der Bus vor dem nationalen Terminal und vor Terminal 2. Am besten steigt man an der Haltestelle Meydan aus (Fahrer Bescheid geben) und legt den restlichen Weg ins Zentrum mit der Straßenbahn zurück (mehr zur Straßenbahn s. u.). Am Busbahnhof fährt der Bus vor dem *İlçeler Terminal* ab, achten Sie auf die Aufschrift „Havaalanı" für „Flughafen".

Bus: Der Busterminal *(Otogar)* liegt etwa 8 km vom Zentrum entfernt an der Ausfallstraße nach Burdur. Anbindung ins Zentrum mit der Straßenbahn *ANTRay* (hier unterirdisch, auf die Beschilderung „Tramvay" achten). Die Zu- und Aussteigestation im Zentrum heißt „İsmetpaşa". Steigen Sie am Busbahnhof in Fahrtrichtung Meydan ein. Taxi vom Busbahnhof ins Zentrum oder andersrum ca. 10 €.

Vom Busbahnhof bestehen hervorragende Verbindungen entlang der Küste, in alle größeren Städte des Landes und zu den kleineren Orten in der Umgebung. Fahrtzeiten: Alanya 2½ Std., Adana

12 Std., Bodrum 11 Std., Pamukkale ca. 5 Std., Fethiye ca. 4 Std. (Inland) bzw. 7–8 Std. (entlang der Küste vorbei an Finike, Kaş und Kalkan).

Dolmuş/Minibus: Richtung Kemer, Çıralı, Olympos und Kumluca steigt man entweder am Busbahnhof oder am Akdeniz Bul. zwischen Migros Shoppingcenter und AquaLand zu (zu erreichen mit Ⓑ KL08 von der Fahrettin Altay Cad.; Haltestelle vor dem Friedhof).

Straßenbahn: Es gibt bislang zwei Linien, eine alte und eine neue. Die alte Straßenbahnlinie, übrigens ein Geschenk der Partnerstadt Nürnberg, führt vom Archäologischen Museum über die Konyaltı Cad. (die parallel zur Küste verläuft und in die Cumhuriyet Cad. übergeht) mitten ins Herz der Stadt und auf der Atatürk Cad. gen Süden bis zum Ende der Işıklar Cad. Sie fährt von 7 bis 21 Uhr jede halbe Std.

Die zweite Straßenbahnlinie, die *AntRay*, führt vom Busbahnhof *(Otogar)* über die Abdi İpekçi Cad. und die Şarampol Cad. zur İsmet Paşa Cad. (hier aussteigen für die Altstadt) und weiter über die Ali Çetinkaya Cad. wie auch den Aspendos Bul. zum Meydan. Den Ausbau Richtung Flughafen torpediert die Taximafia. Es sollen in den nächsten Jahren zudem Straßenbahnlinien zum Westhafen und gen Lara folgen.

Tickets: Für Stadtbusse und Straßenbahnen kauft man sich Chipkarten (3 Fahrten z. B. 2 €/5 TL, Stand 2011), die es an vielen Kiosken und Straßenbahnhaltestellen zu kaufen gibt. Einzelfahrscheine gibt es nicht mehr. Die für Touristen interessanten Buslinien samt Abfahrtsstellen sind in den Kapiteln zu den jeweiligen Sehenswürdigkeiten und Orten aufgelistet.

Schiff: Eine Fährverbindung nach Nordzypern ist seit Jahren in Planung.

Parken: Gebührenpflichtige, bewachte Parkplätze am Jachthafen in der Altstadt (2,50 €, egal wie lange) sowie neben dem Stadion (nahe der Altstadt; 2,50 €/Tag). Zudem ein Parkhaus gegenüber der Post an der Güllük Cad. (3 €/Tag, 1,50 €/2 Std.).

Einkaufen
1 Özdilek Park
2 Kunsthandwerksläden

Übernachten
4 Uygulama Oteli
9 Bambus

Essen & Trinken
3 Parlak Restaurant
5 Zeynep'in Mutfağı
6 Salman
7 Paşa Bey Kebapçısı
8 Lara Balık Evi

Ⓢ *Straßenbahnhaltestelle*

Mit dem Auto in die Altstadt – ein Chaos!

Um das Verkehrsaufkommen in den engen Gassen der Altstadt einzudämmen, gelten für die Fahrt in die Altstadt besondere Regelungen. Die Einfahrt in die Altstadt ist kostenlos, sofern man diese innerhalb von 2 Std. mit dem Fahrzeug wieder verlässt. Für eine Verweildauer von 2–6 Std. bezahlt man 2,50 €, für 6–8 Std. 5 €, für 8–10 Std. 12,50 €, für 10–12 Std. 25 € und für über 12 Std. satte 50 €. Manche Autoverleiher aus der Altstadt haben für ihre Fahrzeuge Altstadtlizenzen erworben, die unbegrenztes Parken ermöglichen. Hoteliers müssen die Fahrzeuge der Gäste unmittelbar nach der Einfahrt anmelden, damit diese die Altstadt am nächsten Morgen wieder kostenfrei verlassen können. Die Ein- und Ausfahrten sind getrennt. Einfahrten befinden sich beim Uhrturm (zu erreichen, indem man über die İsmet Paşa Cad. auf die Altstadt zusteuert und sich kurz davor bei den Straßenbahngleisen rechts hält) und an der Kocatepe Sok. beim Restaurant Patio. Hinausfahren kann man über die Mescit und die Yenikapı Sok. Ein- und Ausfahrten sind durch ein verwirrendes Einbahnstraßensystem miteinander verbunden – wer sich den Stress sparen will, parkt am besten außerhalb (z. B. beim Stadion).

Bootsausflüge Geschippert wird entweder Richtung Westen entlang der lykischen Küste (6-Std.-Tour mit Lunch 35 €). Oder gen Osten, z. B. zu den unteren Düden-Wasserfällen, Dauer ca. 2 Std., 10 €.

Organisierte Touren Büros von Tourenveranstaltern an der Atatürk Cad., der Cumhuriyet Cad. und in den Gassen der Altstadt – insgesamt aber nur wenige Anbieter. Tagestouren z. B. nach Perge, Aspendos und zu den Kurşunlu-Wasserfällen, nach Kekova und Myra (mit Bootstour) oder nach Termessos und zu den Düden-Wasserfällen ab ca. 30 € – Stopps bei Schmuckfabriken und Ledergeschäften inkl.

Adressen

Ärztliche Versorgung Einen sehr guten Ruf besitzt das private Özel Antalya Yaşam Hastanesi nahe dem Dedeman Hotel in Lara. Şirinyalı Mah. 1487 Sok. 4, ℡ 3108080. Englischsprachige Ärzte und deutschsprachige Dolmetscher.

Autoverleih Eine seit Jahren bewährte und von vielen Lesern empfohlene Autovermietung ist Say, Barbaros Mah. Mescit Sok. 37, ℡ 2430923, www.say-autovermietung.de (→ Unterwegs, S. 31). 24-Std.-Service unter ℡ 0532/2645054 (mobil). 2011 lag das billigste Modell bei 25 €. Wer bei unseriösen Anbietern weniger bezahlen will oder bei seriösen mehr, spaziert die Fevzi Çakmak Cad. entlang, an der mehrere Autoverleiher vertreten sind, z. B. Avis (Hnr. 30, im Talya Oteli, ℡ 2481772, am Flughafen ℡ 3303008, www.avis.com.tr).

Diplomatische Vertretungen Deutschland (Außenstelle des Generalkonsulats İzmir), Yeşilbahçe Mah., 1447 Sok., B. Gürkanlar Apt., Kat. 5/14, ℡ 3141101, www.antalya.diplo.de.

Österreich (Honorarkonsulat), Tesisler Cad. 170 (Barut Hotel), Lara, ℡ 3522200, antalyafahrikonsolosluk@baruthotels.com.

Schweiz → Reisebüro, s. u.

Polizei Für die Altstadt ist die Polizeistation an der 19 Mayıs Cad. zuständig. ℡ 155.

Post Hauptpost in der Güllük Cad.

Reisebüro Pamfilya Tours für Flugtickets (*THY, Pegasus, Onur Air* u. a.), Fährpassagen u. Ä., zugleich Konsulat der Schweiz. Işıklar Cad 57, ℡ 2431500, www.pamfilya.com.tr.

Waschsalon Sempatik Laundry, in der Altstadt in Nachbarschaft zum Kesik-Minarett bzw. gegenüber der Pension Villa Verde. Eine Trommel waschen 7,50 €.

Zweiradverleih Etliche Verleiher in der Altstadt und an der Fevzi Çakmak Cad. Angeboten wird alles zwischen 125-ccm-Yamaha-Scooter (ab rund 17 €/Tag) und Honda Enduro mit 600 ccm (ca. 100 €). Fahrräder nur bei wenigen Verleihern (ca. 10 €/Tag).

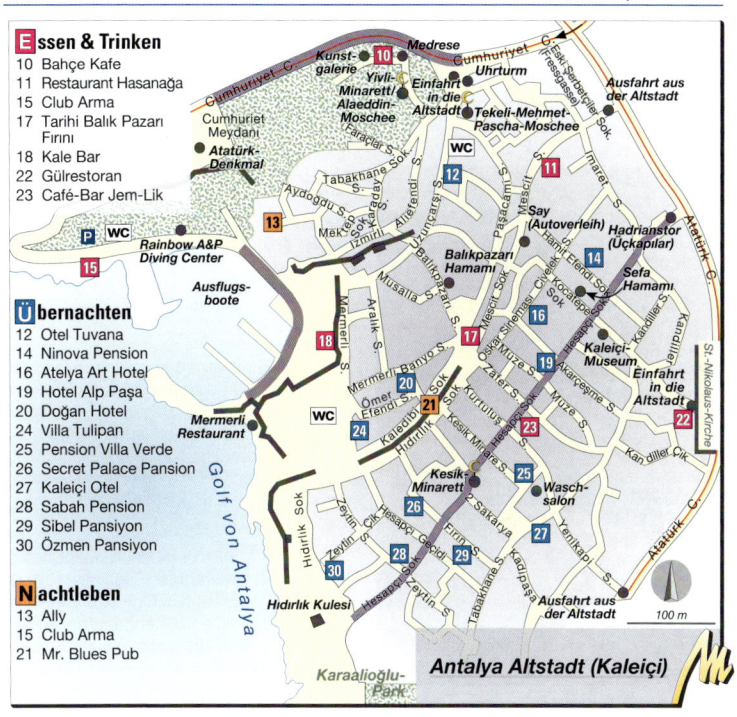

E ssen & Trinken
10 Bahçe Kafe
11 Restaurant Hasanağa
15 Club Arma
17 Tarihi Balık Pazarı
     Fırını
18 Kale Bar
22 Gülrestoran
23 Café-Bar Jem-Lik

Ü bernachten
12 Otel Tuvana
14 Ninova Pension
16 Atelya Art Hotel
19 Hotel Alp Paşa
20 Doğan Hotel
24 Villa Tulipan
25 Pension Villa Verde
26 Secret Palace Pansion
27 Kaleiçi Otel
28 Sabah Pension
29 Sibel Pansiyon
30 Özmen Pansiyon

N achtleben
13 Ally
15 Club Arma
21 Mr. Blues Pub

Antalya Altstadt (Kaleiçi)

Einkaufen/Veranstaltungen/Sonstiges   (→ Karte S. 380/381 und S. 383)

Einkaufen im Zentrum Etliche Leder-
und Modegeschäfte im Basar um die Ali Çetinkaya Cad. Besser aber kauft man in den
Shoppingmalls ein (s. u.) oder in den Läden
und Boutiquen an der Atatürk Cad., der Işıklar Cad. und Cumhuriyet Cad. (viel trendige
Klamotten).

Silber- und Goldschmuck findet man in
den zahlreichen kleinen Juwelierläden im
Norden der Atatürk Cad.

Eine Ansammlung von **Kunsthandwerksläden** [2] mit Schwerpunkt auf Metallarbeiten
(schöne Mitbringsel aus Kupfer oder Mes-
sing) findet man zwischen Ali Çetinkaya
Cad. und İsmetpaşa Cad. Teils kann man
bei der Produktion zusehen.

Märkte Mittwochsmarkt am Portakal Çi-
çeği Bul. (nahe dem deutschen Generalkonsulat) südöstlich der Altstadt: Obst, Ge-

müse, Lebensmittel, Kleidung, Haushalts-
waren, keine Souvenirs. Um dorthin zu gelangen, folgt man der Işıklar Cad. und all
ihren Verlängerungen.

Großer **Freitagsmarkt** bei der Murat-Pa-
scha-Moschee.

Shoppingmalls Migros Alışveriş Merkezi, moderne Shoppingmall mit über 100
Läden von *adidas* über *Tommy Hilfiger* bis
hin zu *Zara*. Stressfreies Bummeln, zudem
bei den meisten Geschäften Tax-free-Ein-
kauf möglich. 100. Yıl Bul., zu erreichen mit
Ⓑ KL08 von der Fahrettin Altay Cad. (Haltestelle vor dem Friedhof).

Özdilek Park [1], neuestes Shoppingcenter
der Stadt, nördl. des Zentrums auf dem
Weg zum Busbahnhof. Rund 110 Geschäfte, gute Foodmeile. Vom Zentrum (İsmet-
paşa) mit der Straßenbahn *AntRay* zu erreichen, Station Dokuma aussteigen.

Deepo Outlet Center, das größte Outlet-Einkaufszentrum der Mittelmeerküste (rund 90 Läden). Viele Restposten, dazu viel Ware vom Vorjahr. An der Straße nach Alanya in Flughafennähe. Busse (Ⓑ AC03) von der

Zu Besuch bei Hermes im Archäologischen Museum

Burhanettin Ornat Cad.; zur Bushaltestelle gelangt man mit der Straßenbahn von der zentralen Station İsmetpaşa (2 Stationen).

Türkisches Bad (Hamam)   In der Altstadt gibt es das etwas versteckt in der Kocatepe Sok. gelegene **Sefa Hamamı** (gemischtes Bad, tägl. 9.30–22 Uhr, Eintritt 12 € inkl. Massage und *Kese*) und das **Balıkpazarı Hamamı** an der Ecke Balıkpazarı Sok./Paşa Cami Sok. (restauriertes osmanisches Bad, groß und schön, getrennte Abteilungen für Frauen und Männer, tägl. 8–23 Uhr, Komplettbehandlung 17,50 €).

Veranstaltungen   Anfang Okt. gehen im *Antalya Kültür Merkezi* (am 100. Yıl Bul. zwischen Sheraton und Glaspyramide) die traditionellen **Filmfestspiele von Antalya** über die Bühne, bei denen der beste Streifen mit der „Goldenen Orange" *(Altın Portakal)* ausgezeichnet wird. Im Mittelpunkt stehen türkische Filme.

Sehens- und hörenswert sind auch die im Rahmen des **Aspendos-Festivals** (i. d. R. Juni/Juli) stattfindenden Opern- und Ballettaufführungen im Freilichttheater von Aspendos. 2011 kosteten die Tickets um die 25 €, man bekommt sie u. a. am Kiosk der Staatsoper (s. o.) oder im Archäologischen Museum. Meist gibt es auch einen Transportservice. Weitere Infos auf www.aspendosfestival.gov.tr.

Übernachten/Camping

(→ Karte S. 380/381 und S. 383)

In der Altstadt gibt es rund 80 Pensionen und kleine Hotels: Vom Vorhang mit Goldkante bis zum Laken mit Schmutzrand reicht dort das Angebot. Über eine Klimaanlage verfügen fast alle Zimmer, auch die der einfachen Pensionen. Grundsätzlich gilt aber: Je näher Sie am Hafen wohnen, desto lauter die nächtlichen Beats des Clubs Ally! Ganz im Westen Antalyas, hinter dem Strand Konyaaltı und dem vierspurigen Küstenboulevard findet man einige Mittelklasse-Hotels, dazu einige wenige Clubhotels und Pensionen.

In der Altstadt   Otel Tuvana 🔢, stilvolle Unterkunft. 45 schöne, z. T. jedoch etwas kleine und dunkle Zimmer, auf vier historische Gebäude verteilt: Holzdecken, geschmackvoll platzierte Antiquitäten und Repliken alter Möbelstücke. Netter Garten mit Orangenbäumen und Pool. DZ ab 130 €. Etwas versteckt in der Karanlık Sok. 18, ☎ 2476015, 📠 2411981, www.tuvanahotel.com.

Hotel Alp Paşa 🔢, zu einer sehr gepflegten Herberge umgebautes osmanisches Haus.

Unterschiedliche Zimmer, aber alle komfortabel-elegant im alttürkischen Stil eingerichtet und nach osmanischen Paschas benannt. Jedoch „etwas zu plüschig-dunkel", meint ein Leser. Kleiner Poolbereich, an dem am Abend zu Tisch gebeten wird. DZ mit HP 90 €. Hesapçı Sok. 30, ☎ 2475676, 📠 2485074, www.alppasa.com.

Doğan Hotel 🔢, ebenfalls eine einladende Adresse und ebenfalls im osmanischen Stil eingerichtet. 41 komfortable Zimmer, manche mit toller Aussicht. Schöner Garten, Pool. Gediegenes Restaurant. EZ 50 €, DZ 75 €. Mermerli Banyo Sok. 5, ☎ 2474654, 🖂 2474006, www.doganhotel.com.

Villa Tulipan 24, unter holländischer Leitung. 5 Zimmer, 1 Suite und 2 Apartments. Alle liebevoll und unterschiedlich eingerichtet. Teilweise mit großen Balkonen und grandiosen Ausblicken. Wer ein Zimmer ohne Aussicht hat, kann auf die fantastische Dachterrasse ausweichen. DZ ab 40 €, Apartment 65 €. Kaledibi Sok. 6, ☎ 2449258, www.villatulipan.com.

Pension Villa Verde 25, sympathische, von Lesern entdeckte, gepflegte Komfortpension neueren Datums. Freundlich eingerichtete, ausreichend große Zimmer mit schönen Holzböden, gute Bäder. Ruhig gelegen, viel Grün, nette Außenbereiche. Bemühter Service, Frühstück mit Blick auf das Kesik-Minarett. EZ 40 €, DZ 55–60 €. Seferoğlu Sok., ☎ 2482559, 🖂 2484231, www.pension villaverde.com.

Atelya Art Hotel 16, gut geführtes Hotel mit 30 ganz unterschiedlichen Zimmern, die auf mehrere historische Stadthäuser verteilt sind. Ultrahohe Decken, knarrende Holzböden, orientalisch dekoriert. Schlicht, aber sehr charmant, manche Zimmer mit Balkon. Der Hit ist jedoch der idyllische, von Jasminduft erfüllte Innenhof. DZ 50 €. Civelek Sok. 21, ☎ 2416416, 🖂 2412848, www.atelyahotel.com.

Secret Palace Pansion 26, der „Geheime Palast" war die erste Gaypension Antalyas. Mittlerweile hat der Besitzer gewechselt, vom alten Image lebt man aber noch immer. Kleine charmante Anlage mit gepflegten Zimmern und freundlichem Hof samt gemütlichem, kleinem Poolbereich. EZ 40 €, DZ 50 €. Fırın Sok. 10, ☎ 2441060, 🖂 2412062, www.secretpalacepansion.com.

Ninova Pension 14, familiäre kleine Pension. Sehr gut in Schuss, sehr sauber. 19 farbenfrohe Zimmer (größtenteils mit Holzböden) verteilen sich auf zwei 200 Jahre alte Konaks. Liebevoll eingerichtet, hübscher Garten. Recht ruhige Lage. Gutes Preis-Leistungs-Verhältnis. DZ 40 €. Hamit Efendi Sok. 9, ☎ 2486114, 🖂 2489684.

Kaleiçi Otel 27, sehr ordentliches Haus, geführt vom hilfsbereiten Servet Henden, der in Köln gelebt hat und ein großer Fan des 1. FC ist. 11 recht komfortable, solide möblierte Zimmer mit Steinböden, Kühlschrank

und Föhn, Bäder mit Duschkabinen. Im Hinterhof ein kleiner Pool. Von Lesern gelobt. EZ 30 €, DZ 40 €. Sakarya Sok. 11, ☎ 2447146, 🖂 2448053, www.kaleiciotel.net.

Sibel Pansiyon 29, ein Lesertipp in einer ruhigen Gasse. Unter Leitung der freundlichen Französin Sylvie, die mit ihrem türkischen Mann in Berlin gelebt hat und deswegen auch Deutsch kann. 9 sehr gepflegte und sehr saubere Zimmer mit Marmorböden, teilweise recht geräumig. Netter schattiger Innenhof. Familiäre Atmosphäre. DZ mit leckerem Frühstück 33 €. Fırın Sok. 30, ☎ 2411316, 🖂 2413656, www.sibel pansiyon.com.

Sabah Pension 28, nahe dem Zitadellenturm an der Flaniermeile durch die Altstadt. 24 Zimmer (es gibt große und sehr kleine, vorher zeigen lassen!), verteilt auf einen renovierten Altbau und einen stilgerechten Anbau, alle mit Aircondition. Im Sommer freundliche Innenhofterrasse. Bei Backpackern sehr beliebt. Es werden auch Autos vermietet und Touren in die Umgebung angeboten, dazu kocht die Mutter gut – doch all das wird man Ihnen leider nicht nur ein Mal sagen. Nahebei vermietet die Pension auch ganze Häuser für bis zu 6 Pers., dort gibt es auch einen Pool für die Gäste. EZ 30 €, DZ 35 €. Hesapçı Sok. 60, ☎ 2475345, 🖂 2475347, www.sabahpansiyon.com.

Özmen Pansiyon 30, nahe dem Hıdırlık Kulesi. Größeres Haus mit 25 blitzsauberen Zimmern, acht davon mit Balkon. Tolle Dachterrasse mit Blick über die halbe Stadt und das Meer – zugleich der gemütliche Treffpunkt am Abend. Vielfach von Lesern hochgelobt. Wer dieses Buch zeigt, bezahlt für ein EZ 22 € (sonst 24 €) und für ein DZ mit Aircondition 32 € (sonst 34 €). Zeytin Çıkmazı 5, ☎ 2416505, 🖂 2481534, www. ozmenpension.com.

Hinter dem Konyaaltı-Strand **Uygulama Oteli** 4, der steril-ältliche, achtstöckige Zweckbau dient Hotelfachschülern zur Einführung in die Berufspraxis. Günstig, da der perfekte Service ja erst gelernt wird. 94 sehr saubere, großzügige Zimmer mit altbacken-kitschiger Ausstattung auf 3-Sterne-Niveau, alle mit Balkon, z. T. mit herrlichen Ausblicken auf den Strand. Pool. Zwar unattraktive Lage, aber ideal für Selbstfahrer, die sich die Fahrt in die Altstadt ersparen wollen (großer Parkplatz). EZ 22,50 €, DZ 40 €. 100. Yıl Bul. Müze Arkası (gegenüber dem Falez Hotel), ☎ 2385130, 🖂 2385135.

Camping Keine Plätze im eigentlichen Sinne vor Ort. Sein Wohnmobil kann man jedoch auf den lieblosen, gepflasterten, aber schattigen (Park-)Platz oberhalb des Restaurants **Bambus** 🟦 (auch: South Shield Bistro & Bar) südöstlich des Zentrums stellen. Zum Restaurant gehört eine Badeplattform. Ganzjährig. 2 Pers. mit Wohnmobil 15 €. Eski Lara Yolu 1, ✆ 3111401. Anfahrt: Von der Atatürk Cad. Richtung Lara entlang der Küste halten, nach ca. 3 km auf der rechten Seite oberhalb des Meeres.

Einen Campingplatz gibt es zudem in der Nähe von Termessos, → S. 394.

⟮ Essen & Trinken ⟯   (→ Karte S. 380/381 und S. 383)

Rund um den alten Hafen und darüber an der Steilküste findet man viele romantische Restaurants mit herrlicher Aussicht, wo man wortwörtlich gerne über den Tellerrand blickt. Das Gros davon ist qualitativ gut, die Preise sind der touristischen Lage entsprechend. Versteckt in den engen Gassen der Altstadt liegen weitere gute Restaurants, z. T. in lauschigen Pensions- und Hotelgärten. Gute und günstige Schnellrestaurants findet man östlich des Hadrianstors in den Gassen jenseits der Atatürk Cad. Die trendigsten und gehobensten Lokale liegen am Konyaaltı-Strand (→ Nachtleben u. Baden) und oberhalb der Küste auf dem Weg nach Lara, wo die High Society von Antalya residiert.

Club Arma 🔢, Restaurant und Open-Air-Danceclub am Jachthafen, Treffpunkt der jungen Oberschicht. Innen ein rustikal-gepflegter Saal mit schmiedeeisernen Leuchtern und offenem Kamin, außen herrliche Terrasse. Serviert werden Fisch und Internationales. Nichts für den schmalen Geldbeutel, aber sehr empfehlenswert. ✆ 2449710.

Lara Balık Evi 🔢, bestes zentrumsnahes Fischrestaurant. Direkt über der Steilküste – Traumterrasse! Große Vitrine, aus der man seinen Fisch wählt (Kilopreise). 2 Pers. sollten inkl. Getränken mit ca. 70 € rechnen. Mit der alten Straßenbahn gen Süden fahren, kurz vor der Endstation rechter Hand. ✆ 2298015.

Restaurant Hasanağa 🔢, in einem alten, renovierten Stadthaus an der Mescit Sok. 15 in der Altstadt. Schöner Innenhof mit Orangenbäumen, zuvorkommender Service, fast tägl. Folklore. Spezialität des Hauses: der *Osmanlı Tabağı* (Osmanischer Teller), ein brodelnder Steintopf mit zartem Fleisch in würziger, sämiger Soße (9,50 €). ✆ 2428105.

Gülrestoran 🔢, hübsches Restaurant, gepflegt und leger zugleich. Meeresfrüchte, Steaks und Meze. Mit Garten. Hg. 6,10–10,20 €. Kocatepe Sok. 1/1, ✆ 2432284.

Parlak Restaurant 🔢, etwas versteckt am Beginn der Kazım Özalp Cad. Seit rund 50 Jahren im Geschäft. Große Auswahl an türkischen Gerichten, leckere gegrillte Hähnchen. Überdachter Terrassenbereich. Mittlere Preisklasse. Kazım Özalp Cad. 7, ✆ 2419160.

Paşa Bey Kebapçısı 🔢, in Laufnähe zur Altstadt. Gepflegtes Kebablokal mit Terrasse und Garten. Ohne Aufpreis bekommt man südostanatolische Vorspeisen, u. a. *Ayran Çorbası* (Ayran-Suppe mit Weizen), *Ezme* (scharfe Paprikasoße) und *Çiğ Köfte* (Köfte aus rohem Fleisch und Weizengrütze). Danach gibt's Pide und überaus leckere Fleischgerichte mit frischem Fladenbrot aus dem Steinofen. Zuvorkommender Service. Hg. 4–8 € und somit für das Gebotene sehr günstig. Kein Alkohol. Işıklar Cad. 1319 Sok. 4, ✆ 2449690. Wegbeschreibung: Von der Altstadt der Işıklar Cad. gen Süden folgen. Wenn linker Hand das Büro der Busgesellschaft Kâmil Koç auftaucht, links ab, dann rechter Hand in der Seitengasse.

Zeynep'in Mutfağı 🔢, kleines, einfaches Lokal, davor ein paar Tische. Serviert wird beste Hausmannskost. Ein Essen mit *Cacık* und Suppe 4 €, ohne Suppe 3 €. Nur tagsüber. Man findet das Lokal, indem man vom Hadrianstor der Atatürk. Cad. (Straßenbahnseite) gen Süden folgt, bis es nach links in die 1304 Sok. abgeht. Nach nur wenigen Schritten rechter Hand.

Außerhalb Arkadaş, im Norden Antalyas nahe den Düden-Wasserfällen (→ Im Hinterland von Antalya). Das überaus beliebte Forellenlokal liegt idyllisch in einem wildromantischen Tal an einem rauschenden Fluss. Die leckeren Fische kommen aus der hauseigenen Zucht. Faire Preise (Forelle 4,50 €). An der Straße zu den Wasserfällen großes Arkadaş-Werbeschild, unmittelbar

In den Gassen der Altstadt

davor geht es rechts ab. Auch mit dem Bus zu erreichen. Vom Restaurantparkplatz noch ca. 5 Min. zu Fuß: Treppe runter und flussaufwärts halten, ☎ 3610165.

Cafés/Bars Bahçe Kafe **10**, beim Yivli-Minarett. Ein beschauliches, schattiges Fleckchen abseits des Touristenstroms. Einheimisches Publikum, kein Alkohol.

Kale Bar **18**, Cafébar des C & H-Hotels (ehemals „Tütav Türk Evi Otelleri"). Die Traumterrasse bietet einen der schönsten Ausblicke auf den Hafen. Man kann auch essen. Vergleichsweise teuer, aber ohne Beschiss.

Café-Bar Jem-Lik **23**, eine von Lesern entdeckte Altstadtoase. Idyllisches, schattiges Gartencafé mit Mandarinenbäumen und bunten Blumenrabatten. Liebevoll dekoriert. Gemäßigte Preise. Kleine Gerichte. Hesapçı Sok.

Salman **6**, Konditorei mit angegliedertem modernen Café. Süßigkeiten, Gebäck, Torten und *Börek*. Gute Frühstücksadresse. Fevzi Çakmak Cad. 7.

Bäckerei Tarihi Balık Pazarı Fırını **17**, kleine alteingesessene Bäckerei an der Ecke Mescit Sok./Balıkpazarı Sok. Von Lesern hochgelobt. Brot und süße Leckereien.

Nachtleben

(→ Karte S. 380/381 und S. 383)

Am Konyaaltı-Strand In dem gepflegten Grünstreifen unmittelbar hinter dem Konyaaltı-Strand (Anfahrt → Baden) reihen sich Restaurants, Open-Air-Kneipen, Discobars und Clubs aneinander. Das gesamte Eck ist Antalyas Nightspot Nr. 1. Hier kann man auf weichen Polstern und gemütlichen Sofas einen relaxten Sundowner bei dezenter Musik genießen, danach unterm Sternenhimmel am Strand mit DJs aus İstanbul und dem Ausland feiern oder in romantischen Garten-Openair-Bars türkischer Livemusik lauschen. Für jeden Geschmack ist etwas dabei.

In der Altstadt Hier ist die Fluktuation enorm, manche Kneipen schließen schon nach wenigen Monaten wieder. Sollte nichts Neues aufmachen, herrscht am Abend relativ tote Hose. Ein paar wenige Clubs schaffen es aber dennoch, Beats bis spät in die Nacht in die Pensionszimmer zu schicken. Dazu gehören das Ally **13**, eine Art Vergnügungspark für Gaumen und Ohr: mehrere Restaurants mit Gerichten aus aller Welt, viel Musik, alles auf höherem Preisniveau (nur im Sommer geöffnet), und der **Club Arma 15** beim alten Hafen (→ Essen & Trinken) mit heftigen Getränkepreisen.

Wer einfach nur ein Bier trinken will, kann in den **Mr. Blues Pub** gehen, eine kleine Bar ganz im Zeichen des Blues und Jazz. Nach dem zweiten Besuch wird man vom Wirt schon wie ein alter Stammgast begrüßt. Dieser plante zuletzt, seinen Gästen künftig auch Steaks zu brutzeln. Hıdırlık Sok.

Baden/Tauchen

Attalos plante bei der Gründung der Stadt keine schwimmbegeisterten Touristen ein und platzierte Antalya direkt auf einem Fels über dem Meer. Folglich liegen die Strände außerhalb der Altstadt. Einzige Ausnahmen für einen Sprung ins Meer sind der gebührenpflichtige Sandfleck keine 100 m südlich des alten Hafens (Zugang vom Restaurant **Mermerli**) und das zentrumsnahe **Adalar Beach Café** (Zugang über den Karaalioğlu-Park nahe dem Restaurant Deniz), eine mit Liegestühlen bestückte Holzplattform zwischen Felsen über dem Meer. Die nächstgelegenen Strände sind:

Baden Konyaaltı (auch: **Antalya Beach Park**): Ein langer Sand-Kies-Strand, der etwa 2 km westlich des Zentrums beginnt.

Konyaaltı, Antalyas Hausstrand vor atemberaubender Kulisse

Mit der alten Straßenbahn zu erreichen: Bis zur Endstation beim archäologischen Museum fahren und von dort noch ca. 5 Min. bergab. Taxi einfach ca. 7,50 €. Die Bars und Beachclubs (→ Nachtleben) organisieren den Liegestuhlverleih, bieten Umkleideräume und Duschen. Rettungsschwimmer, Wassersportmöglichkeiten. Ganz im Westen, etwas zurückversetzt, gibt es zudem den **Aquapark Aqualand**.

Lara: 12 km südöstlich der Stadt, mit Ⓑ KL08 von der Işıklar Cad. zu erreichen. Am besten bis zum Club-Hotel Sera fahren, östlich der Clubanlage beginnt ein 5 km langer Strand, erst feiner Kies, dann Sand. Je weiter Sie nach Osten tingeln, desto ruhigere Plätzchen finden Sie, Abgeschiedenheit jedoch nie. Hinter dem Strand ist noch Platz für den Bau von rund 20 Clubanlagen. Bis zu ihrer Entstehung gibt es eine Reihe gebührenpflichtiger Beachclubs. Lara-Ort ist übrigens nichts anderes als eine gesichtslose Hotelbettenburg und Apartmentsiedlung, über welche die Flugzeuge zum Airport Antalya donnern. Im Osten geht Lara in **Kundu** über, ein aus dem Boden gestampfter weitläufiger Ferienort ohne Zentrum. In den kolossalen 5-Sterne-Themenhotels im Disneyland-Stil – vom Topkapı-Palast bis zum Kreml sind es hier nur ein paar Minuten – nächtigen v. a. Russen.

Tauchen Rainbow A & P Diving Center, Tauchbasis am alten Hafen nahe dem Parkplatz, deutschsprachige Instruktoren. Bootstauchgänge zu einem vorgelagerten Wrack (35 €), ferner Schnuppertauchen für 50 € und diverse Tauchkurse ab 300 €. ✆ 0532/7641409 (mobil), www.apdivers.de.

Sehenswertes

Die meisten Sehenswürdigkeiten Antalyas liegen in oder nahe der Altstadt *(Kaleiçi)*. Man kann sie spielend zu Fuß abklappern, sie sind aber im verwinkelt-verwirrenden, engen und abschüssigen Gassensystem nicht immer leicht bzw. auf Anhieb zu finden. Kein Stadtplan wird dem Gassenchaos gerecht, das z. T. ein Erbe der Griechen ist. Auf diese folgten in den 1920ern mehrheitlich Sinti-Familien. Viele von ihnen wanderten im Laufe der Zeit wieder ab. Die, die blieben, zählen heute zu den sozial schwachen Altstadtbewohnern. In manchen Gassen kontrastieren ihre ruinösen Wohnhäuser mit den restaurierten Anwesen der Pensionsbetreiber, doch jedes Jahr werden es weniger. Die Stadtväter tun viel, um Kaleiçi in eine Bilderbuchaltstadt zu verwandeln – leider auch auf Kosten ihres vormaligen morbiden Charmes. Zuletzt wurde das Viertel in weiten Teilen verkehrsberuhigt, wobei man die Hesapçı Sokak, die vom Hadrianstor zum Hıdırlık Kulesi führt, in eine mit Marmor gepflasterte Flaniermeile umgestaltete.

Yivli-Minarett/Alaeddin-Moschee: Das seldschukische Minarett der Alaeddin-Moschee aus dem frühen 13. Jh. ist das Wahrzeichen Antalyas. Die Dominante in der Altstadtskyline ragt etwas unterhalb der Cumhuriyet Caddesi in den Himmel. Der Ziegelturm hat die Form eines Rundstabbündels und diente Seefahrern Jahrhunderte lang als Orientierungspunkt. Die dazugehörige Moschee wurde auf dem Fundament einer byzantinischen Kirche errichtet. Ihre zwölf Säulen, die heute die sechs Ziegelkuppeln tragen, stammen noch aus dem Vorgängerbau und so manche Säulenbase wurde als Kapitell verwendet. Sultan Alaeddin Keykobat I., einer der bedeutendsten Seldschukenherrscher, gab Moschee samt Minarett in Auftrag. Gegenüber dem Minarett sieht man die Ruinen der *Medrese*. Die Mauerreste der einstigen seldschukischen Koranschule sind von einer Stahl- und Glaskonstruktion überdacht, heute werden darin Gewürze und Kunsthandwerk verkauft. Etwas weiter liegt der ehemalige *Konvent der Mevlana-Derwische*, heute die *Güzel Sanatlar Galerisi* (Kunstgalerie), in der wechselnde Ausstellungen stattfinden. Das Gebäude wurde zuletzt umfassend restauriert.

Uhrturm/Murat-Paşa-Moschee: Der Uhrturm, dessen Fundament noch Teil der alten Stadtbefestigung ist, steht unübersehbar am Eingang zur Altstadt, an der hier verkehrsberuhigten Cumhuriyet Caddesi. Gleich daneben befindet sich die *Tekeli-Mehmet-Pascha-Moschee,* deren Silhouette zwar die Altstadt bereichert, die architektonisch jedoch uninteressant ist. Folgt man vom Uhrturm der Kazim Özalp Caddesi (eine lebendige Einkaufsstraße der Neustadt), gelangt man zur Murat Paşa Camii in einem kleinen Park. Diese Moschee aus der zweiten Hälfte des 16. Jh. lohnt einen Besuch, ihr Inneres ist reich mit Fayencen verziert.

Hafen: Im 2. Jh. v. Chr. liefen hier die ersten Schiffe ein, die mächtigen Landmauern stammen aus römischer Zeit. Über 2000 Jahre lang war er das Tor Antalyas zur Welt, bis er vom neuen Hafen westlich der Stadt abgelöst wurde. Heute legen hier nur noch Ausflugsschiffe, ein paar Jachten und Fischerboote an.

Kesik-Minarett: Einst stand hier ein Rundtempel, der dem ptolemäischen Gott Serapis geweiht war. Auf diesen folgte an gleicher Stelle im 5. Jh. die byzantinische *Panaghia-Kirche,* die wiederum 800 Jahre später in eine Moschee umgewandelt wurde. Im Jahre 1851 ging diese bei einem Großbrand in der Altstadt in Flammen

Türkische Riviera → Karte S. 376/377

auf. Zurück blieb eine Ruine. Seit diesem Zeitpunkt spricht man auch vom KesikMinarett – dem „abgeschnittenen Minarett". Zwischen den umzäunten Mauerresten an der gleichnamigen Gasse wächst heute Unkraut.

Suna ve İnan Kıraş Kaleiçi-Museum: Es ist untergebracht in einem osmanischen Herrenhaus. Zu sehen gibt es ein paar alte Fotografien der Stadt, zudem werden in drei extrem klimatisierten Räumen mit lebensgroßen Puppen Szenen aus dem vorletzten Jahrhundert nachgestellt, wie z. B. das Servieren von Kaffee, das Rasieren des Bräutigams oder der Henna-Abend vor dem Hochzeitsfest. Das klingt nicht gerade spannend, und so ist es auch. Zum Museumskomplex gehört auch eine *griechisch-orthodoxe Kirche* aus der zweiten Hälfte des 19. Jh., die wechselnden Ausstellungen dient, gelegentlich finden darin auch Konzerte statt.
Adresse/Öffnungszeiten: Kocatepe Sok. 25. Tägl. (außer Mi) 9–12 u. 13–18 Uhr. Eintritt 1 €, erm. die Hälfte.

Hadrianstor: Der prunkvolle, im Türkischen *Üçkapılar* („Drei Tore") genannte Triumphbogen aus Marmor mit seinen beiden wuchtigen Türmen wurde 130 n. Chr. für Kaiser Hadrian errichtet, als dieser der Stadt einen Besuch abstattete. Heute ist das Tor auch für Nichtkaiser ein hübscher Eingang von der Atatürk Caddesi in die Altstadt. Die Kerben in den Bodenplatten unter der schicken neuen Fußgängerbrücke sollen Spurrillen römischer Wagen sein. Deutlicher erkennt man, dass das Höhenniveau der alten römischen Stadt ein paar Meter unter dem heutigen lag. Welche Ruinen unter der Altstadt noch schlummern, ist unbekannt.

Hıdırlık Kulesi/Karaalioğlu-Park: Der 17 m hohe Turm ganz im Süden der Altstadt stammt aus römischer Zeit. Ob er als Mausoleum oder Teil einer alten Zitadelle gebaut wurde, weiß man nicht – die Forschung tappt hier noch im Dunkeln. Genutzt wurde er später u. a. als Leuchtturm und Kanonenplattform zur Sicherung des Hafens. Weiter südlich schließt sich der Karaalioğlu-Park an: Blumenmeer trifft hier Mittelmeer. Teegärten und Restaurants laden zum Verweilen ein. Ein kleiner Abenteuerspielplatz mit Hängebrücke und Rutschen erfreut Kinderherzen. Tipp: Schauen Sie sich hier den Sonnenuntergang an.

Archäologisches Museum: Es gehört zu den führenden Museen seiner Art in der Türkei und ein Besuch ist absolut lohnenswert. Gezeigt werden Funde aus Lykien und Pamphylien in chronologischer Anordnung. So manche der Funde sind spektakulärer als der Anblick der Ausgrabungsstätten heute. Der Rundgang beginnt mit der prähistorischen Sammlung und schließt mit einer ethnografischen Abteilung ab. Seinen besonderen Ruf verdankt das Museum den übergroßen Götter- und Kaiserstatuen von Perge, darunter Hadrian, Trajan, Zeus usw. Auch die reich verzierten, sehenswerten Sarkophage stammen überwiegend aus Perge. Halten Sie nach jenem Ausschau, dessen Marmorfries die Heldentaten des Herkules zeigt – eine grandiose Steinmetzarbeit. Dabei wurden solche Sarkophage im 2. u. 3. Jh., als die Sarkophagproduktion ihren Höhepunkt erreichte, wie Katalogware hergestellt. Ferner kann man Goldschmuck aus Patara bestaunen, kleine Metallfiguren aus Arykanda, Mosaike aus Seleukeia und eine umfangreiche Münzsammlung. Auch so manche Überraschung ist zu entdecken: Neben den byzantinischen Ikonen beispielsweise liegt ein Schächtelchen, eingeschlagen in rotem Samt, drinnen einige Knochensplitter und ein Teil eines Kiefers. Begleittext: der Heilige Sankt Nikolaus.
Ganz im Westen der Stadt, kurz bevor die Straße zum Strand von Konyaaltı hinabführt auf der rechten Seite. Am einfachsten mit der alten Straßenbahn zu erreichen (bis zur Endstation fahren). Im Sommer tägl. (außer Mo) 9–19 Uhr, im Winter 8–17 Uhr. Eintritt 6 €.

Beste Lage: Theater von Termessos

Im Hinterland von Antalya

Als Highlight des Hinterlands präsentiert sich das antike Termessos im gleichnamigen Nationalpark – allein schon die Lage der Ruinenstadt in einer wildromantischen Bergwelt begeistert. Auf dem Weg dahin lohnt ein Abstecher zur imposanten Güver-Schlucht eher als zur Karain-Höhle, die nur eingefleischte Archäologiefreaks faszinieren wird. Die Düden- und Kurşunlu-Wasserfälle sind beliebte Ausflugsziele im Grünen – spektakulär sind sie jedoch nicht. In der Bergwelt rund um Saklıkent kann man im Winter Ski fahren gehen.

Düden-Wasserfälle: Die *oberen Wasserfälle* liegen in einem kleinen Park *(Düdenbaşı Piknik Alanı)* im Nordosten Antalyas – noch vor einem Jahrzehnt im Nirgendwo weit außerhalb, in naher Zukunft von Hochhäusern eingekeilt. An Sonntagen dient der Park Familien als Picknickplatz und Tanzterrain, Teegärten und Restaurants (→ Antalya/Essen & Trinken) sorgen für Speis und Trank. Aus einer Felskaverne kann man den Wasserfall auch von hinten sehen. Im Sommer kann das Rauschen allerdings ausfallen, denn dann ist der Fluss Düden bisweilen ziemlich ausgetrocknet. Die *unteren Wasserfälle* liegen ca. 10 km östlich des Zentrums von Antalya vor Lara (s. u.) am Meer und sind das Ziel vieler Bootsausflüge und Touristenbusse. Durch die Ablagerung von Quellkalk hat der Düden hier Gesteinsformationen entstehen lassen, die sich im Laufe der Jahrtausende immer weiter ins Meer vorschoben.

Anfahrt/Öffnungszeiten: Die oberen Wasserfälle sind von der West-Ost-Tangente, dem Gazi Bul., mit „Düden Şelalesi" ausgeschildert. Busse (z. B. Ⓑ VC56) von der Doğu Garajı (Haltestelle neben der Straßenbahnhaltestelle). Im Sommer 8–20 Uhr, im Winter 8–17.30 Uhr. Eintritt 1,25 €.

Zu den unteren Wasserfällen gelangt man, indem man von Antalya gen Lara immer der Straße folgt, die der Küste am nächsten gen Süden verläuft. Die Fälle befinden sich genau dort, wo die Küstenstraße einen Knick nach links (landeinwärts) macht. Die Busse Ⓑ KL08 (ab der Işıklar Cad.) fahren nahe an den Fällen vorbei. Sagen Sie dem Fahrer Bescheid, dass Sie am „Düden Parkı" aussteigen wollen und folgen Sie von der Haltestelle der zum Meer führenden Straße an der Feuerwehr *(Itfaiye)* vorbei. Das Gelände ist stets zugänglich und kostet keinen Eintritt.

Kurşunlu-Wasserfälle: Sie sind unwesentlich größer als die Düden-Wasserfälle und wurden 1991 zum Naturschutzgebiet erklärt. Man sollte sich nicht zu viel erwarten, es stürzt auch hier kein imposanter Strom zu Tale. Andrang herrscht nur vor dem türkisfarbenen Becken des Hauptfalls; auf den kleinen Pfaden des reich bewachsenen Geländes verlieren sich die Spaziergänger dann aber zusehends. Wer dem Fluss folgt, gelangt zu einem kleinen See zwischen Felsen, Büschen und Bäumen. Es gibt eine Reihe von Restaurants.

Anfahrt/Öffnungszeiten: Antalya Richtung Osten (Alanya) verlassen, nach etwa 10 km weist ein Hinweisschild („Kurşunlu Şelalesi") den Weg zu den noch 8 km entfernten Fällen. Die Wasserfälle sind von Antalya (Meydan, östliche Endhaltestelle der neuen Straßenbahnlinie) mit Bussen zu erreichen. Tägl. 7–20 Uhr, im Winter verkürzt. Eintritt 1,25 €.

Saklıkent: Rund 50 km westlich von Antalya, auf 1800 m Höhe im Landesinnern, liegt Saklıkent – kein idyllisches Bergdorf, sondern eine etwas verstaubt wirkende Ferienhaussiedlung. Bekannt ist der Ort wegen seines Skigebiets (1890–2400 m), genauer gesagt: wegen zweier Lifte, die mehrere Abfahrtsmöglichkeiten erschließen (Infos unter www.saklikent.com.tr). Leider ist die Region nicht allzu schneesicher. Vormittags Ski fahren und am Nachmittag am Strand liegen – das geht leider nur selten. Dennoch lohnt der Weg ins karge Bergland, denn schon die Anfahrt ist ein landschaftlicher Traum. Tipp: Picknick mitnehmen und auf einer der Bergwiesen unterhalb des Ortes verspeisen.

Anfahrt: Vom Zentrum Antalyas orientiert man sich erst Richtung Kemer und folgt dann der Straße nach Burdur. Von dort ist der Weg ausgeschildert.

Auf dem Weg nach Saklıkent

Güver-Schlucht: Der 115 m hohe und eine Mio. Jahre alte „Grand Canyon der Süd-küste" liegt im Naturpark *Güver Kanyon Tabiat Parkı* nahe der Straße nach Ter-messos. Das Areal kann erwandert, aber auch mit dem eigenen Fahrzeug problem-los befahren werden: Vom Eingang sind es rund 2 km, bis man die Schlucht erreicht, und weitere 2 km, bis diese mit einem anderen Cañon zusammentrifft. Unterwegs passiert man zwei wenig Vertrauen erweckende Aussichtsplattformen. Nicht nur der Anblick der Schlucht ist imposant, auch kann man bei schönem Wetter den Blick in die Ferne schweifen lassen, bis nach Antalya und dem Mittelmeer am Horizont. Der Park verfügt zudem über Wildgehege und lädt zum Picknicken ein – meiden sollte man jedoch die Sommerwochenenden, wenn halb Antalya hier unterwegs ist.

Anfahrt/Öffnungszeiten: Vom Zentrum Antalyas orientiert man sich erst Richtung Kemer und folgt dann der Straße nach Burdur. Ca. 10 km später geht es links ab Richtung Denizli/Korkuteli. 7 km weiter, kurz hinter dem Ortsende von Döşemealtı und damit dem „Stadtende" von Antalya (Ortsausgangsschild Antalya) liegt der Parkeingang linker Hand. Um zum Eingang zu gelangen, musste man 2011 jedoch hinter der Brücke nach dem Ortsausgangsschild einen U-Turn absolvieren. Durch Straßenbauarbeiten kann sich die Anfahrt verändern! Ohne eigenes Fahrzeug nimmt man von Antalya (Busbahnhof) einen der stündl. Busse nach Korkuteli und steigt unterwegs aus (Fahrer Bescheid geben). Tägl. 8–21 Uhr, im Winter verkürzt. Eintritt 1 €, Auto (mit Passagieren) 2,50 €.

Karain-Höhle: Für die Wissenschaft war die Höhle einst eine interessante Entdeckung, für den Touristen von heute ist sie nicht viel mehr als ein schattiger Platz. Viel Außergewöhnliches gibt es nicht zu erspähen. Umso sehenswerter ist das 300 m tiefer gelegene, kleine Museum. Dort sind Höhlenfunde ausgestellt, insbesondere Pfeilspitzen und archaische Werkzeuge, deren Alter bis ca. 150.000 v. Chr. zurückreicht.

Anfahrt Vom Zentrum Antalyas orientiert man sich erst Richtung Kemer und folgt dann der Straße nach Burdur. Ca. 12 km weiter geht es links ab Richtung Yeniköy/Karain. Ab hier durchgehend ausgeschildert, noch 19 km. Man kann aber auch von Termessos (s. u.) zur Höhle gelangen:

An der Straße von Termessos zurück nach Antalya ist die Abzweigung nach Karain ausgeschildert, von dort noch 12 km.

Öffnungszeiten/Museum   Mai–Okt. tägl. 7.30–18 Uhr, Nov.–April 8–17 Uhr. Eintritt 1,20 €.

Termessos

(antike Stadt)

Wenn Ruinen atemberaubend sein können, dann die von Termessos. Schwer zugänglich liegen sie auf rund 1000 m Höhe.

Eine Besichtigung der Ruinen von Termessos gehört zum touristischen Pflichtprogramm der Südküste. Aber nicht nur die Ruinen sind eindrucksvoll, das Gleiche gilt für die artenreiche Tierwelt des Gebiets rund um den *Güllük Dağı* („Rosenberg"), das 1970 zum **Nationalpark Güllük Dağı** erklärt wurde. Neben Adler, Falken und Habichte kann man Wildziegen und mit etwas Glück auch Rot- und Damwild beobachten. Bisweilen stößt man sogar auf den *Capra aegagrus*, einen Verwandten des Steinbocks mit besonders schönen Hörnern. Selbst Bären sollen in den letzten Jahren wieder zugezogen sein, und noch im 19. Jh. berichtete der britische Reisende Charles Texier von einer großen Leopardenpopulation – die letzten Exemplare wurden 1938 erlegt. Die Flora ähnelt der alpiner Gebiete mit dichtem Niederbaumbestand. Eine Besonderheit ist die *Lady's-Slipper-Orchidee* (kann jeder selbst übersetzen), die im April/Mai ihre blassen, rosafarbenen Blüten treibt.

Türkische Riviera → Karte S. 376/377

Am Eingang zum Park befindet sich ein kleines Museum. Geboten wird nichts Spektakuläres, lediglich ein paar verblichene Landschaftsfotos, eine Reihe ausgestopfter Tiere und ein paar Kleinfunde aus der Ruinenstadt.

Geschichte

Die Geschichte von Termessos reicht vermutlich bis ins 2. Jt. v. Chr. zurück. Die Stadt entwickelte sich aus einer uneinnehmbaren psidischen Bergfestung am Fuß des *Güllük Dağı*, der in der Antike noch den Namen *Solymos* trug. Schenkt man Homers Epos *Ilias* Glauben, so waren die Solymer überaus kriegerisch und tapfer. Weder Alexander der Große noch andere potenzielle Usurpatoren konnten die Stadt jemals einnehmen. Was dem Menschen vorenthalten blieb, gelang der mythologischen Gestalt des Bellerophon und der Natur – der Erstere vernichtete sie, die Letztere eroberte sie zurück.

Seine Blütezeit erlebte Termessos vom 1. Jh. v. Chr. bis zum 2. Jh. n. Chr., insbesondere nachdem es sich mit Rom gegen den pontischen König Mithridates verbündet hatte. Die siegreiche Weltmacht wusste dies durchaus zu würdigen, wie aus einem noch in Teilen existierenden Vertragswerk hervorgeht. So weiß man, dass Termessos zahlreiche Vergünstigungen und rechtliche Freiräume eingeräumt wurden, die den Wohlstand der Stadt begründeten. Aus dieser Zeit stammen auch die meisten Bauwerke, die heute als Ruinen zu besichtigen sind. Wie eng die Verbindung zu Rom gewesen sein muss, wird auch daraus deutlich, dass die Termessioten das Jahr der Vertragsschließung zum Beginn einer neuen Zeitrechnung machten.

Während der oströmischen Herrschaft verlor die Stadt allmählich an Bedeutung und wurde vermutlich Ende des 4., Anfang des 5. Jh. durch ein Erdbeben zerstört und aufgegeben. Wiederentdeckt wurde Termessos 1842 von englischen Archäologen. Eine systematische Erforschung und Vermessung begann jedoch erst rund 40 Jahre später. Verantwortlich war ein Team unter der Leitung des Wiener Grafen Karol Lanckoronski (1848–1933). Deren Arbeit erweist sich noch heute von besonderem Wert, da viele der seit dem letzten Jahrhundert eingestürzten Gebäude bzw. Gebäudereste nur auf der Grundlage der von Lanckoronski und seinen Mitarbeitern angefertigten Skizzen und Fotografien rekonstruiert werden konnten.

Anfahrt Termessos, etwa 35 km nordwestlich von Antalya, erreicht man mit dem Korkuteli-Bus (vom Busbahnhof Antalyas). Auf Höhe des Yenice-Passes beim Wegweiser „Termessos" aussteigen. Von dort sind es noch 9 km, die Straße ist gut ausgebaut, aber stark ansteigend (fast 700 Höhenmeter müssen überwunden werden). Zu Fuß mind. 2 Std. – im Sommer nur per Autostopp möglich. Am besten beim Parkeingang Kontakte knüpfen. Im Sommer warten auch Taxis an der Abzweigung.

Selbstfahrer orientieren sich vom Zentrum Antalyas erst Richtung Kemer und folgen dann der Straße nach Burdur. Ca. 10 km später geht es links ab auf die Nationalstraße 350 Richtung Denizli/Korkuteli. Von dieser aus beschildert (noch 23 km).

Öffnungszeiten Im Sommer tägl. 8–17 Uhr, im Winter 8–16 Uhr. Eintritt 2 €.

Hinweis: Für die Besichtigung der weitläufigen antiken Stadt sollten Sie mindestens 2 Std. einplanen. Die Besichtigung ist kein Spaziergang, eher eine kleine Bergwanderung, tragen Sie feste Schuhe. Und bringen Sie ausreichend Getränke mit, nicht immer sind fliegende Händler vor Ort. Sie können auch gleich einen Picknickkorb mitnehmen, das Theater ist ein herrlicher Platz, um ihn auszupacken.

Übernachten/Camping Yeşil Vadi, Restaurant, Pension und Campingplatz. Harter Boden, mit dem Wohnmobil jedoch durchaus okay. Einfache Bungalows mit Klimaanlage – diese werden oft aber auch von Pärchen aus Antalya stundenweise gemietet ... Die nahe vierspurige Straße ist zu hören. Anfahrt: Bei der Kreuzung nach Termessos der Straße zur Karain-Höhle folgen, nach 200 m linker Hand. DZ 30 €, 2 Pers. mit Wohnmobil 10 €. Çığlık Kasabası Aydınlar Mah., ✆ 0242/4237555, 📠 4237516, www. yesil-vadi.com.

Sehenswertes

Die hier beschriebenen Ruinen lassen sich der Reihenfolge nach abgehen, Schilder erleichtern die Orientierung. Noch vor dem Rundgang durch das Ausgrabungsgelände passiert man an der Straße vom Parkeingang hinauf zur antiken Stadt nach ca. 5 km in einer Rechtskurve einige Mauerreste und kurz darauf die Grundmauern eines **Befestigungsturms**. Vermutlich stand hier einst eine große Toranlage, eine Art Mautstelle für die Karawanen über den Yenice-Pass. Anschließend folgt die asphaltierte Straße in vielen Abschnitten der antiken **Königsstraße**, die vom Tor bergauf zur Stadt führte. Die Straße endet an einem Parkplatz, nahebei ein antiker **Soldatenfriedhof** mit einigen schönen Sarkophagen – herumkraxeln macht hier Spaß! Vom Parkplatz führt zudem ein Pfad zum Hadrianpropylon, der ersten hier beschriebenen Sehenswürdigkeit.

Tor des Hadrian

Tor des Hadrian 1: Die gut leserliche Inschrift im Abschlussstein des 4 m hohen und fast 2 m breiten marmornen Torbaus gibt Auskunft darüber, dass dahinter einst ein dem Kaiser Hadrian geweihter Tempel stand. Außer ein paar verstreut liegenden Architekturfragmenten ist von ihm jedoch nichts mehr erhalten. Man nimmt an, dass der Tempel bis zu 8 m hohe korinthische Säulen besaß.

Vom Hadrianpropylon führt ein Fußweg vorbei an einer Nekropole mit geplünderten Steinsarkophagen und gut erhaltenen Felsengräbern ins Zentrum der Stadt. Wählen Sie diesen Weg als Rückweg. Denn leichter bergauf ist der Weg vom Parkplatz über die z. T. sehr gut erhaltene, ehemalige Königsstraße (mit „Giriş Yolu Ruins" ausgeschildert) zur Stadtmauer und zum Stadttor.

Stadtmauer 2 und **Stadttor 3**: Schon König Attalos II., der Gründer von Antalya, ritt auf der Königsstraße ins Zentrum der Stadt. Linker Hand tauchen bald Reste der unteren Stadtmauer auf, die noch die Trutzigkeit der ehemals 6 m hohen Befestigungsanlage erahnen lassen. Vom Stadttor ist kaum mehr etwas zu sehen, auch nicht von dem einstigen *Würfelorakel*, das daran angrenzte. Man übte es mit sieben Würfeln aus. Diese ermöglichten 120 Antworten, die in eine Tafel eingraviert waren. Etwas weiter stehen noch die Reste eines quadratischen *Beobachtungsturms*. Die aufeinandergeschichteten Quader sind noch über zehn Lagen hoch.

Türkische Riviera → Karte S. 376/377

Bellerophon – ein Held, der vom Himmel fiel

Bellerophon, Sohn des Königs von Korinth, zählt wie Herakles, Jason oder Theseus zu den großen Heroen der Mythologie. Ihm gelang es, das unsterbliche, geflügelte Pferd Pegasos zu zähmen, doch ihm gelang es auch, versehentlich seinen Bruder Deliades zu töten. Daraufhin musste er Korinth verlassen. In Argos, bei König Proitos, suchte er Zuflucht. Dort war Bellerophon mehr als nur willkommen – Proitos' Gemahlin verliebte sich in ihn. Da Bellerophon sie jedoch verschmähte, bezichtigte sie ihn der Vergewaltigung. Proitos verhängte daraufhin das Todesurteil über seinen Gast, nur selbst ausführen wollte er es nicht. Er schickte Bellerophon zu seinem Schwiegervater König Iobates von Lykien. Mit auf den Weg gab er ihm einen versiegelten Brief, der die Aufforderung enthielt, den Überbringer zu töten. Aber auch Iobates hatte Skrupel, die Tat auszuführen und stellte Bellerophon vor drei Prüfungen, die dieser nicht überleben sollte. Zunächst hatte er die Chimäre zu töten, doch Bellerophon erstach das feuerspeiende Ungetüm. Dann sollte er die Feinde Lykiens, die Solymer vernichten. Auch das gelang ihm. Zuletzt musste er gegen die Amazonen in den Kampf ziehen, jene kriegerische Frauen, die sich die rechte Brust abnahmen (amazon = brustlos), damit sie den Bogen besser halten konnten. Und auch von dieser Aufgabe kehrte Bellerophon lebend zurück. Daraufhin gab sich Iobates geschlagen, machte Bellerophon zu seinem Verbündeten, verheiratete ihn mit seiner Tochter Philonoë und schenkte beiden sein halbes Reich. Iobates zeigte dem mutigen Heroen auch jenen Brief, der einst seinen Tod bedeuten sollte. Bellerophon schwor Rache an Proitos' Gemahlin, ritt zu ihr, umschmeichelte sie und schlug ihr vor, gemeinsam zu fliehen. Sie willigte ein. Von seinem geflügelten Pferd stieß er sie aus großer Höhe ins Meer, wo sie ertrank. Ein ähnliches Schicksal sollte später auch Bellerophon erfahren. Er versuchte sich mit den Göttern und wollte auf Pegasos in den Himmel reiten. Zeus war darüber so erbost, dass er eine Fliege schickte, die Pegasos in den Hintern stach. Das Pferd warf seinen Reiter ab. Bellerophon überlebte den Sturz, war jedoch für immer gelähmt. Euripides verewigte das Leben des traurigen Helden in seinem Bellerophon-Epos.

Gymnasion 5 und Oberer Wall 4: Der Weg führt nun an den Ruinen des einst 91 m langen, aber nur 14 m breiten Gymnasions vorbei. Dichtes Gestrüpp erschwert leider den Zugang. Die Südwestfront ist der besterhaltene Teil der Anlage, deren Bade- und Schulräume sich um den etwa 50 m langen Innenhof gruppierten. Zu beachten sind insbesondere die großen Nischen und Tore in der Fassade und das intakte Eingangstor. Den Abschluss (östlichen Teil) des Gymnasions bildet ein später angefügtes römisches Bad. Erkennbar ist es an den beiden noch stehenden Säulentoren und dem eingestürzten Wasserkanal. Das Gymnasion liegt zu Füße des oberen Walls, zugleich der inneren Befestigungsmauer.

Kolonnadenstraße 16: Hat man die nächsthöhere Terrasse erreicht, passiert man auf dem Weg zum Theater u. a. die Kolonnadenstraße, eine ehemalige Prachtstraße, die beidseitig von 47 Säulen und etlichen Statuen flankiert war. Dahinter lagen Läden, Säulenhallen und kleinere Gebäude, von denen jedoch nur noch überwucherte Grundrisse erhalten sind. Zum Flanieren taugt die Kolonnadenstraße heute nicht mehr, nur noch zum Kraxeln.

Osbaros-Stoa ➏: Etwas weiter bergauf gelangt man zum einstigen Marktkomplex der Stadt. An dessen Nordseite kann man die Fundamente der Osbaros-Stoa ausmachen (benannt nach einem ehemaligen Stadtoberhaupt). Der 100 m lange und 11 m breite Bau war in der Mitte durch eine Mauer längs geteilt.

Theater ➐: Die schönste und imposanteste Ruine von Termessos. Teile der Zuschauerreihen und des Bühnengebäudes (darunter zwei Tore) sind noch erhalten. Die einzigartige, grandiose Lage des Theaters ist allenfalls noch mit der des Theaters von Taormina in Sizilien vergleichbar. Der Blick schweift ungehindert zwischen den Bergen hindurch bis ins Tal, nach Antalya und an die Gestade des Mittelmeers. Wegen der Form (die Zuschauerränge gehen über den für römische Theater

➊ Tor des Hadrian
➋ Stadtmauer
➌ Stadttor
➍ Oberer Wall
➎ Gymnasion
➏ Osbaros-Stoa
➐ Theater
➑ Kleiner Artemistempel
➒ Heroon
➓ Zisterne
⓫ Tempel von Korinth und Attalos-Stoa
⓬ Großer Artemistempel
⓭ Odeion
⓮ Tempel des Zeus Solymeus
⓯ Kolonnadenstraße
⓰ Grab des Alketas
⓱ Häuserruinen

Parkeingang, Museum

Soldatenfriedhof

Königsstraße

Agora

Südnekropole

Termessos

100 m

typischen Halbkreis hinaus) muss auf ursprünglich griechische Erbauer geschlossen werden. Das Theater war relativ klein und fasste lediglich 4200 Zuschauer. Sein Radius betrug 33 m, die Höhe von der Orchestra bis zu den letzten Rängen knapp 13 m, die in 26 Sitzreihen überwunden wurden. Interessant ist die Zweiteilung des Zuschauerraums in acht obere und 18 untere Sitzreihen. Während die oberen (billigeren) von der Seite aus betreten werden mussten, waren die unteren durch einen mittlerweile eingestürzten Tunnel zugänglich. In der Kaiserzeit standen hier auch Gladiatorenkämpfe auf dem Spielplan. Dabei wurde gewettet: Der Sieg des einen bedeutete den Tod des anderen.

Odeion 🔢: Weiter südlich ist die mächtige, fast 23 m breite und 10 m hohe Rückwand des einst gewaltigen, vom Grundriss her quadratischen Odeion zu sehen. Es war überdacht und diente zugleich als Rathaus. Zwischen den Pilastern wurden die heute nur noch schwer zu erkennenden Namen erfolgreicher Athleten eingemeißelt. Über den benachbarten kleinen Artemis-Tempel (s. u.) gelangt man ins Innere des Odeion, wo Architekturfragmente im Gestrüpp verstreut liegen.

Artemis-Tempel 🔢/🔢: In der Nachbarschaft des Odeion standen einst zwei Artemistempel. Der größere liegt vollständig in Trümmern. Der kleinere und jüngere stammt vermutlich aus dem 3. Jh. v. Chr. Vollständig erhalten sind die schönen Portalwände, deren Inschriften verraten, dass eine gewisse Aurelia Amasta den Tempel gestiftet hat.

Tempel des Zeus-Solymeus 🔢: Hinter dem Odeion umschließen noch immer 4 m hohe Außenwände einen Raum von 6 x 7 m Fläche. Dieser kleine Tempel diente der Verehrung des lokalen Gottes Zeus-Solymeus. Der Zeuskult war von den griechischen Nachbarn übernommen worden, verschmolz hier aber mit der Verehrung lokaler Gottheiten. Zahlreiche in Termessos gefundene Statuen zeugen von seiner Bedeutung.

Agora, Heroon 🔢 und Zisterne 🔢: Der Marktplatz im Zentrum des antiken Termessos ist heute fast völlig überwuchert. Man braucht viel Fantasie, um sich vorzustellen, dass hier das Herz der Stadt schlug. Gekauft und getauscht wurden v. a. Obst und Getreide sowie Pferde und Rinder – die Wirtschaftsgrundlagen des antiken Termessos. Um den Abschluss des Geschäfts zu besiegeln, wurde in der Antike häufig ein Opfer gebracht. In Termessos tat man dies direkt auf dem Gelände der Agora. Der Opferplatz war ein auf einem großen Felsen ruhendes Heroon (Grabmal). Es ist allerdings nicht bekannt, wem die außerordentliche Ehre zuteil wurde, hier beigesetzt zu werden. Unter der Agora befindet sich auch eine fünfteilige, 10 m tiefe Zisterne. Die Stadt hatte immer wieder an Wassermangel zu leiden, insbesondere im Belagerungsfall.

Attalos-Stoa und Tempel von Korinth 🔢: Von der Zisterne führt ein Pfad hinab zur Attalos-Stoa, die ein Geschenk König Attalos II. von Pergamon war. Gleich daneben stand der größte Tempel von Termessos. Seine Innenhalle maß ca. 10 x 10 m, die Wände waren über einen Meter dick. Seinen Namen erhielt der Tempel wegen der korinthischen Kapitelle an den Außensäulen; man weiß bis heute nicht, wem er einst geweiht war. Von dort ein paar Schritte weiter südlich ist der Weg zum Grab des Alketas und zur südlichen Nekropole ausgeschildert.

Grab des Alketas 🔢: Das prominenteste Grab von Termessos hat folgende Vorgeschichte: Nach dem griechischen Geschichtsschreiber Diodor (1. Jh. v. Chr.) fand Feldherr Alketas während der Diadochenkriege in Termessos Zuflucht vor seinem Gegenspieler Antigonos – Alketas war wegen Mordes an dem Makedonen Meleager für vogelfrei erklärt worden. Antigonos wartete mit einem Heer vor der Stadt und verlangte die Auslieferung des Alketes. Um einen bewaffneten Konflikt zu vermeiden, wollten die älteren Bürger dem Gesuch nachkommen, die jüngeren hingegen waren zum Kampf bereit. Durch eine List lockte man die Jungspunde schließlich aus der Stadt, um Antigonos freien Zugang zu verschaffen. Als Alketas den Verrat bemerkte, beging er Selbstmord. Der von Antigonos geschändete Leichnam wurde von den Heimkehrenden später ehrenvoll im Fels begraben.

Von der Fassade des Grabes blieb nichts erhalten, an der Rückwand sieht man jedoch noch das Relief eines berittenen Kriegers und über dem Totenlager das eines Adlers mit einer Schlange im Schnabel, eigentlich das Symbol eines Königs. Die beiden Nischen links und rechts des Grabes dienten der Aufnahme von Grabbeigaben (u. a. Wein und Getreide).

Südliche Nekropolis: Der Anstieg von der oberen Terrasse zur südlichen Totenstadt ist beschwerlich, lohnt aber – es erwartet Sie eine der besterhaltenen antiken Nekropolen überhaupt. Meist erkundet man die Totenstadt ganz alleine – nur wenige Besucher verirren sich hierher. Unter den Hunderten von Sarkophagen gibt es etliche reich verzierte, daneben auch herrliche Tempelgräber mit korinthischen Säulen. Folgt man dem Hauptpfad bis zum höchsten Punkt, gelangt man zu einem Feuerausguck der Forstverwaltung, von wo sich eine tolle Aussicht auf die Nekropole und die gesamte Bergszenerie auftut.

Zwischen Antalya und Side

Die gut ausgebaute Nationalstraße 400 führt von Antalya in weitem Abstand zur Küste nach Side. Die Strecke ist landschaftlich wenig reizvoll, auf ewige Felder folgen monotone Siedlungen. Statt verträumter Fischerdörfer findet man künstliche Ferienanlagen, die exklusivsten bei Belek. Ihre Schmankerl versteckt die Region im Hinterland, allen voran die publikumsträchtigen Ausgrabungsstätten Perge und Aspendos. Im Vergleich zu diesen sind die Ruinen der antiken Stadt Selge nur zweitklassig, dafür ist die Anfahrt nach Selge durch den Köprülü Kanyon und weiter durch die einsame, raue Bergwelt des Taurus ein Traum.

Perge   (antike Stadt)

Perge ist ein weites schattenloses Trümmerfeld: 1000 Steine, aber keiner erinnert mehr an den berühmten Artemistempel der antiken Stadt. Dafür macht Perge noch immer mit einem der größten Stadien Kleinasiens auf sich aufmerksam.

Schenkt man alten Reiseberichten Glauben, so befanden sich die Ruinen von Perge bis zum Anfang des 20. Jh. in einem außerordentlich guten Zustand. In den 1920ern restaurierten und vergrößerten jedoch die Bewohner des nahen Murtuna ihr Dorf mit der historischen Bausubstanz Perges – ein irreparabler Raubbau an der Antike. Unter türkischer Leitung durchgeführte Ausgrabungen begannen 1946, sie dauern bis heute an und bringen immer wieder beeindruckende steinerne Zeugnisse aus hellenistischer, römischer und byzantinischer Zeit ans Tageslicht.

Geschichte: Gegründet wurde Perge ca. 1000 v. Chr., der Legende nach von den trojanischen Sehern Kalchas und Mopsos, vermutlich aber ganz banal von siedlungsfreudigen Lakedämoniern. Die ersten Jahrhunderte der Stadtgeschichte

Türkische Riviera → Karte S. 376/377

unterscheiden sich nicht wesentlich von denen anderer Städte am Golf von Antalya: Im 7. Jh. v. Chr. wurde Perge lydisch, später persisch. Einen eigenen Weg schlug
Perge erst 333 v. Chr. ein: Die Stadt unterwarf sich kampflos Alexander dem Groß-
en und stellte ihm wegen ihrer schlechten Beziehungen zu den Nachbarstädten Aspendos und Side gar „Pfadfinder" zur Verfügung, die seine Truppen schnell und
sicher durch den unwegsamen Taurus führten. Nach dem Tod Alexanders des Großen wurde die Stadt dem Seleukidenreich einverleibt. 188 v. Chr. eroberten die Römer Perge und vertrauten es Eumenes II. von Pergamon an. Zusammen mit dem
pergamesischen Königreich fiel die Stadt nach dem Tod des Herrschers zurück an
Rom. In römischer Kaiserzeit war Perge berühmt für seinen Artemiskult
(→ Kasten).

48 n. Chr. traf Apostel Paulus mit Begleiter Barnabas in Perge ein. Die Missionare
waren herzlich willkommen – was v. a. damit zusammenhing, dass man sie für die
Götter Zeus und Hermes höchstpersönlich hielt. Perge besaß bald darauf eine der
ersten Christengemeinden Kleinasiens, die aber noch für ein paar Jahrhunderte ein
Schattendasein neben der lokalen Artemisverehrung führte. Das änderte sich endgültig unter byzantinischer Herrschaft. Mit dem Aufstieg Perges zur Bischofsstadt
baute man drei Basiliken und zerstörte den berühmten Tempel samt dem Kultbild
der Artemis Pergaia. Während der Sarazenenüberfälle im 7. Jh. gaben die Einwohner ihre Stadt zugunsten des besser geschützten Attaleia (Antalya) auf. Bereits zur
Seldschukenzeit fegte nur noch der Wind durch die leeren Straßen. Heute gräbt
hier alljährlich die İstanbul Üniversitesi.

Anfahrt In Aksu (auch: Çalkaya, mittlerweile ein Ortsteil von Antalya; 16 km östlich
von Antalya) von der Nationalstraße 400
ausgeschildert, von dort noch 2 km. Wer
mit dem **Bus** von Antalya aus (Ⓑ AC03 ab
der Burhanettin Ornat Cad.; die Abfahrtsstelle befindet sich 2 Straßenbahnstationen
östlich des Zentrums/İsmetpaşa Cad.) unterwegs ist, muss in Aksu aussteigen und
den Rest (ca. 20 Min.) laufen.

Öffnungszeiten   Mai–Okt. tägl. 9–
19.30 Uhr, Nov.–April verkürzt. Eintritt 6 €.

Die Rundtürme der hellenistischen Toranlage von Perge

Muttergöttin und Jungfrau Maria – die Artemis von Perge

Wie in Ephesus wurde auch in Perge der Artemiskult gepflegt. Der Tempel der Artemis, der Göttin der Jagd und des Bogenschießens, der Fruchtbarkeitsspenderin, der Beschützerin wilder Tiere, Kinder und alles Schwachen, lag außerhalb der Stadt, war ein berühmter Wallfahrtsort und bot Verfolgten Asyl. Die Artemis von Perge war auch von Anfang das beherrschende Motiv auf pergamenischen Münzen. Auf den ältesten Münzen heißt sie noch *Vanassa Preiia*, „Königin von Perge", und wird als viereckiger Steinblock mit einer menschlichen Büste dargestellt. Genau genommen handelt es sich dabei um eine altanatolische Muttergöttin, die ein griechisches Namensmäntelchen umgehängt bekam. Auch unter den Frühchristen lebte der Artemiskult fort: Die Jungfrau Maria hielt man, bevor sie sich als Gottesmutter voll durchsetzen konnte, in Perge anfangs nur für eine weitere Inkarnation der uralten Muttergottheit.

Sehenswertes

Theater 2: Bereits auf der Zufahrtsstraße zum gebührenpflichtigen Teil des Ausgrabungsgeländes passiert man das Theater (nicht immer zugänglich). Der ursprünglich griechische Bau wurde im 2. Jh. n. Chr. von den Römern erweitert und mit einem dreigeschossigen Bühnenhaus und einem dekorativen *Nymphäum* versehen. Angelegt an einem Hügel vor der Stadt, bot es 14.000 eng gedrängten Zuschauern Platz. Nicht wenige besaßen „Dauerkarten" – an manchen Plätzen sind Namen eingraviert.

Stadion 3: Kurz darauf erstreckt sich rechts der Zufahrtsstraße das Stadion mit einer Länge von 234 m – eines der größten Kleinasiens. Es diente sportlichen Wett- und blutigen Gladiatorenkämpfen. Da es in einer Ebene angelegt war, mussten für die 12.000 Zuschauer gewaltige Unterbauten geschaffen werden, welche die noch heute hervorragend erhaltenen Sitzreihen stützten. In den miteinander verbundenen, massiven Gewölben dieser Unterbauten befanden sich einst Läden. Vorbei an der Nordkurve des Stadions gelangt man zum Parkplatz von Perge.

Spätrömisches 4 und **hellenistisches Stadttor 7**: Nachdem man den Eingang zum Ausgrabungsgelände passiert hat, fällt sogleich der Blick auf ein *spätrömisches Stadttor*. Die zangenförmige Anlage war einst mit Marmorsäulen verkleidet und wurde vermutlich im frühen 4. Jh. erbaut, als das Stadtareal nach Süden erweitert wurde. Den Platz dahinter schlossen linker Hand einst ein *Nymphäum* und eine *Therme* 6 ab. Badebecken und Bodenmosaiken lassen sich noch ausmachen.

Das durch sein Quadermauerwerk monumental wirkende *hellenistische Stadttor* mit seinen zwei mächtigen Rundtürmen besaß einen hufeisenförmigen Hof. In den Nischenreihen der Innenmauern standen Statuen auf beschrifteten Sockeln, unten von Göttern, oben u. a. von den legendären trojanischen Stadtgründern. Gestiftet wurden die Statuen im Jahre 120 von Plancia Magna, einer reichen Mäzenin Perges (ihr Grabbau 5 befindet sich beim Parkplatz), die fast ihr gesamtes Vermögen für städtische Bauten bereit stellte. Zum Dank wurde ihre Person mit Statuen an verschieden Plätzen der Stadt gewürdigt.

Türkische Riviera → Karte S. 376/377

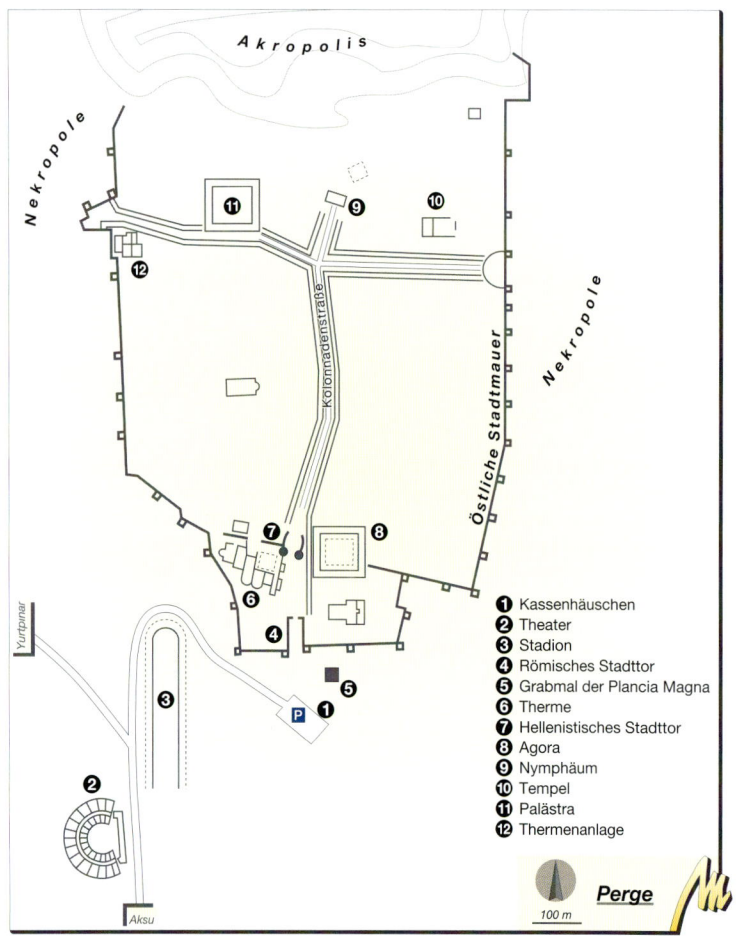

1 Kassenhäuschen
2 Theater
3 Stadion
4 Römisches Stadttor
5 Grabmal der Plancia Magna
6 Therme
7 Hellenistisches Stadttor
8 Agora
9 Nymphäum
10 Tempel
11 Palästra
12 Thermenanlage

Perge

100 m

Agora 8: Rechts des hellenistischen Stadttors lag die Agora, das einstige Zentrum des gesellschaftlichen Lebens. In der Mitte stand ein Rundtempel der Glücksgöttin Tyche. Im Nordosteck der Agora lässt sich zudem ein „Spielstein" entdecken, mit dem sich die Alten die Zeit vertrieben und auf das Glück Tyches hofften.

Kolonnadenstraße: Vom hellenistischen Stadttor führte eine 20 m breite Kolonnadenstraße, deren Säulen z. T. wieder aufgerichtet wurden, gen Norden zu einem *Nymphäum* 9 am Fuße des Akropolishügels, das eine Statue des Flussgottes Kestros krönte. In der Straßenmitte verlief in Kaskaden ein 2 m breiter Kanal. Rechts und links davon zeigt das Pflaster noch Wagenspuren. Hinter der Säulenreihe wandelte das Volk auf Mosaiken entlang einer Ladenzeile. Die Straße war zugleich die Hauptachse der Stadt, die sich zu beiden Seiten ausbreitete und noch weitestgehend unausgegraben ist.

Weitere Sehenswürdigkeiten: Folgt man der Prachtstraße zum Nymphäum (an vier Säulen rechter Hand können Sie die Reliefs von Apollon, Artemis, Kalchas und Tyche entdecken), gelangt man zu einer Kreuzung, die einst ein Triumphbogen zierte. Hält man sich hier links, kommt man an den Resten der *Palästra* **11** und einer weiteren *Thermenanlage* **12** vorbei zur *Westnekropole*, die außerhalb der Stadtmauer lag. Die schönsten Sarkophage von hier stehen heute im Archäologischen Museum von Antalya.

Sillyon (antike Stadt)

Auf einem schroffen Bilderbuchtafelberg inmitten der flachen Küstenebene – mit Sichtkontakt zum Meer und zum nahen Perge – wurde die Stadt von griechischen Kolonisten um 1000 v. Chr. gegründet, also zur gleichen Zeit wie Aspendos und Perge. Zwar war Sillyon in hellenistischer und römischer Zeit ein wichtiges Handelszentrum und wurde später unter byzantinischer Herrschaft Bischofssitz, doch Schlagzeilen der Geschichte schrieb die Stadt nie. Heute ist Sillyon ein ruhiges Ruinenstädtchen, nur teilweise ausgegraben und von Touristen wenig frequentiert. Wer es besucht, wird von seiner Lage beeindruckt sein, nicht aber von seinen baulichen Überresten.

Sehenswertes: Vom Parkplatz im Weiler Asar, am Fuße des Tafelberges, sind es nur ein paar wenige Schritte bergauf zum einstigen *Stadion*, dessen Grundriss sich noch erkennen lässt. Darüber erhebt sich die Ruine eines *Gymnasions* und auf gleicher Höhe rechts davon die des *Unteren Stadttores* mit Rundtürmen und einem hufeisenförmigen Hof. Etwas weiter liegen die Reste eines *Wehrturms*, von welchem eine 5 m breite, früher gedeckte Rampe zum *Oberen Stadttor* der Akropolis führt. Auf dem Plateau lassen sich noch gut die Ruinen einer *Palästra*, hellenistischer Gebäude sowie die einiger *Tempel* ausmachen. Aus der Zeit der Seldschukenherrschaft stammt eine kleine *Moschee*, aus der byzantinischen Epoche eine dreischiffige *Kirche*. Letztere besitzt einen Türpfosten mit einer Inschrift in griechischen Buchstaben. Dabei handelt es sich um einen bislang nicht entzifferten Text und zugleich den lang gesuchten Beweis dafür, dass Pamphylien eine eigene Sprache besaß. Am imposantesten ist jedoch das *Theater* am Südostrand des Plateaus. 1969 verlor es infolge eines Erdbebens sein Bühnenhaus. Würde man dies nicht wissen, könnte man meinen, es sei einzig und allein für den Sonnenaufgang gebaut worden – der Anblick ist spektakulär. Das Odeion nebenan verschwand nach dem Beben ganz.

Anfahrt Von Antalya auf der Nationalstraße 400 kommend zwischen Aksu und Serik ausgeschildert, von da noch 12 km. Eine zweite Abzweigung befindet sich auf der D 400 5 km westlich von Serik (gegenüber der Abzweigung zum „Belek Turizm Merkezi"), von dort noch 9 km. Man parkt beim (überteuerten) Sillyon Café, wo der Pfad auf den Burgberg beginnt. Sillyon ist nicht mit dem Dolmuş zu erreichen.

Öffnungszeiten Sillyon ist rund um die Uhr zugänglich und offiziell kostenlos – was einige selbst ernannte Wärter oder Führer jedoch nicht davon abhält, gelegentlich Eintritt zu kassieren. Achten Sie auf versteckte Löcher im Boden (Zisternen!). Gutes Schuhwerk ist ratsam.

Türkische Riviera → Karte S. 376/377

Pamphylien – vom „Land aller Stämme" zur „Türkischen Riviera"

Zwischen Antalya und Gazipaşa, zwischen lykischem und kilikischem Taurus, weichen die Berge z. T. weit ins Hinterland zurück. Eine ausgedehnte Flachlandschaft prägt die Küstenregion – das antike Pamphylien. Es war das „Land aller Stämme", die sich hier einer Legende zufolge nach dem Untergang Trojas Ende des 2. Jt. v. Chr. ansiedelten. Auf dem Boden des antiken Pamphylien gediehen fünf große Städte (Attaleia, Perge, Sillyon, Aspendos und Side) und, damals wie heute, alles, was man säte. Nicht nur der fruchtbare Boden zeichnet dafür verantwortlich, sondern auch ein Klima, das eine fast subtropische Vegetation zulässt. Die hohe Tauruskette schützt die Küstenebenen vor kalten Nordwinden. Für ausreichend Wasser sorgen die in den Bergen entspringenden Flüsse samt ihren Nebenarmen. Pamphylien ist somit heute wie damals ein Garten Eden: Baumwolle, Melonen und Tomaten werden geerntet, man sieht Bananenstauden, Maulbeer- und Feigenbäume, Orangen- und Zitronenhaine. Vor den Hotels stehen Palmen, es blühen Bougainvilleen, Hibiskus und Oleander. Und noch immer ist Pamphylien das Land aller Stämme – an den langen und feinen Sandstränden der heute „Türkische Riviera" genannten Küste begegnet man Urlaubern aus aller Herren Länder.

Belek

Ca. 35 km östlich von Antalya beginnt ein herrlicher, 12 km langer, mal fein- und mal grobsandiger, mit Kieseln durchsetzter Strandabschnitt. Die Küste wird von Pinien-, Eukalyptus- und Kiefernwäldern gesäumt. In ihnen verstecken sich rund 50, teils riesige All-inclusive-Anlagen, darunter die gepflegtesten des Landes. Wer in Belek urlaubt, den erinnern lediglich das abendliche Efes-Bier oder die dazugehörige Folkloreveranstaltung daran, dass er in der Türkei ist. Saison herrscht in der weitläufigen Feriensiedlung nahezu das ganze Jahr. Im Sommer steht der Badeurlaub im Vordergrund; alle nur erdenklichen Wassersport- und Freizeitspäße werden angeboten. Zwischen November und März ist Belek als mildes Winterquartier beliebt. Fußballmannschaften aus den höchsten europäischen Ligen absolvieren hier ihr Trainingslager. Dazu schlagen sich viele Golfer bei meist frühlingshaften Temperaturen die Bälle um die Ohren. Belek ist das Golfzentrum der Türkei – zur Auswahl stehen mittlerweile 16 Plätze.

Die nächstgelegenen Orte hinter den Ressortanlagen am Meer sind im westlichen Küstenabschnitt **Kadriye** und im östlichen Abschnitt **Belek**. Beide sind nicht viel mehr als zu rein touristischen Zwecken errichtete, um sich wuchernde Kunstdörfer mit Autoverleihern, stillosen Basarmeilen, ein paar Bars und Restaurants. Für Individualreisende ist ein Abstecher nach Belek uninteressant. Das Gros der Clubanlagen ist nur über heimische Reiseveranstalter zu buchen, und auf den dazugehörigen Stränden sind Fremde nicht willkommen.

Verbindungen   Regelmäßig bis 1 Uhr nachts **Dolmuşe** von den Hotels nach Belek bzw. Kadriye. Vom Busbahnhof von Serik (am Küstenhighway an der Abzweigung nach Belek) gute Verbindungen mit allen Städten zwischen Antalya und Alanya.

Golf Wer keine preiswerten Pauschalpakete gebucht hat, muss für ein Greenfee je nach Saison (am teuersten im Winter) und Lochanzahl 45–120 € berappen. Ermäßigte Greenfees, dazu eine ausführliche Beschreibung aller Plätze vor Ort bekommt man auf www.bilyanagolf.com (auch in deutscher Sprache).

Aspendos: das besterhaltene römische Theater Kleinasiens

Aspendos (antike Stadt)

Aspendos birgt einige Superlative: Das Theater der Stadt gilt als das besterhaltene römische Baudenkmal Kleinasiens, ihr Aquädukt wird als der schönste Anatoliens gepriesen.

An die glorreiche Vergangenheit der Stadt, die neben Side das bedeutendste Zentrum Pamphyliens war, erinnert v. a. das großartige Theater. Im Rahmen der allsommerlich stattfindenden Aspendos-Festspiele (→ Antalya/Veranstaltungen) ist ein Besuch am eindrucksvollsten – die Atmosphäre bei den Aufführungen ist ergreifender als in Verona. Wer zum Staunen keine künstlerische Darbietung braucht, kommt am besten frühmorgens, bevor die Busladungen aus den Küstenorten eintreffen.

Geschichte: Aspendos' geschichtliche Eckdaten unterscheiden sich kaum von denen der Nachbarstädte. Aspendos aber war im Vergleich zu diesen überaus reich. Das verdeutlicht z. B. die Tatsache, dass die Aspendier das anrückende Heer Alexanders des Großen durch die Bezahlung von 100 Talenten in Gold (ein Talent entsprach etwa einem 20-Kilo-Barren) von der Zerstörung ihrer Stadt abhalten konnten. Ihren Wohlstand verdankten die Aspendier insbesondere der Salzgewinnung aus dem nahe gelegenen, heute verschwundenen Kapriasee. Aber auch der Handel mit Pferden florierte, Aspendos war berühmt für seine Zucht. Einen guten Namen hatte zudem der Wein der Stadt. Zu größter Blüte gelangte Aspendos in römischer Zeit, die meisten noch heute erhaltenen Baureste stammen aus jener Epoche. Die Verlandung des Hafens am Eurymedon in der byzantinischen Periode läutete den Niedergang ein. In seldschukischer Zeit war Aspendos noch ein kleines Fürstentum, das Theater diente als Karawanserei. Den Seldschuken ist es zu verdanken, dass das Theater bis heute so gut erhalten ist – sie behoben Schäden aus früherer Zeit.

Anfahrt Ca. 3 km östlich von Serik an der Nationalstraße 400 Antalya – Alanya ausgeschildert. Je nach Saison besteht alle 1–2 Std. eine Verbindung mit dem **Dolmuş** (Aufschrift „Belkis Aspendos Baraj") vom Zentrum Seriks (Abfahrt gegenüber der Jandarma) nach Aspendos. Serik selbst erreicht man mit fast jedem **Bus**, der von Antalya (Busbahnhof) Richtung Osten fährt. Wer an der Nationalstraße aussteigt und von dort laufen will, hat noch 4 km vor sich.

Öffnungszeiten   Mai–Okt. tägl. 9–19.30 Uhr, Nov.–April 8–17 Uhr. Eintritt 6 €.

Sehenswertes

Theater ❶: Das im 2. Jh. n. Chr. erbaute Theater direkt am Parkplatz ist zweifellos das beeindruckendste Bauwerk von Aspendos. Eine Inschrift über den beiden äußeren Bühneneingängen berichtet, dass es den spendablen Brüdern Curtius, den Göttern des Landes und dem Kaiserhaus gewidmet, sowie vom Architekten Zenoi zu deren Zufriedenheit ausgeführt wurde. Das Theater, das etwa 20.000 Zuschauern Platz bot, ist eine nach außen völlig geschlossene Anlage, bei der Bühnenhaus und Ränge die gleiche Höhe haben. Auf den oberen Sitzreihen findet man wie in Perge reservierte Plätze mit den eingravierten Namen der „Abo-Besitzer". Lassen Sie den Blick von dort über das Theater schweifen. Die Fassade des noch 30 m hoch erhaltenen Bühnenhauses war mit Marmor verkleidet und mit 40 Säulen, Statuen und Reliefs geschmückt. Ein Dionysosrelief blieb im Mittelgiebel erhalten. Die meisten Busgruppen beschränken sich auf die Besichtigung dieses Bauwerks und sparen sich den Weg in die dazugehörende antike Stadt – ein Fehler.

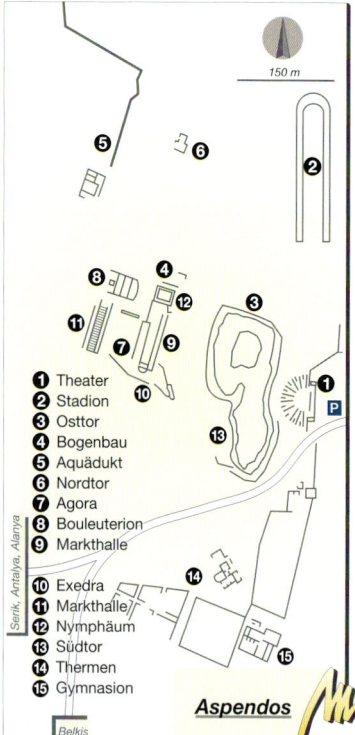

Antike Stadt: Aspendos erstreckte sich oberhalb des Theaters auf dem heute mit Büschen überwachsenen Burgbergplateau. Das Ruinenfeld ist vorrangig Tummelplatz hitzebeständiger Grillen und etlicher Kleintiere mehr, die kaum in ihrer Ruhe gestört werden. Nördlich des Theaters führt der Weg hinauf zur wenig besuchten *Agora* ❼. Ihre Westseite säumte eine 70 m lange, zweistöckige *Markthalle* ⓫. Teile der Quaderwände stehen noch. Die Nordseite dominierte ein *Nymphäum* ⓬, dessen Nischenfassade reich mit Statuen bestückt war. An die Ostseite grenzte ebenfalls eine Markthalle ❾ jener Bauform, aus der sich später die christliche *Basilika* entwickelte. Von der nördlichen Vorhalle sind noch bis zu 15 m hohe Mauerreste erhalten.

Aquädukt ❺: Vom Nordrand des Hügels sieht man in der landwirtschaftlich intensiv genutzten Ebene die Reste eines römischen Aquäduktes, das z. T. noch in der ursprünglichen Höhe von 30 m dasteht. (Wer mit dem

150 m

❶ Theater
❷ Stadion
❸ Osttor
❹ Bogenbau
❺ Aquädukt
❻ Nordtor
❼ Agora
❽ Bouleuterion
❾ Markthalle
❿ Exedra
⓫ Markthalle
⓬ Nymphäum
⓭ Südtor
⓮ Thermen
⓯ Gymnasion

Serik, Antalya, Alanya

Aspendos

Belkis

eigenen Fahrzeug unterwegs ist, gelangt zum Aquädukt, wenn er die Straße am Theater vorbei einfach weiterfährt). Die Wasserleitung war einst über 15 km lang, die letzten 3 km durch die Ebene verliefen über Arkaden. Das Wasser floss durch Tonrohre. Die Türme an den Stellen, wo der Aquädukt abknickt, dienten zur Entlüftung der Rohre und verhinderten ein Absinken des hydrostatischen Drucks.

Zeytintaşı-Höhle

Im Gegensatz zur Karain-Höhle (→ S. 393) war die *Zeytintaşı Mağarası*, die 1997 bei Sprengungsarbeiten entdeckt wurde, stets unbewohnt. Ein Besuch lohnt wegen ihrer imposanten Tropfsteinformationen, die über einen Zeitraum von 14 Millionen Jahren entstanden. Die Höhle besitzt zwei Stockwerke, von denen bislang aber nur das obere über eine Länge von 136 m begehbar ist.

Anfahrt/Öffnungszeiten: Keine Anbindung mit öffentlichen Verkehrsmitteln. Von der Nationalstraße 400 in Serik ausgeschildert, dann noch 16 km landeinwärts. Die Beschilderung vom Parkplatz in Aspendos ist unvollständig. Tägl. 9–18 Uhr. Eintritt 2 €, erm. 1,50 €.

Rafting auf dem Köprü-Fluss

Türkische Riviera → Karte S. 376/377

Köprülü-Schlucht   (Köprülü Kanyon)

360 km² misst der Köprülü-Kanyon-Nationalpark *(Köprülü Kanyon Milli Parkı)* etwa 60 km nordwestlich von Side. Die hiesigen Berge erreichen Höhen bis zu 2500 m, im Frühjahr sind ihre Gipfel überzuckert. Die Landschaft ist geprägt von Kiefern-, Zedern- und Zypressenwäldern. Angeblich soll es hier noch Bären geben.

Berühmt ist der Nationalpark für seine Raftingmöglichkeiten auf dem *Köprü Çayı*, dem antiken *Eurymedon*. Türkisgrün schlängelt sich der Fluss durch eine imposante, teils über 100 m tiefe Schlucht, die er im Laufe der Jahrmillionen selbst in die Karstlandschaft des Taurusgebirges geschnitten hat. Die ganzjährig stattfindenden Raftingtouren (Level 3) durch den Cañon führen über eine Strecke von bis zu

12 km. Weil es einfach schön und abenteuerlich ist, kommen Tausende, und so zählt der Fluss zu den meistbefahrenen der Welt. Teils stauen sich sogar die Boote darauf – in Spitzenzeiten jagen täglich bis zu 4000 Urlauber den Fluss hinab.

Wo man den Flusslauf einfach erreicht, gibt es Fischrestaurants, Teegärten und einfache Campingmöglichkeiten. Vom Baden wird wegen gefährlicher Strömungen abgeraten. Man kann auch Kajaks mieten – in diesem Fall sollte man aber Erfahrung mitbringen. Insbesondere während der Schneeschmelze in den Bergen ist der Fluss gefährlich, es kam schon zu Todesfällen. Den schönsten Blick auf den Cañon hat man übrigens von der alten römischen Brücke auf dem Weg nach Selge (s. u.). Aber auch wenn Sie die Straße westlich der römischen Brücke noch für ein kurzes Stück gen Norden (bergauf) fahren, tun sich tolle Ausblicke auf.

Anfahrt Am einfachsten mit dem **Auto** oder per **organisierter Tour**. Von der Nationalstraße 400 Antalya – Alanya zwischen Serik und Manavgat bei Taşağıl landeinwärts abbiegen (ausgeschildert). Ca 28 km hinter Taşağıl gabelt sich die Straße. Ca. 10 km weiter treffen beide Straßen wieder zusammen (mit größeren Fahrzeugen wählt man besser die Straße rechts des Flusslaufes). Die Anfahrt mit dem Dolmuş von Taşağıl (per Bus von Antalya und Manavgat) ist nicht zu empfehlen: Zu wenige Fahrten, zudem bleiben einem so die schönsten Ecken verborgen.

Rafting Raftingausflüge werden von unzähligen Tourenveranstaltern in allen Urlaubsorten zwischen Antalya und Alanya angeboten bzw. vermittelt (15–20 €/Pers., bucht man aber an der Hotelrezeption,

kann sich der Preis schnell verdoppeln!). Wer gut handelt, kann vor Ort auch für 10 € ins Boot steigen – früh kommen!

Übernachten/Camping/Essen Mehrere einfache Campingmöglichkeiten entlang des Flusses. Unter Raftern ist folgende Pension recht beliebt:

EKO Motel, in idyllischer Lage direkt am Köprü-Fluss (in der Häuseransammlung Karabük auf der linken Flussseite, auf dem Weg nach Selge ausgeschildert). Schlichte Zimmer mit Fliesenböden, Bad und Klimaanlage. Angeschlossen ein Gartenrestaurant, wo leckere, mit Knoblauch und Lorbeer gefüllte Forellen serviert werden. DZ 33 €. Karabük, ✆ 0242/7653201, 📠 7653202, www.ekomotel.com.

Selge   (antike Stadt)

In der wildromantischen Berglandschaft des Köprülü-Kanyon-Nationalparks, auf 1050 m Höhe, liegen die Ruinen des antiken Selge. Allein wegen der Anfahrt lohnt der Besuch: Die Straße führt entlang der bizarren Köprülü-Schlucht (s. o.) und überquert diese auf einer schmalen, 35 m hohen **Römerbrücke** einige Kilometer hinter Beşkonak. Die Brücke bekam übrigens erst vor wenigen Jahren ein Geländer. Danach führt die Straße in Serpentinen weiter bergauf durch eine bizarre Felsszenerie in die Abgeschiedenheit des Taurus – grandiose Ausblicke sind garantiert. Irgendwann erreicht man schließlich das Bergdorf **Altınkaya Köyü** – ehemalige Halbnomaden wohnen hier in weit auseinander liegenden Gehöften. Rund um den Ort verstreuen sich die Ruinen des antiken, wenig erforschten Selge, dessen geschichtliche Eckdaten denen von Aspendos und Perge ähneln. Zu Selges Blütezeit (3./4. Jh.) zählte die Stadt rund 20.000 Einwohner. Zu Wohlstand verhalf ihr u. a. die Weihrauchgewinnung aus dem Harz der Styraxbäume.

Die Reste der Stadt sind nicht so spektakulär wie ihre Lage. Das beeindruckendste Monument am Rand der antiken Unterstadt ist das Theater, das mit 45 Sitzreihen ca. 10.000 Zuschauern Platz bot. Nahebei lagen einst das antike Stadion (heute dreht hier nur noch ein Pflug seine Runden) und die untere Agora (auf ihr weiden Kühe). Am schönsten ist der Weg hinauf auf den Haupthügel der Stadt, den sog. *Kesbedion*. Unterwegs können Sie zwischen steinernen Überresten Kapern und Wildblumen pflücken. Auf dem Hügel standen einst zwei große Tempel – einer vermutlich dem Zeus, der andere der Artemis geweiht. Die Aussicht von hier ist herrlich.

Anfahrt/Eintritt   Organisierte Ausflüge werden in Side angeboten. Die **Dolmuş**verbindungen sind für den Touristen uninteressant, da ein Dolmuş die Dorfbewohner von Altınkaya Köyü lediglich frühmorgens nach Serik bringt und abends zurück. Mit dem **eigenen Fahrzeug**: von der Straße Alanya – Antalya bei Taşağıl nach Beşkonak/Selge abbiegen, ausgeschildert. Im Dorf Altınkaya folgt man der Straße so lange, bis man linker Hand auf das Theater blickt und rote Pfeile bzw. ein Schwarm Handarbeiten verkaufender Frauen den Weg dahin weisen. Stets zugänglich. Eintritt frei, was sich jedoch wieder ändern kann (zahlen Sie dann aber nur gegen Vorlage eines Tickets).

Wandern   Von der Römerbrücke führt ein rot-weiß markierter Wanderweg nach Selge, der Abschnitt (10 km, Dauer ca. 5¼ Std., zurück am besten trampen) ist Teil des St Paul Trails. Wer der Markierung für ca. 1 Std. folgt, gelangt zum Beginn des Köprülü Kanyon mit Bademöglichkeit.

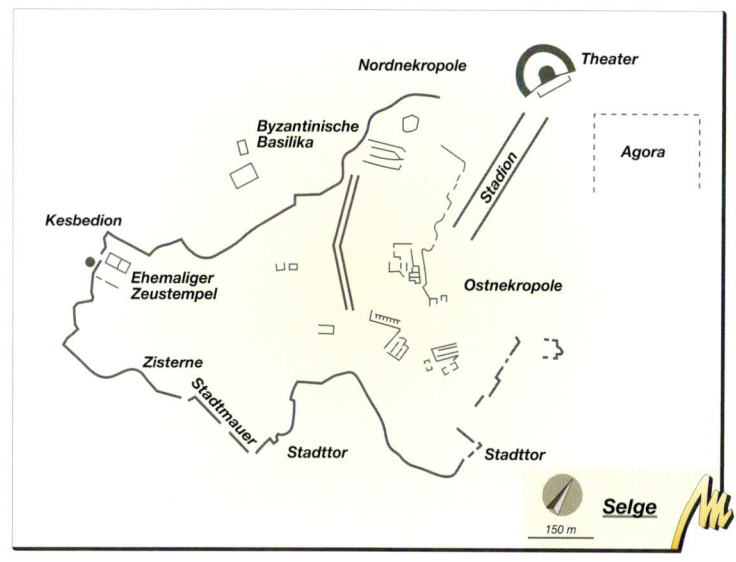

Side: immer gute Stimmung

Side/Selimiye

ca. 10.100 Einwohner

Durch die Ruinen der einstigen Weltstadt bummeln alljährlich fast eine Million Urlauber – Side ist einer der großen Magneten der türkischen Riviera. Die weiten Sandstrände rund um den Ort sind der Grund dafür.

Auf einer breiten Landzunge, die fast einen Kilometer ins Meer ragt, verstreuen sich die Überreste der antiken Weltstadt Side. Dazwischen liegt ein kleines Örtchen, das eigentlich Selimiye heißt, das aber jeder Tourist „Side" nennt – geht auch leichter über die Lippen. Bis in die 1980er-Jahre war Selimiye ein Fischerdorf. Heute gibt es hier kein Haus mehr, das nichts mit dem Tourismus zu tun hat: Im Zentrum reiht sich Leder- an Juweliergeschäft, zum Meer hin Restaurant an Pension bzw. Hotel. Die Händler und Speisekartenwedler sind aufdringlich bis unverschämt (Frauen werden auch schon mal mit „Schlampe" verabschiedet, wenn Sie auf kein Angebot eingehen), die Allerweltsrestaurants überteuert, die meist familiär geführten, gemütlichen Unterkünfte im Zentrum jedoch größtenteils zu empfehlen. Viele der Häuser sind zu klein, als dass sie von den großen Reiseveranstaltern gebucht werden. So ist Side bzw. Selimiye, diese einzigartige Mischung aus Freilichtmuseum und Basarmeile, für das Gros der Urlauber mehr Ausflugsziel bzw. Abendprogramm als Standort: Tagein, tagaus herrscht ein bierseliges, sonnenverbranntes Stelldichein, es wird geshoppt, flaniert, gegessen und gefeiert. Und damit die Touristenmassen überhaupt in die Gassen passen, ist Selimiye für den Verkehr gesperrt.

Side-Gäste, die aus dem Katalog gebucht haben (Russen und Deutsche halten sich dabei mittlerweile die Waage), schlafen i. d. R. in den Feriensiedlungen an den weiten Sandstränden rund um Side. **Titreyengöl-Sorgun**, ca. 10 km östlich von Side, ist die stilvollste. Sie kann mit etlichen gut bewachten, luxuriösen Clubanlagen, viel Grün, einem kleinen Binnensee und – falls aus den Planungen zum Schrecken aller Naturschützer Realität wird – irgendwann mit einem Golfplatz aufwarten. Noch weiter östlich liegt **Kızılağaç**, dessen Strand ebenfalls etliche Fünf-Sterne-Resortanlagen säumen. **Kumköy** nennt sich die „Prolovariante" rund 4 km westlich von Side. Hier wirbt man mit günstigen Einkaufsmöglichkeiten („Billiger als bei Aldi"), für bewusste Ernährung („Döner macht schöner"), und hier weiß man, dass Fußball für etliche Gäste der wahre Sinn des Lebens ist (vielerorts Großbildschirme). Um die Infrastruktur dieses Retortendorfes perfekt zu machen, gibt es zudem noch die Kneipe „Schluckspecht" im Zentrum, die das alltägliche Treiben auf den Punkt bringt. Noch weiter westlich liegen **Evrenseki**, **Çolaklı** und **Gündoğdu** – allesamt gesichtslose Hotel- und Ferienhausansammlungen an einem Strand, der einem goldenen Traum gleicht. Das Wassersportangebot ist überall gut.

Geschichte

Side gehört zu den ältesten Städten der türkischen Südküste, vermutlich gab es hier schon zu Mitte des 2. Jt. v. Chr. eine Siedlung. Der Name der antiken Stadt entspringt der altanatolischen Sprache der pamphylischen Urbevölkerung und bedeutet „Granatapfel", ein damaliges Fruchtbarkeitssymbol. Im 7. Jh. v. Chr. gesellten sich griechische Siedler hinzu, ab dem 5. Jh. wurden die ersten, selbstverständlich mit Granatäpfeln verzierten Münzen geprägt. In hellenistischer Zeit stieg Side durch den Ausbau des Hafens zu einer der bedeutendsten und wohlhabendsten Handelsstädte der Südküste mit rund 40.000 Einwohnern auf. Dabei machte man sich auch der Piraterie wissentlich mitschuldig. Im Hafen der Stadt wurden die Schiffe kilikischer Seeräuber gewartet, auf den Märkten ihre Gefangenen versklavt. An den Gewinnen waren die Sider beteiligt. 20 Goldstücke zahlte man angeblich für einen kräftigen Mann, 15 für ein schönes Mädchen. Diese Einnahmequelle ging verloren, nachdem Pompeius 67 v. Chr. der Piraterie ein Ende gesetzt hatte. Und um nicht des Römers Zorn zu spüren, setzte man ihm schnell ein riesiges Denkmal und investierte fortan in den legalen Warenhandel.

Als das Römische Reich zerfiel, erlebte auch Side seinen Niedergang. Ausschlaggebend war insbesondere die Versandung des Hafens – damals ahnte noch keiner, dass der Sand irgendwann auch einmal Sides Glück bedeuten würde. Antalya und Alanya liefen Side in der Folgezeit peu à peu den Rang ab. Daran änderte auch nichts, dass Side in byzantinischer Zeit zu einem Bischofssitz erhoben wurde. Während der im 7. Jh. einsetzenden Araberüberfälle wanderten viele Bewohner nach Antalya ab. Nachdem im 9. Jh. auch noch ein Brand weite Teile der Stadt zerstörte, wurde es still um Side, lediglich als Piratennest machte man sich im 11. Jh. noch einmal einen Namen. Danach legten sich Sanddünen über die Geisterstadt.

Anfang des 20. Jh. ließen sich türkische Flüchtlinge aus Kreta zwischen den Ruinen nieder. Ausgrabungsarbeiten in der dörflichen Idylle begannen 1947. Die Versuche der Archäologen, das Dorf umzusiedeln, scheiterten am Widerstand der Einwohner. In den 1970ern entdeckten die ersten Touristen die Sandstrände vor der Tür, in der zweiten Hälfte der 1980er setzte der Wandel zum massentouristischen Zentrum ein.

Türkische Riviera → Karte S. 376/377

Orientierung: Selimiye, auf dem antiken Boden Sides, liegt rund 4 km abseits der Nationalstraße 400, die von Antalya entlang der Küste nach Alanya führt. Auf der Stichstraße zur Stadt passieren Sie die versteckt gelegene Touristeninformation und bald darauf das ehemalige Stadttor. Danach führt die Straße, gesäumt von antiken Säulen (daher auch als „Säulenstraße" bezeichnet) und abends effektvoll angestrahlten Ruinen, zum Theater. Dahinter erstreckt sich das Zentrum von Selimiye, eine Schranke sperrt es für den Verkehr. Unmittelbar vor der Schranke befindet sich rechter Hand ein teurer Parkplatz. Hält man sich jedoch vor der Schranke (gleich hinter dem Theater) links, gelangt man zu einem deutlich günstigeren Parkplatz. Die Schranke öffnet sich nur für Anlieger, die über eine spezielle Passierkarte verfügen, nicht jedoch für Otto Normaltourist auf der motorisierten Hotelsuche.

Information/Verbindungen/Ausflüge

Telefonvorwahl 0242.

Information Hauptbüro abseits des Zentrums, damit auch nie jemand vorbeischaut. Wenig hilfreich. Mo–Fr 8–12 u. 13.30–17 Uhr. ✆ 7531265, www.side.bel.tr. Zudem ein Infokiosk an der Schranke zum Zentrum.

Verbindungen Busbahnhof und Dolmuş-station in den Dünen nordöstlich von Selimiye, ca. 800 m vom Zentrum entfernt. Den Zubringer besorgt ein Pendelbus (0,45 €). Busfahrten können Sie hier in nahezu alle Winkel der Türkei buchen, oft (v. a. außerhalb der Saison) ist jedoch ein Umsteigen in Manavgat oder Antalya nötig (Fahrzeiten: Antalya oder Alanya 1½ Std.). Dolmuşe fahren von früh morgens bis 1 Uhr nachts alle 10 Min. nach Manavgat.

Bootsausflüge Werden am Hafen angeboten. Tägl. z. B. zum Manavgat-Wasserfall; ab dem kleinen Wasserfall mit dem Bus zum großen weiter. Der Trip (Dauer ca. 5 Std.; Mo länger, da auch ein Stopp auf dem Wochenmarkt von Manavgat eingelegt wird) kostet 15 €, Essen und Wein inkl. Zudem diverse Tagesausflüge, wie z. B. nach Alanya mit Badestopps für 25 € inkl. Essen an Bord.

Organisierte Touren Etliche Agenturen im Ort. Preisbeispiele: Tagesausflug nach Pamukkale mit HP ab 35 €, Rafting ab 20 €, Kappadokien 2 Tage mit HP ab 60 €.

Adressen/Einkaufen/Sport

Ärztliche Versorgung Privatklinik Akdeniz Hastanesi, Richtung Manavgat am Sorgun Yolu. ✆ 7460013.

Autoverleih Es gibt zahlreiche lokale Anbieter an der Zufahrtsstraße nach Side, Preisvergleiche lohnen sich. Die **Agentur Say in Antalya** (→ S. 382) bringt Ihnen Ihr Auto auf Wunsch auch an ihr Hotel vor Ort. Teurer sind die internationalen Verleiher wie **Avis** (Atatürk Bul. 110 A, ✆ 7531348, www.avis. com.tr) und **Europcar** (Turgut Özal Cad. 15, ✆ 7535354, www.europcar.com.tr).

Einkaufen Die Liman Cad., die vom Theater zum Hafen führt, ist ein einziger Basar mit Juwelier-, Leder- und Teppichgeschäften sowie Souvenirläden mit buntem Türkentand.

Sa findet ein kleiner **Wochenmarkt** nahe der großen Moschee im Norden von Side statt, ansonsten fährt man zum **Montagsmarkt** nach Manavgat (Do kleinere Ausgabe).

Reiten Mehrere Veranstalter rund um Side, Ausritte können u. a. über die Tourenanbieter in Side gebucht werden, i. d. R. ein Hotel-Pick-up im Preis enthalten. Einen guten Ruf hat die **Moonlight Farm** in Sorgun. Ausritte 20 €/Std. inkl. Hoteltransfer. ✆ 0532/4118283 (mobil, Chef Şerif spricht Deutsch). Anfahrt: Vom großen Kreisverkehr bei der Touristeninformation dem Adnan Menderes Bul. stadtauswärts Richtung Sorgun folgen, nach 2,5 km bei einem weiteren Kreisverkehr linker Hand (nicht mit der Pegasos Farm verwechseln!).

Ü bernachten

1 Nar Apart Hotel
3 Pension Kassiopeia
4 Boğaz Hotel/Camping
8 Doğa Pansiyon
9 Pansiyon Begonville
10 Hotel Lale Park
13 Beach House Hotel
16 Pension Nar
18 Yalı Hotel

E ssen & Trinken

2 Umut Pide & Kebap
    Salonu
5 Alaturka
6 Steakhouse bei Holger
7 Erol Restaurant
11 Aphrodite Restaurant
13 Göreme Motel
    Biergarten
14 Emir Restaurant
17 Emir Bistro

N achtleben

11 Royal Castle Pub
12 Lighthouse
15 Harbour und Apollonik

Kumköy, Çolaklı,
Gündoğan

1098 Cad.

Celal Bayar
Bulvarı

Side Bulvarı

Cemal Gürsel Bul.

Krankenhaus, Manavgat,
Kızılağaç, Kızılot

İnönü Bul.

Wochen-
markt

Große
Moschee

3

Kenan Evren Bul.

Kazım Karabekir Cad.

Bulvarı

Manavgat, Kızılağaç

Europcar
(Autoverleih)

Atatürk

Bulvarı

AVIS
(Autoverleih)

M i t t e l m e e r

Westlicher Strand

Aquädukt-
reste

Donatello
Rent a Car

i

Adnan Menderes Bul.

Sorgun, Titreyengöl

4

Nymphäum

BUS

Stadttor

Reste der
Stadtmauer

Ehem. Kolonnadenstr.

"Eylül Motel"

Bogen-
tor

M

Säulenstraße

Peristyl-
Villen

Agora
Latrinen
Theater

Bischofs-
kirche

Pendelbus
Busbahnhof

5 P

Byzantinisches
Hospital

Staatsagorá

Jandarma

6

7

Bibliothek

Yasemin Sokak

Çağlayan Sokak

Simbül Sokak

8

P

Lale S.

10

Turgut Reis Cad.

E

Yasemin Cad.

9

V. Hanımel.

Küçük Plaj
(Kleiner Strand)

Östlicher
Strand

12

11

Liman

Nar Sok.

Merkan Sok.

W

13

14

17

Ausflugsboote

15

16

Yıldız Sok.

Leylek Sok.

Barbaros C.

18

Hafen

Athene- und
Apollontempel

Men-Tempel

100 m

Side/Selimiye

Waschsalon Fehlanzeige. Eine öfters mal den Namen wechselnde **Reinigung** befindet sich in der Hanımeli Sok. Abgerechnet wird nach Stück.

Zweiradverleih Scooter (ab 15 €/Tag), Yamaha 600 (35 €) oder Honda Shadow 1300 ccm (80 €) gibt es z. B. bei **Donetello Rent a Car** an der Ausfallstraße nach Manavgat. ℡ 7532837.

Übernachten/Camping

(→ Karte S. 413)

Ca. 100.000 Hotelbetten stehen rund um Side zur Verfügung, und jährlich werden es mehr. All-inclusive-Anlagen dominieren die umliegenden Ferienzentren, jedoch sind viele direkt vor Ort nicht oder nur umständlich buchbar. Falls Sie sich kurzfristig für eine solche Anlage entscheiden möchten, buchen Sie diese am einfachsten und z. T. recht preiswert über ein Hotelbuchungsportal im Internet. In Selimiye gibt es zahlreiche kleine, nette Hotels und Pensionen mit gutem Preis-Leistungs-Verhältnis.

Yalı Hotel 🔟, in dominierender Lage auf einem vom Meer umspülten Felsen im Osten Selimiyes. Schon älteres, aber gepflegtes Haus mit sehr freundlichem Service. 18 helle Zimmer mit Klimaanlage und Minibar, alle mit Balkon und Meeresblick. Die Zimmer mit den schönsten Ausblicken werden i. d. R. nicht an Pauschalbucher vergeben, sondern an Individualreisende – fragen Sie explizit nach den Zimmernummern 208/209 bzw. 308/309. Pool, Restaurant, Bar. Eigener Felsstrand. DZ 65 €. Barbaros Cad. 50, ℡ 7531011, www.yalihotel.com.

Hotel Lale Park 🔟, gepflegter Komplex im historischen Baustil um einen Hof mit Pool und gemütlichen Sitzecken. Karg, aber nett möblierte Zimmer mit Kühlschrank, Klimaanlage und Balkon. Ebenfalls freundlicher Service. Auf Wunsch wird lecker gekocht. DZ 58 €. In zweiter Reihe hinter dem Küçük Plaj, Lale Sok. 7, ℡ 7531131, ✆ 7535058, www.hotellalepark.com.

Beach House Hotel 🔟, 20 Zimmer, alle mit Balkon, grandios (aber auch nicht leise) die nach vorne mit Meeresblick, 5 davon mit Klimaanlage (Aufpreis 4 €/Tag), der Rest mit Ventilatoren. Auch familienfreundliche Mehrbettzimmer. Gemütlicher Garten. Nov.–April geschl. DZ 45 €. In erster Reihe am Küçük Plaj im Osten Selimiyes, ℡ 7531607, www.beachhouse-hotel.com.

Doğa Pansiyon 🔟, nahe dem Küçük Plaj. In einem alten Steinhaus mit dicken Mauern, die Kühle versprechen (dennoch Klimaanlage vorhanden). Schön-schattige Terrasse. Nur 8 kleine, hübsch dekorierte Zimmer mit winzigen Bädern. Viel junges türkisches Publikum, nette Atmosphäre. Restaurant. DZ 37 €. Lale Sok. 8, ℡/✆ 7536246, www.sidedoga.com.

Pansiyon Begonville 🔟, grün umwuchertes Holz-Naturstein-Haus im Herzen Selimiyes. Leider kein Meeresblick, dafür netter Innenhof. 16 ordentliche Zimmer mit Steinboden. Junges Publikum. EZ 16 €, DZ 32 €. Yasemin Sok. 33, ℡ 7532661.

Pension Kassiopeia 🔟, von Lesern gelobt und zugleich ein Tipp für alleinreisende Frauen mit Faible fürs Alternative. 9 gemütliche Zimmer, alle mit Balkon und Klimaanlage. Schattiges Gärtchen, Organisation von Ausflügen. Viele Katzen. Freundlich geführt von Jutta Höfling und ihrer Mutter Margarete aus Hessen. Nicht in Selimiye direkt, sondern bei der großen Moschee im Norden Sides – leicht mit dem Auto anzusteuern. DZ mit gutem Frühstück 35 €. Cami arkası 2, ℡/✆ 7534445, www.pension-kassiopeia.de.

Nar Apart Hotel 🔟, ebenfalls etwas außerhalb von Selimiye (in einem ruhigen Neubaugebiet), ebenfalls leicht mit dem Auto zu erreichen. Und ebenfalls von Lesern immer wieder gelobt. Unter deutsch-türkischer Leitung. L-förmiges Apartmenthaus um einen Pool. 17 Einheiten, alle mit Küchenzeile, Balkon, Klimaanlage und Safe. Restaurant. Ca. 600 m zum Meer, 15 Fußmin. in die Stadt. Für 2 Pers. ohne Frühstück 35 €, für 4 Pers. 45 €. Yalı Mah., Celal Bayar Bul. 1097 Cad. 10, ℡ 7533152, ✆ 7533068, www.naraparts.com.

Pension Nar 🔟, 8 saubere Zimmer mit Klimaanlage und ordentlichen Bädern, lauschige Terrasse, über der im Spätherbst die Granatäpfel (= nar) baumeln. Unter deutsch-türkischer Leitung. Ganzjährig. Auch dieses Haus wird von Lesern immer wieder gelobt. DZ 30 €. Nergiz Sok. 12, ℡/✆ 7531201, www.naraparts.de.

Camping Die schönste Möglichkeit rund um Side findet man in Kızılot ca. 15 km östlich von Manavgat (→ S. 422). Eine näher gelegene Alternative:

Boğaz Hotel/Camping **4**, ganz im Westen von Titreyengöl, zu weit, um zu Fuß nach Side zu gelangen (8 km). Gepflegtes, weitläufiges, schattiges Areal mit Parzellen für Wohnmobile und Zelte (4 €/Pers.), jedoch ohne Meeresblick und unschön durch einen Zaun vom Strand getrennt. Dazu 16 Zimmer mit Furnierholzmöbeln. Pool. DZ mit HP 40 € (was man für den Preis wohl zu essen bekommt?). An der Mündung des Manavgat-Flusses. In Titreyengöl ausgeschildert, ℡ 7569690.

Essen & Trinken (→ Karte S. 413)

Das Gros der Restaurants bedient den Geschmack des Massentourismus und bietet wenig Türkisches, eher Spaghetti Bolognese oder Wiener Schnitzel. Die Preise liegen über dem Landesdurchschnitt, zudem gibt es zuweilen unterschiedliche Karten für Ausländer und Türken! Gehobenere und stilvollere Restaurants findet man am Hafen und oberhalb des Küçük Plaj, wo man bei Meeresrauschen und Kerzenlicht leider kaum sieht, was man isst.

Aphrodite Restaurant **11**, am Hafen, von der Hauptstraße leicht zurückversetzt. „Grandios", meinen Leser. Leckere, variantenreiche Seafoodküche der gehobenen Preisklasse, zuvorkommende Bedienung. İskele Cad., ℡ 7531171.

Steakhouse bei Holger **6**, unter deutschen Urlaubern eine der beliebtesten Lokalitäten. Karte wie daheim: T-Bone-Steak, Zigeunerschnitzel, Käsespätzle, Spaghetti Bolognese, selbst die „Spezialitäten vom Schwein" wie Leberkäse mit Spiegelei, Bock- oder Currywurst fehlen nicht. Hg. 6,50–19,50 €. Yasemin Sok. 12, ℡ 7531580.

Emir Restaurant **14**, freundliche Bedienung und leckere türkische Küche sind das Erfolgsrezept dieses Lokals, das v. a. bei englischen Urlaubern sehr gut ankommt. Der Hit sind die vielfältigen Vorspeisen – ein gemischter Teller erspart manchem das Hauptgericht (z. B. frische Meeresfrüchte oder Fisch). Hg. 6,10–12,30 €. Cami Sok., ℡ 7532224.

Emir Bistro **17**, nicht mit dem gleichnamigen Restaurant verwechseln! Schräg gegenüber dem Sevil Hotel. Einfaches Terrassenlokal, in dem eine freundliche Familie gute Hausmannskost serviert, beim Brutzeln kann man zusehen. Portion Fisch 11,50 €, ein großes Bier 2 €. Fragen Sie nach den Tagesangeboten! Leylak Sok. 4/A, ℡ 7534859.

Alaturka **5**, ein Lokal, das wirklich aus der Reihe fällt. Hier serviert man beste vegetarierfreundliche Hausmannskost wie *Mücver* (Zucchinipuffer), Auberginen in Joghurt, frittiertes Gemüse u. v. m., man wählt aus einer Vitrine aus. Dazu aber auch Fleisch- und Fischgerichte. Mittlere Preisklasse. Yasemin Sok. 66 (Uferpromenade gen Norden), ℡ 7534981.

Erol Restaurant **7**, einfache Adresse für türkische Hausmannskost. Täglich wechselnde Topfgerichte (preiswert), die sich die Händler Selimiyes per Moped bringen lassen. Sümbül Sok. (neben dem gleichnamigen Supermarkt).

Umut Pide & Kebap Salonu **2**, außerhalb Selimiyes, an der Straße nach Kumköy gegenüber dem Side Prenses Oteli. Freundlich, sauber, offene Küche, lecker und günstig. Neben guten Kebabs auch „Hähnchen Bombay" oder Pizza Hawaii. Hg. 3–11 €. ℡ 7534549.

Göreme Motel Biergarten **13**, der versteckte „Biergarten" (heißt wirklich so!), ein zugewachsenes, schattiges Gärtchen, bietet „Ruhe vor den Side-Massen", wie Leser schreiben. Günstiges Bier, Säfte und Mokka. In zweiter Reihe hinter dem Küçük Plaj bzw. direkt hinter dem Beachhouse Hotel.

Nachtleben (→ Karte S. 413)

Es gibt eine ganze Reihe von Clubs und Bars, die man am besten nur betrunken aufsucht. Doch Achtung: Trinken ist in vielen Locations nicht billig: Ein kleines Bier kostet zuweilen um die 4 €. Zum Glück bieten viele Bars zwischen 20 und 23 Uhr eine Happy Hour. Im Folgenden ein paar Adressen:

Bars Die Bar-Street Sides (keine 100 m lang) nennt sich **The Zone**, populär dort v. a. der **Royal Castle Pub 11** mit fast tägl. Livemusik. Weitere Anlaufstellen einer

Freilichtmuseum Side

Kneipentour am Hafen sind das **Harbour** 🔢 und das gemütliche **Apollonik** 🔢. Letzteres ist auch im Winter geöffnet und dann ein beliebter Treffpunkt der Side-Deutschen.

Danceclub Lighthouse 🔢, recht schicker Open-Air-Club beim Hafen, von Wellen umspült. Angegliedert ein italienisches Restaurant. Kein Eintritt, dafür satte Preise.

Baden/Tauchen

Baden **Westlicher Strand**: Über mehrere Kilometer erstreckt sich der kinderfreundliche Beach bis zum Ferienort Kumköy. Zum Teil sehr gepflegt, ab und zu spenden ein paar Bäume Schatten, vielerorts aber überlaufen. Hinter dem Strand liegen große Hotels und Clubanlagen. Es gibt Strandcafés, Sonnenschirm- und Liegestuhlverleih.

Östlicher Strand (auch „Büyük Plaj", „Großer Strand"): Zu Füßen das Meer, im Nacken antike Ruinen. Am Strandbeginn werden in der Saison so viele Liegestühle verliehen, dass oft kein Platz für ein herangeschlepptes Badetuch bleibt. Je weiter man aber gen Osten tingelt, desto weniger bevölkert ist der Strand.

Küçük Plaj: Der Name passt. Der „kleine Strand" ist eine kleine Sandfläche in einer ebensolchen Bucht im Osten Selimiyes. Sonnenschirm- und Liegestuhlverleih, Strandkneipe.

Strände in der Umgebung: Die ewigen Strände bei **Titreyengöl** sind zwar sehr schön, doch blockieren die Clubanlagen dahinter vielerorts den Zugang. Wo das nicht der Fall ist, sind die Strände leider oft vermüllt.

Ein sehr weitläufiger, empfehlenswerter Strand ist zudem der von **Kızılot**, ca. 15 km östlich von Manavgat (→ Zwischen Side und Alanya), dort die Abzweigung zum „Nostalgie Camping" wählen.

Tauchen Viele der umliegenden großen Clubanlagen verfügen über eigene Tauchbasen, jene, die bevorzugt von deutschen Gästen gebucht werden, haben auch deutschsprachige Instrukteure. Vor Ort selbst bietet die **Side Diving School** Bootstauchgänge an (2 Tauchgänge inkl. Essen 50 €). Infos vom Tauchschiff am Hafen, ☎ 0507/4313800 (mobil).

Sehenswertes

Das antike Side inmitten einer pittoresken Landschaft aus Buschwerk, Dünen und Fels gehört mit Pergamon und Ephesus zu den meistbesuchten Ausgrabungsstätten der Türkei. Bereits auf der Fahrt von Manavgat nach Side sieht man die ersten Ruinen zwischen Feldern und verwilderten Abschnitten abseits der Straße: Aquäduktreste einer einst 30 km langen Wasserleitung von der Quelle des *Manavgat Çayı* in die antike Stadt, die selbst keine einzige Quelle besaß. Viele Angreifer wussten dies und zerstörten zuerst das **Aquädukt**.

> Die Sehenswürdigkeiten sind so aufgelistet, dass sich ein Rundgang ergibt. Das Gros der Ruinen ist frei zugänglich, Hinweisschilder erleichtern die Orientierung. Übrigens sind die Ausgrabungsarbeiten im antiken Side bis heute nicht abgeschlossen; sie werden von der Anadolu-Universität Eskişehir geleitet.

Nymphäum: Es heißt, dass die monumentale Brunnenanlage – nur noch in halber Höhe erhalten – die schönste und größte Kleinasiens gewesen sei. Für das geistige Auge: Die Fassade war 52 m lang, 20 m hoch und über 4 m dick, marmorverkleidet und mit dreistöckiger Säulenarchitektur. Davor ein gepflasterter Hof, von Bänken und Steinstufen umgeben. Das reliefgeschmückte Bassin fasste 500 Kubikmeter Wasser, das aus Bleirohren in das Becken floss. Etliche Statuen schmückten diesen Tempel der Nymphen.

Stadttor/Haupttor: Die gegenüber liegenden Reste des einst prunkvollen Haupttors, das von zwei klobigen, viereckigen Türmen flankiert war, sind leicht zu übersehen. Seit der Jahrtausendwende ist der angrenzende *Torplatz* partiell freigelegt. Das Tor war Teil der kilometerlangen, heute stark abgebröckelten *Stadtmauer*. Die Mauer ist ein gutes Beispiel für eine wehrhafte antike Befestigungsanlage aus hellenistischer Zeit. Am Haupttor begannen zwei *Kolonnadenstraßen*. Eine verlief vorbei an den Peristyl-Villen (s. u.) zur Agora – sie ist mehr oder weniger mit der heutigen Zufahrtsstraße nach Selimiye identisch; die andere, deren Säulen ebenfalls teilweise wieder aufgestellt wurden, verlief gen Südosten Richtung Bischofskirche (Beschreibung s. u.).

Peristyl-Villen: Die ca. 250 m lange Kolonnadenstraße, die zur Agora führt, wird auch *Säulenstraße* genannt. Einst wurde sie von Geschäften gesäumt. Noch bevor man die Agora erreicht, liegen linker Hand die Domizile der Nobilität, die Peristyl-Villen (auch „Konsolenhäuser" genannt). Die Räume gruppierten sich um offene Innenhöfe, wie es den Wohnverhältnissen der antiken High Society entsprach.

Agora: Von der Grundfläche quadratisch, war sie auf allen Seiten von Hallen mit exakt 100 Säulen umgeben, im Nordwesten und Nordosten zusätzlich von Läden. Hier spielte sich in den Morgenstunden das Leben der Stadt ab, und hier versteigerten die Seeräuber ihre Gefangenen. Man betrat die Agora von der Säulenstraße durch ein monumentales Tor (nur noch Grundmauern erhalten). In der Nordwestecke der Agora, an das Theater angelehnt, ist ein halbrunder Bau zu erkennen. Er bot als *öffentliche Latrine* Platz für 24 Personen.

Museum: Das sehenswerte archäologische Museum gegenüber der Agora ist in spätrömischen Thermen aus dem 5. Jh. untergebracht, die einst weitestgehend mit Marmor verkleidet waren. Umkleide-, Schwitz- und Kaltbaderaum lassen sich noch

Türkische Riviera → Karte S. 376/377

deutlich ausmachen. Später, in frühchristlicher Zeit, wurden die Thermen als Grabhaus genutzt. Zwei Skelette mit fast vollständigen Gebissen – die Gruselattraktion – erinnern noch daran. Im Garten sind witterungsbeständige Sarkophage und Architekturfragmente ausgestellt. Im Inneren sieht man u. a. weitere schöne Sarkophage, Kleinfunde (u. a. Glaswaren, Schmuck und Statuetten), Zierplatten und Osteotheken (sarkophagartige kleine Schreine für Gebeine und Asche). Zudem gibt es viele Statuen zu bewundern, darunter römische Kopien griechischer Statuen, die einst den Kaisersaal der Staatsagora (s. u.) schmückten, die Statuen der Siegesgöttin Nike, des Herakles und des Gottes Hermes sowie – als Prunkstück des Museums – die Statuengruppe der *Drei Grazien*.
Tägl. (außer Mo) 9–18.45 Uhr, im Winter 8–17 Uhr. Eintritt 4 €.

Bogentor: Gleich hinter dem Museum führt die Straße durch ein Bogentor, auch „Siegesbogen" genannt, heute ein Nadelöhr auf dem Weg ins Zentrum, Autos quetschen sich hindurch. Eine kaiserliche Quadriga (vierspänniger Streitwagen) aus Bronze krönte einst das Tor. Links des Bogentors wurde das *Vespasiandenkmal* wieder aufgebaut, ein elegantes Brunnen- bzw. Quellhäuschen, in dessen Hauptnische eine Statue des Kaisers Vespasian stand.

Restaurierungsarbeiten am
Theater von Side

Theater: Das Wahrzeichen Sides überragt alle Gebäude der Stadt. Einst bot es bis zu 20.000 Zuschauern Platz. Da Side nicht auf einem Hügel erbaut wurde, konnte das Theater nicht wie üblich am Hang angelegt werden. So musste notgedrungen – eine Seltenheit in Kleinasien – ein gewaltiger Unterbau geschaffen werden. Die Steine dazu lieferte die Seemauer, die in den Friedenszeiten des Römischen Imperiums überflüssig geworden war. Neben der Aufführung von Schauspielen diente der Bau Volksversammlungen, Gladiatorenkämpfen und später auch als Freilichtkirche. Die Orchestra besaß vermutlich ein Wasserbecken, in dem Bootswettkämpfe stattfanden. Bei einem Erdbeben wurde der obere Teil des Theaters zerstört und das Bühnenhaus fiel in die Orchestra, die unter einem wüsten Trümmerhaufen begraben liegt.
Tägl. 9–18.45 Uhr, im Winter verkürzt. Eintritt 4 €.

Hafen: Seine Gesamtlänge betrug einst 450 m. Trotz aller Anstrengungen versandete das seichte Hafenbecken vom Schlamm des Manavgat-Flusses immer wieder – die antike Redewendung „Das ist wie der Hafen von Side" war nicht umsonst die blumige Umschreibung einer vergeblichen Arbeit. Schließlich ließ man sich eine besondere Finanzstrategie einfallen, um das regelmäßige Ausbaggern des lebenswichtigen Hafens zu garantieren: Vermögende Bürger des antiken Side trugen die Kosten der Arbeiten und wurden dafür mit Inschriften geehrt.

Athene- und Apollontempel: Die beiden nebeneinander liegenden Tempel aus dem 2. Jh. v. Chr. befinden sich an der Südspitze der Halbinsel. Der kleinere war dem Apollon geweiht, der größere der Athene – diesem stand auch ein Asylrecht zu. Bei einem Erdbeben wurden die Tempel stark beschädigt. Sechs Säulen des Apollontempels wurden wieder aufgestellt und sind nun nächtens effektvoll angestrahlt – ein Traumplatz bei Sonnenuntergang. Auf und um die Tempel errichteten die Byzantiner später eine *Basilika,* ein paar Wände stehen noch.

Staatsagora: Sie liegt östlich des Theaters nahe dem Weg zum Oststrand und diente vorrangig politischen Besprechungen. Der monumentale Bau war 88,5 m lang und 69 m breit. An der stadtabgewandten Seite stand eine große *Bibliothek* mit drei Sälen. Vom mittleren, dem sog. *Kaisersaal,* ist noch eine Wand erhalten. Von den einst zahlreichen Statuen, die ihre Nischen schmückten, sind heute ein paar im Museum von Side zu finden, andere gingen verloren, zuletzt der kopflose Torso von Nemesis, der Göttin der ausgleichenden Gerechtigkeit.

Bischofskirche und **Hospital**: Spaziert man nun auf einem Pfad landeinwärts auf das einstige Stadttor (s. o.) zu, gelangt man zu der bereits angesprochenen zweiten Säulenstraße. An ihrem Beginn wurde in byzantinischer Zeit eine *Bischofskirche* samt Palast erbaut. Deren Grundmauern schlummern noch weitestgehend unter der Erde, ganz im Gegensatz zum nahen zweistöckigen *Hospital*, das man auf dem Weg dorthin passiert.

Im Hinterland von Side

Das Hinterland von Side bietet abwechslungsreiche Alternativen zum Sonnenbad an der Küste. Weitere lohnenswerte Ziele im Hinterland finden Sie auch im Kapitel „Zwischen Antalya und Side".

Manavgat   ca. 89.300 Einwohner

5 km nördlich von Side, am Flusslauf des *Manavgat Çayı,* liegt die gleichnamige Provinzstadt – Ziel vieler Touristen auf der Suche nach der „ursprünglichen Türkei". Der Besuch des montäglichen Wochenmarktes (Kleinausgabe am Donnerstag) gehört zum Unterhaltungsprogramm von Side. Dabei suggerieren Schmuck- und Teppichgeschäfte günstigere Preise als in Side, was nur sehr bedingt zutrifft.

Das Gros der Urlauber verbindet einen Shoppingausflug nach Manavgat mit einem Besuch der nahe gelegenen **Wasserfälle** (vom Zentrum mit „Şelale" ausgeschildert). Der kleine Wasserfall **Küçük Şelale** liegt ca. 4 km nördlich des Zentrums, der große Wasserfall **Büyük Şelale** weitere 2 km landeinwärts (von Sonnenauf- bis Sonnenuntergang geöffnet, Eintritt 1,20 €). Während Letzterer wirklich etwas mit einem Wasserfall zu tun hat, handelt es sich bei dem kleinen eher um ein paar Stromschnellen. Trotz des Megaansturms (am Wochenende auch viele türkische Familien) haben die Restaurants und Picknickplätze an den Wasserfällen etwas Idyllisches – man sitzt gemütlich unter schattigen Platanen, während die Forellen vom Fluss direkt auf den Teller springen.

Verbindungen Nahezu alle **Busse** entlang der Südküste halten in Manavgat – buchen Sie, wohin Sie wollen. Der Busbahnhof liegt nahe der D 400, von dort bestehen Dolmuşverbindungen ins Zentrum. Zudem regelmäßige **Dolmuş**verbindungen vom Zentrum nach Side und zum großen Wasserfall, stündl. Verbindungen Richtung Lyrbe (Seleukia) und Oymapınar-Stausee (der Dolmuş fährt jedoch nur bis Oymapınar-Dorf und nicht bis zum großen Stausee!).

Türkische Riviera → Karte S. 376/377

Bootstouren Werden nahe der zentralen Stahlbrücke offeriert: 80-minütige Touren zum kleinen Wasserfall (10 €) oder Trips zur Mündung des Manavgat-Flusses mit Badestopp und Lunch (5–6 Std., 20 €).

Essen & Trinken Diverse schön gelegene Restaurants bei der Stahlbrücke am südwestlichen Flussufer. Gute Topfgerichte (Preise vorher erfragen!) bekommt man nahebei im **Tadım Lokantası Çorbacı Hasan** rund 80 m westlich der Brücke.

Lyrbe/Seleukia
(antike Stadt)

Die in einem schattigen Pinienwald gelegenen Ruinen hielt man einst für die antike Stadt *Seleukia*, nach jüngeren Forschungen sind die steinernen Überreste jedoch der antiken Kleinstadt *Lyrbe* zuzurechnen. Diese erlebte im 1. und 2. Jh. ihre Blüte und wurde wahrscheinlich im 7. Jh. aufgegeben. Verhältnismäßig wenige Besucher treibt es bislang an den äußerst stimmungsvollen Ort auf einem Tafelberg rund 13 km nördlich von Manavgat.

Neben vielen unidentifizierten, kleineren Ruinen gibt es auch ein paar Schmankerl. Auf dem vom Parkplatz bergauf führenden Waldweg gelangt man automatisch zur **Agora**, die zu den besterhaltenen Kleinasiens zählt. Aufgrund ihrer Hanglage waren gewaltige Unterbauten nötig. Die Kellerräume dienten zum Lagern von Waren. Eine dorische Säulenhalle umgab die Agora ursprünglich, ein paar Säulen wurden wieder aufgerichtet. An ihrer Ostseite ist noch ein einst dreigeschossiges **Marktgebäude** auszumachen, das im Südosteck an das **Odeion** grenzte. Vom **Podiumstempel** nördlich der Agora blieb die Cella bis auf das Dach unversehrt. Am Steilhang im Nordwesten ragt zudem ein 9 m hoher Bau zwischen den Bäumen hervor – die imposanten Reste einer **Therme**, die über einer noch heute sprudelnden Quelle errichtet wurde.

Grabungsarbeiten auf dem Gelände sind für die Zukunft wieder geplant, die letzten fanden in den 1970ern statt. Einige Funde sind im Archäologischen Museum von Antalya ausgestellt.

Anfahrt Die Ausgrabungsstätte liegt nahe dem Dorf Bucakşeyhler. Die Straße zu den Manavgat-Wasserfällen nehmen, 4,5 km hinter dem Großen Wasserfall *(Manavgat Şelalesi)* links ab, mit „Lyrbe (Seleukia)" ausgeschildert (zuletzt nur in entgegengesetzter Richtung, aufpassen). Von dort noch weitere 4,5 km, die letzten 3 km sind nicht mehr geteert und sehr holprig. Wenn der Weg ca. 4 km hinter der Abzweigung im Wald steil anzusteigen beginnt, parkt man am besten und läuft den Rest.

Dolmuşe fahren die Straße Richtung Seleukia von Manavgat 1-mal stündl., aber nur bis zur Abzweigung beim Hinweisschild. Die letzten 4,5 km heißt es also laufen – im Sommer nach Aussagen von Lesern eine Qual. Mit dem **Taxi** von Side retour ca. 48 €.

Öffnungszeiten Stets zugänglich. Zuletzt Eintritt frei, was sich jedoch wieder ändern kann.

Oymapınar-Stausee
(Oymapınar Barajı)

Inmitten der reizvollen Bergwelt des Taurus, rund 30 km nördlich von Manavgat, liegt der durch die Stauung des *Manavgat Çayı* entstandene, smaragdgrüne Oymapınar-See. Tourenanbieter zwischen Side und Alanya vermarkten ihn als „Green Canyon". Fluss und See werden von 25 Quellen gespeist, deren Schüttungsmengen zu den ergiebigsten der Welt zählen. Geschaffen wurde der Stausee u. a., um Trinkwasser über eine Unterwasserpipeline via Nordzypern nach Israel zu exportieren. Doch das Geschäft kam nie zustande, die Pipeline wurde nie gebaut. Später, noch unter Gaddafi, hatte Libyen Interesse an dem kostbaren Nass angemeldet. Wie die neue libysche Regierung darüber denkt, wird sich zeigen. Unabhängig davon ist der Stausee ein attraktives Ausflugsziel. Bei einem Bootstrip tuckert man u. a. in einen 7 km langen Cañon. Bei dessen Flutung ging die weitverzweigte Dumanlı-Höhle unter und damit eines – der nächste Superlativ – der größten Höhlensysteme Europas.

Auf dem Weg zum Stausee bietet sich ein Abstecher zum **Adventure Park** an, einem weitläufigen Kletterwald mit vier Parcours, darunter eine 140 m lange Zipline übers Wasser. Mit Blick auf den Kleinen (unteren) Oymapınar-Stausee gibt es hier auch hausgemachten Kuchen, Übernachtungsmöglichkeiten sollen folgen (s. u.). Zudem kann gecampt, gebadet und gewandert werden.

Anfahrt/Verbindungen   Von Manavgat der Straße zu den Wasserfällen folgen, dann immer geradeaus weiter entlang des Flusses und am kleinen Oymapınar-Stausee vorbei. An der Schranke beim Wasserkraftwerk zahlt man 0,40 €/Pers. Zufahrtsgebühr. Von dort sind es noch 7 km bis zum Greencanyon Restaurant, die letzten 2 km sind ungeteert. Der See ist ein Ziel für Selbstfahrer.

Adventure Park   Unter deutsch-türkischer Leitung, vom deutschen TÜV geprüft. 2½ Std. Nervenkitzel bietet die Tour durch den **Hochseilgarten**, davor gibt's ein Briefing. Erw. 15 €, Kinder 13 € (ab 8 Jahren). www.adventure-park.com.tr. Von Lesern gelobt werden zudem die **Wandertouren** ins Hinterland mit Ömer Arslan vom Adventure Park (deutschsprachig). Dauer je nach Strecke 2–8 Std., ab 25 €/Pers. Keine Mindestteilnehmerzahl. Kontakt über ✆ 0545/ 2324141 (mobil), www.tuerkeiwandern.net. Für 2012 sind auf dem Gelände zudem 3 **Lehmbungalows** für jeweils 4 Pers. geplant, alle mit Bad, Kochgelegenheit und Seeblick. 25–30 €/Pers., Frühstück extra, **Campen** 8 €/Fahrzeug. ✆ 0242/7722222.

Essen & Trinken/Bootstouren   Greencanyon Restaurant, am Großen (oberen) Stausee, bestens ausgeschildert. Schön gelegen, aber oft voll mit Tourengruppen. Über das Restaurant werden auch dreieinhalbstündige Bootstrips mit Mittagessen (25 €) angeboten, Abfahrt tägl. um 10 Uhr. Um zur Abfahrtstelle der Boote zu gelangen, hält man sich auf dem Weg zum See kurz nach dem Tunnel links. ✆ 0242/ 7423135, www.greencanyon.com.tr.

Türkisgrünes Süßwasser: Oymapınar-Stausee im Hinterland von Side

Türkische Riviera → Karte S. 376/377

Am Strand von Kızılot

Zwischen Side und Alanya

Nahezu endlose Strände prägen die Region zwischen Side und Alanya. Die Küste ist größtenteils verbaut, lediglich um Kızılot gibt es noch Brachland. Ansonsten reihen sich Clubanlagen und künstliche Feriensiedlungen aneinander. Die einzelnen Hotelanlagen zeigen sich meist gepflegt, drum herum sieht es jedoch zuweilen etwas trostlos aus – ein übergreifendes Erschließungskonzept vermisst man vielerorts. So sind hinter den Hotels künstliche Dörfer oder improvisierte Hüttensiedlungen entstanden, die außer Charme i. d. R. alles bieten, was sich das hiesige Urlauberherz wünscht: Bierkneipen, Einkaufsmöglichkeiten und Autoverleiher. Wer nur diese Ecke der Südküste kennenlernt, kommt zwar braungebrannt, aber mit einem recht verschrobenen Türkeibild nach Hause. Im Hinterland lassen sich ein paar Karawansereien aus seldschukischer und eine alte Burganlage aus byzantinischer Zeit entdecken.

Kızılot

Die weit verstreute 3000-Seelen-Gemeinde liegt rund 15 km östlich von Manavgat an der Straße nach Alanya. Außer dem Sonntagsmarkt bei der Moschee hat der Ort nicht viel zu bieten. Schön ist jedoch der hiesige, rund 7 km lange Küstenabschnitt: ein herrlicher, z. T. recht unverbauter und wenig frequentierter Sandstrand, den auch die Unechte Karettschildkröte als Eiablageplatz (→ S. 330) zu schätzen weiß.

Übernachten/Camping/Essen Beide Unterkünfte sind, von Side kommend, ca. 2 km hinter der Abzweigung nach Konya ausgeschildert; erst kommt das Hotel Grün, dann die Pension Nostalgie. Gute Dolmuşverbindungen von und nach Side und Alanya; sagen Sie dem Fahrer, dass Sie am Hotel Bremen (Nostalgie oder Grün kennen viele nicht) aussteigen wollen.

» Unser Tipp: Nostalgie, Pension und Campingplatz in toller Lage leicht erhöht über dem Strand, geführt von der freundlichen Schweizerin Verena. Familiär-beschauliche Atmosphäre, von Lesern immer wieder gelobt. 8 schlichte, saubere Zimmer auf 2 Etagen, 5 davon mit Klimaanlage, alle mit Balkon und Meeresblick. Gemütliches Terrassenrestaurant. Ganzjährig. Mit Frühstück je nach Zimmer (mit oder ohne Klimaanlage) 25–30 €/Pers., mit HP 30–35 €, 2 Pers. mit Wohnmobil u. Strom 15 €. Kızılot, ✆ 0242/7482199, www.nostalgiebeach.com. «

Hotel Grün, freistehendes dreistöckiges Gebäude mit 18 Zimmern, nur durch den eigenen Pool vom Strand getrennt. Einfach und preiswert, ebenfalls von Lesern gelobt. Freundliche Wirtsfamilie, Chef Erkan spricht Deutsch. 24 €/Pers. mit HP (es wird sehr gut gekocht), 17 € mit Frühstück. ✆ 0242/7482198, www.hotelpensiongruen.com.

Alarahan und Alarakale

Seldschukenführer Alaeddin Keykobat, laut Inschrift über dem Portal „Herrscher über die Nacken der Völker", gab 1231 den Auftrag zum Bau der **Karawanenherberge** Alarahan. Hier suchten Händler mit ihren Lasttieren bei Einbruch der Dunkelheit Schutz. Im Abstand von rund 30 km, das entsprach ungefähr der Tagesetappe einer Karawane, gab es auf der Strecke von Alanya in die Seldschukenhauptstadt Konya mehrere solche Herbergen. Von außen zeigt sich der Alarahan als simpler, abweisender Steinwürfel. In den Gewölben rund um den kleinen, offenen Innenhof hatten einst rund 200 Kamele samt ihren Treibern Platz. Die mitreisenden Frauen nächtigten im abgeschlossenen Harem. Später diente der Han als Derwischherberge. Heute finden darin immer wieder touristische Folkloreveranstaltungen statt (keine regelmäßigen Öffnungszeiten).

Die **Burg** Alarakale, deren wehrhafte Mauern sich um einen kahlen Felskegel ca. 1 km nördlich der Karawanserei hinaufwinden, entstand vermutlich in byzantinischer Zeit. Der Aufstieg ist mühsam (Dauer ca. 40 Min.) und nichts für Angsthasen, aber empfehlenswert. Vom Alara Cennet Piknik Restaurant (→ Essen & Trinken) führt ein schmaler Pfad den Fels hinauf bis zu einem alten, rund 100 m langen, im Verfall begriffenen Treppentunnel. Durch diesen gelangt man in den mittleren Teil der Burganlage. Eine Taschenlampe ist vonnöten! Die Ruinen selbst geben nicht allzu viel her, die Aussicht über das Tal des Alara-Flusses ist jedoch einmalig. Den Fluss selbst haben Rafter und Kanuten für sich entdeckt, der Wasserspaß ist jedoch nur im April und Mai möglich.

Anfahrt/Essen: Von der D 400 ist die Abzweigung bei Okurcalar ausgeschildert, von da noch etwa 9 km ins Landesinnere. Der Han steht direkt an der Straße. In der Umgebung warten einige Restaurants auf Kundschaft. Nett ist das **Alara Cennet Pik-**nik Restaurant ca. 200 m hinter dem Han. Forelle und supergemütliche Plätze am Fluss. Dort bekommt man auch Tipps zur Besteigung der Burg und eine Taschenlampe. ✆ 0544/2605520 (mobil).

Zwischen Karaburun und Alanya

Der rund 50 km lange Küstenabschnitt hat sich ganz dem Pauschaltourismus verschrieben. Die schönen hiesigen Strände und halbrunden Buchten trumpfen mit feinem Sand auf, können am Übergang ins Meer aber zuweilen etwas felsig sein. Wer sich für einen Urlaub in den künstlichen Ferienresorts **Karaburun, Okurcalar, İncekum, Avsallar, Türkler, Payallar** oder **Konaklı** entscheidet, sollte v. a. darauf achten, dass sich sein Hotel in erster Reihe am Strand befindet und nicht *hinter* der autobahnähnlichen Nationalstraße 400. Deren Überquerung macht wenig Spaß, und nur die besseren Anlagen verfügen über Unter- oder Überführungen! Wem das Programm der Animateure in den Ferienclubs nicht zusagt, gelangt mit dem Dolmuş schnell nach Alanya.

Verbindungen Alle beschriebenen Orte sind von Side und Alanya bequem mit Dolmuşen zu erreichen.

Camping İncekum Camping, nicht vom Namen verwirren lassen – der Platz liegt noch in Avsallar und nicht in İncekum! Weitläufiges, bewaldetes Areal mit viel Schatten. Auch werden neue, recht nette 4-Pers.-Bungalows mit Bad, Klimaanlage und Kühlschrank vermietet. Schöner Strand. Viele picknickende Tagesgäste. Market, einfache Sanitäranlagen. Im Sommer überlaufen. April–Sept. 2 Pers. mit Wohnmobil teure 18,50 €, mit Zelt 9,50 €, Bungalow für 4 Pers. mit Frühstück 103 €. Avsallar, ℡ 0242/5171704, ℡ 5172441, www.incekumcamping.com.

Alanya

ca. 99.000 Einwohner

Alanya ist der touristische Hotspot der Türkischen Riviera. Noch bis vor wenigen Jahren kam das Gros der Urlauber aus Deutschland und erfreute sich an Jägerschnitzel und Rinderbraten. Heute fallen auch Russen und Skandinavier in Massen ein, und die Speisekarten haben sich geändert.

Alanya erstreckt sich über zwei weite, sanft geschwungene Buchten, die von einem 250 m hohen, vorspringenden Burgfelsen getrennt werden. Gekrönt wird dieser von einer imposanten seldschukischen Burg. An die Hänge des Burgbergs (die Alt- bzw. Oberstadt) klammern sich osmanische Häuser, zu seinen Füßen liegt ein pittoresker Hafen für Ausflugsboote und Jachten. Direkt daran schließt Alanyas phonstarke Flanier- und Partymeile an. Diese geht fließend in das große geschäftige Zentrum Alanyas über: Etliche Juwelier- und Ledergeschäfte sowie Stände mit imitierter Markenware prägen es. Zusammen mit den schönen, langen Sandstränden zu beiden Seiten des Burgbergs sind dies die Tummelplätze der Massen und deren Garant für abwechslungsreiche Urlaubstage.

Der Rest der Stadt ist – abgesehen von ein paar verstreut liegenden alten Villen – ein gesichtsloses Häusermeer im Großstadtformat. Die ockerfarbenen 08/15-Fassa-

Alanya – 1001 Platz an der Sonne

den der Apartmenthäuser und Hotels (entworfen von Architekten, die wohl allesamt Praktikanten an der Costa Brava waren) ziehen sich hinter einem renntauglichen, stark befahrenen Strandboulevard kilometerweit die Buchten entlang und klettern dahinter die Berghänge hoch, dem 2647 m hohen *Ak-Dağ-Massiv* entgegen.

Geschichte

Früheste Berichte über das antike *Korakesion,* aus dem später Alanya hervorging, stammen aus der Mitte des 2. Jh. v. Chr. und zollen der damals hier neu gegründeten Festung wenig Wohlwollen. Sie schildern es als ein übles Piratennest unter Führung von Diodotos „Tryphon" („dem Wollüstigen"), der von hier seine Galeeren in See stechen ließ, um Küstenstädte und Handelsschiffe zu plündern. Dem Schrecken machte der römische Feldherr Pompeius 67 v. Chr. in der berühmten Seeschlacht vor Korakesion ein für allemal ein Ende – 10.000 Mann kostete sie das Leben. Zwei Jahrzehnte später schenkte Mark Anton die Stadt samt Umgebung seiner geliebten Kleopatra (→Kasten S. 470). Diese ließ von Korakesion Holz für den Flottenbau nach Alexandria verschiffen, besaß nebenher aber noch genügend Zeit, mit dem römischen Aristokraten zu turteln. Vom Burgberg ließ sie angeblich eigens dafür einen Stollen durch das Bergmassiv zu einer klitzekleinen intimen Bucht anlegen, dem heutigen „Kleopatra Pool". Korakesion selbst erreichte in römischer Zeit jedoch niemals die Bedeutung des westlich gelegenen Side.

In byzantinischer Zeit wie auch unter der nachfolgenden armenischen Herrschaft hieß die Stadt *Kalonoros* („Schöner Berg"). Der Seldschukensultan Alaeddin Keykobat verliebte sich in Kalonoros und versuchte die Stadt vergebens zu erobern. Was militärisch scheiterte, gelang schließlich mit Diplomatie: Der armenische Fürst Kyr Vart tauschte Kalonoros samt seiner Tochter Huand Mahperi 1221 gegen einen Alterssitz bei Aksaray ein. Der Sultan, der in Konya residierte, nannte die Stadt nun *Ala'iye* und machte sie zu seinem Sommersitz und zum Kriegshafen. Die Stadt erlebte dadurch einen mächtigen Aufschwung. Aus dieser Zeit stammen ihre heute noch erhaltenen, bedeutendsten Sehenswürdigkeiten. Mit dem Ende der Seldschukenherrschaft geriet Alanya jedoch in Vergessenheit.

Der einsetzende Tourismus in der zweiten Hälfte des 20. Jh. beendete Alanyas Dornröschenschlaf. Bereits 1965 buchten die ersten deutschen Pauschalurlauber Alanya. Seitdem dehnt sich die Stadt, die ursprünglich nur auf dem Burghügel angelegt war, rasend aus. So manchen einst kleinen Nachbarort (wie Kestel oder Mahmutlar im Osten) hat sie schon verschlungen. Den früher überwiegend deutschen Strandurlaubern haben mittlerweile Russen, Osteuropäer und Skandinavier den Rang abgelaufen. Immerhin nennen aber rund 6000 deutsche Rentner Alanya ihre zweite Heimat.

Türkische Riviera → Karte S. 376/377

Information/Verbindungen

Telefonvorwahl 0242.

Information An der Kalearkası Cad. Tägl.
8–12.30 u. 13.30–17 Uhr. ℘ 5131240,
www.alanya.bel.tr o. www.alanya.gov.tr.

Verbindungen Bus: Busbahnhof im Westen der Stadt, mit dem Stadtbus von der Atatürk Cad. oder in ca. 20 Fußmin. zu erreichen. Im Sommer gute Verbindungen in alle Landesteile, insbesondere entlang der Küste (Adana ca. 9 Std., Antalya ca. 2½ Std.). Zudem mehrmals tägl. über Konya (5 Std.) nach Kappadokien (10 Std.). Buchungsbüros im Zentrum rund um den *Heykel,* rechtzeitige Reservierung ratsam.

Stadtverkehr/Dolmuş: Die sog. „Stadtbusse" und „Citybuses" (so steht's drauf) verbinden das Zentrum mit den Hotels am West- und Oststrand und fahren auch zur Burg. Minibusse zu den Küstenorten westlich (bis Manavgat) und östlich (bis Gazipaşa) von Alanya sowie zur Dimçay-Höhle und zum Dimçay-Tal starten vom Minibusbahnhof nördlich der Atatürk Cad. beim Basar.

Schiff: Fährverbindung nach Zypern (Girne/Kyrenia) im Sommer 2-mal wöchentl. (2011 Mo u. Fr, Rückfahrt Do u. So), Dauer 3½ Std. Einfache Fahrt 38 €, retour 74 € inkl. Hafengebühr. Keine Mitnahme von Fahrzeugen. Schnellere und häufigere Verbindungen ab Taşucu bei Silifke. Infos bei **Fergün Shipping** an der İskele Cad. neben dem Seaport Hotel, ℘ 5115358, www.fergun.net.

Bootsausflüge Werden von Reisebüros und der Kooperative am Hafen nahe dem Roten Turm angeboten. Ganztägige Picknickfahrten mit mehreren Badestopps um die 15 € inkl. Essen.

Organisierte Touren Gibt es z. B. nach Perge, Aspendos und Side oder in den Köprülü Kanyon zum Rafting 25 €/Pers. Größere Touren, z. B. nach Kappadokien oder Pamukkale, kosten je nach Dauer (1–3 Tage) und Anzahl der Shoppingpausen 50–75 €. Zudem Fahrten nach Anamur, Ausflüge in den Taurus, „Piratentage" auf den Spuren der Seeräuber usw. Ein breites Angebot offeriert z. B. **Fam Tour**, Damlataş Cad. 21, ℘ 5139597, www.famtours.com.

Adressen/Einkaufen

Ärztliche Versorgung Staatliches **Devlet Hastanesi** nahe der Umgehungsstraße an der Hastane Sok. ℘ 5134841.

Autoverleiher Bei den international operierenden Anbietern bekommen Sie Fahrzeuge ab ca. 45 €/Tag, z. B. bei **Avis**, Damlataş Cad. 3/A, ℘ 5133513, www.avis.com.tr. Ein zuverlässiger deutscher Verleiher ist **Martin Türkay** (→ Zweiradverleih), Autos ab 35 €. Vorsicht vor allzu billigen Angeboten (spätestens im Schadensfall wissen Sie, warum!).

Einkaufen Die ganze Stadt ist ein einziger Basar, alles ist zu haben, doch Ramschprodukte überwiegen.

Fr großer **Wochenmarkt** zwischen Atatürk Cad. und Minibusbahnhof. Über weitere, weiter außerhalb gelegene Märkte gibt die Touristeninformation Auskunft.

Reisebüro Flüge aller Airlines und Flughafentransfers (ab 11 €) kann man über **Southtours** buchen, Atatürk Cad. 35 (1. OG), ℘ 5127950.

Türkisches Bad (Hamam) Es gibt mehrere, jedoch keine historischen Bäder.

Beyler Hamamı, Bostancıpınarı Cad. Di 9–17 Uhr Frauentag, sonst tägl. 6–24 Uhr gemischt. Eintritt mit *Kese* und Massage 23 €.

Çemberlitaş Hamamı, neben dem Damlataş Aqua Centre (→ Baden/Tauchen). Tägl. 6–24 Uhr. Nach Geschlechtern getrennte Bereiche. Tägl. 6–24 Uhr. Eintritt mit *Kese* und Massage 20 €.

Waschsalon Etliche im Zentrum verstreut, z. B. **Başkent** im Saray Mah. an der Hoca Ahmet Sok. 8/A. 10 €/Trommel.

Zweiradverleih Etliche Verleiher im Zentrum. Wir empfehlen den deutschsprachigen Anbieter **Martin Türkay**, Atatürk Cad. Neslihan Sok. 5/A, ℘ 5135666, www.martin-tuerkay.com. Dahinter steckt der freundliche Martin Bernhart, der seit 1992 in Alanya lebt und seinen Kunden auf Wunsch auch bei der Routenplanung zur Seite steht (gutes Kartenmaterial). Mountainbikes je nach Qualität 10–15 €/Tag, Scooter ab 18 €, Motorräder ab 25 €.

Übernachten/Camping (→ Karte S. 428/429)

Alanya weist mit rund 135.000 Gästebetten eine weitaus höhere Bettenzahl auf als das über 10-mal größere Antalya. Das Gros der Hotels richtet sich an anspruchslose Massen. Die meisten Unterkünfte (insbesondere in der unteren und mittleren Preisklasse) sind lieblos geführt, nicht wenige stark abgewohnt. Gebucht werden die Zimmer i. d. R. im Pauschalpaket – nur dann ist das Preis-Leistungs-Verhältnis auch einigermaßen zufriedenstellend. Direkt an den Rezeptionen werden hingegen oft Mondpreise verlangt – Zimmer gleichen Niveaus bekommt man anderswo an der Küste oft für die Hälfte. Ohrenstöpsel sind ratsam, Lärmbelästigungen bei vielen Häusern vorprogrammiert: entweder durch den Verkehr oder durch laute Discobars in der Nachbarschaft. Wer auf den Euro schauen muss, sieht sich am besten in den hinteren Reihen um.

Zentrum **** Seaport Hotel **20**, Lobby mit Putten bemalt. 65 komfortable Zimmer, die Hälfte davon mit tollem Hafenblick – wenn man jedoch lieber mit offener Balkontür anstatt mit Klimaanlage schläft, wird es nachts extrem laut! Restaurant, Bar, eigene Parkplätze. Manchmal muffeliger Service. DZ mit HP teils schon ab 82 € und damit recht gutes Preis-Leistungs-Verhältnis, auch nur mit Frühstück möglich. İskele Cad. 82, ✆ 5136487, ✆ 5134320, www.hotel seaport.com.

*** Hotel Sunny Hill **14**, verhältnismäßig ruhige Anlage, 5 Fußmin. von Zentrum und Kleopatra-Strand entfernt. Gepflegte Zimmer mit dem üblichen 3-Sterne-Schnickschnack versehen. 2 Pools, einer mit Unterwasserfenster. Lassen Sie sich unbedingt ein Zimmer mit Blick über die Stadt und aufs Meer geben! 60 €/Pers. all-incl. Sultan Alaaddin Cad. 3, ✆ 5111211, ✆ 5123893, www.sunnyhillhotel.com.

Östlicher Strand Güneş Beach Hotel **7**, direkt am Meer. Gehört seit seiner kürzlichen Komplettrestaurierung zu den empfehlenswertesten Hotels der Stadt. Nur 20 sehr schicke, komfortable Zimmer mit Laminatböden, alle mit Meeresblick. Ebenso schickes Restaurant direkt am eigenen Strand. DZ 111 €. Keykubat Cad. 40, ✆ 5134242, ✆ 5119594, www.guneshotels.com.

**** **Panorama Hotel** **9**, besteht aus 2 durch die Küstenstraße getrennten Komplexen. Nett ist jener am Strand: gepflegte niedrige Anlage mit ordentlichen Zimmern, die vordersten sind keine 20 m vom Wasser entfernt (hinten raus leider Straßenlärm). Diverse Extras wie Tennis, Fitness, Pool, Animation usw. DZ mit HP 110 €, all-incl. 148 €. Keykubat Cad. 30, ✆ 5131181, ✆ 5131028, www.panoramahotel.com.tr.

Sun Hotel **10**, einfaches Haus, eingeklemmt zwischen Küstenstraße und Strand. Helle Zimmer mit angeeckten Möbeln und sehr simplen Bädern. Unbedingt ein Zimmer mit Strandblick wählen, sonst ist dieses Hotel sein Geld nicht wert. Restaurant. DZ 62 €, nach hinten 49 €. Keykubat Cad., ✆ 5131914, ✆ 5131848.

Westlicher Strand Sultan Sipahi Resort **2**, in erster Reihe: der große Vorteil dieses

Stadtpanorama vom Burgberg

Vertragshotels diverser deutscher Reiseveranstalter. 215 gehobenere Zimmer für die Massen – unbedingt eines mit Meeresblick nehmen! Pool. DZ 100 € all-incl. Güzelyalı Cad. 30, ✆ 5191972, ✉ 5131348, www.sultansipahiresort.com.

Aysev 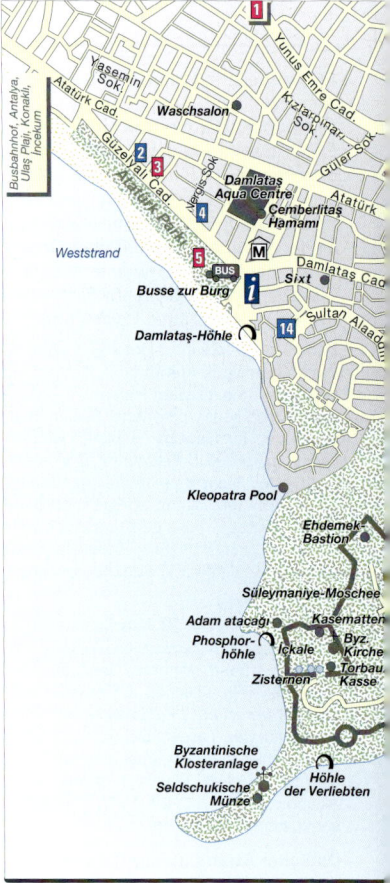, Billighotel (mit vielen Jahren auf dem Buckel) in erster Reihe – wählen Sie ein Zimmer mit Balkon zum Kleopatra-Strand. 18 €/Pers., Klimaanlage 5 € extra. Güzelyalı Cad., ✆ 5137358, ✉ 5120225, aysevhotel@hotmail.com.

Carina , direkt hinter dem Aysev. Fest in der Hand von jungen skandinavischen Pauschalurlaubern mit wenig Geld. Als Billighotel aber dennoch okay – 41 saubere und z. T. sehr geräumige Zimmer mit Balkon. Die Ausstattung ist bis auf die Klimaanlage und die Bäder allerdings veraltet. Mickriger Pool. DZ 40 €. Nergis Sok. 4, ✆ 5131897, ✉ 5123906, www.carinaotel.com.

Camping   Perle Camping, direkt hinter dem Strand von Kargıcak ca. 15 km östlich von Alanya. Eigentlich (mittlerweile) nicht mehr viel mehr als ein abgetrennter Teil des Parkplatzes eines Fischlokals (hervorragend,→ Essen & Trinken), dennoch für kurze Aufenthalte okay. Schatten, ordentliche Sanitäranlagen, Pfauen, Enten und Hühner. Vorne raus Meeresrauschen, hinten raus Straßenlärm. An dem Friedhof daneben braucht man sich nicht zu stören. Ganzjährig. 2 Pers. mit Wohnmobil 12,50 €. Kargıcak, ✆ 5262066, ✉ 5262037.

Sedre Camping, ca. 20 km östlich von Alanya an der Straße nach Gazipaşa, eingezwängt zwischen Meer und Küstenhighway (laut). Zuletzt eher Picknickareal und nichts für längere Aufenthalte. Doch die neue holländische Leitung hat viel vor – mal sehen, was daraus wird. Davor ein gepflegter Sandstrand, zum Wasser hin felsig. Fisch-

lokal angeschlossen. 2 Pers. mit Wohnmobil 8 €. Demirtaş, ✆ 5161111, ✉ 5161722, www.sedrecamping.com.

Essen & Trinken

(→ Karte S. 428/429)

Die meisten Lokale in Strandnähe servieren fast alles, was man von zu Hause kennt, zudem die internationalen Standards: Pizza, Pommes und Steaks zu für türkische Verhältnisse hohen Preisen. Einige schöne Cafés mit spektakulären Aussichtsterrassen liegen auf dem Weg zur Burg. Ein paar Lokalitäten, die sich aus der Masse abheben:

Mahperi Sultan , eines der zahlreichen Lokale mit schöner Terrasse zum Hafen. Alteingesessen, seit 1947 im Geschäft, gehoben. Sehen und gesehen werden heißt hier die Devise. Gute Fischküche, dazu die Klassiker der internationalen Urlauberküche, aber auch Hummer oder Chateaubriand. Hg. 12–19 €. Rıhtım Cad., ✆ 5125491.

Übernachten
- 2 Sultan Sipahi Resort
- 4 Carina und Aysev
- 7 Güneş Beach Hotel
- 9 Panorama Hotel
- 10 Sun Hotel
- 14 Hotel Sunny Hill
- 20 Seaport Hotel

Nachtleben
- 8 Karaokebars
- 17 Robin Hood
- 18 James Dean/Bistro Bellmann & Janus

Essen & Trinken
- 1 My Balıkçım Balık Lokantası
- 3 Coco Beach Willi's Kneipe
- 5 Filika Garden
- 6 Güven Lokantası
- 11 Ottoman House
- 12 Lokantasu
- 13 Ravza Restaurant
- 15 Belediye Aile Çay Bahçesi
- 16 Mahperi Sultan
- 19 Red Tower Brewery Restaurant
- 20 Özsüt

Türkische Riviera → Karte S. 376/377

Lokantasu 12, eines der stilvollsten Lokale im touristischen Zentrum. Osmanisches Haus aus der Wende vom 19. zum 20. Jh., davor eine schöne palmenbestückte Terrasse. Geschmackvolles Mobiliar, aufmerksame Kellner. Internationale Küche mit Schwerpunkt auf der italienischen (Bruschetta, Pizza, Pasta, Caprese …). Gute Weine. Hg. 10–18,50 €. Damlataş Cad. 14/A, ℡ 5121500.

Filika Garden 5, schöne Lage direkt hinterm Kleopatra-Strand. Große Mezeauswahl (3–8,50 €), frischer Fisch (ab 11 €), aber auch Hamburger, Toasts, Omelettes, Pasta und die üblichen Grillgerichte. ℡ 5193727.

Ottoman House 11, gemütliches Plätzchen mitten im Zentrum. Bestuhlung unter alten, Schatten spendenden Bäumen vor einem osmanischen Stadthaus, das im 19. Jh. als erstes Hotel Alanyas eröffnet wurde. Serviert werden die guten alten Standards der türkischen Küche, u. a. *Güveç* und viel Gegrilltes. Hin und wieder „Fischnächte". Hg. 8,20–16 €. Damlataş Cad. 31, ℡ 5111421.

Red Tower Brewery Restaurant 19, mehrstöckiger Komplex an der İskele Cad. 82. Das Brewery Restaurant mit selbstgebrautem Märzen und Pilsner (großes Bier bis 17 Uhr 2 €, danach 3 €) belegt dabei das EG und die herrliche Terrasse mit Hafenblick auf der anderen Straßenseite. Dazu gibt es internationale Küche zwischen Pasta, Burgern und großen Salaten. Im **Kale Yolu Et Lokantası** eine Etage darüber kommt ausgefallene türkische Küche auf den Teller. Ganz oben befindet sich schließlich die **Sky Bar** mit Sushibar, Livemusik am Abend und gesalzenen Preisen. ✆ 5136664.

Ravza Restaurant 🔟, ein Tipp, wenn auch längst nicht mehr geheim. Bei Ausländern wie Einheimischen gleichermaßen beliebtes, alteingesessenes Lokal (seit 1955) – so populär, dass man schon kräftig erweitert hat. Kleine Auswahl an Meze, hinterher beste Kebabs, Gerichte im Tontopf oder Pide – große Portionen, liebevoll dekoriert und mit einem breiten Lächeln serviert. Der Ayran fließt in Strömen – leider kein Alkohol. Hg. 3,20–9 €. Yeni Çarşı Zambak Sok., ✆ 5133983.

My Balıkçım Balık Lokantası 🔳, nette, einfache Fischlokanta mitten im *Halk Pazarı*, einer unspektakulären Markthalle, in der Gemüse und Fisch verkauft werden. Hervorragender Fisch zu sehr günstigen Preisen (Gerichte ab 4 €), dazu auch Fischsuppe oder Fischköfte! Ca. 10–15 Fußmin. vom Zentrum entfernt. Wegbeschreibung: Der Yunus Emre Cad. (→ Stadtplan) gen Nordwesten bis zu ihrem Ende folgen, dann nachfragen. ✆ 5220273.

Coco Beach Willi's Kneipe 🔳, Schweinebraten mit Rotkohl, Leberkäse mit Spiegelei, Currywurst, Bratkartoffeln, Eisbein mit Sauerkraut oder Nürnberger Bratwürste. Für alle, die auch im Urlaub nicht auf Gewohntes verzichten können. Hg. um die

8 €. Güzelyalı Cad. 30 (gegenüber dem Fußballplatz), ✆ 5122579.

Güven Lokantası 🔳, das kleine Lokal ist weder schick noch ausgefallen und wird vielleicht deswegen von Touristen gerne übersehen. Dabei ist die Küche preiswert und fantastisch – leckerste Topfgerichte. Selbst der Bürgermeister lädt hier gerne ein. In zentraler Lage, Atatürk Cad. 3.

Außerhalb　**Perle Restaurant**, direkt am bzw. hinterm Strand von Kargıcak, ca. 15 km östlich von Alanya (→ Camping). Frischeste Auswahl an Seefisch (Kilopreis um die 30 €, dafür ist auch kein minderwertiger Zuchtfisch dabei), der mit leckeren Soßen serviert wird. Auch sonst wird viel Wert auf Frische und Qualität gelegt, und das zu für das Gebotene fairen Preisen. Vornehmlich türkisches Publikum, Ambiente leger-unkompliziert (Plastikbestuhlung, Kellner in kurzen Hosen). Neben Fisch auch Fleisch, Pide oder Spaghetti. ✆ 5262066.

Cafés　**Özsüt** 🔟, die Konditoreikette genießt nationale Berühmtheit, in Alanya gibt es eine schicke Variante auf 2 Etagen. Leckerste Torten, Kuchen und Süßspeisen (nicht billig!). Zugleich eine gute Frühstücksadresse.

Belediye Aile Çay Bahçesi 🔟, Teegarten am östlichen Ende der Promenade. Er ist zu türkisch und zu schlicht, um auf der Beliebtheitsskala der Alanyatouristen einen Platz weit oben zu bekommen. Hier kann man ebenfalls frühstücken oder Burger essen.

Nachtleben

(→ Karte S. 428/429)

Beim Hafen gibt es mehrere Locations – z. T. Mischungen aus Bar, Open-Air-Disco und Restaurant, dazu allesamt nicht billig. Seit Jahren im Rennen sind dort das **James Dean** 🔟, das **Bistro Bellman** 🔟 und das **Robin Hood** 🔟, ein origineller Vergnügungstempel auf 4 Etagen mit super

Dachterrasse. Neueren Datums ist der recht schicke Club **Janus** 🔟 nur ein paar Schritte weiter.

Eine Reihe von **Karaokebars** 🔳 findet man in der Keykubat Cad. nahe dem Güneş Beach Hotel.

Baden/Tauchen

Baden　Der Burgfels unterteilt die Strände Alanyas in einen östlichen und einen westlichen Strand, beide sind mit der „Blauen Flagge" ausgezeichnet. Je weiter man sich vom Zentrum entfernt, desto größer werden die Abstände zwischen den Liegestühlen.

Weststrand: Der Weststrand, auch **Kleopatra-Strand** genannt, ist der schönere von beiden. Beim Schnorcheln an den Felsen des Burgbergs sind kleine Höhlen zu entdecken. Sonnenschirmverleih, Cafés.

Oststrand: Dieser Strand, auch Keykobat-Strand genannt, erstreckt sich über ca. 15 km. Eine mehrspurige Schnellstraße trennt ihn von den dahinter liegenden Hotels. Er ist ebenfalls gut mit Bars bestückt, bietet zudem die besseren Wassersportmöglichkeiten (Jetski, Wasserski, Parasailing, Bananariding etc.) und ist nicht gar so überlaufen wie der Kleopatra-Strand.

Weitere Bademöglichkeiten: Ulaş Plajı, rund 5 km westlich von Alanya. Unter dem Parkplatz erstrecken sich 2 goldene Sandstrände, der erste ist recht groß, der Meeressaum jedoch felsig. Der andere Strand ist sehr schmal, weitestgehend felsfrei, jedoch bei leichtem Seegang überflutet.

Treppen führen über die terrassenförmig befestigte Steilküste zum Strand hinab. Achtung: An diese Strände gelangen Sie nur in Fahrtrichtung Antalya – Alanya.

Die schönsten Bademöglichkeiten der Umgebung liegen bei Iotape, ca. 35 km östlich von Alanya (→ Zwischen Alanya und Anamur).

Tauchen Leser empfehlen **Dolphin Dive** an der İskele Cad. 56, ✆ 5123030, www.dolphin-dive.com. 2 Bootstauchgänge inkl. Mittagessen und Ausrüstung 62 € (auch als Schnuppertauchgang möglich). Tipp: Südlich des Burgfelsens lässt sich ein Wrack entdecken. 4 Tage P.A.D.I.-Open-Water 375 €. Deutschsprachiges Personal.

Sehenswertes

Burgberg: Hoch über dem Meer erhebt sich die mittelalterliche Festungsanlage – mit 6500 m Mauerlänge und 140 Türmen das Wahrzeichen der Stadt. Aus der Ferne wirkt sie nachts – da effektvoll beleuchtet – imposanter als tagsüber. Für so manche Türkeiurlauber ist sie der einzige Grund, Alanya einen Besuch abzustatten. Die Burg besteht aus drei Mauerringen. Der innerste, höchstgelegene Teil der Festung nennt sich İçkale. Außer einer wirklich grandiosen Aussicht gibt er jedoch nicht viel her. Ihn betritt man am Ende der Straße zur Burg durch einen Torbau. Die wenigen Ruinen dahinter – eine byzantinische *Kirche*, ein paar *Zisternen* und die *Kasematten* – sind durch Holzstege miteinander verbunden. Die Attraktion für gruselfreudige Touristen ist der *Adam atacağı*, der „Platz, an dem Menschen hinabgestürzt werden". Er befindet sich bei der nordwestlichsten Zisterne hoch über der fast senkrecht zum Meer hin abfallenden Küste. Angeblich gab der Sultan den zum Tode Verurteilten zuweilen eine letzte Chance, indem er sie Flügel bauen ließ, die sie vor dem Tod auf den scharfen Klippen bewahren sollten. Diesen und ähnlichen Humbug tischen Reiseleiter hier ihren Gruppen gerne auf. Vom westlichsten Punkt der İçkale blickt man auf eine schmale felsige Landzunge. Auf dieser stehen die Ruinen einer byzantinischen *Klosteranlage* und einer seldschukischen *Münze*. Zur nördlichen *Bastion Ehmedek* (ausgeschildert) gelangt man vom Parkplatz vor der Burg auf einem idyllischen Pflasterweg. Dabei geht es vorbei an der *Süleymaniye-Moschee* mit einem zwölfeckigen Minarett. Zurück ins Zentrum kann man ebenfalls problemlos spazieren. Der Weg ist schön und die Aussicht herrlich. Am Burgberg wirkt Alanya mit seinen osmanischen Häuschen in den krummen Gassen fast dörflich.

Anfahrt/Öffnungszeiten: Halbstündl. bis stündl. verkehrt ein **Stadtbus** von der Haltestelle gegenüber der Touristeninformation zum Burgtor hinauf (0,75 €). **Taxi** hin/zurück 8 €. Wer zur Burg hinauflaufen will,

findet den Einstieg in den **Fußweg** beim Kızıl Kule. Tägl. 9–19.30 Uhr, im Winter bis 17 Uhr. Burgeintritt (innerer Ring) 4 €, inbegriffen ist die Besichtigung der Ehmedek-Bastion.

Kızıl Kule (Roter Turm): Der mächtige achteckige, aus dunkelroten Ziegeln erbaute Turm am Hafen wurde 1225 zum Schutz dessen und der nahe gelegenen Werft (s. u.) errichtet. Im Angriffsfall kippte man von den Zinnen Pech und kochend heißes Wasser auf die Feinde. In Friedenszeiten diente der 33 m hohe, fünfstöckige Turm u. a. als Zisterne und Lager. Sein bemerkenswert gutes Aussehen verdankt er

Alanya: Stadt, Fels, Meer

einer Renovierung Anfang der 1950er-Jahre. Im Inneren finden heute wechselnde Ausstellungen statt, gekrönt wird der Besuch mit einem Rundumblick vom Dach.
Tägl. 9–19 Uhr. Eintritt 1,20 €.

Tershane (Werft): Die Anlage südlich des Roten Turms – die einzige seldschukische Werft, die sich bis heute erhalten hat – ist über 50 m lang. Erbauen ließ sie Sultan Alaeddin Keykobat, einer Inschrift nach der „Herrscher über beider Meere", damit waren das Mittelmeer und die Ägäis gemeint. Von See aus lassen sich ihre fünf spitzbogigen Schiffseinfahrten ausmachen. Die Galerien zum Bau und Warten der Schiffe wurden bis zu 42 m tief in den Fels gehauen. Vom Roten Turm führt ein Weg über Treppen und Stege entlang der restaurierten Seemauer zur Werft.

Archäologisches und Ethnografisches Museum: Die antiken Funde der *archäologischen Abteilung* (Bildhauerarbeiten aus römischer Zeit, eine Amphorensammlung, Mosaike etc.) stammen u. a. aus Alanya, Antiochia ad Cragem, Selinus und Syedra. Prunkstück ist das Bodenmosaik *Entführung des Hylas durch die Meerjungfrauen*. Außerdem sieht man eine Bronzestatue des Herakles, in dessen leeren Augenhöhlen einst wahrscheinlich Augäpfel aus Glas oder farbigem Stein eingesetzt waren. Im *Museumsgarten,* einem alten osmanischen Friedhof, werden Säulenkapitelle, Kleinstsarkophage und weitere Mosaike gezeigt. Die *ethnografische Abteilung* präsentiert u. a. prächtige Koranausgaben und filigrane Einlegearbeiten aus der Zeit der Seldschukenherrschaft. Zudem kann man ein „Alanya-Zimmer" aus dem 19. Jh. bewundern, das im Museum originalgetreu aufgebaut wurde.
Adresse/Öffnungszeiten: Damlataş Cad., nahe der Touristeninformation. Wegen Restaurierungsarbeiten voraussichtlich bis Mai 2012 geschl., dann wieder tägl. (außer Mo) 8.30–12 und 13–17 Uhr. Eintritt 1,20 €.

Damlataş-Tropfsteinhöhle: Der Eingang der rund 15.000 Jahre alten, kleinen Höhle befindet sich direkt am Weststrand am Fuße des Burghügels. Ihr Besuch ist eher eine Enttäuschung – wer bleibende Eindrücke von einem Höhlenbesuch mit nach Hause nehmen will, fährt besser zur Dim-Höhle (→ „Zwischen Alanya und Anamur"). Der angeblich stets gleichen Höhlentemperatur von 23 °C und der kohlensäurehaltigen Luft wird eine heilende Wirkung bei Asthma zugeschrieben, allerdings sollte man dann vier Stunden täglich in der Höhle verbringen, und das drei Wochen lang. Herzkranke sollten von einem Besuch hingegen absehen – die Luftfeuchtigkeit beträgt 96 %. Entdeckt wurde die Höhle 1948 zufällig bei Steinbrucharbeiten.

Öffnungszeiten: Am Eingang der Höhle wird man dreisprachig darüber informiert, dass der Ingenieur Herr Ahmet Tokuş eine abschließbare Tür baute und den Schlüssel Herrn Galip Dere übergab (?). Wer den Schlüssel nun hat, war nicht zu ermitteln, aber die Tür ist tagsüber ab ca. 10 Uhr geöffnet. Eintritt 1,80 €.

Zwischen Alanya und Anamur

Hinter Alanya tangiert die Küstenstraße zunächst von Hotels gesäumte und teils von Felsen durchsetzte, lange Sandstrände. Unterwegs bieten sich Ausflüge ins Hinterland an, z. B. ins Dimçayı-Tal oder zu den einsamen Ruinen von Syedra. Weiter gen Osten wird die Küstenlandschaft langsam schroffer, doch immer noch tun sich diverse Bademöglichkeiten auf. Vorbei an den Überresten der antiken Stadt Iotape gelangt man nach Gazipaşa, einem aufstrebenden Badeort. Entlang des Wegs grüßen Sie Honig- und im Herbst noch viel mehr Bananenverkäufer. Die süßen Zwergbananen kanarischen Typs sind das landwirtschaftliche Hauptprodukt der Region, eine Kostprobe sollte man sich nicht entgehen lassen.

Hinter Gazipaşa beginnt das „Raue Kilikien" (→ Kasten S. 435), einer der schönsten Abschnitte der Südküste. Die Straße – wo noch nicht vierspurig ausgebaut wie z. B. zwischen Güneyköy und Uçarı – schlängelt sich in schwindelerregenden Kurven, die keine Karte dokumentieren kann, die Küste entlang und bietet wunderbare Aussichten – Fensterplätze bei einer Busfahrt sind Gold wert! Mancherorts aber verläuft der neue Küstenhighway weiter landeinwärts und reißt böse Narben in die Landschaft. Einige Ruinenstätten, u. a. Antiocheia ad Cragum, erinnern daran, dass die Region einst wesentlich dichter besiedelt war. Bis Anamur sorgen etliche Buchten und ein paar nette Lokale für gemütliche Pausen.

Dimçayı-Tal

Im engen **Flusstal** des Dim ca. 15 km nordöstlich von Alanya reiht sich Lokal an Lokal. Serviert wird in erster Linie Forelle aus eigener Zucht, die man neben kleinen Wasserfällen, unter Brückchen, auf Holzterrassen im rauschenden Flussbett oder an Tischen direkt am Wasser verspeist. Flussaufwärts, nur ein paar Meter hinter dem letzten Lokal, wurde in den letzten Jahren eine mächtige Staumauer errichtet. Der grüne Stausee dahinter, der der Wasserversorgung Alanyas und der Energiegewinnung dienen soll, war 2011 bereits zu drei Vierteln gefüllt. In naher Zukunft soll er touristisch erschlossen werden.

Ein Ausflug in dieses Eck lohnt allein schon wegen der nahen, überaus imposanten **Dim Mağarası**, der zweitgrößten, zugänglichen Tropfsteinhöhle der Türkei. Die 360 m lange Höhle besitzt vier Säle (tägl. 9–19 Uhr, im Winter bis 17 Uhr, Eintritt 4 €). Zu dezenter klassischer Musik staunt man hier über bizarre Tropfsteinformationen wie *Mutter mit Kind*, *Wasserfall* oder *Burg*.

Türkische Riviera → Karte S. 376/377

Anfahrt: Tal und Höhle sind von Alanyas östlichem Vorort Kestel von der Küstenstraße mit „Dim Mağarası bzw. Dimçay" ausgeschildert. Zum Staudamm führen 2 Straßen, eine rechts (östlich) und eine links (westlich) des Flusses. Die meisten Restaurants liegen an der linken Zufahrtsstraße.

Zur Höhle und zum Tal fährt in der Saison – genügend Passagiere vorausgesetzt – ca. stündl. ein **Bus** vom Minibusbahnhof in Alanya. Zudem verkehrt in der Saison 1-mal tägl. am späten Vormittag ein kostenloser **Servicebus** ins Tal, Abfahrt vom Rathaus, nähere Auskunft über die Touristeninformation.

Syedra (antike Stadt)

Die Ruinenstätte ca. 20 km östlich von Alanya bietet den Reiz einer verlassenen Stadt in der Einsamkeit und grandiose Ausblicke über Bananenhaine hinweg auf die Küste. Sie ist bislang kaum erforscht, auch über die Geschichte Syedras ist wenig bekannt. Vermutlich erlebte die Stadt im oströmischen Reich, als sie ein Münzrecht besaß, ihre Blüte. Die teils gut erhaltenen Überreste verteilen sich auf mehrere Terrassen und sind überaus sehenswert – v. a. deswegen, weil das alte Stadtbild noch gut nachzuvollziehen ist. Im zentralen Stadtgebiet kann man die Reste einer **Zisternenanlage**, einer **Therme**, eines **Gymnasions** und einer **Säulenstraße** entdecken, dazu ein bis zu 10 m hohes, palastähnliches Gebäude – vermutlich eine christliche **Basilika**.

Anfahrt/Öffnungszeiten: Von der Küstenstraße zwischen Alanya und Gazipaşa ausgeschildert. 1,4 km nach der Abzweigung links ab auf ein anfangs noch geteertes Sträßchen, das kurz darauf zu einem Schotterweg wird und in Serpentinen bergauf führt. Diesem folgt man bis zu seinem Ende, gut befahrbar (Strecke ab der Abzweigung insgesamt ca. 3 km). Stets zugänglich, kein Eintritt.

Sapadere-Schlucht (Sapadere Kanyonu)

Durch den ca. 45 km von Alanya entfernten, bis zu 100 m hohen Sapadere-Cañon führt ein Weg auf Holzplanken. Einstiegsmöglichkeiten ins eiskalte Wasser im Flussbett sind vorhanden, außerdem gibt es mehrere kleine Wasserfälle – allzu spektakulär ist das Ganze aber nicht. Das gleichnamige, weit verstreute 1000-Seelen-Kaff unterhalb der Schlucht präsentiert sich als eine Art Vorzeigebergdorf, wo man eine alte Wassermühle besichtigen, Börek essen oder die Seidenherstellung verfolgen kann – noch bis vor gar nicht allzu langer Zeit war die Seidenraupenzucht eine der Haupterwerbsquellen im Dorf. Die Straße zur Schlucht, ein beliebtes Ziel von Jeepsafaris, führt durch eine bezaubernde Berglandschaft. Am Eingang zum Cañon wartet ein großes Restaurant auf Kundschaft.

Anfahrt/Öffnungszeiten: Von der Küstenstraße Richtung Gazipaşa ca. 20 km südöstlich von Alanya links nach Demirtaş abbiegen, ab hier noch 23 km, komplett mit „Sapadere Kanyonu" ausgeschildert und geteert. Tägl. ab 8 Uhr bis spät in den Abend geöffnet. Eintritt 1,60 €.

Iotape (antike Stadt)

Rund 35 km südöstlich von Alanya liegen rechts und links der Küstenstraße die Ruinen von Iotape (türk. Aytap). Die Hafenstadt wurde von dem Kommagenekönig Antiochus IV. (38–72 n. Chr.) gegründet und nach dessen Frau benannt. Aus Inschriften weiß man, dass sie für ihre spendablen Bürger und erfolgreichen Athleten bekannt war. Viel blieb von Iotape nicht übrig: Reste der **Akropolis** auf einer Felsnase am Meer, etwas nördlich die Überbleibsel von **Thermen** und eine verfallene **Kapelle**, auf der anderen Straßenseite eine **Nekropole**. Auch wenn die Ruinen als

Badefreuden bei den Ruinen von Iotape

solche wenig spektakulär sind, bilden sie dennoch ein bizarres Panorama für ein Badevergnügen. Zwischen den Felsen glitzern kleine Sandbuchten, einen schönen Strand mit Sonnenschirmen findet man u. a. beim „Kale Restaurant".

Hinweis: An den Ruinen düst man schnell vorbei. Halten Sie, von Alanya kommend, 2 km hinter dem „Aydap Restaurant" auf der Meerseite nach dem Kale Restaurant Ausschau, die Ruinen liegen nur wenige Schritte weiter.

Cilicia aspera, das „Raue Kilikien"

Östlich von Gazipaşa, wo der Taurus das Meer küsst, beginnt Kilikien. Die antike Landschaft erstreckt sich von hier bis zur syrischen Grenze. Der westliche, bergige Abschnitt bis Silifke wird seit jeher „Raues Kilikien" genannt: Felsige Halbinseln, eine wild zerklüftete Küste mit etlichen, oft schwer erreichbaren Sandbuchten, wildromantische Berghöhen und duftende Pinienwälder prägen die kaum besiedelte Region. Jahrhundertelang war das Raue Kilikien nur von See aus erreichbar und ein berühmt-berüchtigter Hort von Piraten. Der Tourismus spielte bislang nur eine untergeordnete Rolle, hinter den Stränden mancher Orte stehen in erster Linie Bananenhaine, Unterkünfte gibt es nur wenige. Doch das soll sich ändern: Mit der Inbetriebnahme des internationalen Flughafens Alanya-Gazipaşa und dem vierspurigen Ausbau des Küstenhighways werden einst abgeschiedene Ecken in kürzester Zeit erreichbar sein. Die Preise für Grund und Boden schießen in die Höhe, und in ein paar Jahren werden die Türkeiprospekte der Reiseveranstalter um ein Kapitel reicher sein.

Gazipaşa

Das Zentrum des prosperierenden Städtchens mit vielen deutschen Residenten liegt rund 2 km abseits der Küste. Die Bauern der Umgebung gehen hier ihren Geschäften nach. Touristen begegnet man bislang nur wenigen – aber wie lange noch? Die Grundvoraussetzung, um am Geschäft mit der schönsten Jahreszeit teilzuhaben, ist gegeben: Vor Gazipaşa erstreckt sich ein attraktiver, 2 km langer **Strand**. Am schönsten ist der Abschnitt ganz im Norden (mit netter Bar). Das Südende des Strandes markiert der neue Hafen, der mal eine Marina werden soll, aber aus dem Stadium eines Fischerhafens noch immer nicht hinausgekommen ist. Die hiesigen Fischer fangen im Frühjahr und Herbst übrigens große Mengen an Thunfisch, der dann – ausgenommen und eingefroren – nach Japan verschifft wird.

Hinterm Strand errichtete man in den letzten Jahren mehrere Apartmenthäuser, eingestreut die Betonskelette einiger gestoppter Schwarzbauten. Dazwischen aber tun sich noch immer weite Brachflächen auf – feudale Ferienresorts sollen hier entstehen. Dass sie noch nicht gebaut wurden, hat mit dem nahen Flughafen zu tun. Schon vor Jahren sollte er eröffnen, doch die Landebahn war zu kurz geraten, und es gab keine Genehmigung für den internationalen Flugverkehr. Jetzt aber – nachdem die Landebahn verlängert wurde, 2011 die erste Maschine aus Holland aufsetzte und 2012 gar *Öger Tours* hier landen will – wollen die Investoren handeln. Eine neue Ära ist eingeläutet. Wie es bei Ihrem Besuch hinterm Strand aussehen wird, können wir nicht vorhersagen.

Aus einer längst vergessenen Ära stammen die antiken Zeugnisse Gazipaşas. Sie erinnern an jene Zeit, als die Stadt **Selinus** hieß, vorübergehend auch **Trajanopolis**, da hier der römische Kaiser Trajan im Jahre 117 nach einem Feldzug schwer verwundet verstarb. Bereits auf der Zufahrtsstraße zum Hafen schneidet man ein mehrere hundert Meter langes Aquädukt, das einst das antike Selinus mit Wasser versorgte. Die Stadt lag an der Mündung des Gazipaşa-Flusses, gleich südlich des Hafens. Den Bergrücken dahinter krönte die Zitadelle. Die Überreste der Stadt (Kolonnadenplatz, Therme, Agora, Odeion und eine Kirche) sind bescheiden, aber für Entdeckungsfreudige eine Abwechslung im Strandprogramm.

Verbindungen   Flughafen Alanya-Gazipaşa (www.gzpairport.com) 4 km westlich von Gazipaşa im Vorort Kahyalar. 2011 gab es am Flughafen nur eine Snackbar und einen Duty-free-Shop, noch keine Bank, keinen Geldautomat (das kann sich aber schnell ändern) und keinen Autoverleiher (auch das kann sich schnell ändern, nach Reservierung war schon 2011 eine Fahrzeugübergabe am Flughafen möglich). Taxi zum Busbahnhof von Gazipaşa 4 €. Zum Küstenhighway, auf dem die Alanya-Dolmuşe fahren, muss man 1 km laufen.

Dolmuşe nach Alanya starten von Gazipaşa regelmäßig, Fahrtdauer ca. 45 Min.

Busbahnhof an der Hauptstraße. Vom Zentrum zum Strand während der türkischen Ferienzeit (Anfang Juli–Mitte Sept.) Dolmuşverbindungen. Außerhalb der Saison muss man laufen.

Übernachten   Das Angebot ist bescheiden, neue Hotels sollen jedoch entstehen.

Delfin Hotel, 10 Zimmer mit türkisfarbenem Mobiliar, Fliesenböden, Klimaanlage und Balkon (z. T. mit Meeresblick, solange drum herum nicht alles bebaut wird). Restaurant. Englischsprachig. DZ 50 €. Ca. 200 m vom Meer im westlichen Abschnitt der Bucht, von der Zufahrtsstraße zum Strand ausgeschildert, ✆/✉ 0242/5724986, www.gazipasadelfinhotel.com.

Selinus Otel, 45 Standardzimmer mit Klimaanlage und Minibar, als Ausweichadresse aufgeführt. Gut belegt mit russischen Pauschalurlaubern und anderen Vieltrinkern: Der niedrige All-inclusive-Preis umfasst auch alkoholische Getränke. Auf gute Küche wird kein Wert gelegt. 35 €/Pers. all-incl. Direkt an der Uferstraße, ✆ 0242/5721147, ✉ 5724436, www.selinushotel.com.tr.

Relaxen am Strand von Gazipaşa

Belediye Deniz Tesisleri, das von der Stadtverwaltung gemanagte Erholungsareal bietet 32 kleine, sehr schlichte Bungalows, vom Strand nur durch eine Wiese mit Palmen und 3 Pools getrennt – und das alles ohne Zaun! Alle Zimmer mit Steinböden, Terrasse, Bad und Küchenzeile. Zuletzt leider recht schlampig geführt. In der HS ist ohne Reservierung dennoch kaum etwas zu machen. Für 2 Pers. 21 €, kein Frühstück. Gazipaşa, ✆ 0242/5721631.

Außerhalb Pension Melody, ein Traum für extrem Ruhebedürftige ca. 20 km östlich von Gazipaşa in spektakulärer, einsamster Lage. 9 schlichte, saubere, weiß gekalkte Häuschen am üppig bewachsenen, von Bananenstauden umgebenen Steilhang, keine Klimaanlage, dafür kleine Terrassen. Zur privaten, traumhaften Sand-Kies-Bucht darunter führt eine Treppe. Die wildromantische Anlage auf dem 18.000 m² großen Grundstück wird von einem deutsch-türkischen Team geführt, Zukunft zuletzt jedoch ungewiss, unbedingt vorher anrufen, zumal eine Anmeldung angesichts der abseitigen Lage gern gesehen ist. Auch Langzeitaufenthalte und Zelten möglich. Ganzjährig. Mit HP 40 €/Pers. Von Gazipaşa kommend hinter dem Dorf Güneyköy ausgeschildert. Von dort auf einer steilen Piste – machbar, aber langsam fahren! – noch ca. 1,5 km Richtung Meer. Vielleicht ist dieser Abschnitt, wie angekündigt, bis zu Ihrem Besuch auch schon geteert. ✆/✆ 0242/5971009 o. 5971105, www.antalya-melody.com.

Antiocheia ad Cragum (antike Stadt)

Ein lohnenswertes Ziel. Wie Iotape wurde auch diese Stadt von dem Kommagenekönig Antiochus IV. gegründet. Sie macht ihrem Beinamen „ad Cragum" („an der Klippe") alle Ehre. Überaus imposant thront die **Zitadelle** der antiken Stadt auf einem steilen Felsen hoch über dem Meer – eine beeindruckende Symbiose von Natur und Kultur. Ihre Erkundung gestaltet sich jedoch aufgrund des starken Wildwuchses recht schwierig. Das Gleiche gilt für die östlich der Zitadelle und auf der anderen Seite des ehemaligen Hafens gelegene **Nekropole**. Die restlichen Relikte des alten Stadtgebiets liegen weit verstreut. Reste eines **Tempels** und ein 4 m hohes **Stadttor** am Eingang zu einer **Kolonnadenstraße**, deren umgestürzte Säulen teils schon halb im Boden versunken sind, passiert man bei der Anfahrt. Nahebei befinden sich eine **Therme** und eine **Kirche** – Umherstreifen macht Spaß! Zuweilen gräbt hier übrigens die *Clark University* aus Nebraska.

Öffnungszeiten/Anfahrt: Ca. 18 km östlich von Gazipaşa von der Küstenstraße ausgeschildert, nach der Abzweigung immer auf der asphaltierten Straße bleiben. Nach ca. 3 km erreicht man die Tempelruinen, 200 m weiter die der Kolonnadenstraße und des Stadttores. Von dort noch ca. 2 km bis zur Zitadelle. Stets zugänglich. Kein Eintritt.

Ein Kindertraum: Burg Anamur

Anamur

ca. 35.800 Einwohner

Anamur ist ein an sich eher blasses Landstädtchen 4 km abseits der Küste. Der Touristenrummel spielt sich weiter südlich ab, im Ortsteil İskele mit weiten Sandstränden. Kulturhistorische Bonbons der Umgebung sind das antike Anamurium und die Bilderbuchburg Mamure Kalesi.

Zu Füßen der Kilikischen Berge in einer landwirtschaftlich intensiv genutzten Region erstreckt sich Anamur, ein zwar windiges (griech. *anamur* = windiger Ort), aber für türkische Verhältnisse stilles Städtchen mit nüchternen, schnurgeraden Straßen. Sehenswürdigkeiten bietet es keine, dafür alle wichtigen sozialen Einrichtungen. Das Zentrum findet man oberhalb der Nationalstraße 400 rund um die Bankalar Caddesi.

Lebendiger als in Anamur geht es im Sommer in der weitläufigen, jedoch ziemlich monotonen und abgewetzten Feriensiedlung İskele zu, v. a. zur türkischen Urlaubszeit. Der internationale Tourismus hält sich in Grenzen. Viele Städter, v. a. aus Konya und Ankara, besitzen hier Ferienapartments. Auch dem Militär gehört in İskele eine weitläufige Erholungsanlage. Außerhalb der Saison wirkt der Ort geisterhaft, für das fast immer besucherfreie **Museum** nahe dem Fähranleger gilt dies das ganze Jahr. Es besitzt eine archäologische Abteilung mit wenig spektakulären Funden aus Anamurium und eine ethnografische mit vielen Teppichen. Dazwischen kann man allerhand anderen Krimskrams wie eine Seekarte des britischen Captain Francis Beaufort aus dem Jahre 1812 entdecken (tägl. außer Mo 8–17 Uhr, Eintritt frei).

Die Strände vor Ort sind kilometerlang und reichen gen Westen bis zu den Ruinen der antiken Stadt **Anamurium**, gen Osten bis zur Burg **Mamure Kalesi**. Sie sind Eiablagegebiet der Unechten Karettschildkröte (→ Kasten, S. 330). Im Hinterland lädt eine **Höhle** zur Erkundung ein.

Was *Cap Anamur* mit dem Kap Anamur zu tun hat

Das Kap Anamur ist der südlichste Punkt der türkischen Küste. Nach dem Kap war jenes Schiff benannt, mit dem ab 1979 über 10.000 vietnamesische Bootsflüchtlinge im südchinesischen Meer vor dem Ertrinken gerettet wurden. Das Schiff gibt es nicht mehr, die nach dem Schiff benannte Hilfsorganisation Cap Anamur ist aber noch heute weltweit aktiv.

Information/Verbindungen/Ausflüge/Adressen/Baden

Telefonvorwahl 0324.

Information Am Busbahnhof/Ecke Atatürk Bul., Mo–Fr 8–12 und 13–17 Uhr. ✆/📠 8144058, www.anamur.bel.tr.

Verbindungen **Bus**: Busbahnhof direkt an der Nationalstraße 400. Ins Stadtzentrum sind es ca. 500 m bergauf. Mehrmals tägl. nach Alanya (3 Std.) und Antalya (5 Std.) sowie über Aydıncık nach Silifke (3 Std.).

Stadtbus/Dolmuş: Regelmäßig Stadtbusse nach İskele, Abfahrt hinter dem Busbahnhof, in die Busse nach Ören (Anamurium) steigt man vor dem Hotel Dedehan neben dem Busbahnhof zu. Die Dolmuşe nach Bozyazı und Mamure Kalesi starten von der Akdeniz Cad. vor der *Ticaret Sanayı Odası* (Industrie- und Handelskammer), genaue Abfahrtsstelle zeigen lassen. Achtung: So nur seltene Fahrten!

Taxi: Von Anamur nach İskele 6,50 €, nach Anamurium (hin/zurück mit Wartezeit) 16,50 €.

Bootsausflüge Werden während der HS von İskele angeboten. Die meisten Boote tuckern zwischen Ören/Anamurium und der Mamure Kalesi hin und her.

Ärztliche Versorgung Privates Anamed Hastanesi an der Straße von Anamur nach İskele. ✆ 8144144.

Einkaufen Sa Wochenmarkt in Anamur, Do (nur im Sommer) in İskele.

Baden Rund um Anamur finden Sie kilometerlange Strände, häufig Sand, z. T. aber grobkörnig oder kiesig und nicht immer gepflegt. Die Strände sind an vielen Stellen kinderfreundlich – wenig Wellen und einige Sandbänke. Auch in der allerhöchsten Hochsaison verläuft sich die Menge am weiten Gestade.

Strandspaziergang: Von İskele können Sie 3 km am Strand entlang gen Osten bis zur Burg Mamure Kalesi spazieren. Unterwegs überquert man den Dragon-Fluss auf einer Fußgängerbrücke.

Türkische Riviera → Karte S. 376/377

Nachtleben
4 Apollo Garden

Essen & Trinken
8 Kap Hotel Restaurant
9 Adanalı Kebap ve Pide Salonu
10 Şira Pastanesi

Übernachten
1 Camping Pullu 1
2 Dragon Motel
3 Pension Eser
5 Luna Piena
6 Hotel Dolphine/Akasya Pansiyon
7 Hotel Hermes
11 Hotel Ünlüselek

Anamur

1,5 km

Übernachten (→ Karte S. 439)

Im Zentrum von Anamur gibt es nur wenige Unterkünfte, darunter keine Empfehlung. In İskele findet man vorrangig Häuser der unteren Mittelklasse, das Niveau ist im Vergleich zu anderen türkischen Ferienorten bescheiden.

** **Hotel Hermes** 7, bezeichnet sich als „Grand Hotel" und ist dennoch nichts Besonderes. 70 Zimmer mit Balkon, vorne raus mit schönem Blick. Kleiner Pool hinterm Haus. Viel konservatives Publikum. Lesern gefiel's hier. DZ 74 €. An der Uferstraße, ✆ 8167021, www.grandhermes.com.

Hotel Ünlüselek 11, kleine dreistöckige Anlage, nur durch einen gepflegten Grünstreifen mit Bar vom Strand getrennt. 38 komfortable, große Laminatboden-Zimmer, mit leichtem Hang zum Kitsch eingerichtet, alle mit Balkon. Ganzjährig. EZ 29 €, DZ 45 €, auch HP möglich. Fahri Görgülü Cad. (bestens ausgeschildert), ✆ 8141973, ✆ 8143973, www.unluselekhotel.com.

** **Luna Piena** 5, mehr Stadt- als Strandhotel, wäre da nicht der Blick auf Strand und Meer von vielen Zimmern (alle mit Balkon, ordentlich, aber ohne besondere Note). DZ 41 €. Sahil Yolu, ✆ 8149045, www.hotellunapiena.com.

Hotel Dolphine 6, an der Uferstraße. Älte-

ren Datums, Generalüberholung dringend nötig. Kleine Zimmer mit Balkon – wegen der Aussicht unbedingt eines in den oberen Stockwerken wählen! Gutes, lauschiges Gartenrestaurant. DZ 29 €. İnönü Cad. 17, ✆ 8143435, ✆ 8141575.

Pension Eser 3, in zweiter Reihe nahe dem Hotel Dolphine. Englischsprachig und an ausländische Touristen gewöhnt. Kochmöglichkeit für Gäste, Dachterrasse. 10 Zimmer mit Bad, dazu 3 Apartments. Achtung: In der NS ist eine Reservierung ratsam, da man andernfalls vor verschlossener Tür steht. DZ 29 €, Apartment für bis zu 5 Pers. ab 37 € (ohne Frühstück). İnönü Cad. 6, ✆ 8141161, www.eserpansiyon.com.

Akasya Pansiyon 6, ebenfalls nahe dem Hotel Dolphine. Pension für den kleinen Geldbeutel. 12 einfache, aber saubere Zimmer mit Klimaanlage und Balkon. Von der Dachterrasse (Vorschlag: begrünen!) Blick aufs Meer. DZ 20 €, kein Frühstück, dafür Gemeinschaftsküche. Yasemin Sok. 3, ✆ 8145272.

Camping (→ Karte S. 439)

Dragon Motel 2, 5 km in Richtung Silifke, bei der Kreuzritterburg direkt am Strand. Super Stellplätze mit Meeresblick, schattig. Internationales Publikum, nette Atmosphäre. Einfache sanitäre Anlagen (Open-Air-Duschen), freundliches Restaurant (faire Preise). Ganzjährig. Zudem werden 10 Zimmer mit Bad und Klimaanlage in einer Bungalowreihe vermietet (die neuen sind geräumig und recht komfortabel). 2 Pers. mit Wohnmobil 12,50 €, DZ 30–40 €. Bozdoğan, ✆ 8271355, ✆ 8271684, www.anamurdragonmotel.com.

Camping Pullu 1 1, terrassenförmig in ein-

em Kiefernwald angelegt, der relativ steil zu einem schmalen Strand abfällt. Restaurant, Kiosk. Sanitäranlagen einfach, aber noch akzeptabel. Hauptsächlich türkische Gäste, darunter viele picknickende Tagesgäste, am Wochenenden sind Platz und Strand überlaufen. 2 Pers. mit Wohnmobil 9 €. Etwa 2 km nach der Kreuzritterburg (Richtung Silifke, am östlichen Ortsausgang von Bozdoğan), ✆ 8271151, www.pullucamping.com.

2012, so die Planungen, soll unter gleicher Leitung weiter östlich kurz vor Bozyazı ein neuer, ähnlich angelegter Platz namens **Pullu 2** eröffnen.

Essen & Trinken/Nachtleben (→ Karte S. 439)

Im Zentrum von Anamur gibt es vornehmlich einfache Lokantas. In İskele ist die Auswahl an besseren Restaurants ebenfalls bescheiden – viele der türkischen Urlauber buchen mit HP oder sind Selbstversorger. Gut isst man im Garten des **Hotels**

Dolphine – Meze, Gegrilltes und Fisch, dazu recht günstiges Bier (→ Übernachten). In den Teegärten am Strand werden Snacks angeboten. Zusätzliche Empfehlungen:

Kap Hotel Restaurant 8, unter dem gleichnamigen Hotel nahe dem Bootsanleger von İskele. Innen recht karg, netter draußen. In der Saison beste Fischadresse vor Ort (außerhalb der Saison nicht alles frisch), serviert werden aber auch die üblichen Grillstandards. Preislich in der Mittelklasse. ✆ 8142374.

Adanalı Kebap ve Pide Salonu 9, im Zentrum von Anamur. Nettes, fast schickes Lokal, manche Kebabs werden hier mit leckeren Soßen aufgepeppt. Hg. 3,60–6,10 €.

Atatürk Bul., ✆ 8147100.

Şira Pastanesi 10, gleich gegenüber. Gute Frühstücksadresse – übliches Programm an dicken Torten, süßen und herzhaften Teilchen.

Nachtleben Mehrere Bars zum Biertrinken im Nordosten der Uferpromenade von İskele – um Mitternacht ist Schluss. Danach wechselt man in die Diskothek **Apollo Garden 4** im Karawansereilook an der Straße von İskele nach Anamur.

Sehenswertes rund um Anamur

Anamurium: Kulturhunger und Badespaß lassen sich in Anamurium ideal miteinander kombinieren. Wer die reizvolle Ausgrabungsstätte besucht, sollte auch Bikini bzw. Badehose nicht vergessen: Zu Füßen der Ruinen lockt ein herrlicher Kiesstrand.

Das antike Anamurium, vermutlich eine phönizische Gründung, war in römisch-byzantinischer Zeit das bedeutendste Zentrum des „Rauen Kilikiens". Es profitierte von der fruchtbaren Umgebung und seiner Stellung als wichtiger Hafen nach Zypern. Bereits im 1. Jh. erhielt die Stadt das Münzrecht, ab der zweiten Hälfte des 4. Jh. war sie Standort einer Legion. Nachdem die Araber im 7. Jh. Zypern erobert und Anamurium mehrfach verwüstet hatten, wurde die Stadt aufgegeben. Im 12. Jh. ließen sich aus Ostanatolien geflüchtete Armenier in Anamurium für mehrere Generationen nieder.

Anamurium, die große Therme

Türkische Riviera → Karte S. 376/377

Für die Besichtigung der antiken Stätte empfehlen sich auf jeden Fall feste Schuhe und lange Hosen, da der Weg zu vielen Ruinen durch Gestrüpp führt. Das gilt bereits für die *Nekropole*, die sich oberhalb des Parkplatzes befindet. Wer sie durchstreift, kann Gräber mit Malerei- und Mosaikresten, u. a. mit Vogel-, Götter- und Medusenmotiven, entdecken.

Folgt man dem Hauptweg, passiert man die *Thermen* und die *Agora* (beide linker Hand). Letztere besitzt ebenfalls herrliche spätantike Mosaiken. Sie liegen zum Schutz unter einer dünnen Kiesschicht verborgen. Weitere Mosaiken findet man vor dem *Odeion* und in den byzantinischen *Kirchen*. Die Mosaiken sind es übrigens auch, die Anamurium in der archäologischen Fachwelt einen Namen verschafft haben.

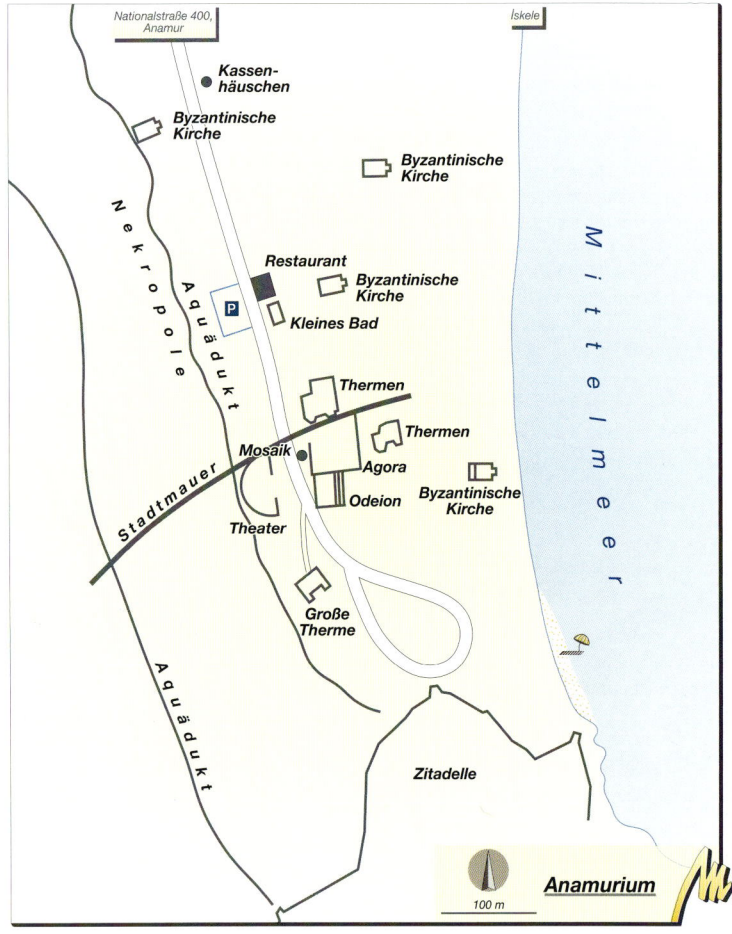

Schräg gegenüber der Agora liegt das *Theater,* dessen Sitzreihen fehlen. Darüber verläuft ein *Aquädukt.* Etwas weiter steht die imposanteste Ruine der antiken Stadt, die *Große Therme,* ein zweistöckiger Bau, der früher mit Marmor verkleidet war. Auch in diesem lassen sich Mosaiken finden.

Die *Zitadelle* an der südlichsten Stelle der türkischen Küste diente vorrangig als Fluchtburg. Der Weg ist etwas mühsam, allerdings hat man von hier an klaren Tagen eine grandiose Aussicht bis nach Zypern. Vom Strand darunter ist der Blick aber ähnlich gut.

Anfahrt/Öffnungszeiten: Von der Nationalstraße 400 Richtung Alanya ausgeschildert. Von İskele kann man in der HS auch per Bootsausflug (→ Ausflüge) nach Anamurium gelangen. Ansonsten nimmt man von Anamur den Ören-Dolmuş und steigt an der Abzweigung nach Anamurium aus, von da noch 1,5 km zu Fuß. Tägl. 8–19 Uhr, im Winter bis 17 Uhr. Eintritt 1,20 €.

Burg Anamur (Mamure Kalesi): Ein Kindertraum! Die zinnenbewehrte und mit 36 Türmen versehene Bilderbuchburg 5 km östlich von Anamur ist die größte mittelalterliche Burg der türkischen Küste. Die weitläufige, heute leergeräumte Anlage ist insgesamt einfach gehalten, da sie immer nur strategischen Zwecken und nie als Herrscherpalast diente. Das Burggelände ist in drei große Höfe unterteilt, die durch starke Wehrmauern voneinander getrennt sind. Die *Moschee* nebst *Bad* und *Brunnenhaus* im mittleren Burghof ist neueren Datums und bildet einen morgenländischen Kontrast zur Ritterromantik ringsum. Zur Landseite wird die Burg von einem Wassergraben geschützt (heute eine Schildkrötensuppe), zur Seeseite findet man einladende Strände.

Die Geschichte der Burg reicht bis in die byzantinische Zeit zurück. Für ihr heutiges Aussehen zeichnen jedoch in erster Linie kleinarmenische Fürsten verantwortlich, die sie zur Sicherung der Küste vor Piraten ausbauen ließen. Sie diente auch den Kreuzfahrern als Quartier und Nachschublager. Im 14. Jh. fiel die Burg an das Herrschergeschlecht der Karamanoğulları. Ab der zweiten Hälfte des 15. Jh. gehörte die Festung den Osmanen, die sie zuletzt im 19. Jh. renovierten.

Anfahrt/Öffnungszeiten: Die Burg passiert man auf der Nationalstraße 400 Richtung Silifke. Von Anamur mit dem Bozyazı-Dolmuş alle 10 Min. zu erreichen, jedoch nicht sonntags! Von İskele zu Fuß immer den Strand entlang. Tägl. 8–19 Uhr, im Winter bis 17 Uhr. Eintritt 1,20 €.

Köşekbuğu-Höhle: Im Hinterland von Anamur, in den karstigen Ausläufern des Taurus, finden sich mehrere Höhlen. Die bekannteste ist die etwa 225 Mio. Jahre alte, in einem verschwiegenen Wald versteckte *Köşekbuğu Mağarası.* 500 m² ist sie groß, die Luftfeuchtigkeit beträgt 80 %, der Aufenthalt hilft angeblich gegen Asthma, Bronchialleiden und Unfruchtbarkeit. Innen ist es glitschig und kühl. Wenn der Strom nicht gerade ausfällt, werden die Tropfsteine angeleuchtet.

Anfahrt/Öffnungszeiten: Vom Busbahnhof in Anamur dem bergauf führenden Atatürk Bul. ins Zentrum folgen, an der zweiten Ampel links in die Akdeniz Cad., dann ausgeschildert. Bis zum Höhleneingang geteert, insgesamt ca. 17 km. Keine Dolmuşanbindung. Taxi retour mit Wartezeit ca. 21 €. Erkundigen Sie sich vor der Anfahrt in der Touristeninformation in Anamur, ob die Höhle geöffnet ist. Eintritt 1,60 €.

Türkische Riviera → Karte S. 376/377

Beachboy bei Bozyazı

Zwischen Anamur und Silifke

144 noch (!) idyllische Kilometer und etwa drei Stunden Fahrzeit liegen zwischen Anamur und Silifke, dazu mehrere Millionen Bananenstauden, Tausende von Treib- und Ferienhäusern, ein paar Burgen und unzählige Kurven. Der Ausbau der Küstenstraße reißt aber auch hier Wunden in die Natur: Schneisen werden durch Anhöhen geschlagen, Tunnels gebohrt, Wälder gerodet. Wie sich die Region durch den etappenweisen Ausbau der Küstenstraße verändern wird, bleibt abzuwarten. So manche Orte, und das steht jetzt schon fest, werden aber auf jeden Fall zu den Gewinnern des Megastraßenprojekts gehören, einfach deshalb, weil der Transitverkehr nicht mehr durchs Zentrum führt.

Bislang hält sich der Verkehr auf dieser Route aber ohnehin noch in Grenzen. Immer wieder klettert die Straße über die pinienbewachsenen Ausläufer des Taurus und gibt den Blick auf die Küstenlandschaft frei. Man findet ein paar schöne Strände und einige Hotelanlagen – insgesamt aber sind Unterkünfte rar gesät. Die Dörfer und Städtchen entlang der Strecke haben weitaus mehr mit Auberginen und Tomaten am Hut als mit Touristen aus dem Ausland. Gut so – Badeurlaub in einer ländlich-ursprünglichen Umgebung ist dort noch immer möglich.

Bozyazı und Softa Kalesi

16 km östlich von Anamur liegt das ehemalige Fischerstädtchen Bozyazı. Der natürliche alte, heute ziemlich verwaiste Kern an einer Flussmündung ist recht klein und besitzt keinerlei Urlaubsortqualität – lediglich eine auffällige Moschee, deren Minarette wie Raketen in den Himmel schießen. Rund um den Ort erstrecken sich weite Ferienhaussiedlungen, die sich mehr und mehr in die Bananenhaine des Hinterlandes fressen. An der Küste rufen kleine Buchten nach einer Badepause, so z. B. der Strand bei der „Denizhan Kafeterya" ca. 5 km östlich von Bozyazı-Zentrum (von der Küstenstraße ausgeschildert). Auf dem Weg dahin passiert man die von Weitem auszumachende, auf einem spitz zulaufenden Hügel thronende Festung **Softa Kalesi** mit zinnenbewehrten Mauern und wuchtigen Türmen. Der mühselige Weg hinauf lohnt nur wegen der Aussicht auf glitzernde Treibhausdächer (Pfadeinstieg

zeigen lassen). Bei näherem Hinsehen gibt die byzantinisch-armenische Burganlage wenig her. Kinder bieten sich zuweilen als Führer an (stets zugänglich, kein Eintritt).

Verbindungen Von Bozyazı nach Anamur bestehen regelmäßige **Dolmuş**verbindungen. Wer zur Burg oder noch weiter nach Osten will, muss von Anamur einen **Bus** nach Silifke nehmen und unterwegs aussteigen.

Übernachten Am westlichen Ortsende von Bozyazı stehen 2 große sternengeschmückte Hotelanlagen. Eine Alternative dazu:

Alınko Hotel, einfache Anlage ca. 5,5 km östlich von Bozyazı-Zentrum. Teil einer Ferienhaussiedlung in einem exotischen, parkähnlichen Gelände von 50.000 m² Größe. Es gibt Bananenstauden, Orangenbäume, ein Restaurant und eine gemütliche Sand-Kies-Bucht direkt vor der Nase. So üppig die Umgebung, so schlicht die renovierungsbedürftigen Zimmer mit Balkon oder Terrasse. Der Putzfrau könnte man zuweilen die rote Karte zeigen. DZ 33 €. Kaledibi Mah., ✆ 0324/8513998, 🖷 8513995, www. alinkohotel.com.

Aydıncık

Etwa 50 km östlich von Anamur liegt das knapp 8000 Einwohner zählende Straßendorf Aydıncık. Man lebt hier vorrangig von den Tomaten, Auberginen, Paprikas und Peperoni aus den vielen Treibhäusern der Umgebung. Aydıncık besitzt einen kleinen Hafen und ein paar unspektakuläre Bademöglichkeiten. Die touristische Infrastruktur steckt noch in den Kinderschuhen.

Im August und September wird fleißig gebuddelt: Aydıncık wurde auf den Überresten der **antiken Siedlung Kelenderis** erbaut, einer der ältesten kilikischen Städte. Jedes Jahr kommen unter Federführung der Selçuk-Universität aus Konya neue Mauerreste zutage, in den letzten Jahren entdeckte man u. a. das Theater und tolle Mosaike. Auf dem großen, umzäunten Grabungsareal beim Hafen steht auch eine Kirche aus dem 18. Jh. Leider war sie wie das gesamte Areal zuletzt nicht zugänglich, was sich aber ändern soll.

Östlich von Aydıncık lassen sich mehrere Grotten erkunden, u. a. die riesige **Aynalı Göl Mağarası** (auch: **Gilindere Mağarası**) mit zauberhaften Stalaktiten- und Stalagmitenformationen samt einem See und einer großen Fledermauspopulation. Die Piste dorthin ist für normale Pkws unbezwingbar, man kann jedoch mit einem Fischerboot hintuckern – verhandeln Sie am Hafen.

Verbindungen Aydıncık ist mit den Anamur-Silifke-**Bus**sen zu erreichen.

Übernachten/Camping Aytur Motel, im Osten des Städtchens. Nicht idyllisch, aber für eine Nacht okay. Neue Anlage mit 30 Zimmern (nicht ganz so gepflegt wie der Rasen drum herum), auf mehrere einstöckige Gebäude verteilt. Alle mit Balkon. Ein Campingareal soll folgen. Strand in Laufnähe. DZ 33 €. Aydıncık, ✆ 0324/84131339, www.aytur-camping.com.

Zwischen Aydıncık und Büyükeçeli: Knapp 30 km trennen Aydıncık von Büyükeçeli. Auf den ersten Kilometern war der neue vierspurige Küstenhighway 2011 schon fertiggestellt. Wo die Straße aufs Meer trifft, findet man einladende, z. T. jedoch von Ferienhaussiedlungen gesäumte Buchten.

Eine schöne Bucht samt Sanddünen und -blumen liegt z. B. etwa auf halber Strecke direkt hinter der **Raststätte Ağaçlı Tesisleri**. Dort kann man übrigens ausgesprochen gut essen – wenn auch die Preise die eines herkömmlichen Selbstbedienungsrestaurants übersteigen.

Büyükeçeli/Ovacık

Büyükeçeli ist ein absolut verschlafenes Nest – keine Polizeistation, keine Pension, keine Kneipe, nur Tomaten- und Gurkenplantagen im fruchtbaren Hinterland. Doch die Ruhe ist trügerisch, immer wieder kommt es hier zu Protesten. 4 km südlich nämlich wird das Atomkraftwerk Akkuyu gebaut – wie Fukushima direkt am Meer. Die Verträge dafür wurden 2010 mit der russischen Firma *Rosatom* unterzeichnet. Spätestens 2019 soll der Meiler mit vier 1200-Megawatt-Reaktoren ans Netz gehen, ungeachtet der Tatsache, dass die Türkei ein Land ohne jegliche Sicherheitskultur ist und dazu noch 25 km von Büyükeçeli entfernt der sog. Ecemis-Graben verläuft, eine aktive Bruchlinie, an der die Erdplatten immer wieder erzittern. Der Energiehunger Anatoliens ist größer als die Angst der Politiker vor einer Erdbebenkatastrophe: „Keine Investition ohne Risiko", so Ministerpräsident Erdoğan. Die Investitionssumme wird auf 13 Mrd. Euro geschätzt.

Bis zur Fertigstellung des Kraftwerks lassen sich in der Gegend aber noch sorgenfreie Tage verbringen, so z. B. im Hayat Motel (→ Übernachten) in der Bucht von **Ovacık** rund 2 km östlich von Büyükeçeli. Der Sandstrand vor der Nase ist ganz nett. Dass dahinter die wachsende Zahl an Ferienhäusern am Charme der Bucht kratzt, stört auf der Terrasse nicht ...

Verbindungen   Büyükeçeli ist mit den Anamur-Silifke-**Bus**sen zu erreichen.

Übernachten   ≫ Unser Tipp: Hayat Motel, ein netter Platz in der Ovacık-Bucht, geführt von dem liebenswerten Muammer Öztütüncü. Fremdsprachen sind kein Problem. Schattiges Restaurant direkt am kinderfreundlichen Strand. 14 ordentliche Zimmer in einem grünen Gärtchen dahinter (Fliesenböden, Balkon, Klimaanlage, TV, Bäder mit Duschkabinen). Von Lesern immer wieder gelobt. Campingmöglichkeiten. DZ 41 €, 2 Pers. mit Wohnmobil 12,50 €. Ovacık, ✆ 0324/7532206, www.hayatmotel.com. ≪

Boğsak

Boğsak ist eine 370-Seelen-Häuseransammlung an einer Bucht mit einem weiß glänzenden, wenig verbauten Strand und einigen netten Fischlokalen. In touristischer Hinsicht profitierte Boğsak vom Ausbau der hiesigen Küstenstraße, denn diese führt um den Ort herum und lässt ihn in beschaulicher Ruhe zurück. Während der türkischen Schulferien ist der Strand gut belegt, davor und danach kann man die Handtücher an einer Hand abzählen. Die vorgelagerte Insel **Boğsak Adası** ist kraulend oder mit einem Fischerboot zu erreichen. Sie ist übersät mit den Überresten des **antiken Nesulion**: aufgebrochene Sarkophage, umgestürzte Grabdenkmäler, spätrömische Häuserruinen, Grundmauern einer Basilika und einer Kreuzkuppelkirche aus dem 5. Jh. Boğsak Adası ist zugleich ein beliebtes Ziel von Bootsausflüglern aus Taşucu.

Rund 1,5 km östlich von Boğsak erheben sich auf einer flachen Halbinsel die noch gut erhaltenen Überreste der achteckigen Festung **Liman Kalesi**. Im 17. Jh. war sie ein Piratennest. Aus jener Zeit stammen auch die Breschen – ein halbes Dutzend christlicher Kanonenschiffe versuchte damals, gefangen gehaltene Glaubensbrüder zu befreien. Heute liegt die Burg inmitten eines militärischen Sperrgebietes und ist nicht zugänglich. Der NATO-Militärhafen nebenan wurde für den Irakkrieg gebaut.

Verbindungen Boğsak ist mit den Anamur-Silifke-Bussen zu erreichen, zudem mit Dolmuşen von Silifke.

Übernachten/Camping Vor Ort ein ungepflegter Campingplatz und eine Handvoll einfacher Pensionen, in denen vorrangig türkische Familien Urlaub machen. Unsere Empfehlung:

Intermot Hotel, eine etwas in die Jahre gekommene Anlage, aber immer noch ein super Ort zum Entspannen – das meinen auch Leser. 64 riesige Zimmer mit Balkon, Klimaanlage und Steinböden, nur durch einen Park mit Palmen und Nadelbäumen vom Meer getrennt. Schöner, gepflegter Strandbereich. DZ mit HP 86 €. Boğsak, ✆ 0324/7436161, ✆ 7436004, www.intermot.com.tr.

Sommer in Boğsak

Taşucu

ca. 10.000 Einwohner

Das Städtchen ist seit eh und je eng mit der Schifffahrt verbunden: In der Antike befand sich hier der Hafen des rund 10 km westlich gelegenen *Seleukia* (→ Silifke/ Geschichte), später galt Taşucu als ein gefürchtetes Seeräubernest. Heute steht der Name des Ortes für den bedeutendsten türkischen Fährhafen nach Nordzypern, auch in den Libanon kann man von hier übersetzen. Die ankommenden und ablegenden Fähren sorgen für steten Trubel im kleinen, gepflegten Zentrum. Bei den Fährbüros gibt es auch ein kleines **Amphorenmuseum** (nur Fr–Mo 8.30–12 und 13–17 Uhr, Eintritt 0,80 €). Die meisten der rund 300 Amphoren stammen aus gesunkenen Schiffen. Ihre Form, v. a. die der mit Wein gefüllten, ließ übrigens auf deren Herkunftsort schließen – ganz ähnlich den Etiketten heutiger Weinflaschen.

Auch wenn wenig alte Bausubstanz vorhanden ist: Taşucu ist das freundlichste Städtchen am hiesigen Küstenabschnitt, nicht zuletzt durch so manche von der deutschen Partnerstadt Bergkamen gesponserte Grünanlage. Zudem besitzt Taşucu einen schmalen Strand mit einer niedrigen Ferienhaussiedlung dahinter – Letztere trägt im Sommer dazu bei, dass die Einwohnerzahl auf 15.000 ansteigt. Ein wenig getrübt wird die nette Atmosphäre von der Silhouette der nahe gelegenen, zum Glück stillgelegten SEKA-Papierfabrik, das Gelände wird langsam von der Natur zurückerobert. Südöstlich des dortigen Hafens beginnt ein kilometerlanger Strand, der anfangs noch von Ferienhäusern gesäumt, dann immer unberührter wird und schließlich als Sandnase im Mittelmeer endet.

⌒ Verbinungen

Vorwahl 0324.

Verbindungen Bus/Dolmuş: Busbahnhof ca. 1,5 km östlich der Stadt an der Straße nach Silifke. Hier halten nahezu alle Busse, die entlang der Küste unterwegs sind. Ins Zentrum besteht ein Zubringerservice. Vom Hauptplatz regelmäßige **Dolmuş**verbindungen nach Silifke.

Schiff ins nordzyprische Girne: Mit der **Autofähre** (im Sommer tägl. außer Mo u. Mi, im Winter nur Di, Do u. So) dauert die Überfahrt 7–8 Std., mit dem **Expressboot** (tägl., kein Autotransport) 2½ Std. Die meisten Autofähren legen mittlerweile nicht mehr vom Stadthafen, sondern vom östlich des Zentrums ausgeschilderten SEKA-Hafen (*Seka Limanı*) ab, Zubringerservice der Fährgesellschaften. Die beiden alteingesessenen Reedereien Fergün (✆ 7412323, ✉ 7412802) und **Akgünler** (✆ 7414033, www.akgunler. com.tr) haben fusioniert, besitzen aber immer noch getrennte Büros im Zentrum an der Uferstraße. Mit dem Schnellboot 29 €/ Pers., mit der Fähre 25 €, Auto 62 € (inkl. Fahrer), Wohnmobil je nach Größe ab 70 €.

Schiff in den Libanon: Montags mit Fergün (s. o.) nach Beirut. 88 €/Pers., Auto 110 €. Dauer 10 Std. (Stand: 2011).

⌒ Übernachten/Camping/Essen & Trinken

Motel Lades, am westlichen Ende des Stadthafens. So altbacken, dass es schon wieder cool ist. Aber egal! Geräumige, sehr saubere Zimmer mit Steinböden und deutlichen Gebrauchsspuren. Aber gepflegt und alle mit Balkon und Wahnsinnsblick. Großer Pool zum Meer hin, Restaurant. DZ 49 €. Inönü Cad. 45, ✆ 7414008, ✉ 7414258, www. ladesmotel.com.

Meltem Pansiyon, saubere Familienpension direkt hinterm Strand, in der sich Leser immer wieder wohlfühlen. Alle 20 Zimmer schlicht, aber mit Fliesenböden, Bad, Kühlschrank und TV, teilweise auch mit Kochgelegenheit. Mit Glück erwischen Sie eines der Zimmer nach vorne raus – herrlichster Meeresblick! DZ 33 €, Frühstück extra. Sahil Cad. 75, ✆ 7414391, www.meltempansiyon.net.

Holmi Pansiyon, direkt hinter der Grünanlage bei den Ausflugsschiffen. 9 einfache, aber ordentliche Zimmer mit Klimaanlage und Kühlschrank (bis auf eines alle mit Balkon). Dachterrasse mit Küche, die jeder benutzen darf. In den Sommermonaten, wenn Arif aus Nürnberg da ist, deutschsprachig. DZ 32 €. Sahil Cad. 23, ☏ 0537/8326445 (mobil).

Fatih Hotel, zentral an der Durchgangsstraße. 15 einfache, aber sehr saubere Zimmer mit Bad, TV und Klimaanlage. Zur Straße hin laut, zum Hafen hin jedoch mit Balkon und schönem Blick. DZ 29 €, Frühstück 3,20 € extra. Atatürk Bul. 29, ☏ 7414125, ✆ 7414248, www.hotelfatih.net.

Camping Akçakıl Camping, schönes Gelände mit gepflegtem privatem Kiesstrand. Wenige, aber gut funktionierende Sanitäranlagen. Gemütliches, nicht billiges Fischrestaurant angeschlossen. Zudem werden 10 Zimmer mit Klimaanlage und Bad (auf 5 Bungalows verteilt) vermietet. Eigene kleine Terrassen – nur einen Katzensprung vom kühlen Nass entfernt. Angenehme At-

mosphäre, deutschsprachig. Ganzjährig. Im Rücken des Platzes verläuft die vierspurige Küstenstraße, der Verkehrslärm hält sich jedoch in Grenzen. Campen für 2 Pers. mit Wohnmobil 15 €, Bungalow für 2 Pers. 50 €. 4 km westlich von Taşucu, ☏ 7414451, ✆ 7414900, www.akcakilcamping.com.

Essen & Trinken Gute und günstige Lokale an der Uferfront, empfehlenswert ist zudem das Restaurant des Akçakıl Campings (s. o.).

Baba Café Restaurant, am Westende des Stadthafens. Nettes, lichtes Ambiente mit moderner Kunst an den Wänden, Traumterrasse direkt über dem Meer. Grillgerichte, aber auch Hühnchen mit Pilzen oder Pizza mit Garnelen. Die Gerichte sind auf einer Tafel angeschrieben. Hg. 4,40–7 €. ☏ 7415991.

Denizkızı Restaurant, am Hauptplatz nahe dem Fähranleger. Die „Meerjungfrau" ist ein nett eingerichtetes Lokal mit toller Dachterrasse. Gute Fischauswahl, die Portion ab 6,50 €. ☏ 7414194.

Ayatekla

Ayatekla, einer der bedeutendsten frühchristlichen Wallfahrtsorte, war mit dem antiken *Seleukeia*, dem heutigen Silifke, durch einen Treppenweg verbunden. Einer Legende nach befand sich hier in einer Höhle der Wohn- und Sterbeort der Heiligen Thekla (*Aya Tekla*). Sie war eine Schülerin des Apostels Paulus und mit ihm, als Jüngling verkleidet, durch die Lande gereist. Bereits im 2. Jh. wurde ihre Höhle in eine **Grottenkirche** umgewandelt. Sie ist zu besichtigen, auch finden darin immer wieder Gottesdienste statt. Das Grab darin soll das der Heiligen sein. Im 4. Jh. entstand darüber eine dreischiffige, 90 m lange Basilika, von der noch Teile der Apsis stehen. Im 5. Jh. kam unter Kaiser Zenon (474–491) eine weitere, nach ihm benannte Basilika hinzu. Sie lag etwas weiter nördlich, die Grundmauern sind noch

Kilikischer Buchtenzauber

erhalten. Erhalten blieben auch die mächtigen Tonnengewölbe einer dreischiffigen **Zisterne** beim Wärterhäuschen. Der heilige Bezirk umfasste noch weitere Zisternen, Kirchen und eine Therme, an die jedoch kaum ein Stein mehr erinnert.

Anfahrt/Öffnungszeiten: Von der Nationalstraße 400 Richtung Westen kurz hinter Silifke bei einer Exen-Gas-Tankstelle ausgeschildert. Von dort noch rund 1,5 km land-

einwärts. Die **Dolmuşe** zwischen Taşucu und Silifke passieren die Abzweigung. Tägl. 8–20 Uhr, im Winter bis 17 Uhr. Eintritt 1,20 €.

Türkische Riviera → Karte S. 376/377

Diokaisarea, eine der vielen Ausgrabungsstätten rund um Silifke

Silifke

ca. 53.000 Einwohner

Silifke ist ein ruhiges Provinzstädtchen im Schatten einer mächtigen Zitadelle. Der nächste Strand liegt rund 15 km entfernt – Touristen verirren sich hierher meist nur zu einem Tagesausflug.

Das grüne Wasser des *Göksu* teilt Silifke in zwei Hälften. Grünstreifen und Teegärten säumen den Flusslauf, der im Sommer wie eine Klimaanlage wirkt – in seiner unmittelbaren Nähe ist es stets angenehm frisch. Im wenig schmucken Zentrum herrscht gelassene Betriebsamkeit. Hier gibt es alles zu kaufen, was die Restaurantbesitzer, Hoteliers und Bauern der Umgebung für gewöhnlich benötigen. Mit dem Anbau von Nüssen, Sesam, Erdbeeren, Zitrusfrüchten und sogar Reis verdienen Letztere ihre Brötchen. Ansonsten ist nicht viel los, es gibt keine Clubs, keine schicken Restaurants oder unterhaltsamen Bars.

Geschichte

Um 300 v. Chr. wurde die Stadt von Seleukos I. Nikator, einem einstigen Feldherrn Alexanders des Großen, gegründet und nach ihm *Seleukeia* benannt. Aufgrund ihrer Lage an einer wichtigen Handelsstraße von der Küste nach Inneranatolien stieg sie zu einer der bedeutendsten Städte des „Rauen Kilikien" (→ Kasten S. 435) auf. 72 v. Chr. wurde sie römisch und erlebte in der frühen Kaiserzeit ihre Blüte. An das antike Seleukeia erinnern heute noch die mächtige steinerne **Brücke** über den Göksu-Fluss und eine wiederaufgerichtete korinthische Säule vom **Jupitertempel** am İnönü Bulvarı – ein Storch nistet dankend darauf. Das antike Erbe wurde vielfach überbaut, z. T. aber ging die antike Bausubstanz auch in Neubauten unter. Antike Kapitelle wurden z. B. in der **Reşadiye-Moschee** aus dem Jahr 1912 (Fevzi Çakmak Caddesi) als Säulenbasen zweckentfremdet.

In byzantinischer Zeit entwickelte sich Seleukeia aufgrund des nahe gelegenen Wallfahrtsortes der Hl. Thekla (s. o.) zu einem Pilgerzentrum. Im 7. Jh. begannen die Byzantiner zum Schutz vor maurischen Piraten und arabischen Invasoren mit dem Bau der Zitadelle. 1098 geriet sie für kurze Zeit in die Hand der deutschen Kreuzfahrer. Im 13. Jahrhundert ging sie an die Ritter des Johanniterordens über, die sie zu ihrer heutigen Größe ausbauten. Danach gehörte die Zitadelle abwechselnd den Armeniern, den Emiren von Karaman und ab dem 15. Jh. den Osmanen. Unter Letzteren wurde aus Seleukeia Silifke, eine Provinzhauptstadt. Die Türken degradierten sie zur Provinzstadt.

Information/Verbindungen/Sonstiges

Telefonvorwahl 0324.

Information In der V. Gürten Bozbey Cad. 6. Hilfsbereit. Mo–Fr 8–12 Uhr und 13–17 Uhr. ☎ 7141151, www.silifke.gov.tr.

Verbindungen Busbahnhof nahe dem İnönü Bul. südöstlich des Zentrums. Gute Verbindungen nach Anamur (3 Std.) sowie über Kızkalesi, Erdemli und Mersin nach Adana (2½ Std.). **Dolmuşe** nach Atakent starten nahe der römischen Brücke am Atatürk Bul., **Dolmuşe** nach Taşucu und Boğsak an der Cavit Erden Cad. **Minibusse** nach Kırobası (Uzuncaburç, Diokaisarea/Olba) fahren nahe der Touristeninformation ab.

Ärztliche Versorgung Im staatlichen Krankenhaus **Devlet Hastanesi** am Atatürk

Bul. ☎ 7141159.

Autoverleih Selçuk Rent a Car, im Zentrum im Gebäude des Zeyma Hotels (Eingang neben der Şekerbank nehmen). Billigstes Auto ca. 30 €/Tag. ☎ 7147883, www.sel cukrentacar.com.

Einkaufen Großer **Wochenmarkt** am Fr nahe der Touristeninformation in der Celal Bayar Cad.

Veranstaltungen Besuchenswert ist das jährlich vom 20.–26. Mai stattfindende **Musik- und Folklorefestival**. Man sieht herrliche Kostüme, überdimensionierte Masken und tolle Tänze – bei einem davon balancieren Frauen Flaschen auf den Köpfen!

Übernachten/Camping/Essen & Trinken   (→ Karte S. 452/453)

Woran es auch immer liegen mag – die Putzfrauen von Silifke könnten besser arbeiten …

Übernachten ** Göksu Otel **2**, nahe der Touristeninformation. In die Jahre gekommen, aber gepflegt und von Lesern immer wieder gelobt. 25 geräumige Zimmer. Terrasse zum Frühstücken mit Blick auf den Göksu. Freundliches Personal. EZ 23 €, DZ 40 €. Atatürk Bul. 20, ☎ 7121021, 🖷 7121024.

Ayatekla Otel 6, in unschöner Lage nahe dem Busbahnhof. Innen besser als von außen. Dennoch nicht zu viel erwarten. Abgewohnte Teppichbodenzimmer mit sauberen Bädern und Klimaanlage, viele mit Balkon. EZ 16 €, DZ 28 €. Saray Mah., ☎ 7151081, 🖷 7151083.

Arısan Otel 4, 27 Zimmer mit Steinböden, Kiefernholzmobiliar und Balkon – insgesamt aber etwas für Leute mit wenig Anspruch. DZ mit Klimaanlage und Bad 20 €, ohne beides 16 €, Frühstück auf Wunsch extra. İnönü Cad. 81, ☎/🖷 7143331.

Camping → Taşucu.

Essen & Trinken Kale Restaurant **5**, hoch über der Stadt bei der Burg. Traumterrasse (die Einrichtung innen eine Katastrophe). Grandiose Ausblicke über Silifke und die Schwemmlandebene, herrlich am Abend. Kleine Auswahl an Meze, dazu Gegrilltes und Bier. Hg. 3,50–6,50 €. ☎ 7148292.

Restaurant Gözde 3, nahe der Post. Außenbestuhlung in der Gasse davor. Grillgerichte, frischer Fisch, zudem Topfgerichte. Einfach, gut und günstig. Balıkçılar Sok. 7, ☎ 7142764.

Ali Usta'nın Yeri 1, Lokanta mit Schwerpunkt auf *İskender Kebap*, Hühnchengerichten und Döner, populär und preiswert. Özcan Seyhan Cad. (Seitengasse des Atatürk Bul.).

Sehenswertes

Burg (Kale): Die mächtige Burg über der Stadt zeugt von der Zeit, als Männer noch Ritter sein durften. Die wehrhafte Festung besitzt zwei Mauerringe und insgesamt 13 Türme, eine Besichtigung kostet nichts. Von der Menderes Caddesi sind es 15 schweißtreibende Minuten zu Fuß hinauf. Oben erwartet Sie neben einer schönen Aussicht auch ein gutes Restaurant (→ Essen & Trinken). Unterwegs kann man einen Blick in eine 12 m tiefe *Zisterne* werfen, in die eine Wendeltreppe führt (dem Schild „Tekin Ambarı" folgen). Wer mit dem Auto unterwegs ist, findet die Abzweigung zur Burg an der Straße nach Mut, von dort noch 1 km bergauf.

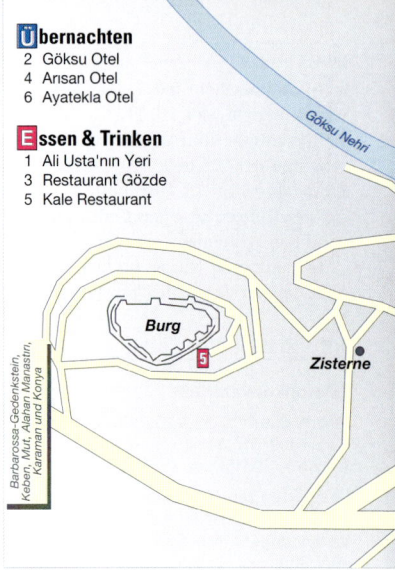

Übernachten
2 Göksu Otel
4 Arısan Otel
6 Ayatekla Otel

Essen & Trinken
1 Ali Usta'nın Yeri
3 Restaurant Gözde
5 Kale Restaurant

Archäologisches Museum: Das eher zweitklassige Museum etwas außerhalb an der Straße nach Anamur zeigt Funde aus der Umgebung, die ältesten stammen aus hethitischer Zeit. Im Eingangsbereich grüßt Sie ein steinerner Löwe aus Diokaisarea (→ „Im Hinterland von Silifke"). Außerdem gibt es römische Statuen und einen Teil jenes Münzfundes zu sehen, der bei der Meydancık Kalesi (ca. 10 km südlich von Günar) entdeckt wurde.
Tägl. (außer Mo) 8–17.30 Uhr. Eintritt frei.

Akgöl-Nationalpark: Das 14.500 ha große Göksu-Delta mit schilfumstandenen Süßwasserseen und Salzwasserlagunen zwischen ausgedehnten Sanddünen besitzt eine bemerkenswerte Flora und Fauna. Ein Teil des Deltas wurde 1990 zum Nationalpark erklärt. Allein 331 der insgesamt 450 in der Türkei vorkommenden Vogelarten sind hier vertreten, darunter das Halsbandfrankolin und das Purpurhuhn, das in der Antike wegen seines Fleisches beliebt war und heute vom Aussterben bedroht ist. Am größten ist die Artenvielfalt im Winter, wenn das Delta zur Heimat oder zum Zwischenstopp nordeuropäischer Zugvögel wird. Das Delta ist auch Brutplatz zweier Meeresschildkrötenarten, der *Chelonia midas* und der *Caretta caretta*, sowie winterliche Heimat von Mittelmeerrobben. Zudem gedeihen hier 441 verschiedene Pflanzenarten, darunter acht endemische.

Anfahrt Das Vogelschutzgebiet bzw. den Beobachtungsturm erreicht man am einfachsten über Taşucu: dort die Abzweigung zum Hafen SEKA Limanı nehmen, 100 m hinter diesem über die Brücke fahren, 450 m weiter rechts ab, durch die Feriensiedlung und dahinter entlang der Küste weiter.

Hinweis Vermeiden Sie Störungen zur Brutzeit der Vögel zwischen April und Juni und halten Sie sich während der Eiablage der Schildkröten zwischen Mai und Sept. von den Sandstränden im westlichen Teil des Deltas fern.

Im Hinterland von Silifke

Das Hinterland von Silifke ist überaus reich an reizvoll gelegenen antiken Stätten. Ein eigenes Fahrzeug ist unabdingbar, will man die hier in einem Routenvorschlag beschriebenen Ziele als Rundfahrt kombinieren. Starten Sie früh – Sie werden rund 230 km zurücklegen, und die in mehr als tausend Kurven. Es erwarten Sie keine wirklichen Sensationen, dafür außer Ruinen jede Menge schöner Ausblicke und Einblicke ins bäuerliche Leben abseits der Küste.

Routenvorschlag Von **Silifke** folgt man der gut ausgebauten Nationalstraße 715 **Richtung Karaman**, einer landschaftlich reizvollen Strecke, die in weiten Zügen der seit Jahrtausenden begangenen Route von der Küste nach Zentralanatolien folgt. Nach rund 9 km steht am rechten Straßenrand ein von der deutschen Botschaft gestifteter **Gedenkstein** (Frederik Barbarossa Anıtı), der an den Tod des Kaisers Friedrich Barbarossa erinnert (→ Kasten).

Mut, Alahan, Diokaisarea und Olba finden Sie auf den folgenden Seiten beschrieben.

Ca. 3 km nach der Ortschaft Değirmendere (ca. 23 km nördlich von Silifke) weist ein kleines Schild nach rechts ins Dörfchen Keben (noch 1 km von der Abzweigung). Wer will, kann sich dort ein hoch über dem Ort gelegenes **hethitisches Felsrelief** einer Frauenfigur mit ausgestreckten Armen zeigen lassen (nach „Çolak Kız" fragen, ca. 30 Min. zu Fuß). Dorfbuben führen gegen ein Trinkgeld dorthin. Etwa 10 km vor Mut verlässt die Straße das eindrucksvolle Göksutal. 22 km nördlich von Mut (s. u.) lohnt ein Abstecher zur Klosteranlage **Alahan**. Um die Rundfahrt fortzusetzen, zweigt man – zurück in Mut – auf ein schmales, gen Osten nach Kırobası führendes Sträßchen ab. Nun beginnt die große Kurverei, zudem überwindet man einen Pass auf 1500 m Höhe. Ca. 15 km östlich von Mut zeigt ein Schild zur Burg **Mavga Kalesi** (6 km) – kein Muss. Nach weiteren 20 km verläuft die Straße eine Zeit lang parallel zu einem anderen imposanten **Cañon** und überbrückt diesen schließlich. Einen Zugang zum Cañon hat man von der kleinen Ortschaft **Çömelek** (ausgeschildert). Rund 60 km hinter Mut hat man schließlich **Kırobası** erreicht, einen etwas größeren Ort. 23 km weiter südlich bietet sich ein Abstecher zu den Ausgrabungen von **Diokaisarea** und **Olba** an (wer will, kann von dort auch weiter nach Kızkalesi fahren, → S. 459). Folgt man hingegen der Beschilderung zum Ausgangspunkt der Tour, passiert man 7 km vor Silifke das Dorf **Demircili**. Manche Bauern sind hier noch Halbnomaden, die mit ihrem Hausrat und Vieh in den Sommermonaten auf die höher gelegenen Weiden des Taurus ziehen. Rund um die Häuser des Ortes liegen die Reste der antiken Stadt **Imbriogon**, die im 2. Jh. v. Chr. gegründet wurde und bereits zu christlicher Zeit verlassen war. Reiche Bürger Seleukeias ließen sich hier bevorzugt bestatten, ihre Grabtempel rechts und links der Straße fallen ins Auge. Auch lassen sich noch Fundamente von Herrenhäusern erkennen.

Barbarossas letztes Bad

Am 11. Mai des Jahres 1189 begann der Dritte Kreuzzug. An jenem Tag brach in Regensburg ein 15.000 Mann starkes, deutsches Kreuzfahrerheer mit dem Ziel auf, die heilige Stadt Jerusalem den Muselmanen zu entreißen. An der Spitze des Heeres stand der Stauferkaiser Friedrich I., später wegen seines rötlichen Vollbarts „Barbarossa“ genannt. Der Weg führte über das Königreich Ungarn und das serbische Zarenreich an den Bosporus. Von dort wollte man über Konya den langen Weg weiter nach Palästina antreten. Doch der zuvor friedlich vereinbarte Durchmarsch durch das Lehensreich des Seldschukensultans Kılıçaslan II. endete in einem blutigen Gemetzel. Als das Kreuzfahrerheer Konya erreichte, waren die Karten neu gemischt, Kılıçaslan II. bereits abgetreten und seine kaiserfeindlich gesinnten Söhne an der Macht. Es kam zu einer Schlacht, bei der die Kreuzfahrer siegten und anschließend angeblich nahezu alle Einwohner Konyas enthaupteten.

Von Konya zog der Dritte Kreuzzug weiter gen Süden über den Taurus. Am 10. Juni 1190 fand er jedoch mit dem Tode Barbarossas sein Ende. Der Kaiser kam nicht heroisch hoch zu Pferde im Schlachtengetümmel ums Leben und wurde auch nicht aus dem Hinterhalt ermordet: Er ertrank ganz banal im Göksu, 9 km nördlich des heutigen Silifke. Ob er dabei in schwerer Rüstung vom Pferd fiel oder das kühle Bad im Fluss ein Herzversagen auslöste, ist ungewiss.

Nach dem Tod des Kaisers trat das Gros des Heeres entmutigt die Heimreise an. Ein kleiner Trupp von rund 1500 Mann kämpfte sich weiter voran gen Palästina – mit den Gebeinen des Kaisers im Gepäck, um ihn im heiligen Land zu bestatten. Der Verbleib der sterblichen Überreste Barbarossas ist bis heute unbekannt, denn das bereits dezimierte Heer schrumpfte (mehr durch Krankheiten als durch Kämpfe) zunehmend und löste sich schließlich auf. Heute lebt der wohl volkstümlichste deutsche Kaiser in der Kyffhäusersage fort und wartet im gleichnamigen Wald in Thüringen auf seine Wiederkehr.

Mut

31.500 Einwohner

Das antike *Claudiopolis* rund 80 km nördlich von Silifke ist heute eine nüchterne Kreisstadt auf etwa 300 m Höhe. An ihre wechselvolle Vergangenheit erinnern neben einer ursprünglich byzantinischen **Festung** einige Zeugnisse aus der Herrschaft der Karamanoğulları im 14. Jh.: Im Stadtzentrum ausgeschildert sind z. B. die **Lal-Ağa-Moschee**, eine Zentralkuppelmoschee mit einem markanten Minarett, und die **Hocendi Türbe**, ein Grabmal mit einem pyramidenförmigen Dach. Bekannt ist Mut für sein gutes Olivenöl und diverse Festivitäten; in der Stadt selbst und in den Dörfern drum herum wird zu Ehren diverser Früchte viel gefeiert: Anfang Juni findet ein Aprikosenfestival statt *(Kayısı Festivalı)*, im September steigen ein Feigenfestival *(İncir Festivalı)* und ein Apfel- und Weintraubenfestival *(Elma, Üzüm ve Kültür Şenliği)*.

Verbindungen Mut erreicht man von Silifke mit Bussen auf der Strecke Karaman – Konya.

Übernachten Mit Unterkünften ist Mut nicht gerade gesegnet.

*** **Bulutbey Otel**, 2010 eröffnetes Haus mit 20 pseudoschicken Zimmern. Freundlicher Service. Eigener Hamam. Restaurant mit fairen Preisen. DZ 49 €. Kocabaş Sok. 1 (im Zentrum, etwas versteckt, zeigen lassen!), ✆ 0324/7740347, www.bulut beyotelspa.com.

Otel Yiğit 2, für Anspruchslose mit schmalem Geldbeutel, an der Durchgangsstraße. Spartanische DZ mit sauberen Laken und schmuddeligen Bädern. DZ 21 €, kein Frühstück. Atatürk Bul., ✆ 0324/7741052.

Alahan Manastırı   (antike Stätte)

Imposanter können Ruinen nicht liegen. Weltfern, auf 1200 m Höhe an der schroffen Südseite eines Bergmassivs, stehen die Reste einer byzantinischen Klosteranlage aus dem 5. Jh. Die Aussicht mit dem weiten Tal des Göksu zu Füßen ist vom Feinsten.

Vom Parkplatz steigt man zur einst dreischiffigen **Evangelistenbasilika** auf. Beeindruckend ist ihr mit reicher Ornamentik verziertes, aus drei Quadern bestehendes Portal. Oben in der Mitte ist ein Christusmedaillon zu sehen, das von zwei Engeln umrahmt wird. Die Innenseite der Türpfeiler zeigen Reliefs des Erzengels Gabriel (über einem Stier) und auf der anderen Seite Michaels (über barbusigen Frauen), welche den Sieg des Christentums über heidnische Kulte darstellen. Etwas weiter östlich steht das **Baptisterium** mit einem Taufbecken in Form eines Kreuzes. Danach folgen **Felsgräber**, zu sehen ist hier der Sarkophag des Bischofs Tarasis, des Gründers des Klosters, der hier 462 verstarb. Am eindrucksvollsten aber ist die **Hauptkirche** ganz im Osten der Terrasse. Ihre Grundmauern sind weitestgehend erhalten, es fehlt lediglich das Dach. Drei mit Akanthusreliefs geschmückte Portale führen ins Innere.

Anfahrt/Öffnungszeiten Die Abzweigung zum Kloster ist von der Nationalstraße 715 Mut – Karaman mit „Alahan Kilisesi" ausgeschildert. Wer mit dem Karaman-Bus

Alahan – Ruinen der Hauptkirche

aus Silifke anreist und an der Abzweigung aussteigt, muss sich im Sommer auf den längsten und heißesten Zwei-Kilometer-Marsch seines Lebens gefasst machen – in Serpentinen geht es steil bergauf. Decken Sie sich auf jeden Fall mit Getränken ein (gibt es an der Abzweigung zu kaufen). Über dem Parkplatz laden Picknickbänke zu einer Pause ein. Im Sommer tägl. 8–19 Uhr, im Winter bis 17 Uhr. Eintritt 1,20 €.

Diokaisarea/Olba (antike Stätten)

Auf knapp 1200 m Höhe liegt das Dorf Uzuncaburç inmitten der Ruinen des antiken Diokaisareas, einem einst heiligen Ort, in dessen Zentrum der Tempel des Zeus Olbios stand. Verwaltet wurde der heilige Bezirk von dem 4 km östlich bei dem heutigen Dörfchen Ura gelegenen Olba. Bis zu dessen Integration in die römische Provinz Cilicia im Jahre 72 herrschte Olbas Priesterdynastie der Teukriden, deren Name auf den Wettergott Tarku zurück geht, auch über Teile der kilikischen Küste.

Zweigt man ca. 25 km nördlich von Silifke von der Straße in Richtung Kırobası nach Uzuncaburç ab, fällt nach kurzer Zeit das **Anıt Mezarı** in der rauen Berglandschaft ins Auge, ein 16 m hoher Grabturm der Teukriden (über einen Fußweg zu erreichen). 2 km weiter erreicht man Uzuncaburç. Dort parkt man vor fünf imposanten Säulen mit dekorativem Gebälk, die Reste eines **Prunktores** sind. Von hier führte eine Kolonnadenstraße zum **Tempel**, der der Stadtgöttin Tyche geweiht war und von dem ebenfalls noch fünf Granitsäulen stehen. Rechter Hand der Kolonnadenstraße

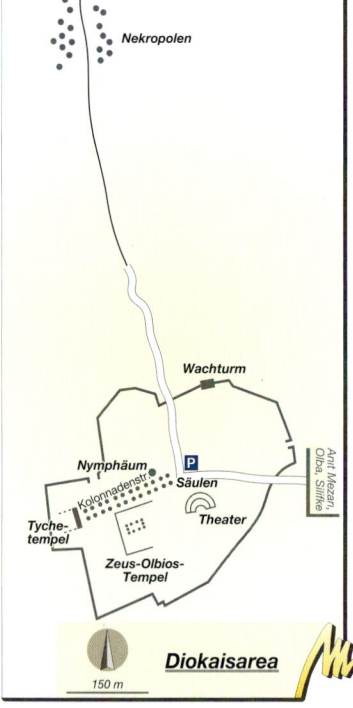

lag das **Nymphäum**, linker Hand der vermutlich im 3. Jh. v. Chr. errichtete **Zeus-Olbios-Tempel**. Die Monumentalität dieser Kultstätte lassen die 30 noch heute in den Himmel ragenden Säulen erahnen. Auf dem Gelände des antiken Diokaisarea warten zudem noch ein **Theater**, das rund 3000 Zuschauern Platz bot (südöstlich des Parkplatzes), und ein fünfstöckiger, über 20 m hoher **Wachturm** der nördlichen Stadtmauer auf ihre Entdeckung. Letzterer diente auch zur Aufbewahrung des Tempelschatzes und als Fluchtturm, und war schließlich Namensgeber der heutigen Siedlung (*uzunca burç* = langer Turm). Rund um die Stadt liegen mehrere **Nekropolen**. Im Altertum war es schick, sich nahe einem heiligen Ort bestatten zu lassen.

Von Uzuncaburç ist der Weg nach Ura bzw. zu den Ruinen der antiken Stadt Olba ausgeschildert. Dazu gehören u. a. die Reste eines **Nymphäums**, eines **Theaters**, einer **Klosteranlage** und mehrere **Felsnekropolen**. Am besten erhalten ist das **Aquädukt**, das ein Tal überbrückt und von der Straße zu sehen ist.

Die Straße an den Ruinen vorbei führt übrigens ins 9 km entfernte Dorf **Canbazlı**. Dort kann man neben mehreren **Grabtempeln** auch die **Alakilise** besichtigen, eine bis auf das Dach und den Narthex erhaltene dreischiffige Basilika aus dem 6. Jh. Olba und Canbazlı sind Ziele für Entdecker – es macht viel Spaß, auf die Suche nach den verstreut gelegenen Ruinen zu gehen. Von Canbazlı führt ein schmales beschildertes Sträßlein vorbei an den Adamkayalar (→ S. 461) nach Kızkalesi.

Anfahrt/Öffnungszeiten: Von Silifke ist Uzuncaburç 6-mal tägl. mit **Minibussen** (an Wochenenden nur 3-mal tägl.) zu erreichen. Die angesprochenen Ausgrabungsstätten sind stets zugänglich. Diokaisarea kostet 1,20 € Eintritt, die Ruinen von Olba und Canbazlı können kostenlos besichtigt werden.

Zwischen Silifke und der Çukurova

Nachdem man das Göksu-Delta hinter sich gelassen hat und die Nationalstraße 400 wieder parallel zum Meer verläuft, wechseln Badeorte mit antiken Ausgrabungsstätten ab. Die Kette der internationalen Ferienzentren an der Südküste endet mit Kızkalesi. Der verlockende Dreiklang „Sonne, Strand und Meer“ bietet von dort bis zur syrischen Grenze nicht mehr viel Überzeugendes – insbesondere die Strände lassen oft zu wünschen übrig. Je mehr der Taurus sich ins Hinterland verlagert und die kilikische Ebene sich auftut, desto verbauter wird die Küste. Erste Vorboten des türkischen Traums vom Apartment am Meer tauchen zwischen Atakent und Kumkuyu auf. Ab Erdemli erleben Sie, wie sich eine Küste verändern kann, wenn Millionen den gleichen Traum verwirklicht haben. Die nächsten 20 km bis Mersin wird das Ufer von einer geschlossenen Häuserfront gesäumt. Es dominieren zehnstöckige Apartmentbauten, die paar antiken Ruinen dazwischen sind nicht der Rede wert.

Strand von Atakent

Türkische Riviera → Karte S. 376/377

Atakent

Rund 16 km östlich von Silifke liegt das aus mehreren Ortsteilen bestehende, gesichtslose Retortenkonglomerat Atakent, eine beliebte Sommeradresse von Familien aus Konya, Karaman, Mersin und Adana. Die Küstenstraße trennt ihre Apartmentblocks von einem gepflegten Sandstrand. Ein wechselwarmes Bad verspricht ein Sprung in die direkt östlich an den Ortsteil Susanoğlu grenzende

Bucht **Yapraklı Koy**: zuoberst eine erfrischende, ca. 8 °C kühle Süßwasserschicht, darunter das im Sommer bis zu 28 °C warme Meerwasser. In der Gegend findet man noch weitere Buchten, wo süßes Quellwasser auf salziges Seewasser trifft.

Verbindungen: Regelmäßige **Dolmuş**verbindungen von und nach Silifke.

Narlıkuyu und Cennet ve Cehennem

Rund 20 km östlich von Silifke, unterhalb der Nationalstraße 400, liegt die schöne Bucht Narlıkuyu. Sie wird von einer ganzen Reihe überaus gemütlicher Fischrestaurants gesäumt. Wen man auch fragt, jeder hat einen anderen Favoriten. Empfehlenswert sind auf jeden Fall das „Lagos" (✆ 7233282) und das „Kerim" (✆ 7233295), wo Sie – wie überall – für ein gutes Abendessen inklusive Meze, Wein und Fisch mit mindestens 25 € pro Person rechnen sollten. Zur Verdauung bietet sich ein Besuch des in der Nähe gelegenen kleinen **Museums** an. Das einzige Exponat ist ein römisches Bodenmosaik aus dem 4. Jh., das sich in einem hervorragenden Zustand befindet. Es zeigt die unverhüllten Grazien Aglaia und Euphrosyne sowie die Muse Thalia. Das Mosaik ist der einzige erhalten gebliebene Überrest einer Bäderanlage, die in der Antike in der Bucht betrieben wurde. (Wer es besichtigen will, muss in den Restaurants nach dem Museumswärter fragen; Eintritt frei).

Nördlich der Küstenstraße (ausgeschildert) befinden sich die seit der Antike bekannten Grotten **Cennet ve Cehennem** („Himmel und Hölle"). Erdmutter Gaia brachte hier Typhon zur Welt, ein hundertköpfiges, feuerspeiendes Ungeheuer, das einen langwierigen Kampf gegen Wolkensammler Zeus antrat. Schließlich jagte der Göttervater das Ungetüm ins Meer vor Italien, packte eine Insel und beerdigte es lebend darunter. Die Insel wurde später als Sizilien bekannt und der Feueratem des unsterblichen Typhon zum Ätna. Geologisch handelt es sich bei den „korykischen Grotten" um zwei Einsturzdolinen (*Obruks*). Ihre Entstehung erklärt sich durch einen unterirdischen Fluss, der im Karst ein Höhlensystem bildete, und dessen Decke irgendwann einstürzte.

Unmittelbar nördlich des Parkplatzes liegt der **Himmel** („Cennet Çöküğü"). Er ist begehbar. 290 Stufen führen in die 200 m lange Doline mit paradiesischem Baumbewuchs hinab. Ganz unten am Kesselrand steht eine vermutlich aus dem 5. Jh. stammende Kapelle. Sie markiert zugleich den Eingang ins Innere der Erde. In die Höhle, die sich dort auftut, führen weitere rund 150 glitschige Stufen. Dann können Sie mit ein wenig Glück den unterirdischen Fluss rauschen hören. In trockenen Sommern allerdings herrscht Wassermangel – im Himmel wie auf Erden.

Die 128 m tiefe **Hölle** („Cehennem Çukuru") liegt keine 100 m weiter nördlich des Himmels; sie ist über einen Pfad vom Parkplatz zu erreichen. In der Antike galt das mehr oder weniger runde Loch von 50 m Durchmesser als der Eingang zum Hades. Der Abstieg in die Hölle ist hier selbst für den größten Sünder unmöglich – die senkrecht abfallenden Felswände lassen höchstens einen Sprung zu ...

Südlich des Parkplatzes sind noch die Reste eines **Zeusheiligtums** aus dem 3. Jh. v. Chr. zu sehen, das im 5. Jh. in eine Basilika umgebaut wurde. Vom Parkplatz ist zudem die 300 m weiter gelegene **Astım Mağarası** („Asthmahöhle") ausgeschildert. Die sehenswerte Tropfsteinhöhle besitzt neben ästhetischen Qualitäten angeblich auch therapeutische. Achtung – sie ist schlecht ausgeleuchtet, und die Wege sind glitschig. Wir empfehlen feste Schuhe und eine Taschenlampe.

Verbindung/Öffnungszeiten: Die **Busse** von Silifke nach Kızkalesi passieren die Abzweigung nach Narlıkuyu bzw. Cennet ve Cehennem. Zu den Dolinen sind es von dort noch ca. 2 km zu Fuß. Tägl. 8–20 Uhr, im Winter bis 17 Uhr. Eintritt Cennet ve Cehennem 1,20 €, Asthmahöhle 1,20 € extra.

Kızkalesi

Alles in einem: Landburg, Sandburg, Hotelhochburg und benannt nach der Seeburg Kızkalesi, der „Mädchenburg". Die malerische Inselfestung – weiße Mauern im blauen Wasser – liegt nur 100 m vom Strand entfernt.

Kızkalesi, neben den Ruinen des antiken *Korykos* (→ Sehenswertes) errichtet, ist eine Hochburg des Badetourismus. Es ist keine Stadt, mehr eine Ansammlung von Hotels, Pensionen und Apartmenthäusern, eine Art improvisiertes Klein-Rimini, in dem mehr geklotzt als gekleckert wurde. Flair besitzt Kızkalesi nur in der ersten Reihe – wer ein Zimmer mit Blick auf den feinen, sandburgfreundlichen Strand, das Meer und die malerische Seeburg hat, kann sich glücklich schätzen. Alle anderen beißen die Hunde: Der architektonische Sündenfall hinter dem im Sommer proppevollen Strand ist nur über-, aber kaum anschaubar. Das war noch anders, als 1983 der damalige Bundespräsident Richard von Weizsäcker in Kızkalesi drei Tage Urlaub machte – worauf man übrigens bis heute stolz ist.

Verbindungen/Ausflüge/Sonstiges

Telefonvorwahl 0324.

Verbindungen Kızkalesi ist mit **Bussen** und **Dolmuşen** von Silifke und Mersin problemlos mind. alle 20 Min. zu erreichen, gehalten wird an der Durchgangsstraße.

Organisierte Touren/Autovermietung Können auch nach Aufgabe der Villa Nur (→ Übernachten) über **Peter und Nurten Zandonella** gebucht werden. Angeboten werden u. a. Tagestouren in die Umgebung und Bootstrips zu den umliegenden Buchten; die Preise richten sich nach der Teilnehmerzahl. Zudem Autoverleih, billigstes Fahrzeug ab 30 €. ☎ 5232128, www.kizkalesi.de.

Tauchen/Wassersport Tauchmöglichkeiten bestehen über das **Clubhotel Barbarossa** (→ Übernachten), jedoch nur für erfahrene Taucher und nur am Wochenende. Jetski, Parasailing und Bananaboot am Strand.

Übernachten/Camping/Essen & Trinken

Alle hier aufgeführten Unterkünfte besitzen Zimmer mit Meeresblick bzw. auf die nachts malerisch beleuchtete Mädchenburg – Disneyland lässt grüßen. Wer billiger wohnen muss, kann in den hinteren Reihen nach einem Zimmer Ausschau halten, wo es ebenfalls Unterkünfte en masse gibt. Überall ist mit nächtlicher Lärmbelästigung durch Diskotheken und Bars zu rechnen, insbesondere an Hochsommerwochenenden. Im Sommer ist ein Zimmer mit Klimaanlage fast ein Muss. Ab Mitte September werden großzügige Rabatte gewährt (angegeben sind wie immer die HS-Preise).

**** Clubhotel Barbarossa, im Westen des Hauptstrandes. Neu restauriertes Haus, helle Zimmer mit Laminatböden – fast alle Balkone blicken zur großen Poolanlage mit dem Meer dahinter. DZ mit HP 100 €. Çetin Özyaran Cad., ☎ 5232364, ☏ 5232090, www.barbarossahotel.com.

Villa Nur, im ehemaligen Sommerhaus einer reichen Mersiner Familie. Empfehlenswerte Adresse unter deutsch-türkischer Leitung – leider gibt das nette Ehepaar Zandonella die Unterkunft nach der Saison 2012 (evtl. 2013) auf. Familiäre Atmosphäre. Nur 3 Zimmer mit Steinböden, Meeresblick und Klimaanlage. Sehr sauber. Große Sonnenterrasse, tolles Frühstück und gutes Restaurant. Von Lesern immer wieder gelobt. Inkl. Frühstück 35 €/Pers., mit HP 45 €. Gegenüber der Mädchenburg, ☎ 5232128, www.kizkalesi.de.

Hotel Hantur, 20 geräumige, saubere, einfachere Zimmer, alle mit Fliesenböden,

Klimaanlage und Balkon. Eine verlässliche Adresse seit rund 20 Jahren. Freundlicher Wirt. Auch im Winter geöffnet. DZ 45 €. Neben der Villa Nur, ☎ 5232367, ℱ 5232006, www.hotelhantur.com.

Hotel Angel Saadet, sympathische 12-Zimmer-Adresse neben dem Hotel Hantur, eine Leserentdeckung. Zwar nicht in erster Reihe, aber trotzdem viele Zimmer mit Meeresblick, alle mit Balkon. Komfortabel, ausreichend groß, sehr sauber und freundlich, mit Hang zum liebenswerten Kitsch ausgestattet: Die Lobby ist z. B. mit vielen Porzellanfiguren dekoriert. DZ 41 €. Ahmet Erol Cad. 38, ☎ 5232173, www.hotelsaadet.com.

Camping → Ayaş, S. 462.

Essen & Trinken **Arif Balık Restaurant**, 100 m hinter dem westlichen Ende des Strandes. Eine nette Fischadresse mit Tischen direkt am Wasser. Fischgerichte 6,50–10,50 €, dazu am besten den leckeren Rucolasalat bestellen. Preise vorher klarmachen. ☎ 5232247.

Nur Café Bar, das Restaurant der Villa Nur (→ Übernachten, leider Aufgabe geplant). Lauschiges Gärtchen unter Palmen direkt hinter dem Strand. Sehr gute türkische und internationale Küche – es gibt alles zwischen Spaghetti mit Tomatensoße, Hühnchenschnitzel und türkischer Hausmannskost, auf Wunsch auch Fisch. Hg. 5–14 €.

Hataylı Paşa Restaurant, im Zentrum (kennt jeder). Seit Jahren ein Renner. Das Brot kommt so lang wie der Tisch auf den Tisch, bei türkischen Familien sind zwei Meter locker möglich. Internationales Publikum, viele Deutsche. Fisch- und Fleischküche, gute Meze, tagsüber auch ein paar Topfgerichte. Gute Stimmung und faire Preise: Hg. 3,80–6,50 €. ☎ 5232604.

Kemal's Platz, der Treffpunkt der Deutschen zum Morgen-, Mittags- und Abendbier, schräg gegenüber dem Arif (s. o.). Fisch ab 7,50 €, Grillspieß ab 3,20 €. ☎ 5232530.

Unser Tipp: Zum Fischessen nach Narlıkuyu (S. 458). Taxi ab Kızkalesi ca. 7 €. **«**

Sehenswertes rund um Kızkalesi

Korykos: Über das antike Korykos ist wenig bekannt, zumal es kaum erforscht und ausgegraben ist. Gegründet wurde die Stadt laut Herodot von einem gleichnamigen zyprischen Prinzen. Anderen Theorien zufolge leitet sich der Name des Ortes von dem einstigen Hauptanbauprodukt der Gegend, dem Safran (griech. *krokos*), ab. Auf jeden Fall war Korykos von der hellenistischen bis weit über die byzantinische Zeit hinaus eine der bedeutendsten Städte des östlichen Kilikiens.

Die meisten Überreste der antiken Stadt schließen sich im Osten an Kızkalesi an. Unübersehbar, direkt am Meer, steht dort die *Landburg,* die früher landeinwärts von einem Wassergraben umgeben war und den heute verlandeten Hafen schützte (tägl. 8–20 Uhr, im Winter bis 17 Uhr, Eintritt 1,20 €). Im 11. und 13. Jh. wurden ihre Mauern verstärkt, insbesondere mit der antiken Bausubstanz von Korykos. So lassen sich in der Nordwand beispielsweise Altarsteine und Säulentrommeln finden. Im Inneren der Burg sind lediglich Reste von Zisternen und dreier Kapellen zu entdecken.

Gegenüber liegt die sagenumwobene *Seeburg,* die sog. *Mädchenburg,* früher trockenen Fußes über eine Mole von der Landburg zu erreichen. Heute müssen Sie hinüberschwimmen (an der engsten Stelle 300 m), ein Tretboot mieten oder sich für einen Obolus übersetzen lassen. Die achttürmige Festung diente ebenfalls zum Schutz des Hafens. Ihre Entstehungslegende geht so: Einem Sultan wurde prophezeit, dass seine Tochter jung an einem Schlangenbiss sterben werde. Aus Sorge errichtete er die Burg auf einem Felsen im Meer, wo sein Kind fernab aller Schlangen aufwachsen sollte. Doch Pustekuchen – eine in einem Obstkorb auf die Insel geschickte Natter erfüllte die Weissagung. Die Legende hört man übrigens in der Türkei fast überall, wo es eine kleine Insel mit einem Turm bzw. einer Burg darauf gibt.

Die Ruinen des Stadtgebiets erstrecken sich östlich der Landburg, im Gestrüpp rechts und links der Ausfallstraße nach Mersin. Auf das weitläufige Gelände verirrt sich selten jemand. Am beeindruckendsten ist die große *Nekropole* mit Sarkophagen und Felsengräbern, dazwischen findet man byzantinische *Kirchenreste*.

Adamkayalar: Rund 7 km nördlich von Kızkalesi liegen die „Menschenfelsen" – hervorragend erhaltene, römische Felsreliefs aus dem 1. Jh. in einer fast senkrechten Felswand am Rande des reizvollen *Şeytan Deresi* („Teufelstal"). Sie stellen Frauen und Männer dar, teilweise als Krieger – keine Szene gleicht der anderen. Die Reliefdarstellungen zeigen sich am Vormittag in ihrem schönsten Licht. Für den lohnenswerten und abenteuerlichen Ausflug sollten Sie absolut trittsicher und schwindelfrei sein, in jedem Fall sollten Sie nicht alleine oder mit Kindern gehen.

Anfahrt: Der Weg nach **Adamkayalar** ist von der Nationalstraße 400 in Kızkalesi (bei der einzigen Moschee) ausgeschildert. Dabei folgt man der Straße nach Hüseyinler. Nach ca. 5 km geht es links ab (Hinweisschild). Nach weiteren 700 m (Schotterweg, aber machbar) erreicht man antike Ruinen, dort endet der Schotterweg. Von dort führt ein rot markierter Pfad den Felshang hinab. Bis zu den Reliefs noch ca. 20 Min. Von den Adamkayalar-Felsen können Sie auf Schleichwegen durchs Hinterland über Canbazlı nach Uzuncanburç/Diokaisarea (→ S. 456) gelangen.

Ayaş/Elaiussa-Sebaste

Rund 5 km trennen Kızkalesi von Ayaş. Auf dem Weg dahin passiert man zahlreiche Grabbauten, daher wird dieser Abschnitt der Küstenstraße auch *Via Sacra*, „Heilige Straße", genannt. Ayaş selbst präsentiert sich als eine weit verstreute Apartmentblock-Feriensiedlung mit mehreren kleinen Stränden direkt neben der Küstenstraße. Die Siedlung erstreckt sich auf dem Boden der antiken Stadt Elaiussa-Sebaste. Vor rund 2000 Jahren, als der hiesige Küstenverlauf noch anders

Mädchenburg Kızkalesi

Türkische Riviera → Karte S. 376/377

aussah, lagen mehrere Bauten der antiken Stadt auf einer Insel 100 m vor der Küste – heute mit dem Festland verbunden. Viele Ruinen sind noch immer unter Sanddünen begraben, die römische *Università La Sapienza* ist bemüht, dies zu ändern. Auf dem weitläufigen Trümmerfeld im Westen von Ayaş (gut von der Straße zu sehen und toll zum Durchstreifen) kamen u. a. bereits ein **Theater**, mehrere **Tempelanlagen**, **Stadtmauerteile**, Überreste eines **Aquädukts**, **Nekropolen** und eine byzantinische **Basilika** ans Tageslicht. Ein Infoplan am Straßenrand erklärt, was Sie wo entdecken können. Die zwischen Wohnhäusern verstreuten, teils recht imposanten Ruinen sind stets zugänglich und kosten keinen Eintritt.

Verbindungen Alle **Busse** auf der Strecke Kızkalesi – Mersin passieren Ayaş.

Camping Davut Camping, in Ayaş direkt am Meer, ausgeschildert. Kleiner, einem Hotel angeschlossener, gepflegter Platz für Wohnmobile und Zelte (saftige Wiese). Nettes Restaurant, Plattform zum Sonnen am Meer, leider kein Sandstrand direkt vor der Nase. Dusche und Toilette in einem Hotelzimmer. Ganzjährig. 2 Pers. mit Wohnmobil 12,50 €. Yemişkumu Mah., ✆/☏ 0324/5222149.

Auch auf dem **Ayaş Belediyesi Merdivenli**

Kuyu Plajı 2 (von Kızkalesi kommend in der Bucht direkt vor den Ruinen am Meer) kann man campen. Mäßige Sanitäranlagen. Fahrzeug 4 €, in der NS kostenlos.

Im 16 km östlich gelegenen Küstenort Erdemli gibt es zudem Campingmöglichkeiten auf dem Picknickplatz **Talat Göktepe Çamlığı**. Langer, schmaler, schattiger Streifen zwischen Küstenstraße und Meer. In der NS okay, im Sommer von türkischen Campern und Picknickern überlaufen. 2 Pers. mit Wohnmobil 9 €. ✆ 0324/5160030.

Kanlıdivane   (antike Stätte)

Von Ayaş zweigt eine 3 km lange, z. T. von Sarkophagen gesäumte Straße landeinwärts nach Kanlıdivane ab, dem antiken *Kanytelleis*. Die wildromantische Ruinen-

Zu Besuch bei den „Menschenfelsen"

stätte mit überwucherten Mauerresten gruppiert sich um eine 60 m tiefe, fußballplatzgroße Doline. Im 2. Jh. gehörte der Ort zum Priesterstaat Olba-Diokaisareia (→ S. 456), im 11. Jh. wurde er vermutlich aufgegeben. Der Parkplatz liegt vor einem noch 17 m hohen, einst dreistöckigen **Wehr- und Wohnturm** mit polygonalem Mauerwerk. Weiter westlich stehen die Reste einer **Basilika**, ein Zwillingsfenster ziert die Apsis. Spaziert man am Rand der Doline weiter, kann man auf der Südseite ihrer Abbruchkante ein Felsrelief mit sechs Personen erkennen. Es stellt die Familie Armaronxas dar – welche Stellung diese je besaß, weiß man allerdings nicht. Auf der Nordseite der Doline fallen die imposanten Reste einer einst

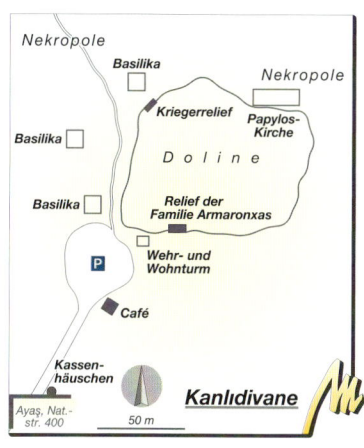

dreischiffigen **Basilika** ins Auge – nur die Südwand, das Dach und ein Teil des Narthex sind eingestürzt. Sie ist die jüngste der Basiliken von Kanytelleis, die alle im 5. oder 6. Jh. erbaut wurden. Nach ihrem Stifter (von dem eine Inschrift am Haupttor berichtet) wird sie auch **Papylos-Kirche** genannt. Von ihr führte einst ein Tunnel ins Innere der Doline. Rund um den Ort lassen sich zudem mehrere **Nekropolen** erkunden.

Verbindungen/Öffnungszeiten: Ohne eigenes Fahrzeug muss man die 3 km von Ayaş zu Fuß zurücklegen. Tägl. 8–20 Uhr, im Winter bis 17 Uhr. Eintritt 1,20 €.

Die Papyloskirche von Kanlıdivane

Die Çukurova

Auf den ersten Blick hat die in der Hitze brütende Schwemmlandebene wenig zu bieten. Wer auf der Durchreise ist, kann in der Çukurova jedoch ein bisschen Großstadtluft schnuppern oder für einen Nachmittag Burgherr spielen.

Die Çukurova, auch „Kilikische Ebene" genannt, erstreckt sich von Mersin bis Osmaniye. Auf der Autobahn (*KGS Kart* nötig → „Unterwegs /Mit dem Auto") hat man sie in weniger als zwei Stunden durchquert. Die fruchtbare Schwemmlandebene wird geprägt von weiten Obst- und Baumwollfeldern, aber noch viel mehr von boomenden Industriestädten – sollte die Entwicklung der letzten Jahre anhalten, bilden Mersin, Tarsus und Adana irgendwann ein einziges Häusermeer. Es ist noch kein Jahrhundert her, da war die Gegend dünn besiedelt und in erster Linie Überwinterungsplatz von Nomaden, die die Sommermonate in den Bergen des Taurus verbrachten. Denn bis in jüngere Zeit war die Çukurova Brutstätte der Malariafliege. Erst mit der Trockenlegung der Sümpfe änderte sich dies, die Bewässerungskanäle durch die Baumwoll- und Obstplantagen werden überwacht. Von der Malariarisiko-Karte der Weltgesundheitsorganisation ist die Çukurova verschwunden.

Abseits der großen Städte kann man zu Burgen hinaufklettern und antike Ruinenstätten entdecken. Gute Bademöglichkeiten findet man bei Yumurtalık. In manchen Dörfern der Çukurova wird übrigens noch Arabisch gesprochen. Ihre Einwohner stammen von den im 18. Jh. aus Nordsyrien eingewanderten Fellachen ab und gehören der alawitischen Glaubensrichtung an.

Mersin (İçel)

825.000 Einwohner

Mersin ist die wohlhabende Hauptstadt der Provinz İçel. Sie besitzt schnurgerade Straßen und den zweitgrößten Hafen des Landes.

Mersin ist eine junge Großstadt, noch 1890 zählte man lediglich 9000 Einwohner. Der rapide Aufstieg ging mit dem Ausbau des Hafens einher. Dieser wurde seit dem

Beginn des 20. Jh. mehrmals erweitert, anfangs um die landwirtschaftlichen Produkte der Umgebung und des Hinterlandes (v. a. Zitrusfrüchte, Bananen und Baumwolle), später um auch industrielle Güter verschiffen zu können. In der zweiten Hälfte der 1980er erklärte man den Hafen zudem zur größten Freihandelszone der Türkei. Die Boomtown Mersin bekam dadurch ihren letzten Kick. In rasantem Tempo wird seitdem gebaut, die Stadt wuchert nach allen Seiten, an der Straße Richtung Silifke schießen moderne Vorstädte wie Pilze aus dem Boden. Und weit hinter der Küste entstehen unter Regie der staatlichen Wohnungsbaubehörde *TOKI* riesige, gleichförmige Blöcke für all jene, die sich eine anständige Wohnung bisher nicht leisten konnten. Hier leben zugewanderte Arbeiter, vornehmlich Kurden, die in den Raffinerien, Textil- und Düngemittelfabriken ihr Auskommen suchen.

Ein Zwischenstopp in der Metropole Mersin bringt einem die Türkei aber näher als jeder Badeort der Südküste. Das Zentrum ist sympathisch, lebendig und modern, auch wenn es mehr vor architektonischer Ein- als Vielfalt sprüht. Überragt wird es von einem 46-stöckigen Tower mit Hotel und Büros, die Dominante in der Silhouette der Stadt. Weitere Wahrzeichen sind die **Muğdat Camii** mit sechs (!) Minaretten im Osten der Stadt und das Kongresszentrum im golfplatzmäßig begrünten **Atatürk Parkı** an der Uferfront. Dazwischen laden palmengesäumte Fußgängerzonen mit vielen schicken Geschäften und Lokalen zum Bummeln ein.

Die Çukurova → Karte S. 466

Çukurova – die Highlights

Anavarza: Pflücken Sie Sonnenblumen vor der Traumkulisse dieser armenischen Zitadelle oder steigen Sie auf den Burgberg – er verspricht tolle Aussichten.

Karatepe-Nationalpark: Das beliebte Naherholungsgebiet nordöstlich der Çukurova wird von Kiefern- und Eichenwäldern beherrscht. Hier kann man nicht nur spazieren gehen und picknicken, sondern auch eine hethitische Burganlage besichtigen.

Çukurova

20 km

Alte Bausubstanz hingegen ist rar, nur wenige schöne Stadthäuser aus dem 19. Jh. wurden vor dem Abriss bewahrt. So hat Mersin wenig Kulturhistorisches zu bieten, auch wenn die Gegend, wie Grabungen am 3 km westlich gelegenen Hügel **Yümükte-pe** bewiesen, seit 8000 Jahren besiedelt ist. An die Antike erinnern ein paar Säulen des griechischen *Soloi*. Sie liegen in dem zur Trabantenstadt mutierten **Viranşehir** 10 km südwestlich und lohnen – wie Yümüktepe – nicht den Weg. Auch die zwei Museen an der Atatürk Caddesi, das **Atatürk Evi** und das einen Steinwurf entfernte **Archäologische Museum**, beherbergen keine Sensationen. Ersteres zeigt wie alle Atatürk-Museen der Türkei ein paar Erinnerungsstücke an den Staatsgründer, Letzteres Funde aus der Umgebung, insbesondere aus römischer Zeit. Beide Museen sind täglich (außer montags) zwischen 9 und 16.30 Uhr geöffnet und kosten keinen Eintritt.

⌒Information/Verbindungen/Parken

Telefonvorwahl 0324.

Information Am Hafen (İsmet İnönü Bul. 5/1), etwas ab vom Schuss in einem großen ockerfarbenen Gebäude. Mo–Fr 8–12 und 13–17 Uhr. ☏ 2371900, www.mersinkulturturizm.gov.tr.

Verbindungen Bus/Dolmuş: Busbahnhof 15 Fußmin. östlich des Zentrums. Von dort Verbindungen in alle Landesteile. Stadtbusverbindungen zwischen Busbahnhof und Bahnhof sowie zwischen Busbahnhof und Zentrum. Die Dolmuşe nach Tarsus starten am Busbahnhof. Zum Flughafen Adana → Reisebüros.

Zug: Vom Sackbahnhof (☏ 2311267) nördlich der Touristeninformation regelmäßig über Tarsus nach Adana, 1-mal tägl. nach İskenderun sowie Osmaniye.

Schiff: 4-mal wöchentl. (im Sommer 2011 Di–Do u. So) Autofähren nach Zypern (Famagusta), Ablegestelle nahe der Touristeninformation. Einfache Fahrt 25 €/Pers., Auto 62 €. Dauer ca. 10 Std. Bessere Verbindungen ab Taşucu (→ S. 448). Tickets und Infos bei **Ner-Pa Tur** (→ Reisebüro).

Parken Tiefgarage *(Kapalı Otopark)* unter dem Uluçarşı-Platz bei der unübersehbaren Ulu Cami am Uferboulevard, Einfahrt vom İsmet İnönü Bul.

Adressen/Baden

Ärztliche Versorgung Privates Doğuş Hastanesi zentrumsnah im Kiremithane Mah. ☎ 2384949.

Autoverleih Mehrere lokale Autoverleiher am İsmet İnönü Bul. gegenüber dem Kongresszentrum, z. B. **Hitit Rent a Car**, ☎ 2377468. Billigstes Auto ab 29 €.

Baden Durch Hafen und Industrie ist das Wasser rund um Mersin belastet. Mehrere Pools, diverse Sportangebote sowie Restaurants, Bars und einen gemütlichen Bier- und Teegarten bietet der **Club Mer Ada** nahe dem Hilton westlich des Zentrums.

Diplomatische Vertretungen Schweizerisches Honorarkonsulat, Hanri Atat Sok. 8, Kat 3 (Atako International Transport, Shipping and Trading Co. Ltd.), ☎ 2386830, mersin@honorarvertretung.ch.

Österreichisches Honorarkonsulat, Atatürk Cad. 4302 Sok. Toroğlu Apt. Kat 1/1, ☎ 2313606, mersin@avusturyakonsoslugu.org.

Einkaufen Die größte Shoppingmall der Stadt nennt sich **Forum Mersin**. Sie liegt im südwestlichen Stadtteil Yenişehir (Dolmuşverbindungen vom Zentrum). Auf 65.000 m² gibt es alle bekannten türkischen und viele internationale Modemarken, Kinos, Restau-

rants und Supermärkte.

Reisebüro Ner-Pa Tur, für Flüge und Auskünfte zu den Abfahrtszeiten der Servicebusse zum Flughafen Adana. İsmet İnönü Bul. 78/C, ☎ 2382881, eylem_nerpa turzm@hotmail.com.

Großstadt Mersin

Übernachten/Camping

(→ Karte S. 468/469)

Mersin ist ein relativ teures Pflaster. Meist nächtigen hier türkische Spesenritter, hinzu kommen wohlhabende Araber.

Hepkon Tower Hotel 1, untergebracht im Wahrzeichen der Stadt. Das Hotel belegt die 32. bis 45. Etage des Hochhauses, so hat man von allen (schicken) Zimmern eine tolle Aussicht. Man macht auf 5 Sterne. Viel Luxus, wenn auch nicht ganz so viel wie im **Hilton 10**, das jedoch etwas außerhalb des Zentrums im Westen der Stadt liegt. EZ 91 €, DZ 103 €. Kuvayi Milliye Cad. 107, ☎ 3361010, ✆ 3360722.

**** Mersin Oteli 7, in erster Reihe – alle Zimmer mit Balkon, viele mit Meeresblick! Einige Etagen wurden bereits restauriert (in etwas protzig-elegantem Stil), andere hatten 2011 noch ordentlich Falten und Flecken. Auch die Rezeption könnte ein Facelifting vertragen. Ansonsten aber für den Preis durchaus okay. EZ 41 €, DZ 62 €. İsmet

İnönü Bul. 62, ☎ 2381040, ✆ 2312625, www. mersinoteli.com.tr.

*** Nobel Oteli 3, nicht ganz so nobel, wie der Name verspricht, dennoch sehr ordentlich. Alteingesessenes Haus mit neu restaurierten Zimmern, die der Sternezahl voll und ganz entsprechen. Nette Lokanta angegliedert. EZ 37 €, DZ 54 €. İstiklal Cad. 73, ☎ 2377700, ✆ 2313023, www.nobeloteli.com.

Hotel Savran 6, akzeptable Billigadresse. 28 Zimmer mit Klimaanlage und Kühlschrank, einfache Bäder. Teilrestauriert. EZ 16,50 €, DZ 29 €. Soğuksu Cad. 14, ☎ 2324472, ✆ 2324417.

Camping Nächste akzeptable Möglichkeit 40 km südwestlich im Küstenort Erdemli (→ Ayaş/Elaiussa-Sebaste, S. 462).

Die Çukurova → Karte S. 466

Essen & Trinken/Nachtleben

Lokale Spezialitäten sind *Cezerye,* eine süße, um geschälte Walnüsse gewickelte, feste Möhrenmasse, *Biberli Ekmek,* eine Art Minipizza mit scharfer Paprikasoße, und *Tantuni,* gebratenes Hackfleisch mit Kräutern im Fladenbrot – ein leckerer Snack.

324 **8**, trendiges Lokal. Serviert werden türkische Klassiker und Fisch auf hohem Niveau. Alkohol! Auch höheres Preisniveau. Adnan Menderes Bul. 16/C, ✆ 3250680.

Sabah Lokantası **2**, große, sehr empfehlenswerte und gepflegte Lokanta mit bester Auswahl: leckere Topfgerichte, Spieße, Lahmacun. 24 Std. geöffnet. İstiklal Cad. 55.

Özkan Tantuni Salonu **6**, in dieser einfachen Lokanta schmeckt *Tantuni* besonders lecker. Auch gute Suppen. Direkt hinter der großen Moschee an der Uferstraße.

Balıkçı Yaşar **4**, eine der simplen Fischlokantas im Fischmarkt mit Tischen auf dem Gehweg. Portion Fisch mit Salat ab 5 €.

Leckerer Grillfisch wird auch auf den schaukelnden Restaurantbooten am Fischerhafen etwas westlich des Zentrums serviert. Faire Preise (Fisch im Brot 1,50 €, Portion *Hamsi* 3 €, *Levrek* 6 €), bei manchen gibt es auch Alkohol. Schöne Atmosphäre am Abend – zugleich ein kleines Mersin-Erlebnis. Wir empfehlen das Mavi Yelken **9** mit sehr freundlichem Service.

Übernachten
1 Hepkon Tower Hotel
3 Nobel Oteli
6 Hotel Savran
7 Mersin Oteli
10 Hilton

Essen & Trinken
2 Sabah Lokantası
4 Balıkçı Yaşar
5 Taş Han Antik Gallery
6 Özkan Tantuni Salonu
8 324
9 Mavi Yelken

Nachtleben Ein Treffpunkt am Abend ist die Taş Han Antik Gallery **5**. Die alte Karawanserei beherbergt Kneipen und Cafés auf 2 Etagen. Viele Studenten. Oft Livemusik. Wer auch noch Hunger bekommt: Das Piknik Balık Restorant im Innenhof des Hans serviert frischen Fisch der mittleren Preisklasse. Nahe der Post in der 13. Sok. 23.

Tarsus
238.300 Einwohner

Tarsus ist Ziel von christlichen Glaubenstouristen aus aller Welt und fest mit dem Namen des Apostels Paulus verbunden, der hier das Licht der Welt erblickt haben soll. Weniger Fromme zeigen sich von den hiesigen Sehenswürdigkeiten jedoch meist enttäuscht.

Die rege, recht gepflegte Industriestadt Tarsus, 27 km östlich von Mersin, präsentiert sich – ungeachtet ihrer Einwohnerzahl – kleinstädtisch-hinterwäldlerisch. Durch ein weites Delta ist sie von der Küste getrennt. Im ziemlich unübersichtlichen Zentrum gibt es einige hübsche Ecken mit historischer Bausubstanz, von biblischer Schönheit sind sie jedoch weit entfernt. Das Gleiche gilt für die wenigen Relikte, die an die 3000-jährige Vergangenheit der einst wichtigsten Stadt der Çukurova erinnern. Tarsus, das nie seinen Namen änderte, besaß aufgrund seiner Lage am Fuße der „Kilikischen Pforte" – der 1050 m hohe Pass galt im Altertum als

Mersin (İçel)

250 m

wichtigste Taurusüberquerung – eine immense strategische Bedeutung. In der Antike war die Stadt zudem durch den damals noch schiffbaren Tarsus-Fluss (der antike *Kydnos*) mit dem Meer verbunden. Die Geburt jenes Mannes, der vom Christenhasser zum Apostel aufstieg, soll sich im Jahre 10 hier zugetragen haben. Fünf Jahrzehnte zuvor nahm eine weltberühmte Liebesgeschichte in Tarsus ihren Anfang (→ Kasten). Durch Verlandung des Hafens verlor Tarsus nach und nach an Bedeutung, bis es in jüngster Zeit von Mersin und Adana als neue Zentren der Schwemmlandebene abgelöst wurde.

Information Tourist Information in einem Kiosk vor der „Antik Şehir" (→ Sehenswertes). Hält einen brauchbaren Stadtplan parat. Geöffnet nach Lust und Laune. ℡ 0324/6141044, www.tarsus.bel.tr.

Verbindungen Busbahnhof TAŞTI, ca. 3,5 km östlich des Zentrums nahe der Verbindungsstraße Mersin – Adana, Minibusverbindungen ins Zentrum. Mit dem **Dolmuş** bestehen vom Busbahnhof alle 10–15 Min. Verbindungen nach Adana und Mersin. Nach Mersin kann man auch am zentraler gelegenen Kleopatra-Tor zusteigen, nach Adana am Adana Bul. **Zug**verbindungen ebenfalls nach Adana und Mersin.

Übernachten Konak Efsus, schön restaurierter, alter Konak, 2010 eröffnet. 9 stilvolle

Zimmer, viele mit Holzböden und -decken, moderne Bäder. Nettes Terrassenlokal. Achtung: zuweilen von kleineren Gruppen komplett belegt. DZ 62 €. 2721 Sok. 3 (keine 100 m vom St.-Paul-Brunnen entfernt), ℡ 0324/6140807, www.konakefsus.com.

Cihan Palas Oteli, im Zentrum an der Durchgangsstraße (von Mersin kommend ca. 200 m hinter dem Kleopatra-Tor rechter Hand). Einfach, für eine Nacht okay, wenn man keine großen Ansprüche hat. Düstere Gänge, Zimmer mit Metallbetten, abgewetzten Laminatböden und Klimaanlage. EZ 12,50 €, DZ 21 €. Mersin Cad. 21, ℡ 0324/6241623, ℡ 6247334.

Essen & Trinken Gemütliche Fischlokale findet man am Wasserfall (s. u.).

Kleopatra und Mark Anton

„Sie kam den Kydnos herauf in einer Galeere mit vergoldetem Heck. Die Ruderstangen bewegten sich zum Klang von Flöten, Pfeifen und Harfen. Die Königin, nach Art der Aphrodite sich kleidend und gehabend, lag hingestreckt auf einer mit Goldbrokat überzogenen Liege wie auf einem Bild, und rings um sie standen als Amoren aufgemachte hübsche Knaben und fächelten ihr zu. Wolken duftender Essenzen trieben vom Schiff her aufs Land, wo am Ufer sich Tausende von Schaulustigen versammelt hatten." So beschrieb Plutarch (46–125) über ein Jahrhundert später die Ankunft der ptolemäischen Königin Kleopatra im Jahr 41 v. Chr. In Tarsus soll sie erstmals auf den römischen Imperator Mark Anton getroffen sein – der Auftakt einer Liebe, auf die vier Jahre später die Heirat folgte. Doch das Liebesglück sollte nicht lange währen. Mark Antons politischer Widersacher Oktavian, der spätere Kaiser Augustus, trieb das Paar mit der Einnahme Alexandrias am 3. August des Jahres 30 v. Chr. in den Freitod. Ganz nebenbei: Münzbilder mit dem Porträt Kleopatras zeigen, dass diese gar keine besonders schöne Frau gewesen war. Ihr Ruhm begründete sich außer durch ihren Charme und Geist v. a. durch ihr vorheriges Verhältnis mit Cäsar. An Kleopatras Tarsusvisite soll heute das *Kleopatra Kapısı* erinnern, ein 8 m hohes Tor, das man (von Westen kommend) auf dem Weg ins Zentrum passiert. Kleopatra durchschritt es jedoch niemals, es entstand erst Jahrhunderte später.

Sehenswertes

Museum: Das etwas außerhalb des Zentrums gelegene Museum ist türkeitypisch in eine *archäologische* und eine *ethnografische Abteilung* gegliedert. Während Letztere vorrangig mit den üblichen Kelims aufwartet, ist die archäologische Abteilung recht interessant. Präsentiert werden Funde aus der Umgebung wie z. B. Terrakottasarkophage aus dem 4. Jh. v. Chr., Münzen, Büsten und Torsi aus dem 3. bis 1. Jh. v. Chr. sowie osmanische Grabstelen. Zudem informiert das Museum über Grabungsarbeiten in Tarsus und Umgebung.

Adresse/Öffnungszeiten: Das Museum befindet sich im Kulturzentrum *(Kültür Merkezi)* an der Muvaffak Uygur Cad. Das Zentrum Richtung Mersin verlassen, beim ersten Kreisverkehr nach dem Kleopatra-Tor rechts ab, nach ca. 500 m linker Hand. Tägl. (außer Mo) 9–12 und 13–16.30 Uhr. Eintritt frei.

St.-Paul-Brunnen (Senpol Kuyusu): So wenig das Kleopatrator mit Kleopatra zu tun hat, so wenig hat vermutlich auch dieser antike Ziehbrunnen mit dem Hl. Paulus zu tun. Ob daneben jemals sein Geburtshaus stand, lässt sich heute nicht mehr nachvollziehen. Und ob Paulus jemals aus dem Brunnen trank, auch nicht. Wer jedoch noch nie in seinem Leben einen Brunnen gesehen haben sollte, hat hier auf jeden Fall beste Gelegenheit dazu, einen Klassiker zu bestaunen: An einer Eisenkette hängt ein Eimer, den man durch Drehen an einem Kutschrad aus einem Wasserloch zieht. Das Wasser im Brunnenloch soll Wunder wirken. Drum herum stehen ein paar schön restaurierte, osmanische Häuser.

Anfahrt/Öffnungszeiten: Von der Hauptstraße mit „Senpol Kuyusu" ausgeschildert. Tägl. 8–19 Uhr. Eintritt 1,20 €.

Antik Şehir: Die „Antike Stadt" – etwas hochgegriffen – bezieht sich auf das ausge-schilderte Ausgrabungsgelände am zentralen Cumhuriyet Meydanı. Hier entdeckte man Reste einer römischen Straße. Das Gelände ist umzäunt und war zum Zeit-punkt der letzten Recherche wegen fortlaufender Grabungsarbeiten nur von außen zu besichtigen.

Eski Cami und Ulu Cami mit Umgebung: Die Gebetsstätten sind bei einem Spazier-gang durchs Zentrum kaum zu verfehlen und zudem ausgeschildert. Bei beiden handelt es sich um ursprünglich armenische Gotteshäuser, die nach dem Erobe-rungszug der muslimischen Mameluken (1359) in Moscheen umgewandelt wur-den. Die *Eski Cami (Alte Moschee)* erfuhr in islamischer Zeit nur sehr geringe Um-bauten. In Kunstgeschichtlerkreisen gilt sie als einzige noch vollständig erhaltene dreischiffige Kirche des Kleinarmenischen Reiches.

Die *Ulu Cami (Große Moschee)* weist syrischen Einfluss auf und wurde im 19. Jh. mit einem atypischen Uhrturm versehen. Gleich nebenan findet man den sog. *Vierziglöffel-Markt (Kırkkaşık Bedesteni),* der 1579 als Medrese entstand und dann als Armenküche diente, bis er zur Basarhalle wurde. Heute werden darin Kunst-handwerk und Souvenirs verkauft. Ebenfalls in unmittelbarer Nachbarschaft zur Ulu Cami liegt der *Yeni Hamam,* der gar nicht so „neu" ist wie der Name vermuten lässt (erbaut 1785). Frauen baden Do–So 12–17 Uhr, sonst ist der Hamam den Männern vorbehalten (Eintritt mit *Kese* und Massage 10,50 €).

St.-Paul-Kirche (Senpol Kilisesi): Nur fünf Fußminuten sind es von der *Ulu Cami* bis zur ebenfalls ausgeschilderten *St.-Paul-Kirche.* Ihre heutige Gestalt erhielt sie Mitte des 19. Jh., allerdings soll es bereits ab dem 5. Jh. an gleicher Stelle Vorgänger-kirchen gegeben haben. Seit ihrer letzten Restaurierung ist sie als „St.-Paul-Muse-um" zugänglich – allerdings ohne ein einziges Exponat darin. Die Umwandlung von religiösen Stätten in Museen ist ein beliebtes Mittel des türkischen Staates, um den Einfluss der Religionen in Schach zu halten. Nur nach Anmeldung dürfen Pil-germessen in der Kirche stattfinden. Grotesk dabei: Gottesdienstbesuchern wird vor der Messe der fällige Eintrittspreis abgeknöpft (tägl. außer Mo 8–20 Uhr, Eintritt 1,20 €).

Wasserfall (Şelale): Im Nordosten der Stadt laden schattige Restaurants und Park-anlagen am *Tarsus Çayı* zu einer Pause oder einem faulen Nachmittag ein. In meh-reren Katarakten rauscht das Wasser hernieder, sonderlich spektakulär ist der Fall dennoch nicht. Alexander der Große holte sich übrigens 333 v. Chr. nach einem Bad im Fluss ein heimtückisches Fieber, das ihn zwei Monate ans Bett fesselte.
Anfahrt/Verbindungen: Ca. 1 km nördlich des Zentrums, ausgeschildert. Dolmuşe von der Durchgangsstraße.

Tarsusdelta: In der Antike lag Tarsus rund 3 km vom Meer entfernt, heute sind es 15 km. Der Tarsus-Fluss sorgte für die weite Schwemmlandebene und dafür, dass große Teile der antiken Stadt heute einige Meter unter der Erde liegen. Das ursprüngliche Sumpfgebiet wurde durch die Kanalisation des Flusses und die Be-pflanzung mit Eukalyptusbäumen, die dem Boden viel Feuchtigkeit entziehen, trockengelegt. So verwandelte man das einst malariaverseuchte Delta in ein Nah-erholungsgebiet. Von den hindurchführenden Wegen lassen sich im Frühjahr und Herbst rastende Zugvögel beobachten. Mit der Ruhe wird es allerdings bald vorbei sein: Hinter den Stränden im Westen des Deltas waren 2011 riesige Hotelprojekte im Bau, noble Unterkünfte für bis zu 8000 Gäste sollen dort entstehen.

Die Çukurova → Karte S. 466

Frischer Fisch vom Markt

Adana

Touristen sieht man wenige an dem prosperierenden Wirtschafts- und Industriestandort – was nicht nur den erbarmungslosen 45 °C im Sommer geschuldet ist.

So unattraktiv viele Touristen das laute, schwüle und stickige Adana finden, so anziehend ist die Stadt am Seyhan-Fluss für viele Türken, insbesondere aus dem Osten des Landes: Hier gibt es Arbeitsplätze. Die bedeutendsten Industriezweige sind das Textilgewerbe, entstanden vor dem Hintergrund der riesigen Baumwollplantagen der Umgebung, und die Petrochemie – bei Yumurtalık (→ S. 481) enden Erdölpipelines aus Aserbaidschan und dem Irak. Viele ansässige Betriebe gehören einer Frau: Güler Sabancı. Sie trat 2004 die Nachfolge ihres mit 71 Jahren verstorbenen Onkels Sakıp Sabancı an, der bis zu seinem Tod Konzernchef der gleichnamigen Holding und reichster Mann der Türkei war. Dass man den amerikanischen Traum auch in der Türkei träumen kann, erzählt die Familienlegende: Der Vater Sakıps begann als einfacher Baumwollpflücker, bevor er der lukrativeren Tätigkeit des „Importierens" von Tagelöhnern aus dem armen Osten nachging und dann ganz groß in den Baumwollhandel einstieg. Sakıp Sabancı hat sich in der Stadt vielfach verewigt, z. B. als Stifter von Kulturzentren und einer überdimensionierten Moschee (→ Sehenswertes).

Vorwiegend austauschbare Architektur und auf die Schultern tropfende Klimaanlagen an jedem zweiten Fenster prägen das Bild der vor sich hin schwitzenden Großstadt. Mehrstöckige Apartmenthäuser und überbreite Boulevards ersticken unaufhaltsam die Reste ihrer morgenländischen Vergangenheit. Die meisten Touristen passieren den Verkehrsknotuenpunkt Adana lediglich auf der Durchreise – viel mehr als ein paar Museen gibt es auch nicht zu sehen. Urlauber, die in Adana landen oder abfliegen, müssen hier jedoch oft eine Nacht verbringen.

Geschichte

Die Geschichte Adanas ist bis zu Beginn des 20. Jh. schnell erzählt. Der Name der Stadt geht auf *Adanija* zurück, eine späthethitische Siedlung – dies bekunden Keilschrifttexte aus dem 8./9. Jh. v. Chr. Bezüglich ihrer politischen Machtverhältnisse teilte Adanija von da an über Jahrhunderte hinweg das Schicksal anderer Städte der Region. Nur stand Adanija stets in deren Schatten: Wer wollte schon abseits jeglichen Windzugs in einem malariaverseuchten Gebiet leben? Die Römer verbannten hierher gar kilikische Seeräuber. Erst im 11. Jh. setzte ein größerer Zuzug nach Adanija ein, es waren vorwiegend Armenier, die die Seldschuken aus Zentralanatolien verdrängt hatten. Doch als die Stadt durch den Bau der Bagdadbahn (ab 1903) endlich zu blühen begann, endete das armenische Leben in Adana: Bei einem Massaker im Jahr 1909 wurden unter Beteiligung von Regierungstruppen binnen zweier Tage 15.000–20.000 Armenier niedergemetzelt (→ Kasten S. 480).

Mit der Trockenlegung der Sümpfe in den 1950ern verwandelte sich die Çukurova in ein riesiges Baumwollfeld. Das neu geschaffene, textilverarbeitende Gewerbe legte den Grundstein für eine moderne Industriestadt, was eine Bevölkerungsexplosion auslöste. Seit Mitte der 1960er hat sich die Einwohnerzahl mehr als verzehnfacht. Heute ist Adana die fünftgrößte Stadt der Türkei, Hauptstadt der Provinz Seyhan und Heimat von rund 35.000 Studenten. Türkeiweit sind die Adaner (die „Alteingesessenen", die sich als die „echten Adaner" verstehen und die konservativen Zuzügler z. T. verwünschen!) bekannt für ihre Liberalität und Lebensfreude. Allerdings werden sie, so heißt es, auch nicht sehr alt – dem vielen Bier und Kebab im heißen Klima geschuldet …

Orientierung: Die Nationalstraße 400 von Tarsus nach Osmaniye führt direkt durchs Zentrum. Dort trägt sie den Namen *Turan Cemal Beriker Bul.*, ist tiefergelegt und z. T. überdacht. Der verkehrsreiche Boulevard trennt die Stadt nicht nur geografisch, sondern auch mental. Nördlich davon liegen die modernen Wohn- und Ausgehviertel der „echten" Adaner: gepflegte, palmengesäumte Boulevards mit vielen guten Restaurants, Bars, Cafés und besseren Geschäften. Gen Süden hingegen gelangt man in die älteren und ärmeren Viertel. Sie sind heute vornehmlich von Zuzüglern aus Ostanatolien bewohnt.

Information/Verbindungen

Telefonvorwahl 0322.

Information Zentral an der Atatürk Cad. 13. Mo–Fr 8–12 und 13–17 Uhr. ✆ 3631448, www.adanakultur.gov.tr. Eine weitere Touristeninformation befindet sich am Flughafen (s. u.).

Verbindungen Der kleine Flughafen Şakirpaşa (www.adanahavaalani.com) liegt ca. 5 km westlich des Zentrums (aufgrund der expandierenden Stadt schon nahezu im Zentrum). Im Ankunftsbereich des internationalen Terminals befinden sich eine Touristeninformation (✆/℡ 4369214, i. d. R. nur zu den Ankunftszeiten der Flugzeuge besetzt) und mehrere Autoverleiher (darunter *Avis*,

Hertz und *National*, s. u.). Ins Zentrum gelangt man am schnellsten und einfachsten mit dem Taxi (ca. 5 €). Flüge aller Airlines bucht z. B. **Nextur**, Ziyapaşa Bul. 15/C, ✆ 4573771, www.nextour.com.tr.

Bus: Busbahnhof 7 km außerhalb an der Nationalstraße 400 Richtung Tarsus. Von dort gute Verbindungen in alle Landesteile, insbesondere entlang der Küste: Alanya 10 Std., Antakya 3½ Std., Inlandroute nach Antalya 11 Std.

Büros der Busgesellschaften im Zentrum an der Ecke Atatürk Cad./Turhan Cemal Beriker Bul., von dort Zubringerbusse zum Busbahnhof.

Die Çukurova → Karte S. 466

Dolmuş: Dolmuşe nach Karataş fahren von der Karataş Cad. südlich des Hilton ab, Dolmuşe nach Yakapınar, Yumurtalık und Ceyhan vom *Yüreğir Otogar*. Dieser zweite, kleinere Busbahnhof Adanas liegt im Osten der Stadt, Dolmuşe dahin starten im Zentrum z. B. an der İnönü Cad. schräg gegenüber dem Gümüş Hotel.

Metro: Die neue „Metro" (sie ist nur in kleinen Teilen unterirdisch) führt in die Vororte und ist für Touristen uninteressant.

Zug: Der schöne, nachts illuminierte alte Bahnhof (℡ 4533172) liegt ca. 15 Gehmin. nördlich des Zentrums. Regelmäßig über Tarsus nach Mersin, 1-mal tägl. nach İskenderun.

Parken   Gebührenpflichtige Parkplätze im Zentrum, auf die Beschilderung „Otopark" achten.

Mit der Bahn von Adana über den Taurus nach Pozantı: Auf dieser schönen, knapp zweistündigen Fahrt passieren Sie Burgruinen und kleine Dörfer, zu denen kaum eine Teerstraße führt, die aber Bahnhöfe im deutschen Stil besitzen. Der Streckenabschnitt ist Teil der legendären, von İstanbul über Konya führenden Bagdadbahn, an deren Bau zu Beginn des 20. Jh. viele deutsche Ingenieure und Unternehmen (Philipp Holzmann AG, Friedrich Krupp AG, Hanomag, Henschel u. a.) beteiligt waren. Daran erinnert auch die imposante *Alman Köprüsü*, die „Deutsche Brücke", auf welcher der Zug bei Hacıkırı eine wilde Schlucht überquert. Bald darauf folgt Tunnel auf Tunnel, 20 km lang, darunter Galerietunnel, die in eine senkrechte Felswand geschlagen sind und immer wieder atemberaubende Ausblicke bieten. Am Ende der Tunnelstrecke liegt die Ortschaft Belemedik. Hier wohnten die deutschen Ingenieure während des Baus dieses Streckenabschnitts. Nicht wenige ließen dabei ihr Leben.

Adressen/Baden/Einkaufen (→ Karte S. 475)

Ärztliche Versorgung   Das neue private Krankenhaus **Alman Hastanesi** etwas zurückversetzt von der Gazipaşa Cad. sollte bis zu Ihrem Besuch geöffnet haben. Die Telefonnummer war z. Z. d. Drucklegung noch nicht bekannt.

Autoverleih   Ab ca. 45 €/Tag z. B. bei **National/Alamo**, Ziyapaşa Bul. 48, ℡ 4530987 (am Flughafen ℡ 4322743), www.yesnational.com. **Avis** (℡ 4314606, www.avis.com.tr) und **Hertz** (℡ 4320074, www.hertz.com.tr) befinden sich nur am Flughafen.

Baden   Aqualand mit etlichen Pools und Rutschen östlich des Seyhan-Flusses nahe dem Orhan Kemal Bul. Wer ins Meer springen will, fährt nach Karataş (50 km, → S. 478).

Diplomatische Vertretung   Deutsches Honorarkonsulat am Karataş Yolu 184, ℡ 3114353, adana@hk-diplo.de.

Einkaufen   Schicke Klamotten- und Schuhläden gibt es in der Ramazanoğlu Cad., im nördlichen Bereich des Ziyapaşa Bul. und an der Valiyolu Cad. Das alte Basarviertel liegt südlich des modernen Geschäftszentrums beim Uhrturm aus dem 19. Jh. Ein netter Spaziergang führt vorbei an Hanen und überdachten Gässchen. Adana gilt übrigens als „Stadt des Goldes". Vor allem Araber sind hier als Goldschmiede tätig. Die Goldhändler haben ihre Geschäfte beim **S. Ocak Meydanı** **🔢**.

Ein großes Outlet-Shoppingcenter ist das **Optimum** **🔟** am Girne Bul. nahe dem Fluss.

Post   Unter anderem schräg gegenüber dem Bahnhof und an der Postane Cad.

Polizei   Hauptdienststelle an der Bakımyurdu Cad. südwestl. des Zentrums. ℡ 155.

Türkisches Bad (Hamam)   Mestan Hamamı, osmanisches Bad mit 300-jähriger Geschichte. Nur für Männer! Tägl. 6–23 Uhr. Eintritt mit *Kese* (zuletzt keine Massage) 8 €. Pazarlar Cad. 3 (am gro ßen Platz am Südende der Çakmak Cad.).

Erst 1945 wurde das **Çarşı Hamamı** erbaut, hier können auch Frauen ein Bad nehmen (tägl. 9–15 Uhr, danach sind die Männer dran). Ulucami Cad. (beim Uhrturm). Eintritt mit *Kese* und Massage 7,50 €.

Übernachten
- 8 Otel Seyhan
- 10 Otel İnci
- 11 Villa Hotel
- 12 Hotel Mavi Sürmeli und Çukurova Park Hotel
- 13 Hosta Hotel
- 14 Adana Hilton SA
- 15 Hotel Bosnalı

Aqualand (Aquapark)

Essen & Trinken
- 1 Güllüoğlu Baklavacı
- 2 Mükerrem
- 3 Yüzevler
- 5 Time Out
- 6 Kebap 52
- 7 Dost Balıkçılık
- 16 Akoluk
- 18 Kazancılar Tarihi İstanbul Kebap ve Lahmacun Salonu

Einkaufen
- 9 Optimum
- 17 Goldmarkt

Nachtleben
- 4 Pick Up Rockbar

Map labels: Seyhan-Stausee · M. Kemal Paşa Bulvarı · Ahmet Kemzi Yüreğir Caddesi · M. Kemal Paşa Bulvarı · Bahnhof · Atatürk Caddesi · Cevat Yurdakul Caddesi · Gazipaşa Cad. · Toros Caddesi · Mithat Saraçoğlu Cad. · 40 019 Sok. · Nextur (Reisebüro) · Alman Hastanesi (Krankenhaus) · Vali Yolu Caddesi · Sinai Efendi Cad. · Ziyapaşa · Karlısalı Caddesi · Ramazanoğlu Cad. · Prof. Dr. Nusret Fişek Cad. (Stadyom Cad.) · National/Alamo (Autoverleih) · Atatürk Parkı · İsadpaşa Caddesi · Cumhuriyet Caddesi · Cumhuriyet Cad. · Atatürk Cad. · Ziyapaşa Bul. · Adalet Cad. · Ordu Cad. · Fuzuli Caddesi · Orhan Kemal Bulvarı · **Çınarlı** · Busgesellschaften · Archäologisches Museum · Sabancı Merkez Camii · Yüregir Otogar · Turhan Cemal Beriker Bulvarı · 4. Sok. · Dolmuşe zum Yüregir Otogar · İnönü Caddesi · Girne Bulvarı · Kurtuluş Cad. · Flughäfen, Bushbhf., Tarsus · Ethnographisches Museum · Özler Cad. · Karsılı Cad. · Cemal Gürsel Cad. · Atatürk-Museum · Bakımyurdu Caddesi · Çakmak Cad. · S Ocak Meyd. · Abidinpaşa Cad. · Taş Köprü · Dolmuşe Karataş · Karataş Caddesi · İnönü Caddesi · Pazarlar Cad. · Mestan Hamamı (Türk. Bad) · Ali Münif · Ulu Cami · Kızılay Caddesi · Çarşı Hamamı · Uhrturm · Saydam Caddesi · Obalar Caddesi · **Basarviertel** · Debboy Cad. · Polis · Karataş · **Adana** · 100 m

---

Übernachten (→ Karte S. 475)

Adana weist viele gepflegte 4- und 5-Sterne-Hotels auf, dazu viele abgewirtschaftete 2- und 3-Sterne-Häuser – es herrscht ein Mangel an empfehlenswerten Mittelklassehotels. Prüfen Sie, ob die Klimaanlage funktioniert – ohne diese schmelzen Sie im sommerlichen Adana wie Schokolade! Die ausgehängten Tarife der meisten Hotels gelten nur bei großen Kongressen in der Stadt, ansonsten liegen die Preise weit darunter.

***** **Adana Hilton SA** 14, bestes Haus der Stadt. Viel Schnickschnack und jeglicher Luxus. DZ ab ca. 130 €. Am östlichen Zentrumsrand (nahe der Abzweigung nach Karataş), ☎ 3555000, www.hilton.com.

Auf ebenfalls hohem Niveau, aber preiswerter und zentraler nächtigt man in folgenden 4- und 5-Sterne- Hotels: ***** **Otel Seyhan** 8,

mit Pool. DZ 100 €. Turhan Cemal Beriker Bul. 18, ☎ 4553030, www.otelseyhan.com.tr.
**** Çukurova Park Hotel **12**, DZ 62 €. İnönü Cad. 99, ☎ 3633777, www.cukurovaparkotel.com.tr. **** Hotel Mavi Sürmeli **12**, eine Tür weiter. DZ 73 €. İnönü Cad. 109, ☎ 3633437, www.mavisurmeli.com.tr.

Hotel Bosnalı **15**, das Hotel in einem historischen Stadthaus ist eine der atmosphärischsten Adressen Adanas. Nur 12 Zimmer; freundlich und komfortabel. Toll die Dachterrasse mit Restaurant. Die Straße davor ist etwas laut, aber weniger laut als manch andere Straße Adanas. EZ 53 €, DZ 66 €. Seyhan Cad. 29, ☎ 3598000, ✆ 3596059, www.hotelbosnali.com.

**** Otel İnci **10**, älteres 4-Sterne-Haus mit restaurierten und unrestaurierten Zimmern. DZ bereits ab 45 €. Kurtuluş Cad., ☎ 4358234, ✆ 4358368, www.otelinci.com.

Villa Otel **11**, neueres türkisfarbenes Gebäude mit winzigen Teppichbodenzimmern auf 2-Sterne-Niveau. DZ 37 €. İnönü Cad. 34, ☎ 3632920, ✆ 3632922, www.otelvilla.com.

Hosta Hotel **13**, älteres, abgewohntes und etwas düsteres, aber sauberes Haus der unteren Mittelklasse. Zum Teil recht große Zimmer mit der Einrichtung von vorvorgestern, aber das Wichtigste ist vorhanden: eine funktionierende Klimaanlage, Lärmschutzfenster, saubere Laken und fließendes Wasser. Freundlicher Service. DZ mit schlechtem Frühstück 33 €. Bakımyurdu Cad. 11, ☎ 3525241, ✆ 3523700.

Außerhalb   Green Club, eine der nettesten und originellsten Adressen der Stadt, dazu ideal für Durchreisende mit Auto, die sich die Innenstadt von Adana nicht antun wollen. Üppig grüne, fast tropische Anlage mit mehreren Gebäuden, die teils über Stege miteinander verbunden sind. Darin verteilen sich 83 schicke Zimmer verschiedener Kategorien. Die nahe Straße ist zu hören, der Straßenlärm hält sich jedoch v. a. im hinteren Bereich in Grenzen. Restaurant, Pool. Zuvorkommender Service. DZ je nach Kategorie 45–78 €. Girne Bul. 144/A (an der 400 Richtung Ceyhan, ca. 2 km östlich der Abzweigung nach Karataş). ☎ 3215060, ✆ 3212775, www.cetineltesisleri.com.

İncirlik – Amerika in Adana

Rund 10 km östlich von Adana liegt İncirlik, der einzige US-Luftwaffenstützpunkt in der Türkei. Er diente zuletzt als Drehscheibe für Versorgungsflüge vom und in den Irak und nach Afghanistan. Im Kalten Krieg starteten von hier Spionageflugzeuge in die Sowjetunion, seit jener Zeit lagern auf dem Stützpunkt auch Atomsprengköpfe. Für Angriffsflüge im 3. Golfkrieg durfte der Stützpunkt nicht genutzt werden. Die US-Militärplaner zogen daraufhin verärgert das Gros ihrer Truppen ab, nur 1500 Mann blieben. Mit dem Abzug der Soldaten endete auch İncirliks Ära als wildeste Partymeile zwischen Antalya und Gaziantep. Bars und Läden (es gab mal über 450) schlossen – so mancher türkische Händler und Kneipier folgte den Soldaten in den Irak und verkauft dort nun Bermudashorts oder *Efes* in Dosen (in kein anderes Land der Welt exportiert die Türkei mehr Bier als in den Irak!). Die wenigen noch verbliebenen Kneipen mit Namen wie „Turkish Turtle" oder „Bunker Bar" sind mittlerweile meist leer, da sich die Soldaten aus Angst vor Anschlägen kaum mehr aus ihrer Kaserne trauen. Wie lange die Militärbasis noch Bestand haben wird, ist fraglich. Immer wieder droht Ankara, den Amerikanern die Lizenz für İncirlik zu entziehen.

Essen & Trinken/Nachtleben   (→ Karte S. 475)

Etliche schicke Cafés und Fast-Food-Läden befinden sich im nördlichen Bereich des Ziyapaşa Bul., einfache, ordentliche Lokantas in den Vierteln südlich des Turan Cemal Beriker Bul. Die Küche Adanas ist wesentlich schärfer als in der Türkei sonst üblich, der arabische Einfluss schlägt sich nieder. Berühmteste Spezialität der Stadt ist der *Adana Kebap:* Das Hackfleisch wird dünn um einen flachen Metallspieß geknetet, über Holzkohle gegrillt (ohnehin wird viel gegrillt in Adana!) und anschließend abgezogen. Bekannt ist die Gegend um Adana auch für den *Tereyağlı Ayran,* eine mit Butter versehene Variante des türkischen Joghurtgetränks.

Yüzevler 3, von 8 (!) Brüdern betriebenes, äußerst gepflegtes Kebablokal – die Anlaufstelle für den allerbesten *Adana Kebap.* Dafür kommen Berühmtheiten aus der ganzen Türkei, die Fotos an den Wänden erzählen nichts anderes. Es gibt auch Alkohol. Mittlere Preisklasse. Ziyapaşa Bul. Yüzevler Apt. Zemin Kat 25/A, ☎ 4547513.

≫≫ Mein Tipp: **Kazancılar Tarihi İstanbul Kebap ve Lahmacun Salonu 18**, ein Grund, um eine Nacht in Adana zu verbringen! Eine halbe Gasse voller Tische. Meze, die aus großen Blechgefäßen geschöpft werden. Ein mächtiger, stets rauchender Grill und hin und wieder Livemusik. Der Tipp für ein fröhliches Abendessen mit viel Rakı oder Bier in einfachem Ambiente. Nicht teuer. Sarıyakup Mah. 6. Sok. 53 (im Wirrwarr des Basarviertels nicht ganz einfach zu finden – kennt aber jeder, durchfragen), ☎ 3513512. **≪≪**

Kebap 52 6, noch mal Kebab, alle möglichen leckeren Sorten, dazu Meze. Sehr sauber. Von Lesern sehr gelobt. Mittlere Preisklasse. Ramazanoğlu Cad., ☎ 4586452.

Dost Balıkçılık 7, gleich nebenan. Seit Jahrzehnten sorgt dieses (mittlerweile recht moderne) große Fischlokal für besten Fisch und beste Meeresfrüchte. So beliebt, dass am Abend ohne Reservierung kaum etwas zu machen ist (für Touristen findet man jedoch noch den einen oder anderen Katzentisch). Es wird fleißig gepichelt. Gehobenes Preisniveau. Ramazanoğlu Cad., ☎ 4537179.

Akoluk 16, gemütlicher, einfacher Fischimbiss auf 2 Etagen. Riesenportion Fisch im Brot 3 €. Cemal Gürsel Cad. 27001 Sok. 10/B (Seitengasse gegenüber dem UY-Kaufhaus).

Mükerrem 2, wer in der Ecke unterwegs ist und Lust auf einen leckeren Snack hat, kann in diese recht schlichte Burgerbraterei einkehren, eine Adaner Institution. Frische Zutaten, sehr aromatisch (Minze!) – das einmal andere Burgererlebnis. Fein auch das Sandwich mit Huhn und Käse. Şinasi Efendi Cad. 25.

Güllüoğlu Baklavacı 1, lichtes Café. Hier serviert man mit die beste Baklava des Landes in zig Variationen. Dazu die lokale Leckerei *Künefe.* Ecke Gazipaşa Bul./Valiyolu Cad.

Time Out 5, nettes, fast europäisch wirkendes Café in einer ruhigen Seitengasse. Außenbereiche. Gute Kuchen, dazu Sandwichs. 62029 Sok.

Nachtleben Etliche Bars in den Straßenzügen nördlich des Turan Cemal Beriker Bul. Wer auch noch laute Musik braucht, geht in die **Pick Up Rockbar 4** in der Valiyolu Cad. Originelle Deko, wechselndes Programm zwischen Alternative Rock, Metal oder türkischen Oldies, mal live und mal vom Plattenteller.

Sehenswertes

An Überbleibseln aus der Antike kann Adana nur noch eine robuste **Steinbrücke** aus der Zeit Kaiser Hadrians (2. Jh. n. Chr.) vorweisen: Die 14-bogige *Taş Köprü* ist 319 m lang und überspannt östlich des Zentrums den Seyhan, einen im Altertum schiffbaren Fluss. Passieren dürfen sie heute nur noch Fußgänger.

Museen: Das *Archäologische Museum (Adana Bölge Müzesi)* an der Fuzuli Caddesi präsentiert beachtliche Funde der Umgebung, vorrangig aus hethitischer und römischer Zeit. Prunkstück ist ein Bronzestandbild im ersten Stock (aufgrund der Kleidung vermutlich ein römischer Senator), das ein Taucher bei Karataş (→ Umgebung) in 15 m Tiefe entdeckte. Des Weiteren sieht man eine Steintafel (5. Jh.) aus Anavarza (→ S. 482) mit Steuerangaben für Wein, Salz oder Safran, ein Orpheus-Mosaik, antiken Goldschmuck, hethitische Statuetten u. v. m. (tägl. außer Mo 8–12 und 13–16.30 Uhr, Eintritt 2 €).

Das *Ethnografische Museum (Etnografya Müzesi)* am Ziyapaşa Bulvarı unterscheidet sich kaum von den 1001 anderen türkischen Museen dieser Art. Im kleinen

Die Çukurova → Karte S. 466

Garten stehen ein paar osmanische Grabstelen und Schrifttafeln, im Inneren werden hauptsächlich Teppiche und osmanische Gebrauchsgegenstände ausgestellt. Einzige Abwechslung: ein vollständig eingerichtetes Nomadenzelt (tägl. außer Mo 8.30–12 und 13.30–17.30 Uhr, Eintritt frei).

Moscheen: 25.000 Menschen passen in die *Sabancı Merkez Camii,* die größte Moschee der Stadt, die unübersehbar am westlichen Ufer des Seyhan liegt. Das 1998 fertiggestellte, überdimensionierte Bauwerk – es besitzt 6 (!) Minarette und die mit 56 m höchste Kuppel des Landes – stiftete die Sabancı-Holding für die Zuzügler aus dem Osten, wie Spötter meinen. Die *Ulu Cami (Große Moschee)* in der Kızılay Caddesi macht seitdem ihrem Namen keine Ehre mehr. Die Fassade des etwas gedrungenen Baus aus dem 16. Jh. schmücken schwarzweiße, horizontale Muster, ähnlich den Moscheen Nordsyriens. Sehenswert ist der Fliesendekor im Inneren – verwendet wurden feine Fayencen aus İznik und Kütahya. Die Anlage ist von einer hohen Mauer umgeben und beherbergt auch eine Medrese.

Umgebung von Adana

Karataş: Adanas nächstgelegener Badeort (50 km südlich), übrigens eine Partnerstadt von Memmingen im Allgäu, ist ein unspektakuläres und ziemlich ungepflegtes, wild wucherndes 8500-Einwohner-Städtchen. Karataş besitzt einen Hafen und rechts und links davon annehmbare Bademöglichkeiten. Hinter den Stränden entstanden in den letzten Jahren die typisch türkischen Feriendörfer. So viele Häuschen wurden gebaut, dass sich die Einwohnerzahl an Sommerwochenenden vervierfacht. Das Angebot an Unterkünften ist insgesamt bescheiden und das Gros der Pensionen vorrangig auf türkische Familien eingestellt. Ausländer sind dennoch gern gesehene, aber seltene Gäste.

Westlich von Karataş mündet der Seyhan ins Meer, östlich der Ceyhan, die Hauptflüsse der Çukurova. Die Strände nahe den Mündungen sind bevorzugte Brutplätze von Schildkröten. Das Gebiet ist zudem ein Vogelparadies: Ornithologen können westlich von Karataş rund um den *Akyatan-See* z. B. der Graunachtigall nachspüren. Vor dem See lockt ein über 20 km langer Strand, der durch passierbare Flussmündungen unterbrochen wird. Er ist bis auf den ersten Bereich komplett unverbaut, aber leider oft nicht von Müll befreit (Anfahrt: von Adana kommend beim ersten Kreisverkehr hinter der Petrol-Ofisi-Tankstelle rechts ab, exakt 1 km weiter wieder rechts und dann stets der geteerten Straße gen Westen folgen). Für Vogelbeobachtungen in östlicher Richtung → Yumurtalık.

Verbindungen/Anfahrt Regelmäßig Dolmuşe von und nach Adana. Karataş ist in Adana auf Höhe des Hotels Hilton ausgeschildert.

Übernachten Keine wirklichen Empfehlungen, probieren Sie Ihr Glück bei folgenden beiden Adressen:

Öyküm Butik Otel, nur nicht vom Namen täuschen lassen! Größere Anlage mit Zimmern und Apartments, dazu ein Garten und ein großer Pool mit Rutsche. Billigst und recht stillos ausgestattet. Zimmer – obwohl erst 2008 eröffnet – mit kräftigen Gebrauchsspuren. DZ 60 €. Am Oststrand, dort ausgeschildert, ✆ 0322/6812508, 🖷 6812578, www.oykum butikotel.com.

Rıhtım Pension, beliebteste Pension vor Ort. 19 simple, aber restaurierte 3-Bett-Zimmer, alle mit Bad, Balkon, Kühlschrank und Klimaanlage, viele mit Meeresblick. Freundliche Bewirtung. Großes Fischrestaurant über dem Meer. DZ 25 € ohne Frühstück. Am Oststrand, dort ausgeschildert, ✆ 0322/6814253.

Essen & Trinken Mavi Kum Restaurant, zentral gelegenes, gepflegtes Fischrestaurant direkt am Meer mit schöner Terrasse. Mittlere Preisklasse. ✆ 0322/6812137. Weitere gute Fischlokale sind das **Salim'in Yeri** und das **Yelken Restaurant** ca. 5 km abseits des Zentrums gen Osten, von der Straße nach Adana ausgeschildert.

Weißes Gold für harte Arbeit – Baumwollernte in der Çukurova

Die Çukurova ist noch immer eines der größten Baumwollanbaugebiete der Türkei, die Türkei selbst der siebtgrößte Baumwollproduzent der Welt (ca. 500.000 t/Jahr) und nach Indien der führende Hersteller von Baumwolle aus ökologischem Anbau. Zwischen August und Oktober wird das weiche weiße Gold geerntet – teils maschinell, teils aber noch wie von alters her per Hand. Entlang der Plantagen fallen dann zuweilen Zeltstädte ins Auge – vorübergehende Behausungen kurdischer Baumwollpflücker (insbesondere Frauen) aus Ostanatolien. Sie arbeiten für einen Hungerlohn (ca. 10 €/Tag) und müssen oft noch einen Teil ihres Soldes an die Dorfältesten daheim abtreten, welche die Arbeitskontrakte für sie unterzeichnet haben. Während in der Çukurova die Baumwollproduktion seit Jahren rückläufig ist, steigt sie an der Ägäisküste und in der GAP-Region (Südostanatolien).

Yakapınar (Misis)

Der kleine Ort, der heute Yakapınar genannt wird und früher Misis hieß, liegt am Ufer des Ceyhan-Flusses rund 25 km östlich von Adana. An gleicher Stelle befand sich im Altertum die durch ihre günstige Lage an der Seidenstraße recht prosperierende Stadt *Mopsuestia*. An die lange Geschichte des Ortes erinnern heute noch eine byzantinische **Steinbrücke** über den Ceyhan und daneben die Reste einer alten Karawanserei. Des Weiteren besitzt Yakapınar ein **Mosaikenmuseum** (ausgeschildert, tägl. außer Mo 9–17 Uhr, Eintritt frei). Das Ein-Raum-Museum beherbergt das Fußbodenmosaik einer einst dreischiffigen Basilika aus dem 4. Jh. Erhalten blieb zwar nicht besonders viel, das Wenige ist dennoch beeindruckend. Zu sehen sind u. a. Szenen der alttestamentarischen Arche-Noah-Geschichte.
Verbindungen: Regelmäßige **Dolmuş**verbindungen von und nach Adana.

Yılan Kalesi und Ceyhan

Die kleinarmenische Festung Yılan Kalesi auf einem felsigen Bergplateau wurde Anfang des 13. Jh. errichtet. Seit hunderten von Jahren beherrscht sie die Ebene drum herum, doch wird sie heute von der Nationalstraße 400 und der Autobahn Adana – Gaziantep unschön umringt. Worauf ihr Name „Schlangenburg" zurückgeht, weiß man nicht. Legenden gibt es viele, von Schlangenplagen bis zu sagenhaften Schlangenkönigen, die hier herrschten. Zumindest sollen einmal Schlangenreliefs den Burgeingang und diverse Räumlichkeiten geziert haben. Der 20-minütige Anstieg bringt Ihnen hoffentlich keinen Schlangenbiss ... (stets zugänglich, Eintritt frei). Das rund 6 km nordöstlich der Burg gelegen **Ceyhan** (105.600 Einwohner) hat für Touristen nur als Minibus-Umsteigestation nach Yumurtalık oder Anavarza Bedeutung.

Anfahrt Die Burg ist von der Landstraße Yakapınar – Ceyhan bereits zu sehen und ausgeschildert.

Verbindungen Von Ceyhan bestehen regelmäßige **Minibus**verbindungen nach Adana, Yumurtalık und Kozan (Richtung Anavarza). Alle Minibusse fahren vom Busbahnhof am östlichen Stadtrand ab.

Die Çukurova → Karte S. 466

Ein gebeuteltes Volk – die Geschichte der Armenier

Man schätzt, dass heute rund 140.000 Armenier in der Türkei leben, die Hälfte davon mit türkischem Pass, die andere Hälfte als illegale Arbeiter. Noch vor 100 Jahren, im Osmanischen Reich, stellten die Armenier rund 10 % der Bevölkerung Anatoliens. Ihre Geschichte ist eines der schwärzesten Kapitel des Landes und wird erst langsam enttabuisiert.

Vorfahren des armenischen Volkes siedelten vor etwa 2500 Jahren im Kaukasus und in weiten Teilen Ostanatoliens. Im 1. Jh. v. Chr. schuf Tigranes der Große ein armenisches Großreich, das sich vom Kaukasus über Ost- und Südostanatolien bis ans Mittelmeer erstreckte. 40 Jahre währte es, dann kamen die Römer. Es folgten die Parther, Byzantiner, Sasaniden und Araber – über etliche Jahrhunderte waren die armenischen Siedlungsgebiete Zankapfel der benachbarten Völker. Die Selbstständigkeit der im 3. Jh. zum Christentum übergetretenen Armenier war auf kurze Interimsphasen beschränkt.

Nach der legendären Schlacht von *Manzikert* (dem heutigen Malazgirt in Ostanatolien) flohen 1071 viele Armenier vor den vordringenden Seldschuken nach Kilikien. Hier gründeten sie einen von Byzanz unabhängigen Herrschaftsbereich: das Fürstentum der Rubeniden, Kleinarmenien genannt. Stumme Zeugen dieser Zeit sind neben der Burg Yılan Kalesi u. a. auch Kızkalesi, Yumurtalık und Anavarza. In der zweiten Hälfte des 14. Jh. brach Kleinarmenien zusammen – dafür sorgten die Flotte König Peters I. von Zypern, die einfallenden ägyptischen Mameluken und die Verwüstungen der Mongolen.

Im Osmanischen Reich waren die Armenier als nichtmuslimische Minderheit bis in die zweite Hälfte des 19. Jh. loyale Untertanen des Sultans und bekleideten vielfach hohe Stellen in Regierung, Verwaltung und Wirtschaft. Doch dann blühte der armenische Wunsch nach nationaler Unabhängigkeit auf. Autonomiebestrebungen mit Terrorakten führten zum Misstrauen zwischen den Volksgruppen und zu ersten Massakern. Als die Armenier von Van 1915 mit einem Aufstand die Einnahme ihrer Stadt durch russische Truppen unterstützten, eskalierte die Situation. Die jungtürkische Regierung, die ebenfalls einen Nationalstaat favorisierte, beschloss die Radikallösung – die kollektive Deportation der armenischen Bevölkerung Süd- und Ostanatoliens in die syrische Wüste. Schätzungsweise 1,5 Mio. Armenier fielen den Verfolgungen zum Opfer. Die armenischen Geschichtsbücher verwenden dafür den Begriff *Mez Eghern* („Das große Gemetzel"). Friedensnobelpreisträger Elie Wiesel sprach vom „Holocaust vor dem Holocaust". Den Vorwurf des Genozids aber wies die Türkei stets vehement zurück. Wer von Genozid sprach, dem drohte Gefängnis. Erst jüngst fand eine Enttabuisierung des Themas statt.

1918, nach dem Ersten Weltkrieg, wurde Armenien unabhängig. Doch schon 1920 annektierten kemalistische Truppen dessen westlichen Teil, den östlichen schnappten sich die Bolschewiki. Erneut starben 30.000 Armenier. Erst der Zusammenbruch der UdSSR brachte den 3 Mio. Armeniern endlich wieder den eigenen Staat, wirklichen Frieden aber nicht: Das Verhältnis zu Aserbaidschan ist infolge des Berg-Karabach-Konflikts angespannt. Und wegen des Berg-Karabach-Konflikts droht Aserbaidschan der verbündeten Türkei wiederum damit, den Gashahn zuzudrehen, sollte es zu einer Annäherung zwischen der Türkei und Armenien kommen. So wurde die 2009 angekündigte Grenzöffnung zwischen beiden Ländern wieder auf unbegrenzte Zeit verschoben.

Fischerstädtchen Yumurtalık

Yumurtalık

5100 Einwohner

Das Städtchen mit dem seltsamen Namen „Eierbecher" ist eine Mischung aus Fischer- und Badeort und das mit Abstand sympathischste und geruhsamste Fleckchen der Çukurova. Lediglich an Sommerwochenenden ändert sich dieser Sachverhalt, wenn Tausende von Adanalılar die schattigen Teegärten und Restaurants rund um den Fischerhafen sowie den gepflegten Ortsstrand und die dahinterliegenden Apartmentblocks belagern. Ganzjährig kommen Vogelbeobachter – gute Plätze für Birder sind die Lagunen vor Deveciuşağı (ca. 20 km südwestlich).

In und um Yumurtalık bereichern armenische Ruinen aus dem 12. bis 14. Jh. die Badekulisse. Damals hieß das Städtchen noch *Ayas*, besaß den wichtigsten Hafen der Çukurova und war ein bedeutender Handelsstützpunkt der Genuesen und Venezianer. Selbst Marco Polo (1254–1324) kam zweimal vorbei. Wie in Kızkalesi (→ S. 459) standen sich auch in Ayas eine Land- und eine Seeburg gegenüber. Zu den Ruinen der vorgelagerten Inselfestung kann man hinausschwimmen, von der Landburg sind noch vier Türme und angefressene Mauerteile erhalten. Weitere Ruinen dämmern im Ort vor sich hin, findet man als schmückende Säulen in Gärten oder in neuzeitliche Gebäude integriert. Die Bewohner machten sich die alten Brocken zunutze, bevor die ersten Archäologen und Historiker aufkreuzten.

Östlich von Yumurtalık wird das Öl der hier endenden Pipelines aus dem irakischen Kirkuk (900 km) und der aserbaidschanischen Hauptstadt Baku (1760 km) in alle Welt verschifft. Die sog. Baku-Ceyhan-Pipeline gilt als eine der teuersten und technisch aufwendigsten Pipelines der Welt und befördert rund 1 Mio. Barrel pro Jahr.

Die Çukurova → Karte S. 466

Verbindungen Regelmäßige **Dolmuş**verbindungen nach Ceyhan und Adana (Yüreğir Otogar).

Auf dem Weg von Ceyhan nach Yumurtalık – 35 km durch Felder und über sanfte Hügel – weist ein Schild zur **Kurtkulağı Kervansarayı** (4 km) im gleichnamigen Ort. In osmanischer Zeit war die Karawanserei ein wichtiger Stopp an der Handelsstraße nach Aleppo, heute führt sie ein recht unbeachtetes Dasein und ist meist verschlossen.

Übernachten Es gibt recht wenige Unterkünfte für den hochsommerlichen Andrang – reservieren Sie an Wochenenden besser im Voraus!

BTC Hotel, neuestes Haus vor Ort. 46 pseudoschicke Zimmer, die nach vorne mit Balkon und Blick auf den Strand. DZ 50 € (Seite) bzw. 57 € (Meeresblick). Atatürk Cad. 33 (Ufer- bzw. Durchgangsstraße direkt hinterm Strand), ✆ 0322/6712277, www.grandbtchotel.com.

Hotel Öztur, älteres, abgewohntes Hotel nur ein paar Häuser weiter. Zweckmäßige Zimmer mit Balkon und Klimaanlage, die nach vorne werden als geräumige Suiten mit Meeresblick verkauft, die zur Seite sind kleiner. DZ ab 28 €. Atatürk Cad., ✆ 0322/6712167.

Küçük Aile Pansiyon, im westlichen Ortsteil. Ordentliche Familienpension mit vielen deutschen Gästen. 16 schlichte Zimmer mit Bad, Klimaanlage, TV (deutsche Programme) und Kühlschrank, alle mit Balkon, viele mit schönem Meeresblick. Die Gäste teilen sich 4 saubere Küchen und die Gartenterrasse. Auf Wunsch wird gekocht oder Fisch gegrillt – Herr Küçük ist Fischer. Ganzjährig. DZ 29 €, Familienzimmer für 4 Pers. 40 €. Alparslan Türkeş Cad. 25, ✆ 0322/6712215, ✉ 6713215, www.kucukailepansiyonu.com.

Essen & Trinken Baba'nın Yeri, freundlich-bescheidenes Fischlokal direkt am Hafen. Die rege Fischfangflotte Yumurtalıks sorgt stets für Nachschub. ✆ 0535/5689568 (mobil).

Burg Anavarza

Anavarza (antike Stätte)

Die Festungsanlage Anavarza bzw. *Anazarbus* stellt alle anderen Sehenswürdigkeiten der Çukurova in den Schatten. Auf einem 200 m hohen Felsplateau gelegen, dominiert die Burg die weite fruchtbare Ebene, wo im Sommer Abertausende von Sonnenblumen blühen. Yaşar Kemal (→ Kasten), der die Gegend um Anavarza als

Heimat des *Ince Memed* literarisch verewigte, gab übrigens einmal lachend zu, niemals auch nur einen Fuß auf den Felsen gesetzt zu haben – er hat etwas verpasst. Schöner liegen Ruinen nur selten.

Yaşar Kemal, Persona non grata aus der Çukurova

Yaşar Kemal, einer der bedeutendsten zeitgenössischen Schriftsteller der Türkei, machte die Çukurova zum Schauplatz der Weltliteratur. Sie ist zugleich seine Heimat. Als Kind zugezogener kurdischer Eltern wurde er 1923 in einem kleinen Dorf in der Schwemmlandebene geboren. Mit fünf Jahren musste er mit ansehen, wie sein Vater bei einem Familienstreit in der Moschee erstochen wurde. Später verlor er ein Auge, als seinem Onkel beim Hammelopfer das Messer ausrutschte. Als Hirte und Tagelöhner schlug er sich durch, bevor er zum Journalisten und literarischen Anwalt der Armen und Unterdrückten avancierte. Das Gros seiner Romane ist in der Çukurova angesiedelt, darunter auch sein erfolgreichstes, 1955 erstmals erschienenes und heute in über 40 Sprachen übersetztes Werk *Ince Memed* („Memed mein Falke"). Wer den poetischen Kampf eines anatolischen Robin Hoods gegen erbarmungslose Großgrundbesitzer im Reisegepäck hat, wird die Çukurova mit anderen Augen sehen.

Während Yaşar Kemal in seinen Erzählungen den täglichen Überlebenskampf der Landlosen und ihrer Heimat beraubten Nomaden mit viel Metaphorik beschrieb, übte der bekennende Sozialist im realen Leben offene Kritik an seinem Land und dessen Menschenrechtspolitik. Was ihm im Ausland viele Preise einbrachte (1997 beispielsweise den Friedenspreis des deutschen Buchhandels), bescherte ihm im eigenen Land Gefängnisaufenthalte und Verachtung. Die frühere Ministerpräsidentin Tansu Çiller nannte ihn einen „Strolch", und Burhan Özfatura, Ex-Bürgermeister von İzmir, einen „Halunken, der krumme Bücher schreibt". Erst im Zuge der türkischen EU-Ambitionen änderte sich diese Haltung. 2008 wurde Yaşar Kemal erster Träger des neuen „Kulturpreises des Staatspräsidenten". Den Preis nannte er „ein Zeichen, dass der Weg zum sozialen Frieden geöffnet ist."

Zu Fuße des Burgbergs, rund um das stille Nachfolgedörfchen Dilekkaya, ruhen weit verstreut die Relikte einer im 1. Jh. v. Chr. gegründeten Stadt. Die meisten stammen aus römischer Zeit – das begehrte Anavarza war später wechselweise auch unter persischer, byzantinischer, arabischer und mamelukischer Herrschaft. Bei der Einfahrt ins Dorf fällt zunächst die **Stadtmauer** mit ihrem schmucklosen **Westtor** auf. Wer sich von hier gen Norden hält, gelangt zu einem noch recht gut erhaltenen **Aquädukt**. In entgegengesetzter Richtung liegt ein kleines aber feines **Museum**, das mit zwei schönen Mosaiken vom Boden eines Badebeckens aus dem 3. Jh. n. Chr. angeben kann – vor Besuchern wird gerne ein Eimer Wasser über die Mosaike gekippt, damit die Farben besser zur Geltung kommen. Wer vom Museum durch das Dorf weiter nach Südosten läuft, sieht vielleicht ein paar Kühe zwischen den Resten des **Stadions**, des triumphbogenartigen **Südtors** und des **Theaters** grasen.

Nördlich des Südtores, bei den letzten Häusern Dilekkayas, beginnt der Aufstieg zur alles überragenden **Zitadelle** (Hinweisschild). Denken Sie an feste Schuhe und genügend Wasser; Trittsicherheit und Schwindelfreiheit sind Voraussetzung!

Die Çukurova → Karte S. 466

Im Hochsommer kann der halbstündige Aufstieg schnell zur Tortur werden, belohnt aber mit grandiosen Aussichten. Die Ruinen auf dem Burgberg, darunter eine Kirche aus dem frühen 12. Jh., zeugen vorrangig von der Herrschaftsepoche

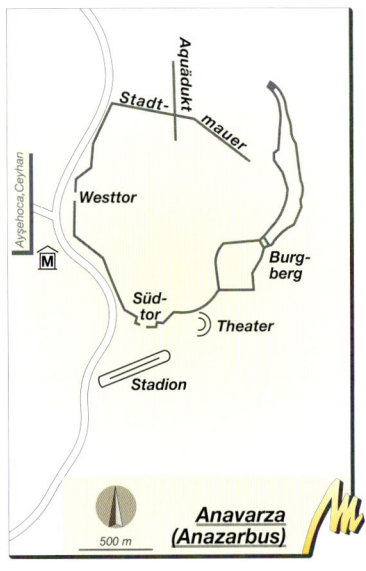

Anavarza
(Anazarbus)

der armenischen Rubeniden, die Anavarza zu ihrer Sommerresidenz wählten. Mit der Eroberung der Stadt durch die ägyptischen Mameluken 1375 fiel hier die letzte Bastion des kleinarmenischen Reiches (→ Kasten S. 480).

Anfahrt/Verbindungen Von Ceyhan führt die Nationalstraße 817 Richtung Kozan. Nach ca. 20 km im Dorf Ayşehoca rechts ab (ausgeschildert), nach weiteren 5 km ist man am Ziel. Mit dem **Dolmuş** von Ceyhan Richtung Kozan, an der Abzweigung nach Anavarza aussteigen und ca. 1 Std. etwas für die Beinmuskulatur tun – zusammen mit der Besichtigung der Zitadelle eine schöne, mehrstündige Wanderung.

Tipps für eine Tour, die auch den Karatepe-Nationalpark beinhaltet: → S. 486.

Öffnungszeiten Ruinen und Museum sind tagsüber stets zugänglich. Eintritt frei.

Toprakkale

Die „Lehmburg", ursprünglich von Byzantinern auf einem 60 m hohen Basaltfelsen errichtet, liegt weithin sichtbar mitten im Dreieck der Fernstraßen nach Adana, İskenderun und Gaziantep. Sie hatte aufgrund ihrer exponierten Lage nicht nur Blickkontakt zu den Festungen Yılan Kalesi und Anavarza, sondern auch eine ähnliche Geschichte. Als Burgherren wechselten sich Byzantiner, Araber, Kreuzritter, Armenier, Mameluken und Osmanen ab. Der größte Teil der recht gut erhaltenen Anlage mit einigen unterirdischen Gängen stammt aus kleinarmenischer Zeit.

Öffnungszeiten/Anfahrt Stets zugänglich. Ein selbst ernannter Burgwächter verlangt zuweilen einen kleinen Obolus für seine Führung. Gut ausgeschildert, den braunen Schildern „Toprakkale" folgen, alle anderen führen ins gleichnamige Städtchen. Ohne eigenes Fahrzeug erreicht man die Burg, indem man ein Osmaniye-İskenderun-Dolmuş nimmt und unterwegs aussteigt – sagen Sie dem Fahrer Bescheid.

Osmaniye und Karatepe-Nationalpark (Karatepe Milli Parkı)

Osmaniye, eine recht unansehnliche Provinzhauptstadt mit 199.000 Einwohnern, ist Ausgangspunkt für Fahrten in den 34 km nördlich gelegenen Karatepe-Nationalpark, ein 77 km² großes Naherholungsgebiet. Es liegt am **Aslantaş Barajı**, einer künstlichen Stauung des Ceyhan-Flusses. Weite Kiefern- und Eichenwälder prägen den Park, der zugleich Heimat von Wölfen, Schakalen und Wildschweinen ist. Hoch über dem See lassen sich die Ruinen der hethitischen Burganlage **Karatepe-**

Aslantaş besichtigen. Vor einigen Jahren geriet die Burganlage in einen wissenschaftlichen Disput, der selbst die Feuilletons der Tageszeitungen weltweit füllte. Grund: Der österreichische Komparatist Raoul Schrott hatte die These aufgestellt, dass Homer ein assyrischer Hofdichter war und Troja nicht an der Ägäis, sondern hier zu suchen sei.

Entdeckt wurde Karatepe-Aslantaş 1946 von dem in İstanbul lehrenden deutschen Archäologen Hellmuth Bossert. Zusammen mit seiner Kollegin Halet Çambel – ganz nebenbei die erste Türkin, die je an Olympischen Spielen teilnahm (1936 in Berlin) – legte er die Ruinen frei. Ihr spektakulärster Fund waren Steinplatten mit zweisprachigen Inschriften, welche eine Gegenüberstellung der bereits bekannten phönizischen Schrift mit hethitischen Hieroglyphen erlaubte. Letztere konnten so erstmals entziffert werden.

Die Festung war vermutlich vom 12. bis zum 8. Jh. v. Chr. bewohnt, zuletzt diente sie als Sommerresidenz des Hethiterkönigs Asitawanda. (Laut Schrott jedoch ereigneten sich hier um 700 v. Chr. die aus der *Ilias* bekannten Geschehnisse). Vom ehemaligen Palast ist kaum mehr etwas erhalten. Sehenswert sind jedoch zwei mittels Dachkonstruktionen geschützte Toranlagen, die von Löwen (*aslantaş* = Löwenstein) und Sphinxen bewacht werden. Beide besitzen fein gearbeitete Reliefs – sie sind einmalig in der hethitischen Welt, da sie keine „langweiligen" Darstellungen des höfischen Lebens, sondern humoristische Szenerien zeigen. Am Südtor ist ein molliger Fürst zu erkennen, dem gerade Essen aufgetragen wird; unter dem Tisch hockt ein Äffchen. Am besser erhaltenen Nordtor – Jahrhunderte lang lag es geschützt unter der Erde – ist die Darstellung einer stillenden Mutter auszumachen, dazu sieht man Flöten- und Harfenspieler sowie Tänzer. Als Wächter des Ganzen fungiert Sturmgott Baal (auch: Tarhunzas), die rund 3 m große Statue ist recht imposant. Zum Schluss besichtigt man das kleine Museum mit seinen interessanten Funden aus der Hethiterzeit, die meisten stammen jedoch aus der nahen Hethiterfestung Domuztepe.

Begegnungen im Karatepe-Nationalpark

Die Çukurova → Karte S. 466

Karatepe-Aslantaş ist nicht die einzige Ruinenstätte, die Sie bei einem Ausflug in den Nationalpark besichtigen können. Auf halbem Weg zwischen Osmaniye und dem Nationalpark passiert man das antike **Hierapolis Kastabala**. Es liegt inmitten von Feldern zu Fuße eines Hügels, den die mittelalterliche Burg **Bodrum Kalesi** krönt. In der Antike war Hierapolis, dessen Name im 2. Jh. v. Chr. erstmals auf Münzen auftauchte, bekannt für den hier gepflegten Artemiskult. Der Geograf Strabo (64 v.–23 n. Chr.) berichtet von Zeremonien der Priesterinnen, die nach ausgiebigen Tänzen in Trance fielen und anschließend über glühende Kohlen laufen konnten. Auf dem Ruinengelände geht es heute weit weniger mystisch zu. An Hierapolis, die „Stadt der Tempel", erinnern nur noch spärliche Ruinen. Zu sehen sind u. a. eine 300 m lange Kolonnadenstraße mit 78 Säulen, die teils noch über schöne korinthische Kapitelle verfügen, ein Theater, zudem die Ruinen eines Stadions, zweier Bäder und zweier Kirchen aus dem 5. oder 6. Jh. Das Gelände ist stets zugänglich und kostet keinen Eintritt.

Öffnungszeiten   Die Ruinen von Karatepe-Aslantaş sind tägl. 8–17 Uhr zugänglich. Eintritt 1,20 €.

Anfahrt   Der Weg zum Nationalpark ist von der Hauptdurchgangsstraße in Osmaniye ausgeschildert. Er führt zunächst Richtung Kadirli, nach ca. 10 km geht es in Çevdetiye rechts ab.

Hethitische Reliefs der Burganlage Karatepe-Aslantaş

Hinweis: Vom Nationalpark bietet sich die Weiterfahrt Richtung Norden über die Kleinstadt Kadirli und die Ausgrabungsstätte Anavarza (s. o.) nach Ceyhan an. Eine landschaftlich reizvolle, gut ausgeschilderte Tour.

Verbindungen   Es fahren keine Busse oder Dolmuşe in den Nationalpark. **Taxi** von Osmaniye retour je nach Wartezeit ab 40 €. Neuer **Bus**bahnhof von Osmaniye ca. 3 km nördlich des Zentrums an der Straße nach Kadirli/Karatepe-Nationalpark, Dolmuşe ins Zentrum. Die **Minibusse** nach Adana und İskenderun verkehren hingegen vom alten Busbahnhof direkt an der Durchgangsstraße im Zentrum.

Übernachten   Die Übernachtungssituation ist nicht die beste.

**** Büyük Osmaniye Oteli, neuestes und bestes Haus der Stadt in unattraktiver Lage ca. 5 km westlich des Zentrums an der Straße nach Adana. Der Kasten bietet 100 angestylte Zimmer und Suiten auf der Sternezahl entsprechendem Niveau. Dachrestaurant, Sauna, Hamam, Außenpool. EZ 40 €, DZ 60 €. Toprakkale yolu üzeri, ☎ 0328/7770000, www.buyukosmaniyeoteli.com.

Şahin Otel, Mittelklasse im Zentrum. 67 Zimmer mit ordentlichen Bädern, leicht abgeschrammt, aber okay (sofern Sie eines mit Fenster nach außen bekommen!). EZ 25 €, DZ 37 €. Dr. Ahmet Kalkan Cad. 27 (nahe der Durchgangsstraße bzw. dem unübersehbaren Devlet Bahçeli Meydanı, einem Kreisverkehr mit Brunnen), ☎ 0328/8124444, ☏ 8138484.

Adana by night

Das Hatay

Die südlichste Provinz der Türkei liegt abseits der großen Touristenströme. Abwechslungsreiche Landschaften und die arabisch geprägte Provinzmetropole Antakya sprechen für einen Abstecher.

Blickt man auf die Landkarte, so sitzt es wie ein Dorn zwischen Syrien und dem Mittelmeer. Nach dem Zusammenbruch des Osmanischen Reiches war das Hatay wie Syrien französisches Protektorat. Erst 1939 fiel es nach einer Volksabstimmung an die Türkei. Bis heute erkennen viele syrische Politiker diese Abstimmung nicht an. Auf manchen arabischen Landkarten verläuft deswegen die syrisch-türkische Grenze zuweilen noch immer nördlich von İskenderun.

> **Hatay – das Highlight**
> **Antakya**: Die Hauptstadt des einstigen Seleukidenreiches besitzt zwei Pilgerziele: für Christen die „erste Kathedrale der Welt" und für Archäologen ein sehenswertes Mosaikenmuseum. Als Dreingabe gibt es ein sympathisches Multi-Kulti-Städtchen, wo Türken und Araber, Muslime und Christen in friedlicher Nachbarschaft leben.

Die Landschaft des Hatay ist reizvoll und vielfältig. Schluchtenreiche Gebirgszüge wechseln ab mit fruchtbaren, üppig grünen Talsenken, in denen es im Sommer schwülheiß wird. Abkühlung versprechen die *Yaylas*, Bergalmen im Landesinneren. Klima und Bodenbeschaffenheit erlauben intensiven Ackerbau, diesbezüglich gehört das Hatay zu den reichsten Gebieten der Türkei. Hauptprodukte sind hochwertige Baumwolle, Getreide und vielerlei Sorten von Gemüse. Alawitische Araber und syrisch-orthodoxe Christen machen das Hatay zudem zu einer Multikultiregion. Wer nicht auf einen Badeurlaub aus ist – die Hatayküste gehört leider zu den schmutzigsten Küsten der Türkei –, kann hier viel entdecken: Klöster, Burgen, antike Stätten und mit Antakya eine sympathische Provinzmetropole.

Epiphania/Issos (antike Stadt)

Drei drei drei – bei Issos Keilerei. Die Eselsbrücke aus dem Geschichtsunterricht verweist auf die legendäre Schlacht von 333 v. Chr., bei der Alexander der Große am Golf von İskenderun dem persischen Großkönig Darius III. eine vernichtende Niederlage bescherte. Ein Heer aus „nur" 40.000 abendländischen Soldaten kam dabei gegen 500.000 Perser an, so zumindest steht es in den Geschichtsbüchern. Der angebliche Schauplatz der Keilerei ist von der Nationalstraße 817 Osmaniye – Dörtyol (nahe der Autobahn) an einem Kreisverkehr mit „Issos Harabeleri" ausgeschildert – eine gewollte oder ungewollte Irreführung. Wer hier abzweigt, gelangt über Bahngleise und dahinter auf einem Schotterweg zu einem Orangenhain. In diesem liegen ein paar unspektakuläre Ruinen, darunter ein Aquädukt. Sie sind jedoch keine Überreste des geschichtsträchtigen Issos, sondern die einer antiken Stadt namens Epiphania, über die man kaum etwas weiß. Das Schlachtfeld von Issos lag einige Kilometer südlich von Epiphania.

Payas (Yakacık)

Im auch Yakacık genannten Payas, in dem Stahlwerke die Luft verpesten, steht die gut erhaltene **Sokullu Mehmet Paşa Kervansarayı** mit Moschee, Medrese, Hamam und Bedesten (gedeckter Basar) aus dem Jahre 1574. Sie wird dem großen osmanischen Architekten Sinan zugeschrieben. Damals war der Ort eine der Endstationen der Karawanenstraßen von Mesopotamien zum Mittelmeer und ein wichtiger Handelshafen. Zuletzt wurde das Gebäude aufwendig restauriert und war nicht zugänglich. Das **Kastell** gegenüber der Karawanserei wurde von den Kreuzfahrern erbaut und von den Osmanen zum Schutz der Karawanserei restauriert. Fährt man von der Karawanserei noch rund 700 m Richtung Küste und Hafen, kann man zudem die Ruine des **Çin Kulesi** („Geisterturm") besichtigen, eines wahrscheinlich ebenfalls von den Kreuzfahrern errichteten Wachturms.

Anfahrt: Die Karawanserei ist von der Nationalstraße 817 ausgeschildert.

Das Hatay → Karte S. 491

İskenderun

ca. 202.000 Einwohner

İskenderun steht für Stahlwerke und Ölraffinerien. Das klingt schlimmer als es ist, zumal man davon im Zentrum nichts mitbekommt. Dort präsentiert sich İskenderun als eine offene, lebenslustige Stadt mit adretten Straßenzügen hinter einem palmengesäumten Uferboulevard.

Das ehemalige *Alexandrette* wurde von Alexander dem Großen (türk. *Büyük İskender*) nach der Schlacht von Issos gegründet. Irgendwelche Schlagzeilen in der Geschichte machte die Stadt allerdings nie. Antike Überbleibsel sind Fehlanzeige, ausgeschilderte Sehenswürdigkeiten und Museen ebenso. Einzig und allein ein paar armenisch-katholische und orthodoxe Kirchen können besichtigt werden (sie werden noch genutzt, einfach klingeln). Vielleicht liegt es am einstigen christlichen Einfluss, dass die Stadt so durch und durch westlich wirkt. Kopftücher sieht man selten, dafür Minikleidchen und Trägertops. Das Zentrum zeigt sich modern und adrett, nett und gemütlich, ohne die typisch türkische Hektik. Beim sommerlichen Einkaufsbummel muss man aufs Windowshopping allerdings verzichten: Damit die Ware nicht ausbleicht, sind die Jalousien der Ladenfronten oft bis auf Kniehöhe hinabgezogen – die stickig-schweißtreibende Stadt zählt zu den heißesten der Türkei. Im Winter, bei stets frühlingshaften Temperaturen, lässt es sich in İskenderun dagegen gut aushalten.

Vom Uferboulevard blickt man auf ein paar Werften in der Ferne, die Bucht von İskenderun ist zudem Heimat bedeutender türkischer Militärhäfen. Drum herum rauchen die Schlote der Stahlindustrie und zahlreicher Ölraffinerien. Baden ist aufgrund fehlender Strände und zweifelhafter Wasserqualität vor Ort unmöglich. Auch die Kiesstrände auf dem Weg nach Arsuz (s. u.) lohnen seit der Verbreiterung der Küstenstraße keinen Stopp mehr.

Information/Verbindungen

Telefonvorwahl 0326.

Information Etwas versteckt in einer Gasse hinter dem Uferboulevard, 40. Sok. 6/2. Freundlich und kompetent. Mo–Fr 8–12 und 13–17 Uhr. ☎ 6141620, www.iskenderun.bel.tr.

Verbindungen Bus/Dolmuş Busbahnhof in Laufnähe südöstlich des Zentrums nahe der Sanayi Cad. Gute Verbindungen nach Antakya (1½ Std., über Belen) und

Adana (2½ Std.). Die Dolmuşe nach Arsuz und Belen starten vom Dolmuşbahnhof nahe dem Mete Aslan Bul., in die Minibusse nach Antakya, Payas und Osmaniye steigt man am Pac Meydanı nahe dem Hotel Ontur zu.

Zug: Bahnhof (☎ 6140049) ebenfalls in Laufnähe östlich des Zentrums. 1-mal tägl. Züge über Adana nach Mersin.

Übernachten/Essen & Trinken

(→ Karte S. 492)

Die hiesigen Hotels bieten ein recht schlechtes Preis-Leistungs-Verhältnis. Prüfen Sie vorm Einchecken, ob die Klimaanlage funktioniert.

Übernachten *** Hatayli Oteli **2**, gepflegte Mittelklasse nahe der Uferpromenade. 60 komfortable Zimmer mit Klimaanlage, z. T. mit einem Druck von Miró über dem Bett. Dachterrasse. EZ 41 €,

DZ 62 €. Mete Aslan Bul. 2, ☎ 6141590, ✉ 6178751, www.hataylioteli.com.

Hotel Altındişler **5**, ordentliche untere Mittelklasse ohne Sterne. 35 Zimmer mit Laminatböden, funktionalen Bädern, TV und

Klimaanlage, 2 davon mit Balkon. Kein Auf-zug. DZ 35 €. Şehit Pamir Cad. 11, ✆ 6171011, www.altindislerotel.com.

Essen & Trinken Hasan Baba **4**, sehr gutes Restaurant mit großer, schattiger Terrasse (hinten raus). Kleine Auswahl an Meze, 1a-Salatteller, köstliche Grillspieße. Ulucami Cad. 35, ✆ 6176420.

Denizce Balık Pişirim Evi **3**, kleine, ein-fache Fischlokanta, von Lesern entdeckt und gelobt. 52. Sok. 23.

»» Unser Tipp: Petek Pastanesi **1**, Hochglanzkonditorei mit angeschlossenem Café im Kaffeehausstil. Tolle Torten, etliche Sorten Baklava, dazu hausgemachtes Eis. Mareşal Çakmak Cad. 16. **«**

Arsuz

Das einstige Fischerstädtchen 33 km südlich von İskenderun lebt vom natio-nalen und syrischen Tourismus. Mittler-weile ist es ziemlich verbaut und be-steht fast ausschließlich aus Ferienhäus-ern, zu denen sich etliche Pensionen und Aparthotels gesellen. An Sommer-wochenenden avanciert Arsuz zum be-liebten Ziel der in der Hitze brütenden Bewohner İskenderuns. Dann ist der Ort restlos überlaufen und dann wird bis spät in den Abend in den hervorra-genden Fischrestaurants am Fluss geta-felt (Mückenschutz nicht vergessen!).

Ziemlich mäßig, dazu recht klein und mit Liegestühlen nur so vollgestellt ist der örtliche Strand *(Halk Plajı)*. Besser weicht man an die Strände aus, die ca. 1 km nordöstlich des Zentrums beginnen.

Von Arsuz führt ein 44 km langes Sträßlein, das bislang jedoch nur zu drei Vierteln geteert ist, weiter nach Çevlik (→ S. 500). Die Strecke ist wildromantisch – mal fährt man hoch über der Küste, mal direkt am Meer entlang –, die verschmutzten Strände unterwegs laden jedoch kaum zu einem Stopp ein.

Verbindungen Regelmäßige **Dolmuş**ver-bindungen von und nach İskenderun. Die Dolmuşe fahren weiter nach Konacık (Cam-ping).

Übernachten Empfehlenswert sind auch die Bungalows des Orient Campings (s. u.).

*** **Arsuz Otel**, gehobeneres, freundliches Hotel (zwar älteren Datums, aber ge-pflegt) mit eigenem kleinem Strandab-schnitt. Alle Zimmer mit Balkon. Zum

Meer hin überdachtes Terrassenrestau-rant. Wie die meisten Unterkünfte nur Mai–Okt. geöffnet. Von Lesern gelobt. EZ 53 €, DZ 74 €. Im Zentrum, ✆ 0326/6432444, ✆ 6432448, www.arsuzotel.com.

Hotel Yunus, im Zentrum von Arsuz neben der Moschee. Einfachere Mittelklasse, neu möblierte Zimmer, alle mit Terrasse oder Balkon, von den oberen Meeresblick. Eige-ne Parkplätze. DZ 31 €. Dz. K. K. Özel Eğt.

Das Hatay → Karte S. 491

Übernachten
2 Hataylı Oteli
5 Hotel Altındişler

Mittelmeer

Atatürk-
Denkmal

Marina

Hafen

Essen & Trinken
1 Petek Pastanesi
3 Denizce Balık Pişirim Evi
4 Hasan Baba

Katholische
Kirche

Cumhuriyet
Meydanı

Armenische
Kirche

Bahnhof

Orthodoxe
Kirche

Dolmuş-
bahnhof

Polizei

Devlet Hastanesi
(Krankenhaus)

Pac
Meydanı

Dolmuşe:
Antakya, Payas,
Dörtyol, Osmaniye

BUS

Arsuz, Belen, Antakya,
Karaağaç

Armenische Kirche

İskenderun

150 m

Mrkz. Bitişiği, ☎ 0326/6432088, 📠 6433767, www.arsuzyunusotel.com.

Camping Camping Orient, ca. 9 km südlich von Arsuz in der Siedlung Konacık, von Arsuz der Küstenstraße nach Süden folgen, dann bestens ausgeschildert. Liebevoll angelegter, künstlerisch gestalteter Platz. Der freundliche Besitzer Fergini, ein Allroundtalent, hat 19 Jahre in Holland gelebt und spricht gut Deutsch. Üppig grün, Obstbäume en masse, lauschige Sitzecken, Open-Air-Küche etc. Gute Sanitäranlagen. Fergini bastelte zuletzt auch an originellen Bungalows mit und ohne Bad, bis 2012 sind 12 Stück geplant. Zudem soll hier ein Paraglider-zentrum entstehen. Leider nicht am Meer gelegen, dafür tolle Berglandschaft drum herum. Zum Strand und zu den nächsten Restaurants ca. 1 km. 2 Pers. mit Wohnmobil 10,50 €, Bungalow für 2 Pers. je nach Größe und Komfort 16,50–62 €. Konacık 64, ☎ 0326/66757670, www.orientcamping.com.

Essen & Trinken ⟫ Unser Tipp: Derya Restaurant, großes Restaurant mit weißer Bestuhlung am Fluss und unser Favorit – selten haben wir in der Türkei besser gegessen! Fantastische Meze mit Hatay-Einschlag. Dann in Butter gebratene Garnelen – einfach himmlisch! Mittlere Preisklasse. Kein Schild, es handelt sich um das Terrassenlokal neben dem Çardak Restaurant. ☎ 0326/6432094. ⟪

Belen

21.800 Einwohner

Den 750 m hohen Belen-Pass und das gleichnamige, am Berg klebende Städtchen 13 km südöstlich von İskenderun passiert man auf dem Weg nach Antakya. Als *Porta Syriae* war der Pass schon im Altertum ein wichtiger Punkt auf der Route von Anatolien nach Syrien. Außer ein paar guten Restaurants (ein Tipp das preiswerte „Kurtoğlu" mit vorzüglicher Mezeauswahl direkt an der Durchgangsstraße, ☎ 0326/4412114) bietet der Ort abeßr nicht viel. Nachdem man den Pass überquert hat, ca. 4 km nach der Abzweigung nach Aleppo (Halep/Syrien), weist ein Schild zur **Bakras Kalesi**. Man erreicht sie nach weiteren 4 km und 20 Fußminuten im Anschluss. Die byzantinische Festung aus dem 10. Jh. wurde zur Sicherung des

Passes auf einem Felskegel errichtet. In ihrem Inneren befindet sich eine Kirchen-
ruine. Eintritt frei.

Verbindungen: Regelmäßige **Dolmuş**verbindungen nach İskenderun und Antakya.

Antakya
213.600 Einwohner

Französischer Kolonialcharme trifft 1001 Nacht. Das geschichtsträchtige Antakya lädt zu einem Besuch seiner pittoresken Altstadt und seines bedeutenden Mosaikenmuseums ein.

Die abgelegene Provinzstadt im fruchtbaren Schwemmland des Hatay ist identisch mit *Antiochia,* das im Altertum eine Weltmetropole war. Von der antiken Bebauung blieb jedoch nichts übrig. Dafür entschädigen arabische Architektur, prächtige osmanische Konaks und selbst Jugendstilfassaden in der enggassigen Altstadt – vieles ist jedoch heute in einem leprösen Zustand. Im orientalisch pulsierenden Labyrinth des Basarviertels macht Umherirren Spaß, herauskommen wird man immer. Ganz anders hingegen das moderne Antakya. Der wenig romantische, fast kloakenhafte Flusslauf des Asi, des antiken Orontes, trennt diesen Teil vom historischen Kern. Hier wechseln türkische Renommierpaläste und die typisch-türkischen Apartmentblocks einander ab.

In Antakya wird neben Türkisch auch Arabisch gesprochen. Der arabischsprachige Teil der Bevölkerung zählt überwiegend zur Minderheit der Alawiten, einer schiitischen Glaubensrichtung, nicht zu verwechseln mit den Aleviten (→ Islam, S. 60). Den französischen Herren von einst ist es wahrscheinlich zu verdanken, dass sich Antakya eine relative Freizügigkeit und Weltoffenheit bewahrt hat. Kein Wunder also, dass Antakya ein beliebtes Ausflugsziel von Touristen aus den sittenstrengeren arabischen Nachbarländern ist, insbesondere aus Syrien.

Geschichte

Im Jahre 307 v. Chr. gründete hier Antigonos, einer der Feldherren Alexanders des Großen, eine Siedlung namens *Antigoneia*. Nur sieben Jahre später fiel diese in die

Morbider Kolonialcharme in der Altstadt von Antakya

Das Hatay → Karte S. 491

Hände seines einstigen Weggefährten, des Seleukidenkönigs Seleukos I. Nikator. Dieser machte Antigonos zur Hauptstadt seines Reiches. Die Stadt avancierte in kürzester Zeit zu einem wohlhabenden Handelszentrum, dem die sinnenfrohen Bewohner den Ruf eines Sündenbabels anhefteten. Daran änderte sich nichts, als Antiochia, wie die Stadt nun hieß, 64 v. Chr. Hauptstadt der römischen Provinz Syrien wurde. Eine halbe Million Einwohner zählte man zu jener Zeit, darunter 200.000 Sklaven. Damit war Antiochia nach Rom und Alexandria die drittgrößte Stadt des Imperiums. Nach der Zerstörung Jerusalems 70 n. Chr. stieg sie zudem zum bedeutendsten Zentrum des frühen Christentums auf. Hier nämlich hatten Paulus und Barnabas verweilt, hatte Matthäus sein Evangelium geschrieben und Petrus zu missionieren begonnen. Gott strafte die Stadt dennoch mit mehreren Erdbeben. Das schwerste brach 526 über Antiochia herein, es soll mehr als 250.000 Opfer in der Provinz gefordert haben.

Trotzdem, Antiochia war begehrt. Jahrhundertelang stritten sich Römer, Perser, Byzantiner, Araber und schließlich auch noch die Kreuzfahrer um die Stadt. Erst nachdem die ägyptischen Mameluken Antiochia 1268 vollständig zerstört hatten, wurde die Stadt uninteressant. In osmanischer Zeit duckten sich auf dem Trümmerhaufen der einstigen Weltmetropole nur noch ein paar hundert ärmliche Steinhütten. Nach dem Ersten Weltkrieg schlugen die Siegermächte Antakya dem französischen Protektorat Syrien zu, aus dem es nach einer Volksabstimmung 1939 in die Türkei entlassen wurde. Partnergemeinde der lebenslustigen Provinzhauptstadt ist heute übrigens das exakt 3310 km entfernte Aalen in Baden-Württemberg.

Information/Verbindungen

Telefonvorwahl 0326.

Information Eine Touristeninformation im Herzen der Stadt gab es zuletzt nicht mehr. Mit etwas Infomaterial kann man sich im **Tourismusdirektorat** *(İl Turizm Müdürlüğü)* im Kulturzentrum an der Ecke Adnan Menderes Bul./Şehit Mustafa Sevgi Cad. eindecken. Mo–Fr 8–12 und 13.30–17 Uhr. ✆ 2149217, www.hataykulturturizm.gov.tr.

Verbindungen Flugzeug: Hatay Havaalanı (www.hatay.dhmi.gov.tr) ca. 25 km nördlich von Antakya, von der Straße nach İskenderun ausgeschildert. Transfer mit Bussen der Gesellschaft *Havaş* (bis zu 10-mal tägl., Dauer 30 Min., 3,60 €, Infos auf www.havas.com.tr). Start in Antakya vor dem Büro von **Antakya Turizm**, Atatürk Cad. (neben dem Büyük Antakya Oteli), ✆/✆ 2157300, www.antakyaturizm.com. Dort auch Infos zu den Abfahrtszeiten und Tickets.

Busbahnhof ca. 5 km nördlich des Zentrums nahe der Straße nach İskenderun, Busse dahin vom Zentrum (s. u.). Gute Verbindungen in alle großen Städte der Türkei. Zudem tägl. mehrmals nach Syrien (Aleppo/Halep ca. 3 Std., Damaskus ca. 7 Std.). Bedenken Sie,

dass Grenzformalitäten die Reise deutlich verlängern können. Städtische Busse zum Busbahnhof fahren von verschiedenen Stellen im Zentrum ab, u. a. vom Kreisverkehr beim Mosaikenmuseum.

Dolmuş: Die Dolmuşe nach İskenderun (über Belen), Samandağ und Yayladağı (Grenze zu Syrien) passieren die Yavuz Sultan Selim Cad. im Norden des Zentrums. Die Dolmuşe nach Reyhanlı und Altınözü (Burg) starten nahebei vom Minibusbahnhof etwas nördlich der Yavuz Sultan Selim Cad., lassen Sie sich die Stelle zeigen. In die Dolmuşe nach Harbiye kann man u. a. entlang der Kurtuluş Cad. zusteigen.

Weiterreise nach Syrien: Informieren Sie sich vor Antritt der Reise in Ihrem Heimatland über die politische Lage im Land und die Einreiseformalitäten (Visumspflicht). Reise- und Sicherheitshinweise für Syrien unter www.auswaertiges-amt.de, www.bmeia.gv.at bzw. www.eda.admin.ch.

Übernachten

1 Divan
3 Savon Hotel
4 Hotel Saray
5 Antik Grand Hotel
8 Haus Barbara
11 Antik Beyazıt Hotel
14 The Liwan

Adana, İskenderun, Flughafen, BUS

Dolmuşe: Reyhanlı und Altınözü

Dolmuşe: İskenderun, Samandağ, Yayladağı

Vali Ürgen Meydanı

Yavuz Sultan Selim Cad.

Apostelkirche, Burg, Reyhanlı, Aleppo (Syrien)

Abdurrahman Melek Cad.

Fatih Cad.
Karaoğlanoğlu Cad.
Atatürk Cad.
Kanatlı Cad.
İstiklal Cad.
Asi
Işık Cad.
Cumhuriyet Cad.
Sahil Mustafa Sevgi Cad.
Adnan Menderes Cad.

1 Gülturizm (Reisebüro)

Antakya Turizm (Reisebüro)

2 Meydan Hamamı (Türkisches Bad)

Busse zum Busbahnhof

Basarviertel

3

Ata Köprüsü

EC

WC

Ulu Cami

Kemal Paşa Cad.

Ducar Cad.

Kutlu Sk.

Kurtuluş Cad.

Altstadt

M
Mosaiken-museum

Gündüz Cad.

Cumhuriyet Cad.

5
4

Habib-i Neccar Camii

Synagoge

6
7

Katholische Kirche

8

E Essen & Trinken

2 Sultan Sofrası
6 Antakya Antik Han Restaurant
7 Anadolu Antika
9 Anadolu Restaurant
10 Leban Café & Restaurant
12 Sveyka Restaurant
13 Antakya Evi

Dolmuşe: Harbiye

9
10
Orthodoxe Kirche
13
12

11
14

Protestantische Kirche

Kükürt Cad.
İnönü Cad.
Asi
Vali Ürgen Bul.

Belediye Parkı

Simon-Stylites-Kloster, Samandağ und Çevlik

Harbiye, Polizei Yayladağı, Syrien

Antakya

150 m

Das Hatay → Karte S. 491

Das Hatay → Karte S. 491

Basis-Infos

Ärztliche Versorgung Privates Antakya Akademi Hastanesi ca. 4 km stadtauswärts an der Straße nach İskenderun. ☎ 2292929.

Autoverleih Gülturizm, schräg gegenüber dem Hotel Güney. Billigstes Fahrzeug 36 € inkl. Versicherungen. Auch am Flughafen vertreten. Ada Çarşısı 1, ☎ 2134150, www.gulturizm.com.

Einkaufen Die in der Türkei berühmte Daphne-Seife (defne sabunu) wird ausschließlich aus Lorbeeröl hergestellt, das im Hatay gewonnen wird. Die Naturseife ist hautschonend und soll gegen piesackende Insekten helfen. U. a. in den engen Gässchen des Basars zwischen İstiklal und Kurtuluş Cad. erhältlich. Klamottenläden findet man entlang der Atatürk Cad.

Türkisches Bad (Hamam) Im historischen Meydan Hamamı baden nur Männer. Eintritt inkl. Kese u. Massage 8 €. Bis spät in den Abend geöffnet. Im Basarviertel hinter dem Hotel Onur.

Übernachten (→ Karte S. 495)

Savon Hotel 3, niveauvolle Unterkunft in einer stilvoll umgebauten Seifenfabrik aus dem 19. Jh. 43 klassisch-moderne Zimmer und Apartments mit Hang zum Kitschig-Protzigen. Restaurant, Bar mit Kamin. Netter Hof. EZ 60 €, DZ 90 €. Kurtuluş Cad. 192, ☎ 2146355, 🖂 2146356, www.savonhotel.com.tr.

The Liwan 14, eine charmante Adresse in einem Stadthaus aus den 1920ern. 24 gepflegte Zimmer mit größtenteils schönen alten Fliesenböden; moderne Bäder. Netter Frühstückshof. Bar, Restaurant. DZ 66 €. Silhalı Kuvvetler Cad. 5, ☎ 2157777, www.theliwanhotel.com.

Antik Beyazıt Hotel 11, familiäres, gut geführtes Hotel in einem über 100 Jahre alten Stadthaus mit Bougainvilleen davor. 27 leicht rustikale Zimmer mit ebenfalls tollen alten Fliesenböden und Klimaanlage. DZ 62 €. Hükümet Cad. 4, ☎ 2162900, 🖂 2143089, www.antikbeyazitoteli.com.

Antik Grand Hotel 5, eine gute Wahl in dieser Preisklasse. 27 komfortable, geräumige Zimmer. Von Lesern hochgelobt. DZ ab 48 €. Hürriyet Cad. 10, ☎ 2157575, 🖂 2156067, www.antikgrand.com.

Divan 1, frisch restaurierte Zimmer mit Balkon, die besser geputzt sein könnten. Vorteil: leicht anzusteuern. DZ 40 €. İstiklal Cad. 96, ☎ 2140880, 🖂 2140902.

Hotel Saray 4, älteres Stadthotel, nicht perfekt, doch recht sauber. Einfache Zimmer, ein paar wenige mit Balkon. EZ 17 €, DZ 28 €. Hürriyet Cad. 3, ☎/🖂 2149002.

Haus Barbara 8, das Begegnungszentrum der Kirche vermietet einfache Zimmer (mit Stockbetten), die sich auf 2 historische Gebäude verteilen. Saubere Gemeinschaftssanitäranlagen, Küche. Nette Innenhöfe. Von Lesern gelobt. 12,50 €/Pers. Gazi Cad. 49 (bei der katholischen Kirche; am einfachsten dort nach Schwester Barbara fragen, die deutsche Franziskanerin kennt jeder in der Ecke), ☎ 2142196, barbara.antakya@gmx.net.

Essen & Trinken (→ Karte S. 495)

Die hervorragende, meist scharf gewürzte Hatay-Küche weist starke arabische Einflüsse auf. Statt dem herkömmlichen Weißbrot kommt hier dünnes Fladenbrot auf den Tisch. *Humus*, ein sämiges Kichererbsen-Sesammus, ist eine beliebte Vorspeise. Zu den Spezialitäten Antakyas zählen zudem *Kağıt Kebap* („Papierkebab"), auf hauchdünnem Teig verteiltes Fleisch, *Peynirli Künefe*, eine mit Käse versetzte, zuckersüße Nachspeise, sowie *Kadayıf*, ein Dessert aus Fadennudeln. Ausgezeichnet isst man übrigens auch in Harbiye (s. u.) – die dortigen Restaurants sind bekannt für ihre hervorragenden Meze.

Antakya Evi 13, gediegenere Lokalität im ersten Stock eines alten Kolonialgebäudes mit z. T. herrlichen Fliesenböden. Große Auswahl an leckeren Meze und Kebabspezialitäten, dazu kaltes Efes. Für das Gebotene preislich okay. So geschl. Silahlı Kuvvetler Cad. 3, ☎ 2141350.

Anadolu Restaurant 9, ebenfalls eine der ersten Adressen der Stadt. In einem Konak aus dem frühen 20. Jh. mit palmenbestandenem Hof. Rund 30 verschiedene Meze, dazu köstliche Fleisch- und Fischgerichte. Gehobeneres Preisniveau. Hürriyet Cad. 30/A, ☎ 2153335.

Sveyka Restaurant 12, gepflegtes Ambiente mit weißen Tischdecken im OG eines alten Stadthauses. Neben hervorragender re-gionaler Küche werden hier auch Gerichte aus dem nahen Aleppo kredenzt. Kurtulus Cad. 58, ☎ 2133947.

Leban Café & Restaurant 10, das „Joghurt" (wie *Leban* im Arabischen heißt) geht über mehrere Etagen, am schönsten sitzt man oben auf der Terrasse mit Blick auf die syrisch-orthodoxe Kirche nebenan. Wie viele Lokale im Hatay spezialisiert auf feine Meze, im Humus könnte man baden. Dazu auch gutes Frühstück und Fasılabende. Gazipaşa Cad. 5, ☎ 2134255.

Sultan Sofrası 2, gepflegte Lokanta und ebenfalls eine gute Adresse, um lokale Spezialitäten wie *Kağıt Kebap* und *Künefe* zu testen. Bestens besucht, sodass man zur Mittagszeit zuweilen auf einen Tisch warten muss. Faire Preise. İstiklal Cad. 20/A, ☎ 2138759.

Antakya Antik Han Restaurant **6**, alteingesessenes Restaurant. Schöne Terrasse und netter Innenhof. Vielfältige Küche: Meze, regionale Hausmannskost, Kebabs, Döner etc. Kein Alkohol. Hürriyet Cad. 19, ☎ 2146833.

Anadolu Antika **7**, nettes Hofcafé mit Antiquitäten und Replikaten. Souvenirverkauf (kein Tourikitsch). Etwas versteckt, beim Restaurant Leban, von dort ausgeschildert. Kahraman Sok 37.

Sehenswertes

Mosaikenmuseum: Die Sammlung von Antakya ist weltberühmt und sehenswert, wenn auch nicht mehr die erste Wahl in der Türkei, seitdem das Mosaikenmuseum im südostanatolischen Gaziantep dem hiesigen den Rang abgelaufen hat. In fünf Sälen werden Mosaiken aus dem 2. bis 5. Jh. präsentiert, die einst die Villen reicher Bürger in Antakya und Umgebung zierten. Die Mosaiken, z. T. aus farbigen Flusskieseln entstanden, sind auf hohem künstlerischen Niveau, kaum verblasst und z. T. mehrere Quadratmeter groß. Sie zeigen Szenen aus der Mythologie, aber auch Alltägliches. Dionysos taucht gleich mehrmals auf, und dies stets betrunken. Herkules sieht man als mopsigen Helden mit den Schlangen kämpfen. Auf dem bekannten *Yakto-Mosaik* schlagen sich die mythologischen Heroen mit Löwen, Tigern und Bären herum. Viel Beachtung wird dem *Glücklichen Buckligen* gezollt, dessen Glück auf Hüfthöhe zu erkennen ist... Neben all den Mosaiken wirken die übrigen archäologischen Exponate zweitklassig.

Adresse/Öffnungszeiten: Gündüz Cad. Im Sommer tägl. (außer Mo) 9–18.30 Uhr, im Winter bis 17 Uhr. Eintritt 3,20 €.

Habib-i Neccar Camii: Antakyas älteste Gebetsstätte an der Kurtuluş Caddesi ist eine ehemals byzantinische Kirche, die wiederum auf antiken Tempelfundamenten entstand. Von den Mameluken wurde sie im 13. Jh. in eine Moschee umgewandelt, das Minarett kam im 17. Jh. hinzu – ein hübsches Beispiel für den türkischen Barock. Seinen Namen erhielt die Moschee von einem Lokalheiligen, der nahe Antakya in einer Höhle lebte.

Kirchen in der Altstadt: Aus kunsthistorischer Sicht sind die Kirchen in Antakyas Altstadt wenig spannend, dafür werden sie noch heute für Gottesdienste genutzt, wie z. B. die *Orthodoxe Kirche* (19. Jh.) im Gassenwirrwarr nahe der Hürriyet Caddesi. Sie ist das Zentrum einer 1500-köpfigen, arabischsprachigen Gemeinde. In ihrem Inneren überraschen ein paar Ikonen aus Russland (i. d. R. immer zugänglich). Nur noch 75 Mitglieder zählt die Gemeinde der *katholischen Kirche* nahe der Kurtuluş Caddesi (von der Prof. Ataman Demir Sok. ausgeschildert). Sie wurde erst in den 1970ern den Aposteln Petrus und Paulus geweiht, zuvor diente das Gebäude anderen Zwecken (12–15 Uhr geschlossen). Die Katholiken feiern seit 1988 übrigens ihr Osterfest am gleichen Tag wie die orthodoxen Christen, um beim Eiersuchen nicht ganz alleine zu sein. Wer aufmerksam umherspaziert, wird noch weitere Kirchen entdecken.

Apostelkirche (Petrus-Grotte): Dass Petrus in Antiochia missionierte, gilt als gesichert. Ob er jedoch gerade hier die erste christliche Gemeinde gegründet hat, ist eher eine Glaubensfrage. Papst Johannes Paul II. sprach die „erste Kathedrale der Welt" 1983 auf jeden Fall heilig. Dabei handelt es sich um eine Grotte, deren Inneres aus nicht viel mehr als nacktem Fels sowie einem Altar und einem Bischofssitz aus Stein besteht. Der Tunnel links des Altars diente den Christen als Fluchtweg bei nahender Gefahr. Die vor der Grotte errichtete Kirchenfassade mit drei großen Bögen ist ein Werk der Kreuzfahrer aus dem ausgehenden 11. Jh. Jährlich am 29. Juni,

Das Hatay → Karte S. 491

dem Todestag des Petrus, wird in der Kirche ein Festgottesdienst gehalten, hin und wieder finden hier auch klassische Konzerte statt.

Etwa 200 m nördlich der Apostelkirche lässt sich zudem ein etwa 5 m hohes *Felsrelief* aus hellenistischer Zeit besichtigen, der Trampelpfad dorthin ist ausgeschildert. Unklar ist, ob das Relief den Totenschiffer Charon aus dem Hades oder Stadtgründer Seleukos Nikator darstellen soll. Ganz sicher aber ist es *nicht* die Muttergottes, wie einem minderjährige Führer zuweilen auftischen wollen …

Anfahrt/Öffnungszeiten: Die Kirche befindet sich ca. 2 km abseits des Zentrums. Von der Straße nach Reyhanlı mit „St. Pierre Kilisesi" bzw. „St. Peter Church" ausgeschildert. Mit den Reyhanlı-Dolmuşen vom Zentrum zu erreichen. Im Sommer tägl. (außer Mo) 8–12 und 13.30–18.30 Uhr geöffnet. Eintritt 3,20 €.

Burg (Antakya Kalesi): Um zu der Zitadelle auf einem steil abfallenden Bergrücken im Süden der Stadt zu gelangen, muss man bislang einen 14 km langen Umweg auf sich nehmen. In Planung ist jedoch eine Seilbahn, die Stadt und Burg verbinden soll. Allzu viel ist von der ursprünglich hellenistischen Burganlage, die die Römer und Byzantiner erweiterten, nicht mehr übrig. Ein Ausflug lohnt jedoch wegen des fantastischen Panoramas. Antakya liegt Ihnen hier zu Füßen, nachts als funkelndes Häusermeer und im Morgengrauen in seinem besten Licht – ein Leckerbissen für jeden Fotografen!

Verbindungen/Anfahrt: Mit dem Altınözü-Dolmuş bis zur beschilderten Abzweigung zur Burg und die letzten 1,5 km zu Fuß gehen. Mit dem eigenen Fahrzeug von Antakya zunächst Richtung Reyhanlı, am Ortsende von Antakya Richtung Altınözü abzweigen, nach 7 km erneut (Schild), ab da noch 2 km.

Harbiye

„Komm, lass uns nach Harbiye gehen!" lautet für viele Bewohner des Hatay die Aufforderung zu einem ganz irdischen Saufgelage im ehemals heiligen „Hain der Daphne". Man setzt dabei eine lange Tradition der Ausschweifung fort: Im Hain jagte der Gott

Berbersalon in Antakya

Apollon so liebestoll der Nymphe Daphne hinterher, dass sie sich sicherheitshalber in einen Lorbeerbaum verwandelte (griech. *daphne* = türk. *defne* = Lorbeer). Später feierten die Antiochier hier rauschende Feste zu Ehren diverser Gottheiten. 37 v. Chr. war der Hain schließlich Schauplatz der glamourösen Hochzeitsfeier von Kleopatra und Mark Anton (→ Kasten S. 470). Heute ist die mit Terrassenlokalen bestückte Grünanlage ein lauschiges Ausflugsziel, wenn auch manchmal ein wenig überfüllt. Ein Quellwasser bildet zahlreiche kleine Wasserfälle und Rinnsale in einem Zypressen- und Lorbeerwald, der stufenweise ins Tal abfällt. Der Hain liegt 9 km südlich des Zentrums von Antakya. Antakya und Harbiye sind mittlerweile fast zusammengewachsen.

Anfahrt/Verbindungen Von der Straße nach Yayladağı mit „Şelale" ausgeschildert. Regelmäßige **Dolmuş**verbindungen von und nach Antakya.

Essen/Übernachten Die allesamt empfehlenswerten Restaurants an der Straße oberhalb des Hains und im Hain selbst bieten regionale Schmankerln mit besten Meze auf weinumrankten Gartenterrassen. Mittlere Preisklasse. Wo kein Essen serviert wird, darf man sich hinsetzen, das Getränk bestellen und Mitgebrachtes auspacken.

Simeon-Stylites-Kloster

Der Wunderheiler Simeon der Jüngere (521–592) war ein Säulenheiliger, ein sog. Stylit (griech. *stylos* = Säule) – nach dem Vorbild des Säulenheiligen Simeon des Älteren, der eine Kultstätte im heutigen Nordsyrien besaß. Fast sein ganzes Leben verbrachte der Extremasket auf einer rund 12 m hohen Säule. Der Verkehr mit der Außenwelt – und auch die sagenumwobenen Heilungen durch Handauflegen – erfolgten über eine Leiter, die man an die Säule legte. Das teilweise aus dem Felsen gehauene Kloster Simeons des Jüngeren auf einem Bergrücken zwischen Antakya und Samandağ wurde 541 eingeweiht. Bis zum 13. Jh. war es ein Pilgerziel der Massen. Heute liegen die kläglichen Ruinen in der gebirgig-windigen Einsamkeit des Hatay. Von der berühmten Säule Simeons, dem einstigen Mittelpunkt des Klosters, sind noch 4–5 m der Basis erhalten. Zudem stehen noch die Überreste dreier Kirchen im Osten der Anlage. Die Aussicht von dort ist herrlich.

Anfahrt Von Antakya in Richtung Samandağ, nach ca. 15 km in der Ortschaft Uzunbağ links abzweigen (ca. 400 m hinter dem Hinweisschild „Samandağ 10 km"). Von dort noch 6 km auf einem mit Schlaglöchern gespickten Sträßlein (komplett ausgeschildert). Achtung: 2011 waren an der Straße Antakya – Samandağ umfangreiche Bauarbeiten im Gange, aufgrund derer sich die Anfahrt evtl. ändern kann (z. B. Abzweigemöglichkeit nur noch in Fahrtrichtung Samandağ – Antakya).

Öffnungszeiten/Eintritt Stets zugänglich. Offiziell kostenlos, allerdings werden Ihnen möglicherweise selbst ernannte Aufseher etwas abknöpfen wollen.

Samandağ/Vakıflı

Samandağ, 26 km südwestlich von Antakya, ist ein schäbiges Kaff mit 42.000 Einwohnern. Es bietet nichts außer langen, aber ungepflegten Sandstränden – Wochenendziele der Antakyalılar. Interessant hingegen ist ein Ausflug in die nördlich von Samandağ gelegenen Bergdörfer rund um den 1281 m hohen *Musa Dağı* (Mosesberg). Leicht zu erreichen ist Vakıflı, das einzige verbliebene, rein armenische Dorf der Türkei. Traurige Berühmtheit erlangte es durch Franz Werfels 1000-seitigen Tatsachenroman *Die 40 Tage des Musa Dagh*. Die Einwohner von Vakıflı (armenisch *Wakef*) gehörten zu jenen rund 5000 Armeniern der sieben christlichen Mosesbergdörfer, die 1915 vor ihrer Deportation in die syrische Wüste (→ Kasten S. 480) auf den Musa Dağı flüchteten und nach 40 Tagen von französischen Schiffen gerettet wurden. Nach Kriegsende kehrten die meisten von ihnen nach Vakıflı zurück. Heute leben in Vakıflı noch rund 130 meist ältere Armenier. Pittoreske Natursteinidylle darf man jedoch nicht erwarten – das herausgeputzte Dorf mit Friedhof und Kirche wirkt sehr modern. An die anderen armenischen Dörfer erinnern in der Einsamkeit der Gegend nur noch wenige traurige Reste.

Verbindungen/Anfahrt: Regelmäßige Dolmuşverbindungen zwischen Samandağ und Antakya. Vakıflı ist von Samandağ (von der Straße nach Çevlik) ausgeschildert, von dort noch ca. 4 km.

Çevlik

Der schäbig-provisorische Low-Budget-Badeort Çevlik ist mit Samandağ mittlerweile fast zusammengewachsen. Viele Syrier und Jordanier machen hier Urlaub. Der Alkohol fließt in Strömen, zum Abendessen wird bisweilen eine Flasche Whiskey geköpft. Tagsüber vertreibt man sich die Zeit am feinen, grauen, aber leider alles andere als gepflegten Sandstrand.

In der Antike lag hier **Seleukeia Pieria**, die Hafenstadt Antiochias mit rund 30.000 Einwohnern und erste Station der Missionsreise des Paulus. Reste der Stadt- und Hafenmauern sowie einige Felsengräber („Kaya Mezarları") sind noch erhalten. Zu besichtigen ist auch ein mit „Titus Tüneli" ausgeschilderter 1300 m langer, in den Fels geschlagener, schluchtartiger **Tunnel**, eine der gewaltigsten Tiefbauarbeiten der Antike. Er entstand unter dem römischen Kaiser Titus im 1. Jh. zur Umleitung eines Wildbaches, der die Stadt immer wieder überschwemmte. Eine Taschenlampe ist empfehlenswert (Eintritt 1,20 € für alle Sehenswürdigkeiten).

Von Çevlik führt eine wildromantische, allerdings nur zu drei Vierteln geteerte Straße nach Arsuz (→S. 491). Zunächst fährt man direkt am Meer entlang (die Strände unterwegs werden leider nicht vom angeschwemmten Müll befreit), später hoch über der Küste.

Verbindungen Dolmuşverbindungen von und nach Samandağ.

Übernachten/Essen Etliche einfache, z. T. kakerlakenlastige Pensionen. In den Terrassenlokalen grillt man Fisch, *Harbiye Kebabı* (leckeren Hackfleischspieß mit Tomaten und Zwiebeln) und manchmal auch Wachteln *(bıldırcın).* Letztere werden auf Wunsch direkt vor den Augen des Gastes geschlachtet!

Yesemek (antike Stätte)

Das „Yesemek Open Air Museum" mitten im Nirgendwo zwischen dem Hatay und Südostanatolien, zwischen Antakya und Gaziantep, ist keine antike Stätte im herkömmlichen Sinne. Zu sehen sind die Überbleibsel einer hethitischen Bildhauerschule mit Basaltsteinbruch, die zwischen dem 14. und dem 8. Jh. v. Chr. in Betrieb war. Entdeckt wurde das rund 900 m² große Areal 1890 vom österreichischen Anthropologen Felix von Luschan. 300 mehr oder weniger behauene Stelen (rund 1000 weitere sollen dort noch begraben liegen!) ragen hier aus einem Hang über dem Kurdendörfchen Yesemek. Je nach dem, wie weit die Steine schon bearbeitet waren, zeigen sie Sphingen, Löwen oder Götter. Eigentlich sollten die Stelen einmal Stadttore, Paläste und Kultstätten schmücken. Mit dem Untergang des späthethitischen Reiches ging es jedoch auch mit der Bildhauerwerkstatt bergab. Wahrscheinlich wurde sie von heute auf morgen aufgegeben.

Von der Nationalstraße 410 Akbez–Kilis ca. 12 km östlich von Akbez ausgeschildert. Von dort noch ca. 10 km. Die landschaftlich sehr reizvolle Strecke führt vorbei an einem Stausee. Mit Dolmuşen nur schwerlich zu erreichen. Tägl. 7.30–17.30 Uhr. Eintritt frei.

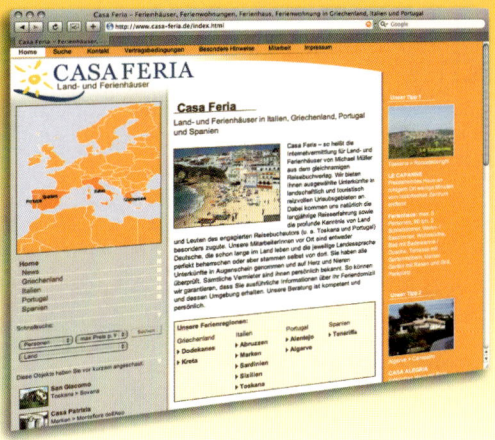

Etwas Türkisch

Die türkische Schrift verwendet lateinische Buchstaben. Allerdings existieren einige Buchstaben, die es entweder im deutschen Alphabet gar nicht gibt oder die anders als bei uns ausgesprochen werden.

Aussprache

c dsch;

ç tsch;

ğ längt den vorstehenden dunklen Vokal und wird nicht ausgesprochen;

h zwischen zwei Vokalen wie h, sonst wie ch;

ı ein i ohne Punkt wird als nichtbetontes e ausgesprochen (groß: I, dagegen großes i: İ);

j sch (stimmhaft);

s s (stimmlos);

ş sch (stimmlos);

v w;

z s (stimmhaft).

Die türkische Rechtschreibung gibt im allgemeinen den Wortklang wieder; der geschriebene Text ist daher leicht auszusprechen. Die Grammatik ist äußerst logisch aufgebaut, aber von derjenigen der indoeuropäischen Sprachen grundverschieden. Kennzeichen der ural-altaischen Sprachgruppe, zu der neben Finnisch, Ungarisch und Mongolisch auch das Türkische gehört, ist das agglutinierende (=anfügende) Prinzip. Die grammatischen Beziehungen, die ein Wort eingeht, werden durch Anfügung von Suffixen (Nachsilben) an den stets unveränderlichen Wortstamm ausgedrückt. Diese Suffixe unterliegen zudem in den meisten Fällen einer so genannten Vokalharmonie, d. h. ihr Vokal passt sich der Lautfarbe der vorhergehenden Silbe an. Als dunkel gelten die Vokale a, ı, o, u, als hell die Vokale e, i ö, ü.

Beispiele für Suffixe (Nachsilben)

Wortstamm + Plural-Nachsilbe „-ler/-lar" + Possessiv-Nachsilbe

1. Person Singular „ - (i/ı/u/ü)m"

kitap – Buch

kitaplar – Bücher

kitaplarım – meine Bücher

Ortsfälle

Auf die Frage „wo?" („nerede?") antwortet die Nachsilbe „-de/-da".

Auf die Frage „wohin?" („nereye?") antwortet die Nachsilbe „-e/-a".

Auf die Frage „woher?" („nereden?") antwortet die Nachsilbe „-den/-dan". Also:

in İstanbul	İstanbul'da	*in das Hotel*	otele
im Hotel	otelde	*von İstanbul*	İstanbul'dan
nach İstanbul	İstanbul'a	*aus dem Hotel*	otelden

„mit" wird mit der Nachsilbe „-li/-lı/-lu/-lü", „ohne" mit der Nachsilbe „-siz/-sız/-suz/-süz" ausgedrückt. Also:

şeker	Zucker	*iş*	Arbeit
şekerli	mit Zucker	*işsiz*	arbeitslos (ohne Arbeit)

Allgemeine Redewendungen

Danke	*teşekkürler/mersi*	Gut	*iyi*
Herzlich willkommen	*hoş geldiniz*	Schlecht	*fena*
Antwort	*hoş bulduk*	Schön	*güzel*
Guten Tag	*merhaba*	Groß	*büyük*
Auf Wiedersehen	*allaha ısmarladık; sagt der Weggehende*	Bitte	*lütfen*
		Wie bitte?	*efendim?*
	güle güle, sagt der Bleibende	Verzeihung	*pardon (wenn man jemandem auf den Fuß getreten ist)*
Guten Morgen	*günaydın*	Verzeihen Sie (Einleitung vor einer Bitte)	*affedersiniz*
Guten Abend	*iyi akşamlar*		
Gute Nacht	*iyi geceler*		
Alles Gute	*bol şans*	Wie geht es Ihnen?	*Nasılsınız?*
Selbstverständlich	*tabii*	Sehr gut	*çok iyiyim*
In Ordnung, o.k.	*tamam*	Klein	*küçük*
Nein, danke	*hayır, teşekkür ederim!*	Wie heißt das auf Türkisch?	*Bunun Türkçesi ne?*
Vielleicht	*belki*	Sprechen Sie Deutsch (Englisch)?	*Almanca (İngilizce) bilir misiniz?*
Ja	*evet*		
Ja, es gibt	*var*		
Nein	*hayır*	Ich habe nicht verstanden	*anlamadım*
Nein, es gibt nicht	*yok*	Wieviel Lira?	*kaç lira?*
Gibt es ...?	*... var mı?*	Ich möchte ...	*istiyorum*

Zahlen

0 = *sıfır*, 1/2 = *yarım* (isoliert), *buçuk* (z. B. in 1 1/2 etc.)

1 = *bir*	11 = *on bir*	101 = *yüz bir*
2 = *iki*	20 = *yirmi*	200 = *iki yüz*
3 = *üç*	30 = *otuz*	300 = *üç yüz*
4 = *dört*	40 = *kırk*	1000 = *bin*
5 = *beş*	50 = *elli*	2000 = *iki bin*
6 = *altı*	60 = *altmış*	10.000 = *on bin*
7 = *yedi*	70 = *yetmiş*	100.000 = *yüz bin*
8 = *sekiz*	80 = *seksen*	500.000 = *Beş yüz bin*
9 = *dokuz*	90 = *doksan*	1.000.000 = *Bir milyon*
10 = *on*	100 = *yüz*	

Allgemeine Zeitbegriffe

Gestern	*dün*	Woche	*hafta*
Heute	*bugün*	Monat	*ay*
Morgen	*yarın*	Jahr	*sene, yıl*
Tag	*gün*		

Auf der Reise

Flughafen	*havaalanı/ havalimanı*	Meer	*deniz*
		Ein gutes Hotel	*iyi bir otel*
Hafen	*liman*	Platz	*meydan*
Stadtzentrum	*şehir merkezi*	Straße	*cadde*
Touristeninformation	*turizm bürosu/turizm danışması*	Straße, Gasse	*sokak*
		Wo?	*nerede?*
		Wohin?	*nereye?*

Fragen nach dem Weg

Wo ist ein/ der Bahnhof	*nerede gar/? tren istasyonu?*	Links	*sol*
		Rechts	*sağ*
Busbahnhof	*otogar/ terminal/garaj*	Geradeaus	*doğru*
		Zurück	*geri*
Billiges Hotel	*ucuz bir otel*	Hier	*burada*
Polizeistation	*karakol/polis*	Dort	*orada*
Postamt	*postane*	Nächste(r), örtl.	*en yakın*
Bank	*banka*	Ist es weit?	*uzak mı?*
Türk. Bad	*hamam*	Straße, Weg	*yol*
Toilette	*tuvalet*		

Eisenbahn / Busse / Taxi

Bahnhof	*gar, tren istasyon*	Abfahrt	*hareket, kalkış*
Zug	*tren*	Ankunft	*varış*
Liegewagen	*kuşet*	Fahrkarte	*bilet*
Schaffner	*biletçi*	Fahrplan	*tarife*
Busbahnhof	*otogar/terminal/garaj*	Haltestelle	*durak*
Bus	*otobüs*	Schalter	*gişe*
Gepäck	*bagaj*	Sammeltaxi	*dolmuş*
Bahnsteig	*peron*	Taxi	*taksi*

Flug / Schiffe

Flughafen	*havaalanı/havalimanı*	Fähre	*feribot*
Flug	*uçuş*	Anlegestelle	*iskele*
Flugzeug	*uçak*	kleines Ruder-/ Segelboot	*kayık*
Schiff	*gemi*		

Für Autofahrer

Ich möchte 15 Liter Super	*15 litre süper i stiyorum*	Führerschein	*ehliyet*
Wo ist eine Werkstatt?	*tamirhane nerede?*	Tankstelle	*benzin istasyonu/ benzinci/benzinhane*
Wieviel kostet es?	*ne kadar/ kaç para?*	Panne	*arıza*

Allgemein

Benzin	*Benzin*	Reparaturwerkstatt	*tamirhane/ tamirci*
Diesel	*motorin/dizel*	Es funktioniert nicht	*çalışmıyor*
Motoröl	*motör yağı*	… tropft/läuft aus	*… damlıyor*
Ölen	*yağlamak*		
Unfall	*kaza*		

Fahrzeugteile

Anlasser	*marş*	Lichtmaschine	*şarj dinamosu*
Autobatterie	*akü*	Motor	*motör*
Blinker	*sinyal*	Reifen	*lastik*
Bremsen	*frenler*	Vergaser	*karbüratör*
Bremslichter	*stop lambaları*	Zündkerzen	*bujiler*
Getriebe	*şanjman*	Leerlauf	*boş vites*
Kühler	*radyatör*	Gang einlegen	*vitese takmak*
Kupplung	*debreyaj*	Rückwärtsgang	*geri vites*

Übernachten

Gibt es heißes Wasser?	*Sıcak su var mı?*	Zwei Personen	*iki kişi*
Wieviel kostet es?	*Ne kadar?*	Ein Doppelzimmer	*iki kişilik oda*
Ein Zimmer	*bir oda*	Vollpension	*tam pansiyon*
		Halbpension	*yarım pansiyon*

Im Hotel

Ein Zimmer mit Bad	*banyolu bir oda*	Rechnung	*hesap*
		Frühstück	*kahvaltı*
Ein Zimmer mit Dusche	*duşlu bir oda*	Butter	*tereyağı*
		Kaffee	*kahve*
Sehr teuer	*çok pahalı*	Tee	*çay*
Billiger	*daha ucuz*	Milch	*süt*
Einverstanden	*tamam*	Zucker	*şeker*

Camping

Campingplatz	*kamp yeri*	Platz	*yer*
Zelt	*çadır*	schattig	*gölgeli*
Dusche	*duş*	Küche	*mutfak*

Einkäufe

Wieviel kostet das?	*Bu ne kadar?*	Kupfer	*bakır*
Das ist sehr teuer!	*Çok pahalı!*	Laden, Geschäft	*dükkân*
Buch	*kitap*	Geld	*para*
Teppich	*halı*	Kleingeld	*para*
Messing	*pirinç*	Türkische Lira	*lira*
Gold	*altın*	Dollar	*dolar*
Silber	*gümüş*	Straßenkarte	*yol haritası*
Leder	*deri*	Stadtplan	*şehir planı*

An den weiten Stränden bei Side findet jeder ein nettes Plätzchen an der Sonne

Kugelschreiber	*kalem*	Ein Päckchen	*bir paket*
Feuerzeug	*çakmak*	Zigaretten mit Filter	*filtreli sigara*
Streichhölzer	*kibrit*	Zigaretten ohne Filter	*filtresiz sigara*

Geschäfte

Markt	*pazar*	Buchhandlung	*kitapçı*
Basar	*çarşı*	Lebensmittelgeschäft	*bakkal*
Apotheke	*eczane*	Reisebüro	*seyahat acentası*

Auf der Post

offen	*açık*	Postkarte	*kartpostal*
geschlossen	*kapalı*	Brief	*mektup*
Eilpost	*kapalı*	Briefmarke	*pul*
Zoll	*gümrük*	Luftpost	*uçakla*
Telefonmünze	*jeton*		

Gesundheit

Arzt	*doktor*	Zahn	*diş*
Krankenhaus	*hastane*	Hals	*boğaz*
Kohletabletten	*karbon tableti*	Brust	*göğüs*
Schmerztabletten	*ağrı hapı*	Magen	*mide*
Schmerzen	*ağrılar*	Herz	*kalp*
Kopf	*baş*	Leber	*karaciğer*
Auge	*göz*	Nieren	*böbrekler*
Ohr	*kulak*	Insektenstich	*böcek sokması*

Im Restaurant

Frühstück	*kahvaltı*	Eis (nur Kühleis!)	*buz*
Mittagessen	*öğle yemeği*	Fleisch	*et*
Abendessen	*akşam yemeği*	Hammelfleisch	*koyun eti*
Portion	*porsyon*	Lammfleisch	*kuzu eti*
Gabel	*çatal*	Rindfleisch	*sığır eti*
Messer	*bıçak*	Kalbfleisch	*dana eti*
Löffel	*kaşık*	Huhn	*piliç*
Teller	*tabak*	Fisch	*balık*
Glas	*bardak*	Rechnung, bitte	*hesap, lütfen*
Brot	*ekmek*	Bedienungsgeld	*servis ücreti*
Wasser	*su*	Trinkgeld	*bahşiş*
Mineralwasser	*madensuyu*		

Kleines Speiselexikon

Vorspeisen („mezeler")

Arnavut ciğeri	gebratene Leberstückchen mit Zwiebeln
Beyaz peynir	Schafskäse
Börek	Blätterteigpastete
Çerkes tavuğu	Hühnerfleisch in Sauce aus Walnüssen
Kabak dolması	gefüllter Kürbis
Midye dolması	gefüllte Miesmuscheln
Patlıcan salatası	Auberginenpüree
Yaprak dolması	gefüllte Weinblätter
Beyin	Hirn

Suppen („çorbalar")

Düğün çorbası	Suppe mit Hammel-Ei und Zitrone
Haşlama	Brühe mit Hammelfleisch
İşkembe çorbası	Kuttelsuppe
Yayla çorbası	Suppe mit Joghurt

Fleischgerichte („etli yemekler")

Bonfile	Beefsteak
Döner kebap	Hammelfleisch vom Drehspieß
Kuzu dolması	mit Reis gefülltes Lammfleisch
Pirzola	Lammkotelett
Şiş kebap	gegrillte Lammstücke
Şiş köfte	gegrillte Hackfleischbällchen
Çiğ köfte	scharfgewürzte Fleischbällchen aus rohem Hack
Lahmacun	Hackfleisch auf Fladenbrot („türkische Pizza")
Güveç	Fleisch-/Gemüseeintopf
Tas kebap	Lammfleisch-Eintopf
Tavuk	Suppenhuhn

Reisgerichte („pilav")

İç pilav	Reis mit Leber Reis mit Auberginen
Bulgur pilavı	Weizengrütze
Patlıcanlı pilav	Reis mit Auberginen

Kalte Gemüsegerichte in Olivenöl („zeytinyağlılar")

İmam bayıldı	gefüllte Auberginen in Olivenöl
Kabak kızartması	gebratene Zucchinischeiben
Patlıcan kızartması	frittierte Auberginenscheiben
Zeytinyağlı fasulye	grüne Bohnen in Olivenöl

Fisch („balık")

Alabalık	Forelle
Barbunya	rote Barbe
Dil balığı	Seezunge
Hamsi	Schwarzmeersardinen
Karides	Garnele
Kılıç	Schwertfisch
Levrek	Seebarsch
Midye	Miesmuscheln
Tekir	Rote Meerbarbe
Palamut	kleiner Thunfisch, Bonito
Pisi	Scholle
Uskumru	Makrele
Yengeç	Krebs

Beilagen

Bezelye	Erbsen
Salatalık	Gurke
Ispanak	Spinat
Karnıbahar	Blumenkohl
Lahana	Kohl

Patates	Kartoffeln
Soğan	Zwiebeln
Beyaz peynir	Schafskäse
Kaşar	mildgelber Käse
Sarımsak	Knoblauch
Karabiber	Pfeffer
Tuz	Salz
Zeytin	Oliven

Zubereitungsarten

Buğulama	gedämpft
Ezme	Püree
Fırın	im Ofen gebacken
Haşlama	gekocht
Izgara	auf Holzkohlen gegrillt
Tava	in der Pfanne
Pişkin	durchgegart
Soslu	mit Sauce
Yoğurtlu	mit Jogurt
Yumurtalı	mit Ei

Salate („salatalar")

Cacık	Joghurt mit Gurken und Knoblauch
Çoban salatası	gemischter Salat mit Tomaten, Gurken, Zwiebeln
Patlıcan salatası	Auberginensalat
Piyaz	Salat aus weißen Bohnen
Domates salatası	Tomatensalat

Nachspeisen („tatlılar")

Baklava	mit Walnüssen oder Pistazien gefülltes Blätterteiggebäck
Helva	türkischer Honig, Helwa
Tel kadayıf	gebackene Teigfäden mit Walnüssen oder Pistazien gefüllt und in Sirup getränkt
Aşure	Pudding aus Weizengrütze mit Walnüssen und Rosinen

Muhallebi	Pudding aus Reismehl und Rosenwasser
Sütlaç	Milchreis
Dondurma	Speiseeis

Obst („meyve")

Armut	Birne
Elma	Apfel
Erik	Pflaume
İncir	Feige
Karpuz	Wassermelone
Kavun	Honigmelone
Kayısı	Aprikose
Kiraz	Kirsche
Muz	Banane
Nar	Granatapfel
Portakal	Orange
Şeftali	Pfirsich
Üzüm	Weintrauben

Getränke

Ayran	Joghurtgetränk
Madensuyu	Mineralwasser
Su	Wasser
Meyve suyu	Fruchtsaft
Elma suyu	Apfelsaft
Portakal suyu	Orangensaft
Şeftali suyu	Pfirsichsaft
Limonata	Limonade
Süt	Milch
Çay	schwarzer Tee
Adaçayı	Salbeitee
Kahve	Kaffee, Mokka
Şekerli	süß
Az şekerli	schwach gesüßt
Bira	Bier
Şarap	Wein
Beyaz	weiß
Kırmızı	rot
Rakı	Anisschnaps

Abruzzen • Ägypten • Algarve • Allgäu • Allgäuer Alpen *MM-Wandern* • Altmühltal & Fränk. Seenland • Amsterdam *MM-City* • Andalusien • Andalusien *MM-Wandern* • Apulien • Athen & Attika • Australien – der Osten • Azoren • Bali & Lombok • Baltische Länder • Bamberg *MM-City* • Barcelona *MM-City* • Bayerischer Wald • Bayerischer Wald *MM-Wandern* • Berlin *MM-City* • Berlin & Umgebung • Bodensee • Bretagne • Brüssel *MM-City* • Budapest *MM-City* • Bulgarien – Schwarzmeerküste • Chalkidiki • Cilento • Cornwall & Devon • Dresden *MM-City* • Dublin *MM-City* • Comer See • Costa Brava • Costa de la Luz • Côte d'Azur • Cuba • Dolomiten – Südtirol Ost • Dominikanische Republik • Ecuador • Elba • Elsass • Elsass *MM-Wandern* • England • Fehmarn • Franken • Fränkische Schweiz • Fränkische Schweiz *MM-Wandern* • Friaul-Julisch Venetien • Gardasee • Gardasee *MM-Wandern* • Genferseeregion • Golf von Neapel • Gomera • Gomera *MM-Wandern* • Gran Canaria • Graubünden • Griechenland • Griechische Inseln • Hamburg *MM-City* • Harz • Haute-Provence • Havanna *MM-City* • Ibiza • Irland • Island • Istanbul *MM-City* • Istrien • Italien • Italienische Adriaküste • Kalabrien & Basilikata • Kanada – Atlantische Provinzen • Kanada – der Westen • Karpathos • Katalonien • Kefalonia & Ithaka • Köln *MM-City* • Kopenhagen *MM-City* • Korfu • Korsika • Korsika Fernwanderwege *MM-Wandern* • Korsika *MM-Wandern* • Kos • Krakau *MM-City* • Kreta • Kreta *MM-Wandern* • Kroatische Inseln & Küstenstädte • Kykladen • Lago Maggiore • La Palma • La Palma *MM-Wandern* • Languedoc-Roussillon • Lanzarote • Lesbos • Ligurien – Italienische Riviera, Genua, Cinque Terre • Ligurien & Cinque Terre *MM-Wandern* • Liparische Inseln • Lissabon & Umgebung • Lissabon *MM-City* • London *MM-City* • Lübeck *MM-City* • Madeira • Madeira *MM-Wandern* • Madrid *MM-City* • Mainfranken • Mallorca • Mallorca *MM-Wandern* • Malta, Gozo, Comino • Marken • Mecklenburgische Seenplatte • Mecklenburg-Vorpommern • Menorca • Mittel- und Süddalmatien • Mittelitalien • Montenegro • Moskau *MM-City* • München *MM-City* • Münchner Ausflugsberge *MM-Wandern* • Naxos • Neuseeland • New York *MM-City* • Niederlande • Niltal • Nord- u. Mittelgriechenland • Nordkroatien – Zagreb & Kvarner Bucht • Nördliche Sporaden – Skiathos, Skopelos, Alonnisos, Skyros • Nordportugal • Nordspanien • Normandie • Norwegen • Nürnberg, Fürth, Erlangen • Oberbayerische Seen • Oberitalien • Oberitalienische Seen • Odenwald • Ostfriesland & Ostfriesische Inseln • Ostseeküste – Mecklenburg-Vorpommern • Ostseeküste – von Lübeck bis Kiel • Östliche Allgäuer Alpen *MM-Wandern* • Paris *MM-City* • Peloponnes • Pfalz • Pfalz *MM-Wandern* • Piemont & Aostatal • Piemont *MM-Wandern* • Polnische Ostseeküste • Portugal • Prag *MM-City* • Provence & Côte d'Azur • Provence *MM-Wandern* • Rhodos • Rom & Latium • Rom *MM-City* • Rügen, Stralsund, Hiddensee • Rumänien • Rund um Meran *MM-Wandern* • Sächsische Schweiz *MM-Wandern* • Salzburg & Salzkammergut • Samos • Santorini • Sardinien • Sardinien *MM-Wandern* • Schleswig-Holstein – Nordseeküste • Schottland • Schwarzwald Mitte/Nord *MM-Wandern* • Schwäbische Alb • Shanghai *MM-City* • Sinai & Rotes Meer • Sizilien • Sizilien *MM-Wandern* • Slowakei • Slowenien • Spanien • Span. Jakobsweg *MM-Wandern* • St. Petersburg *MM-City* • Südböhmen • Südengland • Südfrankreich • Südmarokko • Südnorwegen • Südschwarzwald • Südschwarzwald *MM-Wandern* • Südschweden • Südtirol • Südtoscana • Südwestfrankreich • Sylt • Teneriffa • Teneriffa *MM-Wandern* • Thassos & Samothraki • Toscana • Toscana *MM-Wandern* • Tschechien • Tunesien • Türkei • Türkei – Lykische Küste • Türkei – Mittelmeerküste • Türkei – Südägäis • Türkische Riviera – Kappadokien • Umbrien • Usedom • Venedig *MM-City* • Venetien • Wachau • Wald- u. Weinviertel • Westböhmen & Bäderdreieck • Warschau *MM-City* • Westliche Allgäuer Alpen und Kleinwalsertal *MM-Wandern* • Westungarn, Budapest, Pécs, Plattensee • Wien *MM-City* • Zakynthos • Zentrale Allgäuer Alpen *MM-Wandern* • Zypern

Danksagungen

Ein herzlicher Dank für die wertvollen Tipps gilt den Lesern: Ludwig Clauss (A-Kössen), Susanne Alpers (Frankfurt/Main), Aribert und Helga Besch (TR-Marmaris), Dieter Stork, Tanja Schäfer und Fehmi Özdemir, Kerstin Wolf (Bad Orb), Werner Bronner (Kernen), Heijo und Brigitte Paesler, Sabine Junginger, Rüdiger Picker, Michael Linde (Kelheim), Ursula und Luitpold Lässer (A-Innsbruck), Anja Stein, Renate und Jürgen Renardy, Dietmar Richter (Münster), Hella Horst, Andreas Holzner, Klaus Gattringer (A-Innsbruck), Dr. Holger Spangenberger und Ulrike Alexius, Ulrike Oedekoven-Hall, Dr. Klaus Ewe (Mainz), Ernst Kolb, Dr. Elfi Schneidenbach (Berlin), Helga Siebelink (Dortmund), Ute Maria Kellner, Erika Nadler (Heidelberg), Karin Klosterhuis, Janine Reinhard (Hamburg), Wolfgang Dahlheim (Leimen), Willi Metzler, Wolfgang Schwaab, Christine Loeffler (Reutlingen), Marion und Ludwig Lamberti (Kempten), Christa Landmesser, Toni Schwamberger (Bad Schwartau), Dr. Anno Diemer (Hamburg), Kai Prager (Frankfurt/Main), Ute Stabnow (Pfungstadt), Karin Schmidt (Köln), Josef Sauter (Großaitingen), Claudia Hiestand (Schweiz), Silviane Schwarl, Ines und Stefan Geier (Kirchdorf am Inn), Lena Jaggy, Brigitte und Jürgen Weinmann (Ratingen), René Kühnert (Baindlkirch), Franz Werner (Hannover), Rainer Ortmann (F-Saint Louis), Joseph Lammers, Friederike Heitger-Leitich (A-Salzburg), Gerhard Weber (Sankt Augustin), Bernhard Hellberg (Hannover), Dr. Ulrich Bosler (Frankfurt/Main), E. Schmidt, Gabriela und Rolf Menzel, Monika und Gerd Helbig, Evelyn und Peter Sommer, Anja Köstner (Ulm), Benjamin Knör, Luzia Blankenberger, Dr. F. Coester (CH-Wimmis), Heike und Markus Klung, Verena Risse und Lukas Buchheim (München), Gesa Chomé (Berlin), Esra und Heinz Ehrensberger, Alexander Reinshagen, Christiane Schneider, Helga und Michael Wilutzki, Ute und Horst Loos, Lutz Schneider, Michael Hofmeier, Irmgard Forkel (Bayreuth), Sylvia Trippensee, Rainer Börner (Wiesbaden), Ute Koch (Erlangen), Ulrike und Christoph Baron (Leipzig), Frauke Wiering, Susanne Lippik (Bonn), Rita Doetinchem, Marlis und Svend Neumann (Wesel), Peter Kranzhoff (Stade), Stefan Schmoldt, Stephan Bohnert (Kirchzarten), Dr. Ulf Feuerstein (Asendorf), Dr. Andreas Klumpp (Hohenheim), Birgit Murke (Berlin), Martina Blesenohl, Astrid Zylla (A-Bludesch), Christina Ketterl (Bonn), Michaela Micke (Wuppertal), Karen Scharping, Fam. Haupt (München), Charlotte Marischka (A-Horn), Manfred Fischer (Kraiburg), Anja Lücking, Elke und Helmut Neddermeyer (Burgwedel), Lutz Löllmann und Dr. Özen Odag, Karin Vogelsang, Steffi Willms (CH-Ittigen), Dagmar Albrecht (Kempten), André Chiodi (CH-Fehraltorf), Birgit Kümmel, Dirk N. Steuerlein, Herbert und Sibylle Walter (Flensburg), Hanne und Ulrich Klarmann (Waldburg), Eva Wichmann, Detlef Junck, Monika Müller (Darmstadt), Ludwig Haider (A-Ennsdorf), Sigi Kehrer (Berlin), Peter Pasenau, Bernd Stolzenberger (Offenbach), Bärbel Zimmer, Nadin Liebert, Maike Behr und Stefan Gimbel (Köln), Alfred Wehner, Christian Weinbrenner und Nicole Randhahn, Irene Prestele (München), Walter Lechner, Heidi Meier und Steffen Wagner (Schrozberg Ettenhausen), Martina und Dieter Ohlhauser (Spechbach), Beatrice Mayer (TR-Antalya), Sabine Jungiger, Carl und Martina Hatebur, Helga Di Francesco, Daniela Wolter und

Tobias Mielbrecht (Meerbusch), Konrad Hammann, Renate Kamplade, Jochen Staudacher, Heidi Klahold, Christoph Speck (Berlin), Dagmar Müller, Michaela Floracks, Philine Schweikert (Stuttgart) und Alberto Trabaiza (I-Rom), Klaus Brockmann (Osnabrück), Familie Ruder, Buket Koçyiğit und Jochen Brähmig, Günther Bronner, Sabine Aydt, Petra und Peter Weltner (Dormagen), Markus Kirchgessner (Karlsruhe), Marten und Christian, Nicole Kretschmer (Berlin), Ronald Winkler, Werner Weidler, Uli Wilke, Jürgen Hirsch, Wolfgan Kilian, Christiane Fehring (Kiel), Ulrich Dauner (Elchingen), Volker Günzl (Schopfheim), Daniel Decker, Hanna Reuter (Berlin), Robert Görgens (Erkrath), Luisa und Gunnar Schusnigg (GR-Kapetaniana/Kreta), Hella Horst, Andreas Baumeister und Marie-Theres Beeler (CH-Liestal), Helga Seyerle-Weiser (Esslingen), Elsbeth und Thomas Beck (CH-Wädenswil), Robert Gäßler, Sabine Niehaus (Düsseldorf), Ralf Schwengels, Maria Appesbacher, Herta P. Kaschitz, Monika Egger und Ernst Käch, Wiltrud und Hartmut Ahlers, Hannah Ahäuser, Dr. Janneke Ohlhoff (Hamburg), Sieglinde und Walter Seibold (Rheinzabern), Elke Schmidt und Elke Schäfer, Bernd Brendel, Ulrich Nikolai (Hohenwart), Klaus Winkler, Gisela und Rainer Beeretz (Freiburg), Thomas Krause und Friedhelm Jost.

Frischer Fisch von der Bodrum-Halbinsel

Register

ISBN 978-3-89953-728-4

© Copyright Michael Müller Verlag GmbH, Erlangen 2006, 2009, 2012. Alle Rechte vorbehalten. Alle Angaben ohne Gewähr. Druck: Wilhelm & Adam, Heusenstamm.